中國古籍總目

經部 1

中國古籍總目編纂委員會 編

中華書局 上海古籍出版社

圖書在版編目(CIP)數據

中國古籍總目·經部/中國古籍總目編纂委員會編.—北京:中華書局,2012.7
ISBN 978-7-101-08760-4

Ⅰ.中… Ⅱ.中… Ⅲ.古籍-圖書目録-中國 Ⅳ.Z838

中國版本圖書館 CIP 數據核字(2012)第 140964 號

責任編輯 王 楠 陳 殿
封面設計 何 暘 周 玉

本書出版得到國家古籍整理出版專項經費資助

中國古籍總目 經部
(全二册)
中國古籍總目編纂委員會 編

中華書局出版發行
(北京太平橋西里 38 號 郵政編碼 100073)
http://www.zhbc.com.cn
E-mail:zhbc@zhbc.com.cn
上海古籍出版社出版發行
(上海瑞金二路 272 號 郵政編碼 200020)
http://www.guji.com.cn
E-mail:guji1@guji.com.cn
北京市白帆印務有限公司印刷
開本 787×1092 1/16 印張 81 插頁 2 字數 1570 千字
2012 年 7 月北京第 1 版 2012 年 7 月北京第 1 次印刷
印數 1-2300
ISBN 978-7-101-08760-4

定價:400.00 元

中國古籍總目　經部

分卷主編　沈乃文

編纂人員　（按姓氏筆畫排序）

王燕均　甘杜紅　李雄飛　李　雲　沈乃文

張麗娟　劉大軍

審稿專家　（按姓氏筆畫排序）

王清元　王　菡　李祚唐　林慶彰　金良年

洪湛侯　張力偉　張善文　陳先行　蔣維崧

橋本秀美　嚴佐之

前　言

《中國古籍總目》的編纂，自一九九二年以來，歷時十七年，於二〇〇九年六月終告完成。這期間規劃籌備、調查清理、編纂審訂、校勘定稿、印製出版，幾十家圖書館幾百名專家學者，大家同心同德，群策群力，不但完成了"總目"巨著，而且加深了對中華古籍"浩如烟海"的認識，值得認真總結。

中國傳統文化具有悠久的歷史，其文獻記載歷數千年而未中斷。中華民族的典籍文獻，夙稱汗牛充棟、浩如烟海，其數量之豐富，内容之深厚，舉世無雙。這些豐富的典籍不僅承載了中華民族的傳統文化，並且對世界文明的進程産生深刻影響，是全人類共有的寶貴文化遺産。保護並繼承中華民族文化遺産，要求今人對現存中國古籍作系統整理與研究，首先需要對文獻資源作全面調查與清理。在中國歷史上，像編纂《中國古籍總目》這樣在全國圖書館界、學術界對古籍文獻進行深入細緻的清理，尚屬首次。從這個意義上講，《中國古籍總目》的編纂出版，具有開創性與總結性，堪稱中國古籍整理研究的重大成果。

編纂全面反映中國古代文獻流傳與存藏狀況的總目録，是文獻學界、圖書館界多年的共同理想。中國歷代有編纂史志目録、公私藏書目録的傳統，並重視書目編纂"辨章學術、考鏡源流"的指導作用。史志與公藏目録多反映各朝皇家或官府的典籍積累，私家藏書目録則較多反映民間的文獻收藏，兩者各有局限，互爲補充。收羅完備、著録詳明、體例精嚴的總目録，惟有文獻典籍大多歸於公藏，各地區、各系統圖書館開展聯合編目的當代，才有可能産生。近代以來，各大圖書館逐步積累的館藏古籍記録與各學科專家合作編纂的專科目録，是《中國古籍總目》編纂的基礎。新中國成立以來編纂的《中國叢書綜録》、《中國古籍善本書目》等大型書目，爲《中國古籍總目》的編纂提供了文獻調查與收集、書目彙總與校訂的成功範例。

《中國古籍總目》的編纂是中國圖書館界、文獻學界的基礎建設工程，也是整個古籍整理事業的基礎工程。《中國古籍總目》完成後，我國古籍的存佚情况大致可以摸清。我們可以從整體上掌握現存古籍的品種、數量以及大致的學術内容和價值，並會幫助我們分清古籍的質量檔次，區别出整理的輕重緩急，采取不同的整理方式，合理妥善地完成古籍整理出版規劃。一九九二年在北京舉行的第三次全國古籍整理出版規劃會議，不失時機地將編纂《中國古籍總目》列爲國家古籍整理出版重點項目，意義重大。這一項目由國務院古籍整理出版規劃小組（現全國古籍整理出版規劃領導小組，下簡稱“古籍小組”）主持，設立編纂辦公室，並由國家圖書館等十一家圖書館古籍編目人員組成編委會，於一九九三年七月啓動編纂工作。至一九九九年，編纂工作因機構調整等原因而中斷。

二〇〇三年底，由古籍小組主持、古籍小組辦公室具體組織，《中國古籍總目》編纂工作重新啓動。依據工作需要及人員變動情況，組成以楊牧之爲主任，詹福瑞、李巖爲副主任，王興康、朱強、吴建中、馬寧、黄松等爲委員的編纂出版工作委員會；調整並增補編委會成員，組成以傅璇琮、楊牧之爲主編，陳力、吴格爲副主編，孔方恩、任光亮、李致忠、李國慶、吴旭民、谷輝之、沈乃文、徐俊、徐憶農、高克勤、宫愛東、陳先行、崔建英、許逸民、張力偉、陽海清、鮑國強、韓錫鐸等爲委員的編纂委員會。此後，接受古籍小組委托，國家圖書館、上海圖書館、南京圖書館、北京大學圖書館、湖北省圖書館、天津圖書館具體承擔了《中國古籍總目》各分部（類）的編纂任務，復旦大學圖書館相關人員也應邀參加編纂。調整後的編纂委員會，對《中國古籍總目》原定的收録範圍、立目原則、分類表、著録規則等進行修訂，並重新確立編纂工作流程及時間表，隨即展開緊張工作。二〇〇四年以來，編纂工作嚴格按照“分卷主編館編定初稿、編委會組織專家審訂、分卷主編館參照專家意見修改以形成定稿、編委會委托專人統一定稿、編委會委托專人及出版社審讀定稿”的流程推進。依賴各相關圖書館的大力配合、各有關專家學者的熱心支持、編纂人員的辛勤勞動和有效合作，歷經六載，終克於成。

《中國古籍總目》是現存中國漢文古籍的總目録，旨在全面反映中國（大陸及港澳臺地區）主要圖書館及部分海外圖書館現存中國漢文古籍的品種、版本及收藏現狀。《中國古籍總目》以古代至民國初人撰著並經寫抄、印刷的歷代漢文書籍爲收集範圍，彙聚各家館藏記録，在傳統四部分類法的基礎上，以經、史、子、集、叢書五部，分類著録各書的書名、卷數、編撰者時代、題名及撰著方式、出版者、出版時地、版本類型及批校題跋等信息，同時標列各書的主要收藏機構名稱。各部陸續付印告竣後，隨即推出全書索引。

《中國古籍總目》作爲反映中國古籍流傳與存藏狀況的最全面、最重要的成果，其編纂特點如下：

一、完成了迄今最大規模的調查與著録，第一次將中國古籍書目著録爲約二十萬種。歷來稱譽中國古籍“浩如烟海”、“汗牛充棟”，但“海”和“棟”究竟有多大？八萬種、十萬種、十五萬種，衆説紛紜。十九世紀以來，隨著中國社會轉型及圖書館事業的發展，歷代流傳的典籍，漸次由私人收藏轉爲公共收藏。二十世紀中葉以後，絶大部分的存世中國古籍，已成爲國家及各地公共圖書館、高校及科研機構等圖書館的館藏。參與《中國古籍總目》編纂的國内各大圖書館，所收藏古籍已涵蓋現存古籍百分之九十以上品種，編纂中又吸收圖書館歷年編纂的叢書、方志、家譜等聯合目録成果，所録古籍收藏機構已逾千家，可以説參與“總目”編纂工作的同行經過十幾年的努力，對現存中國古籍，完成了迄今最大規模的調查與著録，今天可以給出約二十萬種的統計數字，這是這次編纂工作的最大貢獻。

二、著録了港澳臺地區及日本、韓國、北美、西歐等地圖書館收藏的中國古籍稀見品種。現存中國古籍的總目録，理應反映全球收藏的中國古籍信息，限於人力物力，此項工作目前尚處於起步階段。《中國古籍總目》已利用知見的港澳臺地區及日本、韓國、北美、西歐等地圖書館古籍收藏目録，采録大陸圖書館未見著録的古籍品種，並爲稀見品種增補了海外收藏機構名稱。

三、著録了現存中國古籍的主要版本。中國古代典籍的撰著與流傳，經歷了漫長的過程。宋元以來，歷代典籍屢經寫抄刊刻、彙編選輯，版本極爲複雜，人稱書囊無底，難以窮盡。《中國古籍總目》的版本著録，不僅包括歷代公私寫抄、刻印、排印、影印之本，又綜録佛道二藏，旁搜秘本僻書，兼及批校題跋，囊括所有版本類型。至如叢刻單刻、彙印選印、增刊補版、抄配補本等版本特徵，形式多樣，著録歧異，整合歸併，多費斟酌。《中國古籍總目》對於所著録古籍的版本描述，已具初步清理之功。

四、依據傳統的四部分類法並有所突破。《中國古籍總目》沿用四部分類法類分古籍，並參酌《中國叢書綜録》、《中國古籍善本書目》等增損類目，部居類分，有條不紊。如照應現代圖書館編目及庋藏實際，將“彙編叢書”單列爲“叢書部”，與經史子集四部並列，形成五部分類，《中國叢書綜録》收録的“類編叢書”，則分歸四部之首。又如明清以來方志、家族譜編纂興盛，清季新學流行，相關譯著及著述繁多，遂因書設類,特於史部增設"方志類"、"譜牒類",子部增設"新學類",彙錄相關書籍,以便讀者即目求書。

五、在編纂過程中注重人才培養。文獻整理與研究中,書目指導的重要作用,久已成爲共識。古籍編目似易實難,人才培養須經多年歷練。近代以來,圖書館界曾湧現大量古籍編目專家,爲歷次全國性古籍聯合目錄編纂做出重大貢獻。《中國古籍總目》編纂持續多年,參與其事者多經磨練,造就了一批古籍編目骨幹。然而,面對全國數千家古籍收藏機構所藏的數千萬册古籍,古籍編目力量仍嫌薄弱。而古籍書目編纂是一項逐步積累、不斷完善的事業,書目收羅的完備與著録信息的精準,前修未密,後出轉精,校核修訂,迄無止境。《中國古籍總目》的編纂完成,不僅爲古籍整理與研究者提供了前所未有的書目工具,在編纂過程中,又爲古籍編目隊伍培養了後繼人材,其中所積累的經驗,有深遠的意義。

六、吸收了古代文獻研究的最新成果。《中國古籍總目》初稿完成,編委會即分邀各學科專家學者參與審稿。參與審稿的數十位專家學者,來自文學、史學、哲學、宗教、軍事、地理、醫學、科技、藝術、出版等領域,遴選及於臺灣及海外。各科專家學有專長,熟精文獻,認真審閲,悉心校核,拾遺補缺,多所匡正,及時反映了古代文獻研究的新成果,由此提高了《中國古籍總目》的編纂質量,促進了學術界與圖書館界之間的交流。

《中國古籍總目》出版在即,行將接受讀者與同行的檢驗。借此機會,我們對所有先後參與編纂的同志所付出的辛勤勞動,對所有參與審訂的專家學者所提供的寶貴意見,對承擔出版工作的中華書局、上海古籍出版社,表示誠摯的謝忱。並期盼海内外古籍整理研究者與圖書館界專家,不吝指教,惠予訂正。

《中國古籍總目》編纂出版工作委員會

《中國古籍總目》編纂委員會

二〇〇九年六月

中國古籍總目

編纂説明

一、《中國古籍總目》爲國家古籍整理出版重點項目，由全國古籍整理出版規劃領導小組（原國務院古籍整理出版規劃小組）主持編纂，由中國國家圖書館、北京大學圖書館、上海圖書館、南京圖書館、天津圖書館、湖北省圖書館、復旦大學圖書館，及中國科學院圖書館、遼寧省圖書館、山東省圖書館、浙江圖書館等十一家圖書館先後參與編纂。

一、《中國古籍總目》著錄中國大陸及港澳臺地區公共、學校、科研機構圖書館及博物館等所藏歷代漢文古籍（含少量漢文與少數民族文字合編、以漢文註釋外文者）之基本品種、主要版本及主要收藏信息，並部分採錄海外公藏之中國古籍稀見品種。

一、《中國古籍總目》以古代至民國初人撰著並經寫抄、刻印、排印、影印之歷代漢文古籍爲基本著錄範圍，部分成書或傳抄刻印於民國時期，内容關涉中國古代學術文化，採用傳統著述方式，並具有古典裝幀形式者（如叢書、方志、族譜等），收書下限有所延伸。

一、《中國古籍總目》著錄已經編纂並傳抄刻印成書之甲骨、銘文、碑刻、竹簡、木牘、帛書、燉煌遺書、金石拓本、輿圖、書劄、字畫、魚鱗冊、寶鈔、契約、誥命、文告等文獻，其原件均不著錄。

一、《中國古籍總目》沿用四部分類法，經、史、子、集部外增設叢書部，各部下復分若干類屬，據著錄規則編次入錄諸書。類目設置曾參酌《中國叢書綜錄》、《中國古籍善本書目》，增損移易之處，於各部前“編纂説明”中説明。

一、《中國古籍總目》由各館藏書目錄彙編而成，部分條目曾核對館藏並修訂原有著錄訛誤，各書著錄款目依次爲：書目序列號、書名卷數、著者時代、著者姓名、著作方式、出版年代、出版者、出版地、版本類別及批校題跋、各版本主要收藏機構等。

一、《中國古籍總目》立目原則

1、一書雖經傳抄刊刻,内容卷數沿襲原貌,即作爲相同品種,依次著録其不同版本。

2、一書經重編後傳抄刊刻,内容有所增損,卷數隨之變化,即不再作相同品種立目。

3、一書正文及其傳箋、註釋、音義、考訂等以不同形式合編,即作爲不同品種立目。

4、志書經賡續修纂,不論其新增内容多寡、新修後增刻或重刻,均視爲新品種立目。

5、一書曾經名家遞藏,或有歷代學者批校題跋,不單獨立目而於版本項中加注説明。

一、《中國古籍總目》著録規則

1、書名據卷端所題著録,各卷題名不一,以首卷題名爲準,别有所據,附注説明。

2、一書内容相同而有多種題名,取常見題名立目,並於該題名後附注其他異題名。

3、一般著録内容完整之書,稀見品種則雖已殘缺或分藏各館,仍據存卷依次著録。

4、卷册殘缺之書,著録原有卷數,附注實存卷數,原書卷數無考,著録爲□□卷。

5、方志、科舉等書名前加冠纂修時代,譜牒等書名前加冠地名,均以方括號標明。

6、著者以本名著録,不取字號,原書題名用别號或稱題某某者,據所知加注説明。

7、一書内容卷數相同而有多種版本,依次著録不同版本,異題名附注於版本項後。

8、一書流傳過程中增添批校、題跋等新版本特徵,附注於版本項或收藏館簡稱後。

9、抄本有資料可據者，著錄其抄寫年代及抄者姓名，如無可考則統稱爲某朝抄本。

10、時代較早之抄本、宮廷官府編書之繕寫本、端楷書寫之進呈本等，統稱爲寫本。

11、刻本有資料可據者，著錄刻年、刻地及刻者姓名，如無可考則統稱爲某朝刻本。

12、叢書部僅著錄跨部合刻之彙編叢書，同部類合刻之書則著錄於各部"叢編"中。

13、叢書子目合併著錄於叢書部，又各依其類著錄於四部，其版本即稱某某叢書本。

14、叢書有多種版本而子目不同，某書爲某版本所獨有者，即於該子目後附注版本。

15、所著錄"四庫全書本"，均指今藏臺北"故宮博物院"之《文淵閣四庫全書》及其影印本。

一、《中國古籍總目》收藏機構

1、收藏機構名稱附注於版本項後，依次著錄參與編目之圖書館、中國及海外藏書機構。

2、稀見刻本、稿抄批校本之收藏機構著錄從詳，通行常見之本因所在多有，著錄從略。

3、叢書、方志等收藏機構較多，爲省篇幅，酌加減省，以著錄各地大中型圖書館爲主。

4、公共圖書館以地名爲簡稱，博物館、檔案館簡稱綴於地名後，海外藏書機構名從詳。

5、原北平圖書館善本寄存於"臺灣圖書館"者，簡稱"北平"。

6、殘本未能著錄其存缺卷次者，收藏機構簡稱後加"＊"號。

一、《中國古籍總目》編排規則

1、入錄各書按分類表編排，並據成書之先後編次，原著在前，據原著衍生者在後。

2、入録各書以内容完整者排列在前，内容殘缺者排列在後，並附注説明所存卷次。

3、同類各書以著者時代爲序，一書有多種版本，依時代及稿、刻、抄本順序編次。

4、一書有多種批校題跋，先以版本時代編次，版本相同者以批校題跋者時代編次。

5、各條目前均列有編號，編號由分部、册次、類次及序次號組成，形成唯一代碼。

例 1

史 10200011

十七史一千五百七十四卷　明毛晉編

史 1：史部第 1 册

02：（史部）紀傳類

00011：（史部）序次号

例 2

史 10200036

史記一百三十卷　漢司馬遷撰　劉宋裴駰集解　唐司馬貞索隱

宋乾道七年蔡夢弼東塾刻本　國圖（卷四十三配清光緒元年楊保彝影宋抄本）上海（卷五至六、十八至二十、四十七至四十八、五十四至五十五、七十六至八十六配蒙古中統二年段子成刻本，明許初跋）

宋淳熙三年張杅桐川郡齋刻本　國圖（存卷一至十八、四十四至八十八）

蒙古中統二年段子成刻明修本　上海

元大德間饒州路儒學刻本　國圖（存卷五、二十三、二十五至二十六、四十八至四十九、五十六、六十一至七十一）

明天順間游明刻本　國圖（清鄒道沂跋）　北大　上海

明正德十三年邵宗周刻本　北大　浙江

明正德間劉氏慎獨齋刻本　上海

一、《中國古籍總目》編纂分工

經部：北京大學圖書館

史部:上海圖書館

子部:南京圖書館

集部:國家圖書館

叢書部:湖北省圖書館

子部新學類:天津圖書館

彙總統稿:復旦大學圖書館

一、《中國古籍總目》出版分工

中華書局:經部、集部、叢書部

上海古籍出版社:史部、子部、索引

中國古籍總目
經　部

目　録

《中國古籍總目・經部》編纂説明 …… 1

總類 …… 1
　石經之屬 …… 1
　正文之屬 …… 2
　古注之屬 …… 4
　注疏之屬 …… 5
　傳説之屬 …… 9
　文字音義之屬 …… 47
　附録 …… 48
　　緯書之屬 …… 48
易類 …… 53
　正文之屬 …… 53
　傳説之屬 …… 54
　圖説之屬 …… 199
　沿革之屬 …… 210
　文字音義之屬 …… 210
　叢編之屬 …… 213
　附録 …… 218
　　易占之屬 …… 218
　　易緯之屬 …… 224
　　古易之屬 …… 231
書類 …… 233
　正文之屬 …… 233
　傳説之屬 …… 234
　分篇之屬 …… 283
　書序之屬 …… 299

沿革之屬 …… 300
文字音義之屬 …… 300
叢編之屬 …… 302
附錄 …… 303
書緯之屬 …… 303
逸書之屬 …… 309
詩類 …… 311
正文之屬 …… 311
傳說之屬 …… 312
分篇之屬 …… 389
三家詩之屬 …… 391
詩序之屬 …… 402
詩譜之屬 …… 404
沿革之屬 …… 406
文字音義之屬 …… 406
叢編之屬 …… 413
附錄 …… 414
詩緯之屬 …… 414
逸詩之屬 …… 417
禮類 …… 419
周禮 …… 419
正文之屬 …… 419
傳說之屬 …… 419
分篇之屬 …… 443
文字音義之屬 …… 446
儀禮 …… 447
正文之屬 …… 447
傳說之屬 …… 448
分篇之屬 …… 460
圖譜之屬 …… 468
文字音義之屬 …… 469
附錄 …… 470
逸禮之屬 …… 470
禮記 …… 471
正文之屬 …… 471
傳說之屬 …… 472
分篇之屬 …… 494

文字音義之屬 …… 500
附錄 …… 502
大戴記之屬 …… 502
夏小正之屬 …… 504
三禮總義 …… 511
論說之屬 …… 511
名物制度之屬 …… 518
三禮圖之屬 …… 525
目錄之屬 …… 527
通禮之屬 …… 527
雜禮之屬 …… 531
叢編之屬 …… 536
附錄 …… 537
禮緯之屬 …… 537
樂類 …… 540
樂理之屬 …… 540
律吕之屬 …… 543
叢編之屬 …… 554
附錄 …… 555
樂緯之屬 …… 555
春秋類 …… 558
左傳 …… 558
正文之屬 …… 558
傳說之屬 …… 559
凡例之屬 …… 607
文字音義之屬 …… 609
公羊傳 …… 610
正文之屬 …… 610
傳說之屬 …… 610
文字音義之屬 …… 619
穀梁傳 …… 619
正文之屬 …… 619
傳說之屬 …… 620
文字音義之屬 …… 627
春秋總義 …… 628
正文之屬 …… 628
傳說之屬 …… 628

文字音義之屬 …… 679
叢編之屬 …… 680
附錄 …… 681
春秋繁露之屬 …… 681
春秋緯之屬 …… 684
孝經類 …… 695
正文之屬 …… 695
傳説之屬 …… 696
文字音義之屬 …… 718
叢編之屬 …… 719
附錄 …… 724
孝經緯之屬 …… 724
四書類 …… 729
大學 …… 729
正文之屬 …… 729
傳説之屬 …… 730
中庸 …… 749
正文之屬 …… 749
傳説之屬 …… 749
論語 …… 772
正文之屬 …… 772
傳説之屬 …… 773
分篇之屬 …… 811
附錄 …… 813
論語緯之屬 …… 813
古論語之屬 …… 816
孟子 …… 817
正文之屬 …… 817
傳説之屬 …… 818
附錄 …… 847
逸文之屬 …… 847
四書總義 …… 847
正文之屬 …… 847
傳説之屬 …… 848
文字音義之屬 …… 926
叢編之屬 …… 930
附錄 …… 930

四書緯之屬 …… 930
爾雅類 …… 931
正文之屬 …… 931
注解之屬 …… 931
圖贊之屬 …… 945
文字音義之屬 …… 945
叢編之屬 …… 948
羣經總義類 …… 949
石經經義之屬 …… 949
傳說之屬 …… 953
圖說之屬 …… 984
別編之屬 …… 985
類編之屬 …… 988
沿革之屬 …… 989
目錄之屬 …… 991
文字音義之屬 …… 991
音義 …… 991
集字 …… 999
附錄 …… 1000
羣經緯之屬 …… 1000
小學類 …… 1001
說文之屬 …… 1001
二徐本 …… 1001
注解 …… 1007
音釋 …… 1028
六書 …… 1033
部目 …… 1042
總義 …… 1048
叢刻 …… 1054
文字之屬 …… 1056
字典 …… 1056
正字 …… 1076
字體 …… 1092
訓蒙 …… 1102
字學 …… 1123
叢刻 …… 1125
音韻之屬 …… 1126

韻書 …… 1126
音說 …… 1161
等韻 …… 1181
拼音 …… 1196
總義 …… 1198
叢刻 …… 1200
訓詁之屬 …… 1203
羣雅 …… 1203
字詁 …… 1216
方言 …… 1225
總義 …… 1232
文法之屬 …… 1232
譯文之屬 …… 1235
總義之屬 …… 1245
叢編之屬 …… 1246

《中國古籍總目》藏書單位簡稱表 …… 1255

《中國古籍總目》
經　部
編纂説明

一、經部分爲總類、易類、書類、詩類、禮類、樂類、春秋類、孝經類、四書類、爾雅類、羣經總義類、小學類等十二大類。各類中著録之書，復據其内容分歸各屬。各屬之名稱及順序，參照《中國叢書綜録》子目之分類設置，分爲正文、傳説、圖説、分篇、序、譜、沿革、文字音義、叢編、附録等目。

一、"總類"著録諸經及傳注合刻之書，據其内容分爲石經、正文、古注、注疏、傳説、文字音義各屬。"古注之屬"著録諸經漢晉單注之書，"注疏之屬"收著録諸經注疏合刊之書，"傳説之屬"著録漢晉注解之輯佚及唐宋以後解經之書。凡同類合刻之書，則著録於各類下"叢編之屬"或"叢刻"中。

一、合刻之書除整體著録外，各子目又據其内容分别著録，歸入各類相應款目，爲免繁複，其版本則以簡略形式著録。

一、"禮類"下分周禮、儀禮、禮記、三禮總義諸小類，"春秋類"下分左傳、公羊傳、穀梁傳、春秋總義諸小類，"四書類"下分大學、中庸、論語、孟子、四書總義諸小類。

一、各類中所設"附録"，僅表明該類目之性質，非該類目之名稱，用以著録與經籍性質相近或相關、且前人書目皆著録於經部之書。如《大戴記》、《夏小正》及相關著述，歷來附經而行，因其出於《十三經》之外，現作爲"附録"著録於"禮記類"中。《春秋繁露》及相關著述，依《四庫全書總目》之例，現作爲"附録"著録於"春秋類”中。

一、易類所收易占之書，與子部術數類所收卜筮之書，歷來混淆難分，茲依《四庫全書總目》之例，凡以筮講易者入“易占”，以筮卜吉凶者入“卜筮”，分歸經部及子部。

一、讖緯文獻盛行於西漢至隋代，與《七經》、《論語》一一對應，唐以後逐漸散逸，明清學者大事輯佚，現存輯本多家。茲從前人之例，凡合刻各類讖緯之書，著錄於“總類”中“緯書之屬”，各經及《論語》類讖諱之書，則分別著錄於各類“附錄”中。

一、“四書”之名始於宋人，《論語》、《孟子》原各自爲書，《大學》、《中庸》屬《禮記》分篇。宋元後因科舉之故，合刻風行，著作滋繁，書目中遂立“四書”之類，沿襲至今。今依前例，設爲“四書類”。凡有關“四書”各種之撰著，分別著錄於“大學”、“中庸”、“論語”、“孟子”各類；凡有關“四書”各種之合著，則著錄於“四書總義”類；凡合刻“四書”之撰著，則著錄於“叢編之屬”。

一、“羣經總義類”之“羣經”，係指十三經而言。“別編之屬”、“類編之屬”爲新設，“別編”著錄以筆記、文稿、文集爲名之經學著述，“類編”著錄按專題摘抄之經學著述。“目錄之屬”所著錄，僅部分經部書目（《經義考》、《通志堂經解目錄》等已著錄於史部目錄類）。

一、“小學類”下分說文、文字、音韻、訓詁、文法、譯文、總義、叢編諸屬。彙編小學類各屬之合刻書（如《小學鉤沈》等），著錄於“叢編之屬”；各屬中同類著述之合刻書（《許學叢刻》、《篆學四書》等），則著錄於各屬之“叢刻”中。“文法之屬”爲新設，著錄專論文法之書。“小學總義之屬”亦新設，著錄内容涵蓋“小學類”各屬之書。

一、經部著述附刻之書，除合併著錄外，其附刻内容可單獨成書者，酌情分別著錄。如各書校勘記，與原書合刊者多隨原書著錄，曾單獨刊行者則另行著錄。

一、經部著述原本之著者缺項，合刻書分散著録時之著者缺項，酌予補齊，題如“□□撰”、“□□輯”；各家著録之著者項繁簡不同，酌予統一；原本著者題名有疑者，仍客觀著録，或録作“題某某撰”。

一、經部除著録稀見古籍的海外藏館信息外，又著録部分日本版本，大致以稀見著述且有中國傳本者爲限，如王弼《周易注》、《通志堂經解》、《拜經堂叢書》等刻本、《羣書治要》、《周易本義附録集注》等傳抄本。

一、經部類目序次號：

01 總類

02 易類

03 書類

04 詩類

05 禮類

06 樂類

07 春秋類

08 孝經類

09 四書類

10 爾雅類

11 羣經總義類

12 小學類

經　部

總　類

石經之屬

經 10100001

唐開成石壁十二經一百八十卷　唐□□輯

唐開成二年刻石清麐氏半畝園鄉嬛妙境拓印本　北大　復旦

民國十五年掖縣張宗昌皕忍堂摹刻本　北大　北師大　天津　上海　復旦　遼寧　吉林市　山東大學　浙江　浙大　福建　湖北　四川　重慶

周易九卷周易畧例一卷　（畧例）三国魏王弼撰

尚書十三卷

毛詩二十卷

周禮十二卷

儀禮十七卷

禮記二十卷

春秋左傳三十卷

春秋公羊傳十一卷

春秋穀梁傳十二卷

孝經一卷

論語十卷

爾雅三卷

附

五經文字三卷　唐張參撰

九經字樣一卷　唐唐玄度撰

孟子七卷

唐石經校文十卷　清嚴可均纂

經 10100002

石經補攷十二卷　清馮登府撰

清道光八年刻本　國圖　上海

國朝石經考異二卷

漢石經考異二卷

魏石經考異一卷拾遺一卷

唐石經誤字辨一卷

蜀石經考異二卷

北宋石經考異一卷

南宋石經考異一卷遺字一卷

經 10100003

石經彙函四十五卷　王秉恩輯

清光緒十六年四川尊經書局刻本　國圖　首都　清華　北師大　上海

石經考一卷　清顧炎武撰

石經考異二卷　清杭世駿撰

漢石經殘字考一卷　清翁方綱撰

魏三體石經遺字考一卷　清孫星衍撰

唐石經校文十卷　清嚴可均撰

後蜀毛詩石經殘本一卷　清王昶撰

北宋汴學二體石經記一卷　清丁晏撰

石經考文提要十三卷　清彭元瑞撰
石經補考十一卷　清馮登府撰
儀禮石經校勘記四卷　清阮元撰

正文之屬

經 10100004
五經五卷　明□□輯
明弘治九年琴川周木刻本　國圖　上海　浙江
明嘉靖間朱廷立刻本　上海
周易一卷
尚書一卷
毛詩一卷
禮記一卷
春秋一卷

經 10100005
五經正文七卷　明□□輯
明嘉靖三十一年翁溥刻本　國圖　國博　南京（清丁丙跋）　華東師大　青島　南通
周易一卷
尚書一卷
毛詩一卷
禮記一卷
春秋一卷

經 10100006
五經白文三十七卷　明□□輯
明刻本　國圖　上海
易經白文四卷
書經白文六卷
詩經白文四卷
禮記白文二十一卷
春秋白文二卷

經 10100007
五經白文　明□□輯
明刻本　上海　華東師大
易經白文四卷
詩經白文四卷
書經白文六卷
禮記白文不分卷
春秋白文二卷

經 10100008
校刻五經四書正文□□卷　明李登編
明萬曆二十四年宋廷訓、李庭止刻本　北大（存四書）
大學一卷
中庸一卷
論語二卷
孟子二卷

經 10100009
九經正文　宋□□輯
宋刻遞修本　國圖

經 10100010
八經十卷（原缺春秋左氏傳）　宋□□輯
民國十五年武進陶氏涉園影印宋刻遞修巾箱本　北大　清華　上海　復旦
周易一卷
尚書一卷
毛詩一卷
周禮一卷
禮記二卷
孝經一卷
論語二卷
孟子一卷

經 10100011

九經十卷　明□□輯
明刻本　上海(清倪燦批校並跋,清鮑毓東跋)
明刻本　南京(清吴騫、清丁丙跋)
周易一卷
尚書一卷
毛詩一卷
周禮一卷
禮記一卷
春秋左傳一卷
論語一卷
孝經一卷
孟子一卷

經 10100012
九經五十一卷附四卷　明秦鏷訂正
明崇禎十三年錫山秦鏷求古齋刻本
國圖*(清盧文弨校並跋)　北大　中科院　故宫　上海　復旦　華東師大　南京(清葛正笏批)　山東　濟南　重慶
清逸文堂翻刻明崇禎十三年錫山秦鏷求古齋本　北大
清逸文堂翻刻明崇禎十三年錫山秦鏷求古齋本清末觀成堂印本　北大　上海*(清沈大成、姚椿批校)　山東(清孔繼涵校並跋)
周易三卷圖說一卷
書經四卷
詩經四卷
周禮六卷
禮記六卷
春秋十七卷
論語二卷
孝經一卷
孟子七卷
附
大學一卷　宋朱熹章句
中庸一卷　宋朱熹章句
小學二卷

經 10100013
十三經九十卷　明□□輯
明萬曆間吴勉學刻本　國圖　西北大學
周易一卷
尚書一卷
毛詩一卷
周禮六卷
儀禮十七卷
禮記一卷
春秋左傳三十卷
春秋公羊傳十二卷
春秋穀梁傳十二卷
論語二卷
孝經一卷
孟子二卷
爾雅二卷
中庸一卷
大學一卷

經 10100014
篆文六經五十七卷　明陳鳳梧篆書
明嘉靖四至六年陳鳳梧刻本
國圖　民族大學　故宫　北京文物局　天津　上海　復旦　遼寧　安徽　安徽大學　重慶　河南
周易十卷
尚書四卷
毛詩四卷
周禮七卷
儀禮二十卷
春秋十二卷

經 10100015

篆文六經四書六十一卷　清張照校
清雍正元年内府刻本　國圖　北大　上海
清光緒九年同文書局石印本　首都　北大　清華　北師大
民國十三年千頃堂書局石印本　北大　上海　復旦
民國間碧梧山莊石印本　北大
周易十卷
尚書四卷
毛詩四卷
禮記十七卷
春秋一卷
大學一卷
中庸一卷
論語十卷
孟子七卷

古注之屬

經 10100016
倣宋相臺五經九十七卷附考證　清□□輯
清乾隆四十八年武英殿刻本　北大
清同治三年南海鄺九我堂翻刻乾隆四十八年武英殿本　北大
清光緒二年江南書局翻刻乾隆四十八年武英殿本　北大　上海
清光緒八年長沙龍氏家塾翻刻乾隆四十八年武英殿本　國圖　北大
清金陵書局翻刻乾隆四十八年武英殿本　北大
清末翻刻乾隆四十八年武英殿本　北大
民國十三年奉新宋氏卷雨廔影印乾隆四十八年武英殿本　北大
周易十卷畧例一卷附考證　三國魏王弼、晉韓康伯注　唐陸德明音義　（畧例）魏王弼撰　唐邢璹注
尚書十三卷附考證　漢孔安國傳　唐陸德明音義
毛詩二十卷附考證　漢毛亨傳　漢鄭玄箋　唐陸德明音義
禮記二十卷附考證　漢鄭玄注　唐陸德明音義
春秋經傳集解三十卷附考證又附春秋年表一卷春秋名號歸一圖二卷附考證　晉杜預撰　唐陸德明音義　（春秋名號歸一圖）後蜀馮繼先撰

經 10100017
十三經古注二百九十卷　明葛鼒、明金蟠校
明崇禎十二年金蟠重刻萬曆間東吴葛氏永懷堂本　北大　復旦　南京　中山大學　山東
明崇禎十二年金蟠刻清同治八年浙江書局重修本　國圖　首都　北大　北師大　天津　南京　遼寧　湖北　浙江
周易九卷附畧例一卷　三国魏王弼、晉韓康伯注　唐陸德明音義　（畧例）魏王弼撰　唐邢璹注
書經二十卷　漢孔安國傳　唐陸德明音義
詩經二十卷　漢毛亨傳　漢鄭玄箋　唐陸德明音義
儀禮十七卷　漢鄭玄注　唐陸德明音義
周禮四十二卷　漢鄭玄注　唐陸德明音義

禮記四十九卷　漢鄭玄注　唐陸德明音義
春秋左傳三十卷　晉杜預集解　唐陸德明音義
春秋公羊傳二十八卷　漢何休解詁　唐陸德明音義
春秋穀梁傳二十卷　晉范甯集解　唐陸德明音義
爾雅十一卷　晉郭璞注　□□音
論語二十卷　三國魏何晏集解
孝經九卷　漢鄭玄注
孟子十四卷　漢趙岐注

經 10100018
袖珍十三經註　清萬青銓校
清咸豐二年稽古樓刻芋栗園印本　日本早稲田大學
清同治十二年稽古樓刻本　國圖　北大　首都　上海　南京　華東師大
周易九卷　三國魏王弼、晉韓康伯注
尚書六卷　漢孔安國傳
毛詩註二十卷詩譜一卷　漢毛亨傳　漢鄭玄箋　(詩譜)鄭玄撰
周禮六卷首一卷　漢鄭玄注
儀禮十七卷首一卷　漢鄭玄注
禮記十卷首一卷　漢鄭玄注
春秋左傳註六十卷　晉杜預撰
春秋公羊傳不分卷附考一卷　漢何休注　明閔齊伋裁注並撰考
春秋穀梁傳不分卷附考一卷　晉范甯集解　明閔齊伋裁注並撰考
孝經一卷　唐玄宗李隆基注
大學一卷　漢鄭玄注　宋朱熹章句
中庸一卷　漢鄭玄注　宋朱熹章句
論語十卷　三国魏何晏集解　宋朱熹集注
孟子七卷　漢趙岐注　宋朱熹集注
爾雅十一卷　晉郭璞注

注疏之屬

經 10100019
十三經注疏附考證　清□□輯
清乾隆四年武英殿刻本　國圖　首都　北師大　上海　復旦　華東師大
周易注疏十三卷畧例一卷附考證　三國魏王弼、晉韓康伯注　唐陸德明音義　唐孔穎達疏　(畧例)魏王弼撰　唐邢璹注
尚書注疏十九卷附考證　漢孔安國傳　唐陸德明音義　唐孔穎達疏
毛詩注疏三十卷毛詩譜一卷附考證　漢毛亨傳　漢鄭玄箋　唐陸德明音義　唐孔穎達疏　(毛詩譜)漢鄭玄撰　唐孔穎達疏
周禮注疏四十二卷附考證　漢鄭玄注　唐陸德明音義　唐賈公彥疏
儀禮注疏十七卷附考證　漢鄭玄注　唐陸德明音義　唐賈公彥疏
禮記注疏六十三卷附考證　漢鄭玄注　唐陸德明音義　唐孔穎達疏
春秋左傳注疏六十卷附考證　晉杜預注　唐陸德明音義　唐孔穎達疏
春秋公羊傳注疏二十八卷附考證　漢何休撰　唐陸德明音義　□□疏
春秋穀梁傳注疏二十卷附考證　晉范甯集解　唐陸德明昔義

唐楊士勛疏
孝經注疏九卷附考證　唐玄宗李隆基注唐陸德明音義　宋邢昺校
論語注疏二十卷附考證　三國魏何晏集解　唐陸德明音義　宋邢昺疏
爾雅注疏十一卷附考證　晉郭璞注　唐陸德明音義　宋邢昺疏
孟子注疏十四卷附考證　漢趙岐注　宋孫奭音義並疏

經 10100020
宋本十三經註疏併經典釋文校勘記　清阮元撰
清嘉慶二十一年儀徵阮氏文選樓刻本　日本二松學舍大學　日本關西大學
清光緒二十四年蘇州官書坊刻本　國圖　北大　首都　上海
周易注疏校勘記九卷畧例校勘記一卷釋文校勘記一卷
尚書注疏校勘記二十卷釋文校勘記二卷
毛詩注疏校勘記七卷釋文校勘記三卷
周禮注疏校勘記十二卷釋文校勘記二卷
儀禮注疏校勘記十七卷釋文校勘記一卷
禮記注疏校勘記六十三卷釋文校勘記四卷
春秋左傳注疏校勘記三十六卷釋文校勘記六卷
春秋公羊傳注疏校勘記十一卷釋文校勘記一卷
春秋穀梁傳注疏校勘記十二卷釋文校勘記一卷
論語注疏校勘記十卷釋文校勘記一卷
孝經注疏校勘記三卷釋文校勘記一卷
爾雅注疏校勘記六卷釋文校勘記六卷
孟子注疏校勘記二十八卷音義校勘記二卷

經 10100021
重刊宋本十三經注疏(倣宋刻阮本十三經注疏)四百十六卷附十三經注疏校勘記四百十六卷校勘記識語四卷(倣宋刻阮本十三經注疏)(十三經注疏校勘記)清阮元撰　清盧宣旬摘錄　(識語)清汪文臺撰
清嘉慶二十年南昌府學重刻儀徵阮氏文選樓藏宋本　國圖　清華　北師大　天津　上海　山東　遼寧　湖北
清嘉慶二十年南昌府學刻道光六年盱江朱華臨重校印本　國圖　北大　天津博
清同治十年廣東書局刻本　國圖　首都　天津　華東師大　遼寧
清同治十二年江西書局刻本　國圖　首都　北師大　天津　復旦　遼寧　湖北
清同治十三年湖南書局刻本　北大
清光緒十三年上海脈望仙館石印本　國圖　首都　北師大　天津　上海　復旦　南京　遼寧　山東
清光緒十八年湖南寶慶務本書局刻本　北大　上海　華東師大　山東　湖北

清光緒十九年陝甘味經刊書處刻本
上海
清光緒三十年上海同文升記石印本
（倣宋刻阮本十三經注疏） 日本國會 日本東京大學
周易兼義九卷附音義一卷附注疏校勘記九卷釋文校勘記一卷 三国魏王弼、晉韓康伯注 唐孔穎達正義 唐陸德明音義
附釋音尚書注疏二十卷附校勘記二十卷 漢孔安國傳 唐陸德明音義 唐孔穎達疏
附釋音毛詩注疏七十卷附校勘記七十卷 漢毛亨傳 漢鄭玄箋 唐陸德明音義 唐孔穎達疏
附釋音周禮注疏四十二卷附校勘記四十二卷 漢鄭玄注 唐陸德明音義 唐賈公彦疏
儀禮注疏五十卷附校勘記五十卷 漢鄭玄注 唐陸德明音義 唐賈公彦疏
附釋音禮記注疏六十三卷附校勘記六十三卷 漢鄭玄注 唐陸德明音義 唐孔穎達疏
附釋音春秋左傳注疏六十卷附校勘記六十卷 晉杜預注 唐陸德明音義 唐孔穎達疏
監本附釋音春秋公羊注疏二十八卷附校勘記二十八卷 漢何休撰 唐陸德明音義 唐徐彦疏
監本附音春秋穀梁注疏二十卷附校勘記二十卷 晉范甯集解 唐陸德明音義 唐楊士勛疏
論語注疏解經二十卷附校勘記二十卷 三國魏何晏集解 宋邢昺疏
孝經注疏九卷附校勘記九卷 唐玄宗李隆基注 宋邢昺校
爾雅注疏十卷附校勘記十卷 晉郭璞注 宋邢昺校定 □□音
孟子注疏解經十四卷附校勘記十四卷 漢趙岐注 宋孫奭疏並音義
附
十三經注疏校勘記識語四卷 清汪文臺撰

經 10100022
十三經注疏三百三十五卷 元□□輯
元刻明修本 軍科院 北京文物局 國博
周易兼義九卷音義一卷畧例一卷 三国魏王弼、晉韓康伯注 唐孔穎達疏 （畧例）魏王弼撰 唐邢璹注 唐陸德明音義
附釋音尚書注疏二十卷 漢孔安國傳 唐孔穎達疏 唐陸德明音義
附釋音毛詩注疏二十卷 漢毛亨傳 漢鄭玄箋 唐孔穎達疏 唐陸德明音義
附釋音周禮注疏四十二卷 漢鄭玄注 唐賈公彦疏 唐陸德明音義
儀禮十七卷儀禮圖十七卷旁通圖一卷 宋楊復撰
附釋音禮記注疏六十三卷 漢鄭玄注 唐孔穎達疏 唐陸德明音義
附釋音春秋左傳注疏六十卷 晉杜預注 唐孔穎達疏 唐陸德明音義

監本附音春秋公羊注疏二十八卷　漢何休注　唐徐彦疏　唐陸德明音義
監本附音春秋穀梁注疏二十卷　晉范甯集解　唐楊士勛疏　唐陸德明音義
孝經注疏九卷　唐玄宗李隆基注　宋邢昺疏
論語注疏解經二十卷　三國魏何晏集解　宋邢昺疏
孟子注疏解經十四卷　漢趙岐注　宋孫奭疏
爾雅注疏十一卷　晉郭璞注　宋邢昺疏

經 10100023
十三經注疏三百三十五卷　明□□輯
明嘉靖間李元陽福建刻本　上海　浙江　浙大　南京(清丁丙、丁立中跋)　福建　四川　重慶　陝西　日本内閣(林大學頭家本)
明嘉靖間李元陽刻隆慶二年重修本　西北大學
周易兼義九卷畧例一卷附音義一卷　三國魏王弼、晉韓康伯注　唐陸德明音義　唐孔穎達正義　(畧例)魏王弼撰　唐邢璹注
尚書注疏二十卷　漢孔安國傳　唐孔穎達疏　唐陸德明音義
毛詩注疏二十卷詩譜序一卷　漢毛亨傳　漢鄭玄箋　唐孔穎達疏　唐陸德明音義
周禮注疏四十二卷　漢鄭玄注　唐賈公彦疏　唐陸德明音義
儀禮注疏十七卷　漢鄭玄傳　唐賈公彦疏　唐陸德明音義
禮記注疏六十三卷　漢鄭玄傳　唐孔穎達疏　唐陸德明音義
春秋左傳注疏六十卷　晉杜預注　唐孔穎達疏　唐陸德明音義
春秋公羊注疏二十八卷　漢何休注　唐徐彦疏　唐陸德明音義
春秋穀梁注疏二十卷　晉范甯集解　唐楊士勛疏　唐陸德明音義
論語注疏解經二十卷　三國魏何晏集解　宋邢昺疏
孝經正義九卷　唐玄宗李隆基注　宋邢昺疏
爾雅注疏十一卷　晉郭璞注　宋邢昺疏　□□音
孟子注疏解經十四卷　漢趙岐注　宋孫奭疏

經 10100024
十三經注疏三百三十五卷　明□□輯
明萬曆十四至二十一年北京國子監刻本　清華　上海　復旦　南京(清丁丙跋)
周易兼義九卷附畧例一卷音義一卷　三國魏王弼、晉韓康伯注　唐孔穎達正義　(畧例)魏王弼撰　唐邢璹注　唐陸德明音義　明萬曆十四年刻
尚書注疏二十卷　漢孔安國傳　唐陸德明音義　唐孔穎達疏　明萬曆十五年刻
毛詩注疏二十卷　漢毛亨傳　漢鄭玄箋　唐陸德明音義　唐孔穎達疏　明萬曆十七年刻
周禮注疏四十二卷　漢鄭玄注　唐陸德明音義　唐賈公彦疏　明萬曆二十一年刻

儀禮注疏十七卷　漢鄭玄注　唐陸德明音義　唐賈公彦疏　明萬曆二十一年刻
禮記注疏六十三卷　漢鄭玄注　唐陸德明音義　唐孔穎達疏　明萬曆十六年刻
春秋左傳注疏六十卷　晉杜預注　唐陸德明音義　唐孔穎達疏　明萬曆十九至二十年刻
春秋公羊注疏二十八卷　漢何休注　唐陸德明音義　唐徐彦疏　明萬曆二十一年刻
春秋穀梁注疏二十卷　晉范甯集解　唐陸德明音義　唐楊士勛疏　明萬曆二十一年刻
論語注疏解經二十卷　三國魏何晏集解　宋邢昺疏　明萬曆十四年刻
孝經注疏九卷　唐玄宗李隆基注　宋邢昺校　明萬曆十四年刻
爾雅注疏十一卷　晉郭璞注　宋邢昺疏　明萬曆十四年刻
孟子注疏解經十四卷　漢趙岐注　宋孫奭疏　明萬曆十八年刻

經 10100025

十三經注疏三百三十三卷　明□□輯
明崇禎元年至十二年古虞毛氏汲古閣刻本　首都　北大　清華　北師大　中科院　天津　南開　遼寧
周易兼義九卷　三國魏王弼、晉韓康伯注　唐孔穎達正義　明崇禎四年刻
尚書注疏二十卷　漢孔安國傳　唐陸德明音義　唐孔穎達疏　明崇禎五年刻
毛詩注疏二十卷　漢毛亨傳　漢鄭玄箋　唐陸德明音義　唐孔穎達疏　明崇禎三年刻
周禮注疏四十二卷　漢鄭玄注　唐陸德明音義　唐賈公彦疏　明崇禎元年刻
儀禮注疏十七卷　漢鄭玄注　唐陸德明音義　唐賈公彦疏　明崇禎九年刻
禮記注疏六十三卷　漢鄭玄注　唐陸德明音義　唐孔穎達疏　明崇禎十二年刻
春秋左傳注疏六十卷　晉杜預注　唐陸德明音義　唐孔穎達疏　明崇禎十一年刻
春秋公羊注疏二十八卷　漢何休注　唐陸德明音義　唐徐彦疏　明崇禎七年刻
春秋穀梁注疏二十卷　晉范甯集解　唐陸德明音義　唐楊士勛疏　明崇禎八年刻
論語注疏解經二十卷　三國魏何晏集解　宋邢昺疏　明崇禎十年刻
孝經注疏九卷　唐玄宗李隆基注　宋邢昺校　明崇禎二年刻
爾雅注疏十一卷　晉郭璞注　宋邢昺疏　□□音　明崇禎元年刻
孟子注疏解經十四卷　漢趙岐注　宋孫奭疏　明崇禎六年刻

傳說之屬

經 10100026

鄭氏佚書七十九卷　漢鄭玄撰　清袁鈞輯
清光緒十年四明觀稼樓刻本　北師大　上海師大

清光緒十四年浙江書局刻本　北大　南京　湖北
易注九卷(觀稼樓本)
尚書注九卷(觀稼樓本)
尚書中候注一卷(觀稼樓本)
尚書大傳注三卷　清袁堯年校補
尚書五行傳注一卷　清袁堯年校補
尚書畧說注一卷　清袁堯年校補
詩譜三卷(觀稼樓本)
三禮目錄一卷
喪服變除一卷
魯禮禘祫義一卷
答臨碩難禮一卷
箴膏肓一卷
釋廢疾一卷
發墨守一卷
春秋傳服氏注十二卷　漢服虔撰
孝經注一卷
論語注十卷
孔子弟子目錄一卷
駁五經異義十卷　清袁堯年補輯
六藝論一卷
鄭志八卷　三國魏鄭小同編
鄭記一卷
鄭君紀年一卷　清陳鱣撰　清袁鈞訂正

經 10100027
通德遺書所見錄七十二卷　漢鄭玄撰　清孔廣林輯
清光緒十六年山東書局刻本　國圖　首都　北師大　上海　復旦
六藝論一卷
周易注十二卷
尚書注十卷
尚書中候注六卷
尚書大傳注四卷
毛詩譜一卷
三禮目錄一卷
答周禮難一卷
魯禮禘祫義一卷
喪服變除一卷
箴左氏膏肓一卷　清孔廣林補
發公羊墨守一卷
釋穀梁廢疾一卷
論語注十卷
論語篇目弟子一卷
駮五經異義十卷　清孔廣林補證
鄭志八卷　三國魏鄭小同編
孝經注一卷
敘錄一卷　清孔廣林輯

經 10100028
鄭學十八種七十二卷　漢鄭玄撰　清孔廣林輯
清抄本　國圖(清葉志詵、清趙之謙校並跋,又一部)
清抄本(李盛鐸校)　北大
清抄本(清趙在翰校存十三種)　福建
六藝論一卷
三禮目錄一卷
答臨孝存周禮難一卷
魯禮禘祫義一卷
喪服變除一卷
箴左氏膏肓一卷
發公羊墨守一卷
釋穀梁廢疾一卷
論語注十卷
論語篇目弟子一卷
駮五經異義十卷
附
鄭志八卷　三國魏鄭小同等撰
孝經解一卷
敘錄一卷　清孔廣林撰

經 10100029
鄭學五種五卷　漢鄭玄撰
清乾隆四十一年孔繼涵抄本(清孔繼涵校並跋)　國圖
駮異義一卷
箴膏肓一卷
起廢疾一卷
發墨守一卷
附
鄭志一卷　三國魏鄭小同等撰

經 10100030
鄭學四種五卷　漢鄭玄撰
清抄本(清錢大昕校,莫棠跋)　上海
駮五經異義一卷補遺一卷
箴膏肓一卷
起廢疾一卷
發墨守一卷

經 10100031
高密遺書十九卷　漢鄭玄撰　清黄奭輯
清道光二十三年黄奭刻本　國圖(清黄奭校)
六藝論一卷
周易注一卷
尚書古文注一卷
尚書大傳注一卷
尚書中候一卷
毛詩譜一卷
鍼左氏膏肓一卷
釋穀梁廢疾一卷
發公羊墨守一卷
喪服變除一卷
答臨孝存周禮難一卷
魯禮禘祫義一卷
三禮目錄一卷
駁五經異義十卷
論語注一卷
論語篇目弟子一卷　以上漢鄭玄撰
附
鄭志一卷　三國魏鄭小同等撰
孝經注一卷
敍錄一卷　清孫星衍撰

經 10100032
鄭學彙函三十一卷　漢鄭玄撰　清□□輯
清光緒間定州王氏刻本　北大
周易注三卷
周易乾鑿度二卷　漢鄭玄注
易緯辨終備一卷　漢鄭玄注
易緯通卦驗二卷　漢鄭玄注
易緯乾元序制記一卷　漢鄭玄注
易緯是類謀一卷　漢鄭玄注
易緯坤靈圖一卷　漢鄭玄注
尚書鄭注十卷　宋王應麟輯　清孔廣林增訂
論語鄭氏注十卷　清馬國翰輯

經 10100033
古經解彙函二百八十三卷　清鍾謙鈞等輯
清同治十二年粵東書局刻本　國圖　清華　北師大　天津　山東　遼寧　上海　復旦　華東師大
清光緒十四年上海蜚英館石印本　首都　北大　北師大　上海　華東師大　遼寧　湖北
清光緒十五年湘南書局刻本　北大　山東　南京　復旦　辭書出版社　吉林　黑龍江
鄭氏周易注三卷補遺一卷　漢鄭玄撰　宋王應麟輯　清惠棟增補　清孫堂校並補遺

陸氏周易述一卷　三国吴陸績撰　明姚士粦輯　清孫堂增補
周易集解十七卷　唐李鼎祚撰
周易口訣義六卷　唐史徵撰
易緯八種　漢鄭玄注
易緯乾坤鑿度二卷
易緯乾鑿度二卷
易緯稽覽圖二卷
易緯辨終備一卷
易緯通卦驗二卷
易緯乾元序制記一卷
易緯是類謀一卷
易緯坤靈圖一卷
尚書大傳三卷附序錄一卷辨譌一卷　漢伏勝撰　漢鄭玄注　(序錄辨譌)清陳壽祺輯校並撰
韓詩外傳十卷附校注拾遺一卷　漢韓嬰撰　清周廷寀校注　(校注拾遺)清周宗杬撰
毛詩草木鳥獸蟲魚疏二卷　三国吴陸璣撰　清丁晏校正
春秋繁露十七卷附錄一卷　漢董仲舒撰　清盧文弨校
春秋釋例十五卷　晉杜預撰　清莊述祖、清孫星衍校
春秋啖趙集傳纂例十卷　唐陸淳撰
春秋微旨三卷　唐陸淳撰
春秋啖趙二先生集傳辯疑十卷　唐陸淳撰
論語集解義疏十卷　三国魏何晏集解　南朝梁皇侃義疏
論語筆解二卷　唐韓愈　唐李翺撰
鄭志三卷補遺一卷　三国魏鄭小同編　清王復輯　清武億校
小學彙函
輶軒使者絕代語釋別國方言十三卷校正補遺一卷　漢揚雄撰　晉郭璞注　清盧文弨校
釋名八卷　漢劉熙撰　清吴志忠校
廣雅十卷　三国魏張揖撰　隋曹憲音
匡謬正俗八卷　唐顔師古撰
急就篇四卷　漢史游撰　唐顔師古注　宋王應麟補注
說文解字十五卷　漢許慎撰　宋徐鉉等校定
說文解字繫傳四十卷附校勘記三卷　南唐徐鍇撰　清祁寯藻校勘
說文解字篆韻譜五卷附錄一卷　南唐徐鍇撰
大廣益會玉篇三十卷　宋陳彭年等重修
干祿字書一卷　唐顔元孫撰
五經文字三卷　唐張參撰
新加九經字樣一卷　唐唐玄度撰
大宋重修廣韻五卷　宋陳彭年等重修　重刻張氏澤存堂本
廣韻五卷　宋陳彭年等重修　重刻明内府本

經 10100034
兩蘇經解六十四卷　宋蘇軾、宋蘇轍撰　明焦竑輯
明萬曆二十五年金陵畢氏刻本　國圖　北大　故宫　浙江　浙大　遼寧
明萬曆二十九年顧氏刻本　浙江　大連
東坡先生易傳九卷　宋蘇軾撰
東坡先生書傳二十卷　宋蘇軾撰
潁濱先生詩集傳十九卷　宋蘇轍撰
潁濱先生春秋集解十二卷　宋蘇轍撰
論語拾遺一卷　宋蘇轍撰

孟子解一卷　宋蘇轍撰
潁濱先生道德經解(老子道德經)二卷　宋蘇轍撰

經 10100035
五經要義一百三十四卷　宋魏了翁撰
清光緒間江蘇書局刻本　上海　華東師大
周易要義十卷首一卷　清光緒十二年刻
尚書要義二十卷　清光緒十年刻
毛詩要義二十卷　清光緒十二年刻
儀禮要義五十卷　清光緒十年刻
禮記要義三十三卷(原缺卷一至二)　清光緒十二年刻

經 10100036
胡忠簡公經解三十六卷附六卷　宋胡銓撰
清乾隆五十二年餘杭官署刻本　北大　清華　天津　南京　湖北
春秋解十六卷
周禮解六卷
禮記解十四卷
附
文集補遺三卷文集附錄三卷

經 10100037
公是遺書三十七卷　宋劉敞撰
清乾隆十六年水西劉氏刻本　清華　北師大　上海
春秋權衡十七卷
春秋傳十五卷
春秋意林二卷
七經小傳三卷

經 10100038
五經全文訓解三十二卷　元熊禾撰　明陳子龍訂定
明崇禎間熊友兮白炤山房刻本　美國哈佛燕京　日本內閣
易經訓解四卷
書經訓解六卷
詩經訓解八卷
禮記訓解十卷
春秋訓解四卷

經 10100039
五經旁訓十九卷　元李恕旁訓
明萬曆十六年朱鴻謨、陳文燭等刻本　故宮
明萬曆二十三年鄭汝璧、田疇等刻本　故宮　教科院　江西
明萬曆二十四年陳大科刻本　國圖　北師大　南通
明崇禎二年彙錦堂刻本　遼寧　福建
明金閶魯鄒嶽刻清印本　美國哈佛燕京
清嘉慶間刻本　北大
易經旁訓三卷
書經旁訓二卷
詩經旁訓四卷
禮記旁訓六卷
春秋旁訓四卷

經 10100040
五經四書大全一百七十五卷　明胡廣等輯
明內府刻本　故宮　天津
周易傳義大全二十四卷上下篇義一卷朱子圖說一卷易五贊一卷筮儀一卷易說綱領一卷
書傳大全十卷書說綱領一卷圖一卷
詩傳大全二十卷綱領一卷圖一卷

詩序辨説一卷
禮記集説大全三十卷總論一卷
春秋集傳大全三十七卷春秋二十國年表一卷諸國興廢説一卷春秋列國東坡圖説一卷
四書集注大全三十六卷讀大學法一卷大學或問一卷中庸或問一卷讀論語孟子法一卷

經 10100041
五經大全一百三十五卷　明胡廣等輯
明内府刻本　南京　北碚
周易傳義大全二十四卷上下篇義一卷　宋程頤撰　朱子圖説一卷易五贊一卷筮儀一卷易説綱領一卷　宋朱熹撰　宋董楷輯
書傳大全十卷書説綱領一卷圖一卷
詩傳大全二十卷綱領一卷圖一卷詩序辨説一卷
禮記集説大全三十卷總論一卷
春秋集傳大全三十七卷春秋二十國年表一卷諸國興廢説一卷春秋列國東坡圖説一卷

經 10100042
五經八十二卷　明□□輯
明正統十二年司禮監刻本　人大　故宫
周易十卷　宋程頤傳　宋朱熹本義
書傳六卷　宋蔡沈撰
詩集傳二十卷　宋朱熹撰
禮記集説十六卷　元陳澔撰
春秋傳三十卷　宋胡安國撰

經 10100043
五經□□卷　明□□輯
明嘉靖八至九年張祿、朱廷聲等刻本
湖南(存四十七卷)
詩集傳八卷(缺卷六至七)　宋朱熹撰
禮記集傳十卷(存卷三至十)　元陳澔撰
春秋經傳三十八卷(存卷三至三十、三十四至三十八)　宋胡安國撰

經 10100044
五經集注一百十五卷　明□□編
明嘉靖四十三年黄希憲、徐節刻本
華東師大
周易程朱傳義二十四卷上下篇義一卷周易圖説一卷　宋程頤、宋朱熹撰　(上下篇義)宋程頤撰
周易五贊一卷筮儀一卷　宋朱熹撰
書經集傳六卷　宋蔡沈撰
詩經集傳八卷　宋朱熹撰
禮記集説三十卷　元陳澔撰
春秋四傳三十八卷綱領一卷提要一卷春秋列國東坡圖説一卷春秋諸國興廢説一卷春秋二十國年表一卷

經 10100045
涇野先生五經説(呂涇野五經説)二十一卷　明呂柟撰
明嘉靖三十二年謝少南刻本　國圖　天一閣
明藍格抄本　上海
清道光三年刻本　北大　甘肅
惜陰軒叢書本(咸豐刻)　北大(清李錫齡校)
惜陰軒叢書本(咸豐刻、光緒刻)
涇野先生周易説翼三卷

涇野先生尚書說要五卷
涇野先生毛詩說序六卷
涇野先生禮問二卷
涇野先生春秋說志五卷

經 10100046
郝氏九經解一百七十五卷　明郝敬撰
明萬曆四十三至四十七年郝千秋、郝千石刻本　復旦　南京（清丁丙跋）　湖北
抄本　上海　上海師大
周易正解二十卷讀易一卷
尚書辨解十卷别解一卷
毛詩原解三十六卷讀詩一卷
春秋直解十五卷讀春秋一卷
禮記通解二十二卷讀禮記一卷
儀禮節解十七卷讀儀禮一卷
周禮完解十二卷讀周禮一卷
論語詳解二十卷讀論語一卷
孟子說解十四卷讀孟子一卷

經 10100047
大樹堂說經七卷　明曹珖撰
明抄本　國圖
讀大學一卷
讀中庸一卷
讀論語二卷
讀孟子二卷
讀詩一卷

經 10100048
經言枝指九十九卷　明陳禹謨撰
明萬曆間刻本　中科院　上海　臺圖　日本宫内廳　日本尊經閣
四書漢詁纂十九卷
談經菀四十卷
引經釋五卷
四書人物概十五卷
四書名物考二十卷

經 10100049
經言枝指纂四十卷　明陳禹謨撰　明林永平輯
明萬曆間聚星館葉均宇刻本　首都

經 10100050
十三經解詁六十四卷　明陳深撰
明萬曆間刻本　故宫　浙江
周易二卷繫辭一卷
尚書三卷
毛詩四卷
周禮六卷
儀禮四卷
禮記十卷
左傳十八卷
公羊傳四卷
穀梁傳四卷
論語二卷
孝經一卷
爾雅三卷
孟子二卷

經 10100051
六經三注粹抄六卷　明許順義輯
明萬曆十八年萃慶堂余泗泉刻本　復旦　浙江
易經三注粹抄一卷
書經三注粹抄一卷
詩經三注粹抄一卷
周禮三注粹抄一卷
禮記三注粹抄一卷
春秋三注粹抄一卷

經 10100052

五經繹十五卷　明鄧元錫撰
明萬曆三十二年刻本　北大　南京
明萬曆三十五年刻本　中科院　上海
易經繹五卷
書經繹二卷
詩經繹三卷
三禮編繹四卷
春秋通一卷

經 10100053
五經疑問六十卷　明姚舜牧撰
明萬曆間六經堂刻本　中科院　南京（清丁丙跋）
重訂易經疑問十二卷
重訂書經疑問十二卷
重訂詩經疑問十二卷
重訂禮記疑問十二卷
重訂春秋疑問十二卷

經 10100054
五經纂注十八卷　明沈一貫輯　明牛斗星等訂
明天啓間杭州書林段景亭讀書坊刻本　北大
易經纂詁四卷
書經纂詁四卷
詩經纂詁四卷
禮記纂詁四卷
春秋疏義統宗二卷

經 10100055
五經纂註二十卷　明李廷機編
明刻本　日本內閣
易經纂註四卷
書經纂註四卷
詩經纂註四卷
禮記纂註四卷
春秋纂註四卷

經 10100056
刻九我李太史十三經纂注十六卷　明李廷機撰
明書林余象斗刻本　河南
易經二卷
書經二卷
詩經二卷
周禮二卷
禮記二卷
春秋二卷
春秋左傳二卷
公穀一卷
孝經一卷

經 10100057
五經心義□□卷　明王宗慶撰
明萬曆間刻本　日本尊經閣
周易議卦
書經說畧
詩經衍義
禮記約蒙　□□輯
春秋斷義

經 10100058
三經評注五卷　明閔齊伋輯
明萬曆間閔齊伋刻三色套印本　北大　人大　北師大　故宮　天津　南京　上海師大　遼寧　重慶
考工記二卷　明郭正域批點
檀弓一卷　宋謝枋得　明楊慎批點
孟子二卷　宋蘇洵批點

經 10100059
六經正義□□卷　明□□輯
明萬曆二十四年宋廷訓、李登刻本

國博(存十五卷)
周易二卷
尚書二卷
毛詩三卷
禮記六卷
春秋二卷

經 10100060
五經旁訓二十二卷　明王安舜編
明天啓元年刻本　南京
易經旁訓四卷
書經旁訓四卷
詩經旁訓四卷
禮記旁訓六卷
春秋旁訓四卷

經 10100061
五經困學七十八卷　明曹學佺撰
明崇禎間刻本　日本尊經閣
明刻本　日本内閣
周易可說七卷
書傳會衷十卷
詩經剖疑二十四卷
春秋傳删十卷
禮記明訓二十七卷

經 10100062
五經旁注十九卷　明陳仁錫編
明崇禎間刻本　昌樂
易經旁注三卷
書經旁注二卷
詩經旁注四卷
禮記旁注六卷
春秋旁注四卷

經 10100063
五經約注五十二卷　明吴太沖等編
明崇禎三年花嶼刻本　華東師大
周易四卷　明李廷機纂注
尚書六卷　明袁黄纂注
詩經八卷　明鍾惺纂注
禮記三十卷　明湯道衡纂注
春秋四卷　明王衡纂注

經 10100064
躋新堂集二十一卷　明喬中和撰
明崇禎間刻本　北大
說易十二卷
大九數一卷
圖書衍五卷
說疇一卷
葩經旁意一卷
元韻譜一卷

經 10100065
桂林經說(桂林五經)一百卷　明顧懋樊撰
明崇禎間武林顧氏刻本　北大
桂林點易丹十六卷
桂林書□[譽]十卷
桂林詩正八卷
桂林禮約三十六卷
桂林春秋義三十卷

經 10100066
五經纂注五十六卷　明夏璋編
明崇禎間刻本　復旦　山東　徐州
易經纂注四卷　明李廷機撰
書經纂注十卷　明袁黄輯
詩經纂注八卷　明鍾惺輯
禮記纂注三十卷　明湯道衡輯
春秋纂注四卷　明蕭良有輯

經 10100067

三經鄉嬛□□卷　明□□編
明刻本　日本尊經閣
新刻易經鄉嬛
重刻書經鄉嬛集註
新鐫黄維章先生詩經鄉嬛集註八卷　明黄文煥撰

經 10100068
四書六經讀本一百十一卷　明毛晉編
明崇禎十四年毛氏汲古閣刻本　遼寧
周易本義四卷首一卷　宋朱熹撰
書經集注六卷　宋蔡沈撰
詩經集注八卷　宋朱熹撰
禮記集說十卷　元陳澔撰
春秋左傳三十卷　晉杜預注
春秋胡傳三十卷綱領一卷春秋列國東坡圖說一卷春秋諸國興廢說一卷　宋胡安國撰　宋林堯叟音注
大學章句一卷　宋朱熹撰
中庸章句一卷　宋朱熹撰
論語集注十卷　宋朱熹撰
孟子集注七卷　宋朱熹撰

經 10100069
石齋先生經傳九種五十六卷　明黄道周撰
清康熙三十二年晉安鄭肇刻道光二十八年長洲彭藴章補刻印本　國圖　北大　社科院考古所　天津　浙江　浙大　福建
孝經集傳四卷
易象正十二卷初二卷終二卷
三易洞璣十六卷
洪範明義四卷
月令明義四卷
表記集傳二卷春秋表記問業一卷
坊記集傳二卷春秋坊記問業一卷
緇衣集傳四卷
儒行集傳二卷

經 10100070
來子談經十八卷　明來集之撰
清順治九年蕭山來氏倘湖小築刻本　國圖　清華　中科院　南京　浙江　湖北
易圖親見一卷
卦義一得二卷
讀易隅通二卷
春秋志在十二卷
四傳權衡一卷

經 10100071
四經稗疏十四卷　清王夫之撰
清吴氏拜經樓抄本(清顧廣圻校並題款)　天津
周易稗疏四卷
尚書稗疏四卷
詩經稗疏四卷
春秋稗疏二卷

經 10100072
七經畧記七卷　清朱朝瑛撰
稿本　國圖
讀易畧記一卷
讀尚書畧記一卷
讀詩畧記一卷
讀周禮畧記一卷
讀儀禮畧記一卷
讀禮記畧記一卷
讀春秋畧記一卷

經 10100073
七經畧記九十四卷　清朱朝瑛撰

清抄本　國圖
清抄本(清方德驥題款)　浙江
讀易畧記四卷
讀尚書畧記三卷
讀詩畧記五卷
讀周禮畧記六卷
讀儀禮畧記十七卷
讀禮記畧記四十五卷
讀三禮畧記一卷
讀春秋畧記十三卷

經 10100074
五經五十八卷　清□□輯
清康熙八年紫陽朱氏崇道堂刻本　國圖　上海
周易四卷　宋朱熹本義
書經六卷　宋蔡沈集傳
詩經八卷　宋朱熹集傳
禮記十卷　元陳澔集說
春秋三十卷　宋胡安國傳

經 10100075
御案五經四十卷　清聖祖玄燁案
清嘉慶十六年揚州十笏堂刻本　上海　遼寧　甘肅　黑龍江
周易四卷　宋朱熹本義
書經六卷　宋蔡沈集傳
詩經八卷　宋朱熹集傳
禮記十卷　元陳澔集說
春秋傳說薈要十二卷　清□□輯

經 10100076
五經四書疏畧一百四十四卷　清張沐撰
清康熙十四至四十年蓍蔡張氏敦臨堂刻本　清華　天津
清康熙十九年陳如升刻本　中科院　南京　山東
周易疏畧四卷
書經疏畧六卷
詩經疏畧八卷
禮記疏畧四十七卷
春秋疏畧五十卷
大學疏畧一卷
中庸疏畧一卷
論語疏畧二十卷
孟子疏畧七卷

經 10100077
通志堂經解一百四十種一千八百六十卷　清納蘭成德輯
清康熙十九年納蘭成德刻本　國圖　首都　北大　北師大　中科院　天津　上海　復旦
清康熙十九年納蘭成德刻乾隆五十年補修本　北大
清同治十二年粵東書局重刻本　國圖　首都　北大　上海　遼寧　湖北
日本文化八年翻刻本　北大
子夏易傳十一卷　周卜商撰
易數鉤隱圖三卷遺論九事一卷　宋劉牧撰
横渠先生易說三卷　宋張載撰
易學一卷　宋王湜撰
紫巖居士易傳十卷　宋張浚撰
漢上易傳十一卷周易卦圖三卷周易叢說一卷　宋朱震撰
易璇璣三卷　宋吴沆撰
周易義海撮要十二卷　宋李衡撰
易小傳六卷　宋沈該撰
復齋易說六卷　宋趙彦肅撰
古周易一卷　宋吕祖謙等編
童溪王先生易傳三十卷　宋王宗傳撰
易裨傳一卷外篇一卷　宋林至撰

易圖說三卷　宋吴仁傑撰
易學啓蒙通釋二卷圖一卷　宋胡方平撰
周易玩辭十六卷　宋項安世撰
東谷鄭先生易翼傳二卷　宋鄭汝諧撰
三易備遺十卷　宋朱元昇撰
丙子學易編一卷　宋李心傳撰
易學啓蒙小傳一卷古經傳一卷　宋稅與權撰
水村易鏡一卷　宋林光世撰
晦庵先生朱文公易說二十三卷　宋朱鑑輯
大易緝説十卷　元王申子撰
周易輯聞六卷易雅一卷筮宗一卷　宋趙汝楳撰
周易傳義附錄十四卷首一卷　宋董楷撰
學易記九卷首一卷　元李簡撰
讀易私言一卷　元許衡撰
俞氏易集說十三卷　元俞琰撰
周易本義附錄纂注十五卷　元胡一桂撰
周易發明啓蒙翼傳三卷外篇一卷　元胡一桂撰
周易本義通釋十二卷輯錄雲峯文集易義一卷　元胡炳文撰
易纂言十二卷首一卷　元吴澄撰
周易本義集成十二卷首一卷　元熊良輔撰
周易經傳集程朱解附錄纂注(周易會通)十四卷首一卷附一卷　元董真卿撰
易圖通變五卷　宋雷思齊撰
易象圖說内篇三卷外篇三卷　元張理撰
大易象數鈎深圖三卷　元張理撰

周易參義十二卷　明梁寅撰
合訂删補大易集義粹言八十卷　清納蘭成德撰
書古文訓十六卷　宋薛季宣撰
三山拙齋林先生尚書全解四十卷(康熙本原缺卷三十四)　宋林之奇撰
程尚書禹貢論二卷後論一卷山川地理圖二卷　宋程大昌撰
尚書說七卷　宋黄度撰
增修東萊書說三十五卷首一卷　宋吕祖謙撰　宋時瀾修定
書疑九卷　宋王柏撰
書集傳或問二卷　宋陳大猷撰
杏溪傅氏禹貢集解二卷　宋傅寅撰
尚書詳解十三卷　宋胡士行撰
尚書表注二卷　宋金履祥撰
尚書纂傳四十六卷　元王天與撰
書蔡氏傳輯錄纂注六卷首一卷　元董鼎撰
書纂言四卷　元吴澄撰
書蔡氏傳旁通六卷　元陳師凱撰
尚書句解十三卷　元朱祖義撰
書集傳纂疏六卷首一卷　元陳櫟撰
尚書通考十卷　元黄鎮成撰
王耕野先生讀書管見二卷　元王充耘撰
定正洪範集說一卷首一卷　元胡一中撰
毛詩指說一卷　唐成伯璵撰
詩本義十五卷鄭氏詩譜補亡一卷　宋歐陽修撰
李迂仲黄實夫毛詩集解四十二卷首一卷　宋李樗、宋黄櫄講義　宋吕祖謙釋音
毛詩名物解二十卷　宋蔡卞撰
詩說一卷　宋張耒撰

詩疑二卷　宋王柏撰
詩傳遺說六卷　宋朱鑑撰
逸齋詩補傳三十卷篇目一卷　宋范處義撰
詩集傳名物鈔八卷　元許謙撰
詩經疑問七卷附編一卷　元朱倬撰　(附編)宋趙悳撰
詩解頤四卷　明朱善撰
春秋尊王發微十二卷附錄一卷　宋孫復撰
春秋皇綱論五卷　宋王晳撰
春秋劉氏傳十五卷　宋劉敞撰
春秋權衡十七卷　宋劉敞撰
劉氏春秋意林二卷　宋劉敞撰
春秋年表一卷
春秋名號歸一圖二卷　後蜀馮繼先撰
龍學孫公春秋經解十五卷　宋孫覺撰(康熙本)
春秋臣傳三十卷　宋王當撰
西疇居士春秋本例二十卷　宋崔子方撰
木訥先生春秋經筌十六卷　宋趙鵬飛撰
石林先生春秋傳二十卷　宋葉夢得撰
止齋先生春秋後傳十二卷　宋陳傅良撰
春秋集解三十卷　宋呂祖謙撰
左氏傳說二十卷　宋呂祖謙撰
春秋左氏傳事類始末五卷附錄一卷　宋章沖撰
春秋提綱十卷　元陳則通撰
春秋王霸列國世紀編三卷　宋李琪撰
春秋通說十三卷　宋黄仲炎撰
春秋集注十一卷綱領一卷　宋張洽撰
春秋或問二十卷　宋呂大圭撰
春秋五論一卷　宋呂大圭撰
則堂先生春秋集傳詳說三十卷綱領一卷　宋家鉉翁撰
春秋類對賦一卷　宋徐晉卿撰
春秋諸國統紀六卷　元齊履謙撰
春秋本義三十卷首一卷　元程端學撰
春秋或問十卷　元程端學撰
春秋集傳十五卷　元趙汸撰
春秋屬辭十五卷　元趙汸撰　明倪尚誼補
春秋師說三卷附錄二卷　元趙汸撰
春秋左氏傳補注十卷　元趙汸撰
春秋諸傳會通二十四卷首一卷　元李廉撰
春秋集傳釋義大成十二卷首一卷　元俞臯撰
清全齋讀春秋編十二卷　元陳深撰
春秋春王正月考一卷辨疑一卷　明張以寧撰
新定三禮圖二十卷　宋聶崇義集注
東巖周禮訂義八十卷首一卷　宋王與之撰
鬳齋考工記解二卷　宋林希逸撰
儀禮圖十七卷旁通圖一卷附儀禮本經十七卷　宋楊復撰
禮記集說一百六十卷　宋衛湜撰
禮經會元四卷　宋葉時撰
太平經國之書十一卷首一卷　宋鄭伯謙撰
夏小正戴氏傳四卷　宋傅崧卿注
儀禮集說十七卷　元敖繼公撰
儀禮逸經傳一卷　元吴澄撰
經禮補逸九卷附錄一卷　元汪克寬撰

禮記陳氏集說補正三十八卷　清納蘭成德撰
孝經注解一卷　唐玄宗李隆基注　宋司馬光指解　宋范祖禹說
孝經大義一卷　元董鼎撰
孝經一卷　元吴澄校定
晦庵先生所定古文孝經句解一卷　元朱申撰
南軒先生論語解十卷　宋張栻撰
論語集說十卷　宋蔡節撰
南軒先生孟子說七卷　宋張栻撰
孟子集疏十四卷　宋蔡模撰
孟子音義二卷　宋孫奭撰
大學纂疏一卷中庸纂疏一卷論語纂疏十卷孟子纂疏十四卷　宋趙順孫撰
大學集編一卷中庸集編一卷論語集編十卷孟子集編十四卷　宋真德秀撰
大學通一卷中庸通一卷論語通十卷孟子通十四卷　元胡炳文撰
大學章句或問通證一卷中庸章句或問通證一卷論語集注通證二卷孟子集注通證二卷　元張存中撰
大學章句纂箋一卷大學或問纂箋一卷中庸章句纂箋一卷中庸或問纂箋一卷論語集注纂箋十卷孟子集注纂箋十四卷　元詹道傳撰
四書通旨六卷　元朱公遷撰
四書辨疑十五卷　元陳天祥撰
大學集說啓蒙一卷中庸集說啓蒙一卷　元景星撰
經典釋文三十卷　唐陸德明撰
公是先生七經小傳三卷　宋劉敞撰
六經奥論六卷首一卷　宋鄭樵撰
六經正誤六卷　宋毛居正撰
熊先生經說七卷　元熊朋來撰
十一經問對五卷　元何異孫撰
五經蠡測六卷　明蔣悌生撰

經 10100078
御纂七經二百九十四卷　清李光地等
清康熙至乾隆間内府刻本　國圖　北大　中科院　天津　南京　遼寧　上海　復旦　華東師大　辭書出版社　安徽　江西
清同治六年浙江書局刻本　國圖　北師大　上海　遼寧　復旦　南京　浙江　湖北
清同治十一年江西書局刻本　北大　上海　復旦　湖北　香港中大
清光緒十四年戶部刻本　國圖　北大　上海　南京　遼寧　長春　山東
清光緒間湖北崇文書局刻本　國圖　北大　天津　遼寧　湖北　上海
清光緒間江南書局刻本　北大　北師大　天津　遼寧　上海　南京
清光緒間上海鴻文書局石印本　北大　上海　復旦　吉林
御纂周易折中二十二卷首一卷　清李光地等撰
欽定書經傳說彙纂二十一卷首二卷書序一卷　清王頊齡等撰
欽定詩經傳說彙纂二十一卷首二卷詩序二卷　清王鴻緒等撰
欽定春秋傳說彙纂三十八卷首二卷　清王掞等撰
欽定三禮義疏　清允祿等撰
欽定周官義疏四十八卷首一卷
欽定儀禮義疏四十八卷首二卷
欽定禮記義疏八十二卷首一卷

經 10100079

萬充宗先生經學五書十九卷　清萬斯大撰

清乾隆間萬福辨志堂刻本　中科院　天津　上海　南京

清乾隆間萬福辨志堂刻嘉慶元年印本　國圖　北大　上海(清徐時棟校並跋)　南京　遼寧

學禮質疑二卷　清乾隆二十四年刻

禮記偶箋三卷　清乾隆二十四年刻

儀禮商二卷附錄一卷　清乾隆二十六年刻

周官辨非一卷　清乾隆二十六年刻

學春秋隨筆十卷　清乾隆二十六年刻

經 10100080

陸堂經學叢書四十三卷　清陸奎勳撰

清康熙五十三至五十四年陸氏小瀛山閣刻本　國圖　北大　清華　上海　南京　復旦　浙江　山東　湖北

陸堂易學十卷首一卷

今文尚書說三卷

陸堂詩學十二卷

戴禮緒言四卷

春秋義存錄十二卷首一卷

經 10100081

五經詳說四百五十四卷　清冉覲祖撰

清光緒七年大梁書局刻本　國圖　北大　上海　復旦　山東　河南　江西

易經詳說五十卷

書經詳說七十六卷

詩經詳說九十四卷

春秋詳說五十六卷

禮記詳說一百七十八卷

附

四書玩注詳說一百六十卷首一卷　清光緒八年刻

孝經詳說六卷　清光緒七年刻

經 10100082

經玩二十卷　清沈淑撰

清雍正三年常熟沈氏孝德堂刻本　國圖　北大　清華　北師大　上海　復旦　華東師大

陸氏經典異文輯六卷

經典異文補六卷

春秋左傳分國土地名二卷職官器物宮室二卷

注疏瑣語四卷

經 10100083

讀書小記三十三卷　清范爾梅撰

清雍正七年敬恕堂刻本　國圖　北師大　南京　南大

大學劄記一卷

中庸劄記一卷

論語劄記二卷

孟子劄記四卷

大易劄記五卷

易輪一卷

易卦考一卷

尚書劄記一卷

毛詩劄記二卷

春秋劄記五卷

禮記劄記一卷

周禮劄記二卷

樂律考一卷

琴律考一卷

語錄一卷

明儒考一卷

詩文三卷

經 10100084

楊符蒼七種四十九卷　清楊方達撰

清雍正乾隆間武進楊氏復初堂刻本

上海　日本京都大學

易學圖說會通八卷圖說續聞一卷

正蒙集說十七卷

周易輯說存正十二卷

易說通旨畧一卷

尚書約旨六卷

尚書通典畧二卷

春秋義補注十二卷

經 10100085

茹氏經學十二種二十二卷　清茹敦和撰

清乾隆間刻本　國圖　上海

周易證籤四卷

周易二閭記三卷

讀易日劄一卷

易講會籤一卷

兩孚益記一卷

八卦方位守傳一卷

大衍守傳一卷

大衍一說一卷

周易象考一卷辭考一卷占考一卷

周易小義二卷

尚書未定稿二卷

竹香齋古文二卷

經 10100086

九經補注八十三卷　清姜兆錫撰

清雍正乾隆間寅清樓刻本　國圖　北大　中科院　上海

爾雅注疏參義六卷　清雍正十年刻

春秋胡傳參義十二卷　清雍正元年刻

周禮輯義十二卷　清雍正九年刻

孝經本義一卷　清雍正十年刻

禮記章義十卷　清雍正十年刻

書經蔡傳參義六卷　清雍正十二年刻

儀禮經傳注疏參義内編二十三卷外編五卷首一卷　清乾隆元年刻

春秋公羊穀梁諸傳彙義十二卷　清乾隆五年刻

經 10100087

五經四子書七十七卷　清□□輯

清乾隆七年怡府明善堂刻本　天津　上海　四川　重慶

周易四卷　宋朱熹本義

書經六卷　宋蔡沈集傳

詩經八卷　宋朱熹集傳

禮記十卷　元陳澔集說

春秋三十卷　宋胡安國傳　宋林堯叟音注

大學一卷　宋朱熹章句

中庸一卷　宋朱熹章句

論語十卷　宋朱熹集注

孟子七卷　宋朱熹集注

經 10100088

五經四書讀本五十四卷　清□□輯

清嘉慶十年揚州鮑氏樗園刻本　上海

周易四卷　宋朱熹本義

書經六卷　宋蔡沈集傳

詩經八卷　宋朱熹集傳

禮記十卷　元陳澔集說

春秋十六卷首一卷附陸氏三傳釋文音義十六卷　清□□輯　唐陸德明音義

大學一卷　宋朱熹章句

中庸一卷　宋朱熹章句
論語十卷　宋朱熹集注
孟子七卷　宋朱熹集注

經 10100089
五經四書九十七卷　清□□輯
清恕堂刻本　上海
周易四卷　宋朱熹本義
書經六卷　宋蔡沈集傳
詩經八卷　宋朱熹集傳
禮記十卷　元陳澔集說
春秋左傳五十卷　晉杜預　宋林堯叟注釋　唐陸德明音義
大學一卷　宋朱熹章句
中庸一卷　宋朱熹章句
論語十卷　宋朱熹集注
孟子七卷　宋朱熹集注

經 10100090
文藻四種十四卷　清黄暹輯
清乾隆間仁和黄氏刻本　清華
禮經會元四卷　宋葉時撰
五經讀五卷　明陳際泰撰
四書讀一卷　明陳際泰撰
三禮類綜四卷　清黄暹撰

經 10100091
讀書隨筆十二卷　清江永撰
清乾隆五十七年江起泰等刻本　人大　北京文物局　上海　復旦
清抄本　上海
周禮疑義舉要七卷
羣經補義五卷

經 10100092
絳跗閣經說三種五卷　清諸錦撰
清乾隆間諸氏絳跗閣刻本　國圖
清乾隆二十一年春暉堂刻本　上海　復旦　華東師大
毛詩說二卷首一卷
饗禮補亡一卷
夏小正一卷

經 10100093
經學五種二十六卷　□□輯
清乾隆間藤花榭刻本　國圖　首都　華東師大
相臺書塾刊正九經三傳沿革例一卷　宋岳珂撰
禮經會元四卷　宋葉時撰
六經奥論六卷首一卷　宋鄭樵撰
太平經國之書十一卷　元鄭伯謙撰
公是先生七經小傳三卷　宋劉敞撰

經 10100094
石溪全書□□卷（存十四卷）　清官獻瑤撰
清抄本　清華
讀易偶記三卷
尚書偶記一卷
讀詩偶記二卷
儀禮未定稿二卷
儀禮喪服私抄（存卷三）
春秋傳飛錄四卷
孝經刊誤一卷　宋朱熹撰

經 10100095
正學堂五經通解不分卷　清張甄陶撰
稿本（清葉旬卿、清林昌彝等校）　國圖
周易□□
詩經朱傳拾遺
尚書蔡傳拾遺
春秋三傳定說
禮記陳氏集說删補

經 10100096
芊綠草堂初集二十二卷　清沈金鰲撰
稿本　山東
易經隨筆十卷
尚書隨筆六卷
毛詩隨筆六卷

經 10100097
五經揭要二十九卷　清許寶善編
清乾隆五十三年刻本　北大　湖北　山東
清惜陰軒刻本　山東
清梁溪浦氏刻本　山東
清光緒二年刻本　國圖
清抄本　復旦
周易揭要三卷
書經揭要六卷
詩經揭要四卷
禮記揭要六卷
春秋揭要十卷

經 10100098
李氏經學四種十六卷　清李灝撰
清乾隆間刻本　北大
周易說研錄六卷
詩說活參二卷
禮經酌古二卷
春秋求中錄六卷

經 10100099
方望溪先生經說四種八卷　清方苞撰
清乾隆間方觀承刻本　國圖　上海
春秋通論四卷
周官辨一卷
喪禮或問一卷
讀經一卷
附
讀子史一卷

經 10100100
十一經旁訓讀本六十八卷　清周樽輯
清乾隆五十八年留餘堂刻本　湖北
易經讀本三卷
書經讀本四卷
詩經讀本四卷
周禮讀本六卷
儀禮讀本十七卷首一卷
禮記讀本六卷
春秋左傳讀本十八卷附春秋提要一卷
春秋公羊傳讀本四卷
春秋穀梁傳讀本四卷

經 10100101
拜經堂叢書六十四卷　清臧琳、清臧庸撰
清乾隆嘉慶間武進臧氏同述觀刻本　國圖　中科院　上海
日本昭和十年東方文化學院京都研究所景印清乾隆嘉慶間臧氏刻本　國圖　北大　清華　北師大　中科院　上海
拜經日記十二卷　清臧庸撰　清嘉慶二十四年刻
經義雜記三十卷附敘錄一卷　清臧琳撰　（敘錄）清臧庸輯　清嘉慶四年刻
盧氏禮記解詁一卷補遺一卷附錄一卷　漢盧植撰　清臧庸輯　清乾隆五十五年刻
新譯大方廣佛華嚴經音義二卷附敘錄一卷　唐釋慧苑撰　（敘錄）清臧庸輯　清嘉慶四年刻
詩經小學四卷　清段玉裁撰　清

嘉慶二年刻
爾雅三卷　晉郭璞注　清嘉慶四年刻
漢書音義三卷敘錄一卷　隋蕭該撰　清臧庸輯　清嘉慶四年刻
三禮目錄一卷　漢鄭玄撰　清臧庸輯　清嘉慶六年刻
六藝論一卷　漢鄭玄撰　清臧琳輯　清臧庸補輯　清嘉慶六年刻
蔡氏月令章句二卷　漢蔡邕撰　清臧庸輯

經 10100102
稻香樓雜著七卷　清程際盛(程琰)撰
清木活字印本　國圖
三禮鄭注考
周禮故書考一卷
儀禮古文今文考一卷
禮記古訓考一卷
說文古語考一卷
續方言補二卷
古韻異同摘要一卷

經 10100103
三經音義四卷　清黄丕烈輯
清嘉慶十四至十八年吴門黄氏士禮居影宋刻本　北大　復旦
士禮居黄氏叢書本(博古齋影印)
孝經今文音義一卷　唐陸德明撰
論語音義一卷　唐陸德明撰
孟子音義二卷　宋孫奭撰

經 10100104
拜經樓雜抄四卷　清吴騫輯
清吴氏拜經樓抄本(褚德儀跋)　國圖
三禮目錄一卷
漢甘露石渠禮議一卷　清丁杰輯
五經通義一卷　漢劉向撰
五經要義一卷　清吴騫校

經 10100105
拜經樓叢抄八卷　清吴騫輯
清抄本　山東博
顧氏經解拾遺一卷　南朝齊顧歡撰
戚氏周禮音拾遺一卷　陳戚衮撰
考正武成一卷　清胡洵直撰
(以上三種清周春家抄本)
子夏易傳鉤遺二卷　清吴騫輯
孫氏爾雅正義一卷　清吴騫輯
大學辨一卷
修明蒼水墓記及題詠一卷
(以上四種清吴騫抄本)

經 10100106
十三經客難五十八卷　清龔元玠撰
清道光二十六年縣學文昌祠考棚公局刻本　國圖　北大　清華　上海
畏齋周易客難一卷
畏齋書經客難三卷首一卷
畏齋詩經客難二卷
畏齋春秋客難二十四卷首一卷
畏齋禮記客難四卷
畏齋周禮客難八卷
畏齋儀禮客難一卷
畏齋四書客難四卷
畏齋爾雅客難一卷
附
黄淮安瀾編二卷　清嘉慶二十三年環堵山房刻
經學策一卷
史學策一卷
畏齋文集四卷

經 10100107

經解指要七種二十二卷　清陶大眉纂
　清嘉慶二十五年陶氏聚秀堂刻本　國圖　北大　中科院　南京　湖北
　　周易八卷
　　書經二卷
　　詩經四卷
　　周禮二卷
　　儀禮二卷
　　禮記二卷
　　春秋二卷

經 10100108
通藝錄四十八卷　清程瑤田撰
　清嘉慶間刻本　首都　北師大　上海
　　論學小記三卷
　　論學外篇二卷
　　宗法小記一卷
　　儀禮喪服文足徵記十卷
　　釋宫小記一卷
　　考工創物小記八卷
　　磬折古義一卷
　　溝洫疆理小記一卷
　　禹貢三江考三卷
　　水地小記一卷
　　解字小記一卷
　　聲律小記一卷
　　九穀考四卷
　　釋草小記二卷
　　讀書求解一卷
　　數度小記一卷
　　九勢碎事一卷
　　釋蟲小記一卷
　　修辭餘鈔一卷
　　讓堂亦政錄一卷嘉定贈別詩文附錄一卷
　　樂器三事能言一卷補編一卷

經 10100109
皇朝經解三卷　清□□編
　清嘉慶十七年養心齋刻本　上海
　　孔子年表一卷　清臧庸撰
　　七十子表一卷
　　孟子編年畧一卷

經 10100110
皇朝經解十六卷　清□□編
　清嘉慶十七年養心齋刻養一齋增刻本　國圖
　　孔子年表一卷　清臧庸撰
　　七十子表一卷
　　孟子編年畧一卷
　　虞氏易言二卷補一卷　清張惠言撰　清劉逢祿補
　　春秋公羊經何氏釋例十卷　清劉逢祿撰

經 10100111
皇清經解一千四百卷　清阮元輯
　清道光九年廣東學海堂刻本　國圖　首都　北大　上海
　清道光九年廣東學海堂刻咸豐十一年補刻本(一千四百八卷)　國圖　首都　清華　北師大　上海
　清光緒十七年上海鴻寶齋石印本(一百九十卷)　國圖　上海
　清光緒間上海點石齋石印本(一百九十卷)　國圖　上海
　　左傳杜解補正三卷　清顧炎武撰
　　音論一卷　清顧炎武撰
　　易音三卷　清顧炎武撰
　　詩本音十卷　清顧炎武撰
　　日知錄二卷　清顧炎武撰
　　四書釋地一卷續一卷又續一卷三續一卷　清閻若璩撰

孟子生卒年月考一卷　清閻若璩撰
潛邱劄記二卷　清閻若璩撰
禹貢錐指二十卷例畧圖一卷　清胡渭撰
學禮質疑二卷　清萬斯大撰
學春秋隨筆十卷　清萬斯大撰
毛詩稽古編三十卷　清陳啓源撰
仲氏易三十卷　清毛奇齡撰
春秋毛氏傳三十六卷　清毛奇齡撰
春秋簡書刊誤二卷　清毛奇齡撰
春秋屬辭比事記四卷　清毛奇齡撰
經問十四卷補一卷　清毛奇齡撰
論語稽求篇七卷　清毛奇齡撰
四書賸言四卷補二卷　清毛奇齡撰
詩說三卷附錄一卷　清惠周惕撰
湛園札記一卷　清姜宸英撰
經義雜記十卷　清臧琳撰
解春集二卷　清馮景撰
尚書地理今釋一卷　清蔣廷錫撰
易說六卷　清惠士奇撰
禮說十四卷　清惠士奇撰
春秋說十五卷　清惠士奇撰
白田草堂存稿一卷　清王懋竑撰
周禮疑義舉要七卷　清江永撰
深衣考誤一卷　清江永撰
春秋地理考實四卷　清江永撰
羣經補義五卷　清江永撰
鄉黨圖考十卷　清江永撰
儀禮章句十七卷　清吴廷華撰
觀象授時十四卷　清秦蕙田撰
經史問答七卷　清全祖望撰
質疑一卷　清杭世駿撰
注疏考證六卷　清齊召南撰
　尚書注疏考證一卷
　禮記注疏考證一卷
　春秋左傳注疏考證二卷
　春秋公羊傳注疏考證一卷
　春秋穀梁傳注疏考證一卷
周官祿田考三卷　清沈彤撰
尚書小疏一卷　清沈彤撰
儀禮小疏八卷　清沈彤撰
春秋左傳小疏一卷　清沈彤撰
果堂集一卷　清沈彤撰
周易述二十一卷　清惠棟撰
古文尚書考二卷　清惠棟撰
春秋左傳補注六卷　清惠棟撰
九經古義十六卷　清惠棟撰
春秋正辭十一卷春秋舉例一卷春秋要指一卷　清莊存與撰
鍾山札記一卷　清盧文弨撰
龍城札記一卷　清盧文弨撰
尚書集注音疏十三卷尚書經師系表一卷　清江聲撰
尚書後案三十一卷　清王鳴盛撰
周禮軍賦說四卷　清王鳴盛撰
十駕齋養新錄三卷餘錄一卷　清錢大昕撰
潛研堂文集六卷　清錢大昕撰
四書考異三十六卷　清翟灝撰
尚書釋天六卷　清盛百二撰
讀書脞錄二卷續編二卷　清孫志祖撰
弁服釋例八卷　清任大椿撰
釋繒一卷　清任大椿撰
爾雅正義二十卷　清邵晉涵撰
宗法小記一卷　清程瑤田撰
儀禮喪服文足徵記十卷　清程瑤田撰
釋宫小記一卷　清程瑤田撰
考工創物小記四卷　清程瑤田撰
磬折古義一卷　清程瑤田撰
溝洫疆理小記一卷　清程瑤田撰
禹貢三江考三卷　清程瑤田撰
水地小記一卷　清程瑤田撰

解字小記一卷　清程瑤田撰
聲律小記一卷　清程瑤田撰
九穀考四卷　清程瑤田撰
釋草小記一卷　清程瑤田撰
釋蟲小記一卷　清程瑤田撰
禮箋三卷　清金榜撰
毛鄭詩考正四卷　清戴震撰
杲溪詩經補注二卷　清戴震撰
考工記圖二卷　清戴震撰
戴東原集二卷　清戴震撰
古文尚書撰異三十二卷　清段玉裁撰
毛詩故訓傳三十卷　清段玉裁訂
詩經小學四卷　清段玉裁撰
周禮漢讀考六卷　清段玉裁撰
儀禮漢讀考一卷　清段玉裁撰
說文解字注十五卷　清段玉裁撰
六書音均表五卷　清段玉裁撰
經韻樓集六卷　清段玉裁撰
廣雅疏證十卷　清王念孫撰　清王引之述
讀書雜誌二卷　清王念孫撰
春秋公羊通義十二卷敍一卷　清孔廣森撰
禮學卮言六卷　清孔廣森撰
大戴禮記補注十三卷　清孔廣森撰
經學卮言六卷　清孔廣森撰
溉亭述古錄二卷　清錢塘撰
羣經識小八卷　清李惇撰
經讀考異八卷　清武億撰
尚書今古文注疏三十九卷　清孫星衍撰
問字堂集一卷　清孫星衍撰
儀禮釋官九卷　清胡匡衷撰
禮經釋例十三卷　清淩廷堪撰
校禮堂文集一卷　清淩廷堪撰
劉氏遺書一卷　清劉台拱撰
述學二卷　清汪中撰
經義知新記一卷　清汪中撰
大戴禮記正誤一卷　清汪中撰
曾子注釋四卷　清阮元撰
十三經注疏校勘記二百四十八卷　清阮元撰
周易校勘記九卷畧例校勘記一卷釋文校勘記一卷
尚書校勘記二十卷釋文校勘記二卷
毛詩校勘記七卷釋文校勘記三卷
周禮校勘記十二卷釋文校勘記二卷
儀禮校勘記十七卷釋文校勘記一卷
禮記校勘記六十三卷釋文校勘記四卷
春秋左傳校勘記三十六卷釋文校勘記六卷
春秋公羊傳校勘記十一卷釋文校勘記一卷
春秋穀梁傳校勘記十二卷釋文校勘記一卷
論語校勘記十卷釋文校勘記一卷
孝經校勘記三卷釋文校勘記一卷
爾雅校勘記六卷釋文校勘記二卷
孟子校勘記十四卷音義校勘記二卷
考工記車制圖解二卷　清阮元撰
積古齋鐘鼎彝器款識二卷　清阮元撰
疇人傳九卷　清阮元撰
揅經室集七卷　清阮元撰
撫本禮記鄭注考異二卷　清張敦仁撰
易章句十二卷　清焦循撰
易通釋二十卷　清焦循撰

易圖畧八卷　清焦循撰
孟子正義三十卷　清焦循撰
周易補疏二卷　清焦循撰
尚書補疏二卷　清焦循撰
毛詩補疏五卷　清焦循撰
禮記補疏三卷　清焦循撰
春秋左傳補疏五卷　清焦循撰
論語補疏二卷　清焦循撰
周易述補四卷　清江藩撰
拜經日記八卷　清臧庸撰
拜經文集一卷　清臧庸撰
瞥記一卷　清梁玉繩撰
經義述聞二十八卷　清王引之撰
經傳釋詞十卷　清王引之撰
周易虞氏義九卷　清張惠言撰
周易虞氏消息二卷　清張惠言撰
虞氏易禮二卷　清張惠言撰
周易鄭氏義二卷　清張惠言撰
周易荀氏九家義一卷　清張惠言撰
易義別錄十四卷　清張惠言撰
五經異義疏證三卷　清陳壽祺撰
左海經辨二卷　清陳壽祺撰
左海文集二卷　清陳壽祺撰
鑑止水齋集二卷　清許宗彥撰
爾雅義疏十九卷　清郝懿行撰
春秋左傳補注三卷　清馬宗璉撰
春秋公羊經何氏釋例十卷　清劉逢祿撰
公羊春秋何氏解詁箋一卷　清劉逢祿撰
發墨守評一卷　清劉逢祿撰
穀梁廢疾申何二卷　清劉逢祿撰
左氏春秋考證二卷　清劉逢祿撰
箴膏肓評一卷　清劉逢祿撰
論語述何二卷　清劉逢祿撰
燕寢考三卷　清胡培翬撰
研六室雜著一卷　清胡培翬撰
春秋異文箋十三卷　清趙坦撰
寶甓齋劄記一卷　清趙坦撰
寶甓齋文集一卷　清趙坦撰
夏小正疏義四卷異字記一卷釋音一卷　清洪震煊撰
秋槎雜記一卷　清劉履恂撰
吾亦廬稿四卷　清崔應榴撰
論語偶記一卷　清方觀旭撰
經書算學天文考一卷　清陳懋齡撰
四書釋地辨證二卷　清宋翔鳳撰
毛詩紬義二十四卷　清李黼平撰
公羊禮說一卷　清淩曙撰
禮說四卷　清淩曙撰
孝經義疏一卷　清阮福撰
經傳考證八卷　清朱彬撰
甓齋遺稿一卷　清劉玉麐撰
說緯一卷　清王崧撰
經義叢鈔三十卷　清嚴杰輯
國朝石經考異一卷　清馮登府撰
附(以下補刻本、鴻寶齋本、點石齋本)
漢石經考異一卷　清馮登府撰
魏石經考異一卷　清馮登府撰
唐石經考異一卷　清馮登府撰
蜀石經考異一卷　清馮登府撰
北宋石經考異一卷　清馮登府撰
三家詩異文疏證二卷　清馮登府撰

經 10100112
五經旁訓十九卷　清徐立綱旁訓
清乾隆四十七年吴郡張氏匠門書屋刻本　天津　武大　安徽
易經旁訓三卷
書經旁訓二卷
詩經旁訓四卷
禮記旁訓六卷
春秋旁訓四卷

經 10100113
五經精義三十一卷　清黄淦撰
清嘉慶五至九年刻武林尊德堂印本　上海　日本東京大學
周易精義四卷首一卷　清黄淦撰
書經精義四卷首一卷末一卷古尚書序一卷　清黄淦撰
詩經精義四卷首一卷末一卷詩序一卷　清黄淦撰
禮記精義六卷首一卷　清黄淦撰
春秋精義四卷首一卷　清黄淦撰

經 10100114
七經精義三十卷　清黄淦撰
清嘉慶九至十二年寶寧堂刻本　日本東洋
清嘉慶九至十二年慈谿養正堂掃葉山房刻本　日本京都大學
清嘉慶十至十二年刻尊德堂印本　日本國會
周易精義四卷首一卷
書經精義四卷首一卷末一卷
詩經精義四卷首一卷末一卷附詩經傳序一卷
周禮精義六卷首一卷
儀禮精義不分卷補編一卷
禮記精義六卷首一卷
春秋精義四卷首一卷

經 10100115
重訂七經精義三十二卷　清黄淦撰
清嘉慶十三年刻本　國圖　清華　北師大　中科院　上海　南京
清道光十五年刻本　南京
清光緒九年掃葉山房刻本　南京
周易精義四卷首一卷
書經精義四卷首一卷末一卷
詩經精義四卷首一卷末一卷
周禮精義六卷首一卷
儀禮精義不分卷補編一卷
禮記精義六卷首一卷末一卷
春秋精義四卷首一卷

經 10100116
五經旁訓增訂精義二十一卷　清徐立綱旁訓　清竺靜甫、清竺子壽增訂　清黄淦精義
清光緒十年四明竺氏毓秀草堂刻本　上海
清狀元閣刻本　天津
易經旁訓增訂精義三卷
詩經旁訓增訂精義四卷
書經旁訓增訂精義四卷
春秋旁訓增訂精義四卷
禮記旁訓增訂精義六卷

經 10100117
錢氏四種八卷　清錢坫撰
清嘉慶七年擁萬堂刻本　國圖　中科院　上海　華東師大
民國間中國書店景印清嘉慶間擁萬堂刻本　首都　北大　清華　北師大　上海　華東師大
詩音表一卷
車制考一卷
爾雅釋地四篇注一卷
論語後錄五卷

經 10100118
蜚雲閣淩氏叢書四十卷　清淩曙撰
清嘉慶道光間江都淩氏蜚雲閣刻本　國圖　首都　北大　清華　北師大　上海　華東師大
四書典故覈八卷　清嘉慶十三年刻

春秋公羊禮疏十一卷　清嘉慶二十四年刻
公羊禮說一卷　清嘉慶二十四年刻
公羊問答二卷　清道光元年刻
春秋繁露注十七卷　清嘉慶二十年刻
禮論畧鈔一卷　清道光六年刻

經 10100119
面城樓叢刊十九卷　清曾釗撰
清嘉慶道光間南海曾氏面城樓刻本　國圖
字林七卷首一卷　晉呂忱撰　清曾釗校增　清嘉慶二十四年刻
周易虞氏義箋九卷
詩毛鄭異同辨二卷

經 10100120
味經齋遺書四十二卷　清莊存與撰
清道光間莊綬甲寶研堂刻本　國圖　北師大　上海　華東師大
清光緒八年陽湖莊氏刻本　國圖　北大　清華　北師大　中科院　上海　華東師大
彖傳論二卷　清道光八年刻
彖象論一卷　清道光八年刻
繫辭傳論二卷　清道光八年刻
八卦觀象解二卷附卦氣解一卷　清道光十八年刻
尚書既見三卷　清乾隆五十八年刻
尚書說一卷
毛詩說四卷　清道光七年刻
周官記五卷　清嘉慶八年刻道光七年補刻
周官說二卷補三卷
春秋正辭十一卷附春秋舉例一卷春秋要指一卷　清道光七年刻
樂說二卷
四書說一卷

經 10100121
經苑二百五十一卷　清錢儀吉輯
清道光咸豐間大梁書院刻同治七年王儒行等印本　首都　北大　清華　北師大　中科院　天津　上海　復旦　華東師大
清道光咸豐間大梁書院刻民國十一年補刻重印本　天津　上海
温公易說六卷　宋司馬光撰
吴園周易解九卷附錄一卷　宋張根撰
誠齋先生易傳二十卷　宋楊萬里撰
易傳燈四卷　宋徐□撰
易學濫觴一卷　元黄澤撰
敷文書說一卷　宋鄭伯熊撰
尚書精義五十卷　宋黄倫撰
洪範統一一卷　宋趙善湘撰
詩總聞二十卷　宋王質撰
呂氏家塾讀詩記三十二卷　宋呂祖謙撰
續呂氏家塾讀詩記三卷　宋戴溪撰
周官新義十六卷附考工記解二卷　宋王安石撰
儀禮集釋三十卷　宋李如圭撰
儀禮釋宮一卷　宋李如圭撰
春秋啖趙集傳纂例十卷　唐陸淳撰
春秋微旨三卷　唐陸淳撰
春秋集解十二卷　宋蘇轍撰
孝經刊誤一卷　宋朱熹撰
孝經本義二卷　明呂維祺撰
孝經或問三卷　明呂維祺撰
孝經翼一卷　明呂維祜撰
論語意原四卷　宋鄭汝諧撰
孟子外書四卷　宋熙時子(劉攽)注

讀四書叢說八卷　元許謙撰
瑟譜六卷　元熊朋來撰

經 10100122
七經偶記十四卷　清汪德鉞撰
清道光十二年汪時漣長汀木活字印本　國圖　上海
周易偶記二卷周易雜卦反對互圖一卷讀易義例一卷
尚書偶記一卷
毛詩偶記三卷
周官偶記一卷
禮經偶記一卷
禮記偶記一卷
春秋偶記二卷
論語大學偶記一卷

經 10100123
五經衷要七十二卷　清李式穀輯
清道光十年南海葉夢龍風滿樓刻本　國圖　首都　清華　上海
易經衷要十二卷
書經衷要十二卷
詩經衷要十二卷
春秋衷要六卷
禮記衷要三十卷

經 10100124
西夏經義十三卷　清何志高撰
清道光十八年刻本　首都　清華　山東　遼寧　復旦
清光緒十四年刻本　上海　南京　山東
易經本意四卷首一卷末一卷
釋詩一卷
釋書一卷
釋禮一卷
春秋大傳補說四卷

經 10100125
璜川吴氏經學叢書八十七卷　清吴志忠等輯
清道光十年寶仁堂刻本　首都　北大　清華　北師大　上海
半農先生春秋說十五卷　清惠士奇撰
詩說三卷附録一卷　清惠周惕撰
大學說一卷　清惠士奇撰
左傳杜解補正三卷　清顧炎武撰
禮說十四卷　清惠士奇撰
易說六卷　清惠士奇撰
三正考二卷　清吴鼒撰
羣經補義五卷　清江永撰
疑辯録三卷　明周洪謨撰
章水經流考一卷　清李崇禮撰
相臺書塾刊正九經三傳沿革例一卷　宋岳珂撰
道德真經集注釋文一卷　宋彭耜撰
春秋疑義二卷　清華學泉撰
懶庵先生經史論存四卷補四卷　清吴成佐撰
有竹石軒經句說二十二卷　清吴英撰

經 10100126
五經體注大全五種三十二卷　清嚴氏家塾主人輯
清道光二十年刻巾箱本　湖北
易經大全會解四卷　清來爾繩纂輯　清宋采治　清朱之澄編訂
書經體注大全合參六卷　清張聖度訂
詩經融注大全體要八卷　清沈世楷輯
潄芳軒纂禮記體注四卷　清范翔參訂
春秋左傳五十卷　晉杜預注　宋

林堯叟注釋　明鍾惺等評點

經 10100127
六蓺堂詩禮七編十六卷　清丁晏撰
清咸豐二年聊城楊以增海源閣刻本
國圖　首都　清華　北師大　上海　復旦
清枕經閣鄭琦抄本（存十一卷，清丁晏校補）　國圖
毛鄭詩釋三卷續錄一卷
鄭氏詩譜考正一卷
詩考補注二卷
詩考補遺一卷
周禮釋注二卷
儀禮釋注二卷
禮記釋注四卷

經 10100128
戴靜齋先生遺書二卷　清戴清撰
清咸豐元年儀徵劉文淇等刻本　國圖　北師大　上海　湖北
四書典故考辨一卷
羣經釋地（詩經釋地、周禮釋地、禮記釋地、春秋三傳釋地）一卷

經 10100129
胡白水所著書十一卷　清胡泉撰
清咸豐八年刻本　國圖
王陽明先生書疏證四卷
王陽明先生經說拾餘一卷
王陽明先生經說弟子記四卷
大學古本薈參一卷續編一卷

經 10100130
五經補綱七卷附二卷　清伊樂堯輯
清咸豐四年晉江黄宗漢刻本　國圖　北大　南京　上海
易五贊一卷　宋朱熹撰
朱子說書綱領一卷　宋朱熹撰
書序說一卷　宋蔡沈撰
書序注一卷　宋蔡沈撰
詩綱領一卷　宋朱熹撰
詩序辨說一卷　宋朱熹撰
春秋綱領一卷　宋胡安國撰
附
春秋左氏經傳集解後序一卷　晉杜預撰
禮記集說凡例一卷　元陳澔撰

經 10100131
十三經讀本一百二十九卷附校刊記十四卷　清丁寶楨等校並撰
清同治十一年山東書局刻本　國圖　首都　上海　復旦
周易四卷附校刊記一卷　宋朱熹本義
書經六卷附校刊記一卷　宋蔡沈集傳
詩經八卷附校刊記一卷　宋朱熹集傳
周禮六卷附校刊記一卷　漢鄭玄注　唐陸德明音義
儀禮鄭注句讀十七卷監本正誤一卷石本正誤一卷附校刊記一卷　清張爾岐撰
禮記十卷附校刊記一卷　元陳澔集說
欽定春秋左傳讀本三十卷　清英和等撰
春秋公羊傳十一卷附校刊記一卷　漢何休解詁　唐陸德明音義
春秋穀梁傳十二卷附校刊記一卷　晉范甯集解　唐陸德明音義
大學一卷附校刊記一卷　宋朱熹

章句
中庸一卷附校刊記一卷　宋朱熹章句
論語十卷附校刊記一卷　宋朱熹集注
孟子七卷附校刊記一卷　宋朱熹集注
孝經一卷附校刊記一卷　唐玄宗李隆基注　唐陸德明音義
爾雅三卷附校刊記一卷　晉郭璞注　唐陸德明音釋

經 10100132
十三經讀本一百五十二卷　清□□編
清同治間金陵書局刻本　上海
易經八卷　宋程頤傳　清同治五年刻
易經十二卷首一卷末一卷　宋朱熹本義　清同治四年刻
書經六卷首一卷末一卷　宋蔡沈集傳　清同治五年刻
詩經八卷　宋朱熹傳　清同治五年刻
周禮六卷　漢鄭玄注　唐陸德明音義　清同治間清芬閣刻
儀禮十七卷附監本正誤一卷石本誤字一卷　漢鄭玄注　清張爾岐句讀並撰附錄　清同治七年刻
禮記十卷　元陳澔集說　清同治五年刻
春秋左傳杜注補輯三十卷首一卷　清姚培謙撰　清同治五年刻
春秋公羊經傳解詁十二卷附重刊宋紹熙公羊傳注附晉本校記一卷　漢何休撰　清道光四年揚州汪氏問禮堂刻（晉本校記）清魏彥撰　清同治二年刻
春秋穀梁傳十二卷　晉范甯撰　清同治七年刻
大學一卷　宋朱熹章句　清同治五年刻
中庸一卷　宋朱熹章句　清同治五年刻
論語十卷　宋朱熹集注　清同治五年刻
孟子七卷　宋朱熹集注　清同治五年刻
爾雅三卷　晉郭璞注　唐陸德明音義
孝經一卷　唐玄宗李隆基注　清同治七年刻

經 10100133
四經精華（增訂四經精華）三十七卷　清魏朝俊輯
清同治三年寶華樓刻本　南京
清光緒十一年魏氏古香閣刻本　清華　北師大　日本國會　日本東京
清光緒二十年學庫山房刻本　山東　日本國會　日本東京
易經精華八卷
書經精華十一卷
詩經精華十一卷
周禮精華七卷

經 10100134
愈安闕齋所著書十四卷　清汪大鈞撰
清光緒十九年錢塘汪氏刻本　上海　山東　青島
傳經表補正十三卷
經傳建立博士表一卷

經 10100135

王氏遺書三十一卷　清王朝□撰
達洤就正編本(嘉慶刻)　豫章叢書本(光緒刻,陶福履輯,無唐石經考正)
清抄本　上海
十三經遺文(十三經拾遺)
周易遺篇一卷
周易遺文一卷
夏商二易遺文一卷
書遺篇一卷
書遺句一卷
詩遺篇一卷
詩遺句一卷
石鼓釋文一卷
周禮遺官一卷
周禮遺文一卷
考工記遺職一卷
考工記遺文一卷
儀禮遺篇一卷
儀禮遺文一卷
禮記遺篇一卷
禮記遺文一卷
春秋左氏經遺文一卷
春秋左氏傳遺文一卷
春秋公羊氏經遺文一卷
春秋公羊氏傳遺文一卷
春秋穀梁氏經遺文一卷
春秋穀梁氏傳遺文一卷
論語遺篇一卷
論語遺文一卷
孝經遺章一卷
孝經遺文一卷
孟子遺篇一卷
孟子遺文一卷
爾雅遺文一卷
樂遺篇一卷
唐石經考正一卷

經 10100136
十三經札記二十二卷附十六卷　清朱亦棟撰
清光緒四年武林竹簡齋刻本　國圖　首都　北大　清華　北師大　上海　復旦　華東師大
易經札記三卷
尚書札記二卷
詩經札記二卷
周禮札記二卷
儀禮札記一卷
禮記札記二卷
左傳札記二卷
公穀札記一卷
孝經札記一卷
論語札記三卷
孟子札記二卷
爾雅札記一卷
附
羣書札記十六卷

經 10100137
孔叢伯說經五稿三十七卷附一卷　清孔廣林撰
稿本　曲阜文管
清光緒十六年山東書局刻本　國圖　首都　清華　北師大　上海　上海師大
周官肊測六卷敍錄一卷
儀禮肊測十七卷敍錄一卷
吉凶服名用篇八卷敍錄一卷
禘祫觿解篇一卷(稿本無)
明堂億一卷
附
儀禮士冠禮箋一卷

經 10100138

西園讀書記十三卷　清黄朝槐、清黄朝桂撰
抄本　國圖
荀子詩説箋一卷　清黄朝槐撰
何劭公論語義媵義一卷　清黄朝槐撰
詩書古訓補遺十卷　清黄朝桂撰
廣春秋人地名對一卷　清黄朝桂撰

經 10100139
經學志餘三十七卷　清□□撰
清抄本(佚名校)　浙江
周易卷
春秋十六卷(題何焯撰)
論語八卷
孟子六卷
大學三卷
中庸三卷

經 10100140
西園叢稿四卷　清殷欽坤撰
稿本(清徐時棟跋)　天一閣
易大傳管窺一卷
孝經訂誤一卷
大學釋疑録一卷
中庸闡微説一卷

經 10100141
張敬堂太史遺書四卷　清張錫嶸撰　清吴棠輯
清同治九年刻本　中科院　華東師大
孝經章句一卷
讀朱就正録一卷
讀朱就正録續編一卷
孝經問答一卷

經 10100142
篤志齋經解五卷　清張應譽撰
清同治十年南皮張氏刻本　國圖　清華　天津　南京上海　復旦　辭書出版社　山東大學
篤志齋周易解三卷
篤志齋春秋解二卷

經 10100143
五經備旨(增廣五經備旨、增補五經備旨萃精)四十五卷　清鄒聖脈纂輯
清光緒五年星沙韞玉山房刻本　上海
清光緒五年邵州濯纓山房刻本　湖南
清光緒十二年上海點石齋石印本　上海　復旦
清光緒十三年上海同文書局石印本(增廣五經備旨)　天津
清光緒十三年上海積山書局石印本　國圖
日本明治間樂善堂銅版印本　天津　南京
易經備旨七卷
書經備旨七卷
詩經備旨八卷
禮記全文備旨十一卷
春秋備旨十二卷

經 10100144
江都李氏所著書不分卷　清李祖望撰
清咸豐同治間手稿本　臺圖
周易集義不分卷
尚書集義不分卷
詩經集義不分卷
禮記集義不分卷
春秋左氏傳集義不分卷
五經解不分卷　清李祖望輯

經 10100145

羣經平議三十五卷　清俞樾撰
春在堂全書本(同治至光緒刻)
皇清經解續編本(光緒刻、光緒石印)
周易平議二卷
尚書平議四卷
周書平議一卷
毛詩平議四卷
周禮平議二卷
考工記世室重屋明堂考一卷
儀禮平議二卷
大戴禮記平議二卷
小戴禮記平議四卷
春秋公羊傳平議一卷
春秋穀梁傳平議一卷
春秋左傳平議三卷
春秋外傳國語平議二卷
論語平議二卷
孟子平議二卷
爾雅平議一卷

經 10100146
史伯平先生所箸書二卷　清史致準撰
清光緒間刻本　國圖　北師大　中科院　上海
尚書繹聞一卷
讀左評錄一卷

經 10100147
李氏成書四十四卷　清李文炤撰
清四爲堂刻本　北師大
周易本義拾遺六卷附周易序例一卷周易拾遺一卷
恆齋文集十二卷
周禮集傳六卷綱領一卷
春秋集傳十卷首一卷
家禮拾遺五卷附錄一卷

經 10100148
百本書齋藏書六卷　清王貞撰
清光緒十四年海陽韓氏刻本　上海
夏小正小箋四卷附揭誤
小爾雅補義一卷附正誤
弟子職詁一卷

經 10100149
丁氏叢稿六種十卷　清丁壽昌撰
稿本　上海
易經解一卷
詩經解二卷
小戴禮記解二卷
春秋左傳解一卷
春秋解一卷
說文辨通刊俗二卷

經 10100150
南海桂氏經學五卷附一卷　清桂文燦撰
清咸豐光緒間刻本　北師大　上海
鄭氏詩箋禮注異義考一卷
孝經集解一卷
潛心堂集一卷
孟子趙注考證一卷
弟子職解詁一卷
附
先考皓庭府君(桂文燦)事畧一卷　清桂壇等撰

經 10100151
經學通論五卷　清皮錫瑞撰
稿本　湖南師大
師伏堂叢書本(光緒刻)
民國間(十二年、十九年、二十年)上海商務印書館影印本　國圖　南大　復旦
易經通論一卷

書經通論一卷
詩經通論一卷
三禮通論一卷
春秋通論一卷

經 10100151
皮氏經學叢書十一卷附六卷　清皮錫瑞撰
清光緒三十三年思賢書局刻本　國圖　北師大　上海
經學通論五卷　清光緒三十三年刻
經學歷史一卷　清光緒三十二年刻
古文尚書冤詞平議二卷　清光緒二十二年刻
尚書中候疏證一卷　清光緒二十五年刻
王制箋一卷　清光緒三十四年刻
鄭志疏證八卷鄭記考證一卷
附
答臨孝存周禮難疏證一卷　清光緒二十五年刻
聖證論補評二卷　清光緒二十五年刻
六藝論疏證二卷　清光緒二十五年刻
魯禮禘祫義疏證一卷　清光緒二十五年刻

經 10100153
許氏證經異句二十七卷　清許沅輯
清光緒十一年陸嗣章抄本　南京
周易證經異句三卷
尚書證經異句一卷
僞書證經異句二卷
毛詩證經異句一卷
周禮證經異句一卷
夏小正證經異句一卷
左傳證經異句四卷外傳一卷
公羊證經異句一卷
穀梁證經異句一卷
四書證經異句四卷
爾雅證經異句七卷

經 10100154
王映樓多識錄十七卷　清王維言撰
清抄本　山東
毛詩疏證補六卷
毛詩名物狀三卷
陸疏廣證七卷
夏小正箋疏一卷

經 10100155
素隱所刻書七卷　清□□輯
清光緒十五年刻本　清華　上海
朱子儀禮釋宫一卷　宋朱熹撰
儀禮宫室圖一卷附説一卷　清張惠言撰
冕弁冠服圖一卷　清張惠言撰
冕弁冠服表一卷　清張惠霄撰
春秋列國卿大夫世系表二卷　清顧楝高撰

經 10100156
孫谿朱氏經學叢書初編三十八卷　清朱記榮輯
清光緒間吴縣朱氏槐廬刻本　首都　北師大　清華　上海
李氏易解賸義三卷　清李富孫撰　清光緒十三年刻
古易音訓二卷　宋呂祖謙撰　清宋咸熙輯　清光緒十二年刻
尚書餘論一卷　清丁晏撰　清光緒十三年刻
詩辨説一卷　宋趙悳撰　清光緒

十三年刻
饗禮補亡一卷　清諸錦撰　清光緒十三年刻
公羊逸禮考徵一卷　清陳奐撰　清光緒十二年刻
論語孔注辨僞二卷　清沈濤撰　清光緒十三年刻
讀孟質疑二卷　清施彥士撰　清光緒十三年刻
孟子時事畧一卷　清任兆麟撰　清光緒十三年刻
弟子職集解一卷　清莊述祖撰　清光緒十二年刻
九經古義十六卷　清惠棟撰　清光緒十一年刻
十三經詁答問六卷　清馮登府撰　清光緒十三年刻
斆經筆記一卷　清陳倬撰　清光緒十二年刻

經 10100157
省吾堂四種二十五卷　清蔣光弼輯
清常熟蔣氏省吾堂刻本　國圖　首都　北大　清華　北師大　上海　華東師大
石經考一卷　清萬斯同撰
五經同異三卷　清顧炎武撰
九經古義十六卷　清惠棟撰
周易本義辯證五卷　清惠棟撰

經 10100158
桐城吴先生經説三種六卷　清吴汝綸撰
清光緒三十年王恩紱等刻本　國圖　湖北
易説二卷
尚書故三卷
夏小正私箋一卷

經 10100159
十三經西學通義十三卷　清李元音撰
清光緒三十二年刻本　中科院　南京　湖北
易一卷
書一卷
詩一卷
周禮二卷
儀禮一卷
禮記一卷
春秋三傳二卷
論語一卷
孝經一卷
孟子一卷
爾雅一卷

經 10100160
懷寧馬鍾山遺書九卷　清馬徵麐撰
民國八年馬氏鉛印本　湖北
尚書篇誼正蒙四卷首一卷
毛詩鄭譜疏證一卷
四詩世次通譜一卷
儀禮先簿一卷
大學古本參誼一卷

經 10100161
經塲捷訣七種十八卷　清呂國鈞撰
清光緒十五年上海蜚英書局石印巾箱本　湖北
漢易要訣彙纂四卷
書經集句二卷
書經禹貢通考二卷
詩經集句二卷
禮記集解節要二卷
春秋題解類編四卷
文選集腋二卷

經 10100162
皇清經解輯說不分卷　清沈豫輯
稿本　清華
皇清四書經解輯說
皇清兩廢經解輯說
皇清孟子經解彙纂
皇清周禮經解彙纂
皇清儀禮經解彙纂
皇清經解萃菁
經義叢鈔
春秋大事表

經 10100163
皇清經解續編一千四百三十卷　王先謙輯
清光緒十四年南菁書院刻本　國圖　首都　北大　中科院　上海
清光緒十五年上海蜚英館石印本　國圖　首都　上海
九經誤字一卷　清顧炎武撰
周易稗疏四卷　清王夫之撰
詩經稗疏四卷　清王夫之撰
春秋稗疏二卷　清王夫之撰
四書稗疏三卷　清王夫之撰
春秋占筮書三卷　清毛奇齡撰
續詩傳鳥名三卷　清毛奇齡撰
白鷺洲主客說詩一卷　清毛奇齡撰
郊社禘祫問一卷　清毛奇齡撰
大小宗通繹一卷　清毛奇齡撰
孝經問一卷　清毛奇齡撰
禮記偶箋三卷　清萬斯大撰
尚書古文疏證九卷(原缺卷三)　清閻若璩撰
易圖明辨十卷　清胡渭撰
春秋長曆十卷　清陳厚耀撰
儀禮釋宫增注一卷　清江永撰
儀禮釋例一卷　清江永撰
禮記訓義擇言八卷　清江永撰
春秋大事表六十六卷輿圖一卷　清顧棟高撰
天子肆獻祼饋食禮纂二卷　清任啓運撰
朝廟宫室考竝圖一卷附田賦考　清任啓運撰
易例二卷　清惠棟撰
易漢學八卷　清惠棟撰
明堂大道録八卷　清惠棟撰
禘說二卷　清惠棟撰
晚書訂疑三卷　清程廷祚撰
卦氣解一卷　清莊存與撰
周官記五卷　清莊存與撰
周官說二卷　清莊存與撰
周官說補三卷　清莊存與撰
儀禮管見十七卷　清褚寅亮撰
爾雅補郭二卷　清翟灝撰
鄭氏儀禮目録校證一卷　清胡匡衷撰
深衣釋例三卷　清任大椿撰
詩聲類十二卷詩聲分例一卷　清孔廣森撰
經傳小記一卷　清劉台拱撰
國語補校一卷　清劉台拱撰
逸周書雜誌四卷　清王念孫撰
爾雅古義二卷　清錢坫撰
爾雅釋地四篇注一卷　清錢坫撰
車制考一卷　清錢坫撰
羣經義證八卷　清武億撰
釋服二卷　清宋綿初撰
孟子四考四卷　清周廣業撰
孟子逸文考一卷
孟子異本考一卷
孟子古注考一卷
孟子出處時地考一卷
毛詩考證四卷　清莊述祖撰

毛詩周頌口義三卷　清莊述祖撰
五經小學述二卷　清莊述祖撰
詩書古訓十卷　清阮元撰
春秋左傳詁二十卷　清洪亮吉撰
左通補釋三十二卷　清梁履繩撰
周易述補五卷　清李林松撰
易圖條辨一卷　清張惠言撰
虞氏易事二卷　清張惠言撰
虞氏易言二卷　清張惠言撰
虞氏易候一卷　清張惠言撰
儀禮圖六卷　清張惠言撰
讀儀禮記二卷　清張惠言撰
書序述聞一卷　清劉逢禄撰
尚書今古文集解三十卷附校勘記一卷　清劉逢禄撰（校勘記）清劉葆楨、清劉翰藻撰
卦本圖考一卷　清胡秉虔撰
尚書大傳輯校三卷　清陳壽祺撰
禹貢鄭注釋二卷　清焦循撰
羣經宫室圖二卷　清焦循撰
隸經文四卷　清江藩撰
說文聲類十六卷聲類出入表一卷　清嚴可均撰
周易考異二卷　清宋翔鳳撰
尚書畧說二卷　清宋翔鳳撰
尚書譜一卷　清宋翔鳳撰
大學古義說二卷　清宋翔鳳撰
論語說義十卷　清宋翔鳳撰
孟子趙注補正六卷　清宋翔鳳撰
小爾雅訓纂六卷　清宋翔鳳撰
過庭録五卷　清宋翔鳳撰
毛詩傳箋通釋三十二卷　清馬瑞辰撰
毛詩後箋三十卷　清胡承珙撰　清陳奂補
儀禮古今文疏義十七卷　清胡承珙撰
讀書叢録一卷　清洪頤煊撰
爾雅匡名二十卷　清嚴元照撰
周官故書考四卷　清徐養原撰
儀禮今古文異同疏證五卷　清徐養原撰
論語魯讀致一卷　清徐養原撰
頑石廬經說十卷　清徐養原撰
周禮學二卷　清王聘珍撰
儀禮學一卷　清王聘珍撰
易經異文釋六卷　清李富孫撰
詩經異文釋十六卷　清李富孫撰
春秋左傳異文釋十卷　清李富孫撰
春秋公羊傳異文釋一卷　清李富孫撰
春秋穀梁傳異文釋一卷　清李富孫撰
夏小正分箋四卷　清黄模撰
夏小正異義二卷　清黄模撰
春秋左氏古義六卷　清臧壽恭撰
春秋左氏傳補注十二卷　清沈欽韓撰
春秋左氏傳地名補注十二卷　清沈欽韓撰
儀禮經注疏正譌十七卷　清金曰追撰
周易虞氏畧例一卷　清李鋭撰
論語孔注辨僞二卷　清沈濤撰
國語發正二十一卷　清汪遠孫撰
說文諧聲譜九卷　清張成孫撰
春秋穀梁傳時月日書法釋例四卷　清許桂林撰
求古録禮說十五卷補遺一卷　清金鶚撰
鄉黨正義一卷　清金鶚撰
說文解字音均表十七卷首一卷　清江沅撰
儀禮正義四十卷　清胡培翬撰

清楊大堉補
禘祫問答一卷　清胡培翬撰
實事求是齋經義二卷　清朱大韶撰
十三經詁答問六卷　清馮登府撰
左傳舊疏考正八卷　清劉文淇撰
春秋朔閏異同二卷　清羅士琳撰
春秋左傳賈服注輯述二十卷　清李貽德
喪禮經傳約一卷　清吳卓信撰
詩毛氏傳疏三十卷　清陳奐撰
釋毛詩音四卷　清陳奐撰
毛詩説一卷　清陳奐撰
毛詩傳義類一卷　清陳奐撰
鄭氏箋考徵一卷　清陳奐撰
公羊逸禮考徵一卷　清陳奐撰
周禮注疏小箋五卷　清曾釗撰
大戴禮注補十三卷　清汪照撰
癸巳類稿六卷　清俞正燮撰
癸巳存稿四卷　清俞正燮撰
尚書餘論一卷　清丁晏撰
禹貢錐指正誤一卷　清丁晏撰
詩譜攷正一卷　清丁晏撰
孝經徵文一卷　清丁晏撰
齊詩翼氏學四卷　清迮鶴壽撰
公羊禮疏十一卷　清淩曙撰
公羊問答二卷　清淩曙撰
春秋繁露注十七卷　清淩曙撰
周易姚氏學十六卷　清姚配中撰
春秋公羊傳曆譜十一卷　清包慎言撰
論語古注集箋二十卷　清潘維城撰
虞氏易消息圖説一卷　清胡祥麟撰
大誓答問一卷　清龔自珍撰
春秋決事比一卷　清龔自珍撰
輪輿私箋二卷附圖一卷　清鄭珍撰　清鄭知同繪圖
儀禮私箋八卷　清鄭珍撰
巢經巢經説一卷　清鄭珍撰
禹貢圖一卷　清陳灃撰
東塾讀書記十卷　清陳灃撰
春秋古經説二卷　清侯康撰
穀梁禮證二卷　清侯康撰
説文聲讀表七卷　清苗夔撰
學禮管釋十八卷　清夏炘撰
開有益齋經説五卷　清朱緒曾撰
穀梁大義述三十卷　清柳興恩撰
春秋釋一卷　清黄式三撰
考工記考辨八卷　清王宗涑撰
逸周書集訓校釋十卷逸文一卷　清朱右曾撰
詩地理徵七卷　清朱右曾撰
喪服會通説四卷　清吳嘉賓撰
讀儀禮錄一卷　清曾國藩撰
論語正義二十四卷　清劉寶楠撰　清劉恭冕述
釋穀四卷　清劉寶楠撰
今文尚書經説考三十八卷　清陳喬樅撰
尚書歐陽夏侯遺説考一卷　清陳喬樅撰
三家詩遺説考　清陳壽祺撰　清陳喬樅述
　魯詩遺説考二十卷
　齊詩遺説考十二卷
　韓詩遺説考十七卷
毛詩鄭箋改字説四卷　清陳喬樅撰
詩經四家異文考五卷　清陳喬樅撰
齊詩翼氏學疏證二卷　清陳喬樅撰
禮堂經説二卷　清陳喬樅撰
禮記鄭讀考六卷　清陳壽祺撰　清陳喬樅述
爾雅經注集證三卷　清龍啓瑞撰
公羊義疏七十六卷　清陳立撰
白虎通疏證十二卷　清陳立撰

禮經通論一卷　清邵懿辰撰
周易爻辰申鄭義一卷　清何秋濤撰
禹貢鄭氏畧例一卷　清何秋濤撰
書古微十二卷　清魏源撰
詩古微十七卷　清魏源撰
讀書偶識十卷附一卷　清鄒漢勛撰
劉貴陽經說一卷　清劉書年撰
穀梁補注二十四卷　清鍾文烝撰
周易舊疏考正一卷　清劉毓崧撰
尚書舊疏考正一卷　清劉毓崧撰
讀易漢學私記一卷　清陳壽熊撰
孟子音義考證二卷　清蔣仁榮撰
達齋叢說一卷　清俞樾撰
周易互體徵一卷　清俞樾撰
九族考一卷　清俞樾撰
詩名物證古一卷　清俞樾撰
士昏禮對席圖一卷　清俞樾撰
禮記異文箋一卷　清俞樾撰
禮記鄭讀考一卷　清俞樾撰
玉佩考一卷　清俞樾撰
鄭君駁正三禮考一卷　清俞樾撰
春秋名字解詁補義一卷　清俞樾撰
論語鄭義一卷　清俞樾撰
續論語駢枝一卷　清俞樾撰
羣經平議三十五卷　清俞樾撰
周易平議二卷
尚書平議四卷
周書平議一卷
毛詩平議四卷
周禮平議二卷
考工記世室重屋明堂考一卷
儀禮平議二卷
大戴禮記平議二卷
小戴禮記平議四卷
春秋公羊傳平議一卷
春秋穀梁傳平議一卷
春秋左傳平議三卷
春秋外傳國語平議二卷
論語平議二卷
孟子平議二卷
爾雅平議一卷
古書疑義舉例七卷　清俞樾撰
禹貢說一卷　清倪文蔚撰
周易釋爻例一卷　清成蓉鏡撰
尚書曆譜二卷　清成蓉鏡撰
禹貢班義述三卷　清成蓉鏡撰
春秋日南至譜一卷　清成蓉鏡撰
何休注訓論語述一卷　清劉恭冕撰
禮記天算釋一卷　清孔廣牧撰
先聖生卒年月日考二卷　清孔廣牧撰
禮說畧三卷　清黄以周撰
經說畧二卷　清黄以周撰
漢孳室文鈔二卷　清陶方琦撰
昏禮重別論對駁義二卷　清劉壽曾撰
隸經賸義一卷　清林兆豐撰
毛詩譜一卷　漢鄭玄撰　清胡元儀輯
駁春秋名字解詁一卷　清胡元玉撰
經述三卷　清林頤山撰

經 10100164
十三經漢注四十卷　清王仁俊輯
稿本　上海
易京氏章句一卷　漢京房撰
易下邳傳甘氏義一卷　漢甘容撰
易彭氏義一卷　漢彭宣撰
易賈氏義一卷　漢賈誼撰
易劉氏義一卷　漢劉向撰
易王氏義一卷　漢王充撰
易魯氏義一卷　漢魯恭撰
易賈氏注一卷　漢賈逵撰
易鄭司農注一卷　漢鄭衆撰

書古文訓一卷　漢賈逵撰
書古文同異一卷　漢賈逵撰
書古文訓旨一卷　漢衛宏撰
毛詩先鄭義一卷　漢鄭衆撰
魯詩韋氏義一卷　漢韋元成撰
韓詩趙氏義一卷　漢趙煜撰
周禮班氏義一卷　漢班固撰
儀禮班氏義一卷　漢班固撰
月令蔡氏章句一卷　漢蔡邕撰
春秋三家經本訓詁一卷　漢賈逵撰
春秋釋痾駁一卷　漢何休撰
春秋漢議一卷　漢何休撰
春秋公羊嚴氏義一卷　漢嚴彭祖撰
春秋公羊貢氏義一卷　漢貢禹撰
春秋公羊眭氏義一卷　漢眭生撰
春秋公羊鄭氏義一卷　漢鄭玄撰
春秋穀梁劉氏義一卷　漢劉向撰
左傳延氏注一卷　漢延篤撰
春秋左傳許氏義一卷　漢許慎撰
春秋左傳鄭氏義一卷　漢鄭玄撰
孝經馬氏注一卷　漢馬融撰
論語包注一卷　漢包咸撰
論語孔氏注一卷　漢孔安國撰
論語鄭氏注一卷　漢鄭玄撰
論語何氏注一卷　漢何休撰
孟子鄭氏注一卷　漢鄭玄撰
孟子劉氏注一卷　漢劉熙撰
爾雅舍人注一卷　漢郭舍人撰
爾雅許氏義一卷　漢許慎撰
爾雅鄭氏注一卷　漢鄭玄撰
爾雅李氏注一卷　漢李巡撰

經 10100165
四益館經學叢書八卷　廖平撰
清光緒十二年成都刻本　首都　北師大　上海
何氏公羊解詁三十論三卷
春秋左傳古義凡例一卷
今古學考二卷
六書舊義一卷
分撰兩戴記章句凡例一卷

經 10100166
七經講義九卷　潘任輯
清宣統元年江南高等學堂鉛印本　國圖　上海　湖北
周易一卷
尚書一卷
詩經一卷
春秋一卷
周禮三卷
儀禮二卷

經 10100167
希鄭堂叢書(潘氏叢書)十二卷　清潘任撰輯
清光緒二十年木活字印本　國圖　北大　清華　中科院　上海
鄭君粹言三卷　清潘任輯
說文粹言疏證二卷
博約齋經說三卷
孝經鄭注考證一卷
周禮劄記一卷
雙桂軒答問一卷
希鄭堂經義一卷

經 10100168
讀書堂叢刻五十四卷　簡朝亮撰
清光緒至民國間刻本　上海
尚書集注三十二卷首一卷末二卷附答問一卷
論語集注補正述疏十卷首一卷附答問一卷
孝經集注述疏一卷附答問一卷

禮記子思子言鄭注補正四卷

經 10100169
十三經讀本二百七十二卷　唐文治輯
民國十三年吴江施肇曾醒園刻本　國圖　清華　上海　復旦　華東師大
十三經提綱十三卷　唐文治撰
周易讀本四卷　宋朱熹本義
附
周易故訓訂一卷　清黄以周撰
周易注疏賸本一卷　清黄以周撰
尚書讀本十卷逸文二卷　漢馬融、漢鄭玄注　宋王應麟撰集　清孫星衍補集　(逸文)清江聲撰集　清孫星衍補訂
附
尚書約注四卷　清任啓運撰
洪範大義三卷　唐文治撰
詩經讀本二十卷　漢毛亨傳　漢鄭玄箋　唐陸德明音義
附
陳東塾先生讀詩日錄一卷　清陳澧撰
周禮讀本六卷　漢鄭玄注　唐陸德明音義
儀禮讀本十七卷附監本正誤一卷石本誤字一卷　漢鄭玄注　清張爾岐句讀並撰附錄
禮記讀本二十卷　漢鄭玄注
附
撫本禮記鄭注考異二卷　清張敦仁撰
禮記經注校證二卷　王祖畬撰
大學一卷　宋朱熹章句
中庸一卷　宋朱熹章句
大學大義一卷　唐文治撰
中庸大義一卷　唐文治撰
春秋左傳讀本三十卷　清英和等撰
春秋公羊傳讀本十二卷　漢何休解詁　唐陸德明音義
附
重刊宋紹熙公羊傳注附音本校記一卷　清魏彥撰
春秋穀梁傳讀本十二卷　晉范甯集解　唐陸德明音義
附
余仁仲萬卷堂穀梁傳考異一卷　楊守敬撰
論語讀本十卷附校語一卷　宋朱熹集注　王祖畬撰校
附
論語大義定本二十卷　唐文治撰
孝經讀本四卷　明黄道周集傳
附
孝經大義一卷附錄一卷　唐文治撰
爾雅讀本十一卷　晉郭璞注　唐陸德明音義　宋邢昺疏
孟子讀本十四卷附校語一卷　宋朱熹集注　王祖畬撰校
附
讀孟隨筆二卷　王祖畬撰
孟子大義十四卷　唐文治撰
十三經讀本評點劄記四十五卷　唐文治輯

文字音義之屬

經 10100170
十一經音訓　清楊國楨等編
清道光十一年崇陽楊國楨大梁書院刻本　北大
清道光十一年刻光緒十六年吴重熹補刻本　北大
清光緒三年崇文書局刻本　國圖　北

大　清華　北師大　復旦
易經音訓不分卷
書經音訓不分卷
詩經音訓不分卷
周禮音訓不分卷
儀禮音訓不分卷
禮記音訓不分卷
春秋左傳音訓不分卷
春秋公羊傳音訓不分卷
春秋穀梁傳音訓不分卷
孝經音訓不分卷
爾雅音訓不分卷

附　錄

緯書之屬

經 10100171
古微書　明孫瑴輯
清嘉慶十七年禹航陳世望對山問月樓刻本
清光緒十四年刻本
清光緒二十一年上海鴻文書局石印本
尚書緯
尚書考靈曜二卷
尚書帝命驗一卷
尚書中候一卷
尚書五行傳
尚書璿璣鈐
尚書刑德放
尚書運期授
尚書帝驗期
中候握河紀
中候考河命
中候擿洛戒
中候雜篇
中候運行
中候洛予命
中候擿洛戒
中候儀明篇
中候敕省圖
中候稷起
中候準讖哲
附
洪範緯　（以上合一卷）
春秋緯
春秋元命包二卷
春秋演孔圖
春秋合誠圖　（以上合一卷）
春秋文耀鉤
春秋運斗樞　（以上合一卷）
春秋感精符
春秋考異郵　（以上合一卷）
春秋潛潭巴
春秋説題辭　（以上合一卷）
春秋漢含孳
春秋佐助期
春秋保乾圖
春秋握誠圖
春秋内事　（以上合一卷）
春秋命曆序一卷
易緯
易通卦驗
易坤靈圖
易稽覽圖　（以上合二卷）
易通統圖
易統驗玄圖
易河圖數
易筮類謀
易九厄讖
易雜緯
易辨終備
易萌氣樞
易中孚傳

易運期　(以上合一卷)
禮緯
禮含文嘉一卷
禮稽命徵一卷
禮斗威儀一卷
樂緯
樂叶圖徵一卷
樂動聲儀一卷
樂稽耀嘉一卷
詩緯
詩含神霧一卷
詩推度災
詩泛曆樞　(以上合一卷)
論語緯
論語比考讖
論語譔考
論語陰嬉讖　(以上合一卷)
論語摘輔象
論語摘衰聖　(以上合一卷)
孝經緯
孝經援神契三卷
孝經鉤命訣
孝經中契
孝經左契
孝經右契
孝經威嬉拒　(以上合一卷)
孝經内事圖一卷
河圖緯
河圖括地象
河圖始開圖
河圖絳象　(以上合一卷)
河圖稽耀鉤
河圖帝覽禧
河圖挺佐輔
河圖握矩記
河圖雜緯篇
河圖祕徵
河圖帝通紀
河圖著命
河圖真紀鉤
河圖要元篇
河圖考靈曜
河圖提劉篇
河圖稽命徵
河圖會昌符　(以上合一卷)
河圖玉版
龍魚河圖　(以上合一卷)
雒書緯
雒書靈準聽一卷
洛書甄曜度
洛書摘六辟
洛書錄運法
河洛讖
孔子河洛讖
錄運期讖
甄曜度讖　(以上合一卷)

經 10100172
緯書七十卷　清殷元正輯　清陸明睿增訂
清觀我生齋抄本(张锡恭批)　上海
河圖帝系譜一卷
河圖玉版一卷
河圖挺佐輔一卷
河圖帝視萌一卷
河圖始開圖一卷
河圖稽命徵一卷
河圖握矩紀一卷
河圖闓苞受一卷
河圖括地象一卷
河圖絳象(河圖緯象)一卷
河圖考鉤一卷
河圖八丈一卷
河圖皇參持一卷

龍魚河圖一卷
河圖叶光篇一卷
河圖帝覽嬉一卷
河圓帝通紀一卷
河圖稽耀鉤一卷
河圖考靈曜一卷
河圖真紀鉤一卷
河圖提劉一卷
河圖合古篇(河圖令占篇)一卷
河圖赤伏符一卷
河圖會昌符一卷
河圖錄運法一卷
河圖祕徵篇一卷
河圖要元篇一卷
河圖聖洽一卷
河圖一卷
河圖龍文一卷
雒書甄曜度一卷
雒書摘六辟一卷
雒書靈準聽一卷
雒書寶予命一卷
雒書錄運期一卷
雒書說禾(洛書說河)一卷
雒書兵鈐一卷
雒書一卷
易緯坤靈圖一卷
易緯稽覽圖一卷
易緯通卦驗一卷
易緯是類謀(易緯筮謀類)一卷
易緯辨終備一卷
易緯萌氣樞一卷
易緯天人應一卷
易緯乾元序制記一卷
易緯一卷
尚書璿璣鈐一卷
尚書考靈耀一卷
尚書刑德放一卷
尚書帝命驗(尚書帝命期、尚書帝驗期、尚書帝命驗期、尚書令命驗)一卷
尚書運期授一卷
尚書緯一卷
詩緯推度災一卷
詩緯紀曆樞(詩緯汎曆樞、詩緯汜曆樞、詩緯記曆樞)一卷
詩緯含神霧一卷
詩緯含文候一卷
詩緯一卷
禮緯含文嘉一卷
禮緯稽命徵一卷
禮緯斗威儀一卷
禮緯元命包一卷
禮緯一卷
樂緯動聲儀一卷
樂緯稽耀嘉一卷
樂緯叶圖徵一卷
樂緯一卷
春秋孔演圖一卷
春秋元命苞二卷

經 10100173
讖緯書十七種不分卷　清殷元正輯　清陸明睿增訂
清抄本　中山大學
易緯
尚書緯
詩緯
禮緯
樂緯
春秋緯
孝經緯
河圖緯
雒書緯
易讖

詩讖
春秋讖
禮讖
孝經讖
論語讖
雒讖
重文標目

經 10100174
七緯三十八卷　清趙在翰輯
清嘉慶十四年侯官趙氏小積石山房刻本
易緯
易乾坤鑿度一卷
易乾鑿度一卷　漢鄭玄注
易稽覽圖一卷　漢鄭玄注
易辨終備一卷　漢鄭玄注
易乾元序制記一卷　漢鄭玄注
易通卦驗一卷　漢鄭玄注
易是類謀一卷　漢鄭玄注
易坤靈圖一卷　漢鄭玄注
尚書緯
尚書琁樓鈐一卷附補遺
尚書考靈曜一卷附補遺
尚書刑德放一卷附補遺
尚書帝命驗一卷
尚書運期授附補遺
尚書緯附錄附補遺　(以上合一卷)
詩緯
詩推度災一卷附補遺
詩汎曆樞一卷附補遺
詩含神霧附補遺
詩緯附錄附補遺　(以上合一卷)
禮緯
禮含文嘉一卷附補遺
體稽命徵一卷附補遺
禮斗威儀附補遺
禮緯附錄附補遺　(以上合一卷)
樂緯
樂動聲儀一卷附補遺
樂稽耀嘉一卷附補遺
樂叶圖徵附補遺
樂緯附錄附補遺　(以上合一卷)
春秋緯
春秋演孔圖一卷附補遺
春秋元命苞一卷附補遺
春秋文耀鉤一卷附補遺
春秋運斗樞一卷附補遺
春秋感精符一卷附補遺
春秋合誠圖一卷附補遺
春秋考異郵一卷附補遺
春秋保乾圖一卷附補遺
春秋漢含孳一卷附補遺
春秋佐助期一卷附補遺
春秋握誠圖一卷
春秋潛潭巴一卷附補遺
春秋說題辭附補遺
春秋緯附錄附補遺　(以上合一卷)
孝經緯
孝經援神契一卷附補遺
孝經鉤命決附補遺
孝經緯附錄附補遺　(以上合一卷)
敍錄敍目一卷

經 10100175
七緯拾遺不分卷　清顧觀光輯
清道光間稿本　上海

經 10100176
諸經緯遺一卷　清劉學寵輯
青照堂叢書本(道光刻)

易川靈圖
易通卦驗
尚書旋璣鈐
尚書帝命期
尚書考靈耀
尚書中候
詩含神霧
詩紀曆圖
春秋元命苞
春秋運斗樞
春秋文曜鉤
春秋合誠圖
春秋孔演圖
春秋說題辭
春秋感精符
春秋潛潭巴
春秋佐助期
春秋緯
禮稽命徵
禮含文嘉
禮斗威儀
大戴禮逸
樂稽耀嘉
孝經援神契
孝經鉤命決
孝經左契
孝經右契
孝經內事
龍魚河圖
河圖括地象
河圖稽命徵
河圖稽耀鉤
河圖始開圖
洛書甄耀度
遁甲開山圖
易飛候　漢京房撰
易洞林　晉郭璞撰
春秋後語　晉孔衍撰
五經析疑　三國魏邯鄲綽撰
五經通義　漢劉向撰

經 10100177
緯捃十四卷首一卷　清喬松年輯　清喬廷槐彙訂
清光緒三年喬氏彊恕堂刻本　國圖　北大　中科院　湖北
山右叢書初編本(民國鉛印)
易緯一卷
尚書緯二卷
詩緯一卷
春秋緯二卷
禮緯一卷
樂緯一卷
孝經緯一卷
論語緯一卷
河圖緯一卷
雒書緯一卷
古微書訂誤一卷
古微書存考一卷

易類

正文之屬

經 10200178
周易九卷畧例一卷 (畧例)三國魏王弼撰
唐開成石壁十二經本(民國刻)
唐開成二年刻石清麐氏半畝園嫏嬛妙境拓印本 北大 復旦 南京

經 10200179
周易不分卷 □□輯
巾箱八經本(宋刻遞修、民國影印)
五經本(弘治刻、嘉靖刻)
五經白文本(明刻) 國圖 上海
十三經本(明吴勉學刻) 國圖 北大
古香齋袖珍十種本(内府刻、南海孔氏重刻,古香齋五經)
清光緒間刻本 國圖 上海

經 10200180
魁本大字評音句讀周易二卷 元□□音讀
元至正十二年梅隱書堂刻本 國圖
日本延寶七年羅浮山夕顏巷刻新板五經本 北大

經 10200181
周易二卷 明□□輯
明刻本 保定

經 10200182
周易三卷 明□□輯
明刻藍印本 國圖

經 10200183
周易三卷 明□□輯
明刻本 復旦

經 10200184
周易三卷 明秦鏷訂正
九經本(崇禎刻、清逸文堂刻、心逸齋刻、觀成堂印)

經 10200185
周易四卷 明□□輯
明莊襗刻本 國圖

經 10200186
新刊校正音釋周易四卷 明□□校正
明刻本 中醫科學院

經 10200187
周易句讀讀本四卷 清周世金點
清嘉慶二十四年和義堂周氏家刻本 國圖 北師大 南京
清道光元年長碧堂刻本 上海
清同治間湖南衡山和義堂周氏家刻本 國圖 上海 南京 四川 山東
清刻朱墨套印本 遼寧

經 10200188
篆文周易十卷 明陳鳳梧篆書
篆文六經本(嘉靖刻)

經 10200189
篆文周易不分卷 清張照校
篆文六經四書本(雍正内府刻、光緒影印、民國影印)

經 10200190

易經背錄二卷　清鄭燮書
影印稿本　南京

經 10200191
张惠言手抄易經二卷　清張惠言書
清抄本　國圖

經 10200192
翻譯易經(滿漢對照)四卷　清□□譯
清乾隆三年刻本　上海
清乾隆三十年後武英殿刻本　北大

經 10200193
翻譯易經(滿漢對照)二卷　清□□譯
清乾隆三十年後抄本　北大

傳說之屬

經 10200194
子夏易傳(稽古堂訂正子夏易傳)十一卷　題周卜商撰
明末刻本　國圖
稽古堂新全雋羣書祕簡本(明末刻,稽古堂訂正子夏易傳)
通志堂經解本(康熙刻、同治刻、日本文化刻)
四庫全書本(乾隆寫)
學津討原本(嘉慶刻、民國影印)

經 10200195
子夏易傳一卷　題周卜商撰　清孫馮翼輯　清臧庸述
問經堂叢書本(嘉慶刻)

經 10200196
周易子夏傳一卷　題周卜商撰　清張惠言輯
張皋文箋易詮全集本(嘉慶道光刻,易義別錄)
易義別錄本(道光刻、道光張成孫抄、光緒重刻)
皇清經解本(道光刻、咸豐補刻、鴻寶齋石印、點石齋石印,易義別錄)

經 10200197
子夏易傳一卷　題周卜商撰　清孫堂輯
漢魏二十一家易注本(嘉慶刻)

經 10200198
子夏易傳一卷　題周卜商撰　清張澍輯
二酉堂叢書本(道光刻)

經 10200199
周易子夏傳二卷　題周卜商撰　清馬國翰輯
玉函山房輯佚書本(同治皇華館刻、光緒李氏印、光緒娜嬛館刻、光緒楚南書局刻)

經 10200200
子夏易傳一卷　題周卜商撰　清黄奭輯
漢學堂叢書本(道光刻光緒印)
黄氏逸書考本(道光刻王鑒修補、朱長圻補刻)

經 10200201
周易史氏義一卷　題周史默撰　清王仁俊輯
玉函山房輯佚書續編本(稿本)

經 10200202
周易黄氏義一卷　題周黄歇撰　清王仁俊輯
玉函山房輯佚書續編本(稿本)

經 10200203
周易呂氏義一卷　秦呂不韋撰　清王仁俊輯
玉函山房輯佚書續編本(稿本)

經 10200204
周易丁氏傳二卷　漢丁寬撰　清馬國翰輯
玉函山房輯佚書本(同治皇華館刻、光緒李氏印、光緒嫏嬛館刻、光緒楚南書局刻)

經 10200205
周易賈氏義一卷　漢賈誼撰　清王仁俊輯
十三經漢注本(稿本)　上海
玉函山房輯佚書續編本(稿本)

經 10200206
蔡氏易說一卷　漢蔡景君撰　清馬國翰輯
玉函山房輯佚書本(同治皇華館刻、光緒李氏印、光緒嫏嬛館刻、光緒楚南書局刻)

經 10200207
周易韓氏傳二卷　漢韓嬰撰　清馬國翰輯
玉函山房輯佚書本(同治皇華館刻、光緒李氏印、光緒嫏嬛館刻、光緒楚南書局刻)

經 10200208
周易古五子傳一卷　漢□□撰　清馬國翰輯
玉函山房輯佚書本(同治皇華館刻、光緒李氏印、光緒嫏嬛館刻、光緒楚南書局刻)

經 10200209
周易董氏義一卷　漢董仲舒撰　清王仁俊輯
玉函山房輯佚書補編本(稿本)

經 10200210
周易淮南九師道訓一卷　漢劉安撰　清馬國翰輯
玉函山房輯佚書本(同治皇華館刻、光緒李氏印、光緒嫏嬛館刻、光緒光緒楚南書局刻)

經 10200211
淮南子周易古義二卷補佚一卷　胡兆鸞輯
清末至民國初抄本　國圖
抄本　中科院
抄本　山東

經 10200212
易下邳傳甘氏義一卷　漢甘容撰　清王仁俊輯
十三經漢注本(稿本)　上海
玉函山房輯佚書續編本(稿本)

經 10200213
費氏易一卷　漢費直撰　清馬國翰輯
玉函山房輯佚書本(同治皇華館刻、光緒李氏印、光緒嫏嬛館刻、光緒楚南書局刻)

經 10200214
費氏古易訂文十二卷　漢費直撰　王樹枏輯
清光緒十七年文莫室刻本　國圖　上

海　山東　遼寧

清光緒十七年四川青神刻本　天津　湖北　南京　四川

陶廬叢刻本（清末民國初刻）

經 10200215

周易施氏章句一卷　漢施讎撰　清馬國翰輯

玉函山房輯佚書本（同治皇華館刻、光緒李氏印、光緒嫏嬛館刻、光緒楚南書局刻）

經 10200216

周易章句一卷　漢孟喜撰　清王謨輯

漢魏遺書鈔本（嘉慶刻）

經 10200217

周易孟氏一卷　漢孟喜撰　清張惠言輯

張皋文箋易詮全集本（嘉慶道光刻，易義別錄）

易義別錄本（道光刻、道光張成孫抄、光緒重刻）

皇清經解本（道光刻、咸豐補刻、鴻寶齋石印、點石齋石印，易義別錄）

經 10200218

周易章句一卷　漢孟喜撰　清孫堂輯

漢魏二十一家易注本（嘉慶刻）

經 10200219

周易孟氏章句二卷　漢孟喜撰　清馬國翰輯

玉函山房輯佚書本（同治皇華館刻、光緒李氏印、光緒嫏嬛館刻、光緒楚南書局刻）

經 10200220

易章句一卷　漢孟喜撰　清黄奭輯

漢學堂叢書本（道光刻光緒印）

黄氏逸書考本（道光刻王鑒修補、朱長圻補刻）

經 10200221

周易梁丘氏章句一卷　漢梁丘賀撰　清馬國翰輯

玉函山房輯佚書本（同治皇華館刻、光緒李氏印、光緒嫏嬛館刻、光緒楚南書局刻）

經 10200222

周易章句一卷　漢京房撰　清孫堂輯

漢魏二十一家易注本（嘉慶刻）

經 10200223

周易京氏章句一卷　漢京房撰　清馬國翰輯

玉函山房輯佚書本（同治皇華館刻、光緒李氏印、光緒嫏嬛館刻、光緒楚南書局刻）

經 10200224

易章句一卷　漢京房撰　清黄奭輯

漢學堂叢書本（道光刻光緒印）

黄氏逸書考本（道光刻王鑒修補、朱長圻補刻）

經 10200225

周易京氏章句一卷　漢京房撰　清王仁俊輯

十三經漢注本（稿本）　上海

玉函山房輯佚書續編本（稿本）

經 10200226

周易京氏一卷　漢京房撰　清張惠言輯

張臯文箋易詮全集本(嘉慶道光刻,易義别録)
易義别録本(道光刻、道光張成孫抄、光緒重刻)
皇清經解本(道光刻、咸豐補刻、鴻寶齋石印、點石齋石印,易義别録)

經 10200227
周易劉氏義一卷　漢劉向撰　清王仁俊輯
十三經漢注本(稿本)　上海
玉函山房輯佚書續編本(稿本)

經 10200228
周易彭氏義一卷　漢彭宣撰　清王仁俊輯
十三經漢注本(稿本)　上海
玉函山房輯佚書續編本(稿本)

經 10200229
周易鄭司農注一卷　漢鄭衆撰　清王仁俊輯
十三經漢注本(稿本)　上海
玉函山房輯佚書續編本(稿本)

經 10200230
周易王氏義一卷　漢王充撰　清王仁俊輯
十三經漢注本(稿本)　上海
玉函山房輯佚書續編本(稿本)

經 10200231
周易賈氏義一卷　漢賈逵撰　清王仁俊輯
十三經漢注本(稿本)　上海
玉函山房輯佚書續編本(稿本)

經 10200232
周易班氏義一卷　漢班固撰　清王仁俊輯
玉函山房輯佚書續編本(稿本)

經 10200233
周易魯恭義一卷　漢魯恭撰　清王仁俊輯
十三經漢注本(稿本)　上海
玉函山房輯佚書續編本(稿本)

經 10200234
周易馬氏一卷　漢馬融撰　清張惠言輯
張臯文箋易詮全集本(嘉慶道光刻,易義别録)
易義别録本(道光刻、道光張成孫抄、光緒重刻)
皇清經解本(道光刻、咸豐補刻、鴻寶齋石印、點石齋石印,易義别録)

經 10200235
周易傳一卷　漢馬融撰　清孫堂輯
漢魏二十一家易注本(嘉慶刻)

經 10200236
周易馬氏傳三卷　漢馬融撰　清馬國翰輯
玉函山房輯佚書本(同治皇華館刻、光緒李氏印、光緒娜嬛館刻、光緒楚南書局刻)

經 10200237
易傳一卷　漢馬融撰　清黄奭輯
漢學堂叢書本(道光刻光緒印)
黄氏逸書考本(道光刻王鑒修補、朱長圻補刻)

經 10200238

周易鄭康成注一卷　漢鄭玄撰　宋王應麟輯

玉海本(元至元刻)　國圖

玉海本(元刻元明清遞修、光緒浙江書局刻、成都志古堂刻)

祕册彙函本(萬曆刻)

四庫全書薈要本(乾隆寫)

四庫全書本(乾隆寫)

經 10200239

鄭氏周易(增補鄭氏周易)三卷　漢鄭玄撰　宋王應麟輯　清惠棟補輯

清乾隆間稿本(清蔡孫峰跋)　上海

雅雨堂藏書本(乾隆刻)　國圖(清阮元校注;清陳鱣校跋並錄清盧文弨、清孫志祖、清丁杰跋;清李慈銘校並跋)　上海(清黄錫元校並跋)

四庫全書本(乾隆寫,增補鄭氏周易)

清抄本　湖北

日本寬政七年兼葭堂刻本　上海

經 10200240

周易注三卷補遺一卷　漢鄭玄撰　宋王應麟輯　清惠棟補輯　清孫堂重校補

漢魏二十一家易注本(嘉慶刻)

古經解彙函本(同治刻、光緒石印、光緒刻)

古經解彙函本(同治刻)　復旦(清許克勤校識)

經 10200241

周易鄭氏注三卷　清丁杰撰

稿本(張惠言校)　南京

經 10200242

周易鄭氏注三卷　漢鄭玄撰　宋王應麟輯　清丁杰後定　清張惠言訂正

張皋文箋易詮全集本(嘉慶道光刻,易義別錄)

鄭學彙函本(光緒刻)

經 10200243

周易鄭注十二卷敍錄一卷　漢鄭玄撰　宋王應麟輯　清丁杰後定　清張惠言訂正　清臧庸敍錄

湖海樓叢書本(嘉慶刻)

經 10200244

周易注十二卷　漢鄭玄撰　清孔廣林輯

通德遺書所見錄本(光緒刻)

經 10200245

易注九卷　漢鄭玄撰　清袁鈞輯

鄭氏佚書本(光緒觀稼樓刻、浙江書局刻)

清光緒十四年浙江書局刻本　國圖

經 10200246

周易注一卷　漢鄭玄撰　清黄奭輯

知足齋叢書本(道光刻)

黄氏逸書考本(道光刻王鑒修補、朱長圻補刻)

經 10200247

易解附錄一卷附後語　漢鄭玄撰　明胡震亨輯補　明姚士粦再補

祕册彙函本(萬曆刻)

津逮祕書本(崇禎刻、民國影印)

經 10200248

九家易解一卷　漢荀爽等撰　清王謨輯

漢魏遺書鈔本(嘉慶刻)

經 10200249
周易荀氏九家三卷　漢荀爽等撰　清張惠言輯
張皋文箋易詮全集本(嘉慶道光刻,易義別錄)

經 10200250
九家周易集注一卷　漢荀爽等撰　清孫堂輯
漢魏二十一家易注本(嘉慶刻)

經 10200251
九家易集注一卷　漢荀爽等撰　清黄奭輯
漢學堂叢書本(道光刻光緒印)
黄氏逸書考本(道光刻王鑒修補、朱長圻補刻)

經 10200252
周易注一卷　漢荀爽撰　清孫堂輯
漢魏二十一家易注本(嘉慶刻)

經 10200253
周易荀氏注三卷　漢荀爽撰　清馬國翰輯
玉函山房輯佚書本(同治皇華館刻、光緒李氏印、光緒娜嬛館刻、光緒楚南書局刻)

經 10200254
易言一卷　漢荀爽撰　清黄奭輯
黄氏逸書考本(道光刻王鑒修補、朱長圻補刻)

經 10200255
周易趙氏義一卷　漢趙温撰　清王仁俊輯
玉函山房輯佚書續編本(稿本)

經 10200256
周易劉景升氏一卷　漢劉表撰　清張惠言輯
張皋文箋易詮全集本(嘉慶道光刻,易義別錄)
易義別錄本(道光刻、道光張成孫抄、光緒重刻)
皇清經解本(道光刻、咸豐補刻、鴻寶齋石印、點石齋石印,易義別錄)

經 10200257
周易章句一卷　漢劉表撰　清孫堂輯
漢魏二十一家易注本(嘉慶刻)

經 10200258
周易劉氏章句一卷　漢劉表撰　清馬國翰輯
玉函山房輯佚書本(同治皇華館刻、光緒李氏印、光緒娜嬛館刻、光緒楚南書局刻)

經 10200259
易章句一卷　漢劉表撰　清黄奭輯
漢學堂叢書本(道光刻光緒印)
黄氏逸書考本(道光刻王鑒修補、朱長圻補刻)

經 10200260
周易徐幹義一卷　漢徐幹撰　清王仁俊輯
玉函山房輯佚書續編本(稿本)

經 10200261
周易宋氏一卷　漢宋衷撰　清張惠言輯
張皋文箋易詮全集本(嘉慶道光刻,易

義別錄)
易義別錄本(道光刻、道光張成孫抄、光緒重刻)
皇清經解本(道光刻、咸豐補刻、鴻寶齋石印、點石齋石印,易義別錄)

經 10200262
周易注一卷　漢宋衷撰　清孫堂輯
漢魏二十一家易注本(嘉慶刻)

經 10200263
周易宋氏注一卷　漢宋衷撰　清馬國翰輯
玉函山房輯佚書本(同治皇華館刻、光緒李氏印、光緒嫏嬛館刻、光緒楚南書局刻)

經 10200264
易注一卷　漢宋衷撰　清黄奭輯
漢學堂叢書本(道光刻光緒印)
黄氏逸書考本(道光刻王鑒修補、朱長圻補刻)

經 10200265
周易薛氏記一卷　題薛虞撰　清馬國翰輯
玉函山房輯佚書本(同治皇華館刻、光緒李氏印、光緒嫏嬛館刻、光緒楚南書局刻)

經 10200266
易音注一卷　題薛虞撰　清黄奭輯
漢學堂叢書本(道光刻光緒印)
黄氏逸書考本(道光刻王鑒修補、朱長圻補刻)

經 10200267
漢易十三家二卷　胡薇元輯撰
玉津閣叢書本(民國刻)

經 10200268
周易注十卷附錄一卷　三國吴虞翻撰　清孫堂輯
漢魏二十一家易注本(嘉慶刻)

經 10200269
易注一卷　三國吴虞翻撰　清黄奭輯
黄氏逸書考本(道光刻王鑒修補、朱長圻補刻)

經 10200270
周易董氏一卷　三國魏董遇撰　清張惠言輯
張臯文箋易詮全集本(嘉慶道光刻,易義別錄)
易義別錄本(道光刻、道光張成孫抄、光緒重刻)
皇清經解本(道光刻、咸豐補刻、鴻寶齋石印、點石齋石印,易義別錄)

經 10200271
周易章句一卷　三國魏董遇撰　清孫堂輯
漢魏二十一家易注本(嘉慶刻)

經 10200272
周易董氏章句一卷　三國魏董遇撰　清馬國翰輯
玉函山房輯佚書本(同治皇華館刻、光緒李氏印、光緒嫏嬛館刻、光緒楚南書局刻)

經 10200273
易章句一卷　三國魏董遇撰　清黄奭輯

漢學堂叢書本(道光刻光緒印)
黄氏逸書考本(道光刻王鑒修補、朱長圻補刻)

經 10200274
陸氏易解一卷　三國吴陸績撰　明姚士粦輯
鹽邑志林本(天啓刻、民國影印)
四庫全書本(乾隆寫)
傳抄四庫全書本　上海

經 10200275
周易述一卷　三國吴陸績撰　明姚士粦輯　清孫堂增補
漢魏二十一家易注本(嘉慶刻)
書三味樓叢書本(嘉慶刻)
古經解彙函本(同治刻、光緒石印、光緒刻)

經 10200276
周易陸氏一卷　三國吴陸績撰　清張惠言輯
張皋文箋易詮全集本(嘉慶道光刻,易義别録)
易義别録本(道光刻、道光張成孫抄、光緒重刻)
皇清經解本(道光刻、咸豐補刻、鴻寶齋石印、點石齋石印,易義别録)

經 10200277
陸氏易解一卷　三國吴陸績撰　清汪□輯
易學六種本(抄本)

經 10200278
周易陸氏述三卷　三國吴陸績撰　清馬國翰輯
玉函山房輯佚書本(同治皇華館刻、光緒李氏印、光緒娜嬛館刻、光緒楚南書局刻)

經 10200279
易述一卷　三國吴陸績撰　清黄奭輯
漢學堂叢書本(道光刻光緒印)
黄氏逸書考本(道光刻王鑒修補、朱長圻補刻)

經 10200280
周易何氏解一卷　三國魏何晏撰　清馬國翰輯
玉函山房輯佚書本(同治皇華館刻、光緒李氏印、光緒娜嬛館刻、光緒楚南書局刻)

經 10200281
周易王子雍氏一卷　三國魏王肅撰　清張惠言輯
張皋文箋易詮全集本(嘉慶道光刻,易義别録)
易義别録本(道光刻、道光張成孫抄、光緒重刻)
皇清經解本(道光刻、咸豐補刻、鴻寶齋石印、點石齋石印,易義别録)

經 10200282
周易注一卷　三國魏王肅撰　清孫堂輯
漢魏二十一家易注本(嘉慶刻)

經 10200283
周易王氏注二卷　三國魏王肅撰　清馬國翰輯
玉函山房輯佚書本(同治皇華館刻、光緒李氏印、光緒娜嬛館刻、光緒楚南書局刻)

清末葉昌熾緣督廬抄本　上海

經 10200284
易注一卷　三國魏王肅撰　清黄奭輯
漢學堂叢書本(道光刻光緒印)
黄氏逸書考本(道光刻王鑒修補、朱長圻補刻)

經 10200285
馬王易義一卷　漢馬融、三國魏王肅撰　清臧庸輯
問經堂叢書本(嘉慶刻)
清抄本　國圖
黑格抄本　南京

經 10200286
周易姚氏一卷　三國吴姚信撰　清張惠言輯
張臯文箋易詮全集本(嘉慶道光刻,易義別錄)
易義別錄本(道光刻、道光張成孫抄、光緒重刻)
皇清經解本(道光刻、咸豐補刻、鴻寶齋石印、點石齋石印,易義別錄)

經 10200287
周易注一卷　三國吴姚信撰　清孫堂輯
漢魏二十一家易注本(嘉慶刻)

經 10200288
周易姚氏注一卷　三國吴姚信撰　清馬國翰輯
玉函山房輯佚書本(同治皇華館刻、光緒李氏印、光緒娜嬛館刻、光緒楚南書局刻)

經 10200289
易注一卷　三國吴姚信撰　清黄奭輯
黄氏逸書考本(道光刻王鑒修補、朱長圻補刻)

經 10200290
唐寫本周易王注殘卷(卷三至四)　三國魏王弼撰
鳴沙石室古籍叢殘本(民國影印)

經 10200291
周易王弼注唐寫本殘卷校字記一卷　羅振玉撰
清宣統三年石印本　臺灣無求備齋藏

經 10200292
敦煌古寫本周易王注校勘記二卷　羅振玉撰
廣倉學宭叢書甲類本(民國鉛印)

經 10200293
敦煌周易殘卷　三國魏王弼撰
敦煌遺書本　法國國家圖書館

經 10200294
周易注六卷　三國魏王弼撰
日本室町後期刻本　日本國會

經 10200295
周易注六卷　三國魏王弼注　唐陸德明音義
日本慶長十年京都伏見釋閑室圓光寺活字印本　北大

經 10200296
周易畧例一卷　三國魏王弼撰
唐開成二年刻石清麐氏半畝園嫏嬛妙境拓印本　北大　復旦　南京

唐開成石壁十二經本(民國刻)
增定漢魏六朝別解本(崇禎刻)
說郛本(宛委山堂刻)

經 10200297
周易畧例一卷　三國魏王弼撰　唐邢璹注
明嘉靖三十九年至萬曆十三年四明范欽刻本　上海　山東
漢魏叢書本(萬曆刻、民國影印)
廣漢魏叢書本(萬曆刻、嘉慶刻)
增訂漢魏叢書本(乾隆刻、光緒刻、宣統石印)
三經晉注本(明溪香館刻)
津逮祕書本(崇禎刻、民國影印)
學津討原本(嘉慶刻、民國影印)
反約篇本(同治抄)　福建師大
榕園叢書本(同治刻、民國印)
抄本　上海

經 10200298
周易畧例校正一卷　清盧文弨撰
清乾隆五十六年刻羣書拾補本
抱經堂叢書本(乾隆嘉慶刻,羣書拾補初編)
紹興先正遺書本(光緒刻,羣書拾補初編)

經 10200299
周易畧例校勘記一卷　清阮元撰
皇清經解本(道光刻、咸豐補刻、鴻寶齋石印、點石齋石印,十三經注疏校勘記)
宋本十三經註疏併經典釋文校勘記本(光緒刻)

經 10200300
周易注九卷畧例一卷　三國魏王弼、晉韓康伯注　(畧例)魏王弼撰
日本舊抄卷子改摺本　日本崇蘭館
日本大永三年抄本　日本崇蘭館

經 10200301
周易三卷周易畧例一卷輔嗣康伯舊本異文一卷　三國魏王弼、晉韓康伯注　(周易畧例)魏王弼撰　宋熊克校勘
明末刻本　北大

經 10200302
輔嗣康伯舊本異文一卷　宋熊克撰
明末刻本　北大

經 10200303
周易九卷周易畧例一卷　三國魏王弼、晉韓康伯注　(周易畧例)魏王弼撰　唐邢璹注
宋刻本　國圖
宋淳熙撫州公使庫刻遞修本　國圖(卷七至十配清影宋抄本)
清抄本　上海
日本寶曆九年皇都書林丸屋市兵衛等刻本　北大
日本刻本　北大

經 10200304
周易九卷周易畧例一卷　三國魏王弼、晉韓康伯注　唐陸德明音義　(周易畧例)魏王弼撰　唐邢璹注
宋刻本　國圖(明董其昌、明文震孟、明文從簡、清秦蕙田跋)
日本昭和三年東京文求堂影印宋刻本　國圖　上海
元相臺岳氏荆溪家塾刻本　國圖
明味經堂刻本　國圖　人大　廣東
清初影元抄本　國圖

四庫全書本(乾隆寫)
日本寶曆八年東都書肆刻本　上海
民國初影印本　北大

經 10200305
周易注九卷畧例一卷　三國魏王弼、晉韓康伯注　唐陸德明注音　(畧例)魏王弼撰　唐邢璹注　明葛鼒校　明金蟠訂
十三經古注本(崇禎刻)　復旦(清王□□校)　南京(有批校)　山東
十三經古注本(崇禎刻、同治重修)
十三經讀本附校刊記本(同治刻)

經 10200306
周易九卷周易畧例一卷附考證　三國魏王弼、晉韓康伯注　唐陸德明音義　(畧例)魏王弼撰　唐邢璹注　清□□考證
倣宋相臺五經本(乾隆武英殿刻、民國影印、同治刻、光緒江南書局刻、光緒重刻、光緒龍氏刻、光緒金陵書局、日本安政五年刻)

經 10200307
周易三卷周易畧例一卷　三国魏王弼注　唐邢璹注
三經晉注本(明溪香館刻)

經 10200308
王輔嗣論易一卷　三國魏王弼撰
明萬曆天啓間烏程閔齊伋刻朱墨套印本　北大　國圖　上海　南京

經 10200309
周易注六卷附抄諸儒易說　三國魏王弼撰
日本傳抄北宋本　北大

經 10200310
周易翟氏一卷　題翟玄撰　清張惠言輯
張臯文箋易詮全集本(嘉慶道光刻,易義別錄)
易義别錄本(道光刻、道光張成孫抄、光緒重刻)
皇清經解本(道光刻、咸豐補刻、鴻寶齋石印、點石齋石印,易義別錄)

經 10200311
周易義一卷　題翟玄撰　清孫堂輯
漢魏二十一家易注本(嘉慶刻)

經 10200312
周易翟氏義一卷　題翟玄撰　清馬國翰輯
玉函山房輯佚書本(同治皇華館刻、光緒李氏印、光緒嫏嬛館刻、光緒楚南書局刻)

經 10200313
易義一卷　題翟玄撰　清黄奭輯
漢學堂叢書本(道光刻光緒印)
黄氏逸書考本(道光刻王鑒修補、朱長圻補刻)

經 10200314
周易義一卷　晉向秀撰　清孫堂輯
漢魏二十一家易注本(嘉慶刻)

經 10200315
周易向氏義一卷　晉向秀撰　清馬國翰輯
玉函山房輯佚書本(同治皇華館刻、光緒李氏印、光緒嫏嬛館刻、光緒楚南

書局刻)

經 10200316

易義一卷　晉向秀撰　清黄奭輯

漢學堂叢書本(道光刻光緒印)

黄氏逸書考本(道光刻王鑒修補、朱長圻補刻)

經 10200317

周易統畧一卷　晉鄒湛撰　清馬國翰輯

玉函山房輯佚書本(同治皇華館刻、光緒李氏印、光緒嫏嬛館刻、光緒楚南書局刻)

經 10200318

周易張氏義一卷　晉張軌撰　清馬國翰輯

玉函山房輯佚書本(同治皇華館刻、光緒李氏印、光緒嫏嬛館刻、光緒楚南書局刻)

經 10200319

周易蜀才氏一卷　三國蜀范長生撰　清張惠言輯

張皋文箋易詮全集本(嘉慶道光刻,易義別錄)

易義別錄本(道光刻、道光張成孫抄、光緒重刻)

皇清經解本(道光刻、咸豐補刻、鴻寶齋石印、點石齋石印,易義別錄)

經 10200320

蜀才周易注一卷　晉范長生撰　清孫堂輯

漢魏二十一家易注本(嘉慶刻)

經 10200321

周易蜀才注一卷　晉范長生撰　清馬國翰輯

玉函山房輯佚書本(同治皇華館刻、光緒李氏印、光緒嫏嬛館刻、光緒楚南書局刻)

經 10200322

蜀才易注一卷　晉范長生撰　清黄奭輯

漢學堂叢書本(道光刻光緒印)

黄氏逸書考本(道光刻王鑒修補、朱長圻補刻)

經 10200323

周易注一卷　晉干寶撰　元屠曾輯　清孫堂補

漢魏二十一家易注本(嘉慶刻)

經 10200324

易解三卷　晉干寶撰　明姚士粦輯

鹽邑志林本(天啓刻、民國影印)

經 10200325

干常侍易解二卷　晉干寶撰　明樊維成編

抄本　上海

經 10200326

周易干氏二卷　晉干寶撰　清張惠言輯

張皋文箋易詮全集本(嘉慶道光刻,易義別錄)

易義別錄本(道光刻、道光張成孫抄、光緒重刻)

皇清經解本(道光刻、咸豐補刻、鴻寶齋石印、點石齋石印,易義別錄)

經 10200327

周易干氏注三卷　晉干寶撰　清馬國

翰輯
玉函山房輯佚書本(同治皇華館刻、光緒李氏印、光緒嫏嬛館刻、光緒楚南書局刻)

經 10200328
易注一卷　晉干寶撰　清黄奭輯
黄氏逸書考本(道光刻王鑒修補、朱長圻補刻)

經 10200329
干氏易傳三卷　晉干寶撰　清汪□輯
易學六種本(抄本)

經 10200330
周易王世將氏一卷　晉王廙撰　清張惠言輯
張皋文箋易詮全集本(嘉慶道光刻,易義别録)
易義别録本(道光刻、道光張成孫抄、光緒重刻)
皇清經解本(道光刻、咸豐補刻、鴻寶齋石印、點石齋石印,易義别録)

經 10200331
周易注一卷　晉王廙撰　清孫堂輯
漢魏二十一家易注本(嘉慶刻)

經 10200332
周易王氏注一卷　晉王廙撰　清馬國翰輯
玉函山房輯佚書本(同治皇華館刻、光緒李氏印、光緒嫏嬛館刻、光緒楚南書局刻)

經 10200333
易注一卷　晉王廙撰　清黄奭輯
漢學堂叢書本(道光刻光緒印)
黄氏逸書考本(道光刻王鑒修補、朱長圻補刻)

經 10200334
易象妙於見形論一卷　晉孫盛撰　清馬國翰輯
玉函山房輯佚書本(同治皇華館刻、光緒李氏印、光緒嫏嬛館刻、光緒楚南書局刻)

經 10200335
周易黄氏注一卷　晉黄穎撰　清馬國翰輯
玉函山房輯佚書本(同治皇華館刻、光緒李氏印、光緒嫏嬛館刻、光緒楚南書局刻)

經 10200336
易注一卷　晉黄穎撰　清黄奭輯
漢學堂叢書本(道光刻光緒印)
黄氏逸書考本(道光刻王鑒修補、朱長圻補刻)

經 10200337
周易集解一卷　晉張璠撰　清孫堂輯
漢魏二十一家易注本(嘉慶刻)

經 10200338
周易張氏集解一卷　晉張璠撰　清馬國翰輯
玉函山房輯佚書本(同治皇華館刻、光緒李氏印、光緒嫏嬛館刻、光緒楚南書局刻)

經 10200339
易集解一卷　晉張璠撰　清黄奭輯

漢學堂叢書本(道光刻光緒印)
黄氏逸書考本(道光刻王鑒修補、朱長圻補刻)

經 10200340
易注一卷　晉張璠撰　清黄奭輯
漢學堂叢書本(道光刻光緒印)
黄氏逸書考本(道光刻王鑒修補、朱長圻補刻)

經 10200341
周易繫辭桓氏注一卷　晉桓玄撰　清馬國翰輯
玉函山房輯佚書本(同治皇華館刻、光緒李氏印、光緒嫏嬛館刻、光緒楚南書局刻)

經 10200342
周易卦序論一卷　晉楊乂撰　清馬國翰輯
玉函山房輯佚書本(同治皇華館刻、光緒李氏印、光緒嫏嬛館刻、光緒楚南書局刻)

經 10200343
周易繫辭荀氏注一卷　南朝宋荀柔之撰　清馬國翰輯
玉函山房輯佚書本(同治皇華館刻、光緒李氏印、光緒嫏嬛館刻、光緒楚南書局刻)

經 10200344
周易繫辭明氏注一卷　南朝齊明僧紹撰　清馬國翰輯
玉函山房輯佚書本(同治皇華館刻、光緒李氏印、光緒嫏嬛館刻、光緒楚南書局刻)

經 10200345
周易沈氏要畧一卷　南朝齊沈驎士撰　清馬國翰輯
玉函山房輯佚書本(同治皇華館刻、光緒李氏印、光緒嫏嬛館刻、光緒楚南書局刻)

經 10200346
周易劉子珪氏一卷　南朝齊劉瓛撰　清張惠言輯
張臯文箋易詮全集本(嘉慶道光刻,易義別錄)
易義別錄本(道光刻、道光張成孫抄、光緒重刻)
皇清經解本(道光刻、咸豐補刻、鴻寶齋石印、點石齋石印,易義別錄)

經 10200347
周易義疏一卷　南朝齊劉瓛撰　清孫堂輯
漢魏二十一家易注本(嘉慶刻)

經 10200348
周易劉氏義疏一卷　南朝齊劉瓛撰　清馬國翰輯
玉函山房輯佚書本(同治皇華館刻、光緒李氏印、光緒嫏嬛館刻、光緒楚南書局刻)

經 10200349
周易劉氏義疏一卷　南朝齊劉瓛撰　清王仁俊輯
玉函山房輯佚書續編本(稿本)

經 10200350
繫辭義疏一卷　南朝齊劉瓛撰　清黄奭輯

漢學堂叢書本(道光刻光緒印)
黄氏逸書考本(道光刻王鑒修補、朱長圻補刻)

經 10200351
乾坤義一卷　南朝齊劉瓛撰　清黄奭輯
漢學堂叢書本(道光刻光緒印)
黄氏逸書考本(道光刻王鑒修補、朱長圻補刻)

經 10200352
周易伏氏集解一卷　南朝梁伏曼容撰　清馬國翰輯
玉函山房輯佚書本(同治皇華館刻、光緒李氏印、光緒嫏嬛館刻、光緒楚南書局刻)

經 10200353
周易大義一卷　南朝梁武帝蕭衍撰　清馬國翰輯
玉函山房輯佚書本(同治皇華館刻、光緒李氏印、光緒嫏嬛館刻、光緒楚南書局刻)

經 10200354
關氏易傳一卷　北魏關朗撰
唐宋叢書本(明刻)
說郛本(宛委山堂刻)
增訂漢魏叢書本(乾隆刻、光緒刻、宣統石印)

經 10200355
關氏易傳一卷　北魏關朗撰　唐趙蕤注　宋阮逸詮次
明嘉靖間四明范欽天一閣刻本　國圖　中科院　上海　南京　四川
津逮祕書本(崇禎刻、民國影印)
唐宋叢書本(明刻)
學津討原本(嘉慶刻、民國影印)

經 10200356
周易褚氏講疏一卷　南朝梁褚仲都撰　清馬國翰輯
玉函山房輯佚書本(同治皇華館刻、光緒李氏印、光緒嫏嬛館刻、光緒楚南書局刻)

經 10200357
易注一卷　南朝梁褚仲都撰　清黄奭輯
漢學堂叢書本(道光刻光緒印)
黄氏逸書考本(道光刻王鑒修補、朱長圻補刻)

經 10200358
周易周氏義疏一卷　南朝陳周弘正撰　清馬國翰輯
玉函山房輯佚書本(同治皇華館刻、光緒李氏印、光緒嫏嬛館刻、光緒楚南書局刻)

經 10200359
易注一卷　南朝陳周弘正撰　清黄奭輯
漢學堂叢書本(道光刻光緒印)
黄氏逸書考本(道光刻王鑒修補、朱長圻補刻)

經 10200360
周易劉氏注一卷　後魏劉昞撰　清馬國翰輯
玉函山房輯佚書本(同治皇華館刻、光緒李氏印、光緒嫏嬛館刻、光緒楚南書局刻)

經 10200361

周易盧氏注一卷　題盧□撰　清馬國翰輯
玉函山房輯佚書本(同治皇華館刻、光緒李氏印、光緒娜嬛館刻、光緒楚南書局刻)

經 10200362
盧氏易注一卷　題盧□撰　清黄奭輯
黄氏逸書考本(道光刻王鑒修補、朱長圻補刻)

經 10200363
周易莊氏義一卷　題莊□撰　清馬國翰輯
玉函山房輯佚書本(同治皇華館刻、光緒李氏印、光緒娜嬛館刻、光緒楚南書局刻)

經 10200364
莊氏易義一卷　題莊□撰　清黄奭輯
黄氏逸書考本(道光刻王鑒修補、朱長圻補刻)

經 10200365
周易劉晝義一卷　北齊劉晝撰　清王仁俊輯
玉函山房輯佚書續編本(稿本)

經 10200366
周易張氏講疏一卷　南朝陳張譏撰　清馬國翰輯
玉函山房輯佚書本(同治皇華館刻、光緒李氏印、光緒娜嬛館刻、光緒楚南書局刻)

經 10200367
周易姚氏注一卷　□姚規撰　清馬國翰輯
玉函山房輯佚書本(同治皇華館刻、光緒李氏印、光緒娜嬛館刻、光緒楚南書局刻)

經 10200368
周易崔氏注一卷　題崔覲撰　清馬國翰輯
玉函山房輯佚書本(同治皇華館刻、光緒李氏印、光緒娜嬛館刻、光緒楚南書局刻)

經 10200369
周易王氏義一卷　題王嗣宗撰　清馬國翰輯
玉函山房輯佚書本(同治皇華館刻、光緒李氏印、光緒娜嬛館刻、光緒楚南書局刻)

經 10200370
周易朱氏義一卷　題朱仰之撰　清馬國翰輯
玉函山房輯佚書本(同治皇華館刻、光緒李氏印、光緒娜嬛館刻、光緒楚南書局刻)

經 10200371
易雜家注一卷　清黄奭輯
黄氏逸書考本(道光刻王鑒修補、朱長圻補刻)

經 10200372
周易何氏講疏一卷　隋何妥撰　清馬國翰輯
玉函山房輯佚書本(同治皇華館刻、光緒李氏印、光緒娜嬛館刻、光緒楚南書局刻)

經 10200373
周易講疏一卷　隋何妥撰　清黄奭輯
漢學堂叢書本(道光刻光緒印)
黄氏逸書考本(道光刻王鑒修補、朱長圻補刻)

經 10200374
周易王氏注一卷　題王凱沖撰　清馬國翰輯
玉函山房輯佚書本(同治皇華館刻、光緒李氏印、光緒嫏嬛館刻、光緒楚南書局刻)

經 10200375
講周易疏論家義記殘卷　□□輯
清抄本　日本奈良興福寺
京都帝國大學文學部影印舊抄本　北大

經 10200376
周易師説一卷　唐陸德明撰　清王仁俊輯
玉函山房輯佚書續編本(稿本)

經 10200377
周易正義十四卷　唐孔穎達撰
清光緒十六年楊守敬影寫日本古單疏抄本　復旦
宋紹興間覆刻北宋本　國圖
宋刻遞修本　國圖(清翁方綱、傅增湘跋)
民國二十四年北平人文科學研究所影印傅氏雙鑑樓藏宋刻遞修本　北大　上海　南京　復旦　天津　山東

經 10200378
周易正義十四卷校勘記二卷　唐孔穎達撰　劉承幹校勘
嘉業堂叢書本(民國刻)

經 10200379
周易正義校勘記二卷　劉承幹撰
民國初吴興劉氏嘉業堂抄本　浙江
嘉業堂叢書本(民國刻)

經 10200380
周易注疏十三卷　三國魏王弼、晉韓康伯注　唐孔穎達疏
宋兩浙東路茶鹽司刻宋元遞修本　國圖(序、表、卷一配陳氏士鄉堂抄本,清陳鱣跋)　日本足利學校

經 10200381
周易注疏十三卷畧例一卷附考證　三國魏王弼、晉韓康伯注　唐孔穎達正義　唐陸德明音義　清朱良裘等考證　(畧例)魏王弼撰　唐邢璹注
十三經註疏附考證本(乾隆武英殿刻、同治鍾謙鈞刻)
四庫全書薈要本(乾隆寫)
四庫全書本(乾隆寫)

經 10200382
周易注疏校正一卷　清盧文弨撰
抱經堂叢書本(乾隆嘉慶刻、民國影印)
紹興先正遺書本(光緒刻)

經 10200383
周易注疏校勘記續一卷　胡玉縉撰
清光緒二十四年稿本　復旦

經 10200384
周易九卷　三國魏王弼、晉韓康伯補注

唐孔穎達疏
袖珍十三經註本(同治刻)

經 10200385
周易兼義九卷畧例一卷附音義一卷 三國魏王弼、晉韓康伯注 唐孔穎達正義 (畧例)魏王弼撰 唐邢璹注 唐陸德明音義
元刻明正德間重刻本 國圖 北大 開封 美國哈佛燕京
明永樂二年刻本 國圖 上海
十三經註疏本(萬曆北監刻) 國圖(傅增湘校並跋)
十三經註疏本(崇禎汲古閣刻) 國圖(佚名校並録清惠棟校注,清周星詒跋;清張爾岐、清韓應陛跋,佚名録盧文弨校跋) 復旦(清張步瀛校) 福建(清謝章鋌校) 中央黨校

經 10200386
周易兼義四卷校勘記四卷釋文一卷釋文校勘記一卷 清阮元撰
重刊宋本十三經註疏附校勘記本(光緒點石齋石印)

經 10200387
周易校勘記(周易注疏校勘記)九卷畧例校勘記一卷釋文校勘記一卷 清阮元撰
皇清經解本(道光刻、咸豐補刻、鴻寶齋石印、點石齋石印,十三經注疏校勘記)
宋本十三經註疏併經典釋文校勘記本(光緒刻,周易注疏校勘記)
重刊宋本十三經註疏附校勘記本(光緒點石齋石印)

經 10200388
周易治要一卷 唐魏徵撰
羣書治要本(日本鎌倉抄) 日本宫內省
羣書治要本(日本元和間活字印) 日本內閣 日本東洋
羣書治要本(日本天明刻) 日本內閣 日本蓬左 日本尊經閣 日本高知大學
羣書治要本(日本寬政刻) 日本東北大學
羣書治要本(日本抄) 日本尊經閣
宛委別藏本(抄本、影印本,羣書治要)
連筠簃叢書本(道光刻,羣書治要)
粵雅堂叢書本(咸豐刻)
四部叢刊本(民國影印,羣書治要)

經 10200389
周易治要一卷 唐魏徵撰 日本細井德民等校
羣書治要本(日本江戸刻) 日本二松學舍大學 日本一橋大學

經 10200390
周易要義六卷 唐長孫無忌撰
清抄本(清柯逢時題識) 南開

經 10200391
周易玄義一卷 唐李淳風撰 清馬國翰輯
玉函山房輯佚書本(同治皇華館刻、光緒李氏印、光緒娜嬛館刻、光緒楚南書局刻)

經 10200392
周易探玄三卷 唐崔憬撰 清馬國翰輯
玉函山房輯佚書本(同治皇華館刻、光緒李氏印、光緒娜嬛館刻、光緒楚南

書局刻)

經 10200393
易探玄一卷　唐崔憬撰　清黄奭輯
漢學堂叢書本(道光刻光緒印)
黄氏逸書考本(道光刻王鑒修補、朱長圻補刻)

經 10200394
周易侯氏注三卷　唐侯果撰　清馬國翰輯
玉函山房輯佚書本(同治皇華館刻、光緒李氏印、光緒嫏嬛館刻、光緒楚南書局刻)

經 10200395
易注一卷　唐侯果撰　清黄奭輯
漢學堂叢書本(道光刻光緒印)
黄氏逸書考本(道光刻王鑒修補、朱長圻補刻)

經 10200396
周易新論傳疏一卷　唐陰弘道撰　清馬國翰輯
玉函山房輯佚書本(同治皇華館刻、光緒李氏印、光緒嫏嬛館刻、光緒楚南書局刻)

經 10200397
周易集解十七卷　唐李鼎祚輯
明抄本　山西文物局(存卷十)
四庫全書本(乾隆寫)
清嘉慶二十三年木瀆周孝垓枕經樓刻本　北大　上海(清潘介祉録清惠棟校;清管庭芬校)　南京　湖北　四川
清同治十二年成都敦怡堂重刻木瀆周氏本　上海　南京　四川　復旦　浙江　山東
清同治十二年成都敦怡堂刻民國十一年成都薛崇禮堂補刻本　四川
清光緒十七年四川犍爲縣重刻木瀆周氏本　天津　四川
古經解彙函本(同治刻、光緒石印、光緒刻)
經策通纂(經學輯要)本(光緒石印)

經 10200398
周易集解校異二卷　清李富孫撰
清道光二年刻本　國圖
清道光十年刻本　國圖　北大　復旦　湖北

經 10200399
周易集解十七卷周易集解畧例一卷　唐李鼎祚輯　(畧例)三國魏王弼撰　唐邢璹注
學津討原本(嘉慶刻、民國影印)

經 10200400
易傳十七卷音義一卷　唐李鼎祚輯　唐陸德明音義
雅雨堂藏書本(乾隆刻)　國圖(清朱邦衡跋並録清惠士奇、清惠棟批注;清韓應陛校跋並録清孫堂校;清李慈銘校)　上海(清潘世璜録清惠棟批校)　山東(清朱郴批校)

經 10200401
周易音義一卷　唐陸德明撰
雅雨堂藏書本(乾隆刻)　清華(清王宗炎跋)

經 10200402

周易集解十七卷周易經典釋文一卷周易集解畧例一卷　唐李鼎祚輯　唐陸德明音義　(畧例)三國魏王弼撰　唐邢璹注
明嘉靖三十六年朱睦㮮聚樂堂刻本　國圖　北師大　上海　福建　重慶
津逮祕書本(崇禎刻、民國影印)
津逮祕書本(崇禎刻)　浙博(清吴騫、清陳鱣、清黄丕烈批校並跋)

經 10200403
易傳十卷易解附錄一卷　唐李鼎祚輯　明沈士龍、明胡震亨校　(附錄)漢鄭玄撰　明胡震亨輯補　明姚士粦再補
祕册彙函本(萬曆刻)
日本慶長八年後友田氏傳抄祕册彙函本　北大
明天啓元年鮑山刻本　山東

經 10200404
易纂一卷　唐釋一行撰　清馬國翰輯
玉函山房輯佚書本(同治皇華館刻、光緒李氏印、光緒嫏嬛館刻、光緒楚南書局刻)

經 10200405
周易新義一卷　唐徐鄖撰　清馬國翰輯
玉函山房輯佚書本(同治皇華館刻、光緒李氏印、光緒嫏嬛館刻、光緒楚南書局刻)

經 10200406
周易舉正三卷　唐郭京撰
明嘉靖間四明范氏天一閣刻本　國圖
津逮祕書本(崇禎刻、民國影印)
傳抄津逮祕書本　上海
四庫全書本(乾隆寫)
學津討原本(嘉慶刻、民國影印)
宸翰樓叢書本(宣統刻)

經 10200407
周易舉正一卷　唐郭京撰
說郛本(宛委山堂刻)
遜敏堂叢書本(道光咸豐木活字印)
清芬堂叢書本(光緒刻)

經 10200408
壽山堂易說三卷圖解一卷　題無極呂子著
清康熙九年揚州許承宣等刻本　北大　南京
清乾隆間蔣士銓京師刻嘉慶四年郭晉印本　北大　國圖　上海
清咸豐同治間汪南金刻同治五年崇芳重修本　中科院　南京　山東
清光緒十七年蘇州瑪瑙經房刻本　國圖　南京

經 10200409
呂子易說二卷圖解一卷　□□撰
清乾隆間曾燠刻本　中科院
重刊道藏輯要本(光緒刻)

經 10200410
壽山堂易說不分卷　□□撰
清嘉慶四年刻本　上海
清道光三十年廣陵盧淨同人刻本　上海

經 10200411
易傳一卷　唐陸希聲撰　清黄奭輯
黄氏逸書考本(道光刻王鑒修補、朱長圻補刻)

經 10200412
周易口訣義六卷　唐史徵撰
四庫全書本(乾隆寫)
武英殿聚珍版書本(木活字印、福建重刻、廣東重刻)
清乾隆四十五至六十年吴縣袁廷檮貞節堂抄本　北大
岱南閣叢書本(嘉慶刻)
古經解彙函本(同治刻、光緒石印、光緒刻)
易學六種本(抄本)
清抄本　山東

經 10200413
周易口義十卷繫辭二卷説卦一卷序卦一卷雜卦一卷　宋胡瑗述　宋倪天隱記
清康熙二十六年泰州李振裕白石山房刻本　北大　上海
四庫全書薈要本(乾隆寫)
四庫全書本(乾隆寫)
清抄本　天津

經 10200414
安定先生周易繫辭二卷　周易雜卦一卷　宋胡瑗撰
明萬曆天啓間祁氏澹生堂抄本　復旦(無雜卦)
清抄本　上海

經 10200415
易童子問三卷　宋歐陽修撰
歐陽文忠公全集本(天順刻、嘉靖刻、康熙刻、嘉慶刻、光緒刻)

經 10200416
易講義二卷　宋陳襄撰
清嘉慶道光間張金吾詒經堂抄本　南京(清丁丙跋)

經 10200417
温公易説(易説)六卷　宋司馬光撰
四庫全書本(乾隆寫)
清抱經堂傳抄四庫全書本　上海
武英殿聚珍版書本(木活字印、福建重刻、廣東重刻)
經苑本(道光咸豐刻、同治印、民國補刻，易説)
榕園叢書本(同治刻、民國印，易説)
清解梁書院刻本　山東
反約篇本(同治抄)　福建師大

經 10200418
橫渠先生易説(橫渠易説)三卷　宋張載撰
明嘉靖十七年吕楠刻本　國圖(缺卷三繫辭)　上海(缺卷三繫辭，莫棠跋)　襄陽(缺卷三繫辭)
通志堂經解本(康熙刻、同治刻、日本文化刻)
四庫全書薈要本(乾隆寫，橫渠易説)
四庫全書本(乾隆寫，橫渠易説)

經 10200419
易説三卷　宋張載撰　清朱軾、清段志熙校
朱文端公藏書本(康熙乾隆刻、光緒重刻)

經 10200420
周易新講義十卷　宋龔原撰
宋刻本　國圖　日本昌平學
佚存叢書本(日本刻、光緒活字印、民國影印)

宛委别藏本(抄本、影印本)
粤雅堂叢書本(咸豐刻)

經 10200421
晦庵先生校正伊川易傳八卷　宋程頤撰　宋朱熹校
元刻本　復旦(存卷一至四)

經 10200422
周易六卷附晦庵先生校正周易繫辭精義二卷　宋程頤傳　(精義)宋吕祖謙撰　宋朱熹校
元刻本　復旦
古逸叢書本(光緒刻)

經 10200423
伊川易傳四卷上下篇義一卷　宋程頤撰
河南程氏全書本(成化刻、萬曆刻、康熙刻、同治刻、光緒刻)
西京清麓叢書本(光緒刻)
清同治十三年刻京都會經堂印本　國圖
清同治十三年刻京都明道堂印本　國圖
清末刻文德堂印本　國圖
清木活字印本　遼寧　天津
清抄本　遼寧　上海
抄本　南京
四庫全書本(乾隆寫)

經 10200424
程氏易傳十二卷易傳諸説一卷　宋程頤撰
明嘉靖七年姜梁合江刻本　南京　四川　湖南
日本嘉永六年抄本　北大

經 10200425
周易程傳(易經程傳)八卷附上下篇義一卷　宋程頤撰
清光緒九年江南書局刻本　北大　天津　山東　遼寧　湖北　南京
清宣統元年學部圖書局石印湖北書局刻本　國圖　北大　天津　南京　山東
清末南京李光明莊刻本　國圖　南京　山東
十三經讀本(同治金陵書局刻,易經程傳)　國圖(清翁同龢跋並録明瞿式耜批注)　北大　上海　南京

經 10200426
易經程傳(伊川先生周易經傳)十卷附上下篇義一卷　宋程頤撰
元刻本　國圖

經 10200427
伊川易傳六卷附上下篇義一卷　宋程頤撰
宋刻本　國圖(存上下篇義)
清光緒三十一年四川涪州小學堂刻本　四川　復旦
清光緒三十三年湖北工業傳習所鉛印本　北大　遼寧　湖北

經 10200428
周易四卷　宋程頤傳　清佟國維編
清康熙四十一年佟國維刻本　中山大學

經 10200429
周易程氏傳四卷　宋程頤撰　唐文治批點
清光緒間刻本　上海

經 10200430
周易注九卷畧例一卷　三國魏王弼、晉韓康伯注　唐陸德明音義　宋程頤傳　(畧例)魏王弼撰　唐邢璹注
明萬曆十六年朱鴻謨刻本　首都

經 10200431
易經玩辭合參不分卷　宋程頤撰
清抄本　上海

經 10200432
蘇氏易解八卷　宋蘇軾撰
明萬曆二十二年南京吏部陳所蘊冰玉堂刻本　國圖　北大　北師大　北京文物局　南京　浙江　天一閣　中山大學　北碚
明刻本(有補抄)　上海

經 10200433
蘇氏易傳(東坡先生易傳東坡易傳)九卷　宋蘇軾撰
兩蘇經解(萬曆畢氏刻、萬曆顧氏刻)
明范氏天一閣抄本　上海
明抄本　國圖　浙江　南京(清丁丙跋)
津逮秘書本(崇禎刻、民國影印)
四庫全書薈要本(乾隆寫，東坡易傳)
四庫全書本(乾隆寫，東坡易傳)
學津討原本(嘉慶刻、民國影印)
青照堂叢書本(道光刻)
日本文政十二年下總窪木氏息耕堂活字印本　日本國會

經 10200434
蘇氏易傳一卷　宋蘇軾撰
明崇禎十三年刻六經串本　吉林師大

經 10200435
蘇長公易解八卷　宋蘇軾撰　明吴之鯨、明馮賁校
明萬曆二十四年吴之鯨刻本　北師大　山東　復旦　上海　中科院　西安文管會　浙大

經 10200436
東坡易傳八卷王輔嗣總論(王輔嗣論易)一卷　宋蘇軾注　明□□輯　(王輔嗣總論)三國魏王弼撰
明萬曆天啓間烏程閔齊伋刻朱墨套印本　北大　人大　故宫　天津　山東　南京　上海　復旦　浙江

經 10200437
大易疏解十卷　宋蘇軾撰
明萬曆二十四年刻本　國圖

經 10200438
大易疏解十卷　宋蘇軾撰　明錢受益定　明顧賓評閲
明崇禎九年顧賓刻本　國圖　南京　浙江　美國哈佛燕京

經 10200439
易經解不分卷　[illegible]撰
明崇禎四年王文祿刻本　湖北
碧琳琅館叢書本(光緒刻)

經 10200440
易經解五卷　宋朱長文撰
芋園叢書本(民國彙印)

經 10200441
吴園易解九卷附録一卷　宋張根撰
武英殿聚珍版書本(木活字印、浙江重刻、福建重刻、廣東重刻)

四庫全書本(乾隆寫)
墨海金壺本(嘉慶刻、博古齋影印)
經苑本(道光咸豐刻、同治印、民國補刻)
易學六種本(抄本)
清抄本　國圖

經 10200442
兼山易解二卷　宋郭忠孝撰
清抄本　臺圖

經 10200443
易說一卷　宋游酢撰
游廌山先生集本(乾隆刻、同治刻)
四庫全書本(乾隆寫,游廌山集)
游定夫先生全集本(同治刻)

經 10200444
易學辨惑一卷　宋邵伯温撰
四庫全書本(乾隆寫)
清乾隆間翰林院抄本(四庫全書底本)　北大
清抄本　國圖
抄本　國圖

經 10200445
了齋易說一卷　宋陳瓘撰
四庫全書本(乾隆寫)
清傳抄四庫全書本　國圖
清道光二十年蔣氏別下齋抄本(清許光清校並跋)　國圖
清抄本　國圖(清周星詒跋)　南京
清丁氏八千卷樓抄本　南京

經 10200446
周易新講義十卷(存六卷)　宋耿南仲撰
四庫全書本(乾隆寫)

經 10200447
漢上易傳十一卷　宋朱震撰
宋刻本　國圖(存卷三至十一)
清初毛氏汲古閣影宋抄本(附漢上先生履歷一卷)　國圖
四部叢刊三編本(民國影印)

經 10200448
漢上易傳十一卷周易卦圖三卷周易叢說一卷　宋朱震撰
明抄本　中科院　南京(卦圖配清抄本)
通志堂經解本(康熙刻、同治刻、日本文化刻)
四庫全書薈要本(乾隆寫)
四庫全書本(乾隆寫)
湖北先正遺書本(民國影印)

經 10200449
漢上易傳叢說一卷　宋朱震撰
明抄本　中科院　南京
通志堂經解本(康熙刻、同治刻、日本文化刻)
四庫全書薈要本(乾隆寫)
四庫全書本(乾隆寫)
湖北先正遺書本(民國影印)

經 10200450
讀易詳說十卷　宋李光撰
四庫全書本(乾隆寫)
清乾隆三十七年後抄本　國圖　北大(又一部)
清傳抄四庫全書本　天津
清抄本　國圖　南京(清丁丙跋)

經 10200451
忘筌書十卷　宋潘殖撰
浦城遺書本(嘉慶刻)

經 10200452
周易窺餘十五卷　宋鄭剛中撰
　四庫全書本(乾隆寫)
　續金華叢書本(民國刻)

經 10200453
易小傳六卷　宋沈該撰
　通志堂經解本(康熙刻、同治刻、日本文化刻)
　四庫全書薈要本(乾隆寫)
　四庫全書本(乾隆寫)

經 10200454
易小傳六卷繫辭補注一卷　宋沈該撰
　明萬曆天啓間祁承㸁澹生堂抄本(清沈復粲、張鈞衡跋)　上海
　清抄本　國圖
　吴興叢書本(民國刻)

經 10200455
郭氏傳家易説十一卷總論一卷　宋郭雍撰
　武英殿聚珍版書本(木活字印、浙江重刻、江西重刻、福建重刻、廣東重刻)　南京(清盧文弨校並跋,清丁丙跋)
　四庫全書薈要本(乾隆寫)
　四庫全書本(乾隆寫)
　仲軒羣書雜著本(稿本)

經 10200456
易變體義十二卷　宋都絜撰
　四庫全書本(乾隆寫)
　清抄本　中科院　中山大學

經 10200457
紫巖易傳(紫巖居士易傳)十卷　宋張浚撰
　通志堂經解本(康熙刻、同治刻、日本文化刻,紫巖居士易傳)
　四庫全書薈要本(乾隆寫)
　四庫全書本(乾隆寫)
　張魏公集本(清刻民國印)　國圖

經 10200458
周易義海撮要十二卷　宋李衡删定
　明萬曆天啓間祁承㸁澹生堂抄本　國圖
　明抄本　國圖　天一閣(存卷一至二)
　通志堂經解本(康熙刻、同治刻、日本文化刻)　蘇州(清惠棟、清丁晏跋)
　四庫全書薈要本(乾隆寫)
　四庫全書本(乾隆寫)

經 10200459
易經奥論一卷　宋鄭樵撰
　通志堂經解本(康熙刻、同治刻、日本文化刻,六經奥論)

經 10200460
方舟易學二卷　宋李石撰
　清吴氏繡谷亭抄本(曹元忠跋)　上海

經 10200461
周易經傳集解三十六卷　宋林栗撰
　清初抄本　上海
　四庫全書本(乾隆寫)
　清四美堂抄本　北師大
　清抄本　國圖

經 10200462
易原八卷　宋程大昌撰
　四庫全書本(乾隆寫)
　武英殿聚珍版書本(木活字印、福建重刻、廣東重刻)

清乾隆間刻本　國圖
易學六種本(抄本)
抄本　南京

經10200463
張先生校正楊寶學易傳二十卷　宋楊萬里撰　宋張敬之校正
宋刻本　國圖(明鄭希聖、明朱良育跋,又一部)
明嘉靖二十三年魯藩敏學書院朱當澌刻本　北大　上海
明抄本　上海(清姚椿校)

經10200464
誠齋易傳二十卷　宋楊萬里撰
明嘉靖二十一年尹耕刻本　國圖　北大　人大　上海(明梁以樟校)　南京(清丁丙跋)　遼寧　福建　陝西　湖北　重慶　中山大學
明嘉靖四十二年鄞縣賈淇刻本　北大
明萬曆四十六年張惟任刻本　國圖　中央黨校　遼寧　湖南
明楊應祿、楊應禎刻本　山東
明末義聞堂刻本　上海　山東
明刻本　國圖
明末刻本　故宫　吉林
明日省堂抄本(存卷一至十九)　蘇州大學
四庫全書本(乾隆寫)
清乾隆四十七年後張日政刻本　北大　浙江
武英殿聚珍版書本(木活字印、福建重刻、廣東重刻)
清翻刻武英殿聚珍版叢書本　湖北
清乾隆十一年忠節堂刻本　南京
清乾隆間楊師游等刻本　山東
經苑本(道光咸豐刻、同治印、民國補刻)
清道光十一年葉元塀刻本　國圖　上海　南京　浙江
清咸豐間刻本　國圖
清光緒二年湴塘振撕堂刻本　上海　南京
清光緒十九年刻本　北師大
清光緒二十一年湖北官書處刻本　國圖　北師大　天津　上海　南京　遼寧　湖北
清光緒二十五年延茂刻民國二十二年徐鐵翹印本　國圖　遼寧
清抄本(存卷一至五,清焦循批校)　河南中醫
朝鮮英祖三十四年戊申字混入木活字印本　韓國藏書閣

經10200465
大易粹言十二卷　宋曾穜(方聞一)輯
宋淳熙三年舒州公使庫刻本　國圖

經10200466
大易粹言七十卷　宋曾穜(方聞一)輯
宋刻本　國圖(存卷六十至六十七)

經10200467
大易粹言七十三卷首一卷　宋曾穜(方聞一)輯
四庫全書薈要本(乾隆寫)
四庫全書本(乾隆寫)

經10200468
易翼傳(東谷鄭先生易翼傳)二卷　宋鄭汝諧撰
元大德十一年廬陵學官刻本(東谷鄭先生易翼傳)　國圖(存卷下)
通志堂經解本(康熙刻、同治刻、日本文化刻)

四庫全書薈要本(乾隆寫)
四庫全書本(乾隆寫)

經 10200469
周易本義經二卷傳十卷　宋朱熹撰
稿本(存繫辭六十行、明李東陽、清何紹基、清費念慈跋)　故宫

經 10200470
周易本義經二卷傳十卷易圖一卷五贊一卷筮儀一卷　宋朱熹撰
宋刻本　國圖(存上經、傳、五贊、筮儀共十三卷)
宋咸淳元年吴革刻本　國圖　上海(陳寶琛、曹秉章跋)
明刻本　南京
清康熙雍正間内府影刻宋咸淳間吴革本　國圖　北大　清華　故宫　天津　上海　南京　遼寧　湖北　湖南　四川(清丁晏跋)
清康熙五十年揚州曹寅雍翻刻宋咸淳間吴革本　北大　首都　北師大　上海　遼寧　湖北
四庫全書本(乾隆寫)
清光緒九至十年影刻宋咸淳本　國圖

經 10200471
周易本義四卷附易圖一卷筮儀一卷卦歌一卷　宋朱熹撰　明成矩輯
明葉繼軒南松書堂刻大字本　美國哈佛燕京
明崇禎六年閔齊伋刻本　故宫　復旦
明崇禎十四年閔齊伋刻本　故宫
清刻本　復旦(清劉庠批校,王大隆跋)

經 10200472
周易本義四卷附易圖一卷筮儀一卷　宋朱熹撰
明嘉靖七年丘氏石泉書屋刻本　上海
明金陵書林周對峯刻本　上海

經 10200473
周易本義四卷附易圖一卷　宋朱熹撰
明嘉靖四十五年周樂軒書坊刻本　南京
明萬曆元年書林熊沖宇種德書堂刻本　山東(清王亭批校)
明崇禎十四年虞山毛氏汲古閣刻本　國圖(清錢陸燦批注並跋)
明崇禎十四年虞山毛氏汲古閣刻清一經樓重修本　南京(清季錫疇批校)

經 10200474
周易本義四卷首一卷　宋朱熹撰
明嘉靖十三年崇仁書堂刻本　美國國會
明嘉靖三十三年書林羅氏勤有堂刻本　上海　崑山
明萬曆元年書林新賢堂張閩岳刻本　四川　故宫
明萬曆九年存誠書堂刻本　上海　崑山
明萬曆二十九年陳耀吾存德堂刻本　北大
明萬曆間吴勉學刻本　南京　重慶
明鄭氏新興堂刻本　日本小如舟書屋
明刻本　國圖　武漢　湖南　吉林　中山大學(明徐臣批注)
明末清初致和堂刻本　國圖

經 10200475
周易本義四卷附易圖一卷卦歌一卷筮儀一卷五贊一卷　宋朱熹撰

清康熙間内府刻本　南京
清光緒十年重刻康熙間内府本　上海
清康熙二十五年西爽堂刻本　美國哈佛燕京
五經四子書本(乾隆刻)
清乾隆十五年黄氏槐蔭草堂刻巾箱本　上海
清乾隆十七年刻本　上海
清乾隆五十四年刻文盛堂印本　國圖
清嘉慶七年金閶書業堂刻本　國圖
五經四書讀本本(雍正刻、嘉慶刻)
清嘉慶間刻恕堂六經本　國圖　上海
清道光十六年揚州片善堂惜字公局刻本　國圖(清丁晏批注,清陳介祺批注並跋)　遼寧
清道光間崇茂堂刻本　北大
清同治三年浙江撫署刻本　國圖
清同治七年楚北崇文書局刻本　國圖　上海
清同治十年刻本　國圖
清同治十一年山東書局刻本　南京
清同治十一年湖南尊經閣刻本　南京
清同治十二年京都文成堂刻本　北大
清同治十三年江西書局刻本　國圖
清同治十三年湖南書局刻本　國圖
清同治十三年江南書局刻本　南京
清同治十三年京都明道堂刻本　北大
清光緒三年刻寶興堂印本　國圖
清光緒五年京都文琳堂刻本　國圖
清光緒七年江蘇書局刻本　國圖
清光緒八年錦江書局刻山東尚志堂本　南京
清光緒十一年刻滋本堂印本　國圖
清光緒十一年刻榮禄文蔚堂印本　國圖
清光緒十二年刻富文堂印本　國圖
清金陵奎壁齋刻朱墨套印本　國圖
清光緒二十八年金陵奎壁齋刻泰山堂印本　國圖
清光緒十三年有益堂翻刻金陵奎壁齋刻本　北大
清光緒十三年京都聚珍堂書坊刻本　國圖
清光緒十七年聚奎堂刻浙紹聚奎堂印本　國圖
清光緒十八年刻天津煮字山房印本　國圖
清光緒十九年浙江書局刻本　北大　浙江
清光緒二十年無錫日昇山房刻本　南京
清光緒間善成堂刻本　國圖
清刻文德堂印本　國圖
清李光明莊刻本　天津　上海
清書林楊欽齋刻本　南京
清刻天德堂印本　國圖
清宣統元年蘇州掃葉山房石印本　上海
清宣統二年上海廣益書局刻本　國圖
清宣統二年上海會文堂石印本　國圖
民國七年鴻文書局石印本　上海
民國二十二年上海掃葉山房石印本　上海
民國初上海鴻文書局石印本　南京

經 10200476
周易本義四卷附圖說一卷卦歌一卷筮儀一卷　宋朱熹撰
四庫全書本(乾隆寫)
清康熙十年朱錫旂刻本　上海(清劉文淇校)　湖北(清薛時雨批)

經 10200477
周易本義五卷易圖一卷五贊一卷　宋

朱熹撰
明正德十六年袁州仰韓堂刻本　國圖

經 10200478
周易本義五卷圖說一卷筮儀一卷　宋朱熹撰
明刻本　上海

經 10200479
周易本義二卷　宋朱熹撰
清抄本　上海

經 10200480
周易本義四卷　宋朱熹撰
十三經讀本附校刊記本(同治山東書局刻)

經 10200481
周易本義校勘記一卷　清丁寶楨撰
十三經讀本附校刊記本(同治山东書局刻)

經 10200482
周易四卷筮儀一卷卦歌一卷圖一卷　顯樗園客隱檢校
明刻本　東北師大

經 10200483
易經纂注四卷　宋朱熹撰　明李廷機輯
五經纂注本(崇禎刻)

經 10200484
周易本義四卷圖說一卷附新鍥尊朱易經講意舉叢便讀四卷　宋朱熹撰(新鍥尊朱易經講意舉叢便讀)明李廷機輯　明熊沖宇刻　上海

經 10200485
周易本義四卷易圖一卷筮儀一卷　宋朱熹撰　清聖祖玄燁案
御案五經本(嘉慶刻)

經 10200486
周易讀本四卷附五贊筮儀卦歌圖說　宋朱熹本義　唐文治輯校
十三經讀本本(民國醒園刻)

經 10200487
周易本義四卷附圖說及新增圖說　宋朱熹撰　清湖北官書處增圖
清光緒十二年湖北官書處刻本　上海　南京　山東

經 10200488
周易本義刪正讀本四卷　明朱國輔撰
清抄本　首都

經 10200489
周易五贊一卷　宋朱熹撰
宋刻本　國圖
明刻本　南京
明正德十六年袁州仰韓堂刻本　國圖
清康熙十二年劉元琬武林刻本　北大　中科院　上海　南京　遼寧
五經補綱本(咸豐刻)

經 10200490
朱文公易說(晦菴先生朱文公易說、文公易說)二十三卷　宋朱鑑輯
元刻本　國圖
通志堂經解本(康熙刻、同治刻、日本文化刻)
日本寛正十一年翻刻通志堂經解本　國圖　北大　南京

四庫全書薈要本(乾隆寫)
四庫全書本(乾隆寫,文公易說)
清抄本 國圖

經 10200491
朱子語類易編四十卷 清程川輯
清雍正三年刻本 山東

經 10200492
程朱二先生周易傳義十卷易圖集録一卷 宋程頤傳 宋朱熹本義
元至正二年碧灣書堂刻本 國圖(卷六配元刻呂祖謙音訓本)
元延祐元年翠巖精舍刻本 北大元刻本 國圖(又一部無易圖集録) 北京文物局

經 10200493
周易程朱傳義十卷易圖集録一卷上下篇義一卷五贊一卷筮儀一卷易説綱領一卷 宋程頤傳 宋朱熹本義
五經四書本(正統刻) 國圖 南京 山東 浙江 四川
明嘉靖三十五年廣東崇正堂刻本 國圖(無附録) 首都

經 10200494
周易程朱傳義十六卷程子上下篇義一卷朱子圖説一卷卦變一卷周易五贊一卷筮儀一卷 宋程頤傳 宋朱熹本義
明嘉靖間應檟刻本 重慶 上海 揚州 常熟(清嚴虞惇批校並跋)

經 10200495
周易程朱傳義十九卷程子上下篇義一卷朱子周易五贊一卷筮儀一卷 宋程頤傳 宋朱熹本義
明刻本 人大 山東 上海 南京(丁丙跋)

經 10200496
程朱二先生周易傳義二十四卷 宋程頤傳 宋朱熹本義
元延祐元年翠巖精舍刻本 北大
明刻本 故宫 中科院文學所 天津 吉林 廣東(清陸隴其批點並跋)

經 10200497
周易程朱傳義二十四卷程子上下篇義一卷朱子易本義圖一卷周易五贊一卷筮儀一卷 宋程頤傳 宋朱熹本義
明嘉靖間福建巡按吉澄刻本 國圖 國博 南京(清丁丙跋) 鎮江 黑龍江大學
明嘉靖四十至四十四年福建建寧府楊一鶚翻刻吉澄刻本 北大 清華 安徽
五經本(嘉靖張祿刻) 中央黨校 上海 常熟
五經集注本(嘉靖刻) 湖南(清錢士雲録清查慎行批注,清陳用光跋)
明嘉靖間池郡秋浦邑象山杜尊刻本 北大
明嘉靖間刻本 北大
明萬曆間陳允升刻本 清華 浙江 中山大學
明崇禎十三年周中度刻本 平湖
明刻本 天津 上海 南京(清丁丙跋) 安徽 吉林
日本寶永六年出雲寺和泉刻本 北大

經 10200498

周易程朱傳義二十四卷上下篇義一卷圖說一卷五贊一卷筮儀一卷　宋程頤傳　宋朱熹本義　明汪應魁句讀

明崇禎四年汪應魁貽經堂刻本　國圖(明瞿式耜批注,清瞿昌文、清翁同龢跋)　人大　山東　上海　復旦　華東師大　浙江　重慶　中山大學

經 10200499

周易義傳合訂十五卷首一卷　宋程頤傳　宋朱熹本義　清張道緒音釋

清嘉慶十六年人境軒刻本　上海

經 10200500

周易兩讀十二卷首一卷末附周易音均表一卷　宋程頤傳　宋朱熹本義　李楷林輯

民國十四年刻本　國圖　上海　復旦　南京　山東　湖北

經 10200501

南軒易說(南軒先生張侍講易說)五卷　宋張栻撰

明抄本(四庫全書底本,清吳城跋)　國圖

枕碧樓叢書本(民國刻)

民國間廬江劉氏遠碧樓藍格抄本　上海

經 10200502

南軒易說三卷　宋張栻撰

四庫全書本(乾隆寫)

經 10200503

周易古占法二卷(周易古占法一卷周易章句外編一卷)　宋程迥編

范氏奇書本(嘉靖刻)

清抄本　國圖

經 10200504

周易章句外編二卷(周易古占法一卷周易章句外編一卷)　宋程迥編

清抄本(四庫全書底本)　清華

四庫全書本(乾隆寫)

經 10200505

復齋易說六卷　宋趙彥肅撰

通志堂經解本(康熙刻、同治刻、日本文化刻)

四庫全書薈要本(乾隆寫)

四庫全書本(乾隆寫)

清抄本　國圖　福建

經 10200506

古周易一卷　宋呂祖謙等編

通志堂經解本(康熙刻、同治刻、日本文化刻)

四庫全書本(乾隆寫)

清光緒二十九年古不夜孫氏校刻本　南京

經 10200507

古周易一卷(周易古本十二篇)音訓二卷　宋呂祖謙等編

金華叢書本(同治光緒刻、民國補刻)

清芬堂叢書本(光緒刻)

孫氏山淵閣叢刊本(光緒刻,周易古本)

經 10200508

易說二卷　宋呂祖謙撰

宋嘉泰四年呂喬年刻元明遞修東萊呂太史文集本　國圖

芝園祕錄初刻本(崇禎刻)
學海類編本(道光木活字印、民國影印)

經 10200509
周易繫辭精義(晦庵先生校正周易繫辭精義)二卷　題宋呂祖謙編
古逸叢書本(光緒刻,晦庵先生校正周易繫辭精義)
清康熙乾隆間抄本　北大
清光緒九年四川涪州小學堂刻本　四川
復性書院叢刊本(民國刻)

經 10200510
周易繫辭精義一卷　題宋呂祖謙編
清抄本　天津

經 10200511
周易雜論精義一卷　宋呂祖謙撰
清抄本　天津(羅振常跋)

經 10200512
周易本義十二卷音訓一卷　宋朱熹撰　宋呂祖謙音訓
十三經讀本本(同治金陵書局刻)
西京清麓叢書本(光緒刻)
劉氏傳經堂叢書本(光緒刻)
清光緒十三年淮南書局刻本　國圖　南京
清光緒十七年山東書局刻本　山東

經 10200513
周易程朱傳義音訓十卷易圖一卷　宋程頤傳　宋朱熹本義　宋呂祖謙音訓
元至正六年虞氏務本堂刻本　國圖(傅增湘跋)

經 10200514
周易傳義音訓八卷首一卷附易學啓蒙一卷　宋程頤傳　宋朱熹本義　宋呂祖謙音訓　(易學啓蒙)宋朱熹撰
清咸豐六年浦城與古齋祝鳳喈金陵刻本　北大　天津　上海　南京　四川
清同治六年望三益齋刻本　上海　山東　湖北　四川
清光緒十五年戶部刻本
清光緒十五年江南書局刻本　北大　上海
清末解梁書院刻本　北大

經 10200515
周易本義十二卷首一卷末一卷附周易本義攷　宋朱熹撰　宋呂祖謙音訓　(周易本義攷)清劉世讜撰
清光緒十九年江南書局重刻本　天津　上海　南京　湖北

經 10200516
周易本義考不分卷　清劉世讜輯
西京清麓叢書本(光緒刻)
劉氏傳經堂叢書本(光緒刻)

經 10200517
泰軒易傳六卷　宋李中正撰
佚存叢書本(日本刻、光緒木活字印、民國影印)
宛委別藏本(抄本、影印本)
粵雅堂叢書本(咸豐刻)

經 10200518
楊氏易傳二十卷　宋楊簡撰
明萬曆二十三年劉日升、陳道亨刻本

國圖 天津 上海 南京(清丁丙跋) 浙江 天一閣 湖南 遼寧大學 美國哈佛燕京

清光緒十六年徐謙傳抄明萬曆劉日升、陳道亨刻本 北大

四庫全書本(乾隆寫)

四明叢書本(民國刻)

民國間廬江劉氏遠碧樓藍格抄本 上海

經 10200519

易說四卷 宋趙善譽撰

清乾隆間翰林院抄本(四庫全書底本) 北大

四庫全書本(乾隆寫)

墨海金壺本(嘉慶刻、博古齋影印)

守山閣叢書本(道光刻、光緒影印、民國影印)

慎含堂抄本 南京

經 10200520

易璇璣三卷 宋吴沆撰

通志堂經解本(康熙刻、同治刻、日本文化刻)

四庫全書薈要本(乾隆寫)

四庫全書本(乾隆寫)

經 10200521

周易玩辭十六卷 宋項安世撰

明澹然齋抄本 國圖

通志堂經解本(康熙刻、同治刻、日本文化刻)

四庫全書薈要本(乾隆寫)

四庫全書本(乾隆寫)

清抄本 國圖 廣東 中山大學

湖北先正遺書本(民國影印)

經 10200522

西谿易說十二卷序說一卷 宋李過撰

四庫全書本(乾隆寫)

清抄本 國圖 南京

經 10200523

童溪易傳(童溪王先生易傳)三十卷 宋王宗傳撰

宋開禧元年建安劉日新宅三桂堂刻本 國圖(缺卷二十三至二十四) 遼寧(缺卷二十三至二十四)

明抄本 天一閣

通志堂經解本(康熙刻、同治刻、日本文化刻)

四庫全書薈要本(乾隆寫)

四庫全書本(乾隆寫)

經 10200524

周易詳解十六卷 宋李杞撰

清乾隆間翰林院抄本(四庫全書底本,缺卷七至八,清丁丙跋) 南京

四庫全書本(乾隆寫)

抄本 上海

經 10200525

周易總義二十卷 宋易祓撰

四庫全書本(乾隆寫)

清抄本 國圖

經 10200526

周易總義二十卷考證一卷 宋易祓撰 孫文昱考證

湖南叢書本(民國刻)

經 10200527

周易總義考證一卷 孫文昱考證

湖南叢書本(民國刻)

經 10200528
易象意言一卷　宋蔡淵撰
四庫全書薈要本(乾隆寫)
四庫全書本(乾隆寫)
武英殿聚珍版書本(木活字印、浙江重刻、江西重刻、福建重刻、廣東重刻)
清乾隆間蘇州重刻武英殿聚珍版書本　北師大
藝海珠塵本(嘉慶刻道光增刻)
反約篇本(同治抄)　福建師大
榕園叢書本(同治刻、民國印)
仲軒羣書雜著本(稿本)

經 10200529
周易卦爻經傳訓解二卷　宋蔡淵撰
四庫全書本(乾隆寫)
民國間廬江劉氏遠碧樓抄本　上海

經 10200530
易傳燈四卷　題宋徐總幹撰
四庫全書本(乾隆寫)
清乾隆四十七年至道光十八年抄本　北大
函海本(乾隆刻、道光補刻、光緒刻)
經苑本(道光咸豐刻、同治印、民國補刻)
清抄抱經樓彙抄本　國圖
清開封府聚文齋刻本　南京
抄本　上海

經 10200531
厚齋易學五十卷附先儒著述二卷　宋馮椅撰
四庫全書本(乾隆寫)

經 10200532
周易明解輯説五卷　宋馮椅撰
清乾隆五十八年萬選樓刻本　美國哈佛燕京
清許氏鑑止水齋抄本　南京

經 10200533
丙子學易編一卷　宋李心傳撰
通志堂經解本(康熙刻、同治刻、日本文化刻)
四庫全書薈要本(乾隆寫)
四庫全書本(乾隆寫)

經 10200534
淙山讀周易記二十一卷　宋方寔孫撰
明抄本(存上經卷六至八、下經卷一)　國圖
清抄本　南京
四庫全書本(乾隆寫,圖一卷)

經 10200535
周易要義十卷　宋魏了翁撰
宋淳祐十二年魏克愚刻本　國圖(存卷一至二、七至十)
明抄本　上海(存卷四至五)　天一閣(存卷一至二、七至十)
清康熙間徐乾學傳是樓抄本(清季錫疇校)　國圖
四庫全書本(乾隆寫)
清震無咎齋抄本(清翁心存校並跋)　國圖
清抄本(清丁丙跋)　南京
抄本　山東
五經要義本(光緒刻,首一卷)

經 10200536
大易集義六十四卷　宋魏了翁輯
宋刻本　國圖(卷六至十、二十四至二十六配清抄本)
明刻本　北京市委(存卷十至二十八、三

十一、三十六至五十、六十四)

經 10200537

易通六卷　宋趙以夫撰

四庫全書本(乾隆寫)

經 10200538

周易古經傳一卷　宋税與權撰

通志堂經解本(康熙刻、同治刻、日本文化刻,易學啓蒙小傳附)

四庫全書本(乾隆寫)

經 10200539

周易輯聞六卷　宋趙汝楳撰

明嘉靖萬曆間朱睦㮮聚樂堂刻本　國圖　上海　四川

通志堂經解本(康熙刻、同治刻、日本文化刻)

四庫全書薈要本(乾隆寫)

四庫全書本(乾隆寫)

經 10200540

周易輯聞六卷附易雅一卷筮宗一卷　宋趙汝楳撰

明嘉靖萬曆間朱睦㮮聚樂堂刻本　國圖　上海　四川

通志堂經解本(康熙刻、同治刻、日本文化刻)

四庫全書薈要本(乾隆寫)

四庫全書本(乾隆寫)

經 10200541

易雅一卷　宋趙汝楳撰

明嘉靖萬曆間朱睦㮮聚樂堂刻本　國圖　上海　四川

易序叢書本(清初抄)

通志堂經解本(康熙刻、同治刻、日本文化刻)

四庫全書薈要本(乾隆寫)

四庫全書本(乾隆寫)

經 10200542

六日七分論一卷　宋趙汝楳撰

易序叢書本(清初抄)

經 10200543

周易傳義附錄二十卷上下篇義一卷圖說一卷五贊一卷筮儀一卷　宋董楷纂集

元延祐二年圓沙書院刻本　國圖

元至正二年桃溪居敬書堂刻本　國圖(清吴騫跋)　日本靜嘉堂　日本西尾市

元至正九年廬陵竹坪書堂刻本　國圖　日本内閣　日本尊經閣

經 10200544

周易傳義附錄十四卷上下篇義一卷圖說一卷雜卦朱氏說一卷序卦程朱氏說一卷　宋董楷纂集

元刻本　上海(存卷九至十四,清路慎莊、朱善旂跋)

經 10200545

周易傳義附錄十四卷上下篇義五贊筮儀一卷圖說一卷　宋董楷纂集

通志堂經解本(康熙刻、同治刻、日本文化刻)

四庫全書薈要本(乾隆寫)

四庫全書本(乾隆寫)

抄本　上海

經 10200546

程子易綱領一卷　宋董楷纂集

通志堂經解本(康熙刻、同治刻、日本文化刻,周易傳義附錄)
四庫全書薈要本(乾隆寫,周易傳義附錄)
四庫全書本(乾隆寫,周易傳義附錄)

經 10200547
朱子易綱領一卷　宋董楷纂集
通志堂經解本(康熙刻、同治刻、日本文化刻,周易傳義附錄)
四庫全書薈要本(乾隆寫,周易傳義附錄)
四庫全書本(乾隆寫,周易傳義附錄)

經 10200548
易象義(周易象義)十二卷　宋丁易東撰
元刻本(上下經配抄本)　國圖(清季錫疇校)

經 10200549
易象義十六卷易統論一卷　宋丁易東撰
四庫全書本(乾隆寫)
清抄本　中山大學
清張金吾愛日精廬抄本(卷六至八配清抄本,清丁丙跋)　南京

經 10200550
易統論一卷　宋丁易東撰
四庫全書本(乾隆寫)
清抄本　中山大學
清張金吾愛日精廬抄本(清丁丙跋)　南京

經 10200551
讀易私言一卷　元許衡撰
説郛本(宛委山堂刻)
通志堂經解本(康熙刻、同治刻、日本文化刻)
四庫全書本(乾隆寫)
許文正公遺書本(乾隆刻、光緒刻)
學海類編本(道光木活字印、民國影印)
西京清麓叢書本(光緒刻,許文正公遺書)
遜敏堂叢書本(道光咸豐刻)
洪氏唐石經館叢書本(光緒印,許文正公遺書)
清初抄本　山東

經 10200552
易説一卷　元熊朋來撰
通志堂經解本(康熙刻、同治刻、日本文化刻,熊先生經説)

經 10200553
易本義附錄纂疏(周易本義附錄纂疏、易附錄纂疏注)十五卷　元胡一桂纂
元刻本　上海　四川(存下經第一、易傳上下)　天一閣(存上篇、下篇、外篇)
通志堂經解本(康熙刻、同治刻、日本文化刻)
四庫全書薈要本(乾隆寫,周易本義附錄纂疏)
四庫全書本(乾隆寫,易附錄纂疏)

經 10200554
易本義附錄纂疏二卷　元胡一桂纂
清抄本　上海

經 10200555
周易本義附錄集注十一卷首一卷　元張清子撰
元張氏建安刻本　日本宫内省
元張氏建安刻後印本　日本御茶之水
影寫元刻本　日本靜嘉堂

經 10200556
櫝著記一卷　元劉因撰
說郛本(宛委山堂刻)

經 10200557
易纂言十二卷(經二卷傳十卷)　元吳澄撰
明萬曆間刻本　社科院歷史所　山東　日本尊經閣
清翻刻明本　上海
通志堂經解本(康熙刻、同治刻、日本文化刻,首一卷)
通志堂經解本(康熙刻)　南京(清惠棟、清丁丙跋)
四庫全書薈要本(乾隆寫,首一卷)
四庫全書本(乾隆寫,首一卷)

經 10200558
易纂言十卷　元吳澄撰
明刻本　日本靜嘉堂

經 10200559
易纂言不分卷　元吳澄撰
清初抄本　山東

經 10200560
易纂言集注(新刊周易纂言集注)四卷首卷　元吳澄撰
明嘉靖元年宗文書堂刻本　東北師大

經 10200561
易纂言外翼十二卷　元吳澄撰
元刻本　國圖

經 10200562
易纂言外翼八卷　元吳澄撰
四庫全書本(乾隆寫)
清道光十五年刻本(首一卷)　上海　山東

經 10200563
易纂言外翼八卷校勘記一卷　元吳澄撰　魏元曠校勘
豫章叢書本(民國刻,胡思敬輯)

經 10200564
易纂言外翼校勘記一卷　魏元曠撰
豫章叢書本(民國刻,胡思敬輯)

經 10200565
周易本義通釋十二卷　元胡炳文撰
四庫全書薈要本(乾隆寫)
四庫全書本(乾隆寫)

經 10200566
周易本義通釋十二卷輯錄雲峯文集易義一卷　元胡炳文撰　元胡珙輯
明嘉靖元年潘旦、鄧杞刻本　國圖　南京(清丁丙跋)
通志堂經解本(康熙刻、同治刻、日本文化刻)
清抄本　國圖(清王振聲校並錄清何焯跋)
日本享和二年東都官版書籍發行所刻本　北師大　上海　南京　山東　日本國會

經 10200567
雲峯文集易義一卷　元胡炳文撰　元胡珙輯
明嘉靖元年潘旦、鄧杞刻本　國圖　南京
通志堂經解本(康熙刻、同治刻、日本文化刻)

清抄本　國圖
日本享和二年東都官版書籍發行所刻本　北師大　上海　南京　山東　日本國會

經 10200568
易經訓解四卷　元熊禾撰
明崇禎十六年刻本　復旦

經 10200569
周易集傳八卷　元龍仁夫撰
明影抄元本　日本靜嘉堂
清影抄元本　上海(清盛百二跋)
四庫全書本(乾隆寫)
清乾隆五十三年後抄本　北大
別下齋叢書本(道光刻、商務印書館影印、竹簡齋影印)
清光緒十七年龍文彬永懷堂刻本　北大　湖北
清抄本　北大　人大

經 10200570
周易集傳八卷補遺一卷考證一卷校正一卷　元龍仁夫撰　清尹繼美錄
鼎吉堂全集本(同治刻)
清同治十年丁憲曾刻本　山東

經 10200571
周易衍義十六卷　元胡震撰
四庫全書本(乾隆寫)

經 10200572
周易衍義不分卷　元胡震撰
清抄本　福建師大

經 10200573
周易集說□□卷　元俞琰撰
元至正九年俞氏讀易樓刻本　國圖(公文紙印,存十一卷)
清抄本(存十五卷)　中科院
清抄本(存十四卷)　上海

經 10200574
周易集說(俞氏集說)十三卷　元俞琰撰
通志堂經解本(康熙刻、同治刻、日本文化刻)
四庫全書薈要本(乾隆寫,俞氏集說)

經 10200575
周易集說四十卷　元俞琰撰
四庫全書本(乾隆寫)

經 10200576
周易集說不分卷　元俞琰撰
抄本　上海

經 10200577
讀易舉要四卷　元俞琰撰
清抄本(存卷三至四,四庫全書底本)　上海
四庫全書本(乾隆寫)
清丁氏八千卷樓抄本　南京

經 10200578
易學濫觴一卷　元黃澤撰
四庫全書本(乾隆寫)
武英殿聚珍版書本(木活字印、福建重刻、廣東重刻)
經苑本(道光咸豐刻、同治印、民國補刻)
涉聞梓舊本(咸豐刻、民國影印)
小萬卷樓叢書本(咸豐刻、光緒刻)
易學六種本(抄本)
清咸豐間沈氏抱經樓抄本　上海
民國三十三年復性書院重刻通志堂

經解本　上海

經 10200579
周易通義八卷發例二卷識蒙一卷或問三卷　元黄超然撰
明抄本　上海

經 10200580
讀易考原一卷　元蕭漢中撰
清翻刻明成氏本　上海
四庫全書本(乾隆寫)
清抄本　南京

經 10200581
讀易考原一卷校勘記一卷　元蕭漢中撰　魏元曠校勘
豫章叢書本(民國刻,胡思敬輯)

經 10200582
讀易考原校勘記一卷　魏元曠撰
豫章叢書本(民國刻,胡思敬輯)

經 10200583
周易原旨六卷　元保八撰
清影抄元本　北大

經 10200584
周易原旨八卷　元保八撰
四庫全書本(乾隆寫)
清乾隆四十七年後抄本　北大

經 10200585
易源奥義一卷　元保八撰
清影抄元本　北大
四庫全書本(乾隆寫)

經 10200586
周易繫辭述二卷　元保八撰
元刻本　國圖

經 10200587
學易記九卷圖經綱領一卷　元李簡撰
元刻本　國圖　遼寧
明抄本　南京(卷一、四至五、八至九配清抄本,清丁丙跋)
通志堂經解本(康熙刻、同治刻、日本文化刻)
四庫全書薈要本(乾隆寫)
四庫全書本(乾隆寫)

經 10200588
周易經傳集程朱解附錄纂注十四卷朱子易圖附錄纂注一卷朱子啓蒙五贊附錄纂註一卷朱子筮儀附錄纂註一卷　元董真卿撰
元後至元二年翠巖精舍刻本　日本東洋
元刻本　國圖　中科院　國博　北京文物局　上海　吉林　曲阜文管會
明洪武二十一年建安務本堂刻本　上海　日本國會
明刻本　山東(存十二卷)
通志堂經解本(康熙刻、同治刻、日本文化刻)
四庫全書薈要本(乾隆寫)
四庫全書本(乾隆寫)

經 10200589
程子說易綱領一卷　元董真卿編集
元後至元二年翠巖精舍刻本(周易經傳集程朱解附錄纂注附)　日本東洋
明洪武二十一年建安務本堂刻本(周易經傳集程朱解附錄纂注附)　上

海　日本國會
通志堂經解本(康熙刻、同治刻、日本文化刻,周易經傳集程朱解附録纂注附)
四庫全書薈要本(乾隆寫,周易會通附録)
四庫全書本(乾隆寫,周易會通附録)

經 10200590
朱子説易綱領一卷　元董真卿編集
元後至元二年翠巖精舍刻本(周易經傳集程朱解附録纂注附)　日本東洋
明洪武二十一年建安務本堂刻本(周易經傳集程朱解附録纂注附)　上海　日本國會
通志堂經解本(康熙刻、同治刻、日本文化刻,周易經傳集程朱解附録纂注附)
四庫全書薈要本(乾隆寫,周易會通附録)
四庫全書本(乾隆寫,周易會通附録)

經 10200591
朱子啓蒙五贊附録纂注一卷　元董真卿編集
元後至元二年翠巖精舍刻本(周易經傳集程朱解附録纂注附)　日本東洋
明洪武二十一年建安務本堂刻本(周易經傳集程朱解附録纂注附)　上海　日本國會
通志堂經解本(康熙刻、同治刻、日本文化刻,周易經傳集程朱解附録纂注附)
四庫全書薈要本(乾隆寫,周易會通附録)
四庫全書本(乾隆寫,周易會通附録)

經 10200592
朱子筮儀附録纂注一卷　元董真卿編集
元後至元二年翠巖精舍刻本(周易經傳集程朱解附録纂注附)　日本東洋
明洪武二十一年建安務本堂刻本(周易經傳集程朱解附録纂注附)　上海　日本國會
通志堂經解本(康熙刻、同治刻、日本文化刻,周易經傳集程朱解附録纂注附)
四庫全書薈要本(乾隆寫,周易會通附録)
四庫全書本(乾隆寫,周易會通附録)

經 10200593
朱子易圖附録纂注一卷　元董真卿編集
元後至元二年翠巖精舍刻本(周易經傳集程朱解附録纂注附)　日本東洋
明洪武二十一年建安務本堂刻本(周易經傳集程朱解附録纂注附)　上海　日本國會
通志堂經解本(康熙刻、同治刻、日本文化刻,周易經傳集程朱解附録纂注附)
四庫全書薈要本(乾隆寫,周易會通附録)
四庫全書本(乾隆寫,周易會通附録)

經 10200594
雙湖胡先生易圖附録纂注一卷　元董真卿編集
元後至元二年翠巖精舍刻本(周易經傳集程朱解附録纂注附)　日本東洋
明洪武二十一年建安務本堂刻本(周

易經傳集程朱解附錄纂注附)　上海　日本國會
通志堂經解本(康熙刻、同治刻、日本文化刻,周易經傳集程朱解附錄纂注附)
四庫全書薈要本(乾隆寫,周易會通附錄)
四庫全書本(乾隆寫,周易會通附錄)

經 10200595
周易本義集成十二卷　元熊良輔撰
元刻明修本　國圖
元刻本　山東
通志堂經解本(康熙刻、同治刻、日本文化刻)
四庫全書薈要本(乾隆寫)
四庫全書本(乾隆寫)

經 10200596
周易爻變義蘊四卷　元陳應潤撰
影抄元刻本　日本靜嘉堂
四庫全書本(乾隆寫)
續台州叢書本(光緒刻)
清抄本(清丁丙跋)　南京

經 10200597
周易經義(周易經疑)三卷　元涂溍生撰
元刻本　國圖(清吴翌鳳跋)
宛委別藏本(抄本、影印本,周易經疑)

經 10200598
易學變通六卷　元曾貫撰
清翻刻明成氏本　上海
四庫全書本(乾隆寫)
清抄本(存卷三至六)　湖南
抄本　國圖

經 10200599
易學變通六卷校勘記一卷校勘續記一卷　元曾貫撰　魏元曠校勘　胡思敬續校勘
豫章叢書本(民國刻,胡思敬輯)

經 10200600
易學變通校勘記一卷　魏元曠撰
豫章叢書本(民國刻,胡思敬輯)

經 10200601
易學變通校勘續記一卷　胡思敬輯
豫章叢書本(民國刻)

經 10200602
周易訂疑十五卷序例一卷　題元董養性撰
清正誼堂刻本　南京

經 10200603
周易董注四卷　元董中行撰
清南海孔氏嶽雪樓抄本　國圖

經 10200604
周易句解十卷　元朱祖義撰
元泰定三年敏得書堂刻本　日本内閣

經 10200605
周易句解十卷　元朱祖義撰　日本小出立庭點　日本新井登祐校
日本寛文十一年吉野屋惣兵衛刻本　日本國會

經 10200606
易經旁訓三卷　元李恕撰
五經旁訓本(萬曆刻、崇禎刻、嘉慶刻)
五經旁訓本(萬曆鄭汝璧刻)　天津(清

李承澍批點，章鈺跋） 海寧（清翁方綱圈點，清徐同柏跋）
明萬曆二十四年陳大科刻本 南通
明萬曆二十五年吴有川刻本 廣東社科院

經 10200607
易經旁訓四卷 元李恕撰
五經旁訓本（天啓王氏刻） 人大

經 10200608
周易程朱傳義折衷三十三卷 元趙采撰
四庫全書本（乾隆寫）
清陳氏運甓齋抄本（清陳勱跋） 天一閣

經 10200609
大易緝說十卷 元王申子撰
通志堂經解本（康熙刻、同治刻、日本文化刻）
四庫全書薈要本（乾隆寫）
四庫全書本（乾隆寫）
清抄本 天津

經 10200610
易精蘊大義十二卷 元解蒙撰
清乾隆間翰林院抄本（四庫全書底本） 北大
四庫全書本（乾隆寫）

經 10200611
易經精義旁訓三卷 元解蒙精義 明朱升旁訓
清光緒九年四川新都魏氏古香閣刻本 上海 四川

經 10200612
周易旁注二卷卦傳十卷前圖二卷 明朱升撰
明刻本 中科院 首都 復旦 東北師大 安徽博

經 10200613
周易旁注十二卷前圖二卷 明朱升撰
明刻本 國圖

經 10200614
周易旁注十卷圖二卷 明朱升撰
明刻本 上海

經 10200615
周易旁注七卷前圖二卷 明朱升撰
明刻本 安徽 重慶 中山大學

經 10200616
周易旁注不分卷前圖不分卷 明朱升撰
清刻本 北大 上海
清雍正三年居仁堂刻本 上海

經 10200617
周易旁注前圖（易本圖說）二卷 明朱升撰
明朱弼刻本 復旦
明末刻本 北大
明刻本 國圖（清吴騫跋） 首都 上海 安徽 中山大學
清刻本 上海

經 10200618
周易旁注會通九卷周易四卷 明朱升撰 明姚文蔚會通
明萬曆四十五年刻本 國圖
明刻本 日本内閣 日本尊經閣

經 10200619

周易旁注會通十四卷　明朱升撰　明姚文蔚會通

明萬曆間刻本　無錫

經 10200620

大易鉤玄(易學舉隅)三卷　明鮑恂撰

清抄本　國圖

經 10200621

周易參義十二卷　明梁寅撰

明初刻本　國圖　上海

明范氏天一閣抄本　上海

通志堂經解本(康熙刻、同治刻、日本文化刻)

通志堂經解本(康熙刻)　國圖(清翁同書批注並跋)

清初抄本　遼寧

四庫全書本(乾隆寫)

經 10200622

周易文詮四卷　元趙汸撰

四庫全書本(乾隆寫)

民國間廬江劉氏遠碧樓抄本　上海

經 10200623

周易正訓童子便不分卷　元趙汸撰

清抄本　上海

經 10200624

易義主意五卷附一卷　明謝子方撰

明正統十一年海虞魏佑刻本　北大(存卷三至五,李盛鐸跋)　上海

經 10200625

周易傳義大全二十四卷圖說一卷綱領一卷　明胡廣等纂

明永樂十三年内府刻本　國圖　首都　中科院　北師大　南開　上海　南京(清丁丙跋)　南京博　天一閣　遼寧　安徽　江西　河南　湖南　雲南

明翻刻永樂十三年内府刻本　北大

明天順八年書林龔氏明實書堂刻本　上海(卷八配日本抄本,翁斌孫跋)

明弘治四年羅氏竹坪書堂刻本　石家莊(存卷一至七、十六至十七、二十四)

明弘治九年余氏雙桂書堂刻本　四川

明正德十二年楊氏清江堂刻嘉靖四年重修本　臨海博

明嘉靖十五年葉氏作德堂刻本　南京(卷二十三至二十四配另一明刻本)

明嘉靖十五年劉氏安正堂刻本　蘇州

明德壽堂刻本　河南(存卷一至二十二)

明刻本　國圖　上海

明刻本　山東　山東大學

四庫全書本(乾隆寫)

五經大全本(清初菊仙書屋刻)　北大(與王應麟周易考異合)　上海　遼寧

清刻本　南京(清趙烈文題識)

朝鮮[illegible]州[illegible]印本([illegible])　日本國會

朝鮮正祖年丁酉字版本　韓國藏書閣

朝鮮正祖至純祖丁酉字混入木活字印本　韓國藏書閣

朝鮮純祖二十年丁酉字覆刻版本　韓國藏書閣

朝鮮庚辰刻内閣印本　國圖

朝鮮全州府何慶龍刻本　上海

經 10200626

周易傳義大全二十四卷圖說一卷綱領一卷附易經考異一卷　明胡廣等纂　(易經考異)宋王應麟撰
明崇禎間詩瘦閣刻本　國圖　吉大

經 10200627
易經傳義大全二十四卷首一卷易經彙徵二十四卷首一卷　明胡廣等纂修　明陳仁錫較正　(易經彙徵)明劉庚撰
明崇禎十二年刻本　清華　北師大　山東　安徽　杭州　日本關西大學

經 10200628
周會魁校正易經大全二十卷首一卷　明胡廣等纂修　明周士顯校正
明萬曆間刻明末改竄印本　北大　國圖　上海
明刻本　上海

經 10200629
周會魁校正易經大全二十卷上下篇義圖說五贊筮儀綱領　明胡廣等纂修　明周士顯校正
清康熙五十年郁郁堂刻本　國圖　北師大
清豫章東邑書林王氏刻本　湖北
二年刻官板五經大全本　日本鹿兒島大學

經 10200630
易傳撮要一卷　明劉髦撰
清乾隆二十八年桂山堂重刻本　湖北
劉文安公全集本(乾隆刻)

經 10200631
易經中說四十四卷　明盧翰撰
明刻本　衡陽師範

經 10200632
八卦餘生十八卷　明鄧夢文撰
清乾隆四十二年文會堂刻本　中科院　山東

經 10200633
讀易錄一卷　明薛瑄撰　清張伯行訂
正誼堂全書本(同治刻)

經 10200634
周易通畧一卷　明黄俊撰
明抄本(清丁丙跋)　南京

經 10200635
周易通畧校勘記一卷　胡思敬撰
豫章叢書本(民國刻,胡思敬輯)

經 10200636
易學象數舉隅二卷　明汪敬撰
明嘉靖十八年汪奎刻本　安徽

經 10200637
玩易意見二卷　明王恕撰
明正德間刻本　上海　山東　湖南
明抄本　大連
惜陰軒叢書本(道光刻、光緒刻)

經 10200638
周易說旨四卷　明羅倫撰　明陳禹謨輯
明萬曆十九年何懋官刻本　北大

經 10200639
易象鈔四卷　明胡居仁撰
明刻本　日本靜嘉堂

經 10200640
易像鈔十八卷　明胡居仁撰
　四庫全書本(乾隆寫)

經 10200641
易經蒙引十二卷　明蔡清撰
　明嘉靖八年建陽書坊刻本　國圖
　明萬曆三十八年彭□刻本　北师大　南京　蘇州
　明萬曆間敖鯤翻刻林希元本　北大　安徽　美國哈佛燕京
　明末刻本　中科院　山東　河南　浙江　日本靜嘉堂
　清建陽書坊刻本　國圖
　四庫全書本(乾隆寫)
　清刻本　國圖

經 10200642
補訂虚齋舊讀易經蒙引初稿一卷　明蔡清撰
　明正德嘉靖間同安林希元刻本　日本東京大學

經 10200643
蔡虚齋先生易經蒙引八卷　明蔡清撰　明朱柏廬輯
　清末民國初刻本　國圖

經 10200644
易經蒙引二十四卷　明蔡清撰　明宋兆禴重訂
　明末敦古齋刻本　華東師大　美國哈佛燕京
　清康熙四年必興堂刻本　上海
　日本寛文九年京都野田莊右衛門刻本　日本國會

經 10200645
蔡虚齋先生易經蒙引二十四卷　明蔡清撰　明葛寅亮評定
　明末虎林施長庚刻本　南京　浙江　南通

經 10200646
重訂蔡虚齋先生易經蒙引十二卷　明蔡清撰　明宋兆禴重訂
　明末刻本　中科院　浙江　河南　東北師大

經 10200647
周易古文羽義十二卷首一卷　明童品撰
　明弘治九至十三年童氏刻本　國圖

經 10200648
周易贊義十七卷　明馬理撰
　明嘉靖三十五年鄭絅刻本　國圖(存七卷,清丁申、清丁丙跋)　南京　日本内閣

經 10200649
新刊理學心傳章句講意大小題旨易經聖朝正達二十卷　明王家棟撰　明晏璋編
　明嘉靖四十四年王氏誠意齋刻本　日本内閣

經 10200650
讀易鈔十四卷　明鍾化明撰
　明萬曆間刻本　日本内閣

經 10200651
周易淺說(周易通典)五卷首一卷　明陳琛撰
　清乾隆五十四年刻本　湖北

清乾隆五十四年刻光緒十九年印本　上海

經 10200652
易大象說一卷　明崔銑撰
金聲玉振集本(嘉靖刻、民國影印)

經 10200653
讀易餘言五卷　明崔銑撰　明崔汲編錄
明嘉靖間崔氏家塾刻本　國圖　北大　中央黨校　上海　南京(清丁丙跋)　遼寧　重慶　東北師大　中山大學
明萬曆間崔氏家塾刻本(崔氏六種)　中科院
崔洹野集本(明刻清修)
四庫全書本(乾隆寫)

經 10200654
周易議卦二卷　明王崇慶撰
學海類編本(道光木活字印、民國影印)
清抄本(清吴騫跋)　國圖

經 10200655
周易說翼三卷　明呂柟撰
明嘉靖十八年王獻芝刻本　北大
呂涇野五經說本(嘉靖刻、明抄、道光刻)
惜陰軒叢書本(道光刻、光緒刻,呂涇野經說)

經 10200656
讀易備忘四卷　明黄克復撰
明嘉靖十五年活字印本　北大(清焦循跋)

經 10200657
讀易索隱(蓮谷先生讀易索隱)六卷　明洪鼐撰
明嘉靖二十六年順裕堂刻本　遼寧

經 10200658
易大贊一卷　明蔡羽撰
獨謠齋日抄本(明抄)　臺圖

經 10200659
不庵易贅二卷　明王艮撰
清順治間刻本　上海(存卷一)

經 10200660
學易記五卷　明金賁亨撰
明嘉靖間刻本　國圖　上海(清馮登府跋)　福建
清道光二十年刻本　國圖
惜陰軒叢書本(道光刻、光緒刻)

經 10200661
周易集瑩十二卷　明梅鷟撰
明刻本　國圖

經 10200662
古易考原三卷　明梅鷟撰
續道藏本(萬曆刻、民國影印)

經 10200663
易箋問一卷　明舒芬撰
梓溪文鈔本(萬曆刻)

經 10200664
易學四同八卷　明季本輯
明嘉靖四十年刻本　北大　北師大　天津　安徽

經 10200665
易學四同別錄四卷　明季本輯

明嘉靖四十年刻本　北大　北師大　天津　安徽

經 10200666
周易億二卷繫辭億一卷　明王道撰
明萬曆間刻本　北京文物局
明萬曆三十七年朱延禧南京刻王文定公遺書本　臺圖

經 10200667
周易傳義存疑一卷　明應大猷撰
明萬曆間刻本　浙江
清乾隆間刻本　南京
清乾隆四十三年木活字印本　上海

經 10200668
易經存疑(新刊增訂的藁易經存疑、增訂易經存疑的藁)十二卷　明林希元撰
明萬曆二年書林林有梧刻本　國圖　北大
清康熙十七年仇兆鰲刻本　國圖　北大　上海　南京　山東
清乾隆十年林氏刻本　同安文化館
四庫全書本(乾隆寫)
清道光二十八年刻本　湖北

經 10200669
易經說二卷　明楊慎撰
總纂升菴合集本(光緒刻,升菴經說)
函海本(乾隆刻、道光補刻、光緒刻)

經 10200670
新刊易經正蒙十二卷　明史于光撰
明嘉靖間刻本　日本尊經閣

經 10200671
易象解二卷首一卷　明劉濂撰
明嘉靖間刻本　日本御茶之水

經 10200672
易象解四卷　明劉濂撰
清道光十六年愛蓮齋抄本　國圖

經 10200673
周易辨錄四卷　明楊爵撰
明隆慶二年刻本　日本京都大學　日本御茶之水
明刻本　中科院
清抄本(清李文藻批校並跋,四庫全書底本)　山東
四庫全書本(乾隆寫)
清抄本　南京　山東
民國間廬江劉氏遠碧樓抄本　上海

經 10200674
讀易觀通八卷　明魏琦勳撰
明崇禎間刻本　日本尊經閣

經 10200675
古易世學十七卷　明豐坊撰
明范氏天一閣抄本　浙江
明抄本(佚名錄清何焯跋)　上海
抄本(存九卷)　南京

經 10200676
周易不我解二卷　明徐體乾撰
明萬曆間刻本　南京

經 10200677
周易義叢十六卷首一卷　明葉良佩撰
明嘉靖間刻本　國圖　上海

經 10200678
易修墨守一卷　明唐樞撰

明萬曆間刻本　南京
木鐘臺全集本(明刻、咸豐刻)

經 10200679
讀易記三卷　明王漸逵撰
明刻本　南京

經 10200680
易象大旨八卷　明薛甲撰
明嘉靖四十年刻本　人大　上海　揚州　日本宫内省

經 10200681
大象義述三卷　明王畿撰
明萬曆五年吴同春刻本　天一閣

經 10200682
大象義述一卷　明王畿撰
龍溪王先生全集本(萬曆刻、道光刻)　北大
明萬曆間刻本　國圖
日本函碕文庫傳抄龍溪王先生全集本　北大

經 10200683
讀易私記十卷　明黄光昇撰
明萬曆五年黄喬棠等刻本　北大
明崇禎間刻本　日本尊經閣

經 10200684
胡子易演十八卷　明胡經撰
明抄本(存卷九至十六)　天一閣

經 10200685
周易象旨決錄七卷　明熊過撰
明嘉靖四十一年熊氏刻本　國圖　山西　山東　蘇州　日本尊經閣
四庫全書本(乾隆寫)
民國間廬江劉氏遠碧樓抄本　上海

經 10200686
讀周易象旨私識一卷　明熊過撰
明嘉靖四十一年熊氏刻本　國圖　山西　山東　蘇州

經 10200687
易經聚正十卷　明蔡元偉撰　明張袞校　明李培訂
明隆慶三年功崇堂刻本　日本内閣(缺卷一、二)
抄本　山東

經 10200688
周易去疑十一卷　明舒弘諤撰　清蔣先庚參增
明末蔣時機刻本　故宫

經 10200689
周易去疑十一卷首一卷末一卷　明舒弘諤撰　清蔣先庚參增　清李龍吟重訂
清光緒八年江右養雲書屋刻本　國圖　中科院　上海　復旦　南京　湖北　山東

經 10200690
葉八白易傳十六卷　明葉山撰
四庫全書本(乾隆寫)
民國間廬江劉氏遠碧樓抄本　上海

經 10200691
易經淵旨二卷　明歸有光撰
清歸朝煦刻本　南京

經 10200692

易疑二卷圖說一卷繫辭一卷說卦傳一卷序卦傳一卷雜卦傳一卷　明陳言撰

明萬曆四十六年刻本　上海

經 10200693

讀易纂五卷　明張元蒙撰

明萬曆十至十八年王世貞等刻本　北大　清華

經 10200694

易經正義六卷　明鄢懋卿撰

明嘉靖四十年吴初泉刻本　上海

經 10200695

周易傳義補疑十二卷　明姜寶撰

明萬曆十四年古之賢新安郡齋刻本　國圖　上海　齊齊哈爾

經 10200696

易象鈎解四卷　明陳士元撰

明嘉靖間刻本　天一閣(存卷一至三)　日本尊經閣　日本靜嘉堂

歸雲別集本(萬曆刻、道光刻)

湖北先正遺書本(民國影印)

四庫全書本(乾隆寫)

守山閣叢書本(道光刻、光緒影印、民國影印)

清抄本　國圖

經 10200697

易象彙解二卷　明陳士元撰

歸雲別集本(萬曆刻、道光刻)

湖北先正遺書本(民國影印)

經 10200698

今文周易演義十二卷　明徐師曾撰

明隆慶二年董漢策刻本　國圖　北大　北師大　上海　無錫　山東　日本內閣　美國哈佛燕京

經 10200699

周易稽疑一卷　明朱睦㮮撰

說郛本(宛委山堂刻)

經 10200700

學易會集一卷　明粟永祿等編

明萬曆七年學易正會刻本　北大

經 10200701

淮海易談四卷　明孫應鼇撰

明隆慶間刻本　南京　蘇州　青島　如皋　日本內閣

孫文恭公遺書本(光緒刻、宣統鉛印)

黔南叢書本(民國鉛印)

經 10200702

周易集注十六卷　明來知德撰

明萬曆間刻本　山東

經 10200703

周易集注十六卷易注雜說一卷易學六十四卦啓蒙一卷　明來知德撰　明黄汝亨等校

明萬曆三十八年張惟任刻本　北師大　首都師大　西北大學　日本內閣　日本尊經閣　日本大阪

經 10200704

來氏易註十六卷首二卷　明來知德撰

四庫全書本(乾隆寫)

經 10200705

梁山來知德先生易經集注十六卷上下經篇義、易經字義、易學六十四卦啓蒙說　明來知德撰　清崔華重訂
清康熙二十七年崔華刻本　天津　四川　重慶　福建師大
清康熙二十七年崔華刻同德堂印本　北大
清康熙二十七年刻春輝堂印本　上海
清翻刻康熙間崔華本　南京

經10200706
梁山來知德先生易經集注六卷　明來知德撰
清抄本　蘇州

經10200707
梁山來知德先生易經集注經二卷傳十卷　明來知德撰　清高暄删補
清康熙三十六年刻願學堂印本　浙江

經10200708
周易集注六卷首二卷　明來知德撰　清俞卿重訂
清康熙六十一年俞卿刻本　北大(附金人瑞撰唱經堂通宗易論)
清抄本　天一閣

經10200709
周易來注十五卷上下經篇義、易經字義、易學六十四卦啓蒙　明來知德撰　明史應選輯　明沈際飛訂異
明崇禎五年沈際飛刻本　天津　南京　青海民族　雲南

經10200710
來瞿唐先生易注十五卷首一卷(上下經篇義易經字義易學六十四卦啓蒙說)末一卷圖一卷　明來知德撰　明淩夫惇圈點　明高奣映校
明萬曆間芸生堂刻本　國圖
清康熙十六年高氏朝爽堂刻道光二十六年來錫蕃配補本　浙江　浙大　山西文物局　武大　齊齊哈爾　美國哈佛燕京
清乾隆二年高氏朝爽堂刻本　上海　山東
清康熙間朝爽堂抄本　北京文物局
清翻朝爽堂刻六宜軒印本　國圖　上海
清翻朝爽堂刻積善堂印本　上海
清雍正七年寧陵符永培寧遠堂重刻本　上海　南京　美國哈佛燕京
清嘉慶間翻刻雍正間寧遠堂本　北大　上海　四川　浙江　山東
清同志堂翻刻雍正間梁山寧遠堂本　南京
清嘉慶間翻刻雍正間梁山寧遠堂本　南京
清道光間翻刻雍正間梁山寧遠堂刻善成堂印本　南京　四川　上海
清道光間綿竹世興堂翻刻雍正間梁山寧遠堂本　上海　南京　四川
清重慶友于堂翻刻綿竹世興堂本　四川
清同治十年湖南長沙刻本　四川
清刻藻文堂印本　國圖
清同治九年抄本　山東

經10200711
來知德上下經篇意一卷　明來知德撰
清康熙二十七年崔華刻本　四川　重慶　福建
清康熙二十七年崔華刻寶廉堂印本

天津
清康熙二十七年崔華刻同德堂印本　北大
清翻刻康熙間崔華本　南京
清康熙二十七年刻春輝堂刻本　上海

經 10200712
易學六十四卦啓蒙一卷　明來知德撰
清康熙二十七年崔華刻本　四川　重慶　福建
清康熙二十七年崔華刻寶廉堂印本　天津
清康熙二十七年崔華刻同德堂印本　北大
清翻刻康熙間崔華刻本　南京
清康熙二十七年春輝堂刻本　上海

經 10200713
易經傳注二十八卷圖說目錄易經卦序通例傳注二卷　明李資乾撰
明萬曆間刻本　日本尊經閣

經 10200714
易原八卷　明陳錫撰
明萬曆二十七年刻本　北師大

經 10200715
易經繹五卷　明鄧元錫撰
五經繹本(萬曆刻、清鄧宗渭刻)

經 10200716
易因六卷　明李贄撰　明汪本鈳附記
道藏本(正統刻、民國影印)

經 10200717
易因二卷　明李贄撰
明萬曆二十八年陳邦泰刻本　國圖　北大　國博　天津　湖北

經 10200718
九正易因不分卷　明李贄撰　明汪本鈳讀
明萬曆間刻本　蘇州

經 10200719
九正易因不分卷　明李贄撰　明張慎言注補
清順治五年毛氏汲古閣刻本　遼寧　山西

經 10200720
周易象義不分卷　明章潢撰
明抄本　國圖
清抄本　北大

經 10200721
易大象義一卷　明章潢撰
明抄本　國圖
清抄本　北大　遼寧

經 10200722
讀易雜記四卷　明章潢撰
明抄本　國圖

經 10200723
讀易雜記不分卷　明章潢撰
清抄本　北大　遼寧

經 10200724
讀易紀聞六卷　明張獻翼撰
明萬曆間張一鯤刻本　天一閣　中科院歷史所
四庫全書本(乾隆寫)
民國間廬江劉氏遠碧樓藍格抄本

上海

經 10200725
犧經臆說三卷　明張獻翼撰
明萬曆間龍宗武刻本　上海

經 10200726
犧經雜說三卷　明張獻翼撰
明萬曆間龍宗武刻本　上海

經 10200727
周易古今文全書二十一卷　明楊時喬編
明萬曆二十七至四十七年廣信楊氏刻本　北大　上海　南京　湖北
明萬曆三十五年蔡增譽刻本　南京　臺圖　美國哈佛燕京
明萬曆間王其玉刻本　南京
明萬曆間刻本　北大　中科院　北京市委　南京　湖北　河南　湖南師大

經 10200728
易學十二卷　明沈一貫撰
明萬曆間刻本　首都

經 10200729
易經直解(新鐫刪補易經直解)十二卷　明沈一貫撰　明李光縉輯
明萬曆四十三年周曰校萬卷樓刻本　清華　故宫

經 10200730
新鍥相國蛟門沈先生發刻經筵會講易經意評林十卷　明邵芝南、明沈一貫、明李廷機等會講　明郭偉校正
明萬曆二十九年書林靜觀室詹聖澤刻本　日本蓬左

經 10200731
易學辨疑四卷　明施之藩撰
明隆慶六年刻萬曆五年印本　北大

經 10200732
易經詳解十卷　明徐元氣撰
明萬曆十年張一通、匡鐸等刻本　國圖(存卷一至五)　日本内閣

經 10200733
易經直解二十卷　明伊在庭等撰
明萬曆七年詹氏易齋刻本　重慶(存十三卷)

經 10200734
讀易述十七卷　明潘士藻撰
明萬曆三十四年潘師魯刻本　國圖　江西　日本靜嘉堂　日本尊經閣　日本東京大學
明刻本　上海
四庫全書本(乾隆寫)
清抄本(清丁丙跋)　南京

經 10200735
易意參疑首編二卷　明孫從龍撰
明萬曆五年杭郡書林翁時化刻本　上海　中山大學　日本東京大學

經 10200736
易意參疑外編十卷　明孫從龍撰
明萬曆五年杭郡書林翁時化刻本　上海　中山大學　日本東京大學

經 10200737
周易象義四卷　明唐鶴徵撰
明萬曆三十五年純白齋刻本　天津　浙江　日本内閣　美國哈佛燕京

清初抄本　浙江
民國初唐氏鉛印本　南京

經 10200738
讀易法一卷　明唐鶴徵撰
明萬曆三十五年純白齋刻本　天津　浙江　美國哈佛燕京

經 10200739
周易大全纂十二卷　明倪晉卿纂
明萬曆二十年倪氏刻本　北大　紹興　重慶　美國哈佛燕京

經 10200740
生生篇七卷　明蘇濬撰
明萬曆間刻本　國圖　上海　浙江　無錫　廣西師大
清乾隆七年榮洲祉抄本　清華
清道光二十二年蘇廷玉重刻本　國圖　中央黨校

經 10200741
易經兒說(重鐫蘇紫溪先生易經兒說)八卷　明蘇濬撰
明萬曆間刻本　日本尊經閣
清乾隆五十五年陳氏師儉堂木活字印本　天津　南京

經 10200742
易經兒說四卷圖一卷　明蘇濬撰
清康熙二十六年蘇堯松刻本　遼寧　日本國會
清咸豐元年重刻本(無圖)　湖北　上海

經 10200743
宋明兩蘇先生易說合删六卷　宋蘇軾、明蘇濬撰　明周之謨删
明萬曆四十四年吉贊刻本　浙江

經 10200744
易象管窺十五卷　明黄正憲撰
明萬曆間秀水黄氏刻本　國圖　北大
明刻本　上海　即墨

經 10200745
易象管窺不分卷　明黄正憲撰
清乾隆二十六年馬爾楷抄本　山西文物局

經 10200746
易筌六卷附論一卷　明焦竑撰
明萬曆四十年刻本　中科院　青島　重慶
明刻本　山東

經 10200747
易說五卷　明馮時可撰
明萬曆間刻本　旅順博　日本東京大學
馮元成雜著九種本(萬曆刻,文所易說)

經 10200748
易說四卷　明馮時可撰
清嘉慶二十四年刻本　上海

經 10200749
易經就正十二卷　明胡宥撰
明刻本　國圖(存卷一至八)　日本内閣(存卷一至八、十一、十二)

經 10200750
易學講意(新刻浙江餘姚進士白川諸先生祕傳易學講義)七卷　明諸大倫撰
明萬曆二年書林饒仁卿等刻本　南京

（清丁丙跋）

經 10200751
混古始天易一卷　明田藝蘅撰
　抄本　上海

經 10200752
像象管見九卷（上下經四卷繫辭說序雜卦傳五卷）　明錢一本撰
　明萬曆三十二年刻本　北大　清華　中科院　南京
　明萬曆四十二年刻本　國圖　人大　北師大　浙江　安徽　福建　湖北　美國普林斯頓大學
　四庫全書本（乾隆寫）
　常州先哲遺書本（光緒刻）

經 10200753
像抄六卷　明錢一本撰
　明萬曆四十一年日啓新齋刻本　北大　人大　中科院　上海　遼寧　福建　湖南　美國普林斯頓大學
　明萬曆間刻本　安徽
　清抄本　天津（又一部，二卷）

經 10200754
像續抄二卷　明錢一本撰
　清錢濟世蘭雪堂刻本　福建

經 10200755
四聖一心錄六卷　明錢一本撰
　清錢濟世蘭雪堂刻本　故宫　上海　浙江　福建

經 10200756
易經疑問十二卷　明姚舜牧撰
　五經疑問本（萬曆刻）　國圖　浙江

經 10200757
易經以俟錄不分卷　明瞿九思撰
　瞿聘君全集本（萬曆刻）

經 10200758
周易古本一卷　明華兆登輯
　清求是齋重刻錫山華氏本　國圖

經 10200759
周易古本辯一卷　明華兆登輯
　清求是齋重刻錫山華氏本　國圖

經 10200760
周易古本記疑一卷　明華兆登輯
　清求是齋重刻錫山華氏本　國圖

經 10200761
大象觀二卷　明劉元卿撰
　明萬曆間刻本　國圖

經 10200762
分章分節易經（新刻占魁高頭分章分節易經）四卷首一卷　明李廷機撰
　明書林張斐刻本　安徽博

經 10200763
易經翰林家說十二卷　明李廷機撰
　明萬曆十三年閩建書林余氏克勤齋刻本　安徽

經 10200764
周易折衷講意不分卷　明李廷機編
　清嘉慶十五年抄本　上海

經 10200765
新鐫李九我衍明易旨一卷　明李廷機編
　明刻本　日本尊經閣

經 10200766
易經全題竅會編十三卷　明容宇光撰
明萬曆二十七年李之祥等刻本　中科院

經 10200767
易經旁訓三卷　明鄭汝璧補注
明萬曆二十三年刻本　天津
五經旁訓本(萬曆刻)

經 10200768
易測(新刻易測)十卷　明曾朝節撰
明萬曆間刻本　上海(存卷一至九)　南京　美國哈佛燕京
抄本　上海
清順治間刻本　日本内閣(不分卷)

經 10200769
易經集注十卷　明蔡毅中撰
明天啓七年刻本　大連

經 10200770
易經火傳新講(鼎鍥李先生易經火傳新講)十卷　明李京撰
明萬曆二十五年兩錢世家刻本　南大
明萬曆二十五年書林熊體忠刻本　日本蓬左

經 10200771
古易詮二十九卷　明鄧伯羔撰
明萬曆二十六年刻本　南京

經 10200772
大易牀頭私錄二卷　明董懋策撰
明萬曆二十三年刻本　國圖

經 10200773
大易牀頭私錄三卷　明董懋策撰
董氏叢書本(光緒刻)

經 10200774
易會八卷　明鄒德溥撰
明萬曆四十一年刻本　襄陽　日本東北大學
明金谿周文明刻本　南京(存卷三至八)
清同治九年郭儼袁州木活字印本　北大

經 10200775
京傳李會魁易經尊朱約言十卷　明李之藻撰
明萬曆間刻本　日本尊經閣

經 10200776
果育齋讀易鏡六卷　明沈爾嘉撰
明刻本　日本東北大學

經 10200777
易解大旨一卷二集六卷　明張伯樞撰
明崇禎四年刻本　浙江
清刻本　湖北

經 10200778
易經正解四卷　明張廷策撰
明萬曆四十八年張氏刻本　安徽

經 10200779
吴因之先生易說六卷　明吴默撰
明萬曆三十九年錢玉刻本　上海　江西(清謝寶樹跋)

經 10200780
石鏡山房周易說統十二卷　明張振淵輯

明萬曆四十三年仁和張氏石鏡山房刻本　北大　南京　浙江　山東　安徽　日本内閣　日本尊經閣　日本東北大學

經 10200781
石鏡山房增訂周易說統二十五卷易學考原一卷　明張振淵輯　明張懋忠增輯
明天啓六年仁和張氏石鏡山房刻本　北大　上海　蘇州　日本内閣　日本靜嘉堂　日本東京

經 10200782
易經潛解十二卷　明李光縉撰
明刻本　國圖（清汪惕庵誌記）　日本尊經閣

經 10200783
新刻翰林九石黄先生家傳周易初進說解六卷　明黄國鼎撰
明萬曆二十七年三台館刻本　日本内閣

經 10200784
增訂太史仇滄柱先生家傳周易備旨四卷首一卷　明黄國鼎撰　清祁文友等訂
清乾隆五十五年金陵文會堂刻本　山東

經 10200785
玩易微言摘抄六卷　明楊廷筠撰
明天啓間刻本　日本宫内省

經 10200786
問易商七卷　明胡允聘撰
明崇禎間刻本　日本尊經閣

經 10200787
易經宗旨四卷　明汪鳴鸞　明吴默撰
明萬曆間刻本　國圖

經 10200788
周易正解二十卷　明郝敬撰
郝氏九經解本（萬曆刻、抄本）

經 10200789
讀易一卷　明郝敬撰
郝氏九經解本（萬曆刻、抄本）

經 10200790
易領四卷　明郝敬撰
山草堂集本（萬曆崇禎刻）
山草堂集本（日本江戶抄）　日本國會
湖北叢書本（光緒刻）

經 10200791
學易枝言四卷　明郝敬撰
山草堂集本（萬曆崇禎刻）　南京（清丁丙跋）
山草堂集本（日本江戶抄）　日本國會

經 10200792
問易補七卷　明郝敬撰
山草堂集本（萬曆崇禎刻）
山草堂集本（日本江戶抄，六卷）　日本國會
清抄本　上海

經 10200793
易經選注二卷　明陳繼儒撰　明張鼒校
陳眉公先生六經選註本（明余象斗刻）　日本内閣　日本京都大學

經 10200794
新刻皇明十大家萃正翱翔易經集注不分卷　明錢養廉撰
明刻本　日本尊經閣

經 10200795
新刻古桐國曹氏五聞人易經絕韋貫珠錄講六卷　明曹學賜撰
明萬曆間刻本　日本尊經閣

經 10200796
精備講意易經鯨音本義二卷　明諸大圭撰
明萬曆五年宏遠書堂刻本　上海

經 10200797
周易劄記三卷　明逯中立撰
明刻本　中央黨校
抄本　上海
四庫全書本(乾隆寫,首一卷)

經 10200798
講易手錄六卷　明趙光大撰
明萬曆三十七年趙氏刻本　故宫

經 10200799
新刻方會魁周易初談講意(周易初談講意)六卷　明方應祥撰
明萬曆十年余氏雙峯堂刻本　日本東北大學
明萬曆四十六年余應孔刻本　日本内閣
清抄本(周易初談講意)　浙江

經 10200800
新刊會魁孟旋方先生精著易經旨便四卷首一卷　明方應祥撰
明三台館刻本　日本内閣

經 10200801
羲經鴻寶(新鐫方孟旋先生羲經鴻寶)十二卷　明方應祥撰
明末刻本　首都　華東師大　湖北　河南　山東　美國普林斯頓大學

經 10200802
鐫方孟旋先生輯訂羲經狐白解八卷　明方應祥輯訂　明趙鳴陽校閲
明天啓二年潭陽余氏三台館刻本　日本蓬左

經 10200803
周易易簡說三卷　明高攀龍撰
四庫全書本(乾隆寫)

經 10200804
周易孔義三卷　明高攀龍撰　明秦堈編
明崇禎九年秦堈刻本　無錫
高子全書本(崇禎刻清修)
清刻本　上海
民國十三年王氏思過齋金陵刻本　北大　上海　復旦　湖北
民國十年抄本　上海

經 10200805
周易古本全書彙編三集十七卷　明李本固輯
明萬曆四十年湯泰時、湯謙亨刻本　北大

經 10200806
周易九鼎(新鐫繆當時先生周易九鼎)十六卷首一卷　明繆昌期撰
明崇禎間長庚館刻本　日本蓬左　日

本尊經閣
明末仙源堂刻本　南京　蘇州大學　天一閣　湖北

經 10200807
易經窮抄六補定本七卷　明王國瑚撰
明末王氏刻本　山東

經 10200808
易筌不分卷　明王述古撰
明刻藍印三筌解本　國圖

經 10200809
周易明洛義二卷二義二卷三義一卷　明孫慎行撰
明止躬齋刻本　國圖　南京　安徽博

經 10200810
周易正蒙四卷　明許廷諫撰
清康熙二十八年許子尊刻本　復旦

經 10200811
周易象通八卷　明朱謀瑋撰
明萬曆間刻本　國圖(馮汝玠跋)　中山大學
清抄本　河南

經 10200812
周易像象述六卷　明吴桂森撰
明崇禎間刻本　上海　蘇州　吉林大學
清抄本　上海　浙江

經 10200813
周易像象述七卷　明吴桂森撰
明末抄本　國圖
清抄本　國圖

經 10200814
周易像象述十卷　明吴桂森撰
四庫全書本(乾隆寫)

經 10200815
周易像象述五卷　明吴桂森撰
抄本　國圖

經 10200816
周易像象述四卷　明吴桂森撰
清嘉慶十七年胡倚抄本(清胡倚跋)　南京
清抄本　上海

經 10200817
周易像象述不分卷　明吴桂森撰
清抄本　北大　南京

經 10200818
像象金針一卷　明吴桂森撰
明崇禎間刻本　蘇州
明末抄本　國圖
清抄本　國圖　浙江

經 10200819
點石齋周易說約□卷　明翁汝進撰
明萬曆間苗思順刻本　國圖(存卷一至六)

經 10200820
鄭孔肩先生家傳纂序周易說約本義四卷首一卷　明鄭壽昌、明鄭鋐撰
明末清初刻本　日本内閣

經 10200821
易經澹窩因指八卷　明張汝霖撰
明萬曆三十年平陵史繼辰刻本　國圖

安徽　日本蓬左
明刻本　安徽(存卷一至六)　浙江

經 10200822
大易存義不分卷　明徐宗堯撰
清抄本　復旦

經 10200823
周易詮三卷　明吴中立撰
明刻藍印本　日本内閣

經 10200824
易經說意二卷繫辭一卷　明陳際泰撰
明崇禎間刻本　國圖

經 10200825
易經說意七卷　明陳際泰撰
明末刻本　南京　山東　無錫

經 10200826
周易翼簡捷解十六卷首一卷末一卷拾遺一卷　明陳際泰撰
明崇禎四年刻本　樂平　日本東京大學

經 10200827
周易翼簡捷解拾遺(周易翼散論拾遺一覽)一卷　明陳際泰撰　明周沆德輯
明崇禎四年刻本　樂平　日本東京大學

經 10200828
羣經輔易說一卷　明陳際泰撰
明崇禎四年刻本　樂平　日本東京大學

經 10200829
新刻七名家合纂易經講意千百年眼十六卷　明陳際泰等撰
明金陵書林唐國達廣慶堂刻本　中科院

經 10200830
鼎鐫睡庵湯太史易經脈(易經脈)四卷首一卷　明湯賓尹撰
明萬曆四十五年刻本　天津

經 10200831
鼎鐫睡庵湯太史易經脈(易經脈)六卷首一卷　明湯賓尹撰　明陶望齡校
明刻本　日本内閣

經 10200832
易經演十二卷　明湯賓尹撰
明末刻本　山東

經 10200833
易經主意十卷　明湯賓尹、明丘兆麟撰
明末李潮刻本　山東

經 10200834
大成易旨四卷　明崔師訓撰
清嘉慶十一年存澤堂刻本　南京　湖北
清嘉慶十三年崔五源刻本　山東
清光緒十六年蓮湖草堂刻本　天津　上海　南京　湖北

經 10200835
大成易旨不分卷　明崔師訓撰
清抄本　國圖

經 10200836
易參五卷　明喻安性撰
民國二十二年萃煥堂刻本　山東

經 10200837
周易宗義十二卷　明程汝繼輯
明萬曆三十七年程氏刻本　國圖　北大(清朱軍批校)　北師大　上海　南京　浙江　日本内閣

經 10200838
周易宗義删十二卷　明程汝繼輯
明崇禎元年葛寅亮刻本　山東

經 10200839
周易疏義四卷　明程汝繼撰
明崇禎八年姚學心等刻本　故宫　上海師大　山東

經 10200840
易學紀異一卷　明吴士熙輯
明崇禎元年葛寅亮刻本　山東

經 10200841
易解心燈不分卷　明蔣士龍撰
民國十二年四川西昌蔣氏和樂堂鉛印本　北師大

經 10200842
易經翼注四卷總圖一卷　明丘兆麟參訂
明天啓三年徐可久西崑館刻崇禎五年印本　北大　日本内閣
明崇禎間刻本　天津師大

經 10200843
易經合證四卷　明邱兆麟撰
明末涂景元紅雲館刻本　山東

經 10200844
雪園易義四卷首一卷　明李奇玉撰
明刻本　上海　日本東北大學
清順治間刻本(圖說一卷)　上海　中山大學

經 10200845
雪園易義補三卷　明李公柱撰
明刻本　上海
清順治間刻本　上海　中山大學

經 10200846
易經玄備十五卷圖說一卷　明江之寶撰
明崇禎間環覺齋刻本　國圖　浙江

經 10200847
周易可說七卷總論一卷　明曹學佺撰
明崇禎間刻本　甘肅　東北師大　日本内閣

經 10200848
易經通論十二卷　明曹學佺撰
明末刻本　甘肅

經 10200849
周易家訓四卷　明王命宣輯
清乾隆十四年刻本　中科院

經 10200850
易義古象通八卷總論一卷　明魏濬撰
明刻本(無總論)　南京(清丁丙跋)　福建
四庫全書本(乾隆寫)

經 10200851
周易揆十二卷　明錢士升撰
清初賜餘堂刻本　天津　浙江

經 10200852
易畧(陸君啓先生易略)三卷　明陸夢

龍撰

明萬曆間爰宣刻本　陝西師大

明崇禎元年顧懋樊刻本　國圖　上海　蘇州　大連

經 10200853

易芥八卷　明陸振奇撰

清乾隆十六年刻本　國圖

經 10200854

易經說衷不分卷　明陳元素、明吴廷俊撰

明天啓七年靈水山房刻本　福建

經 10200855

易說一卷　明吴鍾巒撰

十願齋全集本（康熙刻）　南京

經 10200856

易箋二卷　明吴鍾巒撰

十願齋全集本（康熙刻）　南京

經 10200857

易經句解三卷　明林欲楫撰

清同治六年木活字印叢蘭館印本　國圖

經 10200858

周易膚說三卷　明蔡月涇撰

清同治三年刻本　南京

清同治十三年刻本　上海

經 10200859

易經講意四卷　明王納諫撰

明萬曆三十九年新安吴明典刻本　臺圖

經 10200860

易經家訓（新鐫易經家訓）六卷　明王納諫撰

明孫承義刻本　國圖　北師大　重慶

經 10200861

易衍與易圖說合一卷　明劉宗周撰

劉蕺山先生集本（乾隆刻、道光刻）

經 10200862

周易古文抄二卷　明劉宗周撰

明萬曆三十七年刻本　北大

明崇禎間刻本　南京

經 10200863

周易古文抄四卷　明劉宗周撰

清康熙間姜希轍兩水亭刻子劉子遺書本　清華　中央黨校　上海　上海師大

經 10200864

易經正譌一卷　明郭若緯撰

明崇禎四年刻本　武大

經 10200865

易說醒四卷　明洪守美纂注

明末刻本　浙大

清同治十一年安徽涇縣洪汝奎重刻本　國圖　中科院　上海　山東　湖北　南京　四川

洪氏晦木齋叢書本（同治宣統刻）

經 10200866

易經解醒四卷　明洪守美、明鄭林祥輯

明末東吴銘新齋刻本　浙大

經 10200867

八卦餘生(賀景瞻先生八卦餘生)十八卷　明賀仲軾撰
清初抄本　焦作(缺卷四至七)

經10200868
易通二卷　明唐元竑撰
明崇禎間刻本　美國國會

經10200869
易義一卷　明唐元竑撰
明崇禎間刻本　美國國會

經10200870
易窺不分卷　明程玉潤撰
明抄本　天一閣

經10200871
易學管見四卷　明洪啓初撰
明萬曆四十五年洪氏刻本　北大　東北師大　日本内閣　日本尊經閣

經10200872
鏗鏗齋易郵七卷　明朱篁撰
明刻本　日本内閣

經10200873
易經抉微四卷　明李行志、明梁廷棟纂
明天啓五年版築居刻三色套印本　北大　天津　河南　長治

經10200874
鍥棲霞明止齋易經疑藂十卷　明楊稚實撰
明天啓六年温陵楊氏洪州刻本　日本蓬左

經10200875
易經臆闡三卷　明石文器撰
清嘉慶九年石氏刻本　國圖

經10200876
易經襯講三卷　明徐標撰
清乾隆四十年惺惺齋刻本　齊齊哈爾

經10200877
易疏五卷圖說一卷　明黄端伯撰
明崇禎間刻本　上海　浙江

經10200878
周易講義八卷　明何守初撰
清抄本　遼寧

經10200879
周易闡要四卷　明吴尚默撰
清嘉慶八年吴台等刻本　山東　湖北　浙江

經10200880
項仲昭先生纂注易經奇英不分卷　明項煜纂注
明潭陽劉孔敦刻藜光堂印本　上海

經10200881
易闡四卷　明顧胤輯
明崇禎九年刻本　上海

經10200882
易徵十五卷　明周鷫撰　明何棟如校
明崇禎間刻本　日本内閣

經10200883
桂林點易丹十六卷附諸儒易解鉤玄　明顧懋樊撰
桂林五經本(崇禎刻)　北大　山東

明崇禎二年施從謙等刻本　故宫

經 10200884
諸儒易解鉤玄不分卷　明顧懋樊編
桂林五經本(崇禎刻)　北大

經 10200885
大易通變六卷　明喬中和撰
清順治六年刻本　山西
清初喬氏躋新堂刻本　山東
西郭草堂合刊本(光緒刻)

經 10200886
説易十二卷　明喬中和撰
躋新堂集本(崇禎刻)
西郭草堂合刊本(光緒刻)

經 10200887
説易不分卷　明喬中和撰
清抄本　國圖

經 10200888
周易會通十二卷　明汪邦柱、明江柟輯
明萬曆四十五年休寧江氏生生館刻本　北大　華東師大　安徽　河南　重慶　日本内閣　日本静嘉堂　美國哈佛燕京

經 10200889
周易時論十五卷　明方孔炤撰
清順治十七年刻本　北大

經 10200890
周易時論合編圖像幾表八卷　明方孔炤撰
清順治十七年刻本　北大

經 10200891
易傭十四卷附諸儒傳畧一卷諸儒著述一卷　明文安之輯
明崇禎十二年刻本　上海

經 10200892
易傭六卷　明文安之輯
清光緒十九年會稽余氏寫樣待刻本　上海

經 10200893
易説一卷　明王育撰
婁東雜著本(道光刻)

經 10200894
易用六卷　明陳祖念撰
四庫全書本(乾隆寫)

經 10200895
周易纂六卷　明朱之俊撰
清順治間硯廬刻本　國圖　中科院

經 10200896
續韋齋易義虚裁八卷圖説一卷　明涂宗濬撰
明萬曆四十二年刻本　日本内閣

經 10200897
易經疏義統宗三卷　明陳仁錫撰
明末奇賞齋刻本　天一閣(師虞校點並跋)

經 10200898
羲經易簡録八卷　明陳仁錫輯
明萬曆間神默齋刻本　北大　日本蓬左

經 10200899

繫辭十篇書十卷　明陳仁錫撰
明萬曆間神默齋刻本　北大　日本蓬左

經 10200900
易本象四卷　明黄道周撰
清康熙三十八年刻本　湖北　福建

經 10200901
易象正十二卷初二卷終二卷　明黄道周撰
明崇禎間刻本　吉大　日本宫内省　日本静嘉堂
石齋先生經傳九種本(康熙刻、道光補刻)
四庫全書本(乾隆寫)

經 10200902
新刻鄭太史精著易經解六卷　明鄭之玄撰　明陳仁錫校
明刻本　日本内閣

經 10200903
周易本義删補便蒙解註四卷圖説一卷　明郭青螺撰
明楊發吾刻本　日本内閣

經 10200904
易説不分卷　明嚴轂撰
明崇禎十五年刻本　日本東京大學

經 10200905
兒易内儀以六卷　明倪元璐撰
明崇禎十四年倪元璐刻本　國圖(清王雨謙批點並跋)　北大　中科院　上海　南京　浙江　日本内閣　日本尊經閣
四庫全書本(乾隆寫)
粤雅堂叢書本(咸豐刻)
清光緒十九年會稽余氏寫樣待刻本　上海

經 10200906
兒易外儀十五卷　明倪元璐撰
明崇禎十四年倪元璐刻本　國圖　北大　中科院　上海　南京(清丁丙跋)　浙江　日本内閣　日本尊經閣
四庫全書本(乾隆寫)
粤雅堂叢書本(咸豐刻)

經 10200907
古周易訂詁十六卷　明何楷撰
明崇禎間刻本　國圖　清華　上海　南京(清惠棟跋)　華中師大(清徐時棟跋)　臺圖　日本内閣　日本尊經閣　日本蓬左　日本静嘉堂
民國初上海中國書店影印明崇禎間刻本　北大　上海
清乾隆十六年郭文焔聞桂齋刻朱墨套印本　國圖　復旦　天津師大　南京　山東　浙江　福建　建甌　美國哈佛燕京
四庫全書本(乾隆寫)
日本明治三十一年根本氏抄本　日本國會

經 10200908
解經處答客問一卷　明何楷撰
明崇禎間刻本　國圖　清華　上海　南京　華中師大
民國間上海中國書店影印明崇禎間刻本　北大　上海
清乾隆十六年郭文焔聞桂齋刻本　國圖　天津師大　復旦　南京　山東

浙江　福建　建甌
四庫全書本(乾隆寫)
日本明治三十一年根本氏抄本　日本國會

經 10200909
何元子易象解義不分卷　明何楷撰
清抄本　山東

經 10200910
古周易訂詁(何元子先生周易訂詁)十六卷附易説　明何楷撰　(易説)明黄道周撰
清乾隆十七年刻溪邑文林堂朱墨套印本　國圖　南京　福建　福建師大　建甌　廈大　齊齊哈爾

經 10200911
六翰林易經主意寶藏六卷　明薛振猷輯
明末刻本　上海

經 10200912
周易禪解十卷　明釋智旭撰
明正德間刻本　日本尊經閣
明崇禎十四年釋通瑞刻本　國圖　北京市委　上海　日本京都大學
日本享保十三年京都梅村三郎兵衛刻本　日本國會
民國四年南京金陵刻經處刻本　國圖　北大　北師大　中科院　天津　上海　復旦　南京　山東　四川　湖北

經 10200913
鄭氏易譜十二卷　明鄭旒撰
清乾隆十八年鄭時達刻本　國圖　南京　徽州博
清道光六年梁廷柟刻本　北大　南京　山東　浙江　上海

經 10200914
學易誌一卷　明馬權奇撰
明崇禎間尺木堂刻本　浙江

經 10200915
日北居周易獨坐談五卷　明洪化昭撰
明萬曆四十八年刻本　日本内閣
清抄本　天津

經 10200916
易經注疏大全合纂六十四卷首一卷　明張溥纂
明崇禎七年李可衛刻本　北大　天津　南開　上海　山東　東北師大

經 10200917
周易繫辭注疏大全合纂四卷　明張溥纂
明崇禎七年李可衛刻本　北大　天津　南開　東北師大

經 10200918
硃訂瀛洲渡周易八卷　明張溥撰
明崇禎間刻本　日本尊經閣

經 10200919
新刻易經鄉嬛四卷首一卷　明張溥撰　明李光祚校
明刻本　日本内閣(缺首卷)

經 10200920
周易爻物當名二卷　明黎遂球撰
明崇禎十年至清順治三年刻本　北大
嶺南遺書本(道光同治刻)

經 10200921
周易讀五卷　明余叔純撰
明天啓間與文齋刻本　南京

經 10200922
周易備旨一見能解六卷上下篇義易經圖考朱子筮儀　明黄淳耀原本　清嚴爾寬增補
清嘉慶元年致和堂刻本　國圖
清嘉慶九年敬文堂刻本　國圖　北大　天津
清嘉慶二十二年慎遠堂刻本　國圖　山東
清書業堂刻本　北大

經 10200923
參訂增補周易備旨一見能解六卷上下篇義易經圖考朱子筮儀附周易精義　明黄淳耀原本　清嚴爾寬增補
清光緒二十五年書業德刻本　北大
清光緒二十七年善成堂刻本　國圖

經 10200924
九公山房易問二卷　明郝錦撰
清初刻本　中科院

經 10200925
羲經十一翼五卷　明傅文兆撰
明書林李潮刻本　南京　美國哈佛燕京

經 10200926
易經意旨（精訂易經意旨）不分卷　明洪符中輯
稿本　安徽博

經 10200927
易旨一覽四卷　明蔣時雍撰
明末刻本　浙江

經 10200928
以易解六卷　明蔣庸撰
明崇禎十一年刻本　北師大

經 10200929
丘方二太史硃訂祕笥易經講意綱目集注四卷周易本義不分卷　明李光祚輯
明天啓五年書林周鳴岐啓新齋刻三色套印本　石家莊　吉大醫學部　東北師大

經 10200930
易經彙徵二十四卷首一卷　明劉庚撰
明崇禎十二年刻本　清華　山東　日本關西大學

經 10200931
一六山房易備解十二卷　明龍御撰
明刻本　山東

經 10200932
燃藜閣易極三卷　明馬安陽撰
明崇禎六年刻本　上海

經 10200933
周易露研四卷　明潘貞撰
明崇禎九年俞贊等刻本　人大　浙江

經 10200934
喬家心易九卷　明喬之文撰
清抄本　浙江

經 10200935

周易本義補四卷附圖說　明蘇了心撰
　明萬曆間紅蘭館刻本　國圖
　明刻本　國圖

經 10200936
增訂周易本義補四卷附圖說一卷　明蘇了心撰　清劉祈穀增訂
　清康熙間寉集堂刻本　國圖　中科院　華東師大(清焦循批校)　南京
　清康熙間揚州同文堂刻本　國圖　山東　湖北
　清康熙間維揚近思堂刻本　上海
　清康熙間二酉堂刻本　上海(佚名批點)
　抄本(佚名校)　南京

經 10200937
周易全考十二卷　明孫用之撰
　明抄本　國圖

經 10200938
周易心宗四卷　明吴惇寛撰
　清光緒十八年漢鎮陂邑公所刻本　湖北

經 10200939
無名氏易不分卷　明□□撰
　稿本　上海

經 10200940
易學集解二卷　明郭季公撰
　明崇禎十六年後刻本　北大

經 10200941
易經三注粹鈔不分卷　明許順義編
　明建陽余彰德刻六經三注粹鈔本　天津

經 10200942
新鐫周易數編三卷　明喻有功撰
　明萬曆間刻本　南京

經 10200943
師卦解一卷　明鄭二陽撰
　明崇禎間胡正言刻本　山東

經 10200944
象考疣言不分卷　明王思宗撰
　明刻本　吉林

經 10200945
易經旁訓四卷　明王安舜撰
　五經旁訓本(天啓王氏刻)　浙江

經 10200946
研硃集羲經四卷　明張瑄撰
　明末虹化堂刻本　北師大

經 10200947
新鐫十名家批評易傳闡庸一百卷　明姜震陽輯
　明末刻本　山東

經 10200948
讀易隅通二卷　明來集之撰
　明崇禎十七年黄正色刻本　浙江　天一閣
　來子談經本(順治刻)
　清雍正元年張文炳刻本　上海師大　山東　浙江

經 10200949
卦義一得二卷　明來集之撰
　來子談經本(順治刻)

經 10200950
周易玩辭困學記十五卷首一卷　明張次仲撰
清康熙六年一經堂刻本　山東
四庫全書本(乾隆寫)

經 10200951
周易玩辭困學記不分卷　明張次仲撰
清康熙八年海寧劉氏刻本　美國哈佛燕京　日本東北大學

經 10200952
新刻金陵原板易經開心正解　明□□撰
明萬曆元年書林熊冲宇刻本　國圖重慶

經 10200953
易學集解二卷　明□□撰
明連雲閣刻本　臨汾

經 10200954
易義提綱□卷　明□□撰
明抄本　國圖(存卷一至七)　遼寧(存四卷)

經 10200955
繫辭講義二卷　明□□撰
明抄本　北大(李滂跋)

經 10200956
周易宗孔編五卷　清□□撰
清初抄本　國圖

經 10200957
新刻易經衷旨原本(易經衷旨原本)四卷首一卷　清汪士魁輯　清熊志學校
明刻本　日本内閣
清順治間文冶堂刻本(易經衷旨原本)浙江

經 10200958
再定易經衷旨定本四卷　清汪士魁輯
明刻本　日本東京大學

經 10200959
易經衷旨說統大全合纂四卷首一卷　清汪士魁輯　清吴峻業、清吴弘基補
明刻本　日本内閣

經 10200960
重訂易經衷旨合參二卷　清汪士魁撰　清劉炎增定
明崇禎間刻本　國圖

經 10200961
重訂易經衷旨合參四卷　清汪士魁撰　清劉炎增定
清黄綺堂刻本　國圖

經 10200962
讀易大旨五卷後傳一卷　清孫奇逢撰
稿本　新鄉(清馬時芳、李尌跋)

經 10200963
讀易大旨二卷　清孫奇逢撰
清康熙二十七年刻本　國圖　天津南京　山東　遼寧
四庫全書本(乾隆寫)
孫夏峯全集本(道光重刻)
清同治間刻本　上海
清末民國初抄本　國圖

經 10200964
周易十卦解一卷　清孫奇逢撰
手稿本　臺圖

經 10200965
易經增注十卷　清張鏡心撰　清張溍輯
畿輔叢書本（光緒刻）
清雲隱堂刻本　國圖　天津

經 10200966
易考一卷　清張鏡心撰
畿輔叢書本（光緒刻）
清雲隱堂刻本　國圖　天津

經 10200967
易史八卷　清胡世安撰
清順治十八年刻本　北大　東北師大
清抄本　浙江

經 10200968
孔易七卷　清孫承澤撰
清康熙六年孫氏家塾刻本　中科院　美國國會

經 10200969
易翼二卷　清孫承澤輯
清抄本　南京

經 10200970
周易翼義集粹三卷　清吴曰慎撰
清康熙三十年紫陽書院刻本　山東

經 10200971
周易本義爻徵二卷　清吴曰慎撰
惜陰軒叢書本（道光刻、光緒刻）

經 10200972
周易便蒙六卷　清汪璲補注
清康熙三十四年稿本　國圖
清抄本　國圖

經 10200973
讀易質疑二十卷　清汪璲撰
稿本　北師大
清康熙四十二年汪氏儀典堂刻本（首一卷）　國圖　遼寧　湖北　安徽

經 10200974
易原三卷　清趙振芳撰
清順治十五年趙振芳、黄儀廣刻蕉白居印本　國圖　北大　中科院　上海　南京　湖北　福建師大　上虞
日本傳抄清順治十五年趙振芳、黄儀廣刻本　北大
清康熙十五年刻本　湖北

經 10200975
易發八卷　清董說撰
清初刻本　浙江

經 10200976
讀易一鈔十卷　清董守論撰
稿本　湖北

經 10200977
讀易一鈔五卷　清董守諭撰
清抄本　上海

經 10200978
讀易一鈔四卷　清董守諭撰
清末民國初抄本　國圖

經 10200979
讀易一鈔□卷　清董守諭撰

四明叢書本(民國刻)

經 10200980
易餘四卷　清董守諭撰
稿本　湖北
四明叢書本(民國刻)
抄本　國圖

經 10200981
卦變考畧二卷　清董守諭撰
四庫全書本(乾隆寫)
民國間廬江劉氏遠碧樓抄本　上海
清末抄本　浙江

經 10200982
易經笥中利試題旨祕訣四卷　清董守諭纂著
清鄭氏奎壁堂刻本　中科院

經 10200983
郁溪易紀十六卷　清郁文初撰
清抄本　山西文物局

經 10200984
易存一卷　清蕭雲從撰
清抄本　浙江

經 10200985
周易廣義四卷圖一卷　清鄭敷教撰
清康熙二十三年刻本　國圖　中科院　中央黨校(清鄭杲批)　山東　南京　浙江　湖北　齊齊哈爾
清乾隆五十四年松月樓刻本　國圖(無圖)

經 10200986
讀易蒐十二卷　清鄭賡唐撰
清康熙間刻本　國圖　上海　華東師大　南京
清光緒四年鄭雲峯等刻本　北大　上海　山東　湖北
清光緒十三年五雲松溪刻本　北大　山東

經 10200987
易學三述一卷　清王含光撰
民國二十五年南京京華印書館鉛印本　南京　山東

經 10200988
易酌十四卷　清刁包撰
清雍正十年刁承祖姑蘇刻本　國圖　北大　首都　上海　湖北
清雍正十年刁承祖姑蘇刻道光五年祁陽學署印本　北大
清道光二十三年祁陽順積樓翻刻雍正間刁承祖本　北大　北師大　天津　上海　山東　遼寧　湖北　南京
用六居士所著書本(道光刻)
四庫全書本(乾隆寫)

經 10200989
易辰九卷首一卷　清賀登選撰
清康熙六年賀氏刻本　山東

經 10200990
周易淺義四卷　清耿極撰
清康熙二十七年刻觀象軒印本　國圖　天津　新鄉

經 10200991
清風易注四卷　清魏閥撰
清光緒十八年漢川甑山書院刻本　上

海　湖北　南京
清光緒十八年三餘草堂刻本　國圖　上海　山東　湖北

經 10200992
清風易注不分卷　清魏閥撰
抄本　上海

經 10200993
逸亭易論一卷　清徐繼恩撰
檀几叢書本(康熙刻)

經 10200994
易測四卷繫辭二卷說卦傳一卷　清鄭郟撰
清康熙間刻本　福建師大

經 10200995
讀易畧記一卷　清朱朝瑛撰
七經畧記本(稿本)　國圖

經 10200996
通宗易論一卷　清金人瑞撰
清康熙六十一年俞卿刻本　北大(附來氏易注)
清乾隆九年傳萬堂刻唱經堂才子書彙稿本(乾隆刻)　山東京都大學
風雨樓叢書本(宣統鉛印)

經 10200997
易鈔引一卷　清金人瑞撰
中國文學珍本叢書本(民國鉛印)

經 10200998
易內傳十二卷　清金士升撰
清道光二年楊學烈退思堂刻本　國圖　山東　遼寧　湖北

清抄本　北大

經 10200999
易經便蒙窮抄翼六卷圖說一卷雜著一卷　清王岩楨撰
清順治八年刻本　國圖　山東

經 10201000
周易宗印不分卷　清文映朝撰
清康熙八年刻本　山東

經 10201001
周易全旨彙述四卷　清姚德堅等輯
清康熙十七年六經堂刻本　山東

經 10201002
周易辨注三卷　清康克勤撰
清初稿本　遼寧

經 10201003
易義(貞固齋易義)不分卷　清傅以漸撰
清初抄本　國圖

經 10201004
易經通注九卷　清傅以漸、清曹本榮撰
四庫全書本(乾隆寫)
清光緒十二年虹園刻本　國圖　天津　上海　復旦　山東　遼寧　湖北

經 10201005
易經通注四卷　清傅以漸、清曹本榮撰
湖北叢書本(光緒刻)

經 10201006
易學象數論六卷　清黃宗羲撰
清康熙間汪瑞齡西麓堂新安刻本　上海(清莫友芝題耑)

四庫全書本(乾隆寫)
清南海孔氏嶽雪樓傳抄文瀾閣四庫全書本　浙江
清光緒十五年黄氏校抄本　人大
廣雅書局叢書本(光緒刻)
清抄本　國圖　上海
抄本　南京

經 10201007
易宗十二卷首一卷　清孫宗彝撰
清康熙間刻本　國圖　中科院　天津　上海　南開　遼寧　齊齊哈爾　南京　福建師大　山東

經 10201008
讀易筆記一卷　清張履祥撰
重訂楊園先生全集本(同治刻)

經 10201009
周易說畧八卷　清張爾岐撰
清康熙五十八年徐氏真合齋磁版印本　國圖　四川

經 10201010
周易說畧四卷　清張爾岐撰
清康熙間刻本　國圖　上海
清乾隆二十七年吴元祥刻本　山東
清嘉慶二年奎文堂刻本　北大　遼寧
清嘉慶二年文源堂刻本　國圖　中科院　山東
清嘉慶十年敬文堂刻本　上海
清嘉慶十年文錦堂刻本　山東
清宣統元年善成堂刻本　山東

經 10201011
田間易學不分卷　清錢澄之撰
清康熙間斟雉堂刻本　北大　復旦　南京　四川　美國哈佛燕京
桐城錢飲光先生全書本(康熙刻同治印)

經 10201012
田間易學十二卷首二卷　清錢澄之撰
四庫全書本(乾隆寫)

經 10201013
讀易緒言一卷　清錢棻撰
昭代叢書本(道光刻)

經 10201014
周易傳義合闡十二卷　清陳瑚撰
民國十三年理學社刻本　國圖　湖北　南京
民國十五年太倉圖書館刻本　上海

經 10201015
易聞十二卷首一卷　清歸起先撰
清乾隆六十年歸朝煦玉鑰堂刻本　南京　山東　浙江　遼寧
清光緒間玉鑰堂刻本　上海

經 10201016
易憲不分卷　清沈泓撰
明崇禎間刻清印本　上海

經 10201017
易憲四卷卦歌一卷圖說一卷　清沈泓撰
清乾隆九年補堂刻本　國圖　北大　人大　中科院歷史所(清何紹基批點)　天津　南開　上海　復旦(清呂璜批校)　南京　浙江　山東
清光緒十四年卓德徵刻本　北大　北師大　天津　上海　南京　四川　湖北　山東　日本國會

清木活字印本　上海

經 10201018
周易斟六卷　清趙太素纂
清抄本　北大

經 10201019
易觹七卷　清賀貽孫撰
水田居全集本（咸豐刻）

經 10201020
讀易緒言二卷　清謝文洊撰
謝程山全書本（光緒刻）

經 10201021
周易象辭不分卷周易尋門餘論二卷圖書辨惑一卷　清黄宗炎撰
稿本　餘姚文保所（存二十二册）

經 10201022
周易象辭十九卷周易尋門餘論二卷圖書辨惑一卷　清黄宗炎撰
四庫全書本（乾隆寫）
清抄本　國圖
清東浙黄模黑格抄本　國圖

經 10201023
周易尋門餘論一卷　清黄宗炎撰
昭代叢書本（道光刻）

經 10201024
易或十卷　清徐在漢撰　清趙振芳參
清順治十五年趙振芳、黄儀廣刻蕉白居印本　北大　上海　南京　湖北　福建師大　上虞
日本傳抄清順治十五年趙振芳、黄儀廣刻本　北大

經 10201025
周易内傳十二卷發例一卷　清王夫之撰
船山遺書本（道光刻）

經 10201026
周易内傳六卷發例一卷　清王夫之撰
船山遺書本（同治刻、民國鉛印）
清王嘉愷抄本　湖南

經 10201027
周易外傳七卷　清王夫之撰
船山遺書本（道光刻、同治刻、民國鉛印）
王船山先生經史論八種本（光緒石印）
清王嘉愷抄本　湖南

經 10201028
周易大象解一卷　清王夫之撰
船山遺書本（道光刻、同治刻、民國鉛印）
清湘西草堂刻本　國圖

經 10201029
周易稗疏二卷　清王夫之撰
船山遺書本（道光刻）
四庫全書本（乾隆寫）

經 10201030
周易稗疏四卷　清王夫之撰
清傳抄四庫全書本　南京
船山遺書本（同治刻、民國鉛印）

經 10201031
周易稗疏一卷　清王夫之撰
昭代叢書本（道光刻）
清湘西草堂刻本　國圖

經 10201032
大易辯志説約二十四卷　清張習孔撰

清康熙六十三年梅墅石渠閣刻本　南京　浙江

經 10201033
易義講餘三卷　清沈謙撰
稿本　上海

經 10201034
易義選參二卷　清魏禮　清魏禧、清魏祥撰　清丘維屏評選
清光緒二年寧都魏氏刻翠微峯易堂印本　國圖　北大　北師大　中科院　天津　山東　湖北

經 10201035
易原就正十二卷首一卷　清包儀撰
四庫全書本(乾隆寫)

經 10201036
易原就正六卷　清包儀撰
清抄本　國圖

經 10201037
周易廣義六卷　清潘元懋撰
清康熙十一年刻本　上海
清康熙十二年劉元琬武林刻本　北大　中科院　上海　南京　遼寧　西安文管
清乾隆四十七年一灣齋刻本　山東

經 10201038
龍性堂易史參錄二卷　清葉矯然撰
清乾隆三十三年刻本　國圖　中科院　山東

經 10201039
推易始末四卷　清毛奇齡撰
西河合集本(康熙刻、乾隆印、嘉慶印)
四庫全書本(乾隆寫)
龍威祕書本(乾隆刻)

經 10201040
易小帖五卷　清毛奇齡撰
西河合集本(康熙刻、乾隆印、嘉慶印)
四庫全書本(乾隆寫)

經 10201041
仲氏易三十卷　清毛奇齡撰
西河合集本(康熙刻、乾隆印、嘉慶印)
四庫全書本(乾隆寫)
皇清經解本(道光刻、咸豐補刻、鴻寶齋石印、點石齋石印)

經 10201042
毛西河先生仲氏易三十卷　清毛奇齡撰　清周芬佩參訂
清乾隆三年致和堂刻本　上海

經 10201043
西河說易不分卷　清毛奇齡撰
抄本　上海

經 10201044
周易通十卷　清浦龍淵撰
清康熙十年敬日堂刻本　湖北　美國哈佛燕京

經 10201045
周易辯二十四卷首二卷　清浦龍淵撰
清康熙十七年敬日堂刻本　國圖　上海　湖北　美國哈佛燕京

經 10201046
統天易說(費子統天易說)四卷　清費國

暄撰

清抄本　天津(清華湛恩校)　南京

經 10201047

周易本義正解二十二卷首一卷　清丁鼎時、清吴瑞麟輯

清康熙三十二年賜書堂刻本　中科院　福建　南京

清康熙三十二年孝友堂刻本　山東

經 10201048

周易本義引蒙十二卷首一卷　清姚章輯

清康熙三十四年陳鍾嶽刻本　中科院

清康熙三十四年刻道光二十三年姚鏞、姚鉽補刻本　山東

清康熙三十四年刻道光二十三年姚鏞、姚鉽補刻主靜齋印本　國圖　上海

經 10201049

周易述解辨義四卷　清葛世揚輯

清康熙五十一年刻本　美國哈佛燕京

經 10201050

周易述解辨義不分卷　清葛世揚輯

清雍正元年刻青蓮堂印本　國圖

經 10201051

身易實義五卷　清沈廷勱撰

清康熙二十三年吴門文雅堂刻本　國圖

清康熙二十四年刻洗心樓印本　國圖　南京

經 10201052

讀易近解二卷　清湯秀琦撰

清抄本　中科院

經 10201053

朱氏訓蒙易門七卷首一卷　清朱日濬撰

清黄森焱抄本　湖北

經 10201054

乾坤兩卦解一卷　清湯斌撰

清同治九年蘇廷魁等刻湯文正公全集本　上海　復旦　山東　湖北　四川

經 10201055

周易說研錄六卷　清李灝撰

李氏經學四種本(乾隆刻)

經 10201056

周易疏畧四卷　清張沐撰

五經四書疏畧本(康熙敦臨堂刻、陳如升刻)

張仲誠遺書(康熙刻、同治印)

經 10201057

周易滴露集四卷　清張完臣輯

清康熙二十八年平原張拭刻本　北大　中科院　山東

經 10201058

周易滴露集不分卷　清張完臣輯

清康熙問安遠堂刻本　南京

經 10201059

新訂增删易經彙纂詳解六卷上下篇義讀易二十四辨筮儀圖說卦歌一卷　清呂留良撰

清三元堂刻本　遼寧

經 10201060

翁山易外七十一卷　清屈大均撰

清康熙間刻本　上海　廣東
清抄本　北大
抄本(六卷)　臺圖

經 10201061
易說要旨二卷　清李寅撰
清康熙間刻萬葉堂印本　國圖

經 10201062
易辨體一卷　清徐與喬撰
清敦化堂刻本　南京

經 10201063
周易纂義不分卷　清王魯得撰
抄本　山東

經 10201064
讀易管窺離句串義不分卷　清李標撰　清李致和串義
清抄本　中山大學

經 10201065
易經衷論二卷　清張英撰
清康熙間刻雙溪集本　上海師大　浙江
四庫全書本(乾隆寫)
清光緒二十三年桐城張氏刻張文端全書本　國圖　北大　山東　湖北　南京

經 10201066
易經詳說五十卷　清冉覲祖撰
清同治九年冉氏寄願堂刻本　南京　山東
五經詳說本(光緒刻)

經 10201067
周易會歸不分卷　清鄧霖彙纂　清鄧嗣禹輯注　清鄧雲參補
清康熙五十一年龍南學署刻本　清華　北師大　天津　南京　山東
清康熙五十一年龍南學署刻傳經第印本　北大

經 10201068
易說二十四卷　清陳遷鶴撰
清抄本　福建

經 10201069
牖窺堂讀易一卷　清陳遷鶴撰
清抄本　福建

經 10201070
易注十二卷　清崔致遠撰
清乾隆八年山西崔氏絳雲樓刻本　國圖　北大　山東　四川　山西師大　山西文史館

經 10201071
易經辨疑四卷　清張問達輯
清康熙十八年刻本　上海

經 10201072
易經辨疑七卷　清張問達輯
清康熙十九年陳君美刻本　中科院　南京

經 10201073
讀易日鈔八卷　清張烈撰
清康熙二十六年刻本　國圖　南京　山東
四庫全書本(乾隆寫)

經 10201074

周易一得一卷　清高晙撰
　清光緒二十六年高執中費縣刻本　北大

經 10201075
大易疏義四卷　清周弘起撰
　清康熙十一年存仁堂刻本　上海

經 10201076
易貫十二卷首一卷　清張敍撰
　清乾隆二十一年宋宗元刻本　南京　山東　遼寧

經 10201077
御纂周易折中二十二卷首一卷　清李光地等纂
　御纂七經本(康熙内府刻、同治浙江書局刻、崇文書局刻、江西書局刻、光緒戶部刻、江南書局刻、光緒鴻文書局石印)
　四庫全書薈要本(乾隆寫)
　四庫全書本(乾隆寫)
　清刻本　山東(清陳介祺批校)
　清刻尊經閣印本　國圖

經 10201078
御纂周易折中不分卷　清李光地等纂
　清抄本　故宮

經 10201079
周易通論四卷　清李光地撰
　清康熙間李氏敎忠堂刻本　國圖
　清初刻本　東北師大
　李文貞公全集本(乾隆嘉慶刻)
　四庫全書本(乾隆寫)
　清道光七年刻寶翰樓印本　國圖　上海
　榕村全書本(道光刻)
　趙氏藏書本(乾隆刻同治光緒補刻)
　抄本　上海

經 10201080
周易通論二卷　清李光地撰
　清慎厥堂刻本　山東

經 10201081
周易觀象十二卷　清李光地撰
　清康熙間李氏敎忠堂刻本　國圖
　李文貞公全集本(乾隆嘉慶刻)
　四庫全書本(乾隆寫)
　清乾隆五十三年南豐湯氏刻本　國圖
　清乾隆間浙江刻本　四川
　清嘉慶九年南城梅照壁刻本　山東　遼寧　湖北
　清嘉慶十九年魁元堂刻本　南京
　榕村全書本(道光刻)
　清道光七年刻寶翰樓印本　國圖　上海　南京
　趙氏藏書本(乾隆刻同治光緒補刻)
　清安溪李氏重刻本　南京
　抄本　上海

經 10201082
周易觀象不分卷　清李光地撰
　清康熙五十一年武強劉謙抄本　北大

經 10201083
周易觀象大指二卷　清李光地撰
　李文貞公全集本(乾隆嘉慶刻)
　清嘉慶十九年魁元堂刻本　南京
　清道光七年刻寶翰樓印本　國圖　上海　南京
　榕村全書本(道光刻)
　趙氏藏書本(乾隆刻同治光緒補刻)

清慎厥堂刻本　山東
抄本　南京

經 10201084
周易直解十二卷　清李光地撰
清嘉慶九年南城梅照壁刻本　國圖
清光緒二十年重刻本　湖北

經 10201085
李文貞公易義不分卷　清李光地撰
清抄本(清韓其、清鍾文烝跋)　國圖

經 10201086
易義前選五卷　清李光地撰
清康熙間刻本　國圖
榕村全書本(道光刻)

經 10201087
周易義例一卷啓蒙附論一卷序卦雜卦明義一卷　清李光地等纂
清内府抄本　故宫
清刻本　上海(無序卦等)

經 10201088
周易義例□卷　清李光地等纂
民國初抄本　國圖

經 10201089
易傳講授一卷　清李光地撰
清乾隆元年李清植刻嘉慶六年補刻榕村講授三編本　山東

經 10201090
榕村易經語錄一卷　清李光地撰
清抄本　臺圖

經 10201091
易經述一卷　清陳詵撰
清康熙間海寧陳氏信學齋刻本　國圖　湖北　美國哈佛燕京
清刻本　上海

經 10201092
易卦玩辭述二卷　清陳詵撰
清康熙間信學齋刻本　上海　齊齊哈爾

經 10201093
易卦玩辭述四卷　清陳詵撰
清康熙五十一年信學齋刻本　上海

經 10201094
大易疏晦五卷首一卷　清詹大衢撰
清康熙二十四年蔣寅刻本　北大

經 10201095
易經徵實解一卷　清胡翔瀛撰
胡嶧陽先生遺書本(民國鉛印)

經 10201096
易象授蒙一卷　清胡翔瀛撰
胡嶧陽先生遺書本(民國鉛印)

經 10201097
喬氏易俟(易俟)十八卷圖一卷　清喬萊撰
清康熙間竹深荷淨之堂刻本　北大　南京　湖北　山東
四庫全書本(乾隆寫,易俟)
清道光二十八年阮福瀚抄本　湖北
清抄本　國圖　北大

經 10201098
喬氏易俟十六卷首一卷

清南海孔氏嶽雪樓傳抄文瀾閣四庫全書本　國圖

經 10201099
喬氏易俟二十卷　清喬萊撰
清道光二十一年喬載繇刻本　上海　山東
清同治間刻本　上海　南京

經 10201100
大易闡微錄十二卷圖說一卷　清劉琯撰
清乾隆二十三年木活字印本　清華
清乾隆二十三年刻同治十二年補刻本　復旦

經 10201101
易鏡二卷　清陸曾禹撰
稿本　華南師大

經 10201102
身易一卷　清唐彪撰
昭代叢書本(康熙刻、道光刻)

經 10201103
易經發蒙六卷　清王朝𤫉撰
清康熙間培桂齋刻本　湖北　南京
清乾隆五十六年繹思堂刻本　上海

經 10201104
炳燭居訂正周易口義四卷　清徐甘來撰
清康熙五年刻本　山東

經 10201105
周易說宗上經六卷下經五卷繫辭五卷　清閻𨰻撰　清萬經訂
清雪樱山房刻康熙四十三年萬經辨志堂補刻本　中科院　山東

經 10201106
周易蠡測二卷　清朱奇齡撰
清咸豐間朱葆彝盛堂抄本　國圖

經 10201107
易經引事二卷　清朱約撰
清康熙五十八年刻本　國圖

經 10201108
[易理]不分卷　清顏光猷撰
清康熙十四年闕里顏氏抄本　北大

經 10201109
易象附錄不分卷　清彭定求撰
清初彭氏傳抄稿本(清彭聯祥、王大隆跋)　復旦

經 10201110
遂初堂易論一卷　清潘耒撰　日本大久保奎校點
日本嘉永元年大久保奎刻本　北大
日本嘉永二年江戶山城屋佐兵衛等刻本　日本國會

經 10201111
讀易約編四卷　清朱江撰
清康熙三十六年刻本　南京(存卷一、三至四)

經 10201112
讀易偶存不分卷　清華學泉撰
清抄本　復旦

經 10201113
日講易經解義十八卷筮儀一卷圖說一卷　清牛鈕等撰
清康熙二十三年內府刻本　故宮　南

京　山東　浙江　遼寧　湖南(清夏應銓批校)　福建　美國哈佛燕京
四庫全書薈要本(乾隆寫)
四庫全書本(乾隆寫)

經10201114
學易重言二卷　清李應機撰
圃隱類編本(稿本)　上海

經10201115
讀易參解二十四卷　清徐淑撰
清乾隆五十五年周文鼎抄本(清周文鼎、清程天燾、清趙宗建跋)　華東師大

經10201116
易說一卷　清查慎行撰
昭代叢書本(道光刻)

經10201117
周易玩辭集解十卷首一卷　清查慎行撰
清康熙十八年刻本　南京
清乾隆十八年刻本　國圖　上海　南京　浙江　湖北
四庫全書本(乾隆寫)

經10201118
周易清本三卷　清梁夫漢撰
清康熙間山陰梁氏寫本　北大

經10201119
周易彙考四卷　清陳夢雷纂
古今圖書集成本(雍正銅活字印、光緒石印)

經10201120
周易淺述八卷圖一卷　清陳夢雷撰　清楊道聲圖
四庫全書本(乾隆寫)

經10201121
周易講義七卷　清雲中官撰
清汪堯峯抄本　祁縣

經10201122
易經通論不分卷　清徐開任輯
清抄本　東北師大

經10201123
周易古本集注十二卷首一卷末一卷續編一卷　清姜其垓撰
清抄本　山東

經10201124
易盪二卷　清方鯤撰
清順治間建陽同文書院刻本　南京
清康熙五年姚文然、姚文燮刻本　上海師大

經10201125
大易集義粹言(合訂刪補大易集義粹言)八十卷　清納蘭成德輯
通志堂經解本(康熙刻、同治刻、日本文化刻)
四庫全書本(乾隆寫,合訂刪補大易集義粹言)
清抄本　天津
民國初抄本　南京

經10201126
周易函書三十八卷首十二卷別集三卷　清胡煦撰
清乾隆間河南胡氏葆璞堂刻本　南京

（存十六卷）

經 10201127

周易函書約存十五卷首三卷　清胡煦撰

清乾隆間胡季堂刻本　國圖　北大　上海

四庫全書本(乾隆寫)

清道光間周蔭甫抄河南胡氏葆璞堂刻本　山東

經 10201128

周易函書約注十八卷　清胡煦撰

清乾隆嘉慶間胡季堂刻本　北大　上海　浙江　遼寧

四庫全書本(乾隆寫)

清道光間周蔭甫傳抄河南胡氏葆璞堂刻本　山東

經 10201129

周易函書約注合抄四十九卷　清胡煦撰　清張拱北補纂

清光緒十八年寶慶務本書局刻本　上海

經 10201130

周易函書別集十六卷　清胡煦撰

清乾隆嘉慶間胡季堂刻本　國圖　北大　上海　浙江　遼寧

四庫全書本(乾隆寫)

清道光間周蔭甫傳抄河南胡氏葆璞堂刻本　山東

經 10201131

周易函書補義八卷　清胡煦撰　清李源補義

清同治間李氏所慎齋刻本　國圖

清光緒元年大梁刻本　天津

清光緒元年李氏所慎齋刻本　國圖　中科院　湖北

清末至民國初抄本　國圖

抄本　國圖

經 10201132

豐川易說十卷首一卷　清王心敬撰

四庫全書本(乾隆寫)

清二曲書院刻本　上海

經 10201133

易經大全會解不分卷(與周易本義合刻)　清來爾繩輯　清朱采治、清朱之澄編訂

清康熙二十年朱采治刻本　福建　山東

清康熙間會文堂木活字印本　遼寧

清康熙間聖德堂刻本　國圖

清康熙間敦化堂刻本　國圖

經 10201134

易經大全會解不分卷(與周易本義合刻)　清來爾繩輯　清朱采治、清朱之澄編訂　清來學謙重訂

清乾隆五十二年來道添刻本　浙江

清道光十四年金閶步月樓刻本　山東

清道光十七年姑蘇老桐石山房刻本　山東

清道光二十三年宗文堂刻本　北大

清同治五年書業堂刻本　天津

清同治九年杜經魁刻本　山東

五經體注大全本(光緒刻)　北大

清光緒十年成文堂刻本　山東

清光緒間善成堂刻本　天津

清四川綿竹乾元堂刻本　四川

清聚錦堂刻本　天津　南京

清三讓堂刻本　國圖

經 10201135
易經體注會解合參四卷　清來爾繩纂輯
清嘉慶四年刻本　南京
清道光二年晉祁書業堂刻本　山東
清道光二十年刻本　南京

經 10201136
周易象義合參十二卷首一卷　清吴德信輯
清康熙四十五年刻餘慶堂印本　國圖
清康熙五十三年俞卿刻本　北大　齊齊哈爾

經 10201137
易通論二卷首一卷　清姚際恆撰
清康熙間刻本　浙江

經 10201138
周易本義析疑不分卷　清劉以貴撰
清抄本(鄭爰居跋)　山東

經 10201139
周易傳注四卷繫辭二卷說卦一卷　清李塨撰
四庫全書本(乾隆寫)
清道光二十三年博陵養正堂刻本　國圖　天津　上海　南京　遼寧
清抄本　國圖(無繫辭等)　山東
顏李叢書本(民國鉛印)

經 10201140
學易四卷　清李塨撰
清抄本　國圖
民國初趙氏壽華軒抄本　上海

經 10201141
易經集解四卷上下篇義一卷筮儀一卷圖一卷卦歌一卷　清萬經撰
清康熙二十五年西爽堂刻本　美國哈佛燕京

經 10201142
周易彙統四卷圖一卷　清佟國維撰
清康熙間刻本　遼寧
清刻本　山東

經 10201143
索易臆說二卷　清吴啓昆撰
清康熙五十二年懷新閣刻本　南京

經 10201144
周易劄記二卷　清楊名時撰
四庫全書本(乾隆寫)
清抄本　上海
抄本　南京

經 10201145
易經劄記三卷　清楊名時撰
楊氏全書本(乾隆刻)

經 10201146
易義隨記八卷　清楊名時講授　清夏宗瀾記
清雍正十年刻本　國圖　清華　上海

經 10201147
易史易簡錄四卷　清李兆賢撰
清雍正元年白山堂刻本　美國哈佛燕京

經 10201148
易經體注大全合參四卷　清李兆賢注
清嘉慶間刻本　南京
清達道堂刻本　國圖

清桂月樓刻本　湖北

經 10201149
周易直解十二卷　清陳枚輯
清順治間文治堂刻本　浙江
清刻本　湖北

經 10201150
易序測象一卷　清張雋撰
稿本　上海

經 10201151
周易本義啓蒙通刊十六卷首一卷　清吴世尚撰
清雍正十二年光德堂刻本　天津

經 10201152
春暉樓讀易日記二卷　清張鼎撰
清抄本　南京
春暉樓叢書上集本(民國鉛印)

經 10201153
易漢學舉要一卷　清張鼎撰
清蔣氏別下齋抄本　上海

經 10201154
易漢學訂誤一卷　清張鼎撰
清蔣氏別下齋抄本　上海

經 10201155
周易剩義二卷　清童能靈撰
清乾隆間冠豸山刻本　中科院

經 10201156
周易淺解四卷　清張步瀛輯撰
清康熙三十年張氏滋德堂刻本　上海　山東

經 10201157
周易觀玩錄彙考十五卷　清張曾慶撰
清康熙三十八年刻本　清華

經 10201158
易義析解七卷　清薛詮撰
清康熙五十一年刻本　上海

經 10201159
學易闡微四卷　清羅登標撰
清乾隆八年松學清署刻本　浙江

經 10201160
周易補義四卷　清方芬撰
清康熙十五年新安時術堂刻本　中科院　上海　南京　湖北　安慶

經 10201161
周易闡理四卷　清戴虞皐撰
清剡藻堂抄本　清華(清馮桂芬跋)

經 10201162
易經考一卷　清戴震撰
清同治間刻經考本　臺灣無求備齋藏

經 10201163
[illegible][illegible]函洞內篇一卷外篇二卷　清傅丁書撰
清光緒二十四年家刻本　國圖　山東

經 10201164
周易精義四卷首一卷　清黄淦撰
七經精義本(嘉慶刻、道光刻、光緒刻)

經 10201165
周易精義四卷首一卷續編一卷　清黄淦撰

清刻本　國圖

經 10201166
陸堂易學十卷首一卷　清陸奎勳撰
陸堂經學叢書本（康熙刻）
清乾隆元年刻本　國圖　上海　南京　山東　湖北　齊齊哈爾

經 10201167
周易曉義不分卷　清唐一麟撰
稿本　中央黨校

經 10201168
孔門易緒十六卷首一卷　清張德純撰
稿本　江西
清乾隆五十六年刻清餘堂印本　國圖　美國哈佛燕京

經 10201169
讀易管窺五卷　清吴隆元撰
清乾隆間刻本　上海　北大

經 10201170
易經札記三卷　清朱亦楝撰
十三經札記本（光緒竹簡齋刻）

經 10201171
周易傳義合訂十二卷　清朱軾輯
朱文端公藏書本（康熙乾隆刻、光緒重刻）
清乾隆二年内府刻本　首都　桂林
清乾隆二年鄂彌達刻本　人大　四川　復旦　南京　上海
四庫全書本（乾隆寫）
清咸豐十年刻本　湖北

經 10201172
易旨四卷　清朱澤澐撰
清道光四年刻本　國圖　湖北
清道光八年刻本　上海　南京

經 10201173
周易學旨餘義一卷　清朱澤澐撰
清道光四年刻本　國圖　湖北
清道光八年刻本　上海　南京

經 10201174
周易本義述蘊四卷考義一卷圖説一卷卦歌一卷　清姜兆錫述
清乾隆十四年姜氏寅清樓刻本　北大　上海　浙江　遼寧

經 10201175
周易拾遺十四卷　清徐文靖撰
徐位山六種本（乾隆刻、光緒刻）

經 10201176
遜齋易述不分卷　清紀汝倫撰
稿本　首都

經 10201177
易大象説録二卷首一卷　清吴人（舒鳧）撰
清刻本　國圖

經 10201178
記疑六卷　清王懋竑撰
清雷門書屋抄本　北大

經 10201179
周易洗心十卷　清任啓運撰
清雍正八年刻本　湖北
清乾隆三十四年清芬堂刻本　天津
清乾隆三十四年任慶範、耿毓孝刻四十七年印本　北大　遼寧

清芬樓六種本(乾隆嘉慶刻)　日本内閣
清乾隆四十七年襲芳軒刻本　國圖　上海　南京　山東
清嘉慶二十二年任氏家刻任氏遺書本
清光緒八年任氏家塾刻本　國圖　上海　南京　浙江

經 10201180
周易洗心七卷首二卷　清任啓運撰
清抄本(清丁丙跋,四庫全書底本)　南京
四庫全書本(乾隆寫)

經 10201181
周易洗心十一卷　清任啓運撰
清嘉慶間上海彭氏刻釣臺遺書本

經 10201182
周易洗心三卷首一卷　清任啓運撰
清抄本　天津

經 10201183
易經切解八卷　清楊詵撰
清門心齋抄本(清楊四知跋)　河南

經 10201184
易通一卷　清李光墺撰　清李光型注
清康熙四十八年刻二李經説本　北大
昭代叢書本(道光刻,二李經說)

經 10201185
易說六卷　清惠士奇撰
清乾隆十四年璜川書局刻本　南京
四庫全書本(乾隆寫)
清嘉慶十五年吴氏真意堂刻本　國圖　天津　上海　湖北　南京　浙江
皇清經解本(道光刻、咸豐補刻、鴻寶齋石印、點石齋石印)
璜川吴氏經學叢書本(道光刻)

經 10201186
周易本義輯要四卷　清蔣光祖編纂
抄本　國圖

經 10201187
大易通解十五卷首一卷附録一卷　清魏荔彤撰
四庫全書本(乾隆寫)

經 10201188
易卦私箋二卷　清蔣衡撰
清嘉慶元年刻本　國圖　中科院　山東　遼寧　湖北　浙江

經 10201189
玩辭初筆二卷　清華希閔撰
清刻本　山東

經 10201190
硯北易抄不分卷　清黄叔琳撰
清抄本(清翁方綱籤注,文素松、王禮培跋)　浙江

經 10201191
周易本義拾遺六卷　清李文炤(元朗)撰
李氏成書本(清四爲堂刻)

經 10201192
周易序例一卷　清李文炤撰
李氏成書本(清四爲堂刻)

經 10201193
周易拾遺一卷　清李文炤撰

李氏成書本(清四爲堂刻)

經 10201194
易互六卷　清楊陸榮撰
楊潭西先生遺書本(乾隆刻)

經 10201195
周易本義闡旨八卷首一卷　清胡方撰
清嘉慶十七年蘭桂堂刻本　中科院　上海　南京　山東　湖北　山東

經 10201196
周易本義注六卷　清胡方撰
嶺南遺書本(道光刻)

經 10201197
周易兼兩七卷　清倪璠撰
清抄本(清丁丙跋)　南京

經 10201198
先天易貫三卷首一卷　清劉元龍撰
清康熙五十三年晉陵門人刻浣易齋印本　復旦　南京　日本東北大學

經 10201199
先天易貫五卷　清劉元龍撰
清雍正間居易齋刻本　中科院　遼寧
清乾隆四年刻本　上海
清居易齋刻道光二十年常鳳翔等增修本　山東

經 10201200
周易象說四卷　清湯豫誠撰
清抄本　河南

經 10201201
易經釋義四卷附卦圖卦歌　清沈昌基、清盛曾撰
清雍正八年鶴琴書屋刻本　湖北

經 10201202
大易劄記五卷　清范爾梅撰
清康熙二年壕上存古堂刻本　中科院　上海
讀書小記本(雍正刻)

經 10201203
易卦考一卷　清范爾梅撰
清康熙間壕上存古堂刻本　中科院
讀書小記本(雍正刻)

經 10201204
婁山易輪一卷　清范爾梅撰
清康熙間壕上存古堂刻本　中科院
讀書小記本(雍正刻)

經 10201205
周易注不分卷　清周轂撰
抄本　南京

經 10201206
易翼述信十二卷　清王又樸撰
詩禮堂全集(乾隆刻)　上海(清陳昌圖批校並跋)
四庫全書本(乾隆寫)

經 10201207
讀易質疑上經四卷下經不分卷　清黄印撰
清乾隆間周翀抄本　南京
清抄本　南京　湖北

經 10201208
易箋(定齋易箋)八卷圖說一卷首一卷

清陳法撰
清乾隆二十七年陳弘謀刻本　北大　南京　山東　湖北　美國哈佛燕京
清乾隆二十七年陳弘謀刻三十年敬和堂修訂本　國圖　北大　北師大　上海　湖北　齊齊哈爾
清乾隆二十七年陳弘謀刻三十年敬和堂修光緒補刻本　國圖　山東　遼寧　湖北　南京
四庫全書本(乾隆寫,無圖)
黔南叢書本(民國鉛印)

經 10201209
周易補注十一卷　清德沛輯
清乾隆六年德沛刻本　國圖　北大　北師大　天津　上海　南京　山東　湖北　山東

經 10201210
周易便記不分卷　清張啓禹撰
清乾隆間刻本　福建師大

經 10201211
周易孔義集說二十卷　清沈起元撰
清乾隆十九年學易堂刻本　國圖　清華　上海　山東　湖北　南京　美國哈佛燕京
四庫全書本(乾隆寫)
清光緒八年江蘇書局刻本　國圖　北大　遼寧　湖北　南京

經 10201212
周易觀象補義畧不分卷　清諸錦撰
稿本　復旦

經 10201213
易經碎言二卷首一卷　清應麟撰
屏山草堂稿本(乾隆刻)

經 10201214
周易衷孔十二卷　清王恪撰
清乾隆十一年蘇嘯軒刻本　山東

經 10201215
易在不分卷　清謝濟世撰
稿本　上海(佚名錄,清沈豫校)

經 10201216
讀易便解二卷　清盧見曾撰
稿本　山東
抄本(不分卷)　南京

經 10201217
讀易自考錄一卷續編一卷　清胡具慶撰
清光緒二十四年孫叔謙刻本　山東

經 10201218
易律通解四卷　清沈光邦撰
清抄本　故宮　浙江

經 10201219
周易晰奥十卷　清崔可先輯
清嘉慶八年留耕堂刻本　南京　湖北

經 10201220
周易正解十卷　清程廷祚撰
易通本(乾隆刻)

經 10201221
易學精義一卷　清程廷祚撰
易通本(乾隆刻)

經 10201222
易學要論二卷　清程廷祚撰

易通本(乾隆刻)

經 10201223
大易擇言三十六卷　清程廷祚撰
清乾隆十九年道寧堂刻本　中科院　上海　湖北
四庫全書本(乾隆寫)

經 10201224
讀易管見一卷　清程廷祚撰
清三近堂刻本　國圖

經 10201225
學易初津二卷　清晏斯盛撰
楚蒙山房集本(乾隆刻)
四庫全書本(乾隆寫,楚蒙山房易經解)

經 10201226
易翼說八卷　清晏斯盛撰
楚蒙山房集本(乾隆刻)
四庫全書本(乾隆寫,楚蒙山房易經解)

經 10201227
易翼宗六卷　清晏斯盛撰
楚蒙山房集本(乾隆刻)
四庫全書本(乾隆寫,楚蒙山房易經解)

經 10201228
易象切要不分卷　清張維矩撰
清抄本　國圖

經 10201229
運餘齋學易說一卷　清張維矩撰
清抄本　國圖

經 10201230
易玩八卷首一卷　清包彬撰
清抄本　故宮

經 10201231
易玩四卷首一卷　清包彬撰
民國二十三年陶社刻本　山東

經 10201232
易觀一卷　清包彬撰
清抄本　故宮

經 10201233
周易詮義十四卷首一卷　清汪烜撰
汪雙池先生叢書本(光緒彙印)
重訂汪子遺書本(同治木活字印)
清光緒二年方氏碧琳琅館抄本　遼寧

經 10201234
易經如話十二卷首一卷　清汪紱撰
汪雙池先生叢書本(光緒彙印)
重訂汪子遺書本(同治木活字印)

經 10201235
成均課講周易十二卷　清崔紀撰
清乾隆二十年重刻本　南京
清乾隆間木活字印本　中科院
清咸豐間木活字印本　上海

經 10201236
大易餘論一卷　清魏周琬撰
充射堂集本(康熙刻)

經 10201237
易學管窺一卷　清章芝撰
涇川叢書本(道光刻、民國影印)

經 10201238
大易旁通十二卷　清光成采撰

龍眠叢書本(清刻)

經 10201239
周易直本中觀不分卷　清夏封泰撰
清嘉慶十八年貽穀堂刻本　遼寧

經 10201240
周易輯說存正十二卷　清楊方達撰
楊符蒼七種本(雍正乾隆刻)

經 10201241
易說通旨畧一卷　清楊方達撰
楊符蒼七種本(雍正乾隆刻)

經 10201242
易傳附義二卷　清李重華撰
清乾隆二十七年刻本　上海(與書傳附義二卷、詩傳附義二卷合)

經 10201243
周易撥易堂解二十卷首二卷末二卷　清劉斯組撰
清乾隆間裘磐刻本　北大　中科院

經 10201244
周易淺釋四卷　清潘思榘撰
清乾隆十八年刻本　國圖　上海　南京
四庫全書本(乾隆寫)

經 10201245
理象解原四卷　清朏圖撰
清乾隆十二年紫竹齋刻本　國圖　北大　上海　山東

經 10201246
周易學二卷　清沈夢蘭撰
蔆湖沈氏叢書本(光緒刻)

經 10201247
碩松堂讀易紀十六卷首一卷　清邱仰文撰
清乾隆三十三年碩松堂刻本　國圖　中科院　南京　山東　遼寧
清乾隆四十九年刻本　復旦

經 10201248
素位堂新訂周易備旨詳解四卷圖一卷　清鄒聖脈輯
清乾隆四十八年永安堂刻本　國圖
清青藜閣刻本　山東

經 10201249
寄傲山房塾課纂輯御案易經備旨七卷圖一卷　清鄒聖脈纂輯　清鄒廷猷編次
清嘉慶三年經國堂刻本　國圖　上海　遼寧
清光緒六年掃葉山房刻本　國圖

經 10201250
寄傲山房塾課纂輯易經備旨七卷附周易精義　清鄒聖脈纂輯　清鄒廷猷編次
五經備旨本(光緒刻、光緒石印、樂善堂銅版印)
清光緒二十年上海文成書局石印本　北大　上海　北師大　遼寧

經 10201251
易舉義別記四卷　清邱仰文纂輯
清乾隆間抄本　北大

經 10201252
周易象理淺言十卷　清張圻撰
清乾隆三十三年永譽堂刻本　國圖

北大

經 10201253
周易述四十卷(卷八、二一、二六、二九至三十原缺,卷二四至二五、二七至二八、三十至四十未刻) 清惠棟集注並疏
清乾隆二十五年德州盧氏雅雨堂刻本 北大 天津 上海 南京 山東
清乾隆二十五年德州盧氏雅雨堂刻嘉慶二十五年增刻本 南京
清乾隆二十五年德州盧氏雅雨堂刻清來堂印本 國圖 湖北

經 10201254
周易述二十三卷 清惠棟集注並疏
四庫全書本(乾隆寫)

經 10201255
周易述二十一卷 清惠棟集注並疏
皇清經解本(道光刻、咸豐補刻、鴻寶齋石印、點石齋石印)

經 10201256
易大義一卷 清惠棟撰
清嘉慶間刻本 國圖
海山仙館叢書本(道光刻)
清抄本 浙江

經 10201257
周易本義辯證五卷 清惠棟撰
省吾堂四種本(乾隆刻)
日本享和二年江戶官刻本 北大

經 10201258
周易本義辯證六卷 清惠棟撰
稿本(葉景葵跋) 上海
清惠氏紅豆齋抄本 北大
清抄本(清翁方綱批) 復旦

經 10201259
周易古義不分卷 清惠棟撰
稿本 蘇州文管

經 10201260
周易古義二卷 清惠棟撰
貸園叢書初集本(乾隆刻)
省吾堂四種本(嘉慶刻,九經古義)
槐廬叢書本(光緒刻,九經古義)

經 10201261
周易古義一卷 清惠棟撰
昭代叢書本(道光刻)

經 10201262
易漢學七卷 清惠棟撰
稿本 復旦

經 10201263
易漢學八卷 清惠棟撰
四庫全書本(乾隆寫)
經訓堂叢書本(乾隆刻、光緒影印)
皇清經解續編本(光緒刻、光緒石印)
清光緒二十二年彙文軒刻本
清刻清來堂印本 北大 浙大
清柏筠堂刻本 湖北 上海 南京
抄本 南京

經 10201264
易漢學一卷 清惠棟撰
昭代叢書本(道光刻)
抄本 上海

經 10201265

易例二卷　清惠棟撰
貸園叢書初集本(乾隆刻)
清乾隆四十年張錦芳校刻本
四庫全書本(乾隆寫)
指海本(道光刻、民國影印)
皇清經解續編本(光緒刻、光緒石印)
清木活字印本　中科院　山東
借月山房彙鈔本(嘉慶刻、博古齋影印)
澤古齋重鈔本(道光重編)
式古居彙鈔本(道光重編)
清抄本　北大

經 10201266
易例不分卷　清惠棟撰
清抄本(清嚴長明校並跋,丁祖蔭、俞鴻籌跋)

經 10201267
周易講義合參二卷　清惠棟撰
稿本　上海

經 10201268
讀易觀象惺惺錄二卷　清李南輝撰
清抄本　國圖
民國二十一年刻二十五年甘肅通渭縣教育會印本　國圖

經 10201269
周易集解五十四卷　清張仁浹撰
清抄本　福建

經 10201270
周易集解增釋八十卷　清張仁浹撰
稿本　復旦

經 10201271
易經貫一二十二卷首一卷　清金誠撰
清乾隆十七年愛古堂刻本　上海　南京　山東　遼寧　美國哈佛燕京
清乾隆間和序堂刻本　清華　遼寧　齊齊哈爾

經 10201272
易經知一訓三卷　清邵元龍撰
清抄本　上海

經 10201273
易準四卷　清曹庭棟撰
清乾隆二十四年刻本　國圖　中科院　上海　山東　湖北

經 10201274
周易說卦偶窺三卷　清殷元正撰
清抄本　上海

經 10201275
周易讀翼揆方十卷　清孫夢逵注
清乾隆二十三年記宗古堂刻本　美國哈佛燕京

經 10201276
周易讀翼揆方舉要一卷　清孫夢逵注
清乾隆二十三年記宗古堂刻本　美國哈佛燕京

經 10201277
周易類經二卷　清吴穎芳撰
清抄本(清丁丙跋)　南京

經 10201278
觀象居易傳箋十二卷　清汪師韓撰
上湖遺集本(乾隆刻)
叢睦汪氏遺書本(光緒刻)

經 10201279
周易客難一卷　清龔元玠撰
十三經客難本(道光刻)　遼寧

經 10201280
周易詳說十八卷　清劉紹攽撰
清乾隆間三原劉毓英傳經堂刻本　國圖　北大　中科院
西京清麓叢書本(光緒刻)
抄本　國圖

經 10201281
古易彙詮不分卷　清劉文龍撰
清宣統二年鉛印本　國圖　中科院　山東
民國九年鉛印本　國圖　上海

經 10201282
周易象注一卷　清羿爾昌注
清抄本　上海

經 10201283
周易問答一卷　清全祖望撰
皇清經解本(道光刻、咸豐補刻、鴻寶齋石印、點石齋石印,經史問答)

經 10201284
讀易別錄三卷　清全祖望撰
知不足齋叢書本(乾隆道光刻、民國影印)

經 10201285
周易纂不分卷　清鄒烈撰
清抄本(清丁丙跋)　南京

經 10201286
周易會纂讀本四卷　清屠用豐纂輯
清嘉慶十三年孝感屠氏臥雲堂江蘇刻五經會纂本　四川

經 10201287
周易粹義五卷　清薛雪撰
稿本　臺圖
清抄本　蘇州

經 10201288
周易粹義四卷　清薛雪撰
清江日濬抄本　山西師大

經 10201289
周易粹義十卷　清薛雪撰
清抄本　浙江

經 10201290
周易解九卷　清牛運震撰
空山堂全集本(嘉慶刻)

經 10201291
周易大衍辨一卷　清吴鼒撰
昭代叢書本(道光刻)

經 10201292
易卦劄記不分卷　清夏宗瀾撰
清抄本　北大
抄本　國圖

經 10201293
周易析疑十五卷圖一卷　清張蘭皐撰
清乾隆間梅華書局刻本　南京

經 10201294
易讀四卷　清宋邦綏撰
清嘉慶九年傳經堂刻本　山東

經 10201295

易見九卷首一卷　清貢渭濱輯

清乾隆二十四年貢渭濱脈望書樓刻本　國圖　北大　上海　南京　美國哈佛燕京

清乾隆六十年金陵龔體仁刻本　山東

清嘉慶元年郁文堂重刻本　遼寧

經 10201296

易見六卷首一卷　清貢渭濱輯

清開封府聚文齋刻本　南京

經 10201297

易見啓蒙二卷　清貢渭濱輯

清乾隆二十四年貢渭濱脈望書樓刻本　北大　上海　南京　美國哈佛燕京

清乾隆六十年金陵龔體仁刻本　山東

清嘉慶元年郁文堂重刻本　遼寧

清開封府聚文齋刻本　南京

經 10201298

易見本義發蒙四卷首一卷　清貢渭濱撰

清乾隆二十七年脈望書樓刻本　國圖

清嘉慶二年刻本　南京

經 10201299

易象大意存解一卷　清任陳晉撰

四庫全書本(乾隆寫)

清南海孔氏嶽雪樓抄本　北大

民國間廬江劉氏遠碧樓抄本　上海

抄本　南京

經 10201300

易經補義十二卷　清葉西撰

清乾隆間耕餘堂刻本　北大　中科院　山東　遼寧　湖北

經 10201301

讀易雜記一卷　清葉西撰

清乾隆間耕餘堂刻本　北大　中科院　山東　遼寧　湖北

經 10201302

周衣亭譚易不分卷　清周人麒撰

清抄本　天津

經 10201303

御纂周易述義(周易述義)十卷　清傅恆等撰

武英殿聚珍版書本(木活字印、浙江重刻、江西重刻、福建重刻、廣東重刻)

四庫全書薈要本(乾隆寫)

四庫全書本(乾隆寫)

清道光十八年成都翻刻武英殿本　山東　四川

清同治七年刻本　國圖

清同治十二年陝西味經書院刻本　上海　北師大

日本弘化三年江戶須原屋伊八等刻本(周易述義)　日本國會

經 10201304

易心存古二卷　清張六圖撰

樂道堂周易三種本(乾隆清瑞軒刻)　國圖　南京　山東

經 10201305

周易清明四卷　清張六圖撰

樂道堂周易三種本(乾隆清瑞軒刻)　國圖　南京　山東

經 10201306

周易卜式一卷　清張六圖撰

樂道堂周易三種本(乾隆清瑞軒刻)

國圖　南京　山東

經10201307
周易質義四卷　清汪思迴纂輯
清刻本　北大　天津

經10201308
周易圖書質疑二十四卷　清趙繼序撰
四庫全書本(乾隆寫)

經10201309
筮策洞虛錄十六卷初一卷附一卷　清熊爲霖撰
清乾隆四十六年心松别墅刻本　清華　南京

經10201310
易深十一卷首三卷　清許伯政撰
稿本　上海

經10201311
周易一卷　清姚範注
清道光十六年淮南刻援鶉堂筆記本　湖北

經10201312
易經增删來註八卷首一卷　清張祖武撰
清刻本　人大

經10201313
周易尊翼五卷　清潘相撰
潘相所著書本(乾隆嘉慶刻)

經10201314
周易講義一卷　清王元啓撰
惺齋先生雜著本(乾隆刻)

經10201315
讀易偶鈔一卷　清蔣學鏞撰
清抄本　中科院

經10201316
易經遵孔八皙類稿十二卷　清何焆定本
清光緒七年四川南部何氏湖北巴東刻本　四川

經10201317
周易原意二卷　清張世犖撰
稿本　蘇州
清抄本　浙江

經10201318
周易擬像六卷　清黎曙寅撰
清道光十年黎中輔等刻本　國圖　中科院　山東
清道光十五年刻本　湖北

經10201319
周易原篇解十二卷首一卷　清胡道問撰
清乾隆二十六年胡斯廊刻本　中科院

經10201320
周易闡真四卷首一卷　清劉一明撰
道書十二種本(嘉慶刻、清翼化堂刻、光緒刻、清夏復恒刻、民國石印)
清東昌誠善堂刻本　日本椙山女學園大學
清道光十八年羊城玉皇閣重刻本　日本東北大學

經10201321
孔易闡真二卷　清劉一明撰
道書十二種本(嘉慶刻、清翼化堂刻、光緒刻、清夏復恒刻、民國石印)

清孫明空刻本　上海　浙江

經 10201322
周易注略八卷　清劉一明撰
清謝祥、張志遠刻本　山東

經 10201323
孔易注略十二卷首一卷　清劉一明撰
清湟中張志遠刻本　山東
清刻本　日本東北大學(十三卷)

經 10201324
周易參斷二卷　清劉一明撰
清刻本　國圖
清謝祥刻本　山東

經 10201325
周易詁要不分卷　清龍萬育輯
清道光間成都龍萬育敷文閣刻本　四川
清道光二年敷文閣刻尚友堂印本　湖北
民國初孟鄰年抄本(存繫辭、說卦、序卦、雜卦傳)　山東

經 10201326
周易揭要三卷　清周蕙田撰
五經揭要本(乾隆刻、清惜陰軒刻、清浦氏刻)
清抄本　復旦

經 10201327
易解拾遺七卷周易讀本四卷　清周世金撰
清嘉慶二十四年和義堂周氏家刻本　國圖　北師大　南京
清同治七年和義堂周氏家刻本　四川　南京
清道光元年長碧堂刻本　上海
清刻朱墨套印本　遼寧

經 10201328
易見一卷　清宋鑒撰
清乾隆四十五年刻本　南京

經 10201329
易見二卷　清宋鑒撰
清乾隆三十三年安邑宋氏刻本　北大
清嘉慶二十年刻本　北大　天津

經 10201330
讀易偶存六卷　清邵大業撰
清乾隆間刻本　清華
清嘉慶十年刻本　山東　湖北　南京

經 10201331
卦氣解一卷　清莊存與撰
浮谿精舍叢書本(嘉慶刻)
味經齋遺書本(道光刻、光緒刻)
木犀軒叢書本(光緒刻)
皇清經解續編本(光緒刻、光緒石印)

經 10201332
八卦觀象解二卷　清莊存與撰
味經齋遺書本(道光刻、光緒刻)

經 10201333
彖傳論一卷　清莊存與撰
味經齋遺書本(道光刻、光緒刻)

經 10201334
彖象論二卷　清莊存與撰
味經齋遺書本(道光刻、光緒刻)

經 10201335
繫辭傳論二卷　清莊存與撰
味經齋遺書本(道光刻、光緒刻)

經 10201336
凝園讀易管見十卷　清羅典撰
清乾隆三十一年明德堂刻本　人大　復旦　武漢　南京

經 10201337
周易遵述不分卷　清蔣本撰
清道光十年檇李王氏信芳閣木活字印本　國圖　北大　中科院　天津　上海　山東　遼寧　湖北　南京　浙江

經 10201338
周易賸義不分卷　清蔣本撰
清道光十年檇李王氏信芳閣木活字印本　國圖　北大　中科院　天津　上海　山東　遼寧　湖北　南京　浙江

經 10201339
周易證籤四卷　清茹敦和撰
茹氏經學十二種本(乾隆刻)
茹遜來所著書本(清刻)　北大

經 10201340
易講會籤一卷　清茹敦和撰
茹氏經學十二種本(乾隆刻)
茹遜來所著書本(清刻)　北大

經 10201341
周易二閭記三卷　清茹敦和撰
茹氏經學十二種本(乾隆刻)
南菁書院叢書本(光緒刻)

經 10201342
重訂周易二閭記三卷　清茹敦和撰　清李慈銘重訂
紹興先正遺書本(光緒刻)
茹遜來所著書本(清刻)　北大

經 10201343
周易小義二卷　清茹敦和撰
茹氏經學十二種本(乾隆刻)
茹遜來所著書本(清刻)　北大

經 10201344
重訂周易小義二卷　清茹敦和撰　清李慈銘重訂
紹興先正遺書本(光緒刻)

經 10201345
讀易日札一卷　清茹敦和撰
茹氏經學十二種本(乾隆刻)
茹遜來所著書本(清刻)　北大

經 10201346
八卦方位守傳一卷　清茹敦和撰
茹氏經學十二種本(乾隆刻)
茹遜來所著書本(清刻)　北大
清抄本　南開

經 10201347
周易象考一卷　清茹敦和撰
茹氏經學十二種本(乾隆刻)
茹遜來所著書本(清刻)　北大
清道光間刻本　上海

經 10201348
周易辭考一卷　清茹敦和撰
茹氏經學十二種本(乾隆刻)
茹遜來所著書本(清刻)　北大

經 10201349
大衍守傳一卷　清茹敦和撰
　茹氏經學十二種本(乾隆刻)
　茹遜來所著書本(清刻)　北大
　清抄本　南開

經 10201350
大衍一說一卷　清茹敦和撰
　茹氏經學十二種本(乾隆刻)
　茹遜來所著書本(清刻)　北大
　清抄本　南開

經 10201351
兩孚益記一卷　清茹敦和撰
　茹氏經學十二種本(乾隆刻)
　茹遜來所著書本(清刻)　北大

經 10201352
益講會籤一卷　清茹敦和撰
　茹氏經學十二種本(乾隆刻)
　茹遜來所著書本(清刻)　北大

經 10201353
易外偶記四卷　清周源淋輯
　清乾隆間刻本　南京　浙江

經 10201354
易論二卷　清李陳玉撰
　清乾隆間王家麟抄本　上海

經 10201355
易說存悔二卷　清汪憲撰
　清抄本(清丁丙跋)　南京

經 10201356
易經揆一十四卷易學啓蒙補二卷　清梁錫璵撰
　清乾隆十七年刻本　國圖　北大　中科院　上海　南京

經 10201357
易蘊二卷　清楊禾撰
　楚州叢書本(民國刻)
　民國二十二年回初道人抄本(一卷)　南京

經 10201358
周易象意三十卷首一卷　清王世業輯述
　清乾隆六年玉壺堂刻本　國圖　日本內閣　美國哈佛燕京
　清道光八年王宜載等刻本　山東
　抄本　日本九州大學

經 10201359
西山占易草七卷首一卷末一卷　清部掄撰
　清乾隆間古茂安潛齋刻本　國圖

經 10201360
周易井觀十卷　清周大樞撰
　清抄本　上海　南京(不分卷)

經 10201361
周易觀瀾不分卷　清喬大凱撰
　清抄本　山東

經 10201362
易悟六卷　清劉方璿撰
　清嘉慶二十五年劉氏聰訓堂刻本　國圖　山東

經 10201363
芸莊易註不分卷　清劉方璿撰
　清嘉慶七年聰訓堂刻本　山東

經 10201364
易曉三卷卦圖一卷　清夏葛撰
稿本　山東

經 10201365
易曉二卷　清夏葛撰
抄本　浙江

經 10201366
周易質實講義四卷　清劉鳳翰撰
清嘉慶八年刻本　遼寧

經 10201367
惺園易說二卷　清王杰撰
葆淳閣集本(嘉慶刻)　國圖　中科院　天津　山東　遼寧

經 10201368
易研八卷首一卷圖一卷　清胡翹元撰
清乾隆五十七年胡永壽饒城刻本　國圖　北大　上海　南京　中科院　山東　湖北

經 10201369
讀易錄一卷　清錢大昕撰
清光緒二年浙江書局刻十駕齋養新錄本

經 10201370
演易一卷　清錢大昕撰
稿本(王國維跋)　上海

經 10201371
易經讀本三卷　清周樽撰
清乾隆五十八年留餘堂刻本　山東

經 10201372
周易纂注二十卷　清吴顥撰
清嘉慶三年吴氏讀書樓刻本　湖北

經 10201373
芸窗易草四卷　清閻斌撰
清同治十二年刻本　國圖　中科院　上海　湖北

經 10201374
大易參訂折中講義補象十卷　清朱用行輯
清乾隆二十七年澹寧居刻本　上海　江西

經 10201375
讀易雜記不分卷　清周廣業撰
稿本　上海

經 10201376
周易觀玩篇十二卷首一卷　清朱宗洛撰
清抄本　國圖(卷十一、十二配乾隆刻本)　上海

經 10201377
周易觀象一卷　清茅式周
稿本　浙江

經 10201378
周易觀變一卷　清茅式周
稿本　浙江

經 10201379
周易蓍詩一卷　清鍾煜撰
清附坡書屋抄本　中山大學

經 10201380
周易用九用六說一卷　清葉佩蓀撰

清錢竹汀抄本　復旦

經 10201381
易卦總論一卷　清葉佩蓀撰
清嘉慶十五年浙江慎餘齋刻本　中科院　上海　復旦　山東　遼寧
清刻本　山東

經 10201382
學易慎餘錄四卷　清葉佩蓀撰
清抄本(清錢大昕批,清王鳴盛批並跋)　南京

經 10201383
易守八卷　清葉佩蓀撰
稿本　浙江

經 10201384
易守三十二卷附易卦總論一卷　清葉佩蓀撰
清乾隆五十七年刻本　南京　湖北　廣西師大
清嘉慶間葉氏閩省刻本　北大
清嘉慶十五年浙江慎餘齋刻本　中科院　上海　復旦　山東　遼寧
清抄本　國圖

經 10201385
周易本義二卷繫辭上傳一卷　清馮洽注
抄本　上海

經 10201386
羲里睡餘易編十卷　清張綬佩撰
清乾隆三十八年魯甸官舍刻本　北師大　中科院　山東

經 10201387
周易通釋六卷　清瞿鈺撰
清乾隆四十二年刻本　國圖

經 10201388
周易詮疑八卷附總說　清夏應銓撰
清道光十年高學濂江安縣署刻本　北大　上海　復旦　山東　湖北　南京

經 10201389
周易遵翼約編十卷　清匡文昱撰
清乾隆五十一年膠州匡氏居易廬刻本　南京　山東　美國哈佛燕京

經 10201390
讀易拾義便抄一卷附本義辨一篇易說一篇古太極圖說一篇　清匡文昱撰
清刻本　山東

經 10201391
周易讀本十二卷　清魯九臯注
清嘉慶十五年刻石竹山房印本　國圖

經 10201392
易箋十卷　清裴希純撰
稿本　新鄉

經 10201393
子夏易傳義疏二卷　清吴騫撰
清乾隆五十八年前吴騫二次稿本　北大
清乾隆五十八年吴騫三次稿本　北大
清乾隆五十八年吴騫四次稿本　北大

經 10201394
子夏易傳鈎遺二卷　清吴騫撰

張宗祥抄本　浙江

經 10201395
易附記□卷　清翁方綱撰
稿本　天津

經 10201396
易考二卷　清李榮陛撰
李厚岡集本(嘉慶刻、道光刻)

經 10201397
易續考二卷　清李榮陛撰
李厚岡集本(嘉慶刻、道光刻)

經 10201398
周易篇第三卷首一卷　清李榮陛撰
李厚岡集本(嘉慶刻、道光刻)

經 10201399
周易采芳集十二卷　清郭恭鷟撰
清抄本　華東師大　中央黨校(存八卷)

經 10201400
御案易經要說八卷　清劉廷陛輯
青照堂叢書本(道光刻)

經 10201401
周易集解十一卷首一卷　清詹鯤纂
清道光五年刻本　北大　遼寧

經 10201402
易經變卦三卷　清金榜撰
抄本　上海

經 10201403
卦爻斷義一卷　清金榜撰
抄本　上海

經 10201404
解易輯要一卷　清金榜撰
抄本　上海

經 10201405
周易闡象上經二卷下經二卷首一卷　清蔡首乾述解
清嘉慶五年刻本　中科院　日本内閣

經 10201406
周易象義十卷首一卷　清杜文亮撰
清乾隆間刻本　中科院

經 10201407
讀易隨筆三卷　清沈鳳輝撰
清抄本　上海

經 10201408
參易發凡一卷　清楊鷹揚(金鷹揚)撰
續台州叢書本(光緒刻)

經 10201409
易義闡四卷附朱子易學啓蒙一卷　清韓松撰
清乾隆五十四年刻本　國圖　上海　南京

經 10201410
周易章句證異十二卷　清翟均廉撰
四庫全書本(乾隆寫)
民國間廬江劉氏遠碧樓抄本(十一卷)　上海

經 10201411
復堂易貫二卷　清于大鯤撰
清乾隆三十八年聽雨山房刻本　國圖　湖北

經 10201412
復堂易貫不分卷　清于大鯤撰
　清抄本　山東

經 10201413
周易告蒙四卷　清趙世迥撰
　清乾隆三十八年四德堂刻本　齊齊哈爾
　清乾隆五十三年昭潭書院刻本　上海
　清三讓堂刻本　山東

經 10201414
周易訓義七卷首一卷　清喻遜纂輯
　清嘉慶十八年喻遂孝等刻本　北大　國圖　中科院　山東　四川

經 10201415
周易考四卷繫辭傳考二卷首一卷末一卷　清陳孚編
　清乾隆六十年堯山刻本　美國哈佛燕京

經 10201416
固村觀玩集稿二卷　清侯起元撰
　清嘉慶十二年刻本　北大　中科院

經 10201417
固村觀玩集四卷　清侯起元撰　清方以直增訂
　清光緒元年四川德陽方氏刻本　四川

經 10201418
周易介五卷　清單維撰　清單程校
　清嘉慶二十一年單氏半山亭刻本　國圖　山東　遼寧

經 10201419
[易解指要]八卷　清陶大眉輯
　清嘉慶二十五年陶氏刻經解指要本　山東

經 10201420
易經簡明集解一卷　清李源撰
　稿本　山東

經 10201421
易道入門四卷附錄一卷　清張屯撰　清褚雲鵬校錄
　清嘉慶九年刻本　國圖

經 10201422
周易畧解八卷　清馮經撰
　嶺南遺書本(道光刻)

經 10201423
周易辨畫四十卷　清連斗山撰
　稿本　武漢
　清乾隆四十年安徽連氏家刻本　國圖　北大　上海　復旦　南京　浙江　湖北　遼寧　四川
　清乾隆四十年刻後印本　遼寧
　四庫全書本(乾隆寫)
　清光緒間刻本　湖北

經 10201424
六爻發揮周易正解六卷　清劉春榮撰
　清光緒十八年成都文舫齋刻本　四川

經 10201425
讀易擬言二卷　清和寧撰
　抄本　國圖

經 10201426
周易摘條辨義不分卷　清梁鴻翥撰

清嘉慶元年李梴抄本　北大

經 10201427
邵氏易傳不分卷　清邵晉涵注
抄本　國圖

經 10201428
周易義說五卷　清洪榜撰
清道光間梅華書院刻初堂遺稿本　山東

經 10201429
易經旁訓三卷　清徐立綱撰
五經旁訓本(乾隆刻)　北大
清乾隆五十四年懋德堂刻本　南京
清光緒九年古香閣魏氏校刻本　遼寧

經 10201430
易經增訂旁訓三卷　清徐立綱撰　清□□增訂
五經旁訓本(乾隆匠門書屋刻)　北大　山東
清益智堂刻本　天津

經 10201431
易經旁訓增訂精義不分卷　清徐立綱撰　清竺靜甫、清竺子壽增訂　清黄淦精義
五經旁訓增訂精義本(光緒毓秀草堂刻、清狀元閣刻)

經 10201432
寶松齋周易不分卷　清安吉撰
稿本　上海

經 10201433
易通六卷　清洪其紳撰
清嘉慶二十五年玉東小圃刻本　山東
清道光九年刻本　國圖　南京

經 10201434
周易衷翼集解二十卷首一卷　清汪泩纂
清嘉慶九年汪氏獲經堂刻本　國圖　北大　中科院　南京　山東　遼寧　湖北

經 10201435
易經策案三卷　清王謨輯
十三經策案本(清書業堂刻、清善成堂刻)　山東

經 10201436
易通一卷　清張九鐔撰
笙雅堂全集本(嘉慶刻)

經 10201437
周易偶記二卷　清汪德鉞撰
七經偶記本(道光木活字印)

經 10201438
讀易義例一卷　清汪德鉞撰
七經偶記本(道光木活字印)

經 10201439
易問六卷　清紀大奎撰
清嘉慶三年江西紀氏四川什邡刻雙桂堂易說本　四川
紀慎齋先生全集本(嘉慶刻、同治刻)

經 10201440
讀易傳心十二卷圖說三卷　清韓怡撰
清嘉慶十三年木存堂刻本　國圖　北大　中科院　上海　南京　山東　湖北

清抄本　中山大學

經 10201441
周易索一卷　清倪象占撰
稿本　天一閣

經 10201442
周易索詁十二卷首一卷　清倪象占撰
清嘉慶六年順受堂刻本　國圖　北大　中科院　上海　遼寧　湖北　南京　浙江

經 10201443
讀易舉例三十二卷首三卷　清俞大謨撰
清嘉慶五年俞大謨可儀堂刻本　國圖　北大　上海

經 10201444
周易外傳四卷　清盧金鏡撰
清乾隆間刻本　中科院

經 10201445
周易遵經像解十四卷首一卷末一卷　清朱元撰
清嘉慶元年刻本　山東

經 10201446
周易遵經廣義十四卷首一卷　清朱元、清段聯九撰
清嘉慶元年三槐堂刻本　上海

經 10201447
周易卮言一卷　清孔廣森撰
指海本（道光刻、民國影印）

經 10201448
周易顯指四卷　清單鐸撰
清乾隆間刻本　山東

經 10201449
易經一說不分卷　清王淑撰
清乾隆十六年繫籍軒刻本　山東

經 10201450
周易集解十卷　清孫星衍撰
岱南閣叢書本（嘉慶刻、同治刻）
岱南閣叢書本（同治刻）　湖北（清陶方琦批校）
粵雅堂叢書本（咸豐刻）
清光緒二年廣陵雙梧書屋刻本　國圖

經 10201451
周易集解序注一卷　清孫星衍撰
清同治元年潘泉刻本　國圖　南京　湖北　山東

經 10201452
象數述四卷　清方本恭撰
春水船易學本（嘉慶刻）　上海

經 10201453
夢雪草堂讀易錄五卷　清郭柦輯
清嘉慶二十四年刻本　上海

經 10201454
易典雲襄二卷　清金琦輯
清嘉慶間刻本　國圖

經 10201455
易學六原内編二十二卷首一卷外編九卷　清歐陽易撰
清嘉慶十九年初錫堂刻本　山東
清嘉慶十九年初錫堂刻同治十一年歐陽棫補刻本　山東

經 10201456
讀易瑣記三卷　清吴邦選撰
清嘉慶二十四年弗措齋刻本　浙江

經 10201457
周易鄭氏爻辰一卷　清謝家禾撰
清嘉慶二十五年五存齋刻本　浙江

經 10201458
周易精義續編四卷首一卷　清俞含潤撰
清嘉慶十八年墨海書屋刻本　浙江

經 10201459
周易口訣義補一卷備考一卷　清潘泉撰
清同治元年潘泉刻本　國圖　南京　湖北　山東

經 10201460
周易經傳集解十二卷　清潘泉輯
清光緒二年廣陵雙梧書屋重刻本　國圖　南京　湖北

經 10201461
周易考證一卷　清朱彬撰
清道光二年寶應朱氏游道堂刻經傳考證本

經 10201462
易札記一卷　清李賡芸撰
清同治十一年刻炳燭編本

經 10201463
課易存商一卷　清周鎬撰
清光緒十年榮汝楫木活字印犢山類稿本　南京

經 10201464
困翁易學八卷　清王文潞撰　清陶澍參訂
清道光十八年刻本　湖北
清同治三年余氏刻本　北大

經 10201465
周易觀象七卷　清蔣紹宗撰
清嘉慶十年長白蔣氏刻本　國圖　上海

經 10201466
周易粹鈔八卷首一卷　清孫昭德撰
清嘉慶十一年孫昭德刻本　國圖　北大　上海　山東

經 10201467
學易隨筆六卷　清張元灝撰
清乾隆五十八年二銘書屋刻巾箱本　清華　南京

經 10201468
學易隨筆續編四卷　清張元灝撰
清乾隆五十八年二銘書屋刻巾箱本　清華　南京

經 10201469
易環俚言三卷　清趙敬襄撰
抄本　國圖

經 10201470
易象闡微一卷　清蕭寅顯撰
清咸豐二年長沙丁取忠刻本　國圖　中科院　上海

經 10201471
易說十二卷易　清郝懿行撰
郝氏遺書本(光緒刻)

經 10201472
易說便錄一卷　清郝懿行撰
　郝氏遺書本(光緒刻)

經 10201473
周易經義審七卷首一卷　清盧浙撰
　清乾隆五十七年刻本　上海
　清乾隆六十年錫環堂刻本　北大
　清嘉慶十七年武寧盧氏三芝山房刻本　國圖　北大　中科院　上海　南京　山東　湖北
　清歸邑葉氏刻本　上海

經 10201474
周易說約一卷附筮策訂誤一卷邵子易卦次序橫圖辨一卷　清盧浙撰
　清刻本　國圖

經 10201475
周易觀玩隨筆二卷周易繫辭一卷文言傳說卦傳序卦傳雜卦傳一卷　清孫謐撰
　清嘉慶四年刻本　國圖
　清道光五年四教堂刻本　上海

經 10201476
周易貫義六卷　清唐桄撰
　清道光十年刻本　上海

經 10201477
易藝舉隅六卷　清褚華撰
　清抄本　上海

經 10201478
學易討原一卷　清姚文田撰
　邃雅堂全書本(道光刻,邃雅堂學古錄)

經 10201479
周易引經通釋十卷　清李鈞簡撰
　清嘉慶十九年鶴陰書屋刻本　北大　天津　湖北
　清嘉慶十九年鶴陰書屋刻光緒七年王家璧重修本　南京
　清嘉慶十九年鶴陰書屋刻光緒七年王家璧重修民國十三年北京黄岡會館印本　國圖　北大　中科院　上海　南京　湖北

經 10201480
周易注一卷　清牟庭撰
　民國初山東省立圖書館抄本　山東

經 10201481
周人易說一卷　清王紹蘭輯
　蕭山王氏所著書本(稿本)　臺圖
　功順堂叢書本(光緒刻)

經 10201482
周易半古本義八卷　清王甗撰
　學易五種本(道光刻、清抄、清末抄)

經 10201483
周易象纂一卷　清王甗撰
　學易五種本(道光刻、清抄、清末抄)

經 10201484
讀易彙參十五卷首一卷　清和瑛撰
　清道光二十三年易簡書室刻本　北大　中科院　南京　山東　遼寧　湖北　上海

經 10201485
易貫近思錄四卷　清和瑛撰
　清抄本　國圖

經 10201486
周易述補四卷　清江藩撰
清嘉慶二十五年刻本　國圖　中科院　上海　湖北
節甫老人雜著本（道光刻）
皇清經解本（道光刻、咸豐補刻、鴻寶齋石印、點石齋石印）
清咸豐七年潘道根抄本　上海
江氏叢書本（道光刻、光緒補刻）

經 10201487
易學別編不分卷　□□撰
清鄭氏注韓居抄本　重慶

經 10201488
易經易解三卷　□□撰
清嘉慶二十年吴錦抄本　天津

經 10201489
爻辰易義不分卷　清張惠言撰
稿本　北大

經 10201490
周易虞氏義九卷　清張惠言撰
稿本　上海　遼寧
張臯文箋易詮全集本（嘉慶道光刻）
國圖（清張敦仁點）　湖北（清李鋭批校）　武漢（存八卷，清謝章鋌校）
皇清經解本（道光刻、咸豐補刻、鴻寶齋石印、點石齋石印）

經 10201491
周易虞氏消息不分卷　清張惠言撰
稿本　北大
清抄本　上海

經 10201492
周易虞氏消息二卷　清張惠言撰
稿本　上海　遼寧
張臯文箋易詮全集本（嘉慶道光刻）
南京（清徐松錄、清張惠言圈點並跋）
皇清經解本（道光刻、咸豐補刻、鴻寶齋石印、點石齋石印）

經 10201493
虞氏易言二卷　清張惠言撰
稿本（清俞樾跋）　國圖
張臯文箋易詮全集本（嘉慶道光刻）
皇清經解續編本（光緒刻、光緒石印）

經 10201494
虞氏易禮二卷　清張惠言撰
張臯文箋易詮全集本（嘉慶道光刻）
清道光元年合河康氏刻本　國圖　天津　上海　南京　湖北
清光緒九年重刻道光元年康氏刻本　復旦　山東
皇清經解本（道光刻、咸豐補刻、鴻寶齋石印、點石齋石印）
清道光十二年王懷佩閩中刻本　國圖　北大　湖北
花雨樓叢鈔本（光緒刻）
清抄本　山東

經 10201495
虞氏易事二卷　清張惠言撰
張臯文箋易詮全集本（嘉慶道光刻）
清道光元年合河康氏刻本　南京
仰視千七百二十九鶴齋叢書本（光緒刻、民國影印）
皇清經解續編本（光緒刻、光緒石印）
清抄本　山東

經 10201496
虞氏易候一卷　清張惠言撰
張皋文箋易詮全集本(嘉慶道光刻)
清道光十二年王懷佩閩中刻本　國圖　北大　湖北
皇清經解續編本(光緒刻、光緒石印)
清抄本　山東

經 10201497
周易鄭氏義二卷　清張惠言撰
張皋文箋易詮全集本(嘉慶道光刻)
皇清經解本(道光刻、咸豐補刻、鴻寶齋石印、點石齋石印)
周易鄭荀義本(光緒刻)
清抄本　山東
抄本　上海

經 10201498
周易荀氏九家義一卷　清張惠言撰
張皋文箋易詮全集本(嘉慶道光刻)
皇清經解本(道光刻、咸豐補刻、鴻寶齋石印、點石齋石印)
周易鄭荀義本(光緒刻)
清抄本　山東
抄本　上海

經 10201499
周易審義四卷　清張惠言撰
清咸豐七年文選樓刻本　國圖　上海　南京　湖北

經 10201500
周易虞氏義箋九卷　清張惠言述義　清曾釗箋
面城樓叢刊本(道光刻)
清道光九年面城樓刻學海堂印本　國圖　上海

經 10201501
周易虞氏義箋訂二十卷附錄一卷　清張惠言述義　清曾釗箋　清李翊灼訂
民國十八年東北大學工廠印刷系鉛印本　上海　南京　山東　遼寧　湖北
民國初油印本(無附錄)　上海

經 10201502
周易鄭荀義三卷　清張惠言撰
張皋文箋易詮全集本(嘉慶道光刻)
清道光元年合河康氏刻本　國圖　天津　上海　湖北
清光緒九年重刻本　復旦　山東

經 10201503
六十四卦經史彙參二卷　清查彬撰
清道光十九年查燮勤刻有懷堂印本　國圖　北大　中科院　天津　山東

經 10201504
易經集說一卷　清查彬撰
清道光十九年查燮勤刻有懷堂印本　國圖　北大　中科院　天津　南京　山東

經 10201505
易拇經說二卷　清萬年淳撰
清道光四年刻本　上海　山東　遼寧

經 10201506
易拇例說二卷　清萬年淳撰
清道光四年刻本　上海　山東　遼寧

經 10201507
易拇通說二卷　清萬年淳撰

清道光四年刻本　上海　山東　遼寧

經 10201508
易拇附說一卷　清萬年淳撰
清道光四年刻本　上海　山東　遼寧

經 10201509
易章句十二卷　清焦循撰
雕菰樓易學本(焦循原稿)　國圖
焦氏叢書本(嘉慶道光刻、光緒刻)
皇清經解本(道光刻、咸豐補刻、鴻寶齋石印、點石齋石印)
民國初油印本　上海

經 10201510
易通釋不分卷　清焦循撰
稿本　上海

經 10201511
易通釋二十卷　清焦循撰
雕菰樓易學本(焦循原稿)　國圖
焦氏叢書本(嘉慶道光刻、光緒刻)
皇清經解本(道光刻、咸豐補刻、鴻寶齋石印、點石齋石印)
民國初油印本　上海

經 10201512
周易補疏二卷　清焦循撰
清嘉慶二十三年刻本　上海
焦氏叢書本(嘉慶道光刻、光緒刻)
皇清經解本(道光刻、咸豐補刻、鴻寶齋石印、點石齋石印)

經 10201513
易話二卷　清焦循撰
焦氏叢書本(嘉慶道光刻、光緒刻)

經 10201514
易廣記三卷　清焦循撰
焦氏叢書本(嘉慶道光刻、光緒刻)

經 10201515
李氏易解賸義三卷　清李富孫輯
清乾隆五十七年種學齋刻本　國圖　湖北
讀畫齋叢書本(嘉慶刻)
槐廬叢書本(光緒刻)　上海(張錫恭校並跋)
藏修堂叢書本(光緒刻)
經策通纂(經學輯要)本(光緒石印)
孫谿朱氏經學叢書初編本(光緒刻)
翠琅玕館叢書本(民國重編)
芋園叢書本(民國彙印)

經 10201516
讀周易本義偶識一卷　清張豸冠撰
清梁章鉅、程同元刻本　浙江

經 10201517
周易後傳八卷　清朱兆熊撰
清乾隆十三年刻本　湖北　南京
清嘉慶間刻本　北大(增易互卦圖一卷)

經 10201518
童氏易通二卷附圖說　清童積超撰
清嘉慶間刻本　北大

經 10201519
說易一卷　清徐潤第撰
敦艮齋遺書本(道光刻)

經 10201520
易義參一卷　清蘇士樞撰
花近樓叢書本(稿本)

管庭芬叢抄本(清抄)　湖北

經 10201521
讀易經一卷　清趙良霔撰
涇川叢書本(道光刻、民國影印)

經 10201522
易解簡要六卷　清張矩撰
清嘉慶二十一年刻本　中科院　山東

經 10201523
易鑒三十八卷　清歐陽厚均撰
清道光二十七年歐陽氏刻本　遼寧
清同治三至四年歐陽世洵刻本　北大　中科院　上海　山東　遼寧　湖北

經 10201524
周易述補三卷附錄一卷　清李林松撰
稿本　湖北

經 10201525
周易述補五卷　清李林松撰
皇清經解續編本(光緒刻、光緒石印)

經 10201526
周易述聞二卷　清王引之撰
皇清經解本(道光刻、咸豐補刻、鴻寶齋石印、點石齋石印)

經 10201527
周易集注八卷　清吴定撰
清嘉慶九年刻本　國圖　湖北

經 10201528
易義考逸一卷　清孫彤撰
問經堂叢書本(嘉慶刻)

經 10201529
周易注四卷　清孫爾周撰
清容忍堂抄本　山東

經 10201530
周易管窺四卷　清胡鎬撰
清道光二十六年王氏刻本　湖北

經 10201531
易經恆解五卷首一卷　清劉沅撰
清嘉慶二十五年豫誠堂刻本　天津　南京　山東
槐軒全書本(咸豐至民國刻)
清同治三年竹陰齋重刻本　上海
清光緒三十一年北京道德學社刻本　北大　湖北
民國十一年致福樓重刻本　上海
民國十九年西充鮮于氏特園刻本　上海
民國十一年北京道德學社鉛印本　南京

經 10201532
周易訝五卷首一卷　清李鋭撰
民國七年刻本　湖北
民國十二年北京道德學社鉛印本　國圖　天津　南京　遼寧
民國十九年西充鮮于氏特園刻本　上海　四川

經 10201533
周易虞氏畧例一卷　清李鋭撰
清咸豐六年刻本　上海　南京
清光緒九年重刻本　上海　湖北
皇清經解續編本(光緒刻、光緒石印)
聚學軒叢書本(光緒刻)
抄本　南京

經10201534
周易本義參疑六卷　清吴德旋撰
清初月樓刻本　國圖　上海

經10201535
周易本義參疑四卷　清吴德旋撰
清道光十二年刻二酉堂印本　國圖

經10201536
易義無忘錄三卷首一卷　清蔣珣撰
清道光二十一年姚江蔣氏齒德堂刻本　國圖　北大　中科院　天津　上海　南京　浙江

經10201537
易門十二卷義畧一卷圖說一卷　清樂涵撰
清道光八年刻本　國圖　山東　湖北　南京　浙江

經10201538
讀易存稿四卷　清張汝緒撰
清道光二十五年陶瀛洲靜觀堂刻本　北大

經10201539
讀易集說不分卷　清朱勳撰
清嘉慶二十二年資善堂刻本　國圖　北大　上海　南京　山東　遼寧　湖北

經10201540
易經輯要不分卷　清楊世英輯
清嘉慶二十二年刻粹擷諸經百種本　山東

經10201541
周易通義二十二卷首一卷　清蘇秉國撰
清嘉慶二十一年蘇秉國蘇州刻本　北大　中央黨校(清徐用儀批)　上海　山東　遼寧(清丁晏跋)　湖北　南京
清嘉慶二十一年蘇秉國蘇州刻嘉慶二十三年修訂本　北大　山東　湖北

經10201542
六十四卦通解二卷　清張猶撰
清嘉慶間刻本　山東

經10201543
周易輯義初編四卷　清盧兆鰲撰
清道光七年刻本　國圖　中科院　天津　上海　遼寧

經10201544
周易輯義續編四卷　清盧兆鰲撰　清唐煥章校閱
清道光十二年芥子園刻本(第三刻)　山東
清道光十四年正文堂刻本(第四刻)　中科院

經10201545
周易通義十六卷　清邊廷英撰
清道光十六年刻本　國圖　中科院　北師大(八卷)　天津

經10201546
易經備解不分卷　清周封魯輯
五經備解本(道光刻)
清咸豐十年袖珍重刻本　國圖

經10201547

東山書屋周易課藝六卷　清周封魯撰
　清道光二十九年刻本　湖北

經 10201548
讀易捷訣不分卷　清周封魯撰
　抄本　湖北

經 10201549
周易象數易知四卷　清王定國撰
　清道光間稿本　臺圖

經 10201550
周易擇言六卷　清鮑作雨撰
　清同治三年瑞安項傅梅甌城刻本　國圖　北大　上海　南京　浙江　湖北

經 10201551
河上易注八卷圖說二卷　清黎世序撰
　清道光元年謙豫齋刻本　國圖　中科院　天津　上海　復旦　南京　湖北　山東　遼寧

經 10201552
河上易注不分卷　□□輯
　抄本　南京

經 10201553
周易指三十八卷易例一卷易圖五卷易斷辭一卷附錄一卷　清端木國瑚撰
　稿本(存四十三卷)　瑞安玉海樓
　清道光間刻本　國圖　北大　北師大　中科院　上海　南京　山東　遼寧　四川　湖北
　清同治間東甌郭文元刻本　上海　浙江　湖北

經 10201554
周易指不分卷　清端木國瑚撰
　稿本(存上下經)　上海

經 10201555
虞氏易言補一卷　清劉逢祿撰
　清抄本　北大
　清嘉慶十七年養心齋刻養一齋增刻皇朝經解本　國圖

經 10201556
周易簡金三卷　清侯廷銓撰
　清嘉慶二十年刻本　南京

經 10201557
周易證異四卷　清萬希槐撰
　民國十一年鉛印十三經證異本　山東

經 10201558
周易意十二卷圖一卷　清陳晝撰
　清道光間金溪陳珄刻義門家塾印本　國圖　上海　浙江
　清浦城官署刻本　國圖　山東

經 10201559
周易詳說十五卷首一卷　清鄧尚譓撰
　清道光二年魁佰堂刻本　上海　南京　山東

經 10201560
漢宋易學解不分卷　清王希尹撰
　清光緒九年江蘇高郵黄氏江都刻本　四川

經 10201561
讀易一斑四卷　清張崇蘭撰
　悔廬全集本(光緒刻)

經 10201562
師白山房講易六卷　清張學尹撰
清道光九年刻本　中科院　上海

經 10201563
周易隨筆一卷　清沈濤撰
清咸豐七年刻銅熨斗齋隨筆本

經 10201564
易學贅言二卷　清謝珍撰
酌古準今本(道光刻)

經 10201565
易學贅言一卷　清謝珍撰
清光緒間木活字印本　南京

經 10201566
易經酌注(易傳酌注)六卷　清何詒霈撰
清抄本　遼寧

經 10201567
易學提綱一卷　清胡先鉅手錄　清趙樹棠校對
清咸豐元年時還居刻本　中科院　上海　浙江
抄本　上海

經 10201568
周易考畧三卷　清馬邦舉撰
民國二十三年山東省立圖書館傳抄魚台馬氏著叢書本　山東

經 10201569
退思易話八卷　清王玉樹撰
清道光十年安康王氏芳梫堂刻本　國圖　中科院　日本京都大學

經 10201570
易經精華(增訂易經精華)六卷末一卷　清薛嘉穎輯
清道光元年光韙堂刻本　國圖　上海　復旦
清咸豐元年蘇州會文堂刻本　南京
清同治四年緯文堂刻本　山東
清同治五年三益堂刻本　天津
清同治七年蘇州綠潤堂刻本　上海
清光緒二年刻浙寧簡香齋印本　國圖　浙江
清光緒二年刻寧郡汲綆齋印本　國圖
清光緒九年上海掃葉山房刻本　山東　日本東京大學
清光緒十六年宏道堂刻本　山東　湖北
四經精華本(光緒古香閣刻,增訂易經精華)

經 10201571
易經精華十卷末一卷　清薛嘉穎輯
四經精華本(光緒學庫山房刻)　山東　日本國會　日本東京

經 10201572
周易釋十二卷　清鍾晉撰
金華叢書本(同治光緒刻、民國補刻)

經 10201573
周易易知不分卷　清周煒撰
稿本　復旦

經 10201574
周易易知三卷　清同煒撰
書三味樓叢書本(嘉慶刻)

經 10201575

易說旁通十卷　清吳嶽撰
　清同治十年佑啓堂刻本　國圖　北大　南京　遼寧

經 10201576
易說旁通四卷　清吳嶽撰
　清南海孔氏嶽雪樓抄本　上海

經 10201577
讀易札記一卷　清宋翔鳳撰
　清咸豐三年刻過庭錄本

經 10201578
周易考異二卷　清宋翔鳳撰
　民國十九年北平富晉書社刻過庭錄本　山東

經 10201579
周易卦象彙參二卷　清譚秀撰
　稿本　山東

經 10201580
讀易錄十八卷　清陳克緒撰
　清同治三年陳紱麟等刻本　國圖　中科院　天津　山東　遼寧

經 10201581
周易通解三卷釋義一卷　清卞斌撰
　清道光十九年刻本　山東　湖北
　吳興叢書本（民國刻）
　民國初卞氏石印本　南京

經 10201582
周易通解釋義一卷　清卞斌撰
　清道光十九年刻本　山東　湖北
　吳興叢書本（民國刻）

經 10201583
讀易反身錄一卷　清小岱山人撰
　清嘉慶間刻本　南京

經 10201584
易確二十卷首一卷　清許桂林撰
　清道光間陶應榮等江寧刻本　北大
　清道光十五年江寧劉文奎局刻本　天津　上海　山東　遼寧　湖北　四川

經 10201585
大易觀玩錄四卷　清胡澤順撰
　清道光二十二年刻本　國圖　中科院
　民國九年刻本　天津

經 10201586
漢儒易義針度指明不分卷　清□西泉撰
　清道光間刻本　上海

經 10201587
稼墨軒易學一卷　清光聰諧撰
　稼墨軒集本（光緒刻）

經 10201588
易理正旨十卷　清沈鳴佩撰
　清咸豐五年沈鳴佩刻本　北大　四川　南京　浙江

經 10201589
易經爻辰貫二卷首一卷　清馮道立撰
　清咸豐八年西園馮氏刻本　國圖　中科院　天津　南京　山東　湖北

經 10201590
虞氏易變表二卷　清江承之撰
　稿本　杭州

清道光十二年王懷佩閩中刻本　國圖　北大　湖北

經 10201591
易經答問一卷　清馮登府撰
槐廬叢書本(光緒刻)

經 10201592
明人說易一卷　清焦廷琥撰
仲軒羣書雜著本(稿本)

經 10201593
周易偶解一卷　清彭作邦撰
山右叢書初編本(民國鉛印)

經 10201594
周易史證四卷　清彭作邦撰
清道光十六年刻本　南京
清同治四年刻本　山東　遼寧
山右叢書初編本(民國鉛印)

經 10201595
學易臆說一卷　清邵廷烈輯
婁東雜著本(道光刻)

經 10201596
易錄七卷　清姚柬之撰
姚伯山先生全集本(道光刻)
清王檢心刻本　南京

經 10201597
干常侍易注疏證二卷　清方成珪撰
清嘉慶道光間稿本(清孫詒讓校並跋)　温州

經 10201598
干常侍易注集證一卷　清方成珪撰
清孫詒讓玉海樓抄本(清孫詒讓校並跋)　浙大
清抄本　國圖
敬鄉樓叢書本(民國鉛印)

經 10201599
諸家易象别錄一卷　清方申撰
方氏易學五書本(道光刻)
清道光二十五年汪喜荀刻本　北大
南菁書院叢書本(光緒刻)

經 10201600
虞氏易象彙編一卷　清方申撰
方氏易學五書本(道光刻)
清道光二十五年汪喜荀刻本　北大
南菁書院叢書本(光緒刻)

經 10201601
周易卦象集證一卷　清方申撰
方氏易學五書本(道光刻)
清道光二十五年汪喜荀刻本　北大
南菁書院叢書本(光緒刻)

經 10201602
周易互體詳述一卷　清方申撰
方氏易學五書本(道光刻)
清道光二十五年汪喜荀刻本　北大
南菁書院叢書本(光緒刻)

經 10201603
周易卦變舉要一卷　清方申撰
方氏易學五書本(道光刻)
清道光二十五年汪喜荀刻本　北大　山東
南菁書院叢書本(光緒刻)

經 10201604

易義輯聞二卷附錄一卷　清沈兆澐撰
清同治二年刻本　國圖　天津　湖北

經 10201605
六十四卦經解不分卷　清朱駿聲撰
稿本　浙江
清藝古堂抄本　國圖
抄本　中科院

經 10201606
學易記三卷　清朱駿聲撰
稿本　浙江
朱師轍抄本　浙江

經 10201607
易鄭氏爻辰廣義一卷　清朱駿聲撰
朱師轍抄本　浙江

經 10201608
易章句異同一卷　清朱駿聲撰
朱師轍抄本　浙江

經 10201609
易經傳互卦卮言一卷　清朱駿聲撰
朱師轍抄本　浙江

經 10201610
周易集解纂疏三十六卷首一卷　清李道平撰
清道光二十二年有獲齋刻本　國圖　上海　湖北　山東
清光緒十七年湖南思賢書局刻本　國圖　北大　北師大　上海

經 10201611
周易集解纂疏十卷　清李道平撰
湖北叢書本(光緒刻)

經 10201612
周易豁解六卷首一卷　清陳詛輯
清道光十二年阜南書屋刻本　國圖　上海

經 10201613
周易象義集成十九卷首一卷　清程茂熙輯注
清道光二十七年興國程氏家塾刻本　中科院　湖北

經 10201614
論易閒筆講義二卷　清鄧逢光撰
清道光二十七年刻本　山東

經 10201615
讀易入門便鈔一卷　清樊錫貴撰
清道光十年近思堂刻本　國圖　湖北

經 10201616
周易海螢集八卷　清葛孟周集注
清道光三十年上蔡葛氏家塾刻本　上海

經 10201617
周易經傳八卷　清賀自莖編
清道光三年家刻本　山東

經 10201618
岑構堂易解十二卷　清胡積善撰
清道光十二年刻本　國圖　天津　上海　南京　山東

經 10201619
周易解三卷首一卷　清賈聲槐撰
清道光十四年刻本　北師大　山東

經 10201620
周易彙義四卷　清黄價撰
清道光十年家刻本　山東

經 10201621
周易輯説五卷圖一卷　清徐通久撰
清道光七年刻本　國圖　中科院

經 10201622
讀易慎疑十卷　清李祥賡撰　清李芳編錄
清道光六年刻本　湖北

經 10201623
周易淺玩二卷　清李宗澳撰
清道光十三年刻本　中科院
清光緒七年刻本　上海

經 10201624
周易解象四卷　清孫勒撰
清道光二十八年夢易堂刻本　山東

經 10201625
讀易例言一卷附錄一卷　清孫廷芝撰
膠東孫氏六種本(道光刻)　日本京都大學

經 10201626
易義繼志二十三卷首一卷　清童模撰
清道光十四年刻本　上海　浙江

經 10201627
周易象理指掌六卷　清王登撰
清道光二十三年碧峯書室刻本　南京

經 10201628
易學支流四卷　清易學山人撰
清道光十四年求志居刻本　南京

經 10201629
周易闡翼不分卷　清詹國樑撰
清道光間刻本　南京

經 10201630
周易纂注四卷　清王纘謨編
清道光十八年王氏心美堂刻本　山東

經 10201631
張易參義一卷　清李沆撰
清劉履芬抄本　國圖

經 10201632
易傳通解初稿不分卷　清黄式三撰
稿本　國圖

經 10201633
易釋不分卷　清黄式三撰
稿本　國圖

經 10201634
易釋四卷　清黄式三撰
儆居遺書本(同治光緒刻)
廣雅書局叢書本(光緒刻)

經 10201635
易君子以錄不分卷　清夏炘撰
清同治十三年景紫山房刻本　遼寧
清抄本　安徽

經 10201636
易藝舉隅六卷　清陳本淦纂
清道光十九年刻天香閣印本　北大　天津　山東　湖北

經 10201637
易例輯畧一卷　清龐大堃撰
　南菁書院叢書本(光緒刻)

經 10201638
周易本義補說六卷　清蔡紹江輯
　清道光十三年修吉堂刻本　國圖　山東　遼寧　湖北

經 10201639
周易一卷　清朱大韶傳
　實事求是之齋叢書本(稿本,經說)　上海

經 10201640
易學窮原不分卷　清張恕撰
　清同治十二年刻本　山東
　清末刻本　湖北

經 10201641
讀易述訓四卷　清蔡顯原撰
　清同治六年蔡氏敦睦堂刻本　北大

經 10201642
易經衷要十二卷　清李式穀輯
　五經衷要本(道光刻)

經 10201643
周易古本撰十二卷首一卷末一卷　清姜國伊撰
　守中正齋叢書本(同治光緒刻)
　清光緒十三年成都姜進七祠刻本　四川

經 10201644
易說三十九卷　清柯汝霖撰
　稿本(金兆蕃跋)　浙江

經 10201645
易古訓一卷　清劉寶楠撰
　稿本　上海

經 10201646
大易掌鏡不分卷　清蘇懿諧撰
　樂閑齋全集本(抄本)　故宫

經 10201647
易學管窺十五卷　清俞檀撰
　清抄本　上海

經 10201648
易文言傳一卷　清俞檀撰
　清抄本　上海

經 10201649
生齋讀易日識六卷　清方坰撰
　清道光十六年沈維氏江寧刻本　國圖　山東
　方學博全集本(光緒刻)

經 10201650
周易輯注七卷　清姚配中撰
　稿本　中科院

經 10201651
易學闡元一卷　清姚配中撰
　花雨樓叢鈔本(光緒刻)

經 10201652
周易通論月令二卷　清姚配中撰
　一經廬叢書本(道光木活字印)
　聚學軒叢書本(光緒刻)
　清抄本　國圖

經 10201653

周易姚氏學十六卷首一卷　清姚配中撰
一經廬叢書本(道光木活字印)
崇文書局彙刻書本(光緒刻)
經策通纂(經學輯要)本(光緒石印)
皇清經解續編本(光緒刻、光緒石印)

經 10201654
學易反隅三卷　清邵涵初撰
清道光二十八年錫山尚德書院刻本　山東

經 10201655
周易用初四卷　清杜宗嶽撰
清道光二十二年杜氏寶孺堂刻本　國圖　北大　中科院　上海　浙江　遼寧

經 10201656
周易述傳十卷　清丁裕彦撰
清道光二十二年刻家塾印本　國圖　中科院　南京　山東

經 10201657
周易諸卦合象考一卷　清任雲倬撰
鄦齋叢書本(光緒刻)

經 10201658
周易互體卦變考一卷　清任雲倬撰
鄦齋叢書本(光緒刻)

經 10201659
易目耕帖六卷　清馬國翰撰
玉函山房輯佚書本(同治皇華館刻、光緒李氏印、光緒嫏嬛館刻、光緒楚南書局刻)

經 10201660
周易述傳二卷　清丁晏撰
頤志齋叢書本(咸豐刻)

經 10201661
周易述傳續錄一卷　清丁晏撰
頤志齋叢書本(咸豐刻)

經 10201662
周易解故一卷　清丁晏撰
清丁氏枕經閣抄本　國圖
廣雅書局叢書本(光緒刻)

經 10201663
周易訟卦淺說一卷　清丁晏撰
頤志齋叢書本(咸豐刻)

經 10201664
易經象類一卷　清丁晏輯
稿本　上海(田毓璠跋)
鄦齋叢書本(光緒刻)

經 10201665
周易推六卷　清狄子奇撰
清抄本　湖北

經 10201666
易例一卷　清狄子奇撰
民國十年胡玉縉抄本　復旦

經 10201667
周易翼十卷　清淩堃撰
淩氏傳經堂叢書本(道光刻)

經 10201668
周易翼釋義不分卷　清安璿珠撰
淩氏傳經堂叢書本(道光刻)

經 10201669
讀易寡過一卷　清沈豫撰
蛾術堂集本(道光刻、民國影印)
民國二十二年馬念祖傳抄原稿本　山東

經 10201670
問心錄周易解二十二卷義例一卷　清鄧子賓撰
清同治十三年乃則堂刻本　國圖　山東　湖北

經 10201671
周易屬辭十二卷　清蕭光遠撰
遵義蕭氏遺書本(咸豐刻)

經 10201672
周易屬辭通例五卷　清蕭光遠撰
遵義蕭氏遺書本(咸豐刻)

經 10201673
周易屬辭通說二卷　清蕭光遠撰
遵義蕭氏遺書本(咸豐刻)

經 10201674
讀易備忘四卷圖說一卷　清王滌心集注
清道光二十九年內鄉王氏知慎修堂印本　國圖　北大　中科院　上海　南京　山東　遼寧

經 10201675
鄭氏爻辰補五卷　清戴棠撰
仲軒羣書雜著本(稿本)

經 10201676
鄭氏爻辰補六卷圖一卷　清戴棠撰
清道光二十九年燕山書屋刻巾箱本　國圖　中科院　上海　湖北　南京　四川　山東

經 10201677
卦氣表一卷　清蔣湘南撰
春暉閣雜著本(光緒刻)
蔣子遺書本(民國鉛印)

經 10201678
卦氣證一卷　清蔣湘南撰
春暉閣雜著本(光緒刻)
蔣子遺書本(民國鉛印)

經 10201679
周易論語同異辨一卷　清王世溥撰
清光緒二十三年廬州刻本　南京
合肥王氏家集本(光緒活字印)

經 10201680
周易義疏十二卷首一卷末一卷　清趙履和撰
清咸豐五至八年趙履和衡山刻本　北大　上海

經 10201681
周易考異　清徐堂撰
稿本(不分卷)　西北大學
稿本(二卷)　國圖

經 10201682
讀易易知三十二卷首一卷　清單恩薕撰
清道光二十六年稿本　山東

經 10201683
易庸四卷　清周幹撰
清道光三十年震澤硯華堂刻本　國圖　山東　浙江　南京

經 10201684
周易玩辭一卷　清王景賢撰
　羲停山館集本(同治刻)

經 10201685
周易愚猜四卷　清潘湘白輯
　清道光二十九年順邑潘氏刻本　北大

經 10201686
周易問津八卷　清羅歸德輯
　清同治七年清德堂刻本　上海

經 10201687
易象合參十三卷首一卷末一卷　清崔謨撰
　清一以堂刻本　遼寧

經 10201688
易象合參不分卷　清崔謨撰
　清抄本　上海

經 10201689
周易消息十四卷首一卷　清紀磊撰
　吴興叢書本(民國刻)

經 10201690
虞氏逸象考正一卷續纂一卷　清紀磊撰
　吴興叢書本(民國刻)

經 10201691
虞氏易義補注一卷附錄一卷　清紀磊撰
　吴興叢書本(民國刻)

經 10201692
九家易象辨證一卷　清紀磊撰
　吴興叢書本(民國刻)

經 10201693
周易本義辨證補訂四卷　清紀磊撰
　吴興叢書本(民國刻)

經 10201694
愚一錄易說訂二卷　清鄭獻甫撰　杭辛齋訂
　易藏叢書本(民國鉛印)

經 10201695
讀易錄一卷　清鄭獻甫撰
　清光緒二年刻愚一錄本

經 10201696
周易象義集成三卷　清陳洪冠纂輯
　清咸豐八年湖南羣玉書屋刻本　上海南京　山東
　清光緒間成都翻刻湖南羣玉書屋本四川
　抄本　山東

經 10201697
易經本意四卷首一卷末一卷　清何志高撰
　西夏經義本(道光刻、光緒刻)

經 10201698
虞氏易義補正二卷　清張序均撰
　清咸豐七年潘道根抄本　上海

經 10201699
易解經傳證五卷首一卷　清張步騫注
　清同治十年刻靜養齋印本　北大　上海　南京

經 10201700
周易述翼五卷　清黄應麒撰

懺花盦叢書本(光緒刻)

經 10201701
求自得之室周易說十四卷　清吴嘉賓撰
清同治元年吴氏刻本　上海　復旦

經 10201702
易義訴源二十卷　清吴士俊撰
稿本　國圖

經 10201703
易說彙解二卷　清吴士俊撰
稿本　國圖

經 10201704
讀易雜錄二卷　清吴士俊撰
稿本　國圖

經 10201705
讀易旁求八卷　清王亮功撰
雪華館叢編本(民國鉛印)

經 10201706
讀易輯要淺釋三卷　清鄭本玉輯
清同治三年湖北鄭氏友竹齋刻本　湖北　四川

經 10201707
周易廓二十四卷　清陳世鎔撰
清咸豐元年獨秀山莊刻本　國圖　北大　中科院　上海　南京　浙江　湖北　山東
民國三年重刻本　湖北

經 10201708
讀易雜說一卷　清陳世鎔撰
房山山房叢書本(民國彙印)

經 10201709
易解蠡通一卷　清易本烺撰
紙園叢書本(咸豐同治刻)

經 10201710
經笥質疑易義原則六卷　清張瓚昭撰
清道光七年刻本　北大　南京　山東　遼寧

經 10201711
篤志齋周易解三卷　清張應譽撰
篤志齋經解本(同治刻)

經 10201712
易象通義六卷　清秦篤輝撰
湖北叢書本(光緒刻)

經 10201713
讀易初稿八卷　清丁敘忠撰
清同治二年白芙堂木活字印本　國圖　天津　遼寧　湖北　南京

經 10201714
讀易通解十二卷　清丁敘忠撰
清同治十年白芙堂刻本　國圖　北師大　中科院　天津　上海　湖北

經 10201715
周易舊注十二卷　清徐鼒撰
清光緒十二年徐承祖日本東京使署刻本　國圖　北大　北師大　天津　上海　南京　遼寧　湖北

經 10201716
易經解注傳義辯正四十四卷首二卷圖說辯正二卷　清彭申甫纂
清光緒十二年長沙彭氏刻本　北大

中科院　上海　南京　湖北

經 10201717
周易集注六卷首一卷　清張官德撰
清光緒二年養源堂刻本　北師大

經 10201718
周易附說一卷　清羅澤南撰
羅忠節公遺集本(咸豐刻)

經 10201719
易學探源二卷　清鍾瑞廷釋
清光緒二十二年四川蓬溪鍾氏紅雪山房刻本　四川

經 10201720
易象顯微十卷　清鍾瑞廷釋
清光緒二十二年四川蓬溪鍾氏紅雪山房刻本　四川

經 10201721
易學理數纂要四卷　清吳昭良輯
清光緒八年賴灼華刻本　上海

經 10201722
易象集解十卷　清黄守平撰
清同治十三年即墨黄氏漱芳園刻本　北大　中科院　天津　上海　南京　遼寧　山東　湖北

經 10201723
觀玩隨筆一卷　清方濳撰
毋不敬齋全書本(光緒刻)

經 10201724
易象致用說二卷　清秦東來撰
復初堂集本(同治刻)

清光緒十三年壽陽刻本　國圖　上海

經 10201725
周易參考三卷　清高靜撰
清宣統元年高氏思貽齋刻本　國圖　湖北

經 10201726
周易人事疏證八卷　清章世臣輯
清光緒九年安徽鉛印本　四川
清宣統二年宋城同文書館鉛印本　國圖　北大　天津　上海　山東　湖北　南京

經 10201727
周易人事疏證續編四卷　清章世臣輯
清宣統二年宋城同文書館鉛印本　國圖　北大　天津　上海　山東　湖北　南京

經 10201728
傳家易傳存疑三卷　清章世臣撰
清光緒十三年姑孰傳聚文堂刻本　國圖　湖北

經 10201729
讀易省心錄不分卷　清楊長年撰
清光緒八年上海敬業書院刻本　國圖　南京　山東　湖北
清光緒二十一年壽州刻本　南京

經 10201730
讀易叢記二卷　清葉名豐撰　清葉頤編
清同治五年刻本　國圖　中科院　湖北　南京　浙江

經 10201731

陳氏易說四卷附錄一卷　清陳壽熊撰　清諸福坤、清陶惟坻輯
清光緒二十一年陶惟坻木活字印本　北大　天津　上海　南京　山東　遼寧
清抄本(清諸福坤跋)　上海

經 10201732
易經一卷　清吴善述注
清光緒間稿本　上海

經 10201733
孔易合注十卷　梁拱宸撰
清宣統三年速智印書館石印本　山東

經 10201734
黎氏學易五卷　清黎定攀撰
清同治三年木活字印本　湖北

經 10201735
周易變通解六卷首一卷末一卷　清萬裕澐注
清同治十二年集錦堂刻本　上海　山東　湖北　南京　浙江
清光緒九年麻邑徐氏唐氏刻本　遼寧
清光緒九年刻本　中科院
民國二十六年影印清同治十二年刻本　上海
民國三十二年黄岡萬氏鉛印本　上海　南京

經 10201736
易經疑言二卷　清王廷植撰
清末刻本　山東

經 10201737
周易補義六卷　清史褒撰
清光緒十三年刻本　國圖
清光緒十七年河城趙氏聚星堂刻本　國圖　上海　南京　山東　遼寧　湖北

經 10201738
周易釋爻例一卷　清成蓉鏡撰
皇清經解續編本(光緒刻、光緒石印)
抄本　南京

經 10201739
易象准物八卷總論一卷　清方忠軾、清方良寅編
清方氏抄本　浙江

經 10201740
周易測二卷　清丁大椿纂
抄本　山東

經 10201741
槎溪學易三卷　清陳鼒撰
清同治十三年陳公亮等保定蓮花池刻本　國圖　北大　中科院　上海　南京　山東　湖北

經 10201742
省吾齋學易外編不分卷　清陳鼒輯
民國九年抄本　上海

經 10201743
還硯齋周易述四卷　清趙新撰
還硯齋全集本(光緒刻)

經 10201744
還硯齋易漢學擬旨一卷　清趙新撰
還硯齋全集本(光緒刻)

經10201745
周易集義不分卷　清李祖望撰
江都李氏所著書本(稿本)　臺圖

經10201746
易義纂釋五卷　清陳濬撰
清咸豐間林氏刻本　上海　南京
求在我齋全集本(同治刻)

經10201747
易說摘存三卷　清陳濬撰
求在我齋全集本(同治刻)

經10201748
易理蒙訓二卷　清陳濬撰
求在我齋全集本(同治刻)

經10201749
周易集解五卷　清馮世瀛輯
清光緒九年善成堂刻五經集解本　山東
清光緒十一年馮氏辨齋錫版印雪樵經解本　山東
清光緒十二年上海點石齋石印雪樵經解本　山東

經10201750
易原十六卷　清多隆阿撰
遼海叢書本(民國鉛印)

經10201751
周易異同商十卷　清郭嵩燾撰
稿本　中科院

經10201752
周易舊疏考正一卷　清劉毓崧撰
皇清經解續編本(光緒刻、光緒石印)
清抄本　國圖

經10201753
西樓易說十八卷　清楊家洙撰
清光緒十四年白麟楊氏木活字印本　國圖　遼寧　日本相山女學園大學

經10201754
讀易筆記□卷　清方宗誠撰
方柏堂手稿四種本(稿本)　上海

經10201755
讀易筆記二卷　清方宗誠撰
柏堂遺書本(光緒刻)

經10201756
易經鴻裁四卷　清薛時雨輯
五經鴻裁本(同治刻)　山東

經10201757
易大義補一卷　清桂文燦撰
南海桂氏經學本(光緒刻)

經10201758
易象一說不分卷　清潘欲仁撰
稿本　上海

經10201759
易象一說二卷　清潘欲仁撰
虞山潘氏叢書本(光緒刻)

經10201760
易象一說六卷　清潘欲仁撰
清光緒十七年抄本　上海

經10201761
易傳集說三卷　清潘欲仁撰

稿本　上海

經 10201762
周易臆解四卷　清許錫祺撰
許松濱先生全集本(光緒刻)

經 10201763
周易輯注箋疏十卷附錄一卷　清林兆豐撰
稿本(存四卷)　復旦

經 10201764
學易就正草不分卷　清林兆豐撰
稿本　復旦

經 10201765
周易漢學通義八卷畧例一卷　清黄瓚撰
清同治間稿本(清馮桂芬校跋,湯紀尚校)　復旦

經 10201766
周易正蒙一卷　清馬徵麐撰
馬鍾山遺書本(民國鉛印)

經 10201767
讀易綱領一卷　清馬徵麐撰
馬鍾山遺書本(民國鉛印)

經 10201768
周易平議二卷　清俞樾撰
羣經平議本(同治刻)　山東
清同治十年刻德清俞蔭甫所著書本　國圖
皇清經解續編本(光緒刻、光緒石印)
春在堂全書本(同治至光緒刻,羣經平議)

經 10201769
周易互體徵一卷　清俞樾撰
皇清經解續編本(光緒刻、光緒石印)
春在堂全書本(同治至光緒刻,俞樓雜纂)

經 10201770
易貫五卷　清俞樾撰
第一樓叢書本(同治刻)
春在堂全書本(同治至光緒刻)

經 10201771
易貫□卷　清俞樾撰
俞蔭甫先生遺稿九種本(稿本,存四卷)　國圖

經 10201772
艮宧易說一卷　清俞樾撰
春在堂全書本(同治至光緒刻,曲園雜纂)

經 10201773
卦氣直日考一卷　清俞樾撰
春在堂全書本(同治至光緒刻,曲園雜纂)

經 10201774
卦氣續考一卷　清俞樾撰
春在堂全書本(同治至光緒刻,曲園雜纂)

經 10201775
易窮通變化論一卷　清俞樾撰
春在堂全書本(同治至光緒刻,俞樓雜纂)

經 10201776

八卦方位説一卷　清俞樾撰
春在堂全書本(同治至光緒刻,俞樓雜纂)

經10201777
易學史鏡八卷　清曹爲霖撰
清同治十二年木筆花館刻本　南京　山東

經10201778
周易鏡十二卷圖説一卷學易管窺二卷　清何毓福撰
清光緒十年何氏刻本　國圖　北大　中科院　天津　上海　復旦　南京　山東

經10201779
學易管窺二卷　清何毓福撰
清光緒十年何錫園刻本　國圖　北大　中科院　天津　上海　復旦　南京　山東

經10201780
讀易會通不分卷　清丁壽昌撰
丁氏遺稿六種本(稿本)　上海

經10201781
讀易會通十八卷　清丁壽昌撰
稿本(存卷一至四)　上海

經10201782
周易玩辭不分卷　清趙楠撰
稿本　上海

經10201783
易説不分卷　清心齋居士撰
清同治間稿本　山東

經10201784
周易纂義便讀四卷　清晏聯奎撰
抄本　上海

經10201785
周易研幾一卷　清豫師撰
清同治八年刻本　國圖　上海　山東
抄本　山東

經10201786
讀易淺説代問錄十四卷　清黄雲鵠撰
清光緒十六年湖北蘄春黄雲鵠成都刻本　國圖　上海　山東　湖北　四川

經10201787
課易問旨一卷　清黄雲鵠撰
清光緒十六年刻本　國圖　山東

經10201788
周易爻辰申鄭義一卷　清何秋濤撰
皇清經解續編本(光緒刻、光緒石印)
一鐙精舍甲部稿本(清刻)

經10201789
周易臆解四卷圖説二卷　清楊以迥撰
清光緒十年楊氏刻本　國圖　上海　復旦　山東　浙江　遼寧

經10201790
周易通解四卷圖説二卷　清楊以迥撰
清光緒十年楊氏刻本　南京　遼寧
清光緒十年楊氏刻二十年改定本　上海

經10201791
易經困學錄四卷　清楊嘉撰　清楊椿

年校補
稿本　中科院

經 10201792
玩易四道十三卷圖說一卷　清黄寅階撰
清同治十二年黄寅階刻寡過未能齋印本　國圖　中科院　山東　上海　遼寧

經 10201793
讀易易知三卷　清黄寅階撰
清同治十二年刻本　國圖　中科院　山東　湖北　上海

經 10201794
讀易隨筆三卷　清吴大廷撰
清同治十二年刻本　國圖　復旦　南京　山東　浙江

經 10201795
易說二卷　清周韶音撰
清宣統二年刻本　上海　湖北　南京

經 10201796
周易爻徵廣義八卷首一卷末一卷　清閻汝弼撰
清光緒元年刻本　國圖　中科院　天津　上海　山東　遼寧　湖北　南京

經 10201797
易說一卷　清祝塏撰
體微齋遺編本（光緒刻）

經 10201798
易學宗翼二十九卷首一卷　清吴應端撰
稿本（存卷十一至二十三）　上海
清光緒四年刻浮園印本　國圖　中科院　山東
清抄本　山東

經 10201799
周易注疏賸本一卷　清黄以周撰
稿本　上海
清光緒間刻本　中科院
民國十一年太倉唐文治刻本　上海
十三經讀本本（民國醒園刻）

經 10201800
讀易說一卷　清黄以周撰
儆季五種本（光緒刻）

經 10201801
十翼後錄七卷　清黄以周撰
稿本　國圖
稿本　清華

經 10201802
周易通義十六卷　清莊忠棫撰
清光緒六年冶城山館刻本　國圖　中科院　上海　復旦　南京　浙江　山東　湖北

經 10201803
周易荀氏九家義九卷　清莊忠棫撰
清儀惠軒抄本　國圖

經 10201804
周易荀氏例二卷　清莊忠棫撰
清儀惠軒抄本　國圖

經 10201805
周易繁露五卷　清莊忠棫撰
稿本　國圖

經 10201806
需時眇言十卷　清沈善登撰
　清光緒二十八年桐鄉沈氏豫恕堂刻沈穀成易學本　國圖　中科院　山東　上海

經 10201807
易說存稿一卷　清丁午撰
　清光緒七年刻本　臺灣無求備齋藏

經 10201808
周易集解疏證□卷　清夏曾傳撰
　清末稿本(存卷一)　湖北

經 10201809
易學一得錄三卷　清胡澤漳撰
　清光緒四年刻本　中科院　上海　南京

經 10201810
周易平說二卷　清郭程先撰　清郭珠熉補注
　清咸豐五年郭氏刻本　國圖　中科院　南京

經 10201811
周易學古編十二卷首一卷經傳總說二卷　清李福臧撰
　稿本　上海

經 10201812
周易象義擇要二卷　清陸光祖纂輯
　清光緒二年湖北刻袖珍本　湖北　四川

經 10201813
易經文通不分卷　清蔡濤輯
　五經文通本(同治刻)

經 10201814
易經羣解彙編三卷　清船山主人輯
　皇清經解分經合纂本(光緒袖海山房石印)

經 10201815
易經雜錄一卷　清船山主人輯
　皇清經解分經合纂本(光緒袖海山房石印)

經 10201816
澹友軒讀易稿一卷　清徐步瀛撰
　民國二十二年南昌合羣印刷公司代印本　山東

經 10201817
易說求源不分卷　清武春芳撰
　民國七年北京財政部印刷局鉛印本　國圖　北師大　天津　上海　山東　遼寧　湖北

經 10201818
周易說十一卷　清王闓運撰
　稿本　湖南
　湘綺樓全書本(光緒宣統刻)

經 10201819
易解醒豁二卷　清梁欽辰撰
　清光緒間刻本　國圖　天津　上海　山東　浙江

經 10201820
易一貫不分卷　清呂調陽撰
　清咸豐八年刻本　上海

經 10201821
易一貫六卷　清呂調陽撰
　觀象廬叢書本(光緒刻)

經 10201822
李氏易傳校一卷　清陸心源撰
　潛園總集本(同治光緒刻)

經 10201823
周易經典證畧十卷末一卷　清何其傑撰
　景袁齋叢書本(光緒刻)

經 10201824
讀易一斑四卷　清吴麗生撰
　清光緒二十二年吴氏刻本　國圖　中科院　天津　山東　湖北　南京

經 10201825
易象參來不分卷　清張立賢撰
　清光緒間稿本　山東

經 10201826
周易學統不分卷　清汪宗沂撰
　稿本　南京

經 10201827
周易學統九卷　清汪宗沂撰
　清鮑錫章刻本　國圖
　清末刻本　山東

經 10201828
易學節解五卷　清丁澤安撰
　自得齋易學四種本(光緒刻)

經 10201829
易學又編二卷　清丁澤安撰
　自得齋易學四種本(光緒刻)

經 10201830
易學彙說一卷　清丁澤安撰
　自得齋易學四種本(光緒刻)

經 10201831
知非齋易注三卷首一卷末一卷　清陳懋侯撰
　清光緒十四年陳懋侯刻本　北大　上海　南京　山東　湖北

經 10201832
知非齋易釋三卷　清陳懋侯撰
　清光緒十四年陳懋侯刻本　北大　上海　南京　山東　湖北

經 10201833
古周易二經十傳闡注一卷　清陳懋侯撰
　稿本　福建

經 10201834
周易明報三卷首一卷末一卷　清陳懋侯撰
　清光緒八年閩陳氏刻本　國圖　中科院　上海　山東　湖北

經 10201835
周易或問十六卷　清文天駿撰
　清光緒十一年黔南文氏四川瀘縣刻本　國圖　上海　南京　山東　湖北　四川

經 10201836
讀周易記六卷　清范泰衡撰
　清同治十二年范氏刻本　國圖　南京　湖北　山東
　清同治十二年刻光緒四年改定本(附補記)　中科院　北師大

經 10201837
易象詳解二卷　清文信企撰
清光緒十四年文信企抄本　四川

經 10201838
周易不分卷　清吴汝綸校注
清宣統元年蓮池書社鉛印桐城吴先生羣書點勘本　國圖　北師大　天津　上海　南京　山東　湖北

經 10201839
易說二卷　清吴汝綸撰
桐城吴先生全書本(光緒刻)

經 10201840
周易大義二卷　清吴汝綸撰　吴闓生錄
民國十二年文學社刻本　國圖　天津　上海　山東　遼寧　湖北　南京

經 10201841
周易古本十二篇　清孫葆田輯
清光緒二十九年刻本　湖北

經 10201842
周易大象應大學說不分卷附卦畫生數序　清高賡恩撰
清光緒三十三年武文炳岐山刻本　國圖　北大　中科院　天津　湖北

經 10201843
漢儒易義針度四卷附近科文式　清朱昌壽撰
清道光二十三年杭州朱昌壽刻巾箱本　北大　南京
清同治九年刻巾箱本　國圖　湖北

經 10201844
漢儒易義針度補八卷　清楊浚撰
清咸豐五年侯官楊氏刻巾箱本　國圖　南京

經 10201845
周易淺解三卷首一卷　清陳大文撰
清光緒十八年陳大文刻本　南京　湖北

經 10201846
周易約注十卷　清劉曾騄撰
祥符劉氏叢書本(清末民初石印,五經約注)

經 10201847
周易集義八卷　清強汝諤撰
求恕齋叢書本(民國刻)

經 10201848
周易十九篇釋不分卷　清王先慎撰
稿本　北大

經 10201849
言易錄一卷　清李輈撰
自得廬集本(光緒刻)

經 10201850
周易要義九卷　清宋書升撰
稿本　山東博

經 10201851
文易貫解不分卷　清王尚槩撰
民國二十一年王汝翼鉛印王羲川先生遺書本　國圖　天津　山東　上海　南京

經 10201852

鄭易馬氏學一卷　清陶方琦撰
漢孳室遺著本(光緒抄)
清姚氏師石山房抄本　湖北
清末民國初藍格抄本　國圖
王氏學禮齋抄本　復旦
乙亥叢編本(民國鉛印)

經 10201853
鄭易京氏學一卷　清陶方琦撰
漢孳室遺著本(光緒抄)

經 10201854
鄭易小學一卷　清陶方琦撰
稿本　浙江
漢孳室遺著本(光緒抄)

經 10201855
周易卦象六卷　清張丙喜輯
清光緒十五年山東張氏刻本　四川
清光緒二十二年刻本　國圖　上海　山東　遼寧

經 10201856
易義來源四卷　清金士麒撰　清胡念修校
刻鵠齋叢書本(光緒刻)

經 10201857
周易史論不分卷　清孔廣海撰
民國二十一年上海國光印書局鉛印本　上海
民國二十一年上海明善書局鉛印本　山東

經 10201858
經藝戞造易經不分卷　清朱鏡清輯
清光緒十八年上海鴻寶齋石印經藝戞造本　山東

經 10201859
霜菉亭易說一卷　胡薇元撰輯
玉津閣叢書本(民國刻)

經 10201860
心易溯原二十四卷首一卷　清謝若潮撰
清光緒二十年夢蕉堂刻本　中科院　山東

經 10201861
補周易口訣義闕卦一卷　清桑宣撰
鐵研齋叢書本(光緒刻、民國鉛印)

經 10201862
周易示掌不分卷　清袁樸撰
稿本　山東

經 10201863
周易思半錄二卷　清方鑄撰
清光緒二十七年桐城方氏達縣刻本　上海

經 10201864
周易觀我三卷首一卷末一卷　清方鑄撰
華胥赤子遺集本(民國木活字印)

經 10201865
周易注二卷　清李士鉁撰
周氏師古堂所編書本(民國刻本)

經 10201866
易紀通論一卷　清皮錫瑞撰
師伏堂叢書本(光緒刻)

經 10201867

易家法表不分卷　清羅長裿撰
　清抄本　北大
　抄本　國圖

經 10201868
易家法表五卷　清羅長裿撰
　清抄本　國圖

經 10201869
易説二卷　清周錫恩撰
　適園叢書本(民國刻)

經 10201870
于氏易説一卷　清于鬯撰
　王氏學禮齋抄本　復旦

經 10201871
卦氣直日考一卷　清于鬯撰
　于香草遺著叢輯本(稿本)　上海

經 10201872
易雅不分卷　清曾榮甲撰
　稿本　北大

經 10201873
易牖三卷　清包士瑞撰
　抄本　南京

經 10201874
周易淺説二卷　清曹伯恩撰
　抄本　山東

經 10201875
易注備中六卷圖二卷　清曹德宇撰
　清光緒二十二年抄本　山東

經 10201876
讀易記疑講原不分卷　清曹文岸撰
　清抄本　山東

經 10201877
易經析義四卷　清陳旦華撰
　清抄本(清殷霈恩跋)　常熟

經 10201878
周易述禮三卷　清存幾堂述
　清末存幾堂刻本　湖北

經 10201879
易經卦名試帖選本一卷續選一卷　清□□輯
　清咸豐三年京都琉璃廠刻本　山東
　清咸豐十一年刻本　上海

經 10201880
周易經傳通解十五卷　清戴醇注
　清同治六年刻本　湖北

經 10201881
周易節注讀五卷　清鄧傳元撰
　一九九一年江蘇廣陵古籍刻印社影印同治四年抄本　南京

經 10201882
周易補注四十一卷　清段復昌撰
　清光緒十五年船山書院刻本　國圖　中科院

經 10201883
周易例表十卷　清段復昌撰
　清光緒十五年船山書院刻本　國圖　中科院

經 10201884

周易原始六卷　清范咸撰
清乾隆十九年刻本　國圖　南京

經 10201885
觀象反求錄一卷　清甘仲賢撰
雲南叢書本(民國刻)

經 10201886
易學參說内編一卷外編一卷　清馮昌臨撰
清康熙間刻本　湖北

經 10201887
周易便覽四卷　清馮德祐輯
清抄本　山東

經 10201888
周易析義六卷　清馮繼聰撰
清咸豐八年寶德堂刻本　天津　山東

經 10201889
讀易小得一卷　清馮李驊撰
清抄本(清丁丙跋)　南京

經 10201890
童蒙學易門徑一卷　清官德撰
清同治九年養原堂刻本　遼寧

經 10201891
周易味根錄四卷　清關揆生輯
清光緒中西書局石印五經味根錄本　山東

經 10201892
周易從周十卷　清郭鑑齡撰
清光緒十年刻本　北大　天津　上海　南京
吉雨山房全集本(光緒刻)

經 10201893
周易從周述正一卷　清郭鑑齡撰
清同治間刻本　國圖
清光緒間刻本　南京

經 10201894
易說醒四卷首一卷　清郭鑑齡撰
清同治十一年重刻本　天津

經 10201895
玩易緒言六卷　清黄萼梅撰
清光緒十年抄本　山東

經 10201896
周易黄注七卷　清黄楚鐘撰
清抄本　山東

經 10201897
周易藏用十九卷　清黄仁撰
清咸豐八年刻本　南京

經 10201898
周易錄要十二卷首一卷　清黄思誠輯
清光緒七年岳陽昭祐堂刻本　國圖　山東

經 10201899
周易貫注八卷首一卷　清黄振河撰
清越縵堂抄本　國圖

經 10201900
易學待旦一卷　清姜節撰
清抄本　天津

經 10201901

易解露研二卷　清金大成彙參
清初抄本　吉林
清乾隆間抄本　上海

經 10201902
易經全解六卷首一卷　清藍煦撰
清同治十三年忠恕堂刻本　上海　南京

經 10201903
周易標義三卷　清李彪撰
雲南叢書本(民國刻)

經 10201904
易學會通二十二卷　清李秉陽撰
清抄本　南京

經 10201905
周易六十四卦辨疑二卷　清李開先撰
清乾隆二十四年李希賢刻本　中科院

經 10201906
周易便蒙襯解四卷　清李盤撰
清乾隆間刻本　南京
清刻奎照樓印本　山東
清刻啓元堂印本　日本新潟大學

經 10201907
周易易簡十二卷　清李森撰
清光緒十七年永新李方鑫刻本　國圖　中科院　湖北

經 10201908
新訂孔塘周易四卷　清李習三校
清刻本　上海

經 10201909
周易不分卷　清李益文傳
稿本　國圖

經 10201910
讀易備解不分卷　清李異甫撰
抄本　國圖

經 10201911
周易本義拾遺六卷　清李元朗著
清刻四爲堂印本　國圖

經 10201912
周易備中八卷　清李志曾撰
清咸豐十年韓瀛洲抄本　國圖

經 10201913
易言不分卷　清李中和撰
清抄本　南京

經 10201914
周易典要十卷　清勵程撰
清抄本　華東師大

經 10201915
易經精義彙參四卷　清林長扶撰
清光緒三年茶峯居刻本　山東

經 10201916
周易集解補箋四卷　清林慶炳補箋
愛梅樓雜著本(光緒刻)

經 10201917
周易述聞一卷　清林慶炳撰
愛梅樓雜著本(光緒刻)

經 10201918
周易審鵠要解四卷　清林錫齡輯

清乾隆十年刻本　山東
清道光間刻本　山東

經 10201919
周易讀本四卷　清淩芬撰
清遠書樓抄本　浙江

經 10201920
周易析義十卷　清劉伯允撰
清同治八年刻本　湖北

經 10201921
周易注不分卷　清劉蘭秀撰
劉氏周易講義本(稿本)　山東

經 10201922
易敍不分卷　清劉蘭秀撰
劉氏周易講義本(稿本)　山東

經 10201923
盤熻易考二卷　清劉昑撰
清光緒十四年永盛齋刻本　上海　山東

經 10201924
周易識餘一卷　清劉希向撰
清抄本　北大

經 10201925
周易本義求是錄四卷　清劉遠綸輯
清同治十一年刻本　湖北

經 10201926
易纂一説曉九卷末一卷　清劉中理撰
清咸豐三年四川蒼溪竹橋齋刻本　中科院　南京　四川　山東

經 10201927
周易拾義不分卷　清樓春撰
清抄本　浙江

經 10201928
周易卦象位義三注八卷　清魯松峯撰
清乾隆六十年羊城魯氏觀德書屋刻本　山東

經 10201929
樂山家藏易經評義二十六卷首一卷　清陸顯仁撰
清乾隆二十九年刻本　遼寧

經 10201930
周易象義串解四卷首一卷　清羅昌鸞纂輯注釋
清咸豐二年羅氏燕貽堂刻本　山東　遼寧　湖北

經 10201931
總統易三卷首一卷　清毛異賓撰
清光緒十三年江山縣署刻本　山東

經 10201932
心易艤奧四卷　清鳴鳳壇抄傳　清蔡瀛删訂
清蔡氏刻本　山東

經 10201933
周易象解四卷　清南明信纂注
清乾隆間絳州喬佐洲刻本　北大　山東

經 10201934
周易劄記四卷　清潘永季撰
清乾隆間抄本　山東

經 10201935
稽古日抄易經一卷　清彭啓豐撰
清乾隆二十九年秋曉山房刻稽古日抄本　山東

經 10201936
周易指事四卷　清彭焯南撰
清光緒二年古槑草廬刻本　上海

經 10201937
周易解注傳義辯正四十八卷　清彭中甫撰
清光緒十二年刻本　南京

經 10201938
易學管窺存六卷　清秦嘉澤撰
清光緒二十五年延芝山房刻本　山東

經 10201939
周易貫義六卷　清卿彬注
清咸豐三年刻本　南京

經 10201940
周易大象傳解一卷　清芮城撰
清光緒十年武進惲氏刻本　國圖　湖北　南京

經 10201941
易例大全一卷　清榕園書屋主人輯
清咸豐十一年刻巾箱本　上海　山東　湖北　南京
清光緒十五年刻本　山東
清末石印巾箱本　湖北

經 10201942
易古輿鈔十二卷首一卷　清唐學謙輯
清同治七年唐氏棣商樓刻本　上海

經 10201943
周易合纂大成四卷　清同文書局主人輯
清光緒十一年上海同文書局石印五經合纂大成本　山東
清光緒二十年慎記書莊石印五經合纂大成本　山東

經 10201944
周易便解六卷首一卷　清汪誥撰
清乾隆五十四年克復堂刻本　美國哈佛燕京

經 10201945
周易理數貫四卷　清汪乙然撰
清同治六年敬讓堂刻本　南京　山東

經 10201946
周易研翼不分卷　清王蕙蘭撰
稿本　山東博

經 10201947
周易註不分卷　清黄理撰
稿本　上海

經 10201948
周易象義合參補畧全書十卷　清王紹奎輯撰
清同治十二年洗心書屋刻本　上海

經 10201949
少漁讀易記七卷　清王屺望撰
清咸豐間刻本　湖北

經 10201950
學易管窺二卷　清蔚蓋撰
清光緒十五年得無認齋刻本　山東

經 10201951
周易錦囊初集二卷　清吴培元輯
　清光緒五年三盛堂刻增補詩書周易錦囊本　山東

經 10201952
周易彖傳消息升降大義述二卷　清吴翊寅撰
　清光緒十九至二十一年廣雅書局刻本　國圖　北大　北師大　上海　山東　湖北　南京　浙江

經 10201953
周易消息升降爻例一卷　清吴翊寅撰
　清光緒十九至二十一年廣雅書局刻本　國圖　北大　北師大　上海　山東　湖北　南京　浙江

經 10201954
易經遵朱五卷　清吴元默撰
　清抄本　國圖
　民國初抄本　南京

經 10201955
周易讀本六卷　清夏與賢撰
　清光緒三年陝西乾陽官舍刻本　山東

經 10201956
周易翼注四卷繫辭二卷　清辛爾藻撰
　民國二十二年辛保鼎鉛印本　山東

經 10201957
周易究三卷宅墳圖訣一卷　清徐梅撰
　清光緒間刻本　南京　山東

經 10201958
讀周易日記一卷　清顧樹聲撰
　學古堂日記本(光緒刻)

經 10201959
讀周易日記一卷　清許克勤撰
　學古堂日記本(光緒刻)

經 10201960
易經大義不分卷　清楊履瑞撰
　清進呈寫本　遼寧

經 10201961
羲經庭訓二卷　清袁秋亭口授　清袁海山述
　清同治十二年上海公廨刻本　上海

經 10201962
易案一卷　清張岱坤撰　清馮蕙襟補
　清光緒十三年雖園刻本　國圖　山東

經 10201963
周易揭主遵孔錄便解四卷　清張允樸撰　清張式燕編次
　清光緒十二年濟南寶興堂刻本　國圖　香港中大

經 10201964
周易象義辨例二十卷　清鄭師謙撰
　清光緒二十五年石印本　上海　山東　湖北

經 10201965
讀易劄記一卷　清關棠撰
　民國四年謝鳳孫木活字印本　國圖　北師大　天津　上海　南京　山東　湖北
　民國初刻西泠印社全書本　中科院

經 10201966
惠棟易漢學正誤八卷　清沈紹勳撰
民國間鉛印本　自得齋

經 10201967
周易易解十卷　清沈紹勳撰
民國六年鉛印本　天津
民國二十年杭城中華印刷公司鉛印本　北大　天津

經 10201968
周易說餘一卷　清沈紹勳撰
民國六年鉛印本　天津
民國二十年杭城中華印刷公司鉛印本　北大　天津

經 10201969
周易示兒錄三卷　清沈紹勳撰
民國六年鉛印本　天津
民國二十年杭城中華印刷公司鉛印本　北大　天津

經 10201970
卦變述八卷　清甘堯都撰
抄本　上海

經 10201971
卦變彙參一卷　清甘堯都撰
抄本　上海

經 10201972
周易注解八卷　清李慎撰
抄本　山東

經 10201973
周易經捷八卷　清梁厥悠撰
清刻本　山東

經 10201974
易經附義四卷圖說一卷　清劉琦正撰
清抄本　天津

經 10201975
易學入門七卷首一卷　清盧芳林輯
清光緒二十四年澄邁縣署刻本　上海

經 10201976
周易說約一卷　清盧容莽撰
清刻本　山東

經 10201977
易義輯要綴言八卷　清陸成周撰
清抄本　浙江

經 10201978
漢易要訣彙纂四卷　清呂國鈞輯
清光緒十九年蜚英書局石印本　山東

經 10201979
漢易臨文捷徑不分卷　清馬庚吉輯
清刻袖珍本　湖北

經 10201980
易用五卷　清毛一豐撰
稿本（清朱琦、清陳奐、清汪福辰、清陳炯、清顧達尊跋）　上海

經 10201981
周易本義讀不分卷　清毛以煦撰
清抄本　浙江

經 10201982
周易圖書疏附三卷　清蒙會甡撰
清抄本　南京

經 10201983
周易集注粹言十六卷　清閔廷楷撰
　清抄本　上海

經 10201984
易翼貫解七卷　清佘德楷撰
　清光緒十八年刻本　中科院

經 10201985
問羲周易經傳一卷　清潘應標撰
　清抄本　國圖

經 10201986
易象質傳一卷　清上官承祜撰
　清光緒二十二年廣慶堂木活字印本
　　國圖

經 10201987
讀易日鈔五十四卷　清沈大本撰
　稿本　上海

經 10201988
易象不分卷　清沈南一撰
　抄本　上海

經 10201989
桐蔭山讀易知新未定本八卷　清孫寶忠撰
　稿本　山東

經 10201990
周易精義不分卷　清唐三復撰
　民國初抄本　山東

經 10201991
易經翼注刪補直斷四卷附圖　清魏如簡撰
　抄本　國圖

經 10201992
周易實事十五卷首一卷　清文嗣述
　清成都明遠堂刻本　四川

經 10201993
周易管窺集解十二卷　清吴儀撰
　清抄本　山東

經 10201994
周易便覽不分卷　清于承平輯
　清抄本　山東

經 10201995
周易指掌四卷　清相永清撰
　清光緒二年桂香齋刻本　山東

經 10201996
讀易臆說一卷　清楊夔撰
　民國二十二年上海合衆圖書館傳抄楊子卓先生遺集稿本

經 10201997
易義一卷　清楊世樹撰
　稿本　山東

經 10201998
讀易法一卷　清楊世樹撰
　稿本　山東

經 10201999
易廣文遺說一卷　清易良書撰
　清光緒二十七年鉛印本　山東

經 10202000
射易淡詠二卷　題西農撰

清刻本　湖北

經 10202001
易象大學通解二卷　清張大心撰
清末抄本　山東

經 10202002
周易本解不分卷　清張道義釋
清光緒二十六年石印本　上海　山東

經 10202003
客中一得三卷　清張堃撰　清張燦然輯
清光緒二十三年梯雲山人書屋刻本　山東

經 10202004
乾坤易簡錄一卷　清鄭良弼輯
清涵虛抱壺之齋刻本　湖北

經 10202005
讀易管窺四卷　清朱金卿撰
稿本(馬一浮、張宗祥跋)　浙大

經 10202006
周易纂要五卷　□□輯
清康熙三十六年抄本　國圖

經 10202007
易經講義不分卷　□□輯
清紅格抄本　國圖

經 10202008
易經文捷訣一卷易漢學八卷易例大全一卷　清□□輯
清光緒間石印本　上海

經 10202009
易漢學八卷　清□□輯
清光緒間石印本　上海

經 10202010
易例大全一卷　清□□輯
清光緒間石印本　上海

經 10202011
讀易隨筆不分卷　清□□輯
抄本　上海

經 10202012
周易集說不分卷　清□□輯
清朱墨抄本　國圖

經 10202013
大易拾遺十六卷　清□□輯
清抄本　國圖

經 10202014
大盛堂精校音韵旁訓正字易經三卷　清□□輯
清光緒二十六年刻本　國圖

經 10202015
六十卦用事之月一卷　清□□輯
清末抄本　上海

經 10202016
諭易筆講義二卷　清□□撰
清刻本　上海

經 10202017
周易演說不分卷　清□□撰
清抄本　南京

經 10202018

周易指南二卷　清□□撰
　清抄本　南京

經 10202019
四聖書合鈔四卷　清□□撰
　清道光後抄本　北大

經 10202020
易理彙參十二卷首一卷　周馥撰
　周慤慎公全集本(民國石印)
　周氏師古堂所編書本(民國刻)

經 10202021
易理彙參臆言二卷　周馥撰
　周氏師古堂所編書本(民國刻)

經 10202022
讀易偶題一卷　周馥撰
　民國八年石印本　上海

經 10202023
繫辭一得二卷　周明焯撰
　周氏師古堂所編書本(民國刻)

經 10202024
讀易隨筆一卷　周明焯撰
　周氏師古堂所編書本(民國刻)

經 10202025
蛻私軒易説二卷　姚永樸撰
　周氏師古堂所編書本(民國刻)

經 10202026
四益易説一卷　廖平撰
　新訂六譯館叢書本(民國彙印)

經 10202027
易經經釋二卷　廖平撰
　新訂六譯館叢書本(民國彙印)

經 10202028
易經新義疏證凡例一卷　廖平撰
　新訂六譯館叢書本(民國彙印)

經 10202029
易經古本一卷　廖平輯
　民國四年成都存古書局刻本　上海

經 10202030
易生行譜例言一卷　廖平撰
　新訂六譯館叢書本(民國彙印)

經 10202031
周易釋貞二卷　王樹柟撰
　陶廬叢刻本(清末民國初刻)

經 10202032
周易費氏學八卷首一卷末一卷敘録一卷　馬其昶撰
　馬氏家刻集本(光緒刻,無首末)
　集虛草堂叢書甲集本(光緒刻)
　民國九年北京抱潤軒刻本　北大　天津　上海　四川
　民國九年豫章饒氏刻本　日本國會

經 10202033
易獨斷一卷　魏元曠撰
　魏氏全書本(民國刻)
　潛園二十四種本(民國刻)

經 10202034
易言隨録一卷　魏元曠撰
　魏氏全書本(民國刻)

經 10202035
周易經義一卷　易順鼎撰
清光緒十年寶瓠齋刻本　臺灣無求備齋藏

經 10202036
易經說一卷　鄒壽祥撰
清光緒二十七年鄒壽祺刻朋壽室經說本　北大　中科院　上海　南京　浙江

經 10202037
邵村學易二十卷　張其淦撰
民國十五年鉛印本　國圖　北大　山東
寓園叢書本(民國鉛印)

經 10202038
易鈢一卷　尹昌衡撰
止園叢書第一集本(民國鉛印)

經 10202039
卦合表一卷　邵瑞彭撰
邵次公遺著本(稿本)　浙江

經 10202040
周易講義一卷　潘任撰
七經講義本(宣統鉛印)

經 10202041
易經實義六十七卷　謝維嶽撰
民國二十一年刻龍山叢書本　山東

經 10202042
易象數理分解八卷　謝維嶽纂輯
清宣統三年中道齋刻本　北大　上海　南京　山東

經 10202043
周易學七卷十四經學開宗一卷　曹元弼撰
清宣統元年刻三經學本　北大　山東

經 10202044
周易鄭氏注箋釋十六卷　曹元弼撰
清宣統三年刻本　上海

經 10202045
周易鄭氏注箋釋十六卷正誤一卷敍錄一卷　曹元弼撰
民國十五年刻本　山東

經 10202046
周易集解補釋十七卷首一卷易學源流辨一卷　曹元弼撰
民國十六年刻本　北大　山東

經 10202047
周易偶識一卷　胡遠濬撰
勞謙室易說本(光緒石印)

經 10202048
讀易通識一卷　胡遠濬撰
勞謙室易說本(光緒石印)

經 10202049
周易微一卷　胡遠濬撰
勞謙室易說本(光緒石印)

經 10202050
易述一卷　胡遠濬撰
勞謙室易說本(光緒石印)

經 10202051
蕭氏易說二卷總論一卷　蕭德驊撰

清光緒間鉛印本　天津　山東

經 10202052
讀易小記不分卷　周聲逸撰
清宣統三年稿本　北大

經 10202053
易象闡微不分卷　張之銳撰
清宣統二年鉛印本　國圖　北大　南京

經 10202054
睿川易義合編九卷　徐天璋撰
清宣統三年鉛印本　國圖　天津　上海　遼寧　湖北　南京

經 10202055
睿川易義合編正編十卷副編六卷續編二卷　徐天璋撰
民國十三年鉛印本　山東

經 10202056
周易管窺二卷釋義摘要一卷　陳植撰
民國十七年漁楓居士抄本（缺上經卷一）　山東

經 10202057
易通釋一卷　陳啓彤撰
民國十二年刻本　山東

經 10202058
易通例一卷　陳啓彤著
民國十二年刻本　山東
民國初鉛印海陵陳氏寓齋叢書本　國圖

經 10202059
里堂易學一卷　王永祥撰
孝魚叢著本（民國鉛印）

經 10202060
易原窺餘四卷　王永江撰
民國十五年鉛印本　南京

經 10202061
易釋五卷　易順豫撰
清光緒間刻本　上海
民國初山東共和印刷局鉛印本　南京

經 10202062
易表一卷　易順豫撰
清光緒間刻本　上海
民國初山東共和印刷局鉛印本　南京

經 10202063
學易筆談初集四卷二集四卷　杭辛齋撰
易藏叢書本（民國鉛印）

經 10202064
讀易雜識一卷　杭辛齋撰
易藏叢書本（民國鉛印）

經 10202065
易學蔣針考原解義不分卷　張覲丹撰
民國八年石印本　山東

經 10202066
周易易簡四卷　陳鴻倬輯
清光緒二十七年刻本　湖北

經 10202067
明道易經十二卷　題敦厚老人注
清光緒二十一年四川彭縣刻本　南京　山东　四川
民國十四年合川會善堂刻本　國圖

上海　山東
民國十七年濟南三教堂刻本　山東

經 10202068
周易明喻編一卷　呂珮芬撰
民國二十六年鉛印經言明喻編本　山東

經 10202069
周易串解四卷首一卷末一卷　艾庭晰撰
清光緒三十一年成都官報書局鉛印本　四川

經 10202070
易說不分卷　方楷撰
民國間國學圖書館傳抄本　南京

經 10202071
易經彙解四十卷　題扶經心室主人編
清光緒二十年上海書局石印五經彙解本　山東
清光緒二十九年寶文書局石印皇朝五經彙解本　山東

經 10202072
周易說彖不分卷　高毓華注
清末民國初石印本　國圖

經 10202073
周易古本不分卷　華承彥撰
清光緒間刻本　國圖　天津

經 10202074
學庸述易不分卷　華承彥撰
清光緒間刻本　國圖　天津

經 10202075
易貫章段四卷　華承彥撰
清光緒二十一年抄本　天津

經 10202076
周易篇第考不分卷　華承彥撰
清光緒三十四年刻本　天津

經 10202077
讀易質疑二卷　金穀春撰
清光緒二十五年刻本　山東
民國八年鉛印本　國圖　天津　上海　南京

經 10202078
易象參義二卷　李存渺撰
清光緒三十三年石印本　湖北

經 10202079
童觀隨筆一卷　李希晉撰
清末抄本　山東
抄本　國圖

經 10202080
周易鏡心六卷　李植坊撰
清光緒六年四川刻本　四川

經 10202081
陔餘讀易隨筆一卷　陸春官撰
抄本　南京

經 10202082
易經家法表不分卷　羅長錡撰
清末至民國初抄本　國圖

經 10202083
周易要旨一卷　馬貞榆撰
清末刻兩湖文高等學校經學課程朱

印本　湖北

經 10202084
易解不分卷　南錢子撰
稿本　復旦

經 10202085
周易清言不分卷　題嵩泉老人撰
清抄本　故宫

經 10202086
周易注釋二卷　湯維清撰
抄本　山東

經 10202087
周易繫辭不分卷　湯維清撰
稿本　山東

經 10202088
周易神數一卷　陶夔臣等撰
抄本　浙江

經 10202089
尼山心法八卷　佟朝選撰
民國二十五年奉天關東印書館鉛印本　遼寧

經 10202090
周易觀象不分卷　汪度塘撰
清抄本　浙江

經 10202091
易變釋例十二卷　王承烈撰
稿本　湖北

經 10202092
易變釋例十二卷　王承烈撰　李介侯參訂
民國二十年鉛印本　國圖　天津　上海　山東　湖北
民國三十一年四川萬縣信誠印刷莊石印本　上海　南京

經 10202093
周易翼郘不分卷　王用中撰
民國二年石印本　南京

經 10202094
易說一卷　蔡克猷撰
散溪遺書八種本(民國鉛印)

經 10202095
周易直解不分卷　題子牛氏撰
清抄本　上海師大

經 10202096
周易守不分卷　□□撰
清抄本　河南

經 10202097
易注備考一卷　□□撰
清抄本(清潘霨校)

經 10202098
周易要言六卷　□□撰
清抄本　湖南師大

經 10202099
華岩室說易四卷　□□撰
稿本　山東

經 10202100
易理隨筆不分卷　□□撰
清末抄本　山東

經 10202101
周易詞彙不分卷 □□撰
抄本 山東

經 10202102
易經注祥一卷 □□撰
抄本(佚名校注) 山東

經 10202103
周易二繫二卷 □□撰
抄本 上海

經 10202104
易象因重篇一卷 □□撰
民國初油印本 上海

經 10202105
周易正十二卷 □□撰
稿本 上海

經 10202106
易卦述要不分卷 □□撰
抄本 上海

經 10202107
孔易微言一卷 □□撰
民國初油印本 上海

經 10202108
易數綱目不分卷 □□輯
抄本 上海

經 10202109
易經真詮四卷 □□撰
清光緒六年蘇州綠蔭堂刻本 南京

經 10202110
周易成卦一卷 □□撰
清抄本 南京

經 10202111
周易[六十四課]一卷 □□撰
抄本 北大

經 10202112
繫辭分章訂不分卷 □□撰
民國初文莫室抄本 國圖

經 10202113
繫辭不分卷 □□注
清抄本 上海

圖說之屬

經 10202114
易道真傳五卷 宋陳摶撰 清三復居士批點
民國十九年漢聖學社刻漢口胡長茂印本 湖北 山東

經 10202115
易數鉤隱圖三卷遺論九事一卷 宋劉牧撰
明影抄宋刻本 日本靜嘉堂
道藏本(正統刻、民國影印)
通志堂經解本(康熙刻、同治刻、日本文化刻)
四庫全書薈要本(乾隆寫)
四庫全書本(乾隆寫)

經 10202116
易數鉤隱圖、遺論九事一卷 宋劉牧撰
道藏本(正統刻、民國影印)
通志堂經解本(康熙刻、同治刻、日本文

化刻）
四庫全書薈要本（乾隆寫）
四庫全書本（乾隆寫）

經 10202117
易學一卷　宋王湜撰
通志堂經解本（康熙刻、同治刻、日本文化刻）
四庫全書本（乾隆寫）

經 10202118
易學啓蒙四卷　宋朱熹撰
朱子遺書本（康熙刻）
清同治七年三益齋刻本　上海
清光緒元年刻本　湖北
抄本　上海
日本寶曆二年大阪書林刻本　復旦　南京

經 10202119
易學啓蒙四卷啓蒙五贊一卷　宋朱熹撰
西京清麓叢書本（光緒刻，增啓蒙五贊一卷）
劉氏傳經堂叢書本（光緒刻，增啓蒙五贊一卷）

經 10202120
易學啓蒙一卷　宋朱熹撰
清咸豐六年解梁書院刻本　北大

經 10202121
易學啓蒙（重鋟朱子易學啓蒙）四卷　宋朱熹撰　明余懋衡編
明末刻本　南京

經 10202122
周易本義啓蒙十六卷首一卷　宋朱熹撰
清雍正十二年榮寶堂刻本　北師大

經 10202123
周易本義啓蒙十卷首一卷啓蒙四卷　宋朱熹撰
清雍正十二年光德堂刻本

經 10202124
周易圖三卷　宋□□輯
道藏本（正統刻、民國影印）

經 10202125
易圖說三卷　宋吴仁傑撰
通志堂經解本（康熙刻、同治刻、日本文化刻）
四庫全書本（乾隆寫）

經 10202126
辨方圖一卷　宋趙汝楳撰
易序叢書本（清初抄）

經 10202127
納甲辨一卷　宋趙汝楳撰
易序叢書本（清初抄）

經 10202128
易裨傳一卷　宋林至撰
通志堂經解本（康熙刻、同治刻、日本文化刻）
清傳抄通志堂經解本　山東
四庫全書薈要本（乾隆寫）
四庫全書本（乾隆寫）
清乾隆四十七年後抄本　北大
清抄本　國圖

經 10202129

易裨傳外篇一卷　宋林至撰
通志堂經解本(康熙刻、同治刻、日本文化刻)
清傳抄通志堂經解本　山東
四庫全書薈要本(乾隆寫)
四庫全書本(乾隆寫)
清乾隆四十七年後抄本　北大
清抄本　國圖

經 10202130
易學啓蒙小傳一卷古經傳一卷　宋稅與權撰
通志堂經解本(康熙刻、同治刻、日本文化刻)
四庫全書本(乾隆寫)

經 10202131
水村易鏡一卷　宋林光世撰
通志堂經解本(康熙刻、同治刻、日本文化刻)
清乾隆五十一年抄本　遼寧
檀河精舍刻本　南京

經 10202132
易學啓蒙通釋二卷附圖一卷　宋胡方平撰
元至元二十九年至至正二十七年刻明修本　北大
元刻明修本　國圖　北大　山東　湖南　武大
明初刻本　北大
日本享和二年刻弘化三年杉原直養重修本　上海　南京　日本國會
清嘉慶十五年慶餘堂刻本　上海　浙大(清孫衣言校並跋)
通志堂經解本(康熙刻、同治刻、日本文化刻)
四庫全書薈要本(乾隆寫,無圖)
四庫全書本(乾隆寫,無圖)

經 10202133
朱子易學啓蒙通釋二卷圖式一卷　宋胡方平撰　元朱謐述解
明刻本　南京(清丁丙跋)

經 10202134
易圖通變五卷　元雷思齊撰
明范氏天一閣抄本　上海
明抄本　北大
道藏本(正統刻、民國影印)
通志堂經解本(康熙刻、同治刻、日本文化刻)
四庫全書薈要本(乾隆寫)
四庫全書本(乾隆寫)

經 10202135
周易本義啓蒙翼傳(周易啓蒙翼傳)四卷　元胡一桂撰
元皇慶二年刻本　上海
元刻本　上海　天一閣　四川(存三卷)　日本昌平學
明正德十四年刻本　上海
明萬曆四十三年刻本　安徽博
明范氏天一閣抄本(存三卷)　上海
明刻本　北大　社科院文學所
明末胡之珩刻本　清華　安徽博
通志堂經解本(外篇一卷,康熙刻、同治刻、日本文化刻)
四庫全書薈要本(乾隆寫)
四庫全書本(乾隆寫)
清嘉慶十七年慶餘堂刻本　上海
清抄本(存一卷)　上海

經 10202136

勿軒易學啓蒙圖傳通義七卷　元熊禾撰
　清抄本　國圖

經 10202137
大易象數鉤深圖三卷　元張理撰
　明抄本　國圖
　道藏本(正統刻、民國影印)
　通志堂經解本(康熙刻、同治刻、日本文化刻)
　四庫全書薈要本(乾隆寫)
　四庫全書本(乾隆寫)

經 10202138
易象圖說内篇三卷外篇三卷　元張理撰
　道藏本(正統刻、民國影印)
　通志堂經解本(康熙刻、同治刻、日本文化刻)
　四庫全書薈要本(乾隆寫)
　四庫全書本(乾隆寫)

經 10202139
周易圖說二卷　元錢義方撰
　四庫全書本(乾隆寫)

經 10202140
易經圖釋十二卷　明劉定之撰
　劉文安公全集本(乾隆刻)
　清咸豐二年刻本　上海
　清抄本(清張澍補釋)　陝西博

經 10202141
易學本原(啓蒙意見)四卷　明韓邦奇撰
　明正德九年平陽府李滄刻本　上海　浙江　重慶
　明嘉靖十三年蘇祐刻本　北大　上海
　四庫全書本(乾隆寫)
　清乾隆間刻嘉慶七年印本(啓蒙意見)　南京

經 10202142
易學啓蒙意見五卷　明韓邦奇撰
　清丁氏八千卷樓抄本　南京
　清刻本　南京

經 10202143
易圖識漏一卷　明黄芹撰
　明正德間刻本　上海

經 10202144
秋山程先生易圖閑識一卷　明程雨輯
　明嘉靖二十七年刻本　上海

經 10202145
元圖大衍一卷　明馬一龍撰
　說郛本(宛委山堂刻)

經 10202146
周易卦圖衍義不分卷　明梁材撰
　清同治五年梁作新等刻本　山東

經 10202147
來氏易注象數圖說不分卷　明來知德撰
　清初抄本　山東

經 10202148
刪定來氏易注象數圖說二卷　明來知德撰　清張恩霨刪訂
　清光緒十一年刻本　國圖

經 10202149
伏羲圖贊二卷　明陳第撰
　一齋集本(萬曆刻、康熙刻、道光刻)

經 10202150

易圖一卷　明田藝蘅撰
百陵學山本(萬曆刻,民国影印)

經 10202151
易學啓蒙集畧一卷　明逯中立撰
明刻本　中央黨校
四庫全書本(乾隆寫)
抄本　上海

經 10202152
周易圖二卷　明盧謙輯
五經圖本(雍正盧氏刻)　山東

經 10202153
易圖說、易衍合一卷　明劉宗周撰
劉蕺山先生集本(乾隆刻、道光刻)

經 10202154
劵易苞十二卷附校勘記一卷校勘續記一卷　明章世純撰　魏元曠校勘　胡思敬續校勘
豫章叢書本(民國刻,胡思敬輯)

經 10202155
易序圖說二卷　明秦鏞撰
清末江南製造局刻本　遼寧

經 10202156
易圖親見一卷　明來集之撰
來子談經本(順治刻)

經 10202157
周易悟真篇圖注三卷外集一卷　明程易明撰
明萬曆三十九年刻本　北大
清康熙五十六年刻本　國圖

經 10202158
今易圖學心法釋義不分卷　明容若春撰
明萬曆三十八年刻本　北師大

經 10202159
圖書質疑一卷　明薛侃撰
明萬曆四十五年薛茂杞刻本　上海　廣東

經 10202160
易學圖解六卷　明沈壽昌撰
明天啓六年刻本　首都　日本東北大學
抄本　上海

經 10202161
易象圖說一卷　明李德樹撰
清初抄本　山東

經 10202162
大易則通十五卷閏一卷　清胡世安撰
清順治十八年胡蔚先刻本　國圖　北大　中科院　山東　齊齊哈爾

經 10202163
雜卦圖一卷　清刁包撰
用六居士所著書本(道光刻)

經 10202164
諸圖附考一卷　清刁包撰
用六居士所著書本(道光刻)

經 10202165
周易圖說述四卷首一卷　清王弘撰
清康熙二十六年佟毓秀、馬如龍武林刻本　國圖　北大　上海　湖北
清乾隆四十四年先生堂刻本　國圖　山東　浙江　遼寧

清光緒三十三年敬義堂刻本　上海　遼寧
清抄本　上海

經 10202166
易圖明辨十卷　清胡渭纂
清康熙間刻本　北大　福建
四庫全書本(乾隆寫)
清嘉慶元年德清胡氏刻本　上海
清嘉慶元年耆學齋刻本　湖北　山東
守山閣叢書本(道光刻、光緒影印、民國影印)
粤雅堂叢書本(咸豐刻)
皇清經解續編本(光緒刻、光緒石印)
清抄本　上海

經 10202167
增輯易象圖說二卷　清吴脈鬯撰
清順治間法若真刻本　國圖　山東
民國十二年山西洗心總社鉛印昱青堂集三種本　國圖　南京

經 10202168
易象圖說不分卷　清吴脈鬯撰
抄本　北師大

經 10202169
易經卦變解八宫說一卷　清吴脈鬯撰
清道光二十年吴荄刻本　國圖　山東
民國十二年山西洗心總社鉛印昱青堂集三種本　北大　南京

經 10202170
河圖洛書更正先天八卦圖式一卷　清康克勤撰
清初稿本　遼寧

經 10202171
河圖洛書原舛編一卷　清毛奇齡撰
西河合集本(康熙刻、乾隆印、嘉慶印)

經 10202172
周易圖二卷　清楊恢基訂正
五經圖本(雍正楊氏刻)　山東

經 10202173
周易圖一卷　清牟欽元編輯
清雍正元年盱眙汪根敬致用堂刻道光二十五年重修本　國圖

經 10202174
圖書辨惑一卷　清黄宗炎撰
稿本　餘姚文保所
清浙東黄模黑格抄本　國圖

經 10202175
圖學辯惑一卷　清黄宗炎撰
四庫全書本(乾隆寫)

經 10202176
易學辨惑一卷　清黄宗炎撰
昭代叢書本(道光刻)

經 10202177
易圖定本一卷　清邵嗣堯撰
賜硯堂叢書新編本(道光刻)

經 10202178
易圖解一卷　清德沛撰
清乾隆元年刻本　國圖(清耆齡跋)　北大　中科院　上海　南京　山東　浙江　湖北　美國哈佛燕京
清抄本　故宫

經 10202179
天人一貫圖說一卷　清完顔偉撰
清光緒二年刻本　國圖
抄本　國圖

經 10202180
易學啓蒙訂疑四卷　清董養性撰　清杜名齊校正
清正誼堂刻本　山東

經 10202181
易學圖說會通八卷　清楊方達撰
楊符蒼七種本(雍正乾隆刻)

經 10202182
易學圖說續聞一卷　清楊方達撰
楊符蒼七種本(雍正乾隆刻)

經 10202183
周易爻辰圖一卷　清惠棟撰
雅雨堂藏書本(乾隆刻)

經 10202184
周易圖說六卷　清萬年茂撰
清乾隆二十八年愛日堂刻本　國圖　南京

經 10202185
序卦圖說一卷　清惲庭森撰
清乾隆四十四年遜志堂刻本　國圖　上海

經 10202186
政餘易圖說十卷　清劉思問撰
清乾隆三十四年刻本　中科院

經 10202187
易庸會通三卷附補遺附記　清范曰俊撰　清何天衢詮釋　清范金補遺　清范玉附記
清乾隆三十九年古虞范氏刻貫一堂印本　北大　南京

經 10202188
易庸會通續編三卷　清范曰俊撰
清刻本　南京

經 10202189
周易注略卦圖二卷　清劉一明著
清刻本　國圖

經 10202190
周易參斷二卷　清劉一明著
清刻本　國圖

經 10202191
周易圖注一卷　清茹敦和撰
清抄本　南開

經 10202192
易學啓蒙補二卷　清梁錫璵撰
清乾隆間刻本　國圖　北大　中科院　上海

經 10202193
易學玩圖錐指三十六卷　清湯道煦撰
清嘉慶二年茗香齋刻本　北大　上海　南京
清木活字印本　美國哈佛燕京

經 10202194
周易告蒙圖注三卷　清趙世迥撰
清乾隆三十八年四德堂刻本　齊齊哈爾

清三讓堂刻本　山東

經 10202195
易卦圖說一卷　清崔述撰
崔東壁遺書本(道光刻、民國影印)

經 10202196
周易大義圖說二卷　清鄭鳳儀撰
清嘉慶九年河南刻本　四川
清嘉慶二十二年鄭氏通德堂刻本　山東

經 10202197
河圖洛書四卷　清李錫書撰
清嘉慶五年李錦虎元陽洞刻本　山東

經 10202198
周易雜卦反對互圖一卷　清汪德鉞撰
七經偶記本(道光木活字印)

經 10202199
觀易外編(雙桂堂易說)六卷　清紀大奎撰
清乾隆五十四年刻本　國圖
清嘉慶三年江西紀氏四川什邡刻本　四川
紀慎齋先生全集本(嘉慶刻、同治刻,雙桂堂易說)

經 10202200
讀易傳心圖說三卷　清韓怡撰
清嘉慶間木存堂刻本　北大　中科院　上海　南京　山東　湖北
清抄本　中山大學

經 10202201
周易圖賸二卷　清王甗撰
學易五種本(道光刻、清抄、清末抄)

經 10202202
易圖條辨一卷　清張惠言撰
張皋文箋易詮全集本(嘉慶道光刻)
皇清經解續編本(光緒刻、光緒石印)
清抄本　復旦

經 10202203
易拇圖說八卷經說七卷　清萬年淳撰
清道光四年刻本　上海　南京　山東　遼寧

經 10202204
易圖畧八卷　清焦循撰
稿本(清焦循跋)　南京
雕菰樓易學本(焦循原稿)　國圖
焦氏叢書本(嘉慶道光刻、光緒刻)
皇清經解本(道光刻、咸豐補刻、鴻寶齋石印、點石齋石印)

經 10202205
圖說二卷　清徐潤第撰
敦艮齋遺書本(道光刻)

經 10202206
易圖存是二卷　清辛紹業撰
清嘉慶六年黑虎屯刻本　國圖　南京
敬堂遺書本(嘉慶刻)
豫章叢書本(光緒刻,陶福履輯)
抄本　上海

經 10202207
卦本圖考一卷　清胡秉虔撰
藝海珠塵本(嘉慶刻道光增刻)
滂喜齋叢書本(同治刻)
皇清經解續編本(光緒刻、光緒石印)

經 10202208
易圖駁議一卷　清董桂新撰
稿本　上海

經 10202209
易圖酌説三卷　清何詒霈撰
清抄本　遼寧

經 10202210
易卦圖說六卷　清胡嗣超撰
清道光八年刻本　中科院
清道光十七年香雪齋刻本　國圖　山東　遼寧　湖北

經 10202211
虞氏易消息圖說初稿一卷　清胡祥麟撰
滂喜齋叢書本(同治刻)
皇清經解續編本(光緒刻、光緒石印)

經 10202212
易圖正旨一卷　清朱文爍撰
朱慎甫先生遺集本(光緒刻)

經 10202213
周易大義圖說續稿一卷　清王萱齡撰
稿本　國圖

經 10202214
易卦候一卷　清淩堃撰　清鍾奎注
淩氏傳經堂叢書本(道光刻)

經 10202215
卦極圖說一卷　清馬之龍撰
雲南叢書本(民國刻)

經 10202216
易經解注圖說辨正二卷　清彭申甫纂
清光緒十二年刻本　中科院　上海　湖北

經 10202217
周易倚數錄二卷圖一卷　清楊履泰撰
聚學軒叢書本(光緒刻)

經 10202218
圖書奥義四卷　清梁同新輯
清同治八年梁氏家塾刻本　山東

經 10202219
序卦圖說三卷　清王範撰
清道光間抄本　山東

經 10202220
易圖直解一卷　清王含光撰
民國二十五年南京京華印書館鉛印本　南京　山東

經 10202221
韡園學易圖說不分卷　清潘霨撰
清光緒十四年黔南節署刻本　山東
清韡園刻本　北大

經 10202222
玩易篇一卷　清俞樾撰
俞蔭甫先生遺稿九種本(稿本)　國圖
清同治十年刻德清俞蔭甫所著書本　國圖
春在堂全書本(同治至光緒刻)
第一樓叢書本(同治刻、光緒刻)

經 10202223
卲易補原一卷　清俞樾撰
春在堂全書本(同治至光緒刻,曲園雜纂)

經 10202224
周易三極圖貫四卷　清馮道立撰
清咸豐八年西園馮氏刻本　國圖　中科院　天津　湖北　南京

經 10202225
周易圖說四卷　清李森撰
清光緒十七年永新李方鑫刻本　國圖　中科院　湖北

經 10202226
大衍圖說四卷　清宛名昌撰
清同治十二年長沙荷花池刻本　國圖　湖北

經 10202227
周易卦變圖說一卷　清宋祖駿撰
樸學廬叢刻本(咸豐刻)
清咸豐十年刻會稽徐氏述史樓叢書本　上海

經 10202228
羲易注畧三卷　清劉一明撰
清謝祥刻本　國圖　山東

經 10202229
易圖增解一卷　清張楚鍾撰
務實勝窩彙稿本(光緒刻)

經 10202230
易演圖一卷　清張楚鍾撰
務實勝窩彙稿本(光緒刻)

經 10202231
易圖管見一卷　清張楚鍾撰
求是齋算學四種本(同治刻)

經 10202232
太極圖數不分卷　清崔亮采撰
清嘉慶十一年敦善堂刻本　山東

經 10202233
太極真傳一卷　清郝永青撰
清抄本　山東

經 10202234
太極易圖合編三卷附大衍新法　清孔傳游撰
清道光三年刻本　山東

經 10202235
周易圖說象解不分卷　清劉蘭秀撰
劉氏周易講義本(稿本)　山東

經 10202236
易圖續說不分卷　清劉蘭秀撰
劉氏周易講義本(稿本)　山東

經 10202237
易卦全圖不分卷　清劉蘭秀撰
劉氏周易講義本(稿本)　山東

經 10202238
周易大傳釋圖二注五卷　清魯松峯撰
清乾隆六十年平城魯氏觀儒書屋刻本　山東

經 10202239
易學啓蒙翼一卷　清羅經撰
清抄本　國圖

經 10202240
讀易例言圖說不分卷　清孫廷芝撰
清道光十二年濰縣韓逢恩刻本　山東

經 10202241
易學附圖一卷　清丁澤安撰
　自得齋易學四種本(光緒刻)

經 10202242
周易卦本反對圖説一卷　清汪濟撰
　震齋叢書本(光緒刻)

經 10202243
周易圖四卷續編一卷　清王肇宗撰
　清道光九年刻本　國圖　山東

經 10202244
周易圖不分卷　清王肇宗撰
　刻本　南京

經 10202245
易象通微圖説四卷　清徐詠和撰
　清抄本　山東

經 10202246
宗經齋易圖説四卷　清姚象申撰
　清咸豐八年集文堂利文堂刻本　中科院　遼寧

經 10202247
易經圖不分卷　清趙青選撰
　清咸豐間刻本　國圖

經 10202248
易卦變圖説一卷　清□□撰
　會稽徐氏鑄學齋叢書本(光緒刻)
　清咸豐十年刻本　國圖　山東　湖北　浙江
　清咸豐十七年刻本　天津

經 10202249
易楔六卷　杭辛齋撰
　易藏叢書本(民國鉛印)

經 10202250
易數偶得二卷　杭辛齋撰
　易藏叢書本(民國鉛印)

經 10202251
譯古含奇三卷　楊翼亮撰
　清光緒十三年楊氏刻本　山東
　清光緒十三年杭州三元坊小西堂書坊刻本　國圖　上海

經 10202252
周易圖説二卷　□□撰
　朱墨抄本　中山大學

經 10202253
俊迹易圖一卷　□□撰
　清刻本　山東

經 10202254
啓蒙討論一卷　□□撰
　清刻本　山東

經 10202255
周易八卦圖説一卷　□□撰
　清抄本　山東

經 10202256
易傳圖考一卷　□□撰
　清末抄本　山東

經 10202257
易學圖説九卷　□□撰
　朝鮮刻本　上海(佚名批校)

經 10202258
易義圖說四卷　□□撰
民國十一年石印本　上海

沿革之屬

經 10202259
先儒著述二卷　宋馮椅撰
四庫全書本(乾隆寫,厚齋易學附)

經 10202260
周易經傳歷代因革一卷　元董真卿編集
通志堂經解本(康熙刻、同治刻、日本文化刻,周易經傳集程朱解附錄)
四庫全書薈要本(乾隆寫,周易會通附錄)
四庫全書本(乾隆寫,周易會通附錄)

經 10202261
漢儒傳易源流一卷　清紀磊撰
吴興叢書本(民國刻)

經 10202262
讀易漢學私記一卷　清陳壽熊撰
皇清經解續編本(光緒刻、光緒石印)
聚學軒叢書本(光緒刻)
抄本　上海
繆氏藝風堂抄本(清抄[illegible]治,繆荃孫校)　國圖

經 10202263
易漢學考二卷　清吴翊寅撰
清光緒十九至二十一年廣雅書局刻本　國圖　北大　北師大　上海　山東　湖北　南京　浙江

經 10202264
易漢學師承表一卷　清吴翊寅撰
清光緒十九至二十一年廣雅書局刻本　國圖　北大　北師大　上海　山東　湖北　南京　浙江

經 10202265
易學源流二卷　清鄒師謙撰
清光緒二十五年石印本　上海　山東　湖北

經 10202266
易學源法辨一卷　曹元弼撰
民國十六年刻本　北大　山東

文字音義之屬

經 10202267
周易王氏音一卷　三國魏王肅撰　清馬國翰輯
玉函山房輯佚書本(同治皇華館刻、光緒李氏印、光緒嫏嬛館刻、光緒楚南書局刻)

經 10202268
周易徐氏音一卷　晉徐邈撰　清馬國翰輯
玉函山房輯佚書本(同治皇華館刻、光緒李氏印、光緒嫏嬛館刻、光緒楚南書局刻)

經 10202269
易音注一卷　晉徐邈撰　清黄奭輯
黄氏逸書考本(道光刻王鑒修補、朱長圻補刻)

經 10202270
周易李氏音一卷　東晉李軌撰　清馬

國翰輯
玉函山房輯佚書本(同治皇華館刻、光緒李氏印、光緒娜嬛館刻、光緒楚南書局刻)

經 10202271
周易經典釋文殘卷　唐陸德明撰
敦煌遺書本　法國國家圖書館

經 10202272
周易經典釋文殘卷　唐陸德明撰
鳴沙石室古籍叢殘本(民國影印)

經 10202273
易釋文一卷　唐陸德明撰
津逮祕書本(崇禎刻、民國影印)
雅雨堂藏書本(乾隆刻)
清抄本　湖北

經 10202274
周易釋文校勘記一卷　清阮元撰
皇清經解本(道光刻、咸豐補刻、鴻寶齋石印、點石齋石印,十三經注疏校勘記)
宋本十三經註疏併經典釋文校勘記本(光緒刻)
重刊宋本十三經註疏附校勘記本(光緒點石齋石印)

經 10202275
周易直音一卷　宋孫奕撰
清嘉慶七年影刻宋咸熙本　山東
清光緒七年陸心源影刻明本

經 10202276
易韻六卷　宋呂大臨撰
清道光間抄本　上海

經 10202277
古易音訓二卷　宋呂祖謙撰　清宋咸熙輯
清嘉慶七年刻本　國圖　上海(清陳其榮錄清陳鱣校)　復旦　南京　遼寧　四川　湖北
槐廬叢書本(光緒刻)
校經山房叢書本(光緒刻)
孫谿朱氏經學叢書初編本(光緒刻)
式訓堂叢書本(光緒刻)
仰視千七百二十九鶴齋叢書本(光緒刻、民國影印)
金華叢書本(同治光緒刻、民國補刻)
清芬堂叢書本(光緒刻)
清光緒二十九年古不夜孫氏刻本　南京
日本江戶寫本　日本國會

經 10202278
古本周易音訓二卷　宋王莘叟撰
孫氏山淵閣叢刊本(光緒刻)

經 10202279
易經考異一卷　宋王應麟撰
明崇禎間詩瘦閣刻本　國圖　吉大
清古吳菊仙書屋刻本　上海　遼寧
清刻本　山東

經 10202280
易經異文二卷　明陳士元撰
歸雲別集本(萬曆刻、道光刻)

經 10202281
讀易韻考七卷　明張獻翼撰
明萬曆間刻本　中科院　日本尊經閣

經 10202282

雜卦傳古音考一卷　明陳第撰
　一齋集本（萬曆刻、康熙刻、道光刻）

經 10202283
易音三卷　清顧炎武撰
　音學五書本（康熙刻、光緒刻、民國石印）
　四庫全書本（乾隆寫）
　皇清經解本（道光刻、咸豐補刻、鴻寶齋石印、點石齋石印）
　顧亭林先生遺書本（光緒增刻彙印）
　音韻學叢書本（民國刻）

經 10202284
周易考異一卷　清王夫之撰
　四庫全書本（乾隆寫）
　清傳抄四庫全書本　南京
　船山遺書本（道光刻、同治刻、民國鉛印）

經 10202285
易韻四卷　清毛奇齡撰
　西河合集本（康熙刻、乾隆印、嘉慶印）
　四庫全書本（乾隆寫）

經 10202286
陸氏周易音義異文一卷補遺一卷　清沈淑撰
　後知不足齋叢書本（光緒刻）

經 10202287
周易音義考證二卷　清盧文弨撰
　抱經堂叢書本（乾隆嘉慶刻、民國影印）

經 10202288
易古文三卷　清李調元撰
　函海本（乾隆刻、道光補刻、光緒刻）
　清刻本　湖北

經 10202289
易讀考異一卷　清武億撰
　清乾隆二十五年刻本　臺灣無求備齋藏

經 10202290
羲經考異一卷　清柳東居士編
　抄本　上海

經 10202291
周易校字二卷　清王甗撰
　學易五種本（道光刻、清抄、清末抄）

經 10202292
易經異文釋六卷　清李富孫撰
　皇清經解續編本（光緒刻、光緒石印）

經 10202293
易經韻讀一卷　清江有誥撰
　江氏音學十書本（嘉慶道光刻、咸豐刻、中國書店影印）

經 10202294
易音補遺一卷　清沈濤撰
　十經齋遺集本（民國刻）

經 10202295
周易考異二卷　清宋翔鳳撰
　清咸豐二年刻過庭錄本
　皇清經解續編本（光緒刻、光緒石印）

經 10202296
易經音訓不分卷　清楊國楨撰
　十一經音訓本（道光刻、光緒刻）

經 10202297
易經字詁十二卷　清段諤廷撰

清道光二十九年楊氏長沙刻羣經字詁本　山東

經 10202298
周易訓詁大誼五卷　清羅汝槐撰
清抄本　中科院

經 10202299
周易諸家引經異字同聲考一卷　清丁顯撰
丁酉圃叢書本(光緒刻,十三經諸家引經異字同聲考)

經 10202300
周易故訓訂一卷　清黄以周撰
稿本　上海

經 10202301
周易故訓訂一卷附錄一卷　清黄以周撰
清光緒間刻本　中科院
民國十一年太倉唐文治刻本　上海
十三經讀本本(民國醒園刻)

經 10202302
周易音訓二卷　清孫葆田輯
清光緒二十九年刻本　湖北

經 10202303
周易說文字校一卷　清朱孔彰輯
稿本　浙江
抄本　浙江

經 10202304
周易漢讀考三卷　清郭階撰
春暉雜稿本(光緒刻)

經 10202305
易注音疏六十四卷　清郭階撰
春暉雜稿本(光緒刻)

經 10202306
周易讀異三卷　清于鬯撰
于香草遺著叢輯本(稿本)　上海

經 10202307
周易釋詁一卷　清鄧丙耀撰
稿本　北大

經 10202308
易古訓三卷　清張長撰
清抄本　國圖

經 10202309
易音補顧一卷　易順鼎撰
琴志樓叢書本(光緒刻)

經 10202310
易詩叶韻不分卷　唐世大撰
清刻本　國圖

叢編之屬

經 10202311
易序叢書十卷(原缺卷三至五)　宋趙汝楳撰
清初抄本(清彭元瑞校並跋)　上海
卷一　易雅
卷二　筮宗
卷三　深衣考(原缺)
卷四　律本義(原缺)
卷五　周尺記(原缺)
卷六　八陳通記
卷七　如意城署
卷八　六日七分論

卷九　辨方圖
卷十　納甲辨

經 10202312
周易三篇十五卷　清李光地撰
清刻紅杏山房印本　湖北
周易觀彖九卷　清李光地撰
周易大指二卷　清李光地撰
周易通論四卷　清李光地撰

經 10202313
周易函書四種　清胡煦撰
清康熙間河南胡氏葆璞堂抄本　南京
清雍正七年至乾隆五十九年河南胡氏葆璞堂刻本　上海　南京
清乾隆嘉慶間胡季堂刻本　北大
清道光間周蔭甫抄河南胡氏葆璞堂刻本　山東
約存十五卷首三卷　清胡煦撰
約注十八卷　清胡煦撰
別集十六卷　清胡煦撰
卜法詳考四卷　清胡煦撰

經 10202314
周易函書三種五十二卷　清胡煦撰
四庫全書本(乾隆寫)
約存十五卷首三卷　清胡煦撰
約注十八卷　清胡煦撰
別集十六卷　清胡煦撰

經 10202315
易通六卷　清程廷祚撰
稿本　上海

經 10202316
易通三種十三卷附一種一卷　清程廷祚撰
清乾隆十二年上元程氏道寧堂刻本　國圖　北大　中科院　上海　湖北
易學要論二卷
周易正解十卷
易學精義一卷
附
占法訂誤一卷

經 10202317
楚蒙山房易經解十六卷　清晏斯盛撰
楚蒙山房集本(乾隆刻)
四庫全書本(乾隆寫)
學易初津二卷　清晏斯盛撰
易翼說八卷　清晏斯盛撰
易翼宗六卷　清晏斯盛撰

經 10202318
張皋文箋易詮全集十八種六十卷　清張惠言撰
清嘉慶道光間刻本　上海
周易虞氏義九卷　清張惠言撰
周易虞氏消息二卷　清張惠言撰
虞氏易禮二卷　清張惠言撰
虞氏易候一卷　清張惠言撰
虞氏易言二卷　清張惠言撰
周易鄭氏注三卷　清張惠言撰
周易荀氏九家三卷　清張惠言撰
周易鄭荀義三卷　清張惠言撰
周易鄭氏義二卷　清張惠言撰
周易荀氏九家義一卷　清張惠言撰
易義別錄十四卷　清張惠言撰
易緯略義三卷　清張惠言撰
易圖條辨一卷　清張惠言撰
讀儀禮記二卷　清張惠言撰
茗柯文初編一卷二編二卷三編一卷四編一卷　清張惠言撰
茗柯詞一卷　清張惠言撰

擬名家制藝一卷　清張惠言撰
詞選二卷附録一卷　清張惠言撰
(附録)清鄭善長輯
續詞選二卷　清張惠言撰　清董毅輯

經 10202319
易義別録十五種十四卷　清張惠言輯
清道光元年張成孫傳抄稿本　復旦
張皋文箋易詮全集本(嘉慶道光刻)
清嘉慶間劉翊宸校刻本　湖北
清道光元年合河康氏刻本　國圖　天津　上海　湖北
清光緒九年重刻道光元年康氏刻本　復旦　山東
皇清經解本(道光刻、咸豐補刻、鴻寶齋石印、點石齋石印)
周易孟氏一卷　漢孟喜撰
周易姚氏一卷　三國吴姚信撰
周易翟氏一卷　題翟元撰
周易蜀才氏一卷　三國蜀范長生撰
周易京氏一卷　漢京房撰
周易陸氏一卷　三國吴陸績撰
周易干氏二卷　晉干寶撰
周易馬氏一卷　漢馬融撰
周易宋氏　漢宋衷撰
周易劉景升氏　漢劉表撰
周易王子雍氏一卷　三國魏王肅撰
周易董氏一卷　三國魏董遇撰
周易王世將氏　晉王廙撰
周易劉子珪氏　南朝齊劉瓛撰
周易子夏傳一卷　春秋卜商撰

經 10202320
雕菰樓易學四十卷　清焦循撰
稿本　國圖
易章句十二卷　清焦循撰
易通釋二十卷　清焦循撰
易圖畧八卷　清焦循撰

經 10202321
漢魏二十一家易注二十一種三十二卷　清孫堂輯
清嘉慶四年平湖孫氏映雪草堂刻本　國圖(清侯康、清陳澧批點)　北大　上海　南京　山東
子夏易傳一卷　春秋卜商撰
孟喜周易章句一卷　漢孟喜撰
京房周易章句一卷　漢京房撰
馬融周易傳一卷　漢馬融撰
荀爽周易注一卷　漢荀爽撰
鄭康成周易注三卷補遺一卷　漢鄭玄撰　宋王應麟輯　清惠棟增補　清孫堂校並補遺
劉表周易章句一卷　漢劉表撰
宋衷周易注一卷　漢宋衷撰
陸績周易述一卷　三國吴陸績撰　明姚士粼輯　清孫堂增補
董遇周易章句一卷　三國魏董遇撰
虞翻周易注十卷　三國吴虞翻撰
王肅周易注一卷　三國魏王肅撰
姚信周易注一卷　三國吴姚信撰
王廙周易注一卷　晉王廙撰
張璠周易集解一卷　晉張璠撰
向秀周易義一卷　晉向秀撰
干寶周易注一卷　晉干寶撰
蜀才周易注一卷　晉范長生撰
翟元周易義一卷　題翟元撰
九家周易集注
劉瓛周易義疏一卷　南朝齊劉瓛撰

經 10202322
玉函山房輯佚書經編易類六十四種　清馬國翰輯

玉函山房輯佚書本(同治皇華館刻、光緒李氏印、光緒嫏嬛館刻、光緒楚南書局刻)
連山一卷附諸家論說
歸藏一卷附諸家論說
周易子夏傳二卷　周卜商撰
周易薛氏記一卷　題薛虞撰
蔡氏易說一卷　漢蔡景君撰
周易丁氏傳二卷　漢丁寬撰
周易韓氏傳二卷　漢韓嬰撰
周易古五子傳一卷
周易淮南九師道訓一卷　漢劉安撰
周易施氏章句一卷　漢施讐撰
周易孟氏章句二卷　漢孟喜撰
周易梁丘氏章句一卷　漢梁丘賀撰
周易京氏章句一卷　漢京房撰
費氏易林一卷　漢費直撰
周易分野一卷　漢費直撰
周易馬氏傳三卷　漢馬融撰
周易劉氏章句一卷　漢劉表撰
周易宋氏注一卷　漢宋衷撰
周易荀氏注三卷　漢荀爽撰
周易陸氏述三卷　三國吳陸績撰
周易王氏注二卷　三國魏王肅撰
周易王氏音一卷　三國魏王肅撰
周易何氏解一卷　三國魏何晏撰
周易董氏章句一卷　三國魏董遇撰
周易姚氏注一卷　三國吳姚信撰
周易崔氏義一卷　題崔玄撰
周易向氏義一卷　晉向秀撰
周易統畧一卷　晉鄒湛撰
周易卦序論一卷　晉楊乂撰
周易張氏義一卷　晉張軌撰
周易張氏集解一卷　晉張璠撰
周易干氏注三卷　晉干寶撰
周易王氏注一卷　晉王廙撰
周易蜀才注一卷　三國蜀范長生撰
周易黄氏注一卷　晉黄穎撰
周易徐氏音一卷　晉徐邈撰
周易李氏音一卷　晉李軌撰
易象妙於見形論一卷　晉孫盛撰
周易繫辭桓氏注一卷　晉桓玄撰
周易繫辭荀氏注一卷　南朝宋荀柔之撰
周易繫辭明氏注一卷　南朝齊明僧紹撰
周易沈氏要畧一卷　南朝齊沈驎士撰
周易劉氏義疏一卷　南朝齊劉獻撰
周易大義一卷　南朝梁武帝撰
周易伏氏集解一卷　南朝梁伏曼容撰
周易褚氏講疏一卷　南朝梁褚仲都撰
周易周氏義疏一卷　南朝陳周弘正撰
周易張氏講疏一卷　南朝陳張譏撰
周易何氏講疏一卷　隋何妥撰
周易姚氏注一卷　題姚規撰
周易崔氏注一卷　題崔覲撰
周易傅氏注一卷　題傅□撰
周易盧氏注一卷　題盧□撰
周易王氏注一卷　題王凱沖撰
周易王氏義一卷　題王嗣宗撰
周易朱氏義一卷　題朱仰之撰
周易莊氏義一卷　題莊□撰
周易侯氏注三卷　題侯果撰
周易探玄三卷　唐崔憬撰
周易玄義一卷　唐李淳風撰
周易新論傳疏一卷　唐陰弘道撰
周易新義一卷　唐徐鄖撰
易纂一卷　唐釋一行撰

經 10202323

春水船易學四種七卷　清方本恭撰
清嘉慶三年刻本　上海　南京
象數述四卷　清方本恭撰
内經述一卷　清方本恭撰
算術述一卷　清方本恭撰
等子述一卷　清方本恭撰

經 10202324
方氏易學五書五卷　清方申撰
清道光十八至二十五年青溪舊屋刻本　國圖　北大　上海　南京
南菁書院叢書本(光緒刻)
諸家易象别錄一卷　清方申撰
虞氏易象彙編一卷　清方申撰
周易卦象集證一卷　清方申撰
周易互體詳述一卷　清方申撰
周易卦變舉要一卷　清方申撰

經 10202325
雙桂堂易說二種十二卷　清紀大奎撰
清道光二十八年翻刻乾隆五十四年刻紀慎齋先生全集本　北大
觀易外編六卷
易問六卷

經 10202326
學易五種十四卷　清王甗撰
清道光二年鑪雪山房刻本　北大
清光緒二十三年王兆騏抄本　北大
清抄本(清王兆騏校並跋)　南開
周易半古本義八卷
周易象纂一卷
周易圖賸二卷
周易辯占一卷
周易校字二卷

經 10202327
劉氏周易講義五種　清劉蘭秀撰
稿本　山東
周易注不分卷
周易圖說象解不分卷
易圖續說不分卷
易卦全圖不分卷
易敘不分卷

經 10202328
易理三種初稿不分卷　清孫霽颿撰
清同治二年刻半耕山莊印本　國圖　湖北　南京
孔卦九德總解
易理濟險總解
易理體用一源卦圖總見錄

經 10202329
易學綱領八種八卷　清李貞一輯
清同治十三年畢世光抄本　重慶
易學綱領一卷　清李貞一撰
易學範圍一卷　清李貞一撰
周易捷決一卷　清李貞一撰
易學經畧一卷　清李貞一撰
潛虛一卷　宋司馬光撰
潛虛發微論一卷　宋張敦實撰
中天八卦數天盤一卷
中天八卦數地局一卷

經 10202330
沈觳成先生易學四種十八卷　清沈善登撰
清光緒間桐鄉沈氏豫恕堂刻本　上海
需時眇言十卷
報恩論三卷附錄二卷
經正民興說一卷
論餘適濟編一卷附錄一卷

經 10202331
易學六種　清汪□輯
清蕭山汪氏環碧山房抄本　浙江
陸氏易解一卷　三國吴陸績撰
干氏易傳三卷　晉干寶撰
易學濫觴一卷　元黄澤撰
周易口訣義六卷　唐史徵撰
吴園周易解九卷附録一卷　宋張根撰
易原八卷　宋程大昌撰

經 10202332
元三家易説三種十九卷　胡思敬輯
豫章叢書本(民國刻,胡思敬輯)
易纂言外翼八卷附校勘記一卷　元吴澄撰　魏元曠校勘撰
讀易考原一卷附校勘記一卷　元蕭漢中撰　魏元曠校勘撰
易學變通六卷附校勘記一卷校勘續記一卷　元曾貫撰　魏元曠校勘　胡思敬續校勘

經 10202333
自得齋易學四種九卷　丁澤安撰
清光緒十八年貴州刻本　國圖　天津　山東　四川
易學節解五卷
易學又編二卷
易學彙説一卷
易學附圖一卷

經 10202334
勞謙室易説四種四卷　胡遠濬撰
清光緒三十年石印本　山東
周易偶識一卷
讀易通識一卷
周易微一卷
易述一卷

經 10202335
易藏叢書六種二十卷　杭辛齋撰
民國十二年上海研幾學社鉛印本　國圖　北大　天津　山東　南京　遼寧　上海
易楔六卷
易數偶得二卷
讀易雜識一卷
愚一録易説訂二卷
沈氏改正揲蓍法一卷
學易筆談初集四卷二集四卷

附　録

易占之屬

經 10202336
費氏易林一卷　漢費直撰　清馬國翰輯
玉函山房輯佚書本(同治皇華館刻、光緒李氏印、光緒嫏嬛館刻、光緒楚南書局刻)

經 10202337
周易分野一卷　漢費直撰　清馬國翰輯
玉函山房輯佚書本(同治皇華館刻、光緒李氏印、光緒嫏嬛館刻、光緒楚南書局刻)

經 10202338
焦氏易林十卷　漢焦贛撰
續道藏本(萬曆刻,民國影印)

經 10202339
焦氏易林十六卷　漢焦贛撰　明唐琳訂
明天啓六年新都唐琳刻本　國圖　北

大　山東
士禮居黄氏叢書本(嘉慶道光刻,光緒影印、民國影印)
清味經堂刻本　山東

經 10202340
京氏易傳一卷　漢京房撰
增定漢魏六朝别解本(崇禎刻)
説郛本(明抄)

經 10202341
易傳一卷　漢京房撰　清王謨輯
漢魏遺書鈔本(嘉慶刻)

經 10202342
京氏易八卷　漢京房撰　清王保訓輯　清嚴可均補輯
清嘉慶五至十二年稿本　北大
木犀軒叢書本(光緒刻)

經 10202343
京房易傳一卷　漢京房撰　清王仁俊輯
玉函山房輯佚書續編本(稿本)

經 10202344
京氏易傳(易傳)三卷　漢京房撰　三國吴陸績注
范氏奇書(嘉靖刻)
漢魏叢書本(萬曆刻、民國影印)
廣漢魏叢書本(萬曆刻、嘉慶刻)
廣漢魏叢書本(萬曆刻)　南京(清盧文弨校,清丁丙跋)
增訂漢魏叢書本(乾隆刻、光緒刻、宣統石印)
津逮祕書本(崇禎刻、民國影印)
鹽邑志林本(天啓刻、民國影印)
清初抄本　國圖　北京文物局(清葉樹蓮、沈彤跋)
清朱邦衡抄本(清朱邦衡跋並録清惠士奇、清惠棟校,清韓應陛跋)　復旦
四庫全書薈要本(乾隆寫)
四庫全書本(乾隆寫)
學津討原本(嘉慶刻、民國影印)
清刻本　上海(據馮鈍吟校宋本重校)

經 10202345
陸公紀京氏易傳注三卷　三國吴陸績撰　明姚士粦輯
鹽邑志林本(天啓刻、民國影印)
清抄本　上海
百陵學山本(萬曆刻,民國影印)

經 10202346
京氏易占一卷　漢京房撰　清王仁俊輯
玉函山房輯佚書續編本(稿本)

經 10202347
京氏易旹一卷　漢京房撰
説郛本(宛委山堂刻)

經 10202348
易飛候一卷　漢京房撰
説郛本(宛委山堂刻)

經 10202349
易飛候一卷　漢京房撰　清王謨輯
漢魏遺書鈔本(嘉慶刻)

經 10202350
易飛候一卷　漢京房撰　清劉學寵輯
青照堂叢書(道光刻)

經 10202351
易雜占條例法一卷　漢京房撰　清黄

　　奭輯
　黄氏逸書考本(道光刻王鑒修補、朱長圻補刻)

經 10202352
易洞林一卷　晉郭璞撰
　說郛本(宛委山堂刻)

經 10202353
易洞林一卷　晉郭璞撰　清王謨輯
　漢魏遺書鈔本(嘉慶刻)

經 10202354
易洞林一卷　晉郭璞撰　清黄奭輯
　黄氏逸書考本(道光刻王鑒修補、朱長圻補刻)

經 10202355
易洞林一卷　晉郭璞撰　清劉學寵輯
　青照堂叢書本(道光刻)

經 10202356
易洞林三卷補遺一卷　晉郭璞撰　清馬國翰輯
　玉函山房輯佚書本(同治皇華館刻、光緒李氏印、光緒嫏嬛館刻、光緒楚南書局刻)

經 10202357
郭氏易占一卷　晉郭璞撰　清王仁俊輯
　玉函山房輯佚書續編本(稿本)

經 10202358
麻衣道者正易心法(正易心法)一卷　宋陳摶受並消息
　范氏奇書本(嘉靖刻)
　津逮祕書本(崇禎刻、民國影印)
　明刻本　國圖
　清初抄本(正易法心)　上海
　藝海珠塵本(嘉慶刻道光增刻)
　學津討原本(嘉慶刻、民國影印)
　清抄本　上海

經 10202359
邵子易數一卷　題宋邵雍撰
　清康熙間尚友堂刻本　山東
　日本正保二年豐興堂刻本　上海

經 10202360
邵子易數二卷　題宋邵雍撰
　日本刻本　山東

經 10202361
邵子易數二十六卷　題宋邵雍撰
　朝鮮抄本　韓國藏書閣

經 10202362
梅花觀梅拆字數全集(梅花易數,新刻增定邵康節先生梅花觀拆字數全集)五卷　題宋邵雍撰
　清光緒五年書業堂刻本　國圖　南京　山東
　清光緒十二年掃葉山房刻本　上海
　清光緒十二年校經山房刻本(新刻增定邵康節先生梅花觀拆字數全集)　上海　山東
　清寶拊堂刻本　山東
　清宣統二年上海鑄記書局石印本　上海
　抄本(新刻增定邵康節先生梅花觀拆字數全集)　上海

經 10202363
先天後天占算易數十三卷　宋邵雍撰

清抄本　國圖

經 10202364
後天梅花觀梅拆字數全集四卷　題朱熹撰
清善成堂刻本　國圖

經 10202365
周易筮儀一卷　題宋朱熹撰
宋刻本　國圖
明嘉靖七年丘氏石泉書屋刻本　上海
明崇禎六年、十四年閔齊伋刻本　故宫
明豹變齋刻本　故宫
明金陵書林周對峯刻本　上海
清康熙十年朱錫旗旂刻本　上海
清康熙二十五年西爽堂刻本　美國哈佛燕京
清道光十六年揚州片善堂惜字公局刻本　國圖　遼寧
明刻巾箱本　上海
清康熙十二年劉元琬武林刻本　北大　中科院　南京　上海　遼寧

經 10202366
蓍卦考誤不分卷　題宋朱熹撰　日本山崎嘉校
日本延寶六年京都村上勘兵衛刻本　山東　日本國會

經 10202367
周易古占法一卷古周易章句外編一卷　宋程迥編
范氏奇書（嘉靖刻）
説郛本（宛委山堂刻）
清抄本　國圖　清華（四庫全書底本）
四庫全書本（乾隆寫）

經 10202368
筮宗一卷　宋趙汝楳撰
明嘉靖萬曆間朱睦㮮聚樂堂刻本　國圖　上海　四川
易序叢書本（清初抄）
通志堂經解本（康熙刻、同治刻、日本文化刻）
四庫全書薈要本（乾隆寫）
四庫全書本（乾隆寫）

經 10202369
易筮通變三卷　元雷思齊撰
道藏本（正統刻、民國影印）
四庫全書本（乾隆寫）
抄本　南京

經 10202370
周易尚占三卷　元李道純撰
寶顔堂祕笈本（萬曆刻、民國石印）

經 10202371
斷易黄金策九卷　題明劉基撰　清姚際隆删補
清初致和堂刻本　山東
清刻本　國圖

經 10202372
易占經緯四卷附錄一卷　明韓邦奇輯
清乾隆十六年刻本　山東　湖北

經 10202373
周易全書龜卜考一卷　明楊時喬編
明萬曆二十七至四十七年刻本　北大　湖北　南京
明萬曆間刻本　國圖　中科院　北京市委　上海　南京　湖北　河南　湖南師大　南京　美國哈佛燕京

經 10202374
中庵籤易一卷　明盧翰撰
明萬曆間刻本　北大
抄本　山東

經 10202375
心易發微七卷　明楊向春撰
清抄本　山東

經 10202376
心易發微六卷　明楊向春撰
抄本　國圖

經 10202377
新編評注易占四要□卷　明陸位輯
明末刻本　山東(存卷二至三)

經 10202378
易隱八卷首一卷　明曹九錫輯　明曹浚演
明崇禎間天德堂刻本　北大　上海
清光緒間刻本　中科院　山東
清刻本　山東

經 10202379
易林補遺四集十二卷　明張世寶撰
明刻本　北大　日本國會
明萬曆二十一年刻本　臺圖
明萬曆三十四年刻本　國圖　人大　南京　天一閣　廣東　西北大學
明刻本　北大　日本國會
清乾隆三十七年刻本　國圖　上海
清金閶徐振南刻本　國圖
清蘇州綠蔭堂刻本　國圖　上海

經 10202380
易林補遺四卷　明張世寶撰
清乾隆三十七年金閶書業堂刻本　山東

經 10202381
易林洞譜四卷　明陳元素、明吴廷俊撰
明天啓七年靈水山房刻本　福建

經 10202382
易學蓍貞四卷　明趙世對撰
清順治間刻本　國圖

經 10202383
周易會占一卷　明程鴻烈撰
説郛本(宛委山堂刻)

經 10202384
蓍法六種不分卷　清黄宗羲撰
清道光十七年刻本　上海

經 10202385
春秋占筮書三卷　清毛奇齡撰
西河合集本(康熙刻、乾隆印、嘉慶印)
四庫全書本(乾隆寫)
龍威祕書本(乾隆刻)
皇清經解續編本(光緒刻、光緒石印)

經 10202386
周易卦鈐二卷　清張文炳輯
清雍正二年張氏刻本　山東

經 10202387
易林元籤十測一卷　清盛如林撰
清味經齋刻本　山東
清刻本　山東

經 10202388
周易筮考一卷　清李塨撰

四庫全書本(乾隆寫)
清道光二十三年博陵養正堂刻本　國圖　天津　上海　遼寧
清道光二十三年石竇林刻本　國圖
清刻本　山東
抄本　山東
顏李叢書本(民國鉛印)

經10202389
周易占考一卷　清茹敦和撰
茹氏經學十二種本(乾隆刻)

經10202390
易林考證六十四卷首二卷　清陳本禮撰
稿本　北大

經10202391
周易辨占一卷　清王甗撰
學易五種本(道光刻、清抄、清末抄)

經10202392
易林釋文二卷　清丁晏撰
南菁書院叢書本(光緒刻)
清光緒十六年廣雅書局刻本　天津　南京

經10202393
易林四卷　清淩堃撰
淩氏傳經堂叢書本(道光刻)
清道光間刻本　國圖(四卷)

經10202394
易成二卷　清恩年撰
清光緒十三年積善堂刻本　國圖　山東

經10202395
易成方二卷　清恩年撰
清光緒十三年積善堂刻本　山東

經10202396
大易筮法直解(大衍筮法直解)一卷　清馬徵麐撰
清光緒間思古書堂刻本　南京
澹園全集本(光緒刻,大衍筮法直解)

經10202397
沈氏改正揲蓍法一卷　清沈善登述　杭辛齋輯
易藏叢書本(民國鉛印)

經10202398
占易祕解一卷　清張丙喜輯
清光緒二十二年刻本　國圖　上海　山東　遼寧

經10202399
周易六十四卦象占解八卷首一卷末一卷　清左鳴球參訂
清同治六年木活字印本　國圖

經10202400
數卜傳真一卷　題河洛子定
清光緒二十年河洛子原稿本　山東

經10202401
卜易指南二卷　清張孝宜撰　秦慎安校
民國十四年上海文明書局刻占卜彙刊本　北大

經10202402
穀亭先生揲蓍斷語一卷　羅經撰
清抄本　國圖

經 10202403
周易筮法全解八卷　王紹奎撰
　清光緒二年蕭振書刻本　山東

經 10202404
易筮要義一卷　鄭湛撰
　稿本　天一閣

經 10202405
筮法輯要不分卷　□□撰
　清光緒十二年抄本　山東

易緯之屬

經 10202406
乾坤鑿度一卷　□□輯
　增定漢魏六朝別解本（崇禎刻）

經 10202407
易緯乾坤鑿度二卷　漢鄭玄注
　明嘉靖間范欽天一閣刻本　國圖
　四庫全書本（乾隆寫）
　武英殿聚珍版書本（木活字印、浙江重刻、江西重刻、福建重刻、廣東重刻）
　藝海珠塵本（嘉慶刻道光增刻）
　古經解彙函本（同治刻、光緒石印、光緒刻）
　反約篇本（同治抄）　福建師大
　清刻易緯本　湖北

經 10202408
易乾坤鑿度一卷　漢鄭玄注　清趙在翰輯
　七緯本（嘉慶刻）

經 10202409
易乾坤鑿度鄭氏注一卷　漢鄭玄撰　清黃奭輯
　漢學堂叢書本（道光刻光緒印）
　黄氏逸書考本（道光刻王鑒修補、朱長圻補刻）

經 10202410
乾坤鑿度不分卷　清喬松年輯
　喬勤恪公全集本（光緒刻）
　山右叢書初編本（民國鉛印）

經 10202411
乾鑿度二卷　□□輯
　説郛本（宛委山堂刻）

經 10202412
易緯乾鑿度（周易乾鑿度）二卷　漢鄭玄注
　明嘉靖間范欽天一閣刻本　國圖
　雅雨堂藏書本（乾隆刻）　國圖（清唐仁壽録清惠棟校注並録清翁方綱校跋）　南京（清盧文弨校，清丁丙跋）
　四庫全書本（乾隆寫周易乾鑿度）
　武英殿聚珍版書本（木活字印、浙江重刻、江西重刻、福建重刻、廣東重刻）
　清乾隆間刻本　國圖
　清惠氏紅豆齋抄本　遼寧
　藝海珠塵本（嘉慶刻道光增刻）
　古經解彙函本（同治刻、光緒石印、光緒刻）
　反約篇本（同治抄）　福建師大
　鄭學彙函本（光緒刻）
　清玉海樓抄本（清孫詒讓校）　浙大

經 10202413
易乾鑿度一卷　漢鄭玄注　清趙在翰輯
　七緯本（嘉慶刻）

經 10202414
周易乾鑿度一卷　清任兆麟選輯

述記本(乾隆刻、嘉慶刻)
清嘉慶二十三年方秉哲刻五代兩漢遺書本　山東
清抄本(存乾坤鑿度二卷)　南京

經 10202415
易乾鑿度鄭氏注一卷　漢鄭玄注　清黄奭輯
漢學堂叢書本(道光刻光緒印)
黄氏逸書考本(道光刻王鑒修補、朱長圻補刻)

經 10202416
易乾鑿度不分卷　清喬松年輯
喬勤恪公全集本(光緒刻)
山右叢書初編本(民國鉛印)

經 10202417
易乾鑿度佚文一卷　清王仁俊輯
經籍佚文本(稿本)

經 10202418
周易乾鑿度殷術一卷　清孫詒讓撰
稿本　杭州

經 10202419
易稽覽圖一卷　□□輯
說郛本(宛委山堂刻)

經 10202420
易稽覽圖不分卷　明孫瑴輯
古微書本(嘉慶刻、光緒刻、光緒石印)
墨海金壺本(嘉慶刻、博古齋影印)
守山閣叢書本(道光刻、光緒影印、民國影印)

經 10202421
易緯稽覽圖二卷　漢鄭玄注
四庫全書本(乾隆寫)
武英殿聚珍版書本(木活字印、浙江重刻、江西重刻、福建重刻、廣東重刻)
藝海珠塵本(嘉慶刻道光增刻)
古經解彙函本(同治刻、光緒石印、光緒刻)
反約篇本(同治抄)　福建師大
鄭學彙函本(光緒刻)
清乾隆間刻本　國圖　南京
清何氏夢華館抄本(佚名録清丁杰批，清勞權、清丁丙跋)　南京
清刻本　北大
清刻易緯本　湖北

經 10202422
易緯稽覽圖一卷　清殷元正輯　清陸明睿增訂
緯書本(清觀我生齋抄)

經 10202423
易稽覽圖一卷　漢鄭玄注　清趙在翰輯
七緯本(嘉慶刻)

經 10202424
易稽覽圖鄭氏注一卷　漢鄭玄注　清黄奭輯
黄氏逸書考本(道光刻王鑒修補、朱長圻補刻)

經 10202425
易稽覽圖不分卷　清喬松年輯
喬勤恪公全集本(光緒刻)
山右叢書初編本(民國鉛印)

經 10202426
易巛靈圖一卷　□□輯

說郛本(宛委山堂刻)

經 10202427

易坤靈圖不分卷　明孫瑴輯

古微書本(嘉慶刻、光緒刻、光緒石印)

墨海金壺本(嘉慶刻、博古齋影印)

守山閣叢書本(道光刻、光緒影印、民國影印)

經 10202428

易緯坤靈圖一卷　漢鄭玄注

四庫全書本(乾隆寫)

武英殿聚珍版書本(木活字印、浙江重刻、江西重刻、福建重刻、廣東重刻)

古經解彙函本(同治刻、光緒石印、光緒刻)

鄭學彙函本(光緒刻)

經 10202429

易緯坤靈圖一卷　清殷元正輯　清陸明睿增訂

緯書本(清觀我生齋抄)

經 10202430

易坤靈圖一卷　漢鄭玄注　清趙在翰輯

七緯本(嘉慶刻)

經 10202431

易巛靈圖一卷　清劉學寵輯

青照堂叢書本(道光刻)

經 10202432

易坤靈圖鄭氏注一卷　漢鄭玄撰　清黄奭輯

漢學堂叢書本(道光刻光緒印)

黄氏逸書考本(道光刻王鑒修補、朱長圻補刻)

經 10202433

易通卦驗一卷　□□輯

說郛本(宛委山堂刻)

經 10202434

易通卦驗不分卷　明孫瑴輯

古微書本(嘉慶刻、光緒刻、光緒石印)

墨海金壺本(嘉慶刻、博古齋影印)

守山閣叢書本(道光刻、光緒影印、民國影印)

經 10202435

易緯通卦驗二卷　漢鄭玄注

四庫全書本(乾隆寫)

武英殿聚珍版書本(木活字印、浙江重刻、江西重刻、福建重刻、廣東重刻)

古經解彙函本(同治刻、光緒石印、光緒刻)

鄭學彙函本(光緒刻)

清刻本　南京

經 10202436

易緯通卦驗一卷　清殷元正輯　清陸明睿增訂

緯書本(清觀我生齋抄)

經 10202437

易通卦驗一卷　漢鄭玄注　清趙在翰輯

七緯本(嘉慶刻)

經 10202438

易通卦驗一卷　清劉學寵輯

青照堂叢書本(道光刻)

經 10202439

易通卦驗鄭氏注一卷　漢鄭玄注　清黄奭輯

黄氏逸書考本(道光刻王鑒修補、朱長圻補刻)

經 10202440
易通卦驗不分卷　清喬松年輯
喬勤恪公全集本(光緒刻)
山右叢書初編本(民國鉛印)

經 10202441
易緯通卦驗鄭注佚文一卷　漢鄭玄注　清王仁俊輯
經籍佚文本(稿本)

經 10202442
易萌氣樞不分卷　明孫瑴輯
古微書本(嘉慶刻、光緒刻、光緒石印)
墨海金壺本(嘉慶刻、博古齋影印)
守山閣叢書本(道光刻、光緒影印、民國影印)

經 10202443
易緯萌氣樞一卷　清殷元正輯　清陸明睿增訂
緯書本(清觀我生齋抄)

經 10202444
易萌氣樞不分卷　清喬松年輯
喬勤恪公全集本(光緒刻)
山右叢書初編本(民國鉛印)

經 10202445
易運期不分卷　明孫瑴輯
古微書本(嘉慶刻、光緒刻、光緒石印)
墨海金壺本(嘉慶刻、博古齋影印)
守山閣叢書本(道光刻、光緒影印、民國影印)

經 10202446
易運期不分卷　清喬松年輯
喬勤恪公全集本(光緒刻)
山右叢書初編本(民國鉛印)

經 10202447
易統驗玄圖不分卷　明孫瑴輯
古微書本(嘉慶刻、光緒刻、光緒石印)
墨海金壺本(嘉慶刻、博古齋影印)
守山閣叢書本(道光刻、光緒影印、民國影印)

經 10202448
易通統圖不分卷　明孫瑴輯
古微書本(嘉慶刻、光緒刻、光緒石印)
墨海金壺本(嘉慶刻、博古齋影印)
守山閣叢書本(道光刻、光緒影印、民國影印)

經 10202449
易通統圖不分卷　清喬松年輯
喬勤恪公全集本(光緒刻)
山右叢書初編本(民國鉛印)

經 10202450
易中孚傳不分卷　明孫瑴輯
古微書本(嘉慶刻、光緒刻、光緒石印)
墨海金壺本(嘉慶刻、博古齋影印)
守山閣叢書本(道光刻、光緒影印、民國影印)

經 10202451
易中孚傳不分卷　清喬松年輯
喬勤恪公全集本(光緒刻)
山右叢書初編本(民國鉛印)

經 10202452

易辨終備不分卷　明孫穀輯
古微書本(嘉慶刻、光緒刻、光緒石印)
墨海金壺本(嘉慶刻、博古齋影印)
守山閣叢書本(道光刻、光緒影印、民國影印)

經 10202453
易緯辨終備一卷　漢鄭玄注
四庫全書本(乾隆寫)
武英殿聚珍版書本(木活字印、浙江重刻、江西重刻、福建重刻、廣東重刻)
古經解彙函本(同治刻、光緒石印、光緒刻)
鄭學彙函本(光緒刻)

經 10202454
易緯辨終備一卷　清殷元正輯　清陸明睿增訂
緯書本(清觀我生齋抄)

經 10202455
易辨終備一卷　漢鄭玄注　清趙在翰輯
七緯本(嘉慶刻)

經 10202456
易辨終備鄭氏注一卷　漢鄭玄撰　清黄奭輯
黄氏逸書考本(道光刻王鑒修補、朱長圻補刻)

經 10202457
易辨終備不分卷　清喬松年輯
喬勤恪公全集本(光緒刻)
山右叢書初編本(民國鉛印)

經 10202458
易九厄讖不分卷　明孫穀輯
古微書本(嘉慶刻、光緒刻、光緒石印)
墨海金壺本(嘉慶刻、博古齋影印)
守山閣叢書本(道光刻、光緒影印、民國影印)

經 10202459
易筮類謀不分卷　明孫穀輯
古微書本(嘉慶刻、光緒刻、光緒石印)
墨海金壺本(嘉慶刻、博古齋影印)
守山閣叢書本(道光刻、光緒影印、民國影印)

經 10202460
易緯是類謀一卷　漢鄭玄注
四庫全書本(乾隆寫)
武英殿聚珍版書本(木活字印、浙江重刻、江西重刻、福建重刻、廣東重刻)
藝海珠塵本(嘉慶刻道光增刻)
古經解彙函本(同治刻、光緒石印、光緒刻)
反約篇本(同治抄)　福建師大
鄭學彙函本(光緒刻)

經 10202461
易緯是類謀一卷　清殷元正輯　清陸明睿增訂
緯書本(清觀我生齋抄)

經 10202462
易是類謀一卷　漢鄭玄注　清趙在翰輯
七緯本(嘉慶刻)

經 10202463
易是類謀鄭氏注一卷　漢鄭玄注　清黄奭輯
黄氏逸書考本(道光刻王鑒修補、朱長圻補刻)

漢學堂叢書本(道光刻光緒印)

經 10202464
易是類謀不分卷　清喬松年輯
喬勤恪公全集本(光緒刻)
山右叢書初編本(民國鉛印)

經 10202465
易緯乾元序制記一卷　漢鄭玄注
四庫全書本(乾隆寫)
武英殿聚珍版書本(木活字印、浙江重刻、江西重刻、福建重刻、廣東重刻)
古經解彙函本(同治刻、光緒石印、光緒刻)
鄭學彙函本(光緒刻)

經 10202466
易緯乾元序制記一卷　清殷元正輯　清陸明睿增訂
緯書本(清觀我生齋抄)

經 10202467
易乾元序制記一卷　漢鄭玄注　清趙在翰輯
七緯本(嘉慶刻)

經 10202468
易乾元序制記鄭氏注一卷　漢鄭玄撰　清黄奭輯
漢學堂叢書本(道光刻光緒印)
黄氏逸書考本(道光刻王鑒修補、朱長圻補刻)

經 10202469
易傳太初篇不分卷　清喬松年輯
喬勤恪公全集本(光緒刻)
山右叢書初編本(民國鉛印)

經 10202470
易内篇不分卷　清喬松年輯
喬勤恪公全集本(光緒刻)
山右叢書初編本(民國鉛印)

經 10202471
易内傳不分卷　清喬松年輯
喬勤恪公全集本(光緒刻)
山右叢書初編本(民國鉛印)

經 10202472
易緯天人應一卷　清殷元正輯　清陸明睿增訂
緯書本(清觀我生齋抄)

經 10202473
易天人應不分卷　清喬松年輯
喬勤恪公全集本(光緒刻)
山右叢書初編本(民國鉛印)

經 10202474
易經備一卷　清王仁俊輯
玉函山房輯佚書續編本(稿本)

經 10202475
易經靈圖一卷　清王仁俊輯
玉函山房輯佚書續編本(稿本)

經 10202476
易河圖數不分卷　明孫瑴輯
古微書本(嘉慶刻、光緒刻、光緒石印)
墨海金壺本(嘉慶刻、博古齋影印)
守山閣叢書本(道光刻、光緒影印、民國影印)

經 10202477
易緯三卷　明孫瑴輯

古微書本(嘉慶刻、光緒刻、光緒石印)
墨海金壺本(嘉慶刻、博古齋影印)
守山閣叢書本(道光刻、光緒影印、民國影印)

經 10202478
易緯　清殷元正輯　清陸明睿增訂
緯書本(清觀我生齋抄,一卷)
抄本(不分卷)　上海

經 10202479
易緯畧義三卷　清張惠言撰
清嘉慶十九年張成孫抄校本　復旦
清嘉慶十九年張成孫刻本　上海　南京
張臯文箋易詮全集本(嘉慶道光刻)
清嘉慶間刻巾箱本　湖北
廣雅書局叢書本(光緒刻)
清刻本　南京

經 10202480
易緯畧義一卷易圖條辨一卷　清張惠言撰
清嘉慶間琅嬛仙館刻本　南京

經 10202481
周易緯傳六卷首一卷　清江泉望撰
清道光四年西文盛堂刻本　上海

經 10202482
易緯不分卷　清臧紆青撰
民國十年臧增慶等石印本　山東
民國十年上海天寶書局石印本　上海

經 10202483
易緯一卷　清黄奭輯
漢學堂叢書本(道光刻光緒印)
黄氏逸書考本(道光刻王鑒修補、朱長圻補刻)

經 10202484
泛引易緯一卷　清喬松年輯
喬勤恪公全集本(光緒刻)
山右叢書初編本(民國鉛印)

經 10202485
易緯一卷　清喬松年輯
喬勤恪公全集本(光緒刻)
山右叢書初編本(民國鉛印)

經 10202486
易緯通義八卷　清莊忠棫撰
稿本　國圖
清同治七年戴氏長留閣抄本(莊忠棫校跋)　國圖
清抄本　北大　浙大(清孫詒讓批)

經 10202487
易緯札迻一卷　清孫詒讓撰
清光緒二十年刻札迻本

經 10202488
易緯八種十二卷　漢鄭玄注
清武英殿刻本　國圖　南京
武英殿聚珍版書本(内府刻、浙江重刻、江西重刻、福建重刻、廣東重刻)
清乾隆間蘇州重刻武英殿聚珍版書本　國圖
古經解彙函本(小學彙函,同治刻、光緒石印、光緒刻)
清刻本　南京　山東　湖北
　乾坤鑿度二卷
　易緯稽覽圖二卷
　易緯辨終備一卷

周易乾鑿度二卷
易緯通卦驗二卷
易緯乾元序制記一卷
易緯是類謀一卷
易緯坤靈圖一卷

經 10202489
易緯八種八卷　清趙在翰輯
清嘉慶九至十四年侯官趙氏小積石山房刻七緯本　國圖
易乾坤鑿度一卷
易乾鑿度一卷
易稽覽圖一卷
易辨終備一卷
易乾元序制記一卷
易通卦驗一卷
易是類謀一卷

古易之屬

經 10202490
連山易一卷　晉薛貞注　清王謨輯
漢魏遺書鈔本(嘉慶刻)

經 10202491
連山一卷諸家論説　清馬國翰輯
玉函山房輯佚書本(同治皇華館刻、光緒李氏印、光緒鄉嬛館刻、光緒楚南書局刻)
一瓻筆存本(稿本)
清抄本　復旦

經 10202492
歸藏一卷　晉薛貞注　清王謨輯
漢魏遺書鈔本(嘉慶刻)

經 10202493
歸藏一卷　清洪頤煊輯
問經堂叢書本(嘉慶刻)

經 10202494
歸藏一卷　清任兆麟輯
清嘉慶二十三年方秉哲刻五代兩漢遺書本　山東

經 10202495
歸藏一卷諸家論説　清馬國翰輯
玉函山房輯佚書本(同治皇華館刻、光緒李氏印、光緒鄉嬛館刻、光緒楚南書局刻)
清抄本　復旦

經 10202496
連山歸藏逸文一卷　清觀頮道人輯
閏竹居叢書本(清刻)

經 10202497
易鑒連山圖説一卷　□□輯
抄本　上海

經 10202498
古三墳書一卷　□□輯
漢魏叢書本(萬曆刻、民國影印)
漢魏叢書本(萬曆刻)　國圖(傅增湘校並跋)

經 10202499
三易備遺十卷　宋朱元昇撰
明抄本(存卷三至五)　國圖
通志堂經解本(康熙刻、同治刻、日本文化刻)
四庫全書薈要本(乾隆寫)
四庫全書本(乾隆寫)

經 10202500

三墳金玉三卷墳易一貫表一卷集説一卷　清錢鉞撰
清乾隆六十年刻本　國圖

經 10202501
三易注畧五卷　清劉一明撰
清嘉慶十六年刻本　中科院

經 10202502
三易注畧二十卷　清劉一明撰
清抄本　南開

經 10202503
三易偶解一卷附歸藏母經　清許樹棠撰
花近樓叢書本(稿本)
管庭芬叢鈔本(清抄,無附)

經 10202504
三易三統辨證二卷　清郭籛齡撰
清同治間刻本　南京　湖北

經 10202505
三易探原一卷　清北海老人撰
清抄本　南京　山東
民國二十八年青島崇華堂鉛印理數合解本　山東

經 10202506
三易圖説二卷附二則　王萬鼇撰
清光緒二十四年槐陰書屋刻本　國圖
清光緒二十五年廷芝山房刻本(無附)　山東

經 10202507
三易圖書集成不分卷　□□撰
抄本　山東

書　類

正文之屬

經 10302508
三字石經尚書一卷　清馬國翰輯
　玉函山房輯佚書本（同治皇華館刻、光緒李氏印、光緒嫏嬛館刻、光緒楚南書局刻）

經 10302509
尚書隸古定經文二卷　宋薛季宣輯
　聚學軒叢書本（光緒刻）

經 10302510
尚書隸古定釋文八卷　清李遇孫撰
　清嘉慶九年馬錦刻本　國圖　北大　上海　南京　中科院
　清歸安姚氏咫進齋寫刻本　上海
　聚學軒叢書本（光緒刻）
　安徽叢書本（民國影印）

經 10302511
尚書十三卷　唐□□輯
　唐開成二年刻清麐氏半畝園嫏嬛妙境拓印本　北大　復旦　南京

經 10302512
石經尚書一卷　清馬國翰輯
　玉函山房輯佚書本（同治皇華館刻、光緒李氏印、光緒嫏嬛館刻、光緒楚南書局刻）

經 10302513
今文尚書一卷　清馬國翰輯
　玉函山房輯佚書本（同治皇華館刻、光緒李氏印、光緒嫏嬛館刻、光緒楚南書局刻）

經 10302514
古文尚書不分卷　宋朱熹輯　孫寶田校定
　孫氏山淵閣叢刊本（光緒刻）

經 10302515
古文尚書三卷　清馬國翰輯
　玉函山房輯佚書本（同治皇華館刻、光緒李氏印、光緒嫏嬛館刻、光緒楚南書局刻）

經 10302516
尚書一卷　□□輯
　九經正文本（宋刻遞修）　國圖
　巾箱八經本（宋刻遞修、民國影印）
　五經本（弘治刻）　上海
　古香齋袖珍十種本（内府刻、南海孔氏重刻，古香齋五經）
　清乾隆間刻古香齋九經白文本　上海
　十三經本（明吴勉學刻）　北大　南京
　日本慶安五年崑山館道可處士刻本　北大
　日本稽古館刻本　國圖
　日本由學館刻本　北大
　清初抄本　復旦
　抄本　上海

經 10302517
尚書二卷　□□輯
　明内府刻本　國圖
　明刻本　國圖
　果行堂抄本　浙江
　日本延寶七年羅浮山夕顔巷刻新板

五經本　北大

經 10302518

尚書六卷　□□輯

五經白文本(明刻)　國圖

明刻本　上海(唐文治跋)

明萬曆間刻本　上海

清初抄本　北大

清抄本(存卷四至六)　北大

經 10302519

尚書四卷　明秦鏷訂正

九經本(崇禎刻、清逸文堂刻、心逸齋刻、觀成堂印)

經 10302520

篆文尚書四卷　明陳鳳梧篆書

篆文六經本(嘉靖刻)

經 10302521

篆文尚書不分卷　清張照校

篆文六經四書本(雍正内府刻、光緒影印、民國影印)

經 10302522

御製繙譯書經(滿漢對照)六卷　清□□譯

清光緒二十一年荆州駐防翻譯總學刻本　北大　上海

清北京文盛堂刻本　北大

清刻本　北大

傳抄清乾隆間刻本　南京

清抄本　北大

經 10302523

滿漢字書經六卷　清□□譯

清雍正十一年納臘暘阿布春卿刻本　北大

清刻本　北大

經 10302524

御製蒙漢合璧書經六卷　清高宗弘曆敕譯

一九六三年内蒙古師範學院蒙古文史資料室影印本　北大

傳說之屬

經 10302525

伏生尚書一卷　漢伏勝撰

說郛本(商務印書館鉛印)

經 10302526

尚書伏氏本經五卷　清安高發、清安吉纂輯

清嘉慶十九年陳氏崇本堂刻本　國圖　上海

經 10302527

今文尚書說一卷　漢歐陽生撰　清王謨輯

漢魏遺書鈔本(嘉慶刻)

經 10302528

尚書歐陽章句一卷　漢歐陽生撰　清馬國翰輯

玉函山房輯佚書本(同治皇華館刻、光緒李氏印、光緒嫏嬛館刻、光緒楚南書局刻)

經 10302529

尚書章句一卷　漢歐陽生撰　清黄奭輯

漢學堂叢書本(道光刻光緒印)

黄氏逸書考本(道光刻王鑒修補、朱長圻

補刻)

經10302530
書賈氏義一卷　漢賈誼撰　清王仁俊輯
玉函山房輯佚書續編本(稿本)

經10302531
尚書大夏侯章句一卷　漢夏侯勝撰　清馬國翰輯
玉函山房輯佚書本(同治皇華館刻、光緒李氏印、光緒娜嬛館刻、光緒楚南書局刻)

經10302532
尚書小夏侯章句一卷　漢夏侯建撰　清馬國翰輯
玉函山房輯佚書本(同治皇華館刻、光緒李氏印、光緒娜嬛館刻、光緒楚南書局刻)

經10302533
百兩篇一卷　漢張霸撰　清王謨輯
漢魏遺書鈔本(嘉慶刻)

經10302534
尚書百兩篇一卷　漢張霸撰　清黄奭輯
漢學堂叢書本(道光刻光緒印)
黄氏逸書考本(道光刻王鑒修補、朱長圻補刻)

經10302535
今字尚書殘卷(存虞書堯典)
敦煌遺書本　法國國家圖書館
敦煌祕籍留真新編本(民國影印)

經10302536
今字尚書殘卷(存周書多方、立政)
敦煌遺書本　法國國家圖書館
敦煌祕籍留真新編本(民國影印)

經10302537
古文尚書殘卷(存夏書禹貢)　漢孔安國傳
敦煌遺書本　法國國家圖書館
敦煌祕籍留真新編本(民國影印)

經10302538
古文尚書殘卷(存禹貢厥篚玄纁璣組至仲虺之誥九族乃離)　漢孔安國傳
唐初寫本　日本京都大學
京都帝國大學文學部景印唐鈔本本(日本影印)

經10302539
古文尚書殘卷(存商書盤庚上中)　漢孔安國傳
敦煌遺書本　法國國家圖書館
敦煌祕籍留真新編本(民國影印)

經10302540
古文尚書殘卷(存商書盤庚、說命、西伯戡黎、微子)　漢孔安國傳
敦煌遺書本　法國國家圖書館
敦煌祕籍留真新編本(民國影印)

經10302541
影寫隸古定尚書商書殘卷(存商書盤庚至微子九篇)　漢孔安國傳　羅振玉輯
雲窗叢刻(民國影印)

經10302542
古文尚書殘卷(存周書泰誓)　漢孔安國傳
敦煌遺書本　法國國家圖書館
敦煌祕籍留真新編本(民國影印)

經10302543
古文尚書殘卷(存泰誓、牧誓、武成) 漢孔安國傳
唐初寫本 日本國立博
日本大正四年神田喜左衛門影印唐寫本 上海
容安軒舊書四種本(日本影印) 北大
海東古籍叢殘本(民國影印) 北大

經10302544
古文尚書(存卷六) 漢孔安國傳
日本元德二年中原康隆手抄本 日本東洋
日本昭和十四年東洋文庫影印元德二年中原康隆抄本(附解說) 國圖

經10302545
古寫隸古定尚書殘卷(存周書洪範、旅獒、金縢、大誥、微子之命五篇) 漢孔安國傳
雲窗叢刻(民國影印)

經10302546
古文尚書(存卷八酒誥篇) 漢孔安國傳
唐初寫本 日本京都大學
京都帝國大學文學部景印唐鈔本本(日本影印)

經10302547
古文尚書殘卷(存周書洛誥、多士、無逸、君奭、蔡仲之命) 漢孔安國傳
敦煌遺書本 法國國家圖書館
敦煌祕籍留真新編本(民國影印)

經10302548
古文尚書殘卷(存周書君奭、秉德、迪知、天威至卷末) 漢孔安國傳
唐初寫本 日本京都大學
京都帝國大學文學部景印唐鈔本本(日本影印)

經10302549
唐寫本隸古定尚書殘卷(存周書顧命) 漢孔安國傳 羅振玉輯
鳴沙石室古籍叢殘本(民國影印)

經10302550
隸古文尚書顧命殘本附校勘記、補考 漢孔安國傳 蔣斧校勘 羅振玉補考
敦煌石室遺書本(宣統鉛印)

經10302551
古文尚書殘卷(存文侯之命至秦誓) 漢孔安國傳
唐初寫本 日本京都大學
京都帝國大學文學部景印唐鈔本本(日本影印)

經10302552
舊抄古文尚書殘卷 漢孔安國傳
日本大正六年和田維四郎影印日本古寫本 國圖

經10302553
隸古定尚書殘卷(存夏書四篇、商書七篇、周書顧命九行半) 漢孔安國傳 羅振玉輯
鳴沙石室佚書本(民國影印)

經10302554
古寫隸古定尚書真本(存夏書、商書、周書殘卷) 漢孔安國傳
民國十七年東方學會石印敦煌石室

本及日本抄本　北大　中科院　上海　復旦　湖北　遼寧

經 10302555
古文尚書十三卷　漢孔安國傳
清抄本　日本東洋
日本昭和十四年京都東方文化研究所影印東京内野氏皎亭文庫藏舊抄本　國圖　上海　復旦

經 10302556
尚書十三卷　漢孔安國傳
宋刻本　北大
清光緒間楊守敬鄰蘇園傳抄日本古寫本(楊守敬、葉景葵跋,潘承弼據日本影抄天正本校)　上海
日本寛喜三年抄本　北大
日本活字印本　北大
日本寛延四年京都丸屋市兵衛等刻本　上海　南京
日本刻本　國圖

經 10302557
書孔氏傳彙校不分卷　漢孔安國傳　王國維彙校
稿本　國圖

經 10302558
古文尚書訓一卷　漢賈逵撰　清王仁俊輯
玉函山房輯佚書續編本(稿本)

經 10302559
書古文訓一卷　漢賈逵撰　清王仁俊輯
玉函山房輯佚書續編本(稿本)

經 10302560
尚書古文同異一卷　漢賈逵撰　清王仁俊輯
玉函山房輯佚書續編本(稿本)

經 10302561
書古文訓旨(古文尚書訓旨)一卷　漢衛宏撰　清王仁俊輯
玉函山房輯佚書續編本(稿本)

經 10302562
五家要說章句一卷　漢明帝撰　清王仁俊輯
玉函山房輯佚書續編本(稿本)

經 10302563
尚書注一卷　漢馬融撰　清王謨輯
漢魏遺書鈔本(嘉慶刻)

經 10302564
尚書馬氏傳四卷　漢馬融撰　清馬國翰輯
玉函山房輯佚書本(同治皇華館刻、光緒李氏印、光緒嫏嬛館刻、光緒楚南書局刻)

經 10302565
古文尚書十一卷　漢鄭玄注　宋王應麟輯
清乾隆三十九年抄本　河南
清抄本　國圖　上海

經 10302566
鄭氏古文尚書十卷　漢鄭玄注　宋王應麟輯　清李調元校
函海本(乾隆刻、道光補刻、光緒刻)

經 10302567

古文尚書十卷尚書逸文二卷附尚書篇目表　漢馬融、漢鄭玄注　宋王應麟撰集　清孫星衍補集　(逸文)清江聲輯
清孫星衍補訂逸文
清乾隆二十四年蘭陵孫氏刻本　國圖
岱南閣叢書本(乾隆嘉慶刻、民國影印)
清光緒六年綿州墨池書舍校刻本　天津　上海　湖北

經 10302568
尚書鄭注十卷　漢鄭玄撰　宋王應麟輯　清孔廣林增定
學津討原本(嘉慶刻、民國影印)
鄭學彙函本(光緒刻)
通德遺書所見錄本(光緒刻)

經 10302569
鄭氏尚書注九卷　漢鄭玄撰　清袁鈞輯
鄭氏佚書本(光緒觀稼樓刻、浙江書局刻)

經 10302570
尚書畧説注一卷　漢鄭玄撰　清袁鈞輯　清袁堯年校補
鄭氏佚書本(光緒觀稼樓刻、浙江書局刻)

經 10302571
尚書古文注一卷　漢鄭玄撰　清黄奭輯
黄氏逸書考本(道光刻王鑒修補、朱長圻補刻)

經 10302572
尚書大傳一卷　漢伏勝撰　漢鄭玄注
説郛本(商務印書館鉛印)

經 10302573
尚書大傳三卷　漢伏勝撰　漢鄭玄注　清孫之騄輯並補遺
晴川八識本(清刻)
四庫全書本(乾隆寫)

經 10302574
尚書大傳補遺一卷　清孫之騄輯
晴川八識本(清刻)
四庫全書本(乾隆寫)

經 10302575
尚書大傳注四卷　漢鄭玄撰　清惠棟補
清惠氏紅豆齋抄本(清翁方綱校)　國圖

經 10302576
尚書大傳注補一卷　漢鄭玄注　清惠棟補
清惠氏紅豆齋抄本(清翁方綱校)　國圖

經 10302577
尚書大傳四卷補遺一卷續補遺一卷考異一卷　漢伏勝撰　漢鄭玄注　清盧見曾補遺　清盧文弨續補遺並考異
雅雨堂藏書本(乾隆刻)
清嘉慶五年山陰沈氏刻愛日草廬印本　國圖　北大　南京　浙江　天津　上海　湖北
清嘉慶十七年刻山淵堂印本　復旦
崇文書局彙刻書本(光緒刻)
清宣統三年鄂官書處重刻本　國圖
清抄本　北大　上海

經 10302578
尚書大傳三卷補遺一卷續補遺一卷

漢伏勝撰　漢鄭玄注　（補遺、續補遺）清盧文弨輯
反約篇本（同治抄）　福建師大
榕園叢書本（同治刻、民國印）

經 10302579
尚書大傳補遺一卷　清盧見曾輯
雅雨堂藏書本（乾隆刻）　國圖　上海　南京　湖北（清龔橙批並跋）　常熟中學
清嘉慶五年愛日草廬刻本　國圖　浙江　天津　上海　北大　南京（劉恭冕批校並跋）　湖北
清嘉慶十七年刻山淵堂印本　復旦
崇文書局彙刻書本（光緒刻）
清宣統三年鄂官書處重刻本　國圖

經 10302580
尚書大傳續補遺一卷　清盧文弨輯
反約篇本（同治抄）　福建師大
榕園叢書本（同治刻、民國印）
清刻本　國圖
雅雨堂藏書本（乾隆刻）　國圖　上海　南京　湖北（清龔橙批並跋）　常熟中學
清嘉慶五年愛日草廬刻本　國圖　浙江　天津　上海　北大　南京（劉恭冕批校並跋）　湖北
清嘉慶十七年刻山淵堂印本　復旦
崇文書局彙刻書本（光緒刻）
清宣統三年鄂官書處重刻本　國圖

經 10302581
尚書大傳考異一卷　清盧文弨輯
雅雨堂藏書本（乾隆刻）　國圖　上海　南京　湖北（清龔橙批並跋）　常熟中學
清嘉慶五年愛日草廬刻本　國圖　北大　天津　浙江　上海（劉恭冕批校並跋）　南京　湖北
清嘉慶十七年刻山淵堂印本　復旦
崇文書局彙刻書本（光緒刻）
清宣統三年鄂官書處重刻本　國圖

經 10302582
尚書大傳二卷　漢伏勝撰　漢鄭玄注　清王謨輯
漢魏遺書鈔本（嘉慶刻）

經 10302583
尚書大傳注四卷　漢鄭玄撰　清孔廣林輯
通德遺書所錄本（光緒刻）

經 10302584
尚書大傳一卷　漢伏勝撰　漢鄭玄注　清任兆麟選輯
述記本（乾隆刻、嘉慶刻）

經 10302585
尚書大傳注三卷　漢鄭玄撰　清袁鈞輯　清袁堯年校補
鄭氏佚書本（光緒觀稼樓刻、浙江書局刻）

經 10302586
尚書大傳五卷序錄五卷辨譌一卷　漢伏勝撰　漢鄭玄注　清陳壽祺輯校並撰
左海全集本（嘉慶道光刻）
清道光十年刻本　中科院

經 10302587
尚書大傳三卷序錄一卷辨譌一卷　漢

伏勝撰　漢鄭玄注　清陳壽祺輯校並撰
古經解彙函本（同治刻、光緒石印、光緒刻）

經 10302588
尚書大傳輯校三卷　清陳壽祺撰
皇清經解續編本（光緒刻、光緒石印）

經 10302589
尚書大傳序錄一卷　清陳壽祺撰
古經解彙函本（同治刻、光緒石印、光緒刻）
左海全集本（嘉慶道光刻）
清光緒間廣東番禺陳氏刻本　上海　南京

經 10302590
尚書大傳辨譌一卷　清陳壽祺撰
古經解彙函本（同治刻、光緒石印、光緒刻）
左海全集本（嘉慶道光刻）
清光緒間番禺陳氏刻本　上海

經 10302591
尚書大傳注一卷　漢鄭玄撰　清黄奭輯
漢學堂叢書本（道光刻光緒印）
黄氏逸書考本（道光刻王鑒修補、朱長圻補刻）

經 10302592
尚書大傳佚文補遺一卷　清王仁俊輯
經籍佚文本（稿本）

經 10302593
尚書王氏注二卷　三國魏王肅撰　清馬國翰輯
玉函山房輯佚書本（同治皇華館刻、光緒李氏印、光緒𨚍嬛館刻、光緒楚南書局刻）
玉函山房輯佚書本（濟南皇華館刻）
國圖（王國維校）

經 10302594
書王氏注一卷　三國魏王肅撰　清王仁俊輯
玉函山房輯佚書續編本（稿本）

經 10302595
尚書集注一卷　晉李顒撰　清王仁俊輯
玉函山房輯佚書續編本（稿本）

經 10302596
古文尚書舜典注一卷　晉范甯撰　清馬國翰輯
玉函山房輯佚書本（同治皇華館刻、光緒李氏印、光緒𨚍嬛館刻、光緒楚南書局刻）

經 10302597
書范氏集解一卷　晉范甯撰　清王仁俊輯
玉函山房輯佚書續編本（稿本）

經 10302598
尚書劉氏義疏一卷　晉劉焯撰　清馬國翰輯
玉函山房輯佚書本（同治皇華館刻、光緒李氏印、光緒𨚍嬛館刻、光緒楚南書局刻）

經 10302599
尚書述義一卷　隋劉炫撰　清馬國翰輯
玉函山房輯佚書本（同治皇華館刻、光緒李氏印、光緒𨚍嬛館刻、光緒楚南

書局刻）

經 10302600
古文尚書疏一卷　隋顧彪撰　清王謨輯
漢魏遺書鈔本（嘉慶刻）

經 10302601
尚書顧氏疏一卷　隋顧彪撰　清馬國翰輯
玉函山房輯佚書本（同治皇華館刻、光緒李氏印、光緒嫏嬛館刻、光緒楚南書局刻）

經 10302602
尚書義疏一卷　隋顧彪撰　清黄奭輯
漢學堂叢書本（道光刻光緒印）
黄氏逸書考本（道光刻王鑒修補、朱長圻補刻）

經 10302603
監本纂圖重言重意互注點校尚書十三卷　漢孔安國傳　唐陸德明釋文
四部叢刊本（民國影印）

經 10302604
尚書十三卷附考證　漢孔安國傳　唐陸德明注音　清□□考證
倣宋相臺五經本（乾隆武英殿刻、民國影印、同治刻、光緒江南書局刻、光緒重刻、光緒龍氏刻、光緒金陵書局、日本安政五年刻）

經 10302605
尚書正義二十卷　唐孔穎達撰
宋紹熙間刻本　日本宫内省
日本昭和四年大阪每日新聞社影印宋刻單疏本　國圖　北大　復旦
四部叢刊三編本（民國影印）
清光緒間楊守敬日本曬藍印本　北大
清光緒十六年楊守敬影抄近藤正齊影寫北宋單疏本（楊守敬自校並跋）　復旦

經 10302606
尚書正義二十卷尚書單疏校勘記二卷　唐孔穎達撰　劉承幹校勘
嘉業堂叢書本（民國刻）

經 10302607
尚書單疏校勘記二卷　劉承幹撰
嘉業堂叢書本（民國刻）
民國初劉氏求恕齋抄本　湖北

經 10302608
尚書正義定本校勘記二十卷　日本東方文化研究所撰
東方文化研究所研究報告第十四册本（十三經注疏定本）　國圖　北大　南京　上海

經 10302609
尚書正義二十卷　漢孔安國傳　唐孔穎達疏
宋兩浙東路茶監司刻本　國圖　日本足利學校
日本弘化四年熊本藩時習館影刻足利學藏宋本　北大

經 10302610
尚書注疏二十卷　漢孔安國傳　唐陸德明音義　唐孔穎達疏
元刻明修本　國圖　北大　清華　延邊大學（清楊守敬跋）　上海
十三經註疏本（嘉靖福建刻）　國圖（清

許瀚批校)

十三經註疏本(萬曆北監刻) 國圖(傅增湘校並跋)

十三經註疏本(萬曆北監刻吴士元修) 上海(佚名批校)

明萬曆十五年李長春等刻本 國圖 北大

十三經註疏本(崇禎汲古閣刻、翻汲古閣刻)

清翻刻汲古閣刻十三經注疏本 國圖 南京

經 10302611

書經二十卷 漢孔安國傳 唐陸德明音義 唐孔穎達疏 明葛鼐校 明金蟠訂

十三經古注本(崇禎刻、同治重修)

十三經古注本(崇禎刻) 復旦(清王□□校) 南京(□□批校)

經 10302612

尚書注疏十九卷序一卷附考證 漢孔安國傳 唐孔穎達疏 唐陸德明音義 清齊召南考證

十三經註疏附考證本(乾隆武英殿刻、同治鍾謙鈞刻)

四庫全書薈要本(乾隆寫)

四庫全書本(乾隆寫)

經 10302613

附釋音尚書注疏二十卷附校勘記二十卷 漢孔安國傳 唐孔穎達疏 唐陸德明音義 清阮元校勘 清盧宣旬摘録

重刊宋本十三經註疏附校勘記本(嘉慶刻、道光重修、同治重修、同治刻、光緒刻、光緒石印、民國石印)

經 10302614

尚書注疏校勘記二十卷 清阮元撰 清盧宣旬摘録

重刊宋本十三經註疏附校勘記本(嘉慶刻、道光重修、同治重修、同治刻、光緒刻、光緒石印、民國石印)

經 10302615

尚書校勘記(尚書注疏校勘記)二十卷釋文校勘記二卷 清阮元撰

皇清經解本(道光刻、咸豐補刻、鴻寶齋石印、點石齋石印)

宋本十三經註疏併經典釋文校勘記本(光緒刻,尚書注疏校勘)

經 10302616

尚書注疏校正一卷 清盧文弨撰

抱經堂叢書本(乾隆嘉慶刻、民國影印,羣書拾補初編)

紹興先正遺書本(光緒刻,羣書拾補初編)

經 10302617

尚書注疏二十卷 漢孔安國傳 唐陸德明音義 唐孔穎達疏 張鈞衡校勘

擇是居叢書初集本(民國鉛印)

經 10302618

尚書注疏校勘記一卷 張鈞衡撰

擇是居叢書初集本(民國鉛印)

民國初藕香簃抄本 湖北

經 10302619

尚書注疏二十卷新雕尚書纂圖一卷 漢孔安國傳 唐陸德明音義 唐孔穎達疏

蒙古刻本　國圖

經 10302620
尚書六卷　漢孔安國傳　唐孔穎達疏
袖珍十三經註本(同治刻)

經 10302621
尚書治要一卷　唐魏徵撰
羣書治要本(日本鎌倉抄)　日本宫内省
羣書治要本(日本元和間活字印)　日本内閣　日本東洋
羣書治要本(日本天明刻)　日本内閣　日本蓬左　日本尊經閣　日本高知大學
羣書治要本(日本寬政刻)　日本東北大學
羣書治要本(日本抄)　日本尊經閣
宛委别藏本(抄本、影印本,羣書治要)
連筠簃叢書本(道光刻,羣書治要)
粤雅堂叢書本(咸豐刻)
四部叢刊本(民國影印,羣書治要)

經 10302622
書經説一卷　宋曾鞏撰
羅卷彙編本(道光刻)

經 10302623
東坡書傳二十卷　宋蘇軾撰
兩蘇經解(萬曆畢氏刻、萬曆顧氏刻)
四庫全書薈要本(乾隆寫)
四庫全書本(乾隆寫,十三卷)
學津討原本(嘉慶刻、民國影印)

經 10302624
東坡書傳二十卷　宋蘇軾撰　明袁黄等評
明淩濛初刻套印本　國圖　人大　北師大　首都師大　故宫　天津　上海　湖北　浙江　遼寧　山西　東北師大　安徽　福建

經 10302625
書考辯二卷　宋蔡傳撰
西京清麓叢書本(光緒刻)

經 10302626
石林尚書傳二十卷　宋葉夢得撰
宋紹興間刻本　日本大東急　日本清見寺

經 10302627
尚書講義二十卷　宋史浩撰
四庫全書本(乾隆寫)
四明叢書本(民國刻)
抄本　上海

經 10302628
尚書全解四十卷(缺卷三十四)　宋林之奇撰
明范氏天一閣抄本　上海
清初常熟毛氏汲古閣抄本　國圖
通志堂經解本(康熙刻、乾隆補修、同治刻、日本文化刻)
四庫全書本(乾隆寫)

經 10302629
尚書全解一卷(卷三十四)　宋林之奇撰
涉聞梓舊本(咸豐刻、民國影印)

經 10302630
尚書全解四十卷　宋林之奇撰
清抄本　上海

經 10302631

林拙齋書全解附錄一卷　清丁杰輯
　清抄本　上海

經 10302632
鄭敷文書說一卷　宋鄭伯熊撰
　函海本(乾隆刻、道光補刻、光緒刻)
　藝海珠塵本(嘉慶刻道光增刻)
　經苑本(道光咸豐刻、同治印、民國補刻)
　榕園叢書本(同治刻、民國印)
　反約篇本(同治抄)　福建師大
　清趙魏抄本(清周星詒跋)　湖北
　清查昇抄本　福建
　清抄本　國圖

經 10302633
書傳問答一卷　宋朱熹撰　宋蔡抗輯
　宋淳祐十年呂遇龍上饒郡學刻本(朱文公訂正門人蔡九峯書集傳本附)　國圖

經 10302634
書古文訓十六卷　宋薛季宣撰
　通志堂經解本(康熙刻、乾隆補修、同治刻、日本文化刻)
　通志堂經解本(康熙刻)　國圖(王國維校跋)
　學津討原本(嘉慶刻、民國影印)

經 10302635
尚書詳解二十六卷　宋夏僎撰
　四庫全書本(乾隆寫)
　武英殿聚珍版書本(木活字印、福建重刻、廣東重刻)

經 10302636
增修東萊書說三十五卷圖說一卷　宋呂祖謙撰　宋時瀾增修
　宋刻本　國圖(存十六卷)
　通志堂經解本(康熙刻、同治刻、日本文化刻)
　四庫全書薈要本(乾隆寫)
　四庫全書本(乾隆寫)
　金華叢書本(同治光緒刻、民國補刻)

經 10302637
嚴修能手寫宋本東萊書說十六卷(原缺卷十至十三)禹貢圖說一卷　宋呂祖謙撰　清嚴元照寫
　清嘉慶間嚴元照寫本　南京
　民國十七年南京中社影印嚴照手寫本　國圖　北大　上海　遼寧　復旦　湖北

經 10302638
尚書說七卷　宋黄度撰
　明萬曆三年呂先洵刻本　山西博(存六卷)
　明抄本　遼寧　吴江
　通志堂經解本(康熙刻、同治刻、日本文化刻)
　四庫全書薈要本(乾隆寫)
　四庫全書本(乾隆寫)
　清初抄本　國圖

經 10302639
尚書說七卷行狀一卷　宋黄度撰　(行狀)清袁燮撰
　清道光九年沃洲黄氏家塾重刻本　國圖　中科院　上海　南京　湖北　浙江

經 10302640
尚書說斷四卷　宋黄度撰
　清翻明刻本　南京

經 10302641

絜齋家塾書鈔十二卷　宋袁燮撰

四庫全書本(乾隆寫)

四明叢書本(民國刻,附録一卷)

經 10302642

朱文公訂正門人蔡九峯書集傳六卷問答一卷小序一卷　宋蔡沈集傳　宋朱熹訂正

宋淳祐十年吕遇龍上饒郡學刻本　國圖

經 10302643

書集傳六卷　宋蔡沈撰

南宋嘉定刻本　國圖

清光緒六年公善堂影宋刻本　中科院　上海　南京

元劉氏南澗書堂刻本　日本内閣

元刻本　上海

明嘉靖三十五年廣東崇正堂刻本　國圖

明萬曆間吴勉學刻本　無錫　南京博　遼大

明天啓五年吴郡周鳴岐刻朱藍朱墨套印本　國圖

明崇禎元年閔齊伋刻本　國圖　故宫　北京文物局　浙江

明書林新賢堂張閩岳刻本　江西　浙江

明書林余明台克勤齋刻本　國圖

明建陽書坊刻本　浙江

清雍正間内府刻本　北大

清雍正二年劍溪堂刻本　國圖　復旦

四庫全書本(乾隆寫)

五經四子書本(乾隆刻)

五經四書本(道光刻)

清乾隆十三年阮顯揚抄本　南京

五經四書讀本本(雍正刻、嘉慶刻)

清嘉慶十三年敦化堂刻本　上海

清嘉慶十四年杭州涵古堂刻本　復旦

清道光十五年金陵崇文堂刻本　天津

清道光三十年積古堂刻本　南京

清道光間揚州片善堂惜字公局刻本　國圖

清同治元年刻本　國圖

清同治三年浙江撫署刻本　國圖　上海　南京　浙江

清光緒七年刻北京都寶堂印本　國圖

清光緒十一年京都老二酉堂刻本　遼寧

清光緒十三年京都聚珍堂書坊刻本　北大　國圖

清光緒十四年天津文美齋刻本　國圖

清光緒十六年桂垣書局刻本　南京

清光緒十七年天津煮字山房刻本　天津

清光緒二十一年淮南書局刻本　天津

清光緒二十五年衡水三義堂刻本　天津

清光緒間京都榮華堂刻本　天津

清敏慎堂刻本　國圖

清姑蘇會文堂刻本　天津

清潯陽萬氏蓮峯書屋刻本　上海　湖北

清京都瑞錦堂刻本　遼寧

清文光堂書坊刻本　上海

清金陵集義堂刻一品齋印本　國圖

清金閶步月樓刻本　杭州

清榮寶齋刻本　國圖

清光緒三十四年學部圖書局石印本　北大　國圖　天津　遼寧

清宣統二年校經山房石印本　遼寧

清末民國初上海廣益書局石印本　北大　復旦

經 10302644
書集傳六卷　宋蔡沈撰　明樊獻科重訂
　明嘉靖間吉澄刻本　國圖　中科院
　　浙江　中山大學　日本東京大學

經 10302645
書經集傳六卷　宋蔡沈撰
　明崇禎十四年海虞毛氏汲古閣刻本
　　上海
　清光緒十七年聚奎堂紹興刻本　北大
　清康熙三十七年寶書堂刻本　國圖
　清乾隆五十五年芥子園刻本　國圖
　清康熙三十七年李燦章刻京都善成
　　堂印本　北大
　清光緒間刻善成堂印本　國圖　北大
　清光緒十八年北京隆福寺都寶書堂
　　銅板印本　北大
　清同治元年重刻金陵芥子園本　國圖
　清嘉慶元年崇茂堂刻本　北大
　清金陵奎壁齋刻本　國圖
　清光緒七年刻文成堂印本　國圖
　清光緒三十三年刻京都文成堂印本
　　國圖　北大
　清刻文錦堂印本　國圖
　清末刻京都文林堂印本　北大
　清末刻京都清祕閣印本　北大
　清光緒四年冀州楊俊書齋刻聚興堂
　　印本　北大
　清光緒六年京都刻琉璃廠印本　北大
　清嘉慶五年上海席氏掃葉山房刻本
　　南京（清季錫疇批）
　清慎詒堂刻本　北大　復旦　南京
　清同文書屋刻本　北大
　清末南京狀元閣刻本　北大　天津
　日本寬文四年刻本　南京
　日本享和元年今村八兵衛刻本　國圖
　　北大
　日本慶應三年重刻本　南京

經 10302646
書經六卷　宋蔡沈集傳　明汪應魁句讀
　明崇禎四年汪應魁貽經堂刻本　故宮
　　上海　無錫　蘇州大學　福建
　　武漢

經 10302647
書經六卷　宋蔡沈集傳　清聖祖玄燁案
　五經本（康熙崇道堂刻）　浙江
　御案五經本（嘉慶刻）

經 10302648
書經集傳六卷　宋蔡沈集傳　清丁寶
　　楨校勘
　十三經讀本附校刊記本（同治山東書局
　　刻）

經 10302649
書經集傳校勘記一卷　清丁寶楨撰
　十三經讀本附校刊記本（同治山東書局
　　刻）

經 10302650
書經蔡傳六卷　宋蔡沈撰　清孫慶中
　　校述
　清光緒十八年善化書局刻本　湖北

經 10302651
書經集傳六卷新增輿圖一卷　宋蔡沈撰
　清同治十一年湖南省尊經閣刻本　北
　　大　南京

經 10302652
書集傳（滿文）六卷　宋蔡沈撰
　清乾隆二十五年刻本　上海

清摩青閣刻本　國圖

經 10302653
書經集注十卷　宋蔡沈撰
明萬曆元年熊冲宇刻本　國圖
明隆慶三年刻本　北師大
明嘉靖二年贛州府刻本　南京(清羅矩跋、清丁丙跋)
明嘉靖三十年倪淑刻萬曆二十三年倪甫英重修本　上海
明嘉靖間武昌學宫刻本　北大(清莫棠跋)　辭書出版社
明刻本　浙江
清初秀水竇文照傳芳書屋刻本　北大　湖北
清刻榮寶齋印本　國圖
民國三十二年上海錦章書局石印本　國圖
日本刻本　南京

經 10302654
尚書精義五十卷　宋黄倫撰
四庫全書本(乾隆寫)
清刻本　國圖　南京
經苑本(道光咸豐刻、同治印、民國補刻)

經 10302655
融堂書解二十卷　宋錢時撰
四庫全書本(乾隆寫)
武英殿聚珍版書本(木活字印、浙江重刻、江西重刻、福建重刻、廣東重刻)

經 10302656
尚書詳解五十卷　宋陳經撰
武英殿聚珍版書本(木活字印、福建重刻、廣東重刻)
四庫全書本(乾隆寫)

經 10302657
尚書要義三卷(卷七至九)　宋魏了翁撰
宛委别藏本(抄本、影印本)

經 10302658
尚書要二十卷序説一卷　宋魏了翁撰
四庫全書本(乾隆寫,缺卷七至九、十二至十四)
清震無咎齋抄本(清翁心存校並跋)　國圖
清抄本　國圖
五經要義本(光緒刻,無序説)
抄本　上海(無序説)

經 10302659
書疑九卷　宋王柏撰
通志堂經解本(康熙刻、同治刻、日本文化刻)
日本明和二年刻本　國圖
清初抄本　湖南
金華叢書本(同治光緒刻、民國補刻)

經 10302660
書傳會通十二卷　宋陳大猷撰
元刻本　國圖

經 10302661
書集傳或問二卷　宋陳大猷撰
元刻本　國圖
通志堂經解本(康熙刻、同治刻、日本文化刻)
四庫全書本(乾隆寫)
續金華叢書本(民國刻)

經 10302662
尚書詳解十三卷　宋胡士行輯
通志堂經解本(康熙刻、同治刻、日本文

化刻）
四庫全書薈要本（乾隆寫）
四庫全書本（乾隆寫）

經10302663
古文尚書證訛十二卷　宋王應麟撰
函海本（乾隆刻、道光補刻、光緒刻）

經10302664
書經金氏注（金氏書經注）十二卷　宋金履祥撰
十萬卷樓叢書本（光緒刻）
碧琳琅館叢書本（光緒刻）
芋花菴叢書本（宣統刻）
清抄本　國圖（又一部，清陸心源、清周星詒跋）

經10302665
尚書表注二卷　宋金履祥撰
南宋末福建刻本　臺圖
通志堂經解本（康熙刻、同治刻、日本文化刻）
率祖堂叢書本（光緒補刻）
四庫全書本（乾隆寫）
金華叢書本（同治光緒刻、民國補刻）
清光緒十年上海席氏掃葉山房刻本　國圖

經10302666
尚書義粹八卷　金王若虛撰　清張金吾輯錄
清道光間張氏愛日精廬抄本　上海（存卷一至三、七至八）　國圖（存一卷）
清抄本　國圖

經10302667
書集傳輯錄纂注六卷首一卷　宋蔡沈集傳　元董鼎輯錄纂注
元延祐五年建安余氏勤有堂刻本　國圖　北大（存卷二至四）　上海（存卷二至六）
元至正十四年翠巖精舍刻明修本　國圖　北大　臺圖　日本靜嘉堂
元刻本　山東博
通志堂經解本（康熙刻、同治刻、日本文化刻）
清怡顏堂抄本　北大

經10302668
書集傳輯錄纂注六卷首一卷　宋蔡沈集傳　元董鼎輯錄纂注
四庫全書薈要本（乾隆寫）
四庫全書本（乾隆寫）

經10302669
朱子說書綱領（朱子說書）一卷　宋朱熹撰　元董鼎輯錄
元延祐五年建安余氏勤有堂刻本　國圖
元至正十四年翠巖精舍刻明修本　國圖　日本靜嘉堂
元刻本　山東博
通志堂經解本（康熙刻、同治刻、日本文化刻）
清怡顏堂抄本　北大
四庫全書薈要本（乾隆寫，朱子說書）
四庫全書本（乾隆寫，朱子說書）
五經補綱本（咸豐刻）

經10302670
書集傳音釋六卷書序一卷書圖一卷朱子說書綱領一卷　宋蔡沈集傳　元鄒季友音釋　元董鼎輯說書綱領

元至正五年虞氏明復齋刻本(存卷四至六餘配元至正十四年日新堂刻本) 國圖
元至正十一年德星書堂刻本 國圖 北師大 上海 日本内閣
元至正十一年雙桂書堂刻本 上海 吉林
元至正十四年日新書堂刻本 國圖 上海(存卷二、三、五,卷六第一至八葉)
元刻本 上海 吉林
元刻本 復旦(存四卷)
明初刻本 國圖(存四卷)
明正統十二年司禮監刻本 北大 上海
清咸豐五年浦城與古齋祝鳳喈刻本 國圖 北大 浙江
清同治五年吴氏望三益齋刻本 國圖 北大 浙江
清光緒八年山西濬文書局刻本 北大 浙江 山西
清光緒十五年户部江南書局刻本 北大 天津 遼寧 湖北

經 10302671
書集傳六卷書圖一卷朱子說書綱領一卷書序一卷音釋三卷 宋蔡沈集傳 元董鼎輯說書綱領 元鄒季友音釋
清光緒七年江蘇書局刻本 國圖 上海 南京 遼寧

經 10302672
書集傳音釋六卷首一卷 宋蔡沈撰 元鄒季友音釋
日本弘化三年昌谷碩刻精溪文房印本 國圖 北大

經 10302673
尚書蔡傳音釋辨誤六卷 元鄒近仁撰
清抄本(清丁丙跋) 南京

經 10302674
今文尚書纂言(書纂言)四卷 元吴澄撰
通志堂經解本(康熙刻、同治刻、日本文化刻)
清乾隆二十一年吴氏刻本 上海
四庫全書薈要本(乾隆寫,書纂言)
四庫全書本(乾隆寫,書纂言)

經 10302675
書集傳纂疏六卷 宋蔡沈集傳 元陳櫟纂疏
元泰定四年梅溪書院刻本 日本内閣 日本靜嘉堂
明范氏天一閣傳抄元泰定四年梅溪書院刻本 上海
通志堂經解本(康熙刻、同治刻、日本文化刻)
四庫全書薈要本(乾隆寫)
四庫全書本(乾隆寫)

經 10302676
讀書叢說六卷 元許謙撰
四庫全書本(乾隆寫)
學海類編本(道光木活字印、民國影印)
清四明丘象寧抄本 國圖
清抄本 國圖 上海 湖北

經 10302677
讀書叢說四卷 元許謙撰
清抄本 上海

經 10302678
讀書叢說六卷 元許謙撰 清胡鳳丹校

金華叢書本(同治光緒刻、民國補刻)

經 10302679
科場備用書義斷法六卷附作義要訣一卷　元鄒次陳(悅道)編　(作義要訣)元倪士毅輯
元刻本　北大

經 10302680
書義斷法六卷　元鄒次陳(悅道)編
四庫全書本(乾隆寫)

經 10302681
書經補遺五卷　元呂宋傑撰
涵芬樓祕籍本(民國刻)

經 10302682
書蔡氏傳旁通六卷　元陳師凱撰　元朱初萬校正
元至正五年余氏勤有堂刻本　日本内閣
日本正保四年京都林甚右衛門翻刻元至正余氏勤有堂本　日本山梨縣
日本正保四年京都林甚右衛門刻寬文五年京都上村次郎右衛門印本　日本東京大學　日本二松學舍大學
通志堂經解本(康熙刻、同治刻、日本文化刻)
四庫全書本(乾隆寫)
清抄本　國圖

經 10302683
尚書通考十卷　元黄鎮成輯
元至正間刻本　國圖(清沈祥龍跋)　國圖　北大　日本内閣
日本正保五年京都林甚右衛門刻本　日本山梨縣
日本正保五年京都林甚右衛門刻寬文五年京都上村次郎右衛門印本　日本東京大學　日本二松學舍大學
通志堂經解本(康熙刻、同治刻、日本文化刻)
四庫全書本(乾隆寫)
清抄本　南京
日本刻本　北大
清乾隆三十一年徐時作刻本　國圖　北大　南京

經 10302684
尚書疏義六卷　元馬道貫撰
清太倉顧氏謏聞齋抄本　上海

經 10302685
王耕野先生讀書管見(讀書管見)二卷　元王充耘撰
通志堂經解本(康熙刻、同治刻、日本文化刻)
四庫全書本(乾隆寫,讀書管見)

經 10302686
書義矜式六卷　元王充耘撰
元刻本　南京
四庫全書本(乾隆寫)
民國間廬江劉氏遠碧樓藍格傳抄四庫全書本　上海
清抄本(存卷一至三)　國圖

經 10302687
書義主意六卷　元王充耘編
清道光五年友多聞齋翻刻元至正間本　國圖　中科院　南京

清傳抄元至正八年書林劉錦文刻本　上海(清彭元瑞跋)
粤雅堂叢書本(咸豐刻)

經 10302688
尚書纂傳四十六卷　元王天與撰
通志堂經解本(康熙刻、同治刻、日本文化刻)
四庫全書薈要本(乾隆寫)
四庫全書本(乾隆寫)

經 10302689
尚書句解十三卷　元朱祖義撰
元敏德書堂刻本　國圖
通志堂經解本(康熙刻、同治刻、日本文化刻)
四庫全書薈要本(乾隆寫)
四庫全書本(乾隆寫)

經 10302690
書經旁訓二卷　元李恕撰
五經旁訓本(萬曆鄭汝璧刻、陳大科刻、程五甫刻、崇禎彙錦堂刻、乾隆抄)

經 10302691
書經旁訓二卷　元李恕撰　明朱鴻謨重訂
五經旁訓本(萬曆江西刻)　故宫

經 10302692
尚書二卷　明朱升旁注
明刻本　國圖　復旦
明刻本　南京(清丁丙跋)

經 10302693
尚書六卷　明朱升旁注
明刻本　復旦

經 10302694
書傳會選六卷　明劉三吾等選
明初刻本　國圖　上海(存五卷)　西安文管
明嘉靖間趙府味經堂刻本　北大　人大　清華　中科院　社科院文學所　上海　南京　浙江(清王紿蘭、清蔡名衡跋)　河北大學　祁縣　吉大　甘肅　山東　江西　衡陽　四川　日本内閣　日本東京大學　日本尊經閣　日本靜嘉堂
四庫全書本(乾隆寫)

經 10302695
新編書義卓躍六卷　明陳雅言撰
明影抄正統間汝州王氏刻本　日本蓬左

經 10302696
書經直指六卷　明徐善述撰
明成化二十年刻本　陝西

經 10302697
書傳大全十卷書説綱領一卷圖一卷　明胡廣等撰
明内府抄本　國圖
明内府刻本　南京
明天順八年書林王氏敬善堂刻本　日本東京大學
明嘉靖七年書林楊氏清江書堂刻本　國圖
明嘉靖十一年書林劉氏明德堂刻本　南京
明萬曆三十三年書林余氏刻本　廣東社科院
明吴郡顧氏詩瘦閣刻本　日本東京大學
明刻本　國圖　天津　上海　復旦　南

京　福建　華南師大
明內府抄本　國圖
五經大全本(清初菊仙書屋刻)　北大　上海　遼寧
四庫全書本(乾隆寫)
朝鮮翻刻本　國圖　北大　上海　復旦

經 10302698
書經大全十卷書說綱領一卷圖說一卷　明胡廣等輯
四庫全書(乾隆寫)

經 10302699
書說綱領一卷　明胡廣等輯
明內府抄本　南京
明內府刻本　國圖
明天順八年書林王氏敬善堂刻本　日本東京大學
明嘉靖七年書林楊氏清江書堂刻本　國圖
明嘉靖十一年書林劉氏明德堂刻本　南京
明萬曆三十三年書林余氏刻本　廣東社科院
明吳郡顧氏詩瘦閣刻本　日本東京大學
明刻本　國圖　天津　上海　復旦　南京　福建　華南師大
明內府抄本　國圖
五經大全本(清初菊仙書屋刻)　北大　上海　遼寧
朝鮮翻刻本　國圖　北大　上海　復旦

經 10302700
申學士校正古本官板書經大全十卷首一卷末一卷　明胡廣等輯　明申時行校　明馮夢龍參閱
明建安書林余氏刻本　上海　南京　浙江　南通　福建師大　開封　廣東社科院　日本蓬左　日本東京大學
日本承應二年刻官板五經大全本　日本內閣　日本大阪　日本蓬左　日本一橋大學　日本九州大學

經 10302701
羣英書義二卷　明張泰撰　明劉錦文編選
清道光五年友多聞齋翻刻元至正间本　國圖　南京
清傳抄元至正八年書林劉錦文刻本　上海(清彭元瑞跋)
粵雅堂叢書本(咸豐刻)

經 10302702
黄翰林校正書經大全十卷　明胡廣等編　清黄既飛校
清康熙五十年黄既飛校刻本　國圖
粵雅堂叢書本(咸豐刻)

經 10302703
書傳通釋六卷　宋蔡沈集傳　明彭勗通釋　明董鏞音點
明宣德刻本　日本尊經閣

經 10302704
書經大全不分卷　明葉向高編
明嘉靖間清白堂刻本　國圖

經 10302705
書傳集解十二卷　明黄諫撰
明刻本　南京(清丁丙跋)

經 10302706

書經提要四卷　明章陬撰
明抄本　日本大倉

經 10302707
書經章句訓解十卷　明尹洪撰
明成化十年晉府刻本　首都　中科院

經 10302708
尚書考異五卷　明梅鷟撰
四庫全書本(乾隆寫)
平津館叢書本(嘉慶刻、光緒刻)
清道光五年朱琳立本齋刻本　國圖　北大　中科院　天津　上海　南京　浙江　遼寧
清光緒十八年浙江書局刻本　國圖　天津　上海　南京　遼寧　湖北

經 10302709
尚書考異不分卷　明梅鷟撰
明白雀山房抄本　國圖
清抄本　國圖

經 10302710
尚書譜不分卷　明梅鷟撰
明抄本　南京
清孔氏藤梧館抄本　國圖
清抄本　國圖

經 10302711
涇野先生尚書說要五卷　明呂柟撰
呂涇野五經說本(嘉靖刻、明抄、道光刻)
惜陰軒叢書本(咸豐刻、光緒刻,呂涇野經說)

經 10302712
尚書蔡注考誤(尚書砭蔡編)一卷　明袁仁撰
四庫全書本(乾隆寫,尚書砭蔡編)
藝海珠塵本(嘉慶刻道光增刻)
學海類編本(道光木活字印、民國影印)
藏修堂叢書本(光緒刻)
翠琅玕館叢書本(民國重編)
抄本　上海

經 10302713
尚書疑義六卷　明馬明衡撰
四庫全書本(乾隆寫)
清吴釗林抄本　遼寧

經 10302714
書經便注十卷　明蔡雲愛撰
明嘉靖四十年刻本　山東

經 10302715
書經敷言十卷　明馬森撰
明崇禎十一年馬際明重修本　南京(清丁丙跋)
明刻本　國圖

經 10302716
新刊書經批注分旨白文便覽六卷　明雷夢麟訓解　明林鴻儒定旨
明萬曆二十四年書林熊心禹刻本　重慶

經 10302717
尚書日記十六卷　明王樵撰
明萬曆十年于明照刻本　北大　人大　北京文物局　上海師大　南開　青島博　重慶
明萬曆二十三年刻本　國圖　日本内閣　日本靜嘉堂
明萬曆二十三年刻崇禎五年莊繼光

補版印本　北師大　首都師大　上海　湖北　三原　新疆大學　福建　重慶
明萬曆二十五年青陽知縣蔡立身刻本　北大　中科院　上海　南京　浙江　河南　重慶　紹興
四庫全書本(乾隆寫)

經 10302718
書帷別記四卷　明王樵撰
明萬曆間王啓疆、王肯堂等校刻本　國圖　天津　日本尊經閣

經 10302719
書經直解十三卷　明張居正等撰
明萬曆元年刻本　北大　中科院　故宫　上海　浙江　天一閣(清全祖望批校)
明崇禎九年馬士奇澹寧居刻本　故宫　南京
明末大葉堂刻本　甘肅

經 10302720
古書世學六卷　宋豐稷正音　明豐慶續音　明豐熙集說　明豐坊考補
明抄本　湖北
清雲在樓抄本(清馮登府跋)　國圖
抄本　國圖

經 10302721
書經繹二卷　明鄧元錫撰
五經繹本(萬曆刻)
明刻本　國圖

經 10302722
尚書會解六卷　明張治具撰
明萬曆十二年刻本　國圖　北大　上海　南大
明萬曆十五年晉江張氏刻本　北大
明萬曆間李獻可等湖北刻本　北大

經 10302723
新刊莆進士林二泉先生家傳書經精說十二卷　明林澄源撰
明隆慶四年熊氏種德堂刻本　日本内閣

經 10302724
書疏叢抄一卷　明王祖嫡撰
王司業雜著本(稿本)

經 10302725
新鍥書經講義會編十二卷　明申時行撰　明李鴻編輯　明申用懋、明申用嘉校訂
明萬曆二十六年徐銓刻本　上海　浙江　重慶　日本東京
明萬曆間刻金陵映旭齋印本　國圖　日本尊經閣　日本大倉　日本東京
日本延寶二年京都吉野屋權兵衛刻本　日本内閣　日本島根縣　日本東京大學
日本延寶二年京都吉野屋權兵衛刻河内屋太助等後印本　日本國會　日本東京　日本大阪　日本千葉縣　日本神戸市　日本東京大學　日本名古屋大學　日本滋賀大學　日本九州大學

經 10302726
鐫彙附百名公帷中綮論書經講義會編十二卷　明申時行撰　明蔣方馨訂
明萬曆四十三年三衢書林王應俊刻本　北大　上海　復旦　日本尊經

閣　日本東京大學
明王振華三桂堂刻本　山東師大
清光緒十八年關中書院刻本　湖北　南京

經 10302727
徽郡新刊書經講義不分卷　明程弘賓撰
明嘉靖四十三年新安程氏刻本　浙江

經 10302728
刻嘉禾鍾先生尚書主義傳心錄十二卷　明鍾庚陽撰
明萬曆九年劉美刻後印本　國圖　中科院

經 10302729
新刻鄧翰林訂正張先生書經舉業節解五卷　明張崇仁輯著　明鄧宗齡訂正
明萬曆十五年建邑書林鄭氏刻本　日本蓬左

經 10302730
重鍥初庵方先生書經集解十卷　明方揚撰
明萬曆二十四年張蒲刻本　安徽

經 10302731
尚書集解十卷　明孫繼有撰
明萬曆間刻本　日本尊經閣

經 10302732
尚書疏衍四卷　明陳第撰
一齋集本(萬曆刻、康熙刻、道光刻)
四庫全書本(乾隆寫)
抄本　上海

經 10302733
尚書百家彙解八卷　明俞鯤輯
明萬曆間刻本　國圖　江西博

經 10302734
玉茗堂書經講意十二卷　明湯顯祖著
明刻本　國圖

經 10302735
孫月峯先生批評書經六卷　明孫鑛撰　清劉熙載批點
明崇禎間天益山刻本　上海　福建　重慶

經 10302736
書經疑問十二卷　明姚舜牧撰
五經疑問本(萬曆刻)　南京　復旦
明萬曆三十二年刻本　北大　上海　吉林社科院
明萬曆三十九年刻本　湖北

經 10302737
劉季子書經講意不分卷　明劉雨碩撰
明萬曆二十一年桂香館刻本　北師大　廣東

經 10302738
新刻胡會魁纂輯書經講意冠玉八卷　明胡承詔撰
明萬曆間刻本　日本尊經閣

經 10302739
尚書要旨三十六卷　明王肯堂撰
明萬曆間刻本　北大　浙江　南通　日本尊經閣

經 10302740

書經傳注十二卷　明李資乾撰
　明天啓間刻本　日本尊經閣

經 10302741
書經刪正十卷　明袁黄撰
　明刻本　日本尊經閣

經 10302742
尚書纂注六卷　明袁黄纂注
　明刻本　日本内閣

經 10302743
尚書辨解十卷　明郝敬撰
　郝氏九經解本(萬曆刻、抄本)
　湖北叢書本(光緒刻)

經 10302744
尚書別解八卷　明郝敬撰
　郝氏九經解本(萬曆刻、抄本)

經 10302745
讀書一卷　明郝敬撰
　郝氏九經解本(萬曆刻、抄本)

經 10302746
學古堂尚書雅言六卷　明盧廷選撰
　明萬曆四十年刻本　上海　日本蓬左

經 10302747
新鍥會元玉蟠袁先生真傳書經翼衷演義十卷　明袁宗道撰
　明書林詹沖泉刻本　重慶

經 10302748
尚書因五卷　明張彩輯
　明刻本　北大

經 10302749
書經便蒙講意二卷　明夏長庚校
　明萬曆三十九年熊沖宇刻本　日本内閣

經 10302750
尚書疑問五卷　明史記事撰
　明萬曆間刻本　日本尊經閣

經 10302751
新鍥吴先生精傳書經萬世法程註十卷尾一卷　明吴亮撰
　明余彰德刻本　日本内閣

經 10302752
尚書說統四十卷　明張雲鸞撰
　明崇禎元年刻本　湖北　無錫　日本内閣

經 10302753
書經讀一卷　明陳際泰撰
　抄本　上海

經 10302754
尚書揆十六卷　明鄒期楨撰
　清抄本　北大

經 10302755
尚書蠡四卷　明趙維寰撰
　明崇禎八年刻本　上海師大

經 10302756
書傳會衷十卷　明曹學佺輯
　明末刻本　遼寧　日本内閣

經 10302757
尚書傳翼十卷　明陸鍵撰

明刻本　清華　日本東京大學

經 10302758
書經彙解四十六卷　明秦繼宗撰
明萬曆四十一年楊鶴嘉興刻本　國圖　北大　中科院　日本内閣

經 10302759
書經大全疑問要解十二卷　明劉伸撰　明翁思慎等校
明刻本　日本内閣

經 10302760
尚書注考一卷　明陳泰交撰
四庫全書本(乾隆寫)
海山仙館叢書本(道光刻)
碧琳琅館叢書本(光緒刻)

經 10302761
張太史纂著書經主意金丹六卷首一卷　明張鼎撰
明版築居刻朱藍套印本　日本内閣

經 10302762
新刻張侗初先生永思齋書經演十三卷　明張鼐撰
明坊刻本　南京

經 10302763
書經主意綱目六卷　明張鼐評訂　明陳台輯
明天啓七年吴郡周鳴岐刻朱墨黄三色套印本　國圖

經 10302764
精鐫尚書笥中利試題旨祕訣不分卷　明陳台撰
明天啓七年鄭氏奎壁堂套印本　天津

經 10302765
書經體注約解不分卷　宋蔡沈集傳　明洪輔聖等約解
清道光二十六年敎忠堂刻本　復旦
清鑾江華書屋刻本(不分卷)　湖北

經 10302766
新鋟林會魁書經逢源集注六卷　明林銘鼎撰　明胡應臺校正
明萬曆間書林熊成治刻本　日本熊谷大學

經 10302767
新刻虞會魁尚書便讀標旨書經六卷　明虞德隆撰
明刻本　日本内閣

經 10302768
書經論文六卷　明艾南英評點
清嘉慶間刻本　國圖

經 10302769
尚書刪補五卷　明汪康謠撰
明崇禎六年刻本　中山大學
明崇禎間刻本　國圖

經 10302770
新鐫曾元贊書經發穎集注六卷　明曾楚卿撰
明萬曆四十三年劉龍田忠賢堂刻本　國圖　北大

經 10302771
新刻金陵原板書經開心正解六卷　明胡素酙撰

明萬曆間書林熊成冶刻本　日本京都

經 10302772
書經補注六卷　明徐大儀撰
明崇禎五年金陵聚奎樓刻本　河南

經 10302773
尚書晚訂十二卷　明史維堡　明史元調輯
明崇禎八年刻本　温州

經 10302774
新鐫尚書便覽五卷　明莊奇顯撰
明萬曆四十七年刻本　日本内閣

經 10302775
尚書解意六卷　明李楨扆撰
清順治九年郭之培刻本　北大　中科院

經 10302776
尚書宗印六卷　明汪漸磐撰
明天啓三年刻本　上海

經 10302777
新刻汪會魁書經刪潤要言二卷　明汪漸磐撰　明陳萬言校
明刻本　日本内閣

經 10302778
尚書副墨六卷　明楊肇芳撰　明楊胤奇刪補
明崇禎四年集虚齋刻本　中科院　復旦　日本内閣　日本尊經閣

經 10302779
楊維斗先生輯著書經宙合十一卷　明楊廷樞撰
明刻本　日本内閣

經 10302780
尚書葦籥五十八卷　明潘士遴撰
明崇禎十二年刻本　國圖　浙江　南京　大連　南京博　浙江　日本内閣　日本尊經閣

經 10302781
新鐫何榜眼彙輯諸名家書經主意寶珠六卷　明何瑞徵輯
明崇禎元年刻本　河南

經 10302782
尚書賽刪正六卷　明程維時撰
清雍正六年抄本　山東師大

經 10302783
書經注疏大全合纂五十九卷首一卷　明張溥撰
明崇禎間吴門舒濂溪刻本　北大　浙江

經 10302784
尚書八卷　明胡廷忠撰
明崇禎間尺五樓刻本　國圖

經 10302785
讀尚書畧記三卷　明朱朝瑛撰
七經畧記本(稿本)　國圖
清抄本　國圖　浙江

經 10302786
尚書制義獨斷不分卷　明顧敦撰
清抄本　上海

經 10302787
書經鄉嬛集注六卷　明李青撰
明刻本　日本内閣

經 10302788
重刻書經鄉嬛集註六卷　明李青撰
明刻本　日本内閣　日本尊經閣

經 10302789
便蒙刪補書經翼七卷　明謝廷贊撰
明崇禎間刻長庚館印本　美國哈佛燕京
清刻本　國圖　湖北

經 10302790
刻夏先生書經六卷　明夏允彝撰
明刻本　日本内閣

經 10302791
夏彝仲先生書經聽月十一卷　明夏允彝撰
明刻本　日本尊經閣

經 10302792
書經便蒙詳節二卷　□□輯
明刻本　上海(清佚名批點)　吉林(清毛用吉跋,清倪稻孫跋)

經 10302793
書經摘注六卷　明□□輯
明抄本　天一閣

經 10302794
書經近指六卷　清孫奇逢撰
清康熙十五年趙氏一鶴軒刻本　國圖　北大　中科院　天津　上海　南京　浙江　湖北　新鄉
孫夏峯全集本(康熙刻遞修)

經 10302795
楊子書繹六卷　清楊文彩撰
清光緒二年仁和韓懿章寧都刻文起堂印本　國圖　北大　湖北
清刻本　上海

經 10302796
尚書集解二十卷　清孫承澤撰
清康熙十一年北平孫氏刻本　國圖

經 10302797
尚書埤傳十五卷首一卷末一卷　清朱鶴齡輯
清康熙十二年寶翰樓刻本　湖北
清康熙二十年吴江朱氏刻本　北大
清康熙間濠上草堂刻本　國圖
四庫全書本(乾隆寫)
清抄本(存卷一至五、十一至十五)　上海

經 10302798
書經考異一卷　清朱鶴齡撰
清康熙二十年吴江朱氏刻本　北大
清康熙間濠上草堂刻本　國圖　上海
四庫全書本(乾隆寫)

經 10302799
尚書埤傳補二卷　清朱鶴齡輯
清康熙二十年吴江朱氏刻本　北大　湖北
清康熙間濠上草堂刻本　國圖

經 10302800
尚書考異補一卷　清朱鶴齡撰
清康熙二十年吴江朱氏刻本　北大

清康熙間濠上草堂刻本　國圖

經 10302801
書經直解四卷　清張爾岐撰
抄本　山東

經 10302802
尚書譜一卷　清黄希聲輯撰
清康熙間清越居刻本　北大

經 10302803
書經要義六卷　清王建常撰
清雍正間崇陽公署刻朝邑同義文會印本　國圖　中科院

經 10302804
書經稗疏(尚書稗疏)四卷　清王夫之撰
四庫全書本(乾隆寫,尚書稗疏)
船山遺書本(道光刻、同治刻、民國鉛印)
抄本　南京

經 10302805
書經稗疏二卷　清王夫之撰
清王嘉愷抄本　湖南

經 10302806
書經稗疏一卷　清王夫之撰
昭代叢書本(道光刻)

經 10302807
尚書引義六卷　清王夫之撰
船山遺書本(道光刻、同治刻、民國鉛印)
清道光二十二年湘潭王氏守遺經書屋刻本　南京
清王嘉愷抄本　湖南
清抄本　運城

經 10302808
尚書體要六卷　清錢肅潤撰
清康熙二十二年趙侖刻本　上海　南京

經 10302809
古文尚書寃詞八卷　清毛奇齡撰
西河合集本(康熙刻、乾隆印、嘉慶印)
四庫全書本(乾隆寫)

經 10302810
古文尚書定論四卷　清毛奇齡撰
西河合集本(康熙刻、乾隆印、嘉慶印)

經 10302811
尚書廣聽録定論(尚書廣聽録)五卷　清毛奇齡撰
西河合集本(康熙刻、乾隆印、嘉慶印)
四庫全書本(乾隆寫,尚書廣聽録)

經 10302812
朱氏訓蒙書門六卷　清朱曰浚撰　清王澤弘正
清康熙間黄大中抄本　湖北

經 10302813
尚書彙纂十二卷末一卷　清陸士楷輯
清康熙間光裕堂刻本　南京
清光緒十二至十五年雅州陸氏善慶堂家塾重刻本　北大　上海　湖北

經 10302814
尚書彙纂一卷　清陸士楷輯
抄本　上海

經 10302815

尚書彙纂類句一卷　清陸士楷輯
清光緒十二至十五年雅浦陸氏善慶堂刻本　北大

經 10302816
尚書彙纂必讀十二卷　清陸士楷輯
清康熙十年五鳳堂刻本　國圖
清康熙十三年陸士楷居敬堂晉陵刻本　北大

經 10302817
書經疏畧六卷　清張沐撰
五經四書疏畧本(康熙敦臨堂刻、陳如升刻)
清康熙三十三年管竭忠刻本　北大　清華　中科院

經 10302818
尚書外傳二卷　清程作舟撰
藏書五種本(康熙刻)

經 10302819
尚書古文辨(古文尚書辨)一卷　清朱彝尊撰
學海類編本(道光木活字印、民國影印)
昭代叢書本(道光刻)
遜敏堂叢書本(道光咸豐木活字印)
懺花盦叢書本(光緒刻)

經 10302820
古文尚書考一卷　清陸隴其撰
賜硯堂叢書新編本(道光刻)
學海類編本(道光木活字印、民國影印)
昭代叢書本(道光刻)
遜敏堂叢書本(道光咸豐木活字印)
懺花盦叢書本(光緒刻)
陸子全書本(光緒刻)

經 10302821
書經圖不分卷　清牟欽元編輯
清雍正元年襄城常定遠致用堂刻五經全圖本
清雍正元年襄城常定遠致用堂刻清道光二十五年盱眙汪根敬重修五經全圖本　國圖

經 10302822
尚書古文疏證九卷(原缺卷三)附朱子古文書疑一卷　清閻若璩撰　(朱子古文書疑)清閻詠輯
清乾隆十年眷西堂刻本　中科院　上海　復旦　南京　浙江　湖北　山東　山西　貴州
清乾隆十年眷西堂刻同治六年錢塘汪氏振綺堂補刻本　國圖　北大　天津　上海　湖北　南京
四庫全書本(乾隆寫)
清嘉慶元年吴氏天津重刻本　天津　上海　南京　湖北
清抄本　國圖　上海
皇清經解續編本(光緒刻、光緒石印)

經 10302823
尚書古文疏證五卷附朱子古文書疑一卷　清閻若璩撰　(朱子古文書疑)清閻詠輯
清沈彤抄本　湖南

經 10302824
尚書口義六卷　清劉懷志撰
清乾隆九年大梁書院刻本　北京西城區　上海

經 10302825
書經詳說七十六卷　清冉覲祖撰

五經詳說本(光緒刻)

經 10302826
書經衷論四卷　清張英撰
清康熙二十一年刻本　國圖　天津　湖北
四庫全書本(乾隆寫)
清光緒二十三年桐城張氏重刻張文端集本　國圖
周氏師古堂所編書本(民國刻)

經 10302827
尚書七篇解義二卷　清李光地撰
清康熙間李氏敎忠堂刻本　國圖
李文貞公全集本(乾隆嘉慶刻)
四庫全書本(乾隆寫)
榕村全書本(道光刻)

經 10302828
欽定書經傳說彙纂二十一卷首二卷書序一卷　清王頊齡等纂
御纂七經本(康熙内府刻、同治浙江書局刻、崇文書局刻、江西書局刻、光緒戶部刻、江南書局刻、光緒鴻文書局石印)
四庫全書薈要本(乾隆寫)
四庫全書本(乾隆寫)
日本刻本　南京

經 10302829
書經心典六卷　清胡瑤光撰
清康熙間麗正堂刻本　南京

經 10302830
日講書經解義十三卷　清庫勒納等輯
清康熙十九年内府刻本　國圖　北大　天津　上海　南京　復旦　遼寧
清康熙三十年福建官刻本　北大
四庫全書薈要本(乾隆寫)
四庫全書本(乾隆寫)

經 10302831
書經釋義六卷　清李沛霖輯
清乾隆八年刻古吴三槐堂印本　國圖

經 10302832
豐川今古文尚書質疑八卷　清王心敬撰
清乾隆三年廣西潯州刻本　四川

經 10302833
愛日堂尚書注解纂要六卷　清吴蓮輯
清乾隆十九年吴氏愛日堂刻本　國圖　北大　清華　中科院　湖北　吉林　社科院

經 10302834
尚書蒙引句解十卷　清夏允懷輯　清沈廷楨參正
清康熙間沈氏刻本　復旦

經 10302835
尚書家訓八卷　清董色起撰
清康熙間刻本　國圖

經 10302836
今文尚書說三卷　清陸奎勳撰
陸堂經學叢書本(康熙刻)
清乾隆間刻本　北大　上海　南京　湖北

經 10302837
古文尚書辨一卷　清陸奎勳撰
清乾隆間刻本　北大　上海　南京　湖北

經 10302838
尚書札記二卷　清朱亦棟撰
十三經札記本(光緒竹簡齋刻)

經 10302839
書經參義(書經蔡傳參義)六卷　清姜兆錫撰
九經補注本(雍正刻)

經 10302840
尚書地理今釋一卷　清蔣廷錫撰
四庫全書本(乾隆寫)
清嘉慶二十二年孫嘉珍四世環秀堂刻本　國圖　南京　湖北
借月山房彙鈔本(嘉慶刻、博古齋影印)
澤古齋重鈔本(道光重編)
式古居彙鈔本(道光重編)
指海本(道光刻、民國影印)
昭代叢書本(道光刻)
皇清經解本(道光刻、咸豐補刻、鴻寶齋石印、點石齋石印)
清光緒七年成都淪雅齋刻本　國圖　南京

經 10302841
尚書約注四卷末一卷　清任啓運撰
清雍正八年寶弘堂刻本　湖北
任氏遺書本(光緒刻)

經 10302842
尚書章句内篇五卷外篇二卷　清任啓運撰
稿本　南開
任氏遺書本(光緒刻)
清刻本　中科院

經 10302843
深柳堂彙輯書經大全正解十二卷禹貢增刪集注正解讀本一卷書經正解圖一卷　清吴荃彙輯
清康熙二十九年深柳堂刻本　國圖　北大　中科院

經 10302844
莨墅說書不分卷　清陳震撰　清陳鈐輯
清同治三年陳紱麟刻本　南京

經 10302845
書經體注大全合參六卷　宋蔡沈集傳　清錢希祥輯注
清道光二十四年金昌綠蔭堂刻本　遼寧
清紫文閣刻光緒九年文英堂印本　北大
清兩儀堂刻本　遼寧
清友于堂刻本　國圖
清聚錦堂刻本　國圖

經 10302846
書經體注大全合參六卷附御纂經解　宋蔡沈集傳　清錢希祥輯注
清宣統三年上海掃葉山房石印本　北大

經 10302847
尚書質疑三卷　清顧棟高撰
清乾隆間刻本　國圖
清道光六年蔣廷瓚刻本　國圖　南京

經 10302848
尚書質疑不分卷　清顧棟高撰
清抄本　復旦
抄本　上海

經 10302849
朱子古文書疑一卷　清閻咏輯
清乾隆十年眷西堂刻本　中科院　上海　復旦　南京　浙江　湖北　山東　山西(張穆校)　貴州
清乾隆十年眷西堂刻同治六年錢塘汪氏振綺堂補刻本　國圖　北大　天津　上海　南京　湖北
清嘉慶元年吴氏天津重刻本　天津　上海　南京　湖北

經 10302850
尚書劄記一卷　清范爾梅撰
清康熙間刻本　國圖
讀書小記本(雍正刻)

經 10302851
尚書附義二卷　清李重華撰
清乾隆二十八年萬葉堂刻本　湖北　吉林社科院

經 10302852
尚書題炬□卷　清孫之騄輯
抄本　南京

經 10302853
尚書小疏一卷　清沈彤撰
果堂全集本(乾隆刻)
皇清經解本(道光刻、咸豐補刻、鴻寶齋石印、點石齋石印)

經 10302854
書經去疑六卷　清王文烜編輯
清乾隆四年古吴三樂齋刻本　北大

經 10302855
晚書訂疑三卷　清程廷祚撰
清乾隆間三餘書屋刻本　浙大
清道光二十七年方之湜刻本　北大　中科院
皇清經解續編本(光緒刻、光緒石印)
聚學軒叢書本(光緒刻)
清斡年堂刻朱印本　中山大學
清抄本(佚名録清吴騫校)　北大
金陵叢書本(民國刻)

經 10302856
書經詮義十二卷首二卷　清汪紱撰
清光緒七年婺源曲水書局刻紫陽書院印本　國圖　北大　上海　復旦
汪雙池先生叢書本(光緒彙印)
清光緒二十四年刻本　南京
清愛日堂抄本(首一卷)　北大

經 10302857
尚書約旨六卷　清楊方達撰
楊符蒼七種本(雍正乾隆刻)

經 10302858
尚書通典畧二卷　清楊方達撰
楊符蒼七種本(雍正乾隆刻)

經 10302859
尚書[illegible]註正義讀本五卷　清高[illegible]光撰
清雍正十二年[illegible]松堂刻本　上海

經 10302860
尚書古義二卷　清惠棟撰
貸園叢書初集本(乾隆刻)
省吾堂四種本(嘉慶刻,九經古義)

經 10302861
尚書古義一卷　清惠棟撰
昭代叢書本(道光刻)

經 10302862
古文尚書考二卷　清惠棟撰
清乾隆三十四年李文藻抄本　國圖
清乾隆五十七年讀經樓刻本　國圖　上海　南京　吉林社科院
清翻刻乾隆五十七年刻本　湖北
皇清經解本(道光刻、咸豐補刻、鴻寶齋石印、點石齋石印)
清乾隆間李溪亭抄本　山東博
清竹因書塢抄本　山東博
清抄本　國圖　中科院

經 10302863
古文尚書考一卷　清惠棟撰
昭代叢書本(道光刻)

經 10302864
尚書辨疑一卷　清劉青芝撰
劉氏傳家集本(乾隆刻)

經 10302865
畏齋書經客難三卷首一卷　清龔元玠撰
十三經客難本(道光刻)

經 10302866
書考辨二卷　清劉紹攽撰
清乾隆十六年劉氏傳經堂刻本　國圖　清華　北大
清同治十二年刻本　中科院

經 10302867
尚書離句六卷　清錢在培輯解
清雍正五年原野草堂刻本　浙江
清嘉慶八年重刻本　南京
清同治二年宏道堂刻本　天津
清光緒四年越城聚奎堂刻本　復旦　中科院
清光緒四年刻京都文成堂印本　國圖
清光緒十年刻立言堂印本　國圖
清光緒十二年聚元堂刻本　北大
清光緒十二年文英堂刻本　北大
清光緒十八年成文信刻本　遼寧
清光緒十八年三義堂記刻本　南京
清光緒三十二年校經山房刻本　遼寧
清宣統三年上海掃葉山房石印本　北大
清李光明莊刻本　國圖

經 10302868
尚書評注六卷　清牛運震撰
清抄本　山東

經 10302869
壁經集解一卷　清陳奕蘭撰
稿本　天台

經 10302870
尚書私學四卷　清江昱撰
清乾隆二十一年刻本　湖北　浙江
清抄本　國圖
民國三十一年上海合衆圖書館抄本　上海

經 10302871
心園書經知新八卷　清郭兆奎撰
清乾隆間刻本　天津

經 10302872
尚書可解輯粹二卷　清潘相撰
清嘉慶四年刻本　國圖　中科院　南京
潘相所著書本(乾隆嘉慶刻)

經 10302873
尚書詁要四卷　清龍萬育輯

清道光五年敷文閣刻本　國圖　湖北

經 10302874
尚書考辨四卷　清宋鑒撰
清嘉慶四年刻本　國圖　北大　中科院　上海　南京　浙江　湖北
山右叢書初編本(民國鉛印)

經 10302875
尚書既見三卷　清莊存與撰
清乾隆五十八年刻本　北大
味經齋遺書本(道光刻、光緒刻)

經 10302876
尚書説一卷　清莊存與撰
味經齋遺書本(道光刻、光緒刻)

經 10302877
尚書釋天六卷　清盛百二撰
清乾隆十八年秀水李氏刻本　南京
清乾隆三十年李氏刻乾隆四十六年增刻本　北大　湖北
清乾隆三十九年任城書院刻本　國圖　中科院　復旦　南京
皇清經解本(道光刻、咸豐補刻、鴻寶齋石印、點石齋石印)

經 10302878
尚書釋天圖解三卷　清盛百二撰
稿本　上海

經 10302879
尚書未定稿二卷　清茹敦和撰
茹氏經學十二種本(乾隆刻)
清道光間刻本　上海

經 10302880
書傳鹽梅二十卷　清黄文蓮撰
清乾隆五十二年刻本　國圖　北大　清華　中科院　復旦　浙江　遼寧　中山大學(存卷一至十一)

經 10302881
尚書補誼一卷　清江聲撰
清乾隆五十八年江氏近市居刻篆文本　天津　上海　復旦

經 10302882
尚書續補誼一卷　清江聲撰
清乾隆五十八年江氏近市居刻篆文本　天津　上海　復旦

經 10302883
尚書大傳三卷附録一卷備考一卷源委一卷補遺一卷　漢伏勝撰　漢鄭玄注　清董豐垣考纂
清乾隆九年董氏槐古齋刻本　國圖　中科院　上海　復旦　湖北　浙江

經 10302884
尚書大傳備考一卷　清董豐垣撰
清乾隆九年董氏槐古齋刻本　國圖　北大　中科院　上海　復旦　湖北　浙江

經 10302885
尚書大傳源委一卷　清董豐垣撰
清乾隆九年董氏槐古齋刻本　國圖　中科院　上海　復旦　湖北　浙江

經 10302886
尚書大傳補遺一卷　清董豐垣撰
清乾隆九年董氏槐古齋刻本　國圖　中科院　上海　復旦　湖北　浙江

經 10302887
書疑辨證存四卷　清黄烈撰
稿本(清唐尊瑋跋)　復旦

經 10302888
尚書後案三十卷附後辨一卷　清王鳴盛撰
清乾隆四十五年禮堂刻本　國圖　北大　中科院　天津　上海　復旦　南京　浙江　湖北　遼寧
皇清經解本(道光刻、咸豐補刻、鴻寶齋石印、點石齋石印)

經 10302889
尚書後辨一卷　清王鳴盛撰
清乾隆四十五年禮堂刻本　國圖　北大　中科院　天津　上海　復旦　南京　湖北　浙江　遼寧
皇清經解本(道光刻、咸豐補刻、鴻寶齋石印、點石齋石印)

經 10302890
尚書義考二卷　清戴震撰
聚學軒叢書本(光緒刻)
清抄本　國圖
安徽叢書本(民國影印)

經 10302891
尚書讀記一卷　清閻循觀撰
西澗草堂全集本(乾隆刻)

經 10302892
尚書小劄二卷　清郭夢星撰
寶樹堂遺書本(光緒刻)

經 10302893
尚書協異不分卷　清戴祖啓撰
清乾隆間戴氏抄本　北大

經 10302894
尚書協異二卷　清戴祖啓撰
清嘉慶元年汾陽田畿刻資敬堂印本　國圖　中科院　上海　天津　南京

經 10302895
尚書涉傳四卷　清戴祖啓撰
清乾隆間刻本　國圖
清嘉慶元年汾陽田畿刻資敬堂印本　中科院　南京　中山大學

經 10302896
尚書質疑二卷　清趙佑撰
清獻堂全編本(乾隆刻)

經 10302897
尚書考六卷　清李榮陛撰
李厚岡集本(嘉慶刻、道光刻)

經 10302898
尚書篇第一卷首一卷　清李榮陛撰
李厚岡集本(嘉慶刻、道光刻)

經 10302899
書經補篇一卷　清李榮陛撰
李厚岡集本(嘉慶刻、道光刻)

經 10302900
書經考畧一卷　清張眉大撰
海南雜著本(道光刻)

經 10302901
古文尚書寃詞補正一卷　清周春撰
清抄本　國圖
清藍格抄本　國圖

張宗祥抄本(張宗祥跋)　國圖　浙江

經 10302902
書經揭要六卷　清周蕙田輯錄　清杜綱參訂　清許寶善閲定
清乾隆五十三年自怡軒刻本　湖北　北大

經 10302903
書經述六卷　清許祖京撰
清嘉慶十七年陔華堂刻本　上海　浙江　南京
清同治十三年刻本　中科院　上海

經 10302904
書經批六卷　清董懋極撰
清乾隆三十一年刻夢花堂印本　國圖　北大　清華　河津

經 10302905
書經備旨七卷　清鄒聖脈纂輯
清光緒五年海陵書局刻本　南京
五經備旨本(光緒刻、光緒石印、樂善堂銅版印)
民國初上海大成書局石印本　復旦

經 10302906
書附記十四卷　清翁方綱撰
清末傳抄翁方綱稿本　復旦

經 10302907
古文尚書撰異不分卷　清段玉裁撰
稿本(清佚名錄錢大昕校注,清臧庸籤注,吴重熹、葉景葵跋)　上海

經 10302908
古文尚書撰異三十二卷　清段玉裁撰
清乾隆間七葉衍祥堂刻本　國圖　上海　福建　暨南大學　湖北
經韻樓叢書本(乾隆刻)
皇清經解本(道光刻、咸豐補刻、鴻寶齋石印、點石齋石印)

經 10302909
古文尚書條辨五卷　清梁上國撰
清抄本　湖北
清末民國初抄本　國圖

經 10302910
尚書私説二卷　清倪上述撰
清乾隆間刻本　國圖

經 10302911
古文尚書辨僞二卷　清崔述撰
崔東壁遺書本(道光刻、民國影印)

經 10302912
書經旁訓二卷　清徐立綱撰
五經旁訓本(乾隆刻)　北大

經 10302913
書經增訂旁訓二卷　清徐立綱旁訓　清□□增訂
五經旁訓本(乾隆匠門書屋刻)　山東

經 10302914
書經增訂旁訓四卷　清徐立綱旁訓　清□□增訂
清乾隆四十七年金閶書業堂刻本　上海　山東
清乾隆五十二年金閶映雪草堂刻本　國圖　上海
清光緒八年遵古堂刻本　南京
清末南京狀元境李光明莊刻本　復旦

經 10302915
書經增訂旁訓辨體合訂四卷　清徐立綱輯
清三益堂刻本　復旦
清循陔堂刻本　北大

經 10302916
古文尚書十三卷　漢孔安國傳　日本塚田虎補注
日本寛政十三年刻本　北大

經 10302917
尚書讀法五卷　清安吉纂輯
清乾隆四十八年刻本　中科院

經 10302918
讀書質疑一卷　清安吉撰
稿本　上海

經 10302919
尚書偶記一卷　清汪德鉞撰
清嘉慶間刻本　國圖
七經偶記本(道光木活字印)

經 10302920
尚書地説一卷　清王謨撰
重訂漢唐地理書鈔本(嘉慶刻、清抄)
傳抄重訂漢唐地理書鈔本　上海

經 10302921
尚書今古文考證七卷　清莊述祖撰
珍埶宧遺書本(道光刻)

經 10302922
尚書記七卷　清莊述祖撰
雲自在龕叢書本(光緒刻)
清抄本(清孫詒讓校)　浙大

經 10302923
尚書記九卷　清莊述祖撰
清譚儀抄本　國圖

經 10302924
尚書記校逸二卷　清莊述祖撰
雲自在龕叢書本(光緒刻)

經 10302925
書經精義四卷首一卷末一卷　清黄淦纂
清嘉慶九年刻本　復旦
清嘉慶十六年翼經堂刻本　國圖
七經精義本(嘉慶刻)

經 10302926
書經精義旁訓四卷　宋蔡沈集傳　清徐立綱旁訓　清黄淦精義
清光緒間魏氏古香閣刻本　上海　復旦

經 10302927
書經旁訓增訂精義四卷首一卷　清徐立綱旁訓　清竺靜甫、清竺子壽增訂　清黄淦精義
七經精義本(嘉慶刻、道光刻、光緒刻)
清嘉慶間三讓堂刻本　山東
五經旁訓增訂精義本(光緒毓秀草堂刻、清狀元閣刻)

經 10302928
書疑一卷　清馮至撰
諸暨馮氏叢刻本(民國鉛印)

經 10302929
尚書古文證疑四卷　清孫喬年撰
清嘉慶十五年孫仝奭、孫仝嚴天心閣刻本　國圖　北大　中科院　上海

南京　復旦　湖北

經 10302930
尚書異義四卷附尚書故訓別録一卷　清朱彬撰
清末抄本　北大
民國二十年抄本(增是正文字一卷)　國圖
抄本(無附)　南京

經 10302931
尚書故訓別録一卷　清朱彬撰
清末抄本　北大
民國二十年抄本　國圖

經 10302932
尚書今古文注疏三十卷　清孫星衍撰
平津館叢書本(嘉慶刻、光緒刻)
平津館叢書本(嘉慶刻)　國圖(戴望校注)　復旦(曹元弼校)

經 10302933
尚書今古文注疏三十九卷　清孫星衍撰
皇清經解本(道光刻、咸豐補刻、鴻寶齋石印、點石齋石印)

經 10302934
尚書今古文注三十卷　清孫星衍撰　清王闓運書
清光緒五年丁寶楨刻本　國圖　北大　上海
清光緒五年刻民國元年四川成都存古書局印本　國圖　上海　復旦　遼寧

經 10302935
尚書篇目表一卷　清孫星衍撰
清問字堂刻本　天津

經 10302936
書經節解二卷　清蔣紹宗撰
清道光六年刻本　國圖

經 10302937
書說二卷　清郝懿行撰
郝氏遺書本(光緒刻)

經 10302938
同文尚書不分卷　清牟庭撰
清抄本　山東

經 10302939
尚書蔡傳正訛六卷　清左眉撰
靜庵遺集本(同治木活字印)
清末江南製造局鉛印本　中科院

經 10302940
尚書蔡傳正訛三卷　清左眉撰
清光緒間鉛印本　上海

經 10302941
漢桑欽古文尚書說地理考逸一卷附中古文尚書　清王紹蘭撰
蕭山王氏十萬卷樓輯佚七種本(清抄)

經 10302942
尚書因文六卷首末二卷　清武士選撰
清光緒十七年桂垣書局刻本　上海　中科院　湖北
清光緒十八年關中書院刻本　湖北
清約六家塾刻本　國圖　北大　上海　南京

經 10302943

尚書辨僞五卷　清唐煥撰
清嘉慶十七年果克山房刻本　國圖　中科院　上海　湖北

經 10302944
尚書補疏二卷　清焦循撰
皇清經解本（道光刻、咸豐補刻、鴻寶齋石印、點石齋石印）
焦氏叢書本（嘉慶道光刻、光緒刻）

經 10302945
古文尚書辨八卷　清焦循撰
清頌堂叢書本（道光刻）

經 10302946
書義叢抄四十卷　清焦循輯
稿本（存卷一至二、五、三十六至三十九）　國圖

經 10302947
書經不分卷　題怡性老人阮元錄
清末抄本　上海

經 10302948
書經恆解六卷凡例一卷　清劉沅輯注
槐軒全書本（同治刻）
清光緒二年樂善堂刻本　上海
清光緒三十一年刻本　上海
清光緒間虛受齋刻本　南京
清刻豫誠堂印本　國圖　南京　遼寧

經 10302949
書經互解一卷　清范士增撰
清嘉慶二十三年刻本　國圖

經 10302950
周易解尚書一卷　清范士增撰
清嘉慶二十三年刻本　國圖

經 10302951
詩經解尚書一卷　清范士增撰
清嘉慶二十三年刻本　國圖

經 10302952
禮記解尚書一卷　清范士增撰
清嘉慶四年刻本　國圖

經 10302953
四書解尚書一卷　清范士增撰
清嘉慶二十三年刻本　國圖

經 10302954
書經精華六卷　清薛嘉穎撰
清嘉慶二十四年薛氏光韙堂刻本　復旦
清道光七年姑蘇會文堂刻本　南京
清道光七年刻姑蘇步月樓印本　北大　湖北
清同治五年刻三益堂印本　國圖　遼寧
清咸豐十一年緯文堂刻本　遼寧
清光緒二年刻寧郡汲綆齋印本　國圖
清光緒五年崇文堂刻本　上海
清光緒十六年善成堂刻本　遼寧

經 10302955
書經精華十卷首一卷　清薛嘉穎撰
四經精華本（同治寶華樓刻、光緒古香閣刻、學庫山房刻）

經 10302956
尚書證義二十八卷　清周用錫撰
清嘉慶二十一年刻本　國圖
清嘉慶間友伏齋刻本　浙江

清末民國初抄本　國圖

經 10302957
尚書今文二十八篇解不分卷　清楊鍾泰撰
清道光十八年載德堂刻本　國圖　上海　南京　北大　中科院　湖北

經 10302958
尚書講稿思問錄二卷　清官獻瑤撰
清道光二年依園刻本　國圖

經 10302959
尚書考異三卷　清莊綬甲撰
拾遺補藝齋遺書本(道光刻)

經 10302960
古文尚書考十三卷　清馬邦舉撰
清抄本　北大

經 10302961
尚書畧考五卷　清馬邦舉撰
清抄本　南京

經 10302962
尚書今古文集解三十卷　清劉逢祿撰
皇清經解續編本(光緒刻、光緒石印)
清抄本　湖南

經 10302963
尚書今古文集解校勘記一卷　清劉葆楨、清劉翰藻撰
皇清經解續編本(光緒刻、光緒石印)
清抄本　湖南

經 10302964
尚書畧說二卷　清宋翔鳳撰
清嘉慶二十五年浮谿精舍刻本　國圖
皇清經解續編本(光緒刻、光緒石印)

經 10302965
尚書纂義四卷　清闞涵撰
清嘉慶間刻本　國圖
清光緒間刻本　南京

經 10302966
尚書通考一卷　清式楹日撰
清嘉慶間刻本　國圖

經 10302967
尚書管窺四卷　清王汝謙撰
清王氏刻本　國圖

經 10302968
尚書讀法二卷　清王汝謙撰
清光緒二十年周南書院刻本　湖北

經 10302969
新刻書經備旨善本輯要六卷　清馬大猷輯
清嘉慶二十二年經正堂刻本　國圖　北大
清光緒二十二年書業德刻本　北大
清光緒二十三年益元書局刻本　北大
清光緒間刻京都善成堂印本　國圖

經 10302970
尚書集解三十卷　清卞斌撰
稿本(清于鬯跋)　上海
吴縣王氏學禮齋傳抄清卞斌稿本　復旦

經 10302971
書經精義彙抄六卷　清陸錫璞撰

清道光間大盛堂刻本　南京

經 10302972
尚書伸孔篇一卷　清焦廷琥撰
廣雅書局叢書本(光緒刻)
積學齋叢書本(光緒刻)

經 10302973
書經批四卷　清雷學海撰
清咸豐六年刻本　國圖

經 10302974
尚書學四卷　清朱駿聲撰
清抄本　國圖

經 10302975
尚書古注便讀四卷　清朱駿聲撰
抄本　國圖

經 10302976
尚書古注便讀四卷　清朱駿聲撰　孫師轍校
民國二十四年成都華西協和大學鉛印華西大學國學叢書本　國圖

經 10302977
尚書啓幪五卷　清黄式三撰
清光緒十一年刻本　中科院
儆居遺書本(同治光緒刻)

經 10302978
釋書一卷　清何志高撰
西夏經義本(道光刻、光緒刻)

經 10302979
書經衷要十二卷　清李式穀撰
五經衷要本(道光刻)

經 10302980
書經說四卷　清陳世鎔撰
求志居全集本(道光刻)

經 10302981
書古微□卷　清魏源撰
清魏繇校抄本　南京博

經 10302982
書古微十二卷首一卷　清魏源撰
清咸豐五年刻本　上海　日本東京
清光緒四年淮南書局刻本　國圖　北大　日本神戶市
抄本　上海
皇清經解續編本(光緒刻、光緒石印,無首卷)

經 10302983
書蔡傳附釋一卷　清丁晏撰
稿本　上海
廣雅書局叢書本(光緒刻)

經 10302984
尚書餘論一卷　清丁晏撰
頤志齋叢書本(咸豐刻)
槐廬叢書本(光緒刻)
孫谿朱氏經學叢書初編本(光緒刻)
皇清經解續編本(光緒刻、光緒石印)

經 10302985
尚書紀疑四卷首一卷　清張冕撰
清道光二十四年盅軒書屋刻本　上海

經 10302986
尚書注孔四卷首一卷　清張冕撰
清道光二十四年盅軒書屋刻本　上海

經 10302987
尚書述一卷　清淩堃撰
淩氏傳經堂叢書本(道光刻)

經 10302988
書繹一卷　清廖翺撰　徐恕校
榕園叢書本(同治刻、民國印)

經 10302989
尚書考疑一卷　淩鳴喈撰
清傳經堂刻本　國圖

經 10302990
古文尚書私議三卷　清張崇蘭撰
清咸豐元年悔廬刻本　上海
悔廬全集本(光緒刻)
清光緒二十三年陳克劬刻鎮江叢書本　國圖　上海　南京

經 10302991
尚書補缺一卷　清華長卿集注
清咸豐元年刻本　國圖　天津　中科院

經 10302992
書今文解五卷　清苑世亨撰
清道光間刻本　北大

經 10302993
尚書後案駁正二卷　清王劼撰
清咸豐四年刻本　上海
清咸豐十一年巴縣王氏晚晴樓刻本　國圖　中科院　天津　湖北

經 10302994
書義原古一卷　清張瓚昭撰
清道光十年蘭朋堂刻本　國圖

經 10302995
經笥質疑書義原古二卷　清張瓚昭撰　清杜貴墀校注
清光緒十一年蘭朋堂刻平江張氏家塾印本　中科院　南京　湖北

經 10302996
書說五卷　清吴嘉賓撰
清咸豐十一年木活字印本　復旦

經 10302997
今文尚書經説考三十二卷敘録一卷首一卷　清陳喬樅撰
左海續集本(道光刻、光緒印)
清同治元年侯官陳氏江西刻本　國圖

經 10302998
今文尚書經說考三十八卷　清陳喬樅撰
皇清經解續編本(光緒刻、光緒石印)

經 10302999
今文尚書敍録一卷　清陳喬樅撰
左海續集本(道光刻、光緒印)
清同治元年侯官陳氏江西刻本　國圖

經 10303000
尚書歐陽夏侯遺說考一卷　清陳喬樅撰
清同治元年侯官陳氏江西刻本　國圖
皇清經解續編本(光緒刻、光緒石印)

經 10303001
讀書經筆記一卷　清方濬撰
毋不敬齋全書本(光緒刻)

經 10303002
尚書今古文五藏說一卷　清胡廷綬撰
蟄園叢刻本(光緒刻)

經 10303003
尚書通義(存卷六至七) 清邵懿辰撰
稿本(邵章跋) 國圖
刻鵠齋叢書本(光緒刻)
清抄本 國圖
半巖廬所箸書本(民國刻)

經 10303004
書經集句一卷 清戴盤撰
清咸豐間刻本 天津

經 10303005
書傳疑纂八卷 清戴鈞衡撰
稿本 國圖
清抄本 復旦

經 10303006
書傳補商十七卷 清戴鈞衡撰
清道光咸豐間桐城戴氏刻本 國圖 北大 上海 復旦 南京 湖北
清道光咸豐間刻同治七年印本 國圖 上海

經 10303007
尚書集說□□卷 清高亮功輯
稿本(存卷二至三) 上海

經 10303008
尚書集說補遺一卷 清高亮功輯
稿本 上海

經 10303009
書經輯解□□卷 清周道遵撰
稿本(存卷一至十三) 天一閣

經 10303010
尚書便解六卷 清陳據仁撰 清陳大勛續撰
清同治三年刻本 湖北

經 10303011
尚書集義不分卷 清李祖望撰
江都李氏所著書本(稿本) 臺圖

經 10303012
尚書曆譜二卷 清成蓉鏡撰
皇清經解續編本(光緒刻、光緒石印)
成氏遺書本(光緒刻)

經 10303013
尚書舊疏考正一卷 清劉毓崧撰
皇清經解續編本(光緒刻、光緒石印)
清抄本(佚名眉批) 國圖

經 10303014
書經集傳異同商六卷 清郭嵩燾撰
抄本 國圖

經 10303015
書傳補義三卷 清方宗誠述
清同治四年刻本 國圖
柏堂遺書本(光緒刻)

經 10303016
讀尚書記一卷 清范泰衡撰
清同治七年刻本 國圖 中科院 湖北

經 10303017
尚書易檢一卷 周學濬撰
清末民國初抄本 國圖

經 10303018
讀書隨筆二卷 清楊樹椿撰
損齋遺書本(光緒刻)

經 10303019
尚書篇誼正蒙四卷首一卷　清馬徵麐撰
馬鍾山遺書本(民國鉛印)

經 10303020
尚書平議四卷　清俞樾撰
春在堂全書本(同治至光緒刻,羣經平議)
皇清經解續編本(光緒刻、光緒石印,羣經平議)

經 10303021
達齋書説一卷　清俞樾撰
春在堂全書本(同治至光緒刻,曲園雜纂)

經 10303022
春暉樓尚書釋疑不分卷　清張鼎撰
清抄本　南京

經 10303023
尚書劄記四卷　清許鴻磐撰
清同治九年濟寧李福泰刻本　國圖　中科院　浙江

經 10303024
讀書隨筆四卷　清吴大廷撰
清同治十二年刻本　國圖　北大　上海　浙江　湖北

經 10303025
欽定書經圖説五十卷繪圖五百七十幅　清孫家鼐等撰　清詹秀林、清詹步魁繪圖
清光緒三十一年石印本　國圖　北大　天津　復旦　湖北　遼寧

經 10303026
古文尚書辨惑十八卷首一卷　清洪良品撰
清光緒間稿本　國圖　湖北
龍岡山人古文尚書四種本(光緒鉛印)

經 10303027
古文尚書釋難二卷　清洪良品撰
龍岡山人古文尚書四種本(光緒鉛印)

經 10303028
古文尚書析疑一卷　清洪良品撰
龍岡山人古文尚書四種本(光緒鉛印)
清抄本　天津

經 10303029
古文尚書商是一卷　清洪良品撰
龍岡山人古文尚書四種本(光緒鉛印)

經 10303030
古文尚書辨惑輯説一卷　清洪良品撰輯
稿本　北大

經 10303031
古文尚書賸言一卷　清洪良品撰
稿本　國圖

經 10303032
尚書講義一卷　清黄家辰、清黄家岱撰
儆季雜著本(光緒刻,附録)

經 10303033
尚書繹聞一卷　清史致準撰
史伯平先生所箸書本(光緒刻)　國圖　北師大　中科院　上海

經 10303034

尚書箋三十卷　清王闓運撰
　湘綺樓全書本(光緒宣統刻)

經 10303035
尚書大傳(尚書大傳補注)七卷　漢伏勝撰　漢鄭玄注　清王闓運補注
　靈鶼閣叢書本(光緒刻)　湖北
　清光緒十二年成都尊經書院刻本　北大　湖北　遼寧　湖北
　清光緒間元和江氏湖南使院刻本
　湘綺樓全書本(光緒宣統刻)

經 10303036
古文尚書正辭三十三卷　清吴光耀撰
　清光緒十九年刻本　上海　復旦　南京　湖北

經 10303037
尚書淺注六卷　清艾紫東撰
　稿本　山東博
　誠正堂叢書本(清抄)　山東博

經 10303038
枕葄齋書經問答八卷末一卷　清胡嗣運撰
　清光緒三十四年鵬南書屋木活字印本　國圖　北大　天津　湖北

經 10303039
枕葄齋書經補習科七卷　清胡嗣運撰
　清光緒三十四年鵬南書屋木活字印本　國圖　北大　天津　湖北

經 10303040
尚書古文辨惑二十二卷目錄二卷　清張諧之撰
　清光緒三十年張諧之宏農潛修精舍刻本　國圖　北大　中科院　天津　上海　湖北

經 10303041
尚書職官考畧一卷　清王廷鼎撰
　清光緒十三年刻本　國圖　南京
　紫薇花館集本(光緒刻)

經 10303042
尚書職官考畧表一卷　清王廷鼎撰
　清光緒十三年刻本　國圖　南京

經 10303043
尚書故三卷　清吴汝綸撰
　桐城吴先生全書本(光緒刻)

經 10303044
寫定尚書二十八篇　清吴汝綸寫
　清光緒十三年桐城吴氏家塾刻本　上海
　清光緒十八年吴氏家塾石印本　國圖　北大　天津　上海　復旦　南京　湖北　天津
　清抄本(佚名校)　天津

經 10303045
尚書讀本二卷　清吴汝綸勘定
　清光緒三十四年保陽書局鉛印本　國圖　天津　湖北　復旦

經 10303046
尚書孔傳參正三十六卷　王先謙撰
　清光緒三十年虚受堂刻本　國圖　北大　中科院　天津　上海　復旦　南京　湖北　遼寧

經 10303047

尚書孔傳參正序例一卷　王先謙撰
　清光緒三十年虛受堂刻本　國圖　北大　中科院　天津　上海　復旦　南京　湖北　遼寧

經 10303048
尚書孔傳參正異同表一卷　王先謙撰
　清光緒三十年虛受堂刻本　國圖　北大　中科院　天津　上海　復旦　南京　湖北　遼寧

經 10303049
尚書考八卷　清宋書升撰
　稿本　山東博

經 10303050
尚書要義不分卷　清宋書升撰
　稿本　山東博

經 10303051
尚書微一卷　清劉光蕡撰
　煙霞草堂遺書本(民國刻)
　關中叢書本(民國鉛印)

經 10303052
尚書約注十二卷　清劉曾騄撰
　祥符劉氏叢書本(清末民初石印　五經約注)

經 10303053
尚書質疑一卷　清朱霈撰
　清嘉慶間望岳樓木活字印本　國圖

經 10303054
讀尚書日記一卷　清余宏淦撰
　學古堂日記本(光緒刻)
　抄本　中科院

經 10303055
尚書駢枝一卷　清孫詒讓撰
　民國十八年燕京大學印本　國圖　中科院　上海　湖北
　抄本　國圖

經 10303056
尚書大傳疏證七卷　清皮錫瑞撰
　師伏堂叢書本(光緒刻)

經 10303057
尚書古文考實一卷　清皮錫瑞撰
　清光緒二十二年長沙思賢講舍刻本　國圖　湖北

經 10303058
古文尚書冤詞平議二卷　清皮錫瑞撰
　師伏堂叢書本(光緒刻)

經 10303059
尚書古文疏證辨正一卷　清皮錫瑞撰
　清光緒二十二年長沙思賢講舍刻本　復旦　湖北

經 10303060
今文尚書考證三十卷　清皮錫瑞撰
　稿本　湖南師大
　稿本(存卷一至十、十三至十六、二十二至二十五)　河北大學
　師伏堂叢書本(光緒刻)

經 10303061
香草校尚書四卷　清于鬯撰
　清光緒間刻本　國圖

經 10303062
正學堂尚書說一卷　清王仁俊撰

稿本　國圖

經10303063
閬珊公手抄尚書不分卷　清阿彥遠撰
清阿彥遠抄本　北大

經10303064
尚書集解二十九卷　清賀淇撰
稿本　國圖

經10303065
尚書日辰考證一卷　清陳侃甫撰
吳縣王氏學禮齋傳抄清陳侃甫稿本　復旦

經10303066
尚書紀疑四卷　清黄冕撰
抄本　國圖

經10303067
尚書約旨一卷　清黄惟恭撰
清道光三年刻本　國圖
亦囂廬刻本　中科院

經10303068
尚書經解雕玉一卷　清黄轅撰
清抄本　國圖

經10303069
尚書經解答問六篇　清黄轅撰
清抄本　國圖

經10303070
讀書偶抄一卷　清蔣學鏞撰
清黑格抄本　國圖

經10303071
書經旁訓合璧六卷首一卷末一卷　清李繩撰
清光緒六年六一山房刻本　上海

經10303072
尚書彙纂輯要六卷　清倪景模撰
清抄本　國圖

經10303073
尚書印六卷　清沈瀚撰
清刻本　中科院

經10303074
書經疑一卷　清陶思曾撰
清抄本　浙江

經10303075
尚書說一卷　清萬宗琦撰
稿本　國圖

經10303076
書經疑言一卷　清王庭植撰
清刻本　國圖

經10303077
尚書圖一卷　清楊魁植撰　清楊文源增訂
清信芳書房刻本　國圖　遼寧

經10303078
尚書定解二卷　清姚之鳳撰　清計飴孫編
抄本　上海

經10303079
尚書地名今釋不分卷　清張煥綸輯
稿本　上海

經 10303080
古文尚書辨一卷　清張文嵐撰
抄本　國圖

經 10303081
書經大義一卷　楊壽昌撰
廣州鉛印本　國圖

經 10303082
尚書集注述疏三十二卷首一卷末二卷　簡朝亮撰
讀書堂叢刻本(光緒刻)

經 10303083
讀書堂問答一卷　張子沂答問
讀書堂叢刻本(光緒刻)

經 10303084
尚書今文新義一卷　廖平撰
新訂六譯館叢書本(民國彙印)

經 10303085
今文尚書要義凡例一卷　廖平撰
新訂六譯館叢書本(民國彙印)

經 10303086
書經大統凡例一卷　廖平撰
新訂六譯館叢書本(民國彙印)

經 10303087
尚書大統集解一卷　廖平撰
稿本　浙江中醫藥院

經 10303088
書尚書弘道編一卷　廖平撰　黄鎔筆述
新訂六譯館叢書本(民國彙印)

經 10303089
書經周禮皇帝疆域圖表四十二卷　黄鎔編輯　廖平審定
新訂六譯館叢書本(民國彙印)

經 10303090
尚書傳箋五十卷　劉體智撰
稿本　中科院

經 10303091
尚書商誼三卷　王樹枏撰
清光緒十一年文莫室刻本　國圖　天津　上海　南京　中科院　湖北
清光緒十五年刻本　國圖
陶廬叢刻本(清末民國初刻)

經 10303092
尚書大義三十六節不分卷　宋文蔚撰
民國初江蘇高等學堂石印本　上海

經 10303093
尚書誼詁八卷　馬其昶撰　陳漢章補注
稿本　中科院

經 10303094
抱潤軒讀尚書記不分卷　馬其昶撰
稿本　國圖　傅斯年圖

經 10303095
尚書舉要五卷　陳衍撰
石遺室叢書本(清末民國刻)

經 10303096
尚書舉要總説一卷　陳衍撰
石遺室叢書本(清末民國刻)

經 10303097

文王受命改元稱王辨證一卷　蒯光典撰
清光緒二十四年鍾衡抄本(鍾衡題記)　遼寧

經10303098
尚書講義不分卷　潘任輯
清末鉛印本　湖北

經10303099
尚書誼詻二十八卷　姚永樸撰
集虚草堂叢書甲集本(光緒刻)

經10303100
尚書誼詻敘録一卷　姚永樸撰
集虚草堂叢書甲集本(光緒刻)

經10303101
古文尚書鄭氏注箋釋四十卷　曹元弼撰
稿本　復旦

經10303102
古文尚書鄭氏注敘録一卷　曹元弼撰
稿本　復旦

經10303103
古文尚書鄭氏注逸文一卷　曹元弼輯
稿本　復旦

經10303104
尚書要旨一卷　馬貞榆撰
清光緒間湖北存古學堂刻本　國圖

經10303105
尚書課程二卷　馬貞榆撰
清湖北存古學堂刻本　國圖

經10303106
尚書課程三卷　馬貞榆撰
清末刻兩湖文高等學校經學課程朱印本　湖北

經10303107
古文尚書拾遺二卷　章炳麟撰
民國初油印本　南京
章氏叢書續編本(民國刻)

經10303108
古文尚書拾遺定本一卷　章炳麟撰
民國初章氏國學講習會鉛印本　國圖　上海　南京

經10303109
太史公古文尚書説一卷　章炳麟撰
章氏叢書續編本(民國刻)

經10303110
尚書句解考正不分卷　徐天璋撰
清光緒間韓紫石等刻本　湖北
民國初刻雲麓山房印本　國圖　上海　南京

經10303111
尚書大義二卷　吴闓生撰
民國十一年張慶開、雷光顯都門刻本　國圖　上海　湖北　南京　遼寧

經10303112
尚書大義一卷　吴闓生撰
四存月刊本(第十三期)　湖北

經10303113
定本尚書大義不分卷附古文僞書考書序考證尚書附録　吴闓生纂述
雍睦堂叢書本(民國鉛印)

經 10303114
尚書大義附錄上周書四篇上古彝器銘四篇　吴闓生輯
　雍睦堂叢書本(民國鉛印)

經 10303115
尚書衍義不分卷　吴闓生撰
　民國十七年鉛印蓮池講學院講義本　湖北
　民國十九年草升書院鉛印本　國圖

經 10303116
古文僞書考一卷　吴闓生輯
　雍睦堂叢書本(民國鉛印)

經 10303117
尚書源流考一卷　劉師培撰
　劉申叔先生遺書本(民國鉛印)

經 10303118
書經簡明白話解六卷首一卷　陳善撰
　清宣統三年中國圖書公司鉛印本　湖北
　民國十三年上海羣學書社石印本　國圖　上海

經 10303119
尚書句讀二卷　陳彥升撰
　民國十年賀維翰刻四川彭縣知困齋印本　北大　南京

經 10303120
墨子尚書古義二卷　胡兆鸞撰
　民國初鉛印本　國圖

經 10303121
書經管窺二卷　李景星撰
　民國十六年活字印本　國圖

經 10303122
書經串釋四卷　李佩精撰
　民國十九年鉛印本　國圖

經 10303123
尚書大傳禮徵五卷　劉鑫耀撰
　清宣統三年湘潭劉氏刻本　國圖　湖北

經 10303124
靜修堂書經解不分卷　仇景崙撰
　清抄本　國圖

經 10303125
尚書故三卷附錄一卷　王恩紱等集
　清光緒三十年吴氏家刻本　天津

經 10303126
古文尚書辨八卷　謝庭蘭撰
　清光緒十八年刻本　國圖　天津　上海　中科院　湖北(徐恕批)
　清抄本　中科院

經 10303127
讀尚書隅見十卷　謝庭蘭撰
　清光緒十年刻本　國圖
　清光緒二十年刻本　南京

經 10303128
尚書瑣記不分卷　尹恭保撰
　稿本　南京

經 10303129
尚書瑣記三卷　尹恭保撰
　清光緒二十二年抱膝山房刻本　南京

上海　湖北

經 10303130
書經講義六章　周嵩年撰
清宣統元年石印本　中科院

經 10303131
尚書義一卷　朱尚撰
民國七年鉛印廣倉學文會課藝本
湖北

經 10303132
尚書軌範撮要圖一卷　□□撰
清刻本　國圖

經 10303133
書經襯解六卷　□□撰
清初抄本　復旦

經 10303134
書經倫次不分卷　□□撰
清初抄本　天一閣

經 10303135
書經儷句一卷　□□撰
松竹齋抄本　南京

經 10303136
書經擬題一卷　□□撰
清抄本　南京

經 10303137
書經傳説一卷　□□撰
清抄本　上海

經 10303138
尚書備擬不分卷　□□撰
清抄本　上海

經 10303139
尚書正解不分卷　□□撰
清抄本　上海

經 10303140
尚書兵事一卷　□□撰
民國初抄本　南京

經 10303141
尚書訓解一卷　□□撰
抄本　上海

經 10303142
尚書摘錄不分卷　□□撰
抄本　上海

分篇之屬

經 10303143
虞書箋二卷　明茅瑞徵撰
明崇禎五年刻本　國圖　北大　人大
中科院　天津　上海　浙江　日本
内閣　日本東洋

經 10303144
虞書命義和章解一卷　清曾釗撰
嶺南遺書本(同治刻)

經 10303145
舜典補亡一卷　清毛奇齡撰
清康熙間蕭山城東書留草堂刻本
國圖
西河合集本(康熙刻、乾隆印、嘉慶印)
藝海珠塵本(嘉慶刻道光增刻)

經 10303146
禹貢一卷　清錢應桂校
清光緒七年錢應桂校刻本　上海

經 10303147
禹貢一卷　清王蔭善輯
抄本　上海　南京

經 10303148
禹貢九州制地圖論一卷　晉裴秀撰　清王謨輯
重訂漢唐地理書鈔本(嘉慶刻、清抄)
傳抄重訂漢唐地理書鈔本　上海

經 10303149
禹貢指南四卷　宋毛晃撰
四庫全書薈要本(乾隆寫)
四庫全書本(乾隆寫)
武英殿聚珍版書本(木活字印、浙江重刻、江西重刻、福建重刻、廣東重刻)
勵志齋叢書本(光緒印)
古經解彙函本(同治刻、光緒石印、光緒刻)
鄭學彙函本(光緒刻)
反約篇本(同治抄)　福建師大
榕園叢書本(同治刻、民國印)
清芬堂叢書本(光緒刻)
清光緒八年成都刻本　上海

經 10303150
禹貢論二卷後論一卷山川地理圖二卷　宋程大昌撰
宋淳熙八年泉州州學刻本　國圖
通志堂經解本(康熙刻、同治刻、日本文化刻)

經 10303151
禹貢論五卷後論一卷　宋程大昌撰
四庫全書薈要本(乾隆寫)
四庫全書本(乾隆寫)
清芬堂叢書本(光緒刻)

經 10303152
禹貢後論一卷　宋程大昌撰
宋淳熙八年泉州州學刻本　國圖
通志堂經解本(康熙刻、同治刻、日本文化刻)
四庫全書薈要本(乾隆寫)
四庫全書本(乾隆寫)
清芬堂叢書本(光緒刻)

經 10303153
禹貢山川地理圖二卷　宋程大昌撰
宋淳熙八年泉州州學刻本　國圖
通志堂經解本(康熙刻、同治刻、日本文化刻)
四庫全書薈要本(乾隆寫)
四庫全書本(乾隆寫)
清乾隆間刻本　國圖
指海本(道光刻、民國影印)
清芬堂叢書本(光緒刻)

經 10303154
禹貢山川地理圖一卷　宋程大昌撰
清嘉慶七年焦循手抄本　上海

經 10303155
禹貢說斷四卷　宋傅寅撰
四庫全書薈要本(乾隆寫)
四庫全書本(乾隆寫)
武英殿聚珍版書本(木活字印、福建重刻、廣東重刻)
墨海金壺本(嘉慶刻、博古齋影印)
守山閣叢書本(道光刻、光緒影印、民國

影印)
清咸豐三年刻本　中科院
金華叢書本(同治光緒刻、民國補刻)
古經解彙函本(同治刻、光緒石印、光緒刻)
鄭學彙函本(光緒刻)

經 10303156
禹貢集解(杏溪傅氏禹貢集解)二卷　宋傅寅撰
宋刻元修本　國圖
通志堂經解本(康熙刻、同治刻、日本文化刻)
金華叢書本(同治光緒刻、民國補刻)

經 10303157
禹貢圖說一卷　宋呂祖謙撰　清嚴元照寫
民國十七年南京中社影印嚴元照手寫本　國圖　上海　遼寧　復旦　湖北

經 10303158
禹貢纂注一卷　明周用撰
清抄本　上海

經 10303159
書經禹貢節注一卷　明周用撰
清道光二十五年補讀樓刻本　上海

經 10303160
禹貢詳畧一卷　明韓邦奇撰
明末刻本　陝西

經 10303161
禹貢說一卷　明鄭曉撰
明嘉靖四十三年書帶草廬刻本　上海
明萬曆二十六年項臯謨刻本　上海
清道光元年海昌馬氏校刻本　復旦

經 10303162
禹貢圖說一卷　明鄭曉撰
明萬曆二十四年項臯謨刻本　上海
清道光元年海昌馬氏校刻本　復旦

經 10303163
禹貢說長箋一卷　明鄭曉撰
明隆慶五年刻本　上海
明抄本　國圖

經 10303164
禹貢要注一卷　明鄭曉編
清光緒十年古虞朱氏刻朱墨套印本　國圖　上海　復旦

經 10303165
書經禹貢要注便蒙一卷　明鄭曉編注
清光緒十五年海寧刻本　國圖

經 10303166
禹貢鄭注一卷　明鄭曉撰
清光緒十年上海文藝齋刻本　上海

經 10303167
禹貢九州總歌一卷　明鄭曉撰
明萬曆二十六年項臯謨刻本　上海

經 10303168
禹貢圖說一卷　明袁黄撰
抄本　上海

經 10303169
禹貢備遺一卷　明胡瓚撰
清初刻本　國圖

經 10303170
禹貢備遺二卷首一卷禹貢增注或問一卷　明胡瓚撰
清乾隆四年重刻萬卷樓本　國圖

經 10303171
禹貢備遺增注或問一卷　明胡瓚注　清胡宗緒增注
清初刻本　國圖　甘肅
清乾隆四年重刻萬卷樓本　國圖

經 10303172
禹貢彙疏十二卷考畧一卷圖經二卷神禹別録一卷虞書箋二卷　明茅瑞徵撰
明崇禎五年刻本　北大　中科院　天津　上海　浙江　日本内閣　日本東京大學　日本京都大學

經 10303173
禹貢考畧一卷　明茅瑞徵撰
明崇禎五年刻本　北大　中科院　天津　上海　浙江

經 10303174
神禹別録一卷　明茅瑞徵撰
明崇禎五年刻本　北大　中科院　天津　上海　浙江

經 10303175
禹貢解一卷　明何檭撰
明崇禎四年刻本　日本内閣

經 10303176
禹貢合圖纂注一卷附録一卷　明鍾惺纂注　明艾南英圖注　明夏允彝合注
明末舒瀛溪刻本　國圖

經 10303177
禹貢圖注一卷　明艾南英撰
明刻本　國圖
清康熙二十七年費廣重刻本　上海
學海類編本（道光木活字印、民國影印）

經 10303178
禹貢古今合注五卷圖一卷　明夏允彝撰　明李開鄴校
明崇禎間吴門正雅堂刻本　國圖　北大　清華　北師大　中科院　國博　南開　上海　南京　浙江　福建　四川　内蒙古大學　蘇州　日本内閣　日本尊經閣

經 10303179
禹貢合注一卷　明夏允彝撰
清嘉慶二十一年夏汝珍刻本　上海

經 10303180
夏書禹貢廣覽三卷蓋載圖憲一卷　明許胥臣編
明崇禎六年刻本　北大　上海　天閣　日本東京大學

經 10303181
禹貢山川郡邑考四卷　明王鑒撰
清抄本　國圖　南京（清丁丙跋）

經 10303182
禹貢精要集一卷　明楊挺撰
明崇禎間刻本　社科院民族所

經 10303183
新刊荆溪吴氏家藏禹貢大成録不分卷

明吴道泰輯
明末刻本　福建師大

經 10303184
禹貢集注一卷　明張後覺撰
茌邑三先生合刻本(康熙刻)

經 10303185
禹貢山水清音一卷　明劉椿撰
清咸豐十年霞里文閣刻本　國圖　南京

經 10303186
禹貢集注一卷　明劉崇慶撰
清咸豐十年霞里文閣刻本　國圖　南京

經 10303187
楊廷樞先生禹貢祕訣一卷　明楊廷樞撰
清抄本　北大

經 10303188
許黄門尚書禹貢纂本祕傳一卷　□□輯
清抄本　北大

經 10303189
韓子樂尚書禹貢纂本祕傳一卷　□□輯
清抄本　北大

經 10303190
胡閬山尚書禹貢纂本祕傳一卷　題清胡瑤光撰
清抄本　北大

經 10303191
禹貢長箋十二卷　清朱鶴齡撰
稿本　上海
四庫全書本(乾隆寫)
清抄本　國圖

經 10303192
禹貢錐指二十卷　清胡渭撰
清康熙四十四年漱六軒刻本　北大　國圖　天津　上海　南京　湖北(清劉傳瑩批點)　浙江　湛江　遼寧　羣衆出版社　福建　廈門　建甌　復旦
四庫全書薈要本(乾隆寫)
四庫全書本(乾隆寫)
皇清經解本(道光刻、咸豐補刻、鴻寶齋石印、點石齋石印)

經 10303193
禹貢錐指畧例一卷　清胡渭撰
清康熙四十年漱六軒刻本　國圖　北大　天津　上海　南京　湖北(清劉傳瑩批點)　浙江　湛江　遼寧　羣衆出版社　福建　廈門　建甌　復旦
四庫全書薈要本(乾隆寫)
四庫全書本(乾隆寫)
皇清經解本(道光刻、咸豐補刻、鴻寶齋石印、點石齋石印)

經 10303194
禹貢錐指圖一卷　清胡渭撰
清康熙四十年漱六軒刻本　國圖　北大　天津　上海　南京　湖北(清劉傳瑩批點)　浙江　湛江　遼寧　羣衆出版社　福建　廈門　建甌　復旦
四庫全書薈要本(乾隆寫)
四庫全書本(乾隆寫)
皇清經解本(道光刻、咸豐補刻、鴻寶齋

石印、點石齋石印）
清抄本　復旦

經 10303195
禹貢錐指水道錄一卷　清胡渭撰
清乾隆嘉慶間抄本　北大

經 10303196
禹貢錐指精言錄一卷　清胡渭撰
清乾隆嘉慶間抄本　北大

經 10303197
禹貢錐指引古錄一卷　清胡渭撰
清乾隆嘉慶間抄本　北大

經 10303198
禹貢錐指節要一卷　清胡渭撰　清胡秉乾節要
清胡秉乾抄本　南京

經 10303199
禹貢錐指節要一卷　清胡渭撰　清汪獻玗節要
清咸豐三年思輝堂刻本　國圖　上海　南京　中科院　復旦　湖北
清同治九年羣玉齋木活字印本　天津　南京

經 10303200
禹貢初輯一卷　清馬翮飛撰
清抄本　上海

經 10303201
禹貢正義三卷首一卷　清曹爾成撰
清乾隆十一年刻本　上海
清乾隆二十七年採芝堂刻本　北京文物局　上海　南京　湖北
清乾隆間無錫曹峻刻本　國圖

經 10303202
禹貢通解一卷　清邵璜輯
清抄本　上海

經 10303203
禹貢翼傳一卷　清錢蝦撰
抄本　南京

經 10303204
禹貢纂注一卷　清周天階撰
清康熙三十七年刻本　國圖

經 10303205
禹貢會箋十二卷圖一卷山水總目一卷　清徐文靖撰　清趙弁訂
徐位山六種本（乾隆刻、光緒刻）
四庫全書本（乾隆寫）
清同治十三年慈溪何松常惺惺齋重刻本　北大　天津　上海　浙江　復旦　南京　湖北

經 10303206
禹貢譜二卷　清王澍、清金詢撰
清康熙四十六年積書巖刻本　國圖　北大　人大　北師大　中科院　天津　上海　復旦　華東師大　南京　湖北　大連　陝西師大
清抄本　復旦

經 10303207
深柳堂禹貢增删集注正解讀本一卷　清吴荃彙輯
清康熙二十九年深柳堂刻本　國圖　北大　中科院

經 10303208
禹貢臆參二卷　清楊陸榮撰
楊潭西先生遺書本(乾隆刻)

經 10303209
禹貢方域考一卷　清湯奕瑞撰
清雍正十二年刻本　湖北
清抄本　國圖

經 10303210
禹貢備遺補注一卷　清胡宗緒撰
清乾隆二年刻本　國圖

經 10303211
禹貢彙覽四卷總論一卷　清夏之芳撰
清乾隆十二年夏杏春刻積翠軒印本　國圖　北大　南京　浙江　清華　復旦
清乾隆間刻修補印本　中科院

經 10303212
禹貢彙覽總論一卷　清夏雲芳撰
清乾隆十二年刻本　上海　復旦
清乾隆間刻修補印本　中科院

經 10303213
禹貢三江考三卷　清程瑤田撰
通藝錄本(嘉慶刻)
安徽叢書本(民國影印)
皇清經解本(道光刻、咸豐補刻、鴻寶齋石印、點石齋石印)

經 10303214
禹貢山川考二卷　清李榮陛撰
豫章叢書本(民國刻,胡思敬輯)

經 10303215
禹貢解八卷　清晏斯盛撰
楚蒙山房集本(乾隆刻)

經 10303216
禹貢圖解一卷　清沈大光删輯
清乾隆四十四年刻本　北大

經 10303217
禹貢地理古注考一卷　清孫馮翼撰
問經堂叢書本(嘉慶刻)

經 10303218
禹貢注節讀一卷　清馬俊良撰
清乾隆五十四年端溪書院刻本　中科院　天津　復旦　南京　浙江
抄本　上海

經 10303219
禹貢圖說一卷　清馬俊良繪
清乾隆五十四年端溪書院刻本　中科院　天津　復旦　南京　浙江

經 10303220
禹貢地輿考一卷　清徐朝俊輯
清嘉慶四年刻本　上海

經 10303221
禹貢釋詁不分卷　清孫喬年輯
清道光五年孫同嚴校刻本　復旦
清道光五年高郵孫氏刻天心閣印本　國圖　南京　中科院　湖北

經 10303222
禹貢今釋二卷　清芮曰松撰
清道光八年涇縣潘氏求是齋刻本　國圖　北大　中科院　浙江　復旦
安徽叢書本(民國影印)

經 10303223
禹貢節便讀一卷　清朱麟書輯
清嘉慶十六年木活字印本　天津

經 10303224
禹貢總志一卷　清朱麟書輯
清嘉慶十六年木活字印本　天津

經 10303225
禹貢鄭注釋二卷　清焦循撰
稿本　天津
清嘉慶間江都焦氏家刻本　國圖
焦氏叢書本(道光刻、光緒刻)
清道光八年受古書店刻本　南京
皇清經解續編本(光緒刻、光緒石印)

經 10303226
禹貢揭要一卷　清姜信撰
清嘉慶十八年刻本　上海
羅振玉藏抄本　國圖

經 10303227
禹貢分箋七卷　清方溶撰
清嘉慶二十四年銀花藤館刻本　國圖　北大　南京
清嘉慶二十四年銀花藤館刻道光二年補刻本　北大　中科院　湖北

經 10303228
禹貢傳注節訓一卷　清方溶撰
清嘉慶二十四年銀花藤館刻本　北大
清道光三年銀花藤館刻本　上海　南京
清光緒二十六年吴傳鈺抄本　南京

經 10303229
禹貢全圖考正一卷　清趙庭策輯
清嘉慶二十五年刻集益堂印本　國圖

經 10303230
禹貢讀二卷　清蔡世鈸撰
味蕉小寮集本(道光刻)

經 10303231
禹貢孔正義引地理志考證一卷　清朱爲弼撰
稿本　朱荻堂家藏

經 10303232
禹貢指掌一卷　清關涵撰
清道光二十八年刻本　國圖

經 10303233
禹貢便讀二卷　清吴墀注
清道光七年師善堂刻本　天津　上海　南京
清光緒三年蘇州重刻本　上海

經 10303234
禹貢便讀二卷　清吴墀撰　清青雲史氏補
清抄本　上海

經 10303235
禹貢小道考異南條五卷首一卷北條五卷首一卷　清方堃撰
清道光四年紫霞仙館刻本　國圖　南京　浙江
清光緒十七年務本書局刻本　南京
清光緒二十年湖南書局刻本　國圖

經 10303236
禹貢示掌一卷　清尤逢辰輯
清道光十五年棣萼山房刻本　國圖

上海　南京　湖北

經 10303237
禹貢注一卷　清吴山嘉輯
抄本　上海

經 10303238
禹貢精義新抄二卷　清張鉞撰
清道光十九年刻本　復旦

經 10303239
禹貢便蒙二卷　清張鉞彙纂
清道光十四年荆花書屋刻本　國圖　復旦

經 10303240
禹貢説二卷　清魏源撰
清同治六年方浚頤廣州刻碧玲瓏館印本　國圖　北大　中科院　復旦　南京　湖北

經 10303241
禹貢因一卷　清沈練撰
清光緒十八年溧陽沈氏歸安縣署刻本　國圖　中科院　天津　上海　復旦　南京　湖北

經 10303242
禹貢彙詮一卷　清沈練纂
清同治元年平陵沈氏家塾刻本　湖北

經 10303243
禹貢訓蒙一卷　清沈練輯
清道光二十六年沈練抄本　北大

經 10303244
禹貢集釋三卷　清丁晏撰
清枕經閣抄本(清潘德輿跋)　上海
頤志齋叢書本(咸豐刻)

經 10303245
禹貢錐指正誤一卷　清丁晏撰
頤志齋叢書本(咸豐刻)
皇清經解續編本(光緒刻、光緒石印)

經 10303246
禹貢蔡傳正誤一卷　清丁晏撰
頤志齋叢書本(咸豐刻)

經 10303247
禹貢輯注一卷　清劉師安輯
稿本　上海

經 10303248
禹貢易解一卷　清鄭大邦撰
清道光二十六年梅花書屋本木活字印本　國圖　中科院　上海

經 10303249
增釋禹貢傳注郡邑今名八卷　清王景曾撰
民國十二年王曾武油印本　國圖　北大　復旦　南京　徐州師大

經 10303250
禹貢水道析疑二卷　清張履元撰
清道光五年刻味古齋印本　國圖

經 10303251
禹貢新圖説二卷　清楊懋建撰
清同治六年廣州方濬頤碧玲瓏館刻本　國圖　北大　中科院　上海　復旦　南京　湖北

經 10303252
禹貢新圖説敘錄一卷　清楊懋建撰
清同治六年廣州方濬頤碧玲瓏館刻本　國圖　北大　中科院　上海　復旦　南京　湖北

經 10303253
禹貢輯注一卷　清佘宗英輯
清一經堂刻本　國圖　上海

經 10303254
胡氏禹貢錐指勘補十二卷　清姚燮撰
稿本　天一閣

經 10303255
禹貢述畧六卷首一卷　清李臧撰
稿本　浙江

經 10303256
禹貢圖一卷　清陳澧撰
皇清經解續編本（光緒刻、光緒石印）

經 10303257
禹貢山水彙抄二卷　清蕭光遠編
清光緒元年鹿山草堂刻本　國圖

經 10303258
禹貢班義述三卷　清成蓉鏡撰
皇清經解續編本（光緒刻、光緒石印）
成氏遺書本（光緒刻）

經 10303259
禹貢班義述三卷附漢麋水入尚龍溪考一卷　清成蓉鏡撰
清光緒十一年刻本　國圖　天津　中科院　上海　南京　北大　復旦　湖北
廣雅書局叢書本（光緒刻）

經 10303260
禹貢圖説四卷　清周之翰撰
清同治四年鐵筆齋刻本　國圖

經 10303261
禹貢古今注通釋六卷　清侯楨輯
清咸豐元年古杼秋館刻本　國圖　北大　上海
清光緒六年古杼秋館木活字印本　國圖　北大　天津　南京　湖北　浙江
民國三年古杼秋館木活字印本　上海　遼寧

經 10303262
禹貢水道便覽一卷　清張先振輯
清同治六年漢陽張氏家塾刻本　國圖　上海　中科院　湖北

經 10303263
禹貢川澤考二卷　清桂文燦撰
清光緒十二年利華印務局石印本　上海　南京　湖北
清光緒十三年廣東十八甫森寶閣鉛印本　國圖　上海　湖北
清光緒二十二年刻本　國圖

經 10303264
禹貢正詮四卷　清姚彥渠輯
清同治九年刻本　上海　湖北
清光緒十一年姚丙吉刻本　國圖　中科院　上海　南京　復旦

經 10303265
春暉樓禹貢地理舉要一卷　清張鼎撰

春暉樓叢書上集本(民國鉛印)

經 10303266
禹貢山水詩八卷　清崔君晦撰
清同治三年長沙刻本　南京

經 10303267
禹貢山水詩九卷　清崔君晦撰
清刻本　中科院

經 10303268
禹貢說一卷　清倪文蔚撰
皇清經解續編本(光緒刻、光緒石印)

經 10303269
禹貢鄭氏略例一卷　清何秋濤撰
皇清經解續編本(光緒刻、光緒石印)
一鐙精舍稿本(光緒刻)

經 10303270
禹貢翼傳便蒙一卷　清袁自超輯
清光緒五年金陵李光明家書莊刻本　國圖　上海　南京　湖北

經 10303271
禹貢章句四卷圖說一卷　清譚澐撰
清咸豐九年刻本　國圖
清同治元年刻本　中科院
味義根齋全書本(光緒刻)

經 10303272
禹貢便讀二卷　清顧觀光撰
清光緒元年金山顧深杏林書屋刻本　上海　南京　湖北

經 10303273
禹貢易知編十二卷　清李慎儒撰
清光緒二十五年丹徒李氏刻本　國圖　北大　中科院　上海　復旦　南京　浙江　湖北

經 10303274
考正德清胡氏禹貢圖一卷　清陳宗誼撰
番禺陳氏東塾叢書本(同治刻)

經 10303275
禹貢本義一卷　清楊守敬撰
清光緒三十二年楊守敬鄂城菊灣刻本　國圖　北大　中科院　天津　上海　南京　遼寧　湖北

經 10303276
禹貢便蒙一卷　清閔寶樑輯
清光緒七年木活字印本　南京

經 10303277
禹貢選注一卷　清吴昔巢撰
清光緒八年刻本　國圖

經 10303278
禹貢選注讀本一卷　清朱元慶校
清光緒八年刻本　國圖

經 10303279
增訂夏書禹貢注讀不分卷　清徐鹿蘋輯
清光緒四年上洋集成堂刻本　國圖　天津　湖北

經 10303280
禹貢九州今地考二卷　清曾廉撰
邵陽曾氏三種本(光緒刻)

經 10303281
禹貢圖注彙纂一卷　清鄭言紹輯

清光緒二十一年憩園刻本　上海　復旦

經 10303282
禹貢讀本二卷　清陳士翹輯
清光緒間刻本　上海　復旦

經 10303283
禹貢集注一卷　清陳杏生輯
清抄本　上海

經 10303284
禹貢析疑一卷　清顧炳嶸撰
清抄本　天津

經 10303285
禹貢水道論一卷　清闞遠光撰
清道光八年九經閣刻本　南京

經 10303286
禹貢地名集說二卷　清洪符孫撰
吴縣王氏學禮齋傳抄稿本　復旦
抄本　國圖

經 10303287
禹貢彙解六卷首一卷　清洪兆雲撰
清光緒二十八年刻本　國圖　中科院

經 10303288
禹貢山川圖考不分卷　清胡南熏撰
清道光間刻本　湖北

經 10303289
禹貢山川便覽不分卷　清蔣華蓮撰
清宣統二年崇文閣印刷廠鉛印本　湖北

經 10303290
禹貢九江三江考不分卷　清榮錫勛撰
清光緒間刻本　湖北　國圖

經 10303291
禹貢詳注二卷　清時樞注
當湖孫氏雪映廬抄本　上海

經 10303292
禹貢紀聞十五卷首一卷　清時興蘭撰
清鄭顯煜抄本　上海

經 10303293
禹貢通釋十三卷　清童顏舒撰
民國十二年洋縣劉定鐸刻本　國圖　北大　中科院　南京

經 10303294
尚書禹貢篇注一卷　清吴良貴輯並書
清宣統二年影印吴鳳梧手寫本　國圖　南京　湖北

經 10303295
禹貢今注一卷　清閻寶森撰
清宣統三年琉璃廠鉛印本　國圖　天津　復旦

經 10303296
禹貢黑水西河惟雍州考一卷　清周松年撰
清光緒間稿本　國圖

經 10303297
禹貢集成不分卷　清周鏞撰
清抄本　南京

經 10303298

禹貢正解一卷圖表一卷　清朱鎮撰
清光緒三十年刻知止軒家塾印本　國圖　中科院　天津　上海　復旦　南京　浙江　湖北

經 10303299
禹貢水利利害詳注一卷　李以炳撰
民國初鉛印本　復旦

經 10303300
禹貢水河雲夢解一卷　李以炳撰
民國初鉛印本　復旦

經 10303301
禹貢真詮不分卷　吴國圻撰
民國三十七年鉛印本　復旦　國圖

經 10303302
禹貢纂注稿本一卷　鮑以炯撰
民國八年南求沈近勇抄本　南京

經 10303303
九州釋名一卷　鮑鼎撰
默厂所著書本(民國石印)

經 10303304
禹貢古今義案不分卷　□□撰
抄本　國圖

經 10303305
禹貢總訣歌一卷附九州算田法　□□撰
清抄本　國圖

經 10303306
禹貢傳說删纂一卷　□□撰
抄本(佚名批校)　南京

經 10303307
錐指分域一卷　□□撰
清光緒二十六年星槎抄本　上海

經 10303308
盤庚彩圖三篇　□□撰
清抄本(存卷中、下)　北大

經 10303309
周書金氏注六卷　宋金履祥撰
清瞿氏恬裕齋抄本　國圖

經 10303310
周書年表一卷　清馬肇元撰
清道光間刻本　國圖(馬其昶校)

經 10303311
周書年月考二卷　清馬肇元撰
清道光間刻本　國圖(馬其昶校)

經 10303312
周書雜論一卷　魏元曠撰
魏氏全書本(民國刻)

經 10303313
大誓答問(泰誓答問)一卷　清龔自珍撰
清道光八年杭州愛日軒陸貞一倣刻本　天津
清道光十二年杭州愛日軒陸貞一倣宋刻本　上海　南京　湖北
滂喜齋叢書本(同治刻)
清同治五年趙之謙二金蝶堂抄本　北大
後知不足齋叢書本(光緒刻)
皇清經解續編本(光緒刻、光緒石印)
翠琅玕館叢書本(光緒刻)
芋園叢書本(民國印)

經 10303314
太誓決疑一卷　邵瑞彭撰
　邵次公遺著本(稿本)　浙江
　民國二十二年刻河南大學叢書本　國圖　南京

經 10303315
大誓答問評一卷　方勇撰
　中國學報本　國圖

經 10303316
洪範五行傳二卷　漢劉向撰　清王謨輯
　漢魏遺書鈔本(嘉慶刻)

經 10303317
洪範五行傳三卷　漢劉向撰　清陳壽祺輯
　增定漢魏六朝別解本(崇禎刻)
　左海全集本(嘉慶道光刻)
　清道光間廣州刻本　北大　南京

經 10303318
洪範五行傳一卷　漢劉向撰　清黄奭輯
　漢學堂叢書本(道光刻光緒印)
　黄氏逸書考本(道光刻王鑒修補、朱長圻補刻)

經 10303319
洪範口義二卷　宋胡瑗撰
　四庫全書本(乾隆寫)
　墨海金壺本(嘉慶刻、博古齋影印)
　反約篇本(同治抄)　福建師大
　榕園叢書本(同治刻、民國印)
　四明叢書本(民國刻)

經 10303320
洪範統一一卷　宋趙善湘撰
　清抄本(清丁丙跋)　南京
　函海本(乾隆刻、道光補刻、光緒刻)
　藝海珠塵本(嘉慶刻、道光增刻)

經 10303321
定正洪範集說一卷首一卷　元胡一中撰
　明抄本　天一閣
　通志堂經解本(康熙刻、同治刻、日本文化刻)
　經苑本(道光咸豐刻、同治印、民國補刻)
　反約篇本(同治抄)　福建師大
　榕園叢書本(同治刻、民國印)
　四明叢書本(民國刻)

經 10303322
定正洪範二卷附補注　元胡一中撰　(補注)清劉克柔輯錄
　清嘉慶十二年稿本　遼寧

經 10303323
洪範圖解一卷　明韓邦奇撰
　性理三解本(嘉靖刻、乾隆刻)

經 10303324
洪範原數一卷　明呂調陽撰
　觀象廬叢書本(光緒刻)

經 10303325
洪範淺解十一卷　明程宗舜撰
　明嘉靖三十六年楊可教等刻本　遼寧
　明嘉靖間朱靖刻本　日本蓬左

經 10303326
洪範淺解不分卷　明程宗舜撰
　明抄本　日本尊經閣

經 10303327

洪範明義二卷初一卷終一卷　明黄道周撰
明崇禎十六年漳州刻本　北大　日本内閣
明末抄本　四川
清初抄本　北大

經 10303328
洪範明義四卷　明黄道周撰
四庫全書本(乾隆寫)

經 10303329
洪範明義六卷首一卷末一卷　明黄道周撰
鍥黄先生進覽書四種本(明刻)　上海

經 10303330
洪範明義二卷初一卷終一卷　明黄道周撰　清鄭開極重訂
石齋先生經傳九種本(康熙刻、道光補刻)

經 10303331
黄先生洪範明義四卷終一卷　明黄道周撰　清李清訂　清盧之頤較
清末民國初刻本　國圖

經 10303332
洪範經傳集義一卷　清孫承澤撰
清刻本　南京

經 10303333
洪範正論五卷　清胡渭撰
清乾隆四年胡紹芬刻耆學齋重修本　國圖(清李遇孫、清錢泰吉跋)　國圖　北大　天津　上海　復旦
四庫全書本(乾隆寫)

經 10303334
洪範傳一卷　清崔致遠撰
清絳雲樓刻本　國圖

經 10303335
洪範說一卷　清李光地撰
清康熙四十七年刻本　國圖

經 10303336
洪範說二卷　清李光地撰
李文貞公全集本(乾隆嘉慶刻)
榕村全書本(道光刻)

經 10303337
洪範彙成二卷圖一卷　宋蔡沈撰　清劉召材補
清雍正間信斯堂刻本　北大　上海

經 10303338
洪範論一卷　清胡具慶撰
清道光二十二年胡氏家刻本　國圖　南京

經 10303339
洪範注補五卷　清潘士權撰
清乾隆四年刻本　國圖　遼寧
潘龍菴全書本(乾隆刻)

經 10303340
洪範圖說四卷　清舒俊鯤撰
清乾隆三十七年刻本　中科院

經 10303341
洪範圖說四卷　清嚴承夏撰
清乾隆四十二年刻柏蔭堂印本　國圖　湖北

經 10303342
洪範宗經三卷　清丁裕彥撰
　清道光十五年丁裕彥北京刻本　國圖　北大　湖北

經 10303343
鴻範通論一卷　清蔣光焴撰
　清同治間刻本　國圖

經 10303344
洪範五行集說一卷　清陸文健撰
　稿本　上海

經 10303345
洪範微二卷　張其淦撰
　寓園叢書本(民國鉛印)
　民國初石印本　復旦

經 10303346
洪範集解一卷　黄福輯
　民國二十三年鉛印本　湖北

經 10303347
五誥解四卷　宋楊簡撰
　四庫全書本(乾隆寫)
　墨海金壺本(嘉慶刻、博古齋影印)

經 10303348
召誥日名考一卷　清李鋭撰
　李氏遺書本(道光刻、光緒刻)
　清道光二十二年思賢書局長沙刻本　北大　復旦　湖北

經 10303349
尚書周誥考辨二卷　清章謙存撰
　刻强恕齋四賸稿本(經賸,道光刻)　國圖　南京　湖北

經 10303350
正訛初稿一卷　清王麟趾撰
　昭代叢書本(道光刻)

經 10303351
洛誥箋一卷　王國維撰
　雪堂叢刻本(民國鉛印)

經 10303352
洛誥新解一卷　温建敬撰
　民國二十二年汕頭補讀書廬石印本　國圖　上海

經 10303353
尚書無逸集說辨證不分卷　清褚通經撰
　清嘉慶十三年淥水園刻本　湖北

經 10303354
尚書無逸考異一卷　清褚通經撰
　清嘉慶十三年淥水園刻本　湖北

經 10303355
立政臆解一卷　清劉光蕡撰
　煙霞草堂遺書本(民國刻)
　關中叢書本(民國鉛印)

經 10303356
隸古文尚書顧命殘本補考一卷　羅振玉撰
　敦煌石室遺書本(宣統鉛印)

經 10303357
周書顧命禮徵一卷　王國維撰
　廣倉學宭叢書甲類本(民國鉛印)

經 10303358
周書顧命後考一卷　王國維撰

廣倉學宭叢書甲類本(民國鉛印)

經 10303359
尚書顧命解一卷　清孫希旦撰
清瑞安孫氏刻本　國圖
清抄本(清孫鏘鳴校)　温州

書序之屬

經 10303360
書序一卷　元□□輯
元延祐五年建安余氏勤有堂刻本　國圖　北大　上海
明正統十二年内府刻本　北大　人大　北京市委　天津　河北師大　上海　山西文物局　吉林　吉大　山東　山東大學　山東博　南京　無錫　浙江　天一閣　浙大　安徽博　河南　鄭州　新鄉　湖北　襄陽　湖南　廣東　中山大學　廣西師大
明刻本　國圖　辭書出版社　廣東

經 10303361
書序一卷　清任兆麟輯
述記本(乾隆刻、嘉慶刻)

經 10303362
孔壁書序一卷　清觀頮道人編
閏竹居叢書本(清刻)

經 10303363
書序注一卷　宋蔡沈撰
五經補綱本(咸豐刻)

經 10303364
欽定書經序一卷　清王頊齡等纂
御纂七經本(康熙内府刻、同治浙江書局刻、崇文書局刻、江西書局刻、光緒戶部刻、江南書局刻、光緒鴻文書局石印)
清刻尊經閣印本　國圖　湖北
四庫全書薈要本(乾隆寫)
四庫全書本(乾隆寫)

經 10303365
古尚書序一卷　清黄淦纂
清嘉慶九年刻本　復旦

經 10303366
書序辨正一卷　清劉沅撰
槐軒全書本(同治刻)
清光緒間虛受齋刻本　南京
清刻豫誠堂印本　國圖　南京　遼寧

經 10303367
尚書序錄一卷　清胡秉虔撰
滂喜齋叢書本(同治刻)
清抄本　南京

經 10303368
書序畧考五卷　清馬邦舉撰
清抄本　南京

經 10303369
書序述聞一卷　清劉逢祿撰
皇清經解續編本(光緒刻、光緒石印)

經 10303370
尚書譜一卷　清宋翔鳳撰
清浮谿精舍刻本　國圖
皇清經解續編本(光緒刻、光緒石印)

經 10303371
論書序大傳一卷　清劉杲撰

集虚草堂叢書甲集本(光緒刻)

經 10303372
書序考異一卷　清王咏霓撰
清光緒間刻本　國圖　南京　湖北

經 10303373
書序答問一卷　清王咏霓撰
清光緒間刻本　國圖　上海　南京　復旦　湖北

經 10303374
書贊一卷　清王仁俊輯
玉函山房輯佚書續編本(稿本)

經 10303375
書序考證一卷　清吴汝綸手定　吴闓生録
雍睦堂叢書本(民國鉛印)

經 10303376
尚書序目決疑二卷　邵瑞彭撰
民國二十一年大梁刻朱印本　國圖

沿革之屬

經 10303377
尚書經師系表一卷　清江聲撰
清乾隆五十八年刻篆文本　國圖　北大　天津　上海　復旦　浙江
皇清經解本(道光刻、咸豐補刻、鴻寶齋石印、點石齋石印)

經 10303378
尚書傳授同異考一卷　清邵懿辰撰
半巖廬所箸書本(清末民國初刻)

經 10303379
今古文尚書授受源流一卷　清馬貞榆撰
清乾隆間三餘書屋刻本　浙大　上海
清光緒間三餘書屋刻本　國圖　北大　天津　南京　湖北
清光緒間湖北存古學堂刻本　國圖
清末刻兩湖文高等學校經學課程朱印本　湖北

經 10303380
尚書沿革表一卷　清戴熙撰
清同治九年刻本　南京　浙江

文字音義之屬

經 10303381
古文尚書音一卷　晉徐邈撰　清馬國翰輯
玉函山房輯佚書本(同治皇華館刻、光緒李氏印、光緒嫏嬛館刻、光緒楚南書局刻)

經 10303382
尚書釋文殘一卷　唐陸德明撰
吉石盦叢書本(民國影印)

經 10303383
經典釋文尚書殘卷　唐陸德明撰
敦煌卷子本　法國國家圖書館

經 10303384
唐寫本尚書釋文殘一卷　唐陸德明撰
涵芬樓祕笈本(民國鉛印)

經 10303385
唐寫本尚書釋文校語二卷　吴士鑑撰
涵芬樓祕笈本(民國鉛印)

經 10303386
影宋大字本尚書釋音二卷　唐陸德明撰
古逸叢書本(光緒刻)

經 10303387
倣宋尚書釋音二卷　唐陸德明撰
清光緒元年江山劉氏刻本　上海　南京

經 10303388
書經古注音義經典釋文卷三卷四　唐陸德明撰
日本明和五年刻本　國圖

經 10303389
尚書音釋一卷　唐陸德明音釋
明刻本　吉大　河北大學

經 10303390
尚書注疏釋文校勘記二十卷　清阮元撰
重刊宋本十三經註疏附校勘記本(嘉慶刻、道光重修、同治重修、同治刻、光緒刻、光緒石印、民國石印)

經 10303391
會通館校正音釋書經十卷　明□□輯
明錫山華氏會通館銅活字印本　上海

經 10303392
重刊校正音釋書經白文六卷　明□□輯
明刻本　上海(存卷五、六)　華東師大

經 10303393
皇明集韵天梯書經正文四卷　明□□輯
明萬曆元年熊沖宇種德堂刻本　吉大

經 10303394
尚書古文考一卷　日本山井鼎撰
函海本(乾隆刻、道光補刻、光緒刻)

經 10303395
尚書集注音疏十二卷末一卷外編一卷　清江聲撰
清乾隆五十八年江氏近市居刻篆文本　國圖　中科院　天津　上海　復旦　浙江　湖北　武漢　湖南(清何紹基校點)　遼寧
皇清經解本(道光刻、咸豐補刻、鴻寶齋石印、點石齋石印)

經 10303396
尚書異讀考六卷　清趙佑撰
清獻堂全編本(乾隆刻)

經 10303397
尚書故訓是正文字一卷　清朱彬撰
民國二十年抄本　國圖

經 10303398
尚書古字辨異一卷　清李調元輯
函海本(乾隆刻、道光補刻、光緒刻)
藝海珠塵本(嘉慶刻道光增刻)
仲軒羣書雜著本(稿本)
守約篇本(同治刻)

經 10303399
書經字考一卷　清吴東發撰
清嘉慶間刻本　國圖

經 10303400
尚書伏氏本經音釋一卷　清安念祖撰
清嘉慶十九年陳文稿崇本堂刻本　國圖　上海

經 10303401
書經音訓不分卷　清楊國楨撰
十一經音訓本(道光刻、光緒刻)

經 10303402
禹貢正字一卷　清王筠撰
王菉友九種本(道光刻、咸豐彙印)

經 10303403
尚書字詁一卷　清朱大韶撰
稿本　復旦

經 10303404
尚書經字異同集證八卷　清朱大韶撰
稿本　復旦

經 10303405
尚書解詁一卷　清柳榮宗撰
稿本　國圖

經 10303406
洛誥訂詁一卷　清柳榮宗撰
稿本　國圖

經 10303407
尚書諸家引經異字同聲考一卷　清丁顯撰
稿本　北師大
丁西圃叢書本(光緒刻,十三經諸家引經異字同聲考)

經 10303408
尚書讀異六卷　清于鬯撰
于香草遺著叢輯本(稿本)　上海

叢編之屬

經 10303409
龍岡山人古文尚書四種二十三卷　清洪良品撰
稿本　湖北
清光緒十四年鉛印本　北大　上海
古文尚書辨惑十八卷　清洪良品撰
古文尚書釋難二卷　清洪良品撰
古文尚書析疑一卷　清洪良品撰
古文尚書商是一卷　清洪良品撰

經 10303410
玉函山房輯佚書經編書類十二種十八卷　清馬國翰輯
玉函山房輯佚書本(同治皇華館刻、光緒李氏印、光緒嫏嬛館刻、光緒楚南書局刻)
今文尚書一卷
古文尚書三卷
尚書歐陽章句一卷　漢歐陽生撰
尚書大夏侯章句一卷　漢夏侯勝撰
尚書小夏侯章句一卷　漢夏侯建撰
尚書馬氏傳四卷　漢馬融撰
尚書王氏注二卷　三國魏王肅撰
古文尚書音一卷　晉徐邈撰
古文尚書舜典注一卷　晉范甯撰
尚書劉氏義疏一卷　隋劉焯撰
尚書述義一卷　隋劉炫撰
尚書顧氏疏一卷　隋顧彪撰

經 10303411
尚書決疑二種二卷　邵瑞彭撰
民國二十二年大梁刻河南大學叢書本　國圖　北大　上海　南京　湖北
尚書序目決疑一卷　邵瑞彭撰
太誓決疑一卷　邵瑞彭撰

附　録

書緯之屬

經 10303412
尚書琁璣鈐一卷　□□輯
說郛本(宛委山堂刻)

經 10303413
尚書玄璣鈐一卷　明孫瑴輯
古微書本(嘉慶刻、光緒刻、光緒石印)
墨海金壺本(嘉慶刻、博古齋影印)
守山閣叢書本(道光刻、光緒影印、民國影印)

經 10303414
尚書琁璣鈐一卷　清殷元正原輯　清陸明睿增訂
緯書本(清觀我生齋抄)

經 10303415
尚書旋機鈐一卷　清趙在翰輯
七緯本(嘉慶刻)

經 10303416
尚書旋機鈐補遺一卷　清趙在翰輯
七緯本(嘉慶刻)

經 10303417
尚書旋璣鈐一卷　清劉學寵輯
青照堂叢書本(道光刻)

經 10303418
尚書緯琁璣鈐一卷　漢鄭玄注　清馬國翰輯
玉函山房輯佚書本(同治皇華館刻、光緒李氏印、光緒嫏嬛館刻、光緒楚南書局刻)
玲瓏山館叢書本(光緒刻)

經 10303419
尚書旋璣鈐一卷　漢鄭玄注　清黄奭輯
漢學堂叢書本(道光刻光緒印)
黄氏逸書考本(道光刻王鑒修補、朱長圻補刻)

經 10303420
尚書璇璣鈐一卷　清喬松年輯
喬勤恪公全集本(光緒刻)
山右叢書初編本(民國鉛印)

經 10303421
尚書考靈曜一卷　□□輯
說郛本(宛委山堂刻)

經 10303422
尚書考靈曜一卷　漢鄭玄注　明孫瑴輯
古微書本(嘉慶刻、光緒刻、光緒石印)
墨海金壺本(嘉慶刻、博古齋影印)
守山閣叢書本(道光刻、光緒影印、民國影印)

經 10303423
尚書考靈曜一卷　清殷元正原輯　清陸明睿增訂
緯書本(清觀我生齋抄)

經 10303424
尚書考靈曜一卷　清趙在翰輯
七緯本(嘉慶刻)

經 10303425
尚書考靈曜補遺一卷　清趙在翰輯

七緯本(嘉慶刻)

經 10303426
尚書考靈曜一卷　清劉學寵輯
青照堂叢書本(道光刻)

經 10303427
尚書緯考靈曜一卷　清馬國翰輯
玉函山房輯佚書本(同治皇華館刻、光緒李氏印、光緒娜嬛館刻、光緒楚南書局刻)
玲瓏山館叢書本(光緒刻)

經 10303428
尚書考靈曜一卷　清黄奭輯
黄氏逸書考本(道光刻王鑒修補、朱長圻補刻)

經 10303429
尚書考靈曜一卷　漢鄭玄注　清喬松年輯
喬勤恪公全集本(光緒刻)
山右叢書初編本(民國鉛印)

經 10303430
尚書考靈曜一卷　漢鄭玄注　清王仁俊輯
玉函山房輯佚書續編本(稿本)

經 10303431
尚書刑德放一卷　清殷元正原輯　清陸明睿增訂
緯書本(清觀我生齋抄)

經 10303432
尚書刑德放一卷　清趙在翰輯
七緯本(嘉慶刻)

經 10303433
尚書刑德放補遺一卷　清趙在翰輯
七緯本(嘉慶刻)

經 10303434
尚書緯刑德放一卷　清馬國翰輯
玉函山房輯佚書本(同治皇華館刻、光緒李氏印、光緒娜嬛館刻、光緒楚南書局刻)
玲瓏山館叢書本(光緒刻)

經 10303435
尚書刑德放一卷　漢鄭玄注　清黄奭輯
漢學堂叢書本(道光刻光緒印)
黄氏逸書考本(道光刻王鑒修補、朱長圻補刻)

經 10303436
尚書刑德放一卷　清喬松年輯
喬勤恪公全集本(光緒刻)
山右叢書初編本(民國鉛印)

經 10303437
尚書緯刑德放一卷　漢鄭玄注　清王仁俊輯
玉函山房輯佚書續編本(稿本)

經 10303438
尚書帝命驗一卷　清殷元正原輯　清陸明睿增訂
緯書本(清觀我生齋抄)

經 10303439
尚書帝命驗一卷　清趙在翰輯
七緯本(嘉慶刻)

經 10303440

尚書緯帝命驗一卷　漢鄭玄注　清馬國翰輯
玉函山房輯佚書本(同治皇華館刻、光緒李氏印、光緒嫏嬛館刻、光緒楚南書局刻)
玲瓏山館叢書本(光緒刻)

經10303441
尚書帝命驗一卷　漢鄭玄注　清黄奭輯
漢學堂叢書本(道光刻光緒印)
黄氏逸書考本(道光刻王鑒修補、朱長圻補刻)

經10303442
尚書帝命驗一卷　清喬松年輯
喬勤恪公全集本(光緒刻)
山右叢書初編本(民國鉛印)

經10303443
尚書帝命期一卷　□□輯
説郛本(宛委山堂刻)

經10303444
尚書帝命期一卷　清劉學寵輯
青照堂叢書本(道光刻)

經10303445
尚書帝驗期一卷　明孫瑴輯
古微書本(嘉慶刻、光緒刻、光緒石印)
墨海金壺本(嘉慶刻、博古齋影印)
守山閣叢書本(道光刻、光緒影印、民國影印)

經10303446
尚書帝驗期一卷　清喬松年輯
喬勤恪公全集本(光緒刻)
山右叢書初編本(民國鉛印)

經10303447
尚書帝命驗宋注一卷　三國魏宋均撰　清王仁俊輯
玉函山房輯佚書續編本(稿本)

經10303448
尚書運期授一卷　明孫瑴輯
古微書本(嘉慶刻、光緒刻、光緒石印)
墨海金壺本(嘉慶刻、博古齋影印)
守山閣叢書本(道光刻、光緒影印、民國影印)

經10303449
尚書運期授一卷　清殷元正原輯　清陸明睿增訂
緯書本(清觀我生齋抄)

經10303450
尚書運期授一卷　清趙在翰輯
七緯本(嘉慶刻)

經10303451
尚書運期授補遺一卷　清趙在翰輯
七緯本(嘉慶刻)

經10303452
尚書緯運期授一卷　漢鄭玄注　清馬國翰輯
玉函山房輯佚書本(同治皇華館刻、光緒李氏印、光緒嫏嬛館刻、光緒楚南書局刻)
玲瓏山館叢書本(光緒刻)

經10303453
尚書運期授一卷　漢鄭玄注　清黄奭輯
漢學堂叢書本(道光刻光緒印)
黄氏逸書考本(道光刻王鑒修補、朱長圻補刻)

經 10303454
尚書運期授一卷　清喬松年輯
喬勤恪公全集本(光緒刻)
山右叢書初編本(民國鉛印)

經 10303455
尚書中候馬注一卷　漢馬融撰　清王仁俊輯
玉函山房輯佚書續編本(稿本)

經 10303456
尚書中候一卷　□□輯
說郛本(宛委山堂刻)

經 10303457
尚書中候一卷　明孫瑴輯
古微書本(嘉慶刻、光緒刻、光緒石印)
墨海金壺本(嘉慶刻、博古齋影印)
守山閣叢書本(道光刻、光緒影印、民國影印)

經 10303458
尚書中候一卷　清劉學寵輯
青照堂叢書本(道光刻)

經 10303459
尚書中候一卷　漢鄭玄注　清王謨輯
漢魏遺書鈔本(嘉慶刻)

經 10303460
尚書中候鄭注五卷　漢鄭玄撰　宋王應麟輯　清孔廣林增定
清乾隆間刻本　國圖
學津討原本(嘉慶刻、民國影印)

經 10303461
尚書中候鄭注六卷　漢鄭玄撰　宋王應麟輯　清孔廣林增定
清嘉慶八年侯官謝震采赤山房刻本　北大
通德遺書所見錄本(光緒刻)

經 10303462
尚書中候鄭注五卷　清孔廣林輯　清趙之謙批
清抄本　上海

經 10303463
尚書中候注一卷　漢鄭玄撰　清袁鈞輯
鄭氏佚書本(光緒觀稼樓刻、浙江書局刻)

經 10303464
尚書中候三卷　漢鄭玄注　清馬國翰輯
玉函山房輯佚書本(同治皇華館刻、光緒李氏印、光緒嫏嬛館刻、光緒楚南書局刻)
玲瓏山館叢書本(光緒刻)

經 10303465
尚書中候一卷　清黄奭輯
黄氏逸書考本(道光刻王鑒修補、朱長圻補刻)

經 10303466
尚書中候一卷　清喬松年輯
喬勤恪公全集本(光緒刻)
山右叢書初編本(民國鉛印)

經 10303467
尚書中候鄭注一卷　漢鄭玄撰　清王仁俊輯
玉函山房輯佚書續編本(稿本)

經 10303468

尚書中候疏證一卷　清皮錫瑞撰
師伏堂叢書本(光緒刻)
皮氏經學叢書本(光緒刻)
清光緒二十五年長沙思賢書局刻本
國圖

經 10303469
書中候弘道篇一卷　廖平撰　黄鎔筆述
新訂六譯館叢書本(民國彙印)

經 10303470
中候敕省圖一卷　明孫瑴輯
古微書本(嘉慶刻、光緒刻、光緒石印)
墨海金壺本(嘉慶刻、博古齋影印)
守山閣叢書本(道光刻、光緒影印、民國影印)

經 10303471
中候敕省圖一卷　清喬松年輯
喬勤恪公全集本(光緒刻)
山右叢書初編本(民國鉛印)

經 10303472
中候握河紀一卷　明孫瑴輯
古微書本(嘉慶刻、光緒刻、光緒石印)
墨海金壺本(嘉慶刻、博古齋影印)
守山閣叢書本(道光刻、光緒影印、民國影印)

經 10303473
中候握河紀不分卷　清喬松年輯
喬勤恪公全集本(光緒刻)
山右叢書初編本(民國鉛印)

經 10303474
中候運行一卷　明孫瑴輯
古微書本(嘉慶刻、光緒刻、光緒石印)
墨海金壺本(嘉慶刻、博古齋影印)
守山閣叢書本(道光刻、光緒影印、民國影印)

經 10303475
中候運衡一卷　清喬松年輯
喬勤恪公全集本(光緒刻)
山右叢書初編本(民國鉛印)

經 10303476
中候考河命一卷　明孫瑴輯
古微書本(嘉慶刻、光緒刻、光緒石印)
墨海金壺本(嘉慶刻、博古齋影印)
守山閣叢書本(道光刻、光緒影印、民國影印)

經 10303477
中候考河命一卷　漢鄭玄注　清喬松年輯
喬勤恪公全集本(光緒刻)
山右叢書初編本(民國鉛印)

經 10303478
中候儀明篇一卷　明孫瑴輯
古微書本(嘉慶刻、光緒刻、光緒石印)
墨海金壺本(嘉慶刻、博古齋影印,中候儀明)
守山閣叢書本(道光刻、光緒影印、民國影印)

經 10303479
中候儀明一卷　清喬松年輯
喬勤恪公全集本(光緒刻)
山右叢書初編本(民國鉛印)

經 10303480
中候苗興一卷　清喬松年輯
喬勤恪公全集本(光緒刻)

山右叢書初編本(民國鉛印)

經 10303481
中候契握一卷　清喬松年輯
喬勤恪公全集本(光緒刻)
山右叢書初編本(民國鉛印)

經 10303482
中候洛予命一卷　明孫瑴輯
古微書本(嘉慶刻、光緒刻、光緒石印)
墨海金壺本(嘉慶刻、博古齋影印)
守山閣叢書本(道光刻、光緒影印、民國影印)

經 10303483
中候洛予命一卷　清喬松年輯
喬勤恪公全集本(光緒刻)
山右叢書初編本(民國鉛印)

經 10303484
中候稷起一卷　明孫瑴輯
古微書本(嘉慶刻、光緒刻、光緒石印)
墨海金壺本(嘉慶刻、博古齋影印)
守山閣叢書本(道光刻、光緒影印、民國影印)

經 10303485
中候稷起一卷　清喬松年輯
喬勤恪公全集本(光緒刻)
山右叢書初編本(民國鉛印)

經 10303486
中候洛師謀一卷　清喬松年輯
喬勤恪公全集本(光緒刻)
山右叢書初編本(民國鉛印)

經 10303487
中候合符后一卷　清喬松年輯
喬勤恪公全集本(光緒刻)
山右叢書初編本(民國鉛印)

經 10303488
中候摘洛戒一卷　明孫瑴輯
古微書本(嘉慶刻、光緒刻、光緒石印)
墨海金壺本(嘉慶刻、博古齋影印)
守山閣叢書本(道光刻、光緒影印、民國影印)

經 10303489
中候擿洛戒一卷　明孫瑴輯
古微書本(嘉慶刻、光緒刻、光緒石印)
墨海金壺本(嘉慶刻、博古齋影印)
守山閣叢書本(道光刻、光緒影印、民國影印)

經 10303490
中候擿洛貳一卷　清喬松年輯
喬勤恪公全集本(光緒刻)
山右叢書初編本(民國鉛印)

經 10303491
中候準讖哲一卷　明孫瑴輯
古微書本(嘉慶刻、光緒刻、光緒石印)
墨海金壺本(嘉慶刻、博古齋影印)
守山閣叢書本(道光刻、光緒影印、民國影印)

經 10303492
中候準讖哲一卷　清喬松年輯
喬勤恪公全集本(光緒刻)
山右叢書初編本(民國鉛印)

經 10303493
中候我施一卷　清喬松年輯

喬勤恪公全集本(光緒刻)
山右叢書初編本(民國鉛印)

經 10303494
書緯一卷　□□輯
清絳雲樓藏舊抄本　中科院

經 10303495
尚書緯一卷　清殷元正原輯　清陸明睿增訂
緯書本(清觀我生齋抄)

經 10303496
尚書緯附録一卷　清趙在翰輯
七緯本(嘉慶刻)

經 10303497
尚書緯附録補遺一卷　清趙在翰輯
七緯本(嘉慶刻)

經 10303498
尚書緯一卷　清黄奭輯
黄氏逸書考本(道光刻王鑒修補、朱長圻補刻)

經 10303499
洪範緯一卷　明孫瑴輯
古微書本(嘉慶刻、光緒刻、光緒石印)
墨海金壺本(嘉慶刻、博古齋影印)
守山閣叢書本(道光刻、光緒影印、民國影印)

經 10303500
尚書洪範記一卷　清喬松年輯
喬勤恪公全集本(光緒刻)
山右叢書初編本(民國鉛印)

經 10303501
泛引尚書緯一卷　清喬松年輯
喬勤恪公全集本(光緒刻)
山右叢書初編本(民國鉛印)

經 10303502
尚書五行傳一卷　明孫瑴輯
古微書本(嘉慶刻、光緒刻、光緒石印)
墨海金壺本(嘉慶刻、博古齋影印)
守山閣叢書本(道光刻、光緒影印、民國影印)

經 10303503
尚書五行傳注一卷　漢鄭玄撰　清袁鈞輯　清袁堯年校補
鄭氏佚書本(光緒觀稼樓刻、浙江書局刻)

經 10303504
尚書緯六種五卷　清趙在翰輯
七緯本(嘉慶刻)
尚書旋機鈐一卷附補遺
尚書考靈曜一卷附補遺
尚書刑德放一卷附補遺
尚書帝命驗一卷
尚書運期授附補遺、尚書緯附録附補遺(合一卷)

逸書之屬

經 10303505
古文尚書逸篇一卷　清朱鶴齡輯
清康熙間刻本　國圖　北大
四庫全書本(乾隆寫)

經 10303506
古文尚書逸文二卷　清江聲輯　清孫星衍補訂
清乾隆二十四年蘭陵孫氏刻本　國圖

清乾隆六十年蘭陵孫氏刻嘉慶七年補刻本　復旦　中科院　南京　遼寧
岱南閣叢書本(乾隆嘉慶刻、民國影印)
清光緒六年綿州墨池書舍校刻本　天津　上海　湖北
十三經讀本本(民國醒園刻)

經 10303507
汲冢周書輯要一卷　清郝懿行撰
郝氏遺書本(光緒刻)

經 10303508
漆書古文尚書逸文考一卷　清王紹蘭撰
蕭山王氏十萬卷樓輯佚七種本(清抄)

經 10303509
杜林訓故逸文一卷　清王紹蘭撰
蕭山王氏十萬卷樓輯佚七種本(清抄)

經 10303510
尚書逸湯誓考四卷　清徐時棟撰
初稿本、二次稿本　天一閣

經 10303511
尚書逸湯誓考六卷　清徐時棟撰
初稿本、修訂稿本　天一閣
清同治十一年城西草堂刻煙雨樓集本　國圖　上海　南京　遼寧　浙江　天一閣

經 10303512
尚書逸湯誓考校勘一卷　清王蜺撰
清同治十一年城西草堂刻煙雨樓集本　國圖　上海　南京　遼寧　浙江

經 10303513
逸湯誓考校勘記一卷　清葉廉鍔撰
清宣統間篋存草刻本　國圖

經 10303514
尚書佚文一卷　清王仁俊輯
經籍佚文本(稿本)

經 10303515
尚書佚文補遺一卷　清王仁俊輯
經籍佚文本(稿本)

經 10303516
逸書徵三卷　清孫國仁撰
砭愚堂叢書本(稿本)　上海

經 10303517
逸周書補釋(存卷上)　劉師培撰
民國初鉛印本

經 10303518
逸書事緯一卷　汪宗沂輯
清光緒三十二年稿本　國圖

詩　類

正文之屬

經 10403519
毛詩二十卷　唐□□輯
唐開成二年刻石清麐氏半畝園嫏嬛妙境拓印本　北大　復旦　南京
唐開成石壁十二經本(民國刻)

經 10403520
毛詩一卷　□□輯
巾箱八經本(宋刻遞修、民國影印)
明覆宋悦生堂刻巾箱本　上海
五經本(弘治刻、嘉靖翁溥刻)　國圖　上海
九經本(明刻本)　上海　南京
十三經本(明吴勉學刻)　北大　中科院　南京
清光緒間江南製造總局刻本　北大　天津　上海　南京
十三經經文本(開明書店鉛印)

經 10403521
毛詩二卷　□□輯
古香齋袖珍十種本(内府刻、南海孔氏重刻,古香齋五經)
日本延寶七年羅浮山夕顔巷刻新板五經本　北大

經 10403522
毛詩(詩經白文)四卷　□□輯
五經白文本(明刻)　國圖　上海　華東師大

經 10403523
詳音句讀明本大字毛詩四卷　元□□音讀
元至正二十七年盱南孫氏刻本　國圖

經 10403524
魁本大字詳音句讀毛詩六卷　元□□音讀
元刻本　國圖(存卷四至六)

經 10403525
毛詩四卷　明秦鏷訂正
九經本(崇禎刻、清逸文堂刻、心逸齋刻、觀成堂印)

經 10403526
毛詩四卷　明陳鳳梧篆書
篆文六經本(嘉靖刻)

經 10403527
毛詩三卷　明許初篆書
明嘉靖五年吴縣許初篆書刻本　桂林

經 10403528
毛詩不分卷　清張照校
篆文六經四書本(雍正内府刻、光緒影印、民國影印)

經 10403529
御製翻譯詩經(滿漢合璧)八卷　清聖祖玄燁敕譯
清内府刻本　復旦
清舊刻本　復旦

經 10403530
翻繹詩經(滿漢合璧)八卷　清高宗弘曆敕譯

清乾隆三十三年刻本　中科院

經 10403531
詩經二卷　□□輯
日本寬永五年容膝亭刻本　北大

經 10403532
毛詩正文三卷　□□輯
日本天明八年刻本　南京
日本文政二年東都久保謙重訂江戶須原屋茂兵衛發行本　北大

傳說之屬

經 10403533
毛詩先鄭義一卷　漢鄭衆撰　清王仁俊輯
十三經漢注本(稿本)　上海
玉函山房輯佚書續編本(稿本)

經 10403534
毛詩賈氏義一卷　漢賈逵撰　清王仁俊輯
十三經漢注本(稿本)　上海
玉函山房輯佚書續編本(稿本)

經 10403535
毛詩義問一卷　漢劉楨撰　清馬國翰輯
玉函山房輯佚書本(同治皇華館刻、光緒李氏印、光緒嫏嬛館刻、光緒楚南書局刻)

經 10403536
毛詩馬氏注一卷　漢馬融撰　清馬國翰輯
玉函山房輯佚書本(同治皇華館刻、光緒李氏印、光緒嫏嬛館刻、光緒楚南書局刻)

經 10403537
毛詩注一卷　漢馬融撰　清黄奭輯
漢學堂叢書本(道光刻光緒印)
黄氏逸書考本(道光刻王鑒修補、朱長圻補刻)

經 10403538
毛詩(存卷一至七)　漢毛亨傳　漢鄭玄箋
鳴沙石室古籍叢殘本(民國影印,羣經叢殘)

經 10403539
毛詩(存卷三)　漢毛亨傳　漢鄭玄箋
鳴沙石室古籍叢殘本(民國影印,羣經叢殘)

經 10403540
毛詩(存卷九鹿鳴以下)　漢毛亨傳　漢鄭玄箋
鳴沙石室古籍叢殘本(民國影印,羣經叢殘)

經 10403541
毛詩(存卷九出車以下)　漢毛亨傳　漢鄭玄箋
鳴沙石室古籍叢殘本(民國影印,羣經叢殘)

經 10403542
毛詩(存卷十)　漢毛亨傳　漢鄭玄箋
鳴沙石室古籍叢殘本(民國影印,羣經叢殘)

經 10403543

敦煌古寫本毛詩校記一卷　羅振玉撰
松翁居遼後所箸書本(民國影印,遼居雜著)

經 10403544
毛詩二南殘一卷　漢毛亨傳　漢鄭玄箋
京都帝國大學文學部景印唐鈔本本(日本影印)

經 10403545
毛詩卷八　漢毛亨傳　漢鄭玄箋
東方學會叢書初集本(民國鉛印,敦煌石室碎金)

經 10403546
毛詩詁訓傳卷十　漢毛亨傳　漢鄭玄箋
京都帝國大學文學部景印唐鈔本本(日本影印)

經 10403547
敦煌寫本毛詩詁訓傳三卷　漢毛亨撰　漢鄭玄注
攝影本　國圖

經 10403548
蜀石經殘字毛詩卷一至二　漢毛亨傳　漢毛萇撰　漢鄭玄箋
清道光六年三山陳宗彝石經精舍刻本　北大

經 10403549
影北宋鈔本毛詩卷四至六　漢毛亨傳　漢毛萇撰　漢鄭玄箋
靈峯草堂叢書本(光緒刻)

經 10403550
毛詩二十卷附考證　漢毛亨傳　漢毛萇撰　漢鄭玄箋　唐陸德明音義
倣宋相臺五經本(乾隆武英殿刻、民國影印、同治刻、光緒江南書局刻、光緒重刻、光緒龍氏刻、光緒金陵書局、尊經書局刻、日本安政五年刻)

經 10403551
毛詩傳箋二十卷附詩譜一卷　漢毛亨傳　漢毛萇撰　漢鄭玄箋
明萬曆二十二年程應衢玄鑒堂刻本　遼寧
日本延享四年刻本　國圖
日本享和二年刻本　上海
日本慶長足利學校活字印本　北大

經 10403552
毛詩詁訓傳二十卷　漢毛萇撰　漢鄭玄箋　唐陸德明音義
宋刻本　國圖(清查慎行、清顧廣圻跋,清吴榮光題款)
宋刻本　國圖
四部叢刊本(民國影印)

經 10403553
監本纂圖重言重意互注點校毛詩二十卷圖譜一卷　漢毛萇傳　漢鄭玄箋　唐陸德明音義
宋刻本　國圖(卷五至七清黄丕烈倩人影宋抄補並跋,勞健、周叔弢跋)
宋刻本　國圖

經 10403554
詩經二十卷詩譜一卷　漢毛亨傳　漢毛萇撰　漢鄭玄箋　唐陸德明音義　明葛鼒校　明金蟠訂
十三經古注本(崇禎刻、同治重修)

十三經古注本(崇禎金蟠刻) 復旦(清王□□校) 南京(□□批校)

經 10403555

毛詩詁訓傳二十卷詩譜一卷毛詩音義三卷 漢毛亨傳 漢毛萇撰 漢鄭玄箋 唐陸德明音義

清同治十一年江南書局金陵刻本 國圖 北大 天津 復旦 南京 遼寧

經 10403556

毛詩故訓傳三十卷毛詩譜一卷毛詩音義三卷 漢毛亨傳 漢毛萇撰 漢鄭玄箋 唐陸德明音義 清周孝垓校

清嘉慶二十一年木瀆周孝垓枕經樓刻本 國圖 北大 中科院 上海 復旦(清葉裕仁、清潘道根批校並跋) 南京(屈疆批校) 浙江 湖北

經 10403557

毛詩故訓傳三十卷鄭氏詩譜一卷 漢毛亨傳 漢毛萇撰 漢鄭玄箋

清道光七年立本齋刻本 國圖 北大 中科院 上海 南京 湖北 浙江

經 10403558

毛詩故訓傳三十卷 漢毛亨傳 漢毛萇撰 漢鄭玄箋

皇清經解本(道光刻、咸豐補刻、鴻齋石印、點石齋石印) 山東(清朱孔彰批校)

清同治十一年山陽丁氏五雲堂刻本 國圖 北大 中科院(葉昌熾校) 上海(羅振玉校) 復旦 南京 浙江

經 10403559

毛詩詁訓傳七卷詩譜一卷音釋一卷 漢毛亨傳 漢毛萇撰 漢鄭玄箋 明馬應龍、明孫開校

明嘉靖間馬應龍刻初印本 復旦(高燮跋) 遼寧

經 10403560

毛詩王氏注四卷 三國魏王肅撰 清馬國翰輯

玉函山房輯佚書本(同治皇華館刻、光緒李氏印、光緒嫏嬛館刻、光緒楚南書局刻)

清末葉昌熾緣督廬抄本(葉昌熾校) 上海

經 10403561

毛詩注一卷 三國魏王肅撰 清黄奭輯

漢學堂叢書本(道光刻光緒印)

黄氏逸書考本(道光刻王鑒修補、朱長圻補刻)

經 10403562

毛詩問難一卷 三國魏王肅撰 清馬國翰輯

玉函山房輯佚書本(同治皇華館刻、光緒李氏印、光緒嫏嬛館刻、光緒楚南書局刻)

清末葉昌熾緣督廬抄本 上海

經 10403563

毛詩義駁一卷 三國魏王肅撰 清馬國翰輯

玉函山房輯佚書本(同治皇華館刻、光緒李氏印、光緒嫏嬛館刻、光緒楚南

書局刻)
清末葉昌熾緣督廬抄本　上海

經 10403564
毛詩奏事一卷　三國魏王肅撰　清馬國翰輯
玉函山房輯佚書本(同治皇華館刻、光緒李氏印、光緒嫏嬛館刻、光緒楚南書局刻)
清末葉昌熾緣督廬抄本　上海

經 10403565
毛詩駁一卷　三國魏王基撰　清馬國翰輯
玉函山房輯佚書本(同治皇華館刻、光緒李氏印、光緒嫏嬛館刻、光緒楚南書局刻)
清末葉昌熾緣督廬抄本　上海

經 10403566
毛詩申鄭義一卷　三國魏王基撰　清黄奭輯
漢學堂叢書本(道光刻光緒印)
黄氏逸書考本(道光刻王鑒修補、朱長圻補刻)

經 10403567
毛詩答雜問一卷　三國吴韋昭　三國吴朱育等撰　清馬國翰輯
玉函山房輯佚書本(同治皇華館刻、光緒李氏印、光緒嫏嬛館刻、光緒楚南書局刻)

經 10403568
毛詩答雜問一卷　三國吴韋昭　三國吴朱育等撰　清王謨輯
漢魏遺書鈔本(嘉慶刻)

經 10403569
毛詩草木鳥獸蟲魚疏二卷　三國吴陸璣撰
續百川學海本(明刻)
唐宋叢書本(明刻)
説郛本(宛委山堂刻)
四庫全書本(乾隆寫)
增訂漢魏叢書本(乾隆刻、光緒刻、宣統石印)

經 10403570
草木鳥獸蟲魚疏(草木蟲魚疏)二卷　三國吴陸璣撰
寶顔堂祕笈本(萬曆刻、民國石印)
鹽邑志林本(天啓刻、民國影印,草木蟲魚疏)

經 10403571
草木疏校正二卷　三國吴陸璣撰　清趙佑校正　清丁杰履校
清乾隆五十六年白鷺州書院刻本　國圖　北大　自然史所　天津　南開　上海　復旦　南京　遼寧　吉林社科院　浙大　中山醫大　湖北
清獻堂全編本(乾隆刻)
清乾隆四十八年桂馥家抄本(桂馥校正並跋)　國圖
清道光二十八年周學濂抄本(周學濂跋)　國圖

經 10403572
毛詩草木鳥獸蟲魚疏校正二卷　清趙佑撰　劉世珩校
聚學軒叢書本(光緒刻)

經 10403573
毛詩草木鳥獸蟲魚疏二卷　三國吴陸

璣撰　清丁晏校正
清咸豐七年山陽丁氏六蓺堂刻本　國圖　復旦　南京
頤志齋叢書本(咸豐刻)
清光緒十二年會稽陶誾刻寒梅館印本　國圖　復旦
古經解彙函本(同治刻、光緒石印、光緒刻)

經 10403574
毛詩鳥獸蟲魚疏一卷　三國吴陸璣撰　清陳昌年校
清刻本　湖北

經 10403575
毛詩草木疏一卷　三國吴陸璣撰　清陳昌年校
清刻本　湖北

經 10403576
毛詩草木鳥獸蟲魚疏二卷　三國吴陸機撰　羅振玉校
晨風閣叢書第一集本(宣統鉛印)
清光緒十二年上海聚珍倣宋印書局鉛印本　北大　天津　湖北
民國初上海聚珍倣宋印書局鉛印本　上海　復旦　濟寧

經 10403577
毛詩異同評三卷　晉孫毓撰　清馬國翰輯
玉函山房輯佚書本(同治皇華館刻、光緒李氏印、光緒嫏嬛館刻、光緒楚南書局刻)
慽花盦叢書本(光緒刻)

經 10403578
毛詩異同評一卷　晉孫毓撰　清王謨輯
漢魏遺書鈔本(嘉慶刻)

經 10403579
毛詩異同評一卷　晉孫毓撰　清黄奭輯
漢學堂叢書本(道光刻光緒印)
黄氏逸書考本(道光刻王鑒修補、朱長圻補刻)

經 10403580
難孫氏毛詩評一卷　晉陳統撰　清馬國翰輯
玉函山房輯佚書本(同治皇華館刻、光緒李氏印、光緒嫏嬛館刻、光緒楚南書局刻)
慽花盦叢書本(光緒刻)

經 10403581
毛詩舒氏義疏一卷　題□舒瑗撰　清馬國翰輯
玉函山房輯佚書本(同治皇華館刻、光緒李氏印、光緒嫏嬛館刻、光緒楚南書局刻)

經 10403582
毛詩周氏注一卷　南朝宋周續之撰　清馬國翰輯
玉函山房輯佚書本(同治皇華館刻、光緒李氏印、光緒嫏嬛館刻、光緒楚南書局刻)

經 10403583
毛詩題綱一卷　清馬國翰輯
玉函山房輯佚書本(同治皇華館刻、光緒李氏印、光緒嫏嬛館刻、光緒楚南書局刻)

經10403584
毛詩題綱一卷　清王謨輯
漢魏遺書鈔本(嘉慶刻)

經10403585
毛詩隱義一卷　南朝梁何胤撰　清馬國翰輯
玉函山房輯佚書本(同治皇華館刻、光緒李氏印、光緒娜嬛館刻、光緒楚南書局刻)

經10403586
集注毛詩一卷　南朝梁崔靈恩撰　清馬國翰輯
玉函山房輯佚書本(同治皇華館刻、光緒李氏印、光緒娜嬛館刻、光緒楚南書局刻)

經10403587
毛詩集注一卷　南朝梁崔靈恩撰　清王仁俊輯
玉函山房輯佚書續編本(稿本)

經10403588
毛詩沈氏義疏二卷　北周沈重撰　清馬國翰輯
玉函山房輯佚書本(同治皇華館刻、光緒李氏印、光緒娜嬛館刻、光緒楚南書局刻)

經10403589
毛詩義疏一卷　北周沈重撰　清王謨輯
漢魏遺書鈔本(嘉慶刻)

經10403590
毛詩沈氏義疏一卷　北周沈重撰　清王仁俊輯
玉函山房輯佚書續編本(稿本)

經10403591
毛詩述義一卷　隋劉炫撰　清馬國翰輯
玉函山房輯佚書本(同治皇華館刻、光緒李氏印、光緒娜嬛館刻、光緒楚南書局刻)

經10403592
毛詩正義殘本卷十一　唐孔穎達疏
京都帝國大學文學部景印唐鈔本本(日本影印)

經10403593
毛詩正義四十卷(存卷八至四十)　唐孔穎達疏
宋紹興九年刻本　日本大阪杏雨書屋
日本昭和十一年東京東方文化學院影印東方文化叢書本(宋紹興單疏本)　國圖　北大　中科院　上海　復旦　南京　湖北　遼寧
清末宜都楊氏影抄宋本　復旦

經10403594
毛詩正義四十卷(存卷八至四十)附校勘記三卷　唐孔穎達疏　劉承幹校勘
嘉業堂叢書本(民國刻)

經10403595
毛詩正義校勘記三卷　劉承幹撰
嘉業堂叢書本(民國刻)

經10403596
附釋音毛詩注疏二十卷詩譜一卷　漢毛亨傳　漢毛萇撰　漢鄭玄箋　唐陸德明音義　唐孔穎達疏

宋建安劉叔剛一經堂刻本　日本足利學校
元刻明印本　重慶
元刻明修本　國圖　上海　甘肅　樂平
十三經註疏本(嘉靖福建刻)
十三經註疏本(萬曆北監刻天啓修)　北大　天津
十三經註疏本(崇禎汲古閣刻、翻汲古閣刻)
十三經註疏本(萬曆北監刻)　復旦(清宋綿初批校,羅振常跋)　遼寧(清朱彬校)
十三經註疏本(崇禎汲古閣刻)　天津(清沈大成校)　上海(清范家相校)　復旦(清朱士端、劉寶楠校)　遼寧(清勞格批校)
清嘉慶十八年綉谷四友堂重刻明毛氏汲古閣刻十三經注疏本　北大

經 10403597
毛詩注疏三十卷詩譜序一卷毛詩譜二卷毛詩注疏原目一卷毛詩注解傳述人一卷　漢毛亨傳　漢毛萇撰　漢鄭玄箋　唐陸德明音義　唐孔穎達疏
四庫全書薈要本(乾隆寫)
清光緒四年淮南書局刻本　國圖　上海　南京(存二十八卷)　[illegible]　湖北

經 10403598
毛詩注疏三十卷毛詩譜一卷毛詩注疏原目一卷毛詩注解傳述人一卷附考證　漢毛亨傳　漢毛萇撰　漢鄭玄箋　唐陸德明音義　唐孔穎達疏　清勵宗萬等考證
十三經註疏附考證本(乾隆武英殿刻、同治鍾謙鈞刻)
四庫全書本(乾隆寫)

經 10403599
毛詩注疏考證不分卷　清勵宗萬等撰
十三經註疏附考證本(乾隆武英殿刻、同治鍾謙鈞刻)
四庫全書本(乾隆寫)

經 10403600
附釋音毛詩注疏二十卷附校勘記七十卷　漢毛亨傳　漢毛萇撰　漢鄭玄箋　唐陸德明音義　唐孔穎達疏　清阮元校勘
重刊宋本十三經註疏附校勘記本(嘉慶刻、道光重修、同治重修、同治刻、光緒刻、光緒石印、民國石印)

經 10403601
毛詩注疏校勘記七十卷　清阮元撰　清盧宣旬摘錄
重刊宋本十三經注疏附校勘記本(嘉慶刻、道光重修、同治重修、同治刻、光緒刻、光緒石印、民國石印)

經 10403602
毛詩注疏校勘記七卷釋文校勘記三卷　清阮元撰
皇清經解本(道光刻、咸豐補刻、鴻寶齋石印、點石齋石印,十三經注疏校勘記)
宋本十三經註疏併經典釋文校勘記本(光緒刻,毛詩注疏校勘記)

經 10403603
毛詩注疏校勘記校字補一卷　清茆泮林撰

鶴壽堂叢書本(光緒刻)

經 10403604
毛詩註二十卷詩譜一卷　漢毛亨傳　漢毛萇撰　漢鄭玄箋　唐孔穎達疏
袖珍十三經註本(同治刻)

經 10403605
毛詩治要一卷　唐魏徵撰
羣書治要本(日本鎌倉抄)　日本宮內省
羣書治要本(日本元和間活字印)　日本內閣　日本東洋
羣書治要本(日本天明刻)　日本內閣　日本蓬左　日本尊經閣　日本高知大學
羣書治要本(日本寬政刻)　日本東北大學
羣書治要本(日本抄)　日本尊經閣
羣書治要本(日本江戶刻)　日本二松學舍大學　日本一橋大學
宛委別藏本(抄本、影印本,羣書治要)
連筠簃叢書本(道光刻,羣書治要)
粵雅堂叢書本(咸豐刻)
四部叢刊本(民國影印,羣書治要)

經 10403606
毛詩匡謬正俗一卷　唐顏師古撰
民國間金山高氏食古書庫傳抄本　復旦

經 10403607
施氏詩說一卷　唐施士丐撰　清馬國翰輯
玉函山房輯佚書本(同治皇華館刻、光緒李氏印、光緒娜嬛館刻、光緒楚南書局刻)

經 10403608
毛詩指說一卷　唐成伯璵撰
通志堂經解本(康熙刻、同治刻、日本文化刻)
四庫全書薈要本(乾隆寫)
四庫全書本(乾隆寫)
清冠山堂抄本　國圖
清抄本(清吴騫校)　國圖

經 10403609
毛詩指說三卷　唐成伯璵撰　清楊晉拔訂
清乾隆四十一年刻本　上海

經 10403610
詩本義十五卷鄭氏詩譜補亡一卷　宋歐陽修撰
通志堂經解本(康熙刻、同治刻、日本文化刻)
四庫全書薈要本(乾隆寫)
四庫全書本(乾隆寫)
民國間都門印書局鉛印本　中科院　遼寧
四部叢刊三編本(民國影印)

經 10403611
詩本義十六卷　宋歐陽修撰
明萬曆天啓間陳龍光蘇進程國祥刻本　遼寧
明刻本　南大　浙江　重慶　甘肅
明抄本　上海　山東
清抄本　上海

經 10403612
毛詩本義十六卷　宋歐陽修撰　清歐陽杰等校
清道光十四年瀛塘別墅刻本　國圖

北大　上海　復旦　南京　遼寧　湖北

經 10403613
詩經新義不分卷　宋王安石、王雱撰　程元敏輯
三經新義輯考彙評本(一九八六年臺灣編譯館印)

經 10403614
詩集傳(潁濱先生詩集傳)二十卷　宋蘇轍撰
宋淳熙七年筠州公使庫刻本　國圖
四庫全書本(乾隆寫)
明刻本(潁濱先生詩集傳)　山東(卷首缺葉)

經 10403615
潁濱先生詩集傳十九卷　宋蘇轍撰
兩蘇經解本(萬曆畢氏刻、萬曆顧氏刻)

經 10403616
潁濱先生詩集傳十八卷　宋蘇轍撰
明刻本　國圖　日本德山毛利氏

經 10403617
詩說(張宛丘詩說)一卷　宋張耒撰
格致叢書本(萬曆刻)
說郛本(宛委山堂刻)
通志堂經解本(康熙刻、同治刻、日本文化刻)
藝海珠塵本(嘉慶刻道光增刻)
養素軒叢錄本(清抄)

經 10403618
毛詩名物解二十卷　宋蔡卞撰
明嘉靖間秦氏雁里草堂抄本　上海
通志堂經解本(康熙刻、同治刻、日本文化刻)
四庫全書本(乾隆寫)
清抄本(清朱昌燕跋)　國圖

經 10403619
放齋詩說四卷首一卷　宋曹粹中撰　張壽鏞輯
民國三十三年鉛印本　北大　上海　復旦　湖北

經 10403620
放齋詩說一卷　宋曹粹中撰　王棨商輯
民國間容膝軒抄本　國圖

經 10403621
毛詩集解四十二卷　宋李樗、宋黄櫄撰
通志堂經解本(康熙刻、同治刻、日本文化刻)
四庫全書薈要本(乾隆寫)
四庫全書本(乾隆寫)
清耕野堂抄本　國圖

經 10403622
詩解二十卷　宋黄櫄撰　宋呂祖謙釋音　宋李泳校正
清抄本　天津

經 10403623
詩辨妄一卷附錄四種　宋鄭樵撰　顧頡剛輯
辨僞叢刊本(樸社鉛印)　北大　復旦

經 10403624
詩論一卷　宋程大昌撰
芝園祕錄初刻本(崇禎刻)
藝海珠塵本(嘉慶刻道光增刻)

學海類編本(道光木活字印、民國影印)
抄本　國圖

經 10403625
詩緝三十六卷附校勘記一卷　宋嚴粲撰　葉渭清校勘
元刻本　日本宫内省
元建安余氏刻本　上海
明嘉靖元年至三十九年趙府居敬堂刻本　國圖　首都　北大　清華　人大　中央黨校　社科院歷史所　北京文物局　上海　南大　浙江　浙大　天一閣　哈爾濱師大　遼寧　遼大　吉大　東北師大　陝西　扶風文化館　漢中師範　青海　青海大學醫學院　保定　山東　山東博　新鄉　河南大學　安徽　安徽師大　江西　福建　福建師大　華中師大　湖南　廣東　廣西　重慶　雲南大學
清順治康熙間抄本　北大
四庫全書薈要本(乾隆寫)
四庫全書本(乾隆寫)
日本天保十五年姬路仁壽館覆明味經堂刻弘化二年印本　上海　復旦
清嘉慶十五年溪上聽彝堂覆刻日本天保十五年姬路仁壽館刻本　天津　上海　復旦　南京　浙江　湖北
清光緒三年嶺南述古堂覆刻日本天保十五年姬路仁壽館刻本　國圖　北大　復旦　浙江　遼寧　湖北
清光緒十六年雖園重刻本　國圖　中科院　上海　南京
復性書院叢刊本(民國刻)

經 10403626
嚴氏詩緝校勘記一卷　葉渭清撰
復性書院叢刊本(民國刻)

經 10403627
詩緝三十六卷附圖一卷并錄諸家評語　宋嚴粲撰
清顧棟高傳抄明嘉靖間居敬堂刻本(清顧棟高跋)　浙江(存卷一、四至六、八至十三、十七至二十一、二十三至三十一、三十六)

經 10403628
嚴氏詩緝三十五卷　宋嚴粲撰
清畬經書屋抄本(佚名批校)　浙江

經 10403629
逸齋詩補傳(詩補傳)三十卷篇目一卷　宋范處義撰
通志堂經解本(康熙刻、同治刻、日本文化刻)
四庫全書薈要本(乾隆寫,詩補傳)
四庫全書本(乾隆寫,詩補傳)

經 10403630
詩總聞二十卷　宋王質撰
明山陰祁氏澹生堂抄本　上海
武英殿聚珍版書本(木活字印、福建重刻、廣東重刻)
四庫全書薈要本(乾隆寫)
四庫全書本(乾隆寫)
經苑本(道光咸豐刻、同治印、民國補刻)
清道光二十六年錢儀吉刻本　北大　南京　遼寧　湖北
湖北先正遺書本(民國影印)
清抄本　國圖　上海

經 10403631

詩經二十卷　宋朱熹集傳

宋刻本　南京(存卷一至八,清吴壽暘跋並錄清陳鱣題識)　日本靜嘉堂(存卷一至十一、十八至二十)　北大(存卷十四至十七)　國博(存卷十六第四葉)　國圖(存卷十六)　上海(存卷七第十一至十二葉、卷八第一至十八葉)

經 10403632

詩經十卷　宋朱熹撰

元刻本　國圖

經 10403633

詩經集傳八卷　宋朱熹撰

明嘉靖間吉澄刻本　國圖　首都　天津　吉林

明萬曆三十年劉似山刻本　中科院

明萬曆間刻本　上海

明崇禎四年汪應魁刻本　清華　無錫　瑞安玉海樓

明崇禎六年閔齊伋刻本　故宫

明書林吴世良四仁堂刻本　歙縣博

明金陵奎壁齋刻本　中科院

明池郡秋浦邑象山杜尊重刻本　北大　國博

明劉嬰齋刻本　北大　故宫

清康熙四年雲間華氏敬業堂刻本　北大　社科院文學所

清康熙三十七年李燦章青蓮書屋刻本　上海(清丁晏批並跋)

五經本(康熙刻)

清雍正二年刻鵬翮堂印本　國圖(清屠蘇朱筆批點)

五經四子書本(乾隆刻)

清乾隆五十五年金陵芥子園刻本　上海(清佚名錄袁廷檮校,王振聲眉批)　中山大學(清陳澧圈點批校)

五經四書讀本(嘉慶刻)

清嘉慶十三年敦化堂刻本　上海(佚名批校)

清嘉慶十四年貴文堂刻本　北大

清嘉慶十九年桂華樓刻本　中山大學(清戴熙題識)

清道光十六年揚郡二郎廟惜字局刻本　上海(清丁晏批校並跋)

清道光二十六年珊城鄧氏武昌鹺署刻本　湖北

清咸豐七年經餘堂刻本　國圖

清同治三年緯文堂刻本　遼寧

清同治五年姑蘇繩武堂刻本　遼寧

清同治八年刻蘇閶亦西齋印本　遼寧　浙江

十三經讀本本(同治金陵書局刻)

清光緒二年衡陽魏氏刻本　遼寧

清光緒五年裕文堂刻本　北大

清光緒五年山西濬文書局刻本　北大

清光緒六年狀元閣刻本　上海

清光緒十六年刻通州掄秀堂印本　遼寧

清光緒二十年刻耕烟室校本　遼寧

清光緒八年錦江書局刻本　南京

清光緒九年京都滋本堂刻本　北大

清光緒十一年融經館八杉齋校刻本　復旦

清光緒十二年上洋大文堂楨記刻本　南京

清光緒十二年森寶書局刻本　國圖

清光緒十九年浙江書局刻本　北大　復旦

清光緒十三年泰山堂刻本　北大　天津

清光緒十五年刻京都文興堂印本　遼寧

清光緒十六年刻通州掄秀堂印本　遼寧
清光緒十六年桂垣書局刻本　國圖　湖北
清光緒十六年誠文堂刻本　國圖
清光緒十六年京都隆福寺鏡古堂刻本　北大
清光緒十九年浙江書局刻本　北大　復旦
清光緒二十年澹雅書局刻本　湖北
清光緒二十年刻耕烟室校本　遼寧
清光緒二十三年上海文瑞樓刻本　上海
清光緒二十五年常州晉升山房刻本　上海
清光緒二十六年立言堂刻本　浙江
清函三堂刻本　復旦(清何道生批校)
清博古堂刻本　松江博(清王慶麟跋並錄徐退山等批注)
清劍溪堂刻本　有抄配　國圖
清京都龍威閣刻本　天津
清京都文和堂刻本　北大
清青蓮書屋刻本　遼寧
清文會堂刻本　南京

經 10403634
詩經集傳八卷　宋朱熹撰　明毛晉訂正
明崇禎十四年虞山毛氏汲古閣刻五經本　復旦(清佚名臨清儲欣批點)
清靜遠樓重刻汲古閣五經本　北大　南京

經 10403635
詩經集傳八卷　宋朱熹撰
清友益齋刻本　北大　天津
清同治十三年京都二酉堂刻本　天津
清光緒七年寶興堂刻本　北大
清光緒九年京都隆福寺寶書堂刻本　國圖　北大　天津
清光緒十八年成文信記刻本　北大
清光緒二十六年江西書局刻本　南京
清光緒三十四年書業德刻本　國圖　北大
清末泰興文業堂刻本　北大
清末京都寶書堂刻本　北大

經 10403636
詩經集傳八卷附圖說及詩經句辨難字辨考　宋朱熹撰
清光緒二十四年慎詒堂刻本　北大　南京(存卷二至八)　天津
清李光明莊重校刻慎詒堂原本　復旦　湖北
清末李光明莊刻本　天津　南京

經 10403637
詩經集傳八卷　宋朱熹撰
清康熙間内府刻本　南京
四庫全書薈要本(乾隆寫)
四庫全書本(乾隆寫)
清道光間恕堂刻巾箱本　國圖　上海　南京
清同治三年浙江撫署刻本　上海　湖北
清同治十一年山東書局刻本　北大
清同治十一年山東書局刻光緒十七年重修本　北大
清光緒七年江蘇書局刻本　國圖
清光緒七年金陵書局刻本　北大　天津　南京
清光緒二十六年江南書局刻本　國圖　天津
清光緒二十六年直隸書局刻本　天津

遼寧
清同治十年上海掃葉山房刻本　遼寧
清光緒六年京都隆福寺聚珍堂書坊刻本　國圖　北大　天津　南京
清光緒十四年天津文美齋刻本　國圖　北大　天津
清宣統三年上海章福記石印本　北大　天津　復旦　遼寧
清八旗官學刻本　國圖　北大　復旦(清佚名批點)　遼寧

經 10403638
詩經集傳八卷詩序辨說一卷　宋朱熹撰
清同治五年金陵書局刻本　北大　上海　復旦(佚名批點)
清同治七年湖北崇文書局刻本　國圖　天津　南京
金華叢書本(同治光緒刻、民國補刻)
清光緒二十一年湖北官書處刻本　北大　湖北
清光緒十八年寶善堂刻本　北大

經 10403639
詩經集傳八卷詩序辨說一卷輿圖一卷　宋朱熹撰
清同治十三年湖南書局刻本　湖北　南京
清光緒九年湖南書局刻本　北大

經 10403640
務本堂新鐫七行音韻詩經八卷　宋朱熹注
清末雲南務本堂刻本　復旦

經 10403641
詩經二十卷詩圖一卷詩傳綱領一卷詩序辨說一卷　宋朱熹集傳
明正統十二年司禮監刻本　北大　南京(清丁丙跋)　遼寧　復旦　北師大　中科院　音樂研究所　國博　上海　上海師大　山西　吉大　黑龍江　青海民族　青島博　無錫　南京博　浙江　浙大　安徽　江西博　河南　新鄉　武漢文物商店　湖南　廣東　中山大學　韶關師範　廣西師大　重慶
日本刻本　天津　上海　南京

經 10403642
詩傳綱領一卷　宋朱熹撰
明正統十二年司禮監刻本　北大　南京(清丁丙跋)　遼寧　復旦　北師大　中科院　音樂研究所　國博　上海　上海師大　山西　吉大　黑龍江　青海民族　青島博　無錫　南京博　浙江　浙大　安徽　江西博　河南　新鄉　武漢文物商店　湖南　廣東　中山大學　韶關師範　廣西師大　重慶
古名儒毛詩解十六種本(萬曆刻)
五經補綱本(咸豐刻)
日本刻本　南京

經 10403643
詩經集傳校勘記一卷　清丁寶楨校刊
十三經讀本附校刊記本(同治山東書局刻)

經 10403644
詩經八卷　宋朱熹撰
十三經讀本附校刊記本(同治山東書局刻)抄本　上海

經 10403645
詩經集傳校勘記一卷　清夏炘撰

景紫堂全書本(咸豐刻同治印、民國刻)

經 10403646
詩集傳八卷詩序辨說一卷附集傳考異　宋朱熹撰
西京清麓叢書本(光緒刻)
劉氏傳經堂叢書本(光緒刻)

經 10403647
詩經集傳八卷　宋朱熹撰　清聖祖玄燁案
御案五經本(嘉慶刻)　上海(清劉文淇校並跋)
清光緒十一年三義堂刻本　北大　南京

經 10403648
詩經二十卷參校詩傳說存二卷　宋朱熹集傳　(參校詩傳說存)清葛士清等輯
清光緒十五年上海守經堂依宋本重刻本　上海

經 10403649
參校詩傳說存二卷　清葛士清、清倪紹經、清王萃龢、清汪人驥同輯
清光緒十五年上海守經堂重刻宋本　國圖　上海　復旦　南京　浙江　遼寧　湖北

經 10403650
詩經輯說不分卷　宋朱熹集傳
清道光十年刻本　復旦

經 10403651
朱子語類(詩說)二卷　宋朱熹撰
民國間金山高氏食古書庫傳抄朱子語類本　復旦

經 10403652
非詩辨妄一卷　宋周孚撰
別下齋叢書本(道光刻、商務印書館影印、竹簡齋影印)
涉聞梓舊本(咸豐刻、民國影印)

經 10403653
非詩辨妄二卷　宋周孚撰
玉雨堂叢書本(咸豐刻)

經 10403654
詩解鈔一卷　宋唐仲友撰
金華唐氏遺書本(道光刻)
續金華叢書本(民國刻,金華唐氏遺書)

經 10403655
呂氏家塾讀詩記三十二卷　宋呂祖謙撰
宋淳熙九年丘崇江西漕台刻本　國圖
宋刻本　日本宫内省
宋刻本　國圖(存卷一至十七、二十一至三十二,卷十五至十六配清初刻本)
宋刻本　上海
明嘉靖十年傅應台南昌刻本　國圖　北大　人大　中科院　北京文物局　天津　上海(清丁丙跋)　南京　南京博　浙江　天一閣　浙大　山西師大　吉林　東北師大　福建　重慶*
明萬曆四十一年陳龍光等刻本　國圖　北大　人大　中科院　社科院歷史所　復旦(清焦循跋)　南京(存卷一至二十四、二十八至三十二,清丁丙跋)　南京博　揚州　寶應　華東師大　遼大　吉林　陝西　河南　新疆大學

明萬曆四十一年至崇禎十七年抄本　北大
清康熙間納蘭成德通志堂抄本　國圖
四庫全書薈要本(乾隆寫)
四庫全書本(乾隆寫)
清嘉慶十六年溪上聽彝堂重刻明萬曆間刻本　國圖　復旦　南京　湖北
墨海金壺本(嘉慶刻、博古齋影印)
墨海金壺本(嘉慶刻)　上海(清王振聲校並跋)
經苑本(道光咸豐刻、同治印、民國補刻)
清沈氏授經樓刻本　天津
清抄本　天津
日本寶永元年刻本　國圖

經 10403656
呂氏家塾讀詩記三十二卷　宋呂祖謙撰　清胡鳳丹校
金華叢書本(同治光緒刻、民國補刻)

經 10403657
呂氏讀詩記補闕一卷　清盧文弨撰
抱經堂叢書本(乾隆嘉慶刻、民國影印,羣書拾補初編)
紹興先正遺書本(光緒刻,羣書拾補初編)

經 10403658
續呂氏家塾讀詩記三卷　宋戴溪撰
四庫全書本(乾隆寫)
武英殿聚珍版書本(木活字印、江西重刻、福建重刻、廣東重刻)
清重刻武英殿聚珍版書本　南京
經苑本(道光咸豐刻、同治印、民國補刻)
墨海金壺本(嘉慶刻)　復旦(清王振聲校並跋)
小萬卷樓叢書本(咸豐刻、光緒刻)
清芬堂叢書本(光緒刻)
清抄本　北大

經 10403659
慈湖詩傳二十卷　宋楊簡撰
四庫全書本(乾隆寫)
民國間張氏約園抄本(存卷一至八)　上海
四明叢書本(民國刻,附錄一卷)

經 10403660
絜齋毛詩經筵講義四卷　宋袁燮撰
武英殿聚珍版書本(木活字印、浙江重刻、江西重刻、福建重刻、廣東重刻)
四庫全書本(乾隆寫)
反約篇本(同治抄)　福建師大
榕園叢書本(同治刻、民國印)
四明叢書本(民國刻)
復性書院叢刊本(民國刻)

經 10403661
水心進卷(詩)一卷　宋葉適撰
民國間金山高氏食古書庫傳抄本　復旦

經 10403662
毛詩講義十二卷　宋林岊撰
四庫全書本(乾隆寫)
清長洲顧氏藝海樓抄本　浙江
民國劉氏藍格抄本　上海

經 10403663
詩童子問二十卷首一卷　宋輔廣撰
元至正三年余志安勤有堂刻本　上海　日本宮內省
明抄本　國圖

經 10403664
詩童子問八卷首一卷末一卷　宋輔廣撰
明崇禎間虞山毛氏汲古閣刻本　國圖　北師大　上海　復旦　遼寧　廣西師大
四庫全書本(乾隆寫)
清抄本　復旦
日本文化十二年刻本　北大　上海　復旦　湖北

經 10403665
毛詩集解三十卷學詩總說一卷論詩總說一卷　宋段昌武撰
清抄本(存卷一至四、六至九、十一至二十一、二十四至二十五,清宋筠校並跋,王振聲校)　國圖
清抄本(存卷一至四、六至九、十一至十八、二十四至二十五)　復旦
四庫全書本(乾隆寫)
清抄本　國圖　上海　復旦

經 10403666
論詩總說一卷　宋段昌武撰
清抄本　國圖　上海　復旦

經 10403667
昌武段氏詩義指南一卷　宋段昌武撰
宛委別藏本(抄本、影印本)
知不足齋叢書本(乾隆道光刻、民國影印)

經 10403668
西山先生詩要指一卷　宋真德秀撰
民國間金山高氏食古書庫傳抄本　復旦

經 10403669
詩傳遺說六卷　宋朱鑑撰
通志堂經解本(康熙刻、同治刻、日本文化刻)
日本寬政十一年翻刻通志堂經解本　南京
四庫全書薈要本(乾隆寫)
四庫全書本(乾隆寫)

經 10403670
新刻山堂詩考一卷　宋章如愚編
古名儒毛詩解十六種本(萬曆刻)

經 10403671
毛詩要義二十卷譜序要義一卷　宋魏了翁撰
宋淳祐十二年徽州刻本　日本天理大學
清影抄宋刻本　國圖　復旦
清光緒八年莫祥芝上海影宋刻本　國圖　北大　中科院　上海　復旦　華東師大　南京　遼寧　湖北
清道光二十九年翁心存家抄本(清翁心存校並跋,清翁同龢、清翁曾文校)　國圖
五經要義本(光緒刻)
清抄本　國圖(清沈炳垣校並跋;清季錫疇跋)　北大　中科院(張鴻來題記)

經 10403672
魏了翁毛詩要義校字記一卷　清沈潮撰
手稿本　上海

經 10403673
詩說十二卷(卷九至十未刻)詩總說一卷　宋劉克撰
宋刻本　國圖(清吴寬跋)

宛委别藏本(抄本、影印本)
清道光八年汪士鐘藝芸書舍蘇州影宋刻本　國圖　北大　中科院　天津　上海　南京　遼寧　湖北　浙江
民國間金山高氏吹萬樓抄補清汪士鐘藝芸書舍影宋刻本　復旦
清張蓉鏡家抄本(清孫原湘、清黄丕烈跋)　國圖
清抄本　北大　南京(清丁丙跋)　遼寧(存卷一、三至八、十一、十二、總說)
抄本(缺卷二、九至十)　國圖

經 10403674
詩說補二卷　清陸心源輯
潛園總集本(同治光緒刻,羣書校補)

經 10403675
詩總說一卷　宋劉克撰
宋刻本　國圖(清吴寬跋,錢同愛題款)
清道光八年汪士鐘藝芸書舍蘇州影宋刻本　國圖　北大　中科院　天津　上海　復旦　南京　浙江　遼寧　湖北
清張蓉鏡家抄本(清孫原湘、清黄丕烈跋)　國圖
清抄本　北大　南京(清丁丙跋)　遼寧
抄本　國圖

經 10403676
詩疑二卷　宋王柏撰
通志堂經解本(康熙刻、同治刻、日本文化刻)
藝海珠塵本(嘉慶刻道光增刻)
金華叢書本(同治光緒刻、民國補刻)
清初抄本　湖南

經 10403677
新刻讀詩一得一卷　宋黄震撰
古名儒毛詩解十六種本(萬曆刻)

經 10403678
詩地理考六卷　宋王應麟撰
玉海本(元刻元明清遞修、光緒浙江書局刻、成都志古堂刻)
格致叢書本(萬曆刻)
古名儒毛詩解十六種本(萬曆刻)
津逮祕書本(崇禎刻、民國影印)
四庫全書薈要本(乾隆寫)
四庫全書本(乾隆寫)
學津討原本(嘉慶刻、民國影印)
清青照堂刻本　復旦

經 10403679
新刻玉海紀詩一卷　宋王應麟撰
古名儒毛詩解十六種本(萬曆刻)

經 10403680
玉海紀詩一卷　宋王應麟撰
格致叢書本(萬曆刻)

經 10403681
新刻困學紀詩一卷　宋王應麟撰
古名儒毛詩解十六種本(萬曆刻)
清刻本　中科院
清抄本　復旦

經 10403682
困學紀詩一卷　宋王應麟撰
格致叢書本(萬曆刻)

經 10403683
詩傳注疏三卷　宋謝枋得撰　清吴長元重輯

知不足齋叢書本(乾隆道光刻、同治印、民國影印)
知不足齋叢書本(乾隆刻) 上海(清鮑廷博校點)
宛委別藏本(抄本、影印本)
謝疊山先生評註四種合刻本(光緒刻)
抱經樓叢刊本(民國鉛印)
清抄本 國圖

經 10403684
毛詩正變指南圖六卷 宋□□編 明陳重光重訂
明崇禎十一年華亭陳氏刻本 復旦

經 10403685
詩辯說一卷 宋趙悳撰
通志堂經解本(康熙刻、同治刻、日本文化刻)
四庫全書薈要本(乾隆寫)
四庫全書本(乾隆寫)
別下齋叢書本(道光刻、商務印書館影印、竹簡齋影印)
槐廬叢書本(光緒刻)
孫谿朱氏經學叢書初編本(光緒刻)

經 10403686
詩集傳附録纂疏二十卷 元胡一桂撰
元泰定四年建安劉君佐翠嚴精舍刻本 國圖 廣西* 日本靜嘉堂
明抄本(存卷八) 復旦

經 10403687
詩序附録纂疏一卷 元胡一桂撰
元泰定四年建安劉君佐翠嚴精舍刻本 國圖 廣西* 日本靜嘉堂

經 10403688
詩傳綱領附録纂疏一卷語録輯要一卷 元胡一桂撰
元泰定四年建安劉君佐翠嚴精舍刻本 國圖 日本靜嘉堂

經 10403689
新刻文獻詩考二卷 元馬端臨撰
古名儒毛詩解十六種本(萬曆刻)

經 10403690
詩集傳名物鈔八卷 元許謙撰
明秦氏雁里草堂抄本 國圖
明張氏怡顏堂抄本 復旦 湖南
四庫全書本(乾隆寫)
四庫全書薈要本(乾隆寫)
金華叢書本(同治光緒刻、民國補刻)

經 10403691
詩集傳名物鈔八卷 元許謙撰 清納蘭成德校
通志堂經解本(康熙刻、同治刻、日本文化刻)

經 10403692
詩集傳音釋十卷 宋朱熹集傳 元許謙音釋
元刻本 國圖 蘇州文管會(缺卷一、五)
元至正十二年宗文精舍刻本 日本足利學校(存卷首、卷一)

經 10403693
詩集傳音釋十卷詩傳綱領一卷詩圖一卷詩序一卷 宋朱熹集傳 元許謙音釋
明洪武間蜀府刻本 重慶

經 10403694

詩集傳名物鈔音釋纂輯二十卷　宋朱熹集傳　元許謙音考　元羅復纂輯
元至正十一年雙桂書堂刻本　國圖
元刻本　上海(缺卷三至四、八至十三)

經 10403695
詩集傳名物鈔音釋八卷　宋朱熹集傳　元許謙音考　元羅復纂輯
明無錫姚氏茶夢齋抄本　上海

經 10403696
詩集傳音釋二十卷詩傳綱領一卷詩圖一卷詩序辨説一卷　宋朱熹集傳　元許謙音釋　元羅復纂輯
清咸豐七年海昌蔣氏衍芬草堂刻本　北大　國圖　中科院　上海　復旦　浙江　遼寧　湖北
御纂七經本(康熙内府刻、同治浙江書局刻、崇文書局刻、江西書局刻、光緒戸部刻、江南書局刻、光緒鴻文書局石印)

經 10403697
詩集傳音釋校刻札記一卷　清蔣光煦撰
清咸豐七年海昌蔣氏衍芬草堂刻本　國圖　北大　中科院　上海　復旦　南京　浙江　遼寧　湖北

經 10403698
詩經集説六卷　元盧觀著
清南海孔氏嶽雪樓影抄本　國圖

經 10403699
明經題斷詩義矜式十卷　元林泉生撰
元刻本　國圖

經 10403700
詩演義十五卷　明梁寅撰
四庫全書本(乾隆寫)
民國劉氏藍格抄本　上海

經 10403701
詩經疏義二十卷詩經疏義綱領一卷　元朱公遷疏義　明王逢輯録　明何英增釋
元刻本　上海(清吴騫跋)
明正德四年書林克勤堂余氏刻本　上海
明嘉靖二年書林安正堂劉氏重刻本　上海

經 10403702
詩經疏義會通二十卷綱領一卷圖説二卷　元朱公遷撰
四庫全書本(乾隆寫)

經 10403703
詩經疏義綱領一卷　元朱公遷撰
元刻本　上海(清吴騫跋)
明正德四年書林克勤堂余氏刻本　上海
明嘉靖二年書林安正堂劉氏重刻本　上海
四庫全書本(乾隆寫)

經 10403704
詩經疑問七卷詩辨説一卷　元朱倬撰　(詩辨説)宋趙悳撰
元至正七年建安書林劉錦文刻本　國圖
通志堂經解本(康熙刻、同治刻、日本文化刻)
四庫全書薈要本(乾隆寫)

四庫全書本(乾隆寫)
清抄本　國圖　湖北(清翁同書題識)
抄本　上海

經 10403705
直音傍訓毛詩句解二十卷　元李公凱撰
元刻本　國圖　上海

經 10403706
詩經旁訓四卷　元李恕撰
明萬曆間刻本　復旦
五經旁訓本(萬曆刻、崇禎刻、明刻清印、嘉慶刻)

經 10403707
詩傳旁通十五卷　元梁益撰
清初抄本　上海師大　遼寧(存卷一至十一)
四庫全書本(乾隆寫)
常州先哲遺書本(光緒刻)
清光緒二十三年武進盛氏刻朱印本　復旦
繆氏雲自在龕抄本(繆荃孫跋)　山東大學

經 10403708
詩集傳通釋二十卷詩序辨説(詩序朱子辨説)一卷詩傳綱領一卷詩傳通釋外綱領一卷　宋朱熹集傳　元劉瑾通釋
元至正十二年建安劉氏日新書堂刻本　國圖　北大　中科院*　上海　湖北　日本尊經閣
元至正十二年建安劉氏日新書堂刻明修本　國圖　南京
元刻本　中科院(存卷十七至二十)
四庫全書本(乾隆寫,詩序朱子辨説)
日本文政十三年刻本　北大
日本嘉永三年刻本　北大　復旦

經 10403709
詩傳通釋外綱領一卷　元劉瑾撰
元至正十二年建安劉氏日新書堂刻本　國圖　北大　中科院*　上海　湖北
元至正十二年建安劉氏日新書堂刻明修本　國圖　南京
四庫全書本(乾隆寫)

經 10403710
詩纘緒十八卷　元劉玉汝撰
四庫全書本(乾隆寫)
民國間劉氏藍格抄本　上海

經 10403711
新刊類編曆舉三場文選詩義八卷　元劉貞輯
元刻本　國圖
元刻明修本　國圖

經 10403712
詩經旁注四卷　元羅祖禹撰
元羅祖禹刻本　上海
元刻本　國圖

經 10403713
詩解頤四卷　明朱善撰
明初刻本　上海
清初虞山毛氏汲古閣抄本　國圖
通志堂經解本(康熙刻、同治刻、日本文化刻)
四庫全書薈要本(乾隆寫)
四庫全書本(乾隆寫)

經 10403714
詩傳大全二十卷詩傳大全綱領一卷詩傳大全圖一卷詩序辨説一卷　明胡廣等撰　(詩序辨説)宋朱熹撰
明永樂十三年内府刻本　國圖　上海　南京博　浙江　遼寧　武大　四川　雲南
明内府抄本　國圖(存卷一至五、九)
明正德十三年刻本　北師大　中央黨校　廣東
明嘉靖元年建寧書戶劉輝刻本　浙江
明嘉靖二十七年書林宗文堂刻本　南京　吉大
明萬曆三十三年書林余氏刻本　廣東社科院(存卷一至十五)
明德壽堂刻本　山東
朝鮮純祖刻本　國圖　北大　上海　復旦　湖北
四庫全書本(乾隆寫,無圖)

經 10403715
詩傳大全二十卷詩傳大全圖一卷諸國世次圖一卷詩傳大全綱領一卷詩序辨説一卷詩經考異一卷　明胡廣撰　(詩序辨説)宋朱熹撰　(詩經考異)宋王應麟撰
明崇禎間吳郡顧凝遠詩瘦閣刻本　北大　復旦　大連　天一閣　湖南
清刻本　上海
朝鮮刻本　北大

經 10403716
申士學校正詩經大全二十卷序一卷圖一卷　明胡廣等輯　明申時行校　日本林信勝訓點
日本承應二年刻官板五經大全本　日本九州大學　日本鹿兒島大學

經 10403717
新刻讀詩錄一卷　明薛瑄撰
古名儒毛詩解十六種本(萬曆刻)

經 10403718
新編詩義集説四卷　明孫鼎撰　明徐觀校
明抄本　浙江
宛委别藏本(抄本、影印本)

經 10403719
詩經定本四卷　明黄澍著　明張運晉參訂
清刻本　國圖

經 10403720
詳增經旨音釋毛詩白文四卷　漢毛亨傳　明華燧校正音釋
明嘉靖間刻本　北大

經 10403721
刻精選詩經度針不分卷　明錢福等撰　明唐效純選評
明萬曆間晉陵唐氏刻本　復旦

經 10403722
詩經教考一卷　明李經綸撰
抄本　國圖　中科院

經 10403723
儼山詩微二卷　明陸深撰
清抄本　復旦

經 10403724
毛詩或問一卷　明袁仁撰
學海類編本(道光木活字印、民國影印)

經 10403725
新刻胡氏詩識三卷　明胡纘宗編
古名儒毛詩解十六種本(萬曆刻)

經 10403726
詩說解頤總論二卷　明季本撰
明嘉靖四十一年胡宗憲刻本　國圖　社科院文學所　上海　復旦*
四庫全書本(乾隆寫)

經 10403727
詩說解頤正釋三十卷　明季本撰
明嘉靖四十一年胡宗憲刻本　國圖　社科院文學所　上海　復旦*
四庫全書本(乾隆寫)

經 10403728
詩說解頤字義八卷　明季本撰
明嘉靖四十一年胡宗憲刻本　國圖　社科院文學所　上海　復旦*
四庫全書本(乾隆寫)

經 10403729
詩經億四卷　明王道撰
明徐中立刻本　天一閣

經 10403730
詩經臆說十四卷　明華湘撰
明嘉靖二十年刻本　泰州

經 10403731
升庵毛詩說三卷　明楊慎撰
民國間金山高氏食古書庫傳抄本　復旦

經 10403732
詩經通解二十五卷　明黄佐撰
明嘉靖二年刻本　復旦

經 10403733
新刻印古詩語一卷　明朱得之撰
古名儒毛詩解十六種本(萬曆刻)

經 10403734
新刻詩經八進士釋疑講意八卷　明張本編　明唐順之講意
明萬曆間刻本　日本内閣

經 10403735
讀詩私記五卷　明李先芳撰
四庫全書本(乾隆寫)
湖北先正遺書本(民國影印)

經 10403736
詩樂圖譜十八卷圖一卷　明衛良相等
明嘉靖十五年國子監刻本　日本内閣

經 10403737
詩經全備講意三十卷　明郝孔昭撰
明隆慶五年刻本　日本宫内省

經 10403738
詩經宗義八卷　明張瑞撰
明隆慶三年刻本　日本内閣

經 10403739
詩說解頤四卷　明蘇濂撰
明抄本(清蘇光曙跋)　北大

經 10403740
多識編七卷　明林兆珂撰
明萬曆間刻本　國圖　北大　清華　社科院文學所　復旦　福建　湖北　日本内閣　日本尊經閣　日本蓬左

豫章叢書本(民國刻,胡思敬輯)

經 10403741
詩故十卷　明朱謀㙔撰
明萬曆三十七年刻本　復旦
四庫全書本(乾隆寫)
清抄本　國圖(清王宗炎校並跋)　南京(清丁丙跋)
豫章叢書本(民國刻,胡思敬輯)

經 10403742
詩故校勘記一卷　魏元曠撰
豫章叢書本(民國刻,胡思敬輯)

經 10403743
詩故校勘續記一卷　胡思敬撰
豫章叢書本(民國刻,胡思敬輯)

經 10403744
婁上張氏説詩一卷　明張廷臣撰
明萬曆二十九年刻本　山西文物局
豫章叢書本(光緒刻,陶福履輯)

經 10403745
明胡張柯國發刻駱會魁家傳葩經講意金石節奏四卷　明駱廷煒　明駱日升編
明萬曆二十五年劉氏安正堂刻本　日本内閣

經 10403746
鼎鍥台晉駱先生輯著詩經正覺十一卷　明駱日升撰
明刻本　日本尊經閣

經 10403747
新鐫張閣老進呈經筵詩經直解四卷　明張居正撰
明刻本　北師大

經 10403748
博古齋遵注詩經直解指南彙編三十一卷首一卷　明張居正撰
清易林詹怡廷刻本　湖北

經 10403749
詩經繹三卷　明鄧元錫撰
五經繹本(萬曆刻)

經 10403750
詩經筆記四卷　明蔣以忠撰
明萬曆間刻本　國圖

經 10403751
詩經正義二十七卷　明許天贈撰
明萬曆二十五年刻本　中科院　復旦　東北師大　山東殘　安徽博

經 10403752
新刻翰林貢傳舉業全旨日講意詩經發微集註八卷　明王應選撰　明張利忠編
明刻本　日本内閣

經 10403753
讀詩拙言一卷　明陳第撰　明焦竑訂正
明萬曆間刻本　北大　湖北
明萬曆三十四年五雅堂刻本　天津　上海　浙江
一齋集本(萬曆刻、康熙刻、道光刻)
明崇禎九年飯石軒刻本　上海　復旦
清乾隆十七年刁戴高抄本(清刁戴高跋)　上海
清抄本　湖南

清乾隆二十七年徐時作崇本山堂刻本　北大　中科院　天津　湖北
清光緒六年武昌張裕釗翻刻乾隆二十七年徐時作崇本山堂本　國圖　北大　天津　上海　復旦　南京　湖北
民國二十三年雙流黄氏濟忠堂重刻光緒六年武昌張裕釗刻本　北大　南京
清抄本　復旦

經 10403754
讀詩拙言一卷　明陳第撰　清張海鵬校訂
學津討原本（嘉慶刻、民國影印）
民國二十二年渭南嚴氏成都校刻學津討原本　國圖　上海　復旦　遼寧　湖北

經 10403755
讀詩拙言一卷　明陳第撰　清淩鳴喈訂誤
淩氏傳經堂叢書本（道光刻）
海山仙館叢書本（道光刻）

經 10403756
詩臆二卷　明馮時可撰
馮元成雜著本（萬曆刻）

經 10403757
孫月峯先生批評詩經四卷　明孫鑛評
明末益山刻本　北師大　復旦

經 10403758
新刻七進士詩經折衷講意四卷　明鄒泉撰
明刻本　日本尊經閣

經 10403759
詩傳不分卷詩序不分卷　□□輯
明萬曆間郭子章刻本　上海

經 10403760
重訂詩經疑問十二卷　明姚舜牧撰
五經疑問本（萬曆刻）　復旦（清徐時棟跋）　浙江　天一閣
四庫全書本（乾隆寫）

經 10403761
詩經主義四卷　明楊于庭撰
明萬曆間刻本　國圖

經 10403762
新刻詩學精義淵源二十卷　明何應奇編著　明楊得臣纂集
明刻本　北大

經 10403763
詩批釋四卷　明安世鳳撰
明萬曆二十九年刻本　復旦　金華侍王府

經 10403764
詩外別傳二卷　明袁黄撰
了凡雜著本（萬曆刻）
明刻本　國圖
民國九年吴江柳氏紅格抄本（一卷）　上海

經 10403765
毛詩原解三十六卷　明郝敬撰
郝氏九經解本（萬曆刻、抄本）
湖北叢書本（光緒刻）
清刻朱印本　復旦

經 10403766
新刻十元魁述訂國朝五百名家詩經文林正達二十卷　明唐文獻等撰
明萬曆間刻本　日本尊經閣

經 10403767
新鐫唐葉二翰林彙編詳訓精講新意備題標圖詩經會達天機妙發二十卷　明唐文獻、明葉向高撰
明萬曆間刻本　日本尊經閣

經 10403768
葉太史參補古今大方詩經大全十五卷小序一卷詩圖一卷綱領一卷　明葉向高編纂　明張以誠校正
明萬曆二十九至三十五年書林余氏閩芝城建邑刻本　北大　清華　北師大　上海　上海大學　吉林社科院　湖北
清康熙間刻本　國圖　湖北

經 10403769
新鍥尊朱詩經講意舉業便讀八卷　明葉向高纂
明刻本　國圖

經 10403770
新刻徐玄扈先生纂輯毛詩六帖講意四卷　明徐光啓撰
明萬曆四十五年金陵書林廣慶堂唐振吾刻本　上海（羅振玉跋）　遼寧
清抄本（不分卷）　國圖

經 10403771
爾雅堂家藏詩說不分卷　明顧起元撰
明萬曆三十四年刻本　復旦　湖北
清抄本　國圖　浙江

經 10403772
新刻顧鄰初太史硃批詩經金丹八卷首一卷　明顧起元撰　明潘曉輯
明版築居刻本　日本内閣

經 10403773
毛詩正變指南圖一卷詩經金丹彙考一卷詩經難字一卷　明顧起元撰
明版築居刻朱墨套印本　北師大

經 10403774
詩經金丹彙考一卷　明顧起元撰
明版築居刻朱墨套印本　北師大

經 10403775
詩經世業十一卷　明瞿汝說撰
明詹聖謨刻本　日本内閣（缺卷七）

經 10403776
新刻禮部訂正詩經正式講意合註篇十一卷　明方從哲等撰
明萬曆間刻本　日本尊經閣

經 10403777
詩經說通十三卷首一卷　明沈守正撰
明萬曆四十三年刻本　北大　北師大　社科院文學所　復旦　南京（清丁丙跋）　吉林社科院　安徽博

經 10403778
六家詩名物疏五十五卷附提要三卷引用書目一卷　明馮復京撰
明萬曆三十三年刻本　國圖　北大　人大　中科院　社科院歷史所　社科院文學所　北京市委　上海　復

旦　華東師大　南京　吉大　東北師大　浙江　武漢　川大　重慶　祁縣　勉縣　西北大學　陝西師大　日本國會　日本内閣　日本尊經閣　日本愛知大學　日本東京大學　日本龍谷大學

四庫全書本(乾隆寫)

經 10403779

新刻楊會元真傳詩經講意懸鑒二十卷　明楊守勤撰

明萬曆間書林熊成治刻本　復旦

經 10403780

鐫楊會元真傳詩經主意冠玉四卷　明楊守勤撰

明萬曆三十三年博古堂刻本　清華

經 10403781

新刻翰林六進士參定劉先生詩經博約說鈔十二卷　明劉前撰　明敖崇化評校

明萬曆二十二年書林鄭豪雲竹刻本　日本蓬左

經 10403782

詩經副墨不分卷　明陳組綬纂

明末光啓堂刻本　復旦

清末民國初抄本　湖北

經 10403783

詩經剖疑二十一卷　明曹學佺撰

明末刻本　首都

經 10403784

詩經剖疑二十四卷　明曹學佺撰

明刻本　遼寧(缺卷十三)

五經困學本(崇禎刻、明刻)

經 10403785

詩經質疑十四卷　明曹學佺撰

明活字印本　北大(蕭子豫題記)

經 10403786

詩經纂注八卷　宋朱熹集注　明鍾惺纂輯

明二乙堂刻本　北大

經 10403787

詩經評四卷小序一卷　明鍾惺評點

明泰昌元年閔氏刻朱墨套印本　國圖　上海　湖北　日本内閣

經 10403788

詩經三卷　明鍾惺評點　明盧之頤訂正

合刻周秦經書十種本(明溪香書屋刻)　復旦(清佚名批注)　浙江

經 10403789

批點詩經四卷　明鍾惺輯

明淩杜若刻朱墨套印本　首都　人大　北師大　首都師大　社科院文學所　故宫　羣衆出版社　北京市委　天津　上海　復旦　華東師大　南京　金陵　遼寧　吉林　吉大　東北林大　陝西文物所　烟臺　山東大學　山西　常州　浙江　浙大　湖北　華南師大　廣東文史館　四川　雲南　雲南文史館

經 10403790

詩經辨疑不分卷　明鍾惺評

清康熙十二年刻本　湖北

經 10403791
詩經注疏抄四卷　明鍾惺删訂
　傳抄明玉津園刻十三經注疏本　復旦

經 10403792
詩經備考二十四卷　明鍾惺、明韋調鼎撰
　明崇禎十四年刻本　故宫　社科院文學所　廣西師大　日本内閣　日本尊經閣　日本蓬左

經 10403793
詩經圖史合考二十卷　明鍾惺纂輯
　明末刻本　國圖　復旦(存二卷)　吉林　河南

經 10403794
陳太史訂閱詩經旁訓四卷　明陳仁錫重訂
　五經旁訓本(崇禎彙錦堂刻)

經 10403795
詩經古註十卷　明李鼎編　明王思任編
　明刻本　日本内閣

經 10403796
張唐二先生毛詩微言二十卷目一卷　明張以誠撰　明唐汝諤輯
　明末刻本　北大　保定　日本内閣
　清抄本　北大

經 10403797
新鐫詩經微言合參八卷　明唐汝諤撰　明張以誠參定
　明刻本　日本蓬左

經 10403798
聖門傳詩嫡冢十六卷申公詩説一卷　明淩濛初撰　(申公詩説)漢申培撰
　明萬曆四十六年刻本　國圖　日本尊經閣
　明崇禎四年刻本　國圖　北大　清華　人大　中央黨校　中科院　浙江　上海　復旦　華東師大　河南　湖南　重慶　日本内閣　日本蓬左

經 10403799
孔門兩弟子言詩翼六卷　明淩濛初輯
　明崇禎三年烏程淩氏刻本　北大　中科院　上海　復旦
　清初抄本　復旦

經 10403800
詩逆四卷詩考一卷　明淩濛初撰
　明天啓二年刻本　復旦　重慶　廈大

經 10403801
詩考一卷　明淩濛初撰
　明天啓二年刻本　復旦　重慶　廈大

經 10403802
詩經四卷　明喬時敏撰
　明末鼎雲堂刻本　復旦

經 10403803
詩經偶箋十三卷　明萬時華撰
　明崇禎六年李泰刻本　復旦　陝西*

經 10403804
毛詩闡祕不分卷　明魏沖撰
　稿本　國圖

經 10403805
陸元恪草木蟲魚疏二卷　明樊維城編

抄本　國圖

經 10403806
讀風臆評不分卷　明戴君恩撰
明萬曆四十六年烏程閔齊伋刻朱墨套印本　國圖　北大　清華　首都　中科院　社科院文學所　文藝研究院　羣衆出版社　上海　復旦(清丁丙跋)　南京　遼寧　遼大　長春　吉林社科院　鳳翔文化館　青島博　山西文物局　無錫　揚州大學　浙江　天一閣　安徽博　江西　華南師大　四川　西南師大　雲南

經 10403807
讀風臆補十五卷附讀風臆補總評　明戴君恩原本　清陳繼揆補輯並總評
清光緒六年寧郡述古堂刻拜經館印本　國圖　北大　上海　復旦　湖北

經 10403808
讀詩一卷　明曹珖撰
大樹堂說經本(明抄)　國圖

經 10403809
詩通四卷　明陸化熙撰
明萬曆四十六年書林童憶泉刻本　復旦　華東師大　日本内閣
明書林李少泉刻本　國圖

經 10403810
詩通不分卷　明陸化熙撰　清歸起先輯
清順治十五年歸起先刻詩經通解本　天津　上海　復旦　安徽師大
清康熙間刻本　上海

經 10403811
詩傳闡二十三卷餘二卷　明鄒忠胤撰
明崇禎八年刻本　國圖　日本内閣

經 10403812
新刻黄石齋先生詩經琅玕十卷首一卷　明黄道周編著　清熊九嶽訂閱　清鄭尚玄參較
明崇禎醉耕堂刻本　國圖　北大

經 10403813
詩表一卷　明黄道周撰
清道光五年刻本　國圖

經 10403814
新刻大小馮先生手授詩經八卷　明馮元颺　明馮元飈撰
明余氏躍劍山房刻本　日本内閣

經 10403815
詩經說約二十八卷　明顧夢麟纂
明崇禎十五年太倉顧氏織廉居刻本　國圖　上海　復旦　山東大學　日本内閣　日本尊經閣
日本寬文九年刻本　湖北

經 10403816
參補說約大全三十一卷　明顧夢麟撰
清雍正十一年贈言堂刻本　中科院

經 10403817
纂序詩經說約集注八卷　明顧夢麟纂　明劉日珩校
明刻本　日本早稻田大學

經 10403818
詩經物考一卷　清鄒之麟撰

詩經慧燈本(崇禎刻) 日本蓬左

經 10403819
詩經翼註八卷 清鄒之麟撰
詩經慧燈本(崇禎刻) 日本蓬左

經 10403820
新鐫鄒臣虎先生詩經翼註講意四卷 清鄒之麟撰
明末刻本 日本内閣

經 10403821
鼎鐫仲初魏先生詩經脈八卷首一卷 明魏浣初撰
明萬曆間刻本 日本内閣

經 10403822
鼎鐫鄒臣虎增補魏仲雪先生詩經脈講意八卷首一卷 明魏浣初撰 清鄒之麟增補
明末刻本 復旦

經 10403823
批點毛詩振雅六卷 明張元芳 明魏浣初撰
明天啓四年版築居刻朱墨套印本 國圖 清華 上海 復旦 吉大 揚州 河南 保定

經 10403824
新刻金陵板詩經開心正解七卷首一卷 明邵芝南撰
明熊氏種德堂刻本 日本内閣

經 10403825
葩經旁意一卷 明喬中和撰
明萬曆四十一年魯廷彦刻本 國圖 河南
躋新堂集本(崇禎刻)
西郭草堂合刊本(光緒刻)

經 10403826
桂林詩正八卷 明顧懋樊編著
桂林五經本(崇禎刻) 國圖 北大 人大 復旦

經 10403827
二劉先生闢湖說詩不分卷附闢湖紀言附毛詩原解 明劉尹聘、明劉振之撰 (毛詩原解)明郝敬撰
明崇禎四年刻本 國圖

經 10403828
毛詩弋志箋記不分卷 明張次仲撰
清康熙十六年刻本 復旦 湖南

經 10403829
待軒詩記八卷 明張次仲撰
四庫全書本(乾隆寫)

經 10403830
新刻沈漢陽先生隨寓詩經答七卷 明沈翹楚撰
明萬曆四十七年唐晟刻本 國圖

經 10403831
詩綱一卷 清賈應寵撰
稿本 山東博

經 10403832
詩經永論四卷 明方孔炤撰
清抄本 中科院
清抄本 國圖

經 10403833
詩經朱傳翼三十卷首一卷　清孫承澤撰
清康熙十一年刻本　國圖　故宫　復旦

經 10403834
詩經世本古義二十八卷首一卷末一卷　明何楷撰
明崇禎十四年刻本　北大　天津　復旦　保定　遼寧　哈爾濱　新疆大學　蘇州　福建　湖南　中山大學　日本宫内省　日本内閣　日本尊經閣　日本蓬左　日本東京
書三味樓叢書本(嘉慶刻)　民族大學(清趙烈文跋)
清嘉慶二十四年溪邑謝氏文林堂刻本　國圖　北大　復旦　南京　遼寧　鄭州大學　湖北
清光緒十九年上海鴻寶齋石印本　國圖　北大　天津　上海　南京　湖北
日本刻本　上海
四庫全書本(乾隆寫)

經 10403835
詩經世本目一卷　明何楷撰
閏竹居叢書本(清刻)

經 10403836
詩經考十八卷　明黄文煥撰　明黄景昉等校
明崇禎間熊友于刻本　國圖　北大　中科院　故宫　復旦　廣西師大　重慶　日本内閣　日本東京大學

經 10403837
新鐫黄維章先生詩經嫏嬛集註八卷　明黄文煥撰
明刻本　日本内閣

經 10403838
黄維章先生詩經嫏環體注八卷詩經集傳八卷　明黄文煥輯著　清范翔重訂　宋朱熹撰詩經集傳
清康熙十九年刻本　建甌
清康熙二十五年有文堂刻本　廣西師大
清光緒十八年文瑞樓刻本　遼寧
清末上海廣益書局石印本　北大
民國間石印本　遼寧

經 10403839
詩原五卷詩說畧一卷　明張彩撰
明天啓元年陳此心刻本　國圖

經 10403840
詩說畧一卷　明張彩撰
明天啓元年陳此心刻本　國圖

經 10403841
詩牖十五卷　明錢天錫撰
明天啓五年刻本　上海

經 10403842
詩經柄歌不分卷　清王鑒撰
清刻本　國圖

經 10403843
帝鄉戚氏家傳葩經大成心印□卷　明戚伸撰
明崇禎三年刻本　國圖

經 10403844
毛詩注疏删翼二十四卷　明王志長撰

清抄本(佚名增補圈點) 湖北

經 10403845
毛詩草木鳥獸蟲魚疏廣要四卷 明毛晉著
津逮祕書本(崇禎刻、民國影印)

經 10403846
毛詩陸疏廣要(詩疏廣要)二卷 明毛晉著
四庫全書薈要本(乾隆寫,詩疏廣要)

經 10403847
毛詩草木鳥獸蟲魚疏廣要(陸氏詩廣要)二卷 明毛晉著
四庫全書本(乾隆寫)
學津討原本(嘉慶刻、民國影印)
清道光十五年朝邑劉氏刻本 復旦

經 10403848
詩經水月備考四卷 明薛寀撰
明末晉郡舒浚溪刻本 復旦

經 10403849
詩經水月備考四卷 明薛寀撰 清史三長增注
清康熙四十四年重刻本 國圖 復旦

經 10403850
新刻詩經講意鞭影六卷 明楊廷麟撰
明崇禎三至十七年建業張鍾福瑞雲館刻本 北大

經 10403851
新刻詩經聽月十二卷 明楊廷麟撰
明刻本 日本尊經閣

經 10403852
硃訂詩經揆一宗旨八卷首一卷 明楊廷麟撰 明朱長祚補
明末清初刻本 日本内閣

經 10403853
詩經輔注五卷 明徐鳳彩撰
清徐朝俊抄本 復旦

經 10403854
詩經輔注四卷 明徐鳳彩撰 清諸廷式錄
民國間金山高氏食古書庫傳抄本 復旦

經 10403855
詩經注疏大全合纂三十四卷附錄一卷 明張溥著
明崇禎四至十七年刻本 北大 中央黨校 上海 浙江 河南大學 華中師大

經 10403856
讀詩畧記一卷 明朱朝瑛撰
七經畧記本(稿本) 國圖

經 10403857
讀詩畧記六卷首一卷 明朱朝瑛撰
四庫全書本(乾隆寫)
民國間上海商務印書館影印本 復旦

經 10403858
毛詩蒙引二十卷首一卷 明陳子龍撰
明刻本 日本尊經閣
日本文政六年浪華岡田羣玉堂刻本 上海

經 10403859
詩經人物備考十三卷　明陳子龍輯　明汪桓參
明末武林還讀齋刻本　北大　上海

經 10403860
詩問畧一卷　明陳子龍撰
學海類編本(道光木活字印、民國影印)
民國間金山高氏食古書庫傳抄本　復旦

經 10403861
南州詩說八卷　明徐必達撰
明天啓元年刻本　復旦

經 10403862
詩經讀一卷　明陳大士撰
五經四書讀本本(民國傳抄)　復旦

經 10403863
詩經說畧十二卷　明章夢易撰
清抄本　北大

經 10403864
詩經治亂始末注疏合鈔十四卷目錄一卷　明陳鴻謨纂
清抄本(詩經說畧附)　北大

經 10403865
詩經祕旨八卷　明陳遂卿輯
明天啓六年書林鄭大經刻套印本　重慶

經 10403866
鑑湖詩說四卷　明陳元亮撰
明刻本　日本内閣　日本尊經閣

經 10403867
詩志二十六卷　明范王孫撰
明末刻本　國圖　中科院　清華　上海　復旦　浙江　湖南　日本内閣　日本尊經閣
空山堂全集本(嘉慶刻)

經 10403868
新鍥詩經心鉢五卷　明方應龍撰
明萬曆間刻本　復旦　日本内閣　日本尊經閣

經 10403869
詩經心訣八卷　明何大掄撰
明天啓七年刻本　復旦

經 10403870
詩經主意默雷八卷　明何大掄撰
明末友石居刻本　國圖　復旦

經 10403871
新刊侯伯憲家傳詩經說約八卷　明侯世屏撰
明刻本　國圖

經 10403872
摘古今說詩要論一卷　明侯世屏撰
明刻本(詩經說約附)　國圖

經 10403873
詩經胡傳十二卷　明胡紹曾撰
明崇禎十六年春煦堂刻本　國圖　中科院　復旦　日本尊經閣

經 10403874
新刻胡氏詩識三卷　明胡文煥輯
格致叢書本(萬曆刻)

經 10403875
詩經主義四卷　明華文甫撰
明嘉靖四十四年刻本　上海

經 10403876
詩經傳註三十八卷　明李資乾撰
明崇禎間刻本　日本尊經閣

經 10403877
新刻李愚公先生家傳詩經演辯真十三卷　明李若愚撰
明刻本　日本尊經閣

經 10403878
詩經人物考三十四卷　明林世升撰
明刻本　國圖

經 10403879
詩意一卷　明劉敬純撰
明抄本　北平

經 10403880
詩學内傳三十一卷首一卷　明陸燁撰
清山陰杜氏知聖教齋抄本(存卷首、一至五、十一至三十一)　復旦

經 10403881
陸先生詩筌四卷　明陸燧撰
明刻本　日本尊經閣

經 10403882
詩傳纂義不分卷　明倪復撰
清抄本　福建

經 10403883
詩經類考三十卷　明沈萬鈳撰
明萬曆三十七年沈萬鈳刻本　國圖　北大　清華　北師大　中科院　上海　復旦(存二十五卷)　南大　河北大學　東北大學　哈爾濱
明萬曆三十七年沈萬鈳刻崇禎十一年陳增遠重修本　北大　中科院　上海　南京　無錫　遼寧(存卷一至二十二)　湖北

經 10403884
詩志度與九卷　明施澤深撰
明天啓四年刻本　國圖

經 10403885
詩經評考二十卷　明陶九樂撰
清抄本　復旦　鄭州大學

經 10403886
毛詩鄭箋纂疏補協二十卷詩譜一卷　明屠本畯撰　(詩譜)漢鄭玄撰
明萬曆二十二年玄鑒室刻本　國圖　中科院　上海　復旦　浙江　山西師大　遼寧　齊齊哈爾　山東　浙大　襄陽　日本内閣

經 10403887
詩測定本□卷　明萬尚烈撰
明刻本　東北師大

經 10403888
韋氏詩經考定二十四卷詩經傳授源流一卷總論一卷　明韋調鼎撰
明崇禎十三年刻本　天津　華東師大

經 10403889
詩問一卷　明吴肅公撰
清抄本　國圖

經10403890
毛詩鳥獸草木考二十卷　明吴雨輯　明徐𤊹編
明萬曆三十四至四十七年𥗼老山房刻本　北大　日本宫内省　日本内閣　日本尊經閣

經10403891
新刻陳先生心傳辯疑訓解詩經文林妙達二十卷　明陳紳撰　明蔡慎徽編
明萬曆五年建邑書林克勤齋余彰德刻本　日本蓬左

經10403892
新鍥晉雲江先生詩經闡蒙衍義集註八卷　明江環撰
明萬曆二十三年靜觀室刻本　日本内閣

經10403893
新刻詩經鐸振八卷　明江環撰
明萬曆四十四年詹氏靜觀室刻本　日本内閣

經10403894
詩經漁樵野說不分卷　明夏大輝撰
清孫鏘鳴家抄本(清孫鏘鳴校並跋)　瑞安玉海樓

經10403895
十刻詩經删補便蒙解注(詩經解注)十卷　明徐奮鵬撰
明金陵三山街刻本　南京

經10403896
十刻詩經删補便蒙解注(詩經解注)四卷　詩通不分卷詩序一卷　明徐奮鵬撰
清順治十五年歸起先刻詩經通解本　天津　上海　復旦　安徽師大

經10403897
詩經講意四卷　明徐奮鵬著
明萬曆四十四至四十七年金陵聚奎樓李少泉刻本　北大

經10403898
採輯名家批評詩經删補四卷首一卷　明徐奮鵬撰　明楊居廣編　明魏浣初　明鍾惺校
清末羊城天禄閣重刻本　復旦

經10403899
新鐫筆洞山房批點詩經捷渡大文四卷　明徐奮鵬撰
明天啓間金陵王荆岑書林刻本　復旦

經10403900
詩經百方家問答不分卷　明徐奮鵬撰
明建業書林李潮刻本　復旦　東北師大

經10403901
鍥詩經辯俗晤言八卷　明徐奮鵬撰　明張以誠校
明建邑書林余彰德刻本　日本蓬左　日本東京大學

經10403902
葩苑十二卷　明徐奮鵬等撰
明末刻本　復旦

經10403903
重梓徐緝之先生詩說闕疑□卷　明徐

熙撰

清初抄本(存大雅二卷、小雅二卷、頌一卷)　揚州

經 10403904

詩經傳旨一覽四卷　明薛志學撰

明萬曆二十二年徐汝良刻本　常熟

經 10403905

詩經集註刪補四卷　明楊壽隆編

明末刻本　日本内閣

經 10403906

詩學正旨不分卷　明楊徵元撰

明萬曆三十五年刻本　北大

經 10403907

詩述不分卷　明姚應仁撰

明刻本　國圖

經 10403908

詩經能解三十一卷首一卷參補說約大全三十一卷　明葉羲昂纂　(參補說約大全)明顧夢麟撰

清雍正十[illegible]年贈言堂刻本　中科院

經 10403909

詩經主意叢珠五卷　明曾可明撰

明刻本　國圖

經 10403910

三百篇聲譜不分卷　明張蔚然撰

說郛本(宛委山堂刻)

經 10403911

詩采八卷　明張星懋撰

清葉樹廉樸學齋抄本　社科院文學所

經 10403912

詩經集思通十二卷　明朱道行撰

清初刻本　復旦

經 10403913

新鐫張徐兩太史審定葩經嫡證八卷　明朱輅輯

明刻本　復旦

經 10403914

古詩獵雋一卷　明莊元臣輯

莊忠甫雜著本(清抄)

經 10403915

三百篇物考一卷　明□□撰

明抄本　國圖

經 10403916

新刊吴航心法詩經經綸十卷　明□□撰

明安正堂刻本　日本大阪

經 10403917

新刻占魁高頭提章詩經正文四卷首一卷　明□□輯

明萬曆四十年書林敦睦堂張斐刻本　國圖

經 10403918

詩經三注粹抄不分卷　明□□撰

明刻本　安徽

經 10403919

詩經通義十二卷首一卷附錄一卷　清朱鶴齡撰

稿本(清陳鍾英跋)　上海

清雍正三年濠上草堂刻本　國圖　上海　復旦

清初抄本　復旦
四庫全書本(乾隆寫)
清海源閣藏舊抄本　國圖
碧琳琅館叢書本(光緒刻)
芋園叢書本(民國彙印)

經 10403920
詩經考異不分卷　清朱鶴齡撰
清海源閣藏本　國圖

經 10403921
毛詩注疏纂八卷　清田有年、清田逢年纂
明崇禎間怡齋刻本　清華　復旦　中山大學

經 10403922
田間詩學不分卷　清錢澄之撰
清康熙二十八年錢氏斟雉堂刻本　復旦(清孫鳳城批點)　上海師大(金蓉鏡批校)　南京
桐城錢飲光先生全書本(康熙刻同治印)

經 10403923
田間詩學十二卷首一卷　清錢澄之撰
四庫全書本(乾隆寫)

經 10403924
詩經同異一卷　清顧炎武撰
民國間金山高氏食古書庫傳抄本　復旦

經 10403925
日知錄集釋詩說一卷　清顧炎武撰　清黄汝成集釋
民國間金山高氏食古書庫傳抄本　復旦

經 10403926
三百篇詩評一卷　清于沚撰
清咸豐三年刻本　國圖

經 10403927
詩觸六卷　清賀貽孫撰
水田居全集本(咸豐刻)

經 10403928
毛詩草木今名釋不分卷　清曹岳秋撰
謄清稿本　復旦

經 10403929
匏瓜錄(詩說)一卷　明芮長恤撰
民國間金山高氏食古書庫傳抄本　復旦

經 10403930
詩觸五卷　清龔鼎孳輯
清道光四年刻本　上海

經 10403931
風雅倫音二卷　清謝文洊撰
謝程山全書本(光緒刻)

經 10403932
詩經集說不分卷　清陸元輔撰
清抄本　浙江

經 10403933
詩經稗疏四卷　清王夫之撰
四庫全書本(乾隆寫)
船山遺書本(道光刻、同治刻、民國鉛印)
皇清經解續編本(光緒刻、光緒石印)
清三元堂抄本　湖南

經 10403934
詩廣傳五卷詩譯一卷　清王夫之撰
　稿本　湖南
　清乾隆間王嘉愷抄本　湖南
　船山遺書本(道光刻、同治刻、民國鉛印)
　清光緒宣統間石印本　上海

經 10403935
朱氏訓蒙詩門三十六卷　清朱日濬撰
　明刻本　日本内閣

經 10403936
朱氏訓蒙詩門二十六卷首一卷附錄一卷　清朱日濬撰　清王澤弘正(附錄)清黄之奇撰
　清康熙間抄本　湖北

經 10403937
詩辯坻四卷　清毛先舒撰
　思古堂十四種書本(康熙刻)
　清康熙間刻本　北大
　清雍正間武進蔣氏刻本　國圖
　清刻本　國圖

經 10403938
國風省篇一卷　清毛奇齡撰
　西河合集本(康熙刻、乾隆印、嘉慶印)
　西河合集本(乾隆陸體元修補重印)

經 10403939
毛詩寫官記四卷　清毛奇齡撰
　西河合集本(康熙刻、乾隆印、嘉慶印)
　四庫全書本(乾隆寫)

經 10403940
詩札二卷　清毛奇齡撰
　西河合集本(康熙刻、乾隆印、嘉慶印)
　四庫全書本(乾隆寫)

經 10403941
詩傳詩說駁議五卷　清毛奇齡撰
　西河合集本(康熙刻、乾隆印、嘉慶印)
　四庫全書本(乾隆寫)

經 10403942
白鷺洲主客說詩一卷　清毛奇齡撰
　西河合集本(康熙刻、乾隆印、嘉慶印)
　龍威祕書本(乾隆刻)
　清世德堂重刻龍威祕書本　北大
　皇清經解續編本(光緒刻、光緒石印)

經 10403943
續詩傳鳥名三卷　清毛奇齡撰
　西河合集本(康熙刻、乾隆印、嘉慶印)
　四庫全書本(乾隆寫)
　龍威祕書本(乾隆刻)
　清世德堂重刻龍威祕書本　北大
　皇清經解續編本(光緒刻、光緒石印)

經 10403944
詩問一卷　清汪琬撰
　賜硯堂叢書新編本(道光刻)
　後知不足齋叢書本(光緒刻)

經 10403945
詩變別疑一卷　清姜宸英撰
　瑞安陳氏抄本　國圖
　民國初金山高氏食古書庫影傳抄稿本　復旦

經 10403946
詩說活參二卷　清李灝撰
　清雍正二年刻本　國圖　中科院
　李氏經學四種本(乾隆刻)

經 10403947

詩經疏畧八卷　清張沐撰

五經四書疏畧本(康熙敦臨堂刻、陳如升刻)

經 10403948

三元堂新訂增删詩經彙纂詳解八卷　清呂留良彙纂

清初三元堂刻本　復旦(卷一至二鈔配)

清康熙間刻本　復旦　福建師大

經 10403949

毛詩稽古編三十卷　清陳啓源撰

清康熙四十年趙嘉稷抄本(清趙嘉稷跋)　山東

四庫全書本(乾隆寫)

皇清經解本(道光刻、咸豐補刻、鴻寶齋石印、點石齋石印)

清嘉慶間抄本(清王宗炎跋)　復旦

清抄本　國圖(清錢坫校;清張敦仁校;王季烈跋)　南京(佚名校)　天津　復旦

經 10403950

毛詩稽古編三十卷　清陳啓源撰　清龐佑清校

清嘉慶十八年龐佑清刻本　國圖　北大　上海　南京

清光緒五年上海同文書局石印本　國圖

清光緒九年上海同文書局石印本　國圖　北大　天津　上海　南京　湖北

經 10403951

毛詩稽古編三十卷附考一卷　清陳啓源撰　清龐佑清校　(附考)清費雲倬撰

清嘉慶十八年龐佑清刻二十年增刻本　國圖　北大　上海　南京

經 10403952

詩經訂訛不分卷　清湯柱朝撰

清抄本　國圖

經 10403953

詩經輯評四卷　清徐與喬輯評　清于光華增訂

清乾隆四十年友于堂刻本　復旦

經 10403954

詩經辨體一卷　清徐與喬撰

清康熙間敦化堂刻本　南京

經 10403955

詩經廣大全二十卷　清王夢白編　清陳曾輯

清康熙二十一年吴郡寶翰樓刻本　北大　復旦　華東師大

清康熙間授政堂刻本　中科院

經 10403956

詩經識餘□卷　清徐秉義輯

清徐樹閎抄本(存卷一至四)　上海

經 10403957

詩經同異録□□卷　清周象明撰

清抄本(存九卷)　國圖

經 10403958

毛詩日箋六卷　清秦松齡撰

清康熙三十九年挺秀堂刻本　國圖　中科院　北大　北京文物局　天津

復旦　南京　浙江　大連　遼大　吉林社科院　哈爾濱　無錫　中山大學
清康熙三十九年刻尊賢堂印本　國圖　北大　天津
昭代叢書本（道光刻，一卷）
常州先哲遺書本（光緒刻）
清宣統三年武進盛氏刻本　上海
清抄本　國圖

經 10403959
毛朱詩說一卷　清閻若璩撰
昭代叢書本（康熙刻、道光刻）
楚州叢書本（民國刻）
清抄本　復旦

經 10403960
詩問四卷　清郎廷槐、清王士禛撰
清康熙間刻本　上海

經 10403961
毛詩名物考不分卷　清李詳校
清初傳抄稿本（劉之泗跋）　復旦

經 10403962
詩經解愚□卷　清沈穀元撰
清初稿本　復旦

經 10403963
詩經大題不分卷　清田雯輯
稿本　山東

經 10403964
詩經詳說九十四卷　清冉覲祖撰
五經詳說本（光緒刻）

經 10403965
毛詩國風釋一卷　清陳遷鶴撰
清同治十三年晉江黄氏梅石山房木活字印本　國圖　中科院　天津　復旦　南京

經 10403966
詩所八卷　清李光地撰
清雍正六年李清植等刻本　國圖　北大　中科院　南京　湖北
清雍正六年教忠堂刻本　北京文物局　南開　復旦　内蒙古　内蒙古大學　中山大學
李文貞公全集本（乾隆嘉慶刻）
四庫全書本（乾隆寫）
榕村全書本（道光刻）
清抄本　湖南

經 10403967
欽定詩經傳說彙纂二十一卷首二卷詩序二卷　清聖祖玄燁定　清王鴻緒、清揆敘總裁　清張廷玉等校
四庫全書薈要本（乾隆寫）
四庫全書本（乾隆寫）
御纂七經本（雍正刻）　國圖（陳介祺批注並跋）　國圖　清華　故宫　羣衆出版社　天津　上海　復旦　南京　遼寧　承德　山東　山西師大　内蒙古大學　長春　黑龍江　寧夏　中山大學
御纂七經本（康熙内府刻、同治浙江書局刻、崇文書局刻、江西書局刻、光緒户部刻、江南書局刻、鴻文書局石印）
清光緒四年廣州翰墨園刻本　遼寧（存卷一至十七、十九至二十一）
清四川總督蘇廷五刻本　遼寧
清刻尊經閣印本　國圖　湖北
日本刻本　南京

經10403968
詩經集成三十一卷附詩經圖考　清燦英彙輯
清康熙間金陵三樂齋刻本　北大

經10403969
詩說三卷　清惠周惕撰
清康熙間惠氏紅豆齋刻本　上海　復旦　遼寧
四庫全書本(乾隆寫)
借月山房彙鈔本(嘉慶刻、博古齋影印)
澤古齋重鈔本(道光重編)
式古居彙鈔本(道光重編)
指海本(道光刻、民國影印)
昭代叢書本(道光刻,一卷)
清藕蘭館刻本　國圖　上海
清王薛岐抄本(清丁丙跋)　南京
清抄本(清翁方綱批點)　國圖

經10403970
詩說二卷　清惠周惕撰
清乾隆嘉慶間抄本　北大

經10403971
詩說三卷附錄一卷　清惠周惕撰　清吴志忠校
清嘉慶十七年璜川吴氏真意堂重刻本　國圖　北大　中科院　天津　上海　復旦　南京　湖北
璜川吴氏經學叢書本(道光刻)
皇清經解本(道光刻、咸豐補刻、鴻寶齋石印、點石齋石印)

經10403972
讀詩質疑(詩經質疑)三十一卷　清嚴虞惇撰
稿本　上海

經10403973
讀詩質疑三十一卷首十五卷末一卷　清嚴虞惇撰
清乾隆九年繩武堂刻本　國圖　北大　中科院　上海　復旦　南京　浙江　湖北
四庫全書本(乾隆寫,無卷末)
抄本　上海

經10403974
讀詩綱領一卷　清嚴虞惇撰
清乾隆九年繩武堂刻本　國圖　北大　中科院　上海　復旦　南京　浙江　湖北
四庫全書本(乾隆寫,讀詩質疑)
抄本　上海

經10403975
詩樂一卷　清嚴虞惇撰
清乾隆九年繩武堂刻本　國圖　北大　中科院　上海　復旦　南京　浙江　湖北
四庫全書本(乾隆寫,讀詩質疑)
抄本　上海

經10403976
經文考異一卷　清嚴虞惇撰
清乾隆九年繩武堂刻本　國圖　北大　中科院　上海　復旦　南京　浙江　湖北
四庫全書本(乾隆寫,讀詩質疑)
抄本　上海

經10403977
詩傳名物集覽十二卷　清陳大章撰錄
清康熙五十二年閩中刻本　國圖　北大　清華　中科院　天津　復旦

南京　浙江　遼寧　湖北　福建　浠水博　西華師大
四庫全書本(乾隆寫)
湖北叢書本(光緒刻)

經 10403978
豐川詩說二十卷首一卷　清王心敬撰
清乾隆間刻本　復旦

經 10403979
詩經傳注八卷　清李塨撰
清道光二十四年蠡吾趙鍛莊靜穆堂刻本　國圖　北大　中科院　上海　復旦　南京
顏李叢書本(民國鉛印)

經 10403980
詩義記講四卷　清楊名時講授　清夏宗瀾記
清乾隆八年夏宗瀾刻本　國圖　北大　復旦

經 10403981
詩經劄記一卷　清楊名時撰
四庫全書本(乾隆寫)
楊氏全書本(乾隆刻)
清宣統元年南菁高等學堂刻本　北大　天津　遼寧

經 10403982
義門讀詩記二卷　清何焯撰
民國間金山高氏食古書庫傳抄本　復旦

經 10403983
毛詩名物疏鈔不分卷　清趙執信撰
稿本　山東博

經 10403984
詩經衍義大全合參八卷　清汪桓、清魯國璽撰
清康熙七年刻本　國圖

經 10403985
詩經體注大全八卷　清范翔纂　清高朝瓔定　清沈世楷輯
清末刻本　北大
清道光十四年晉祁書業堂刻本　北大
清道光二十一年武水經餘堂刻本　天津
清同治九年書業德刻本　國圖
清光緒六年敬文堂刻本　北大
清光緒十一年文英堂刻本　北大
清光緒十九年蘇州掃葉山房刻本　北大
清光緒二十五年京都文成堂刻本　天津
清光緒二十八年成文信刻本　北大
清光緒三十四年刻本　湖北
清文淵堂刻本　北大
清貴文堂刻本　天津
清光緒十年石印本　南京
清光緒二十九年煙臺誠文信石印本　南京
清末上海會文堂書局石印本　北大
民國元年上海掃葉山房石印本　國圖
民國四年上海章福記書局石印本　國圖

經 10403986
讀詩小匡一卷　清馮李驊撰
清抄本(清丁丙跋)　南京

經 10403987
詩經圖譜慧解十卷　清高儕鶴撰

清康熙間第三次手定稿本　臺圖

經 10403988
詩經圖譜慧解十二卷首一卷末一卷　清高儕鶴撰
寫本　國圖

經 10403989
陸堂詩學十二卷　清陸奎勳撰
陸堂經學叢書本(康熙刻)

經 10403990
讀詩總論一卷　清陸奎勳撰
陸堂經學叢書本(康熙刻)

經 10403991
詩經述四卷　清陳詵撰
清康熙間信學齋刻本　中科院　上海

經 10403992
續補舉業必讀詩經四卷　清陳非木集注
清康熙間雲姿堂刻本　鄭州大學(清陳本禮錄清何焯批校)

經 10403993
詩傳述藴四卷　清姜兆錫撰
九經補注本(乾隆姜兆錫刻)　北大　復旦　湖北

經 10403994
毛詩記疑一卷　清王懋竑撰
民國間金山高氏倉古書庫傳抄本　復旦

經 10403995
朱子詩義補正八卷　清方苞撰　清單作哲編次
清乾隆三十二年單作哲刻本　國圖　北大　遼寧
清光緒三年南海馮氏重刻本　國圖　北大　中科院　上海　復旦　南京　湖北
清抄本　北大

經 10403996
學詩隅見錄不分卷　清沈近思撰
清抄本　上海

經 10403997
毛詩正義惠氏校本錄存不分卷　清惠士奇、清惠棟撰　清葉昌熾輯
稿本　復旦

經 10403998
讀詩識小錄十卷　清陳震撰
稿本　北大　吉林
清抄本　首都

經 10403999
詩咫一卷　清陳祖范撰
民國間金山高氏食古書庫傳抄本　復旦

經 10404000
詩述不分卷　清任蘭枝撰
清任氏家刻本　國圖

經 10404001
毛詩訂詁八卷附錄二卷　清顧棟高撰
清乾隆間刻本　南京
清光緒二十二年江蘇書局刻本　國圖　北大　中科院　上海　復旦　南京　遼寧　湖北

經 10404002
毛詩訂詁二十五卷　清顧棟高撰
清抄本　國圖

經 10404003
毛詩訂詁三十卷　清顧棟高撰
清抄本　北大

經 10404004
毛詩類釋二十一卷續編三卷　清顧棟高撰
四庫全書本(乾隆寫)
抄本　上海

經 10404005
詩疑辯證六卷　清黄中松撰
謄清稿本　復旦
四庫全書本(乾隆寫)
清抄本　南京

經 10404006
讀毛詩日記一卷　清錢人龍撰
學古堂日記本(光緒刻)

經 10404007
毛詩札記二卷　清范爾梅撰
讀書小記本(雍正刻)

經 10404008
讀詩小記一卷　清范爾梅撰
鶴壽堂叢書本(光緒刻)

經 10404009
詩説一卷　清陶正靖撰
借月山房彙鈔本(嘉慶刻、博古齋影印)
澤古齋重鈔本(道光重編)
式古居彙鈔本(道光重編)
指海本(道光刻、民國影印)

經 10404010
詩經參考一卷　清陶成撰
清乾隆間南城陶氏觀我室刻吾廬遺書本

經 10404011
詩經提要錄三十一卷首一卷　清徐鐸撰
清抄本　國圖

經 10404012
毛詩正本二十卷　清陳梓撰
清乾隆九年陳梓深柳讀書堂刻本　國圖　北大　中科院　復旦

經 10404013
毛詩説二卷首一卷　清諸錦撰
絳跗閣經説三種本(乾隆刻)
清抄本　湖北
硤川費氏抄本　浙江

經 10404014
毛詩要義三十卷　清沈彤撰
清武林勞氏震無咎齋抄本(存卷一至二、六至三十,清勞疑跋)　上海

經 10404015
毛詩異文補一卷　清沈淑撰
經玩本(雍正刻)
後知不足齋叢書本(光緒刻,沈氏經學六種)
清末方氏碧琳琅館傳抄經玩本　北大

經 10404016
詩經去疑大全八卷　清王文烜撰
清雍正九年刻本　國圖

經 10404017
詩經旁參二卷　清應麟撰
屏山草堂稿本(乾隆刻)

經 10404018
詩經詮義十二卷首一卷末一卷　清汪紱撰
汪雙池先生叢書本(光緒彙印)
清同治十二年安徽敷文書局刻汪雙池先生叢書本　國圖　中科院　天津　上海　山東　湖北
清抄本　遼寧

經 10404019
毛詩明辨錄十卷　清沈青崖著
清乾隆十三年古吴毛德基刻本　國圖　北大　中科院　社科院文學所　上海　南京　浙江　湖北　哈爾濱　華南師大

經 10404020
毛詩注疏不分卷　清夏封泰撰
清乾隆二十三年刻本　上海

經 10404021
讀詩遵朱近思錄二卷　清宋在詩撰
埜柏先生類稿(乾隆刻、道光刻)

經 10404022
毛詩古義二卷　清惠棟撰
貸園叢書初集本(乾隆刻)
省吾堂四種本(嘉慶刻,九經古義)
槐廬叢書本(光緒刻,九經古義)
民國間金山高氏食古書庫傳抄本　復旦

經 10404023
毛詩古義一卷　清惠棟撰
昭代叢書本(道光刻)

經 10404024
詩貫十四卷　清張敍撰
清抄本　復旦
清乾隆二十年杜甲瀛州刻續草堂印本　國圖　北大　清華　北京文物局　南開　南京　石家莊　湖北　浙江

經 10404025
詩說一卷　清張敍撰
清乾隆二十年杜甲瀛州刻續草堂印本　國圖　北大　清華　北京文物局　南開　南京　石家莊　湖北　浙江
清抄本　復旦

經 10404026
詩本旨一卷　清張敍撰
清乾隆二十年杜甲瀛州刻續草堂印本　國圖　北大　清華　北京文物局　南開　南京　石家莊　湖北　浙江
清抄本　復旦

經 10404027
學詩闕疑二卷　清劉青芝撰
劉氏傳家集本(乾隆刻)
嘯園叢書本(光緒刻)

經 10404028
思誠堂說詩十二卷　清惲鶴生撰
稿本　國博

經 10404029

沈氏詩醒八箋二十五卷　清沈冰壺撰
稿本　浙江
清抄本(清何琪校)　上海

經 10404030
畏齋詩經客難二卷　清龔元玠撰
十三經客難本(道光刻)

經 10404031
援鶉堂詩經筆記一卷　清姚範撰
民國間金山高氏食古書庫傳抄本　復旦

經 10404032
毛詩名物畧四卷　清朱桓撰
清乾隆二十八年朱麟徵蔚齋刻本　國圖　北大　中科院　上海　復旦　湖北

經 10404033
詩經問答一卷　清全祖望撰
民國間金山高氏食古書庫傳抄本　復旦

經 10404034
詩經發明八卷　清陳九齡撰
清乾隆三十八年二物堂刻本　復旦

經 10404035
詩志八卷　清牛運震撰
空山堂全集本(嘉慶刻)
雙清仙館抄本　上海
民國二十五年武強賀葆真刻本　國圖　北大

經 10404036
詩經拾遺十六卷總說一卷　清葉酉撰
清耕餘堂刻本　北大　中科院　上海　復旦　遼寧

經 10404037
詩經比義述八卷首一卷　清王千仞撰
清乾隆五十七年刻嘉德堂印本　國圖　北大　上海　湖北

經 10404038
詩經比義述十卷首一卷　清王千仞撰
清道光間刻本　上海

經 10404039
詩經異文別說存什十四卷　清淩樹屏撰
清乾隆四十五年沈澄監抄本(存卷八至十四,高燮跋)　復旦

經 10404040
御纂詩義折中二十卷　清高宗弘曆敕撰　清傅恆、清陳兆崘等纂
清乾隆二十年武英殿刻本　國圖　北大　中科院　天津　南京　浙江　遼寧　湖北
四庫全書薈要本(乾隆寫)
四庫全書本(乾隆寫)
清末浙江書局重刻乾隆内府刻本　復旦
清道光間長蘆鹽運使如山刻本　北大　天津　上海　南京　浙江　遼寧
清光緒十六年善成堂刻本　國圖　北大
清光緒間掃葉山房刻本　北大　遼寧
清光緒間刻文光堂印本　上海
清宣統元年保陽官書局刻本　湖北(佚名批校圈點)
清光緒三十三年上海書局石印本　天津

清宣統二年盛京德和義石印本　遼寧
清宣統三年北京自強書局學古堂石印本　北大
清末文成堂京都石印本　北大

經 10404041
詩績二卷　清尹嘉銓撰
清乾隆三十四年刻本　國圖

經 10404042
詩深二十六卷首二卷　清許伯政撰
清乾隆十九年事三堂刻本　國圖　北大　復旦　湖北
碧琳琅館叢書本(光緒刻)
芋園叢書本(民國彙印)

經 10404043
毛詩古音參義五卷首一卷　清潘相撰
潘子全集本(嘉慶刻,經學八書)

經 10404044
詩經詁要六卷　清龍萬育輯
清道光五年成都龍氏刻敷文閣彙鈔本　北大　湖北

經 10404045
治齋讀詩蒙說一卷　清顧成志撰
昭代叢書本(道光刻)
清抄本(清丁丙跋)　南京

經 10404046
毛鄭異同考十卷　清程晉芳撰
清末傳抄稿本　復旦
清高繙抄本　浙江
清抄本　國圖(倫明朱筆校改)　北大　浙江

經 10404047
讀詩疏箋鈔不分卷　清程晉芳撰
手稿本　上海

經 10404048
詩經解一卷　清馮浩撰
民國間金山高氏食古書庫傳抄本　復旦

經 10404049
凝園讀詩管見十四卷　清羅典撰
清乾隆間刻本　武漢
清刻明德堂印本　國圖(存卷一、十一、十三至十四)　復旦

經 10404050
毛詩說四卷　清莊存與撰
味經齋遺書本(道光刻、光緒刻)

經 10404051
虞東學詩十二卷首一卷　清顧鎮撰
清乾隆三十二年誦芬堂刻本　國圖　北大　中科院　上海　復旦　上海師大　浙江
清乾隆三十二年誦芬堂刻道光十年趙允懷增修本　北大　中科院　南京(清翁心存圈點)
清光緒十八年重刻誦芬堂刻本　上海
四庫全書本(乾隆寫)

經 10404052
毛朱詩說三卷　清阮芝生撰
清抄本(清翁方綱批注)　國圖

經 10404053
詩瀋二十卷　清范家相撰
清乾隆三十九年會稽范氏古趣亭刻

本　國圖（清李慈銘批注）　北大　中科院　上海　復旦　南京　遼寧　湖北　福建師大　武漢師範　暨南大學

范氏三種本（嘉慶古趣亭刻、光緒墨潤堂重修）

四庫全書本（乾隆寫）

經 10404054

詩經正解三十卷　清姜文燦、清吴荃輯訂

清康熙二十三年深柳堂刻本　國圖　北大　復旦　遼寧　東北師大

清影刻康熙深柳堂本　北大

清光霽堂刻本　遼寧

日本安政五年奎暉閣活字印本（三十三卷）　北大

經 10404055

深柳堂詩經圖考一卷　清姜文燦輯訂

清康熙二十三年深柳堂刻本　國圖　北大　復旦　遼寧　東北師大

清影刻康熙間深柳堂本　北大

清光霽堂刻本　遼寧

經 10404056

深柳堂詩經人物考一卷　清姜文燦輯訂

清康熙二十三年深柳堂刻本　國圖　北大　復旦　遼寧　東北師大

清影刻康熙間深柳堂本　北大

清光霽堂刻本　遼寧

經 10404057

詩義翼朱八卷　清李健輯

清康熙三十五年永恩堂刻本　故宫

經 10404058

删録纂序詩經説約講旨二卷　清賢賢道人輯

稿本　天津

經 10404059

毛詩通説三十卷首二卷補遺一卷　清任兆麟撰

清乾隆間映雪草堂刻本　國圖　北大　中科院　上海　復旦　湖北（徐恕批校）

經 10404060

增補詩經衍義題合參八卷　清沈李龍增訂

清永安堂刻慶雲樓印本　遼寧

經 10404061

載咏樓增訂詩經衍義正彙名解□卷　清沈李龍增訂　清顧目庵鑒定

清載咏樓刻本　復旦（存三卷）

經 10404062

詩經傳説取裁十二卷　清張能鱗輯

清初刻本　國圖　北大　北京文物局　復旦　大連　遼大　吉林社科院　哈爾濱　無錫　浙江　中山大學

經 10404063

詩識名解十五卷　清姚炳撰

清康熙四十七年錢塘姚氏聽秋樓刻本　國圖　北大　清華　中科院　社科院歷史所　上海　辭書出版社　湖北　福建師大　鄭州大學

清康熙四十七年錢塘姚氏刻嘉慶二十二年校修本　國圖　北大　天津　復旦　南京

四庫全書本（乾隆寫）

清丁氏八千卷樓抄本　南京

經 10404064
重刻徐筆峒先生遵注參訂詩經八卷　清周疆輯
清康熙十九年刻本　社科院文學所(清盛百二批校)

經 10404065
棣鄂堂詩義纂要八卷　清周疆輯
清康熙十九年刻本　社科院文學所(清盛百二批校)

經 10404066
詩經人物考一卷　清周霦輯
清康熙十九年刻本　社科院文學所(清盛百二批校)

經 10404067
詩經擬題論旨不分卷　清周勳撰　清朱圻等訂
清康熙三年刻本　復旦

經 10404068
詩經擬題不分卷　□□撰
清抄本　復旦

經 10404069
毛鄭詩考正四卷　清戴震撰
微波榭叢書本(乾隆刻,戴氏遺書)
安徽叢書本(民國影印,戴東原先生全集)
皇清經解本(道光刻、咸豐補刻、鴻寶齋石印、點石齋石印)
指海本(道光刻、民國影印)
清抄本(清吴騫批校)　國圖

經 10404070
毛鄭詩考正一卷　清戴震撰
昭代叢書本(道光刻)

經 10404071
杲溪詩經補注二卷　清戴震撰
微波榭叢書本(乾隆刻,戴氏遺書)
藝海珠塵本(嘉慶刻道光增刻)
皇清經解本(道光刻、咸豐補刻、鴻寶齋石印、點石齋石印)
安徽叢書本(民國影印,戴東原先生全集)

經 10404072
讀詩日錄十三卷　清劉士毅撰
清光緒六年刻本　國圖　中科院　天津　復旦　南京　遼寧　湖北

經 10404073
詩細十卷首一卷續一卷附草木疏校正二卷　清趙佑撰
清獻堂全編本(乾隆刻)

經 10404074
詩學女爲二十六卷總論一卷　清汪梧鳳講授　清汪灼編次
清乾隆間不疏園刻本　北大　中科院　北京文物局　上海　復旦　南京

經 10404075
詩經讀本四卷　清周樽訂
清刻本　復旦(佚名朱筆圈點評注)

經 10404076
詩經揭要四卷　清許寶善撰
清刻本　復旦

經 10404077
惜抱軒詩說一卷　清姚鼐撰
民國間金山高氏食古書庫傳抄本　復旦

經 10404078
惜抱軒詩筆記一卷　清姚鼐撰
民國間金山高氏食古書庫傳抄本　復旦

經 10404079
御案詩經備旨八卷　清鄒聖脈纂輯　清鄒廷猷編次
五經備旨本（光緒刻、光緒石印、樂善堂銅版印）
清末上海存古齋石印本　北大

經 10404080
詩經備旨萃精八卷　清鄒聖脈纂輯
清光緒間刻京都善成堂印本　國圖　北大
清光緒二十二年書業德刻本　北大

經 10404081
詩經備旨萃精八卷首一卷　清鄒聖脈纂輯　清吴朝贊增輯
清光緒二十年聚盛堂刻五經備旨萃精本　北大

經 10404082
新增詩經補注附考備旨八卷　清鄒聖脈纂輯
清咸豐六年福友堂刻本　南京
清光緒二十年澹雅局刻本　北大
清末刻善成堂印本　北大

經 10404083
詩附記七卷　清翁方綱撰
稿本　北大

經 10404084
詩附記四卷　清翁方綱撰
稿本　遼寧
畿輔叢書本（光緒刻）

經 10404085
蜀石經毛詩考異一卷　清吴騫撰
稿本　北大

經 10404086
蜀石經毛詩考異二卷　清吴騫撰
清吴氏拜經樓抄本（清朱昌燕跋）　國圖
拜經樓叢書本（民國影印）

經 10404087
毛詩故訓傳三十卷　漢毛亨傳　漢毛萇撰　漢鄭玄箋　清段玉裁訂
皇清經解本（道光刻、咸豐補刻、鴻寶齋石印、點石齋石印）　山東（清朱孔彰批校）
清同治十一年五雲堂刻本　浙江

經 10404088
毛詩故訓傳定本三十卷　清段玉裁撰
經韻樓叢書本（嘉慶刻）　復旦（清丁壽祺批注）
清道光四年安徽文會堂章氏重刻本　復旦
清藝海堂刻本　復旦（清鈕承啓校）

經 10404089
毛詩通義六卷　清胡文英撰
清乾隆五十三至六十年刻本　國圖　北大　清華

民國間金山高氏食古書庫傳抄本　復旦

經 10404090
詩疏補遺五卷　清胡文英輯
清乾隆五十三年刻本　國圖　北大(黄焯批)　湖北

經 10404091
詩疑義釋二卷　清胡文英撰
清乾隆四十九年刻本　國圖　北大　清華　中科院　復旦　南京　湖北

經 10404092
詩經逢原十卷　清胡文英撰
清乾隆間刻本　國圖　中科院　復旦　南京

經 10404093
詩經繹傳八卷　清陳抒孝纂錄
清雍正十三年刻本　中科院
清道光二十九年三益堂刻本　天津
清光緒十年有益堂刻本　國圖　北大
清光緒十三年刻善成堂印本　國圖　北大
清蘇州掃葉山房刻本　北大

經 10404094
詩經喈鳳詳解八卷圖說一卷附備考　清陳抒孝輯著　清吴啓昆閱定　清汪基增訂
清雍正十三年刻本　中科院
清道光二十九年三益堂刻本　天津
清光緒十年有益堂刻本　國圖　北大
清光緒十三年刻善成堂印本　國圖　北大
清蘇州掃葉山房刻本　北大

經 10404095
誦詩一隅四卷　清管幹珍撰
民國十三年管炳文鉛印本　國圖　中科院　復旦　湖北

經 10404096
詩經札記二卷　清朱亦棟撰
十三經札記本(光緒竹簡齋刻)

經 10404097
毛詩品物圖考七卷　日本岡元鳳纂輯　日本桔國雄繪圖
日本天明五年平安杏林軒浪華五車堂刻本　國圖　北大　中科院　上海　復旦　南京　湖北
清翻刻日本天明五年平安杏林軒浪華五車堂本　北大
清光緒十二年上海積山書局石印本　國圖　北大　上海　復旦　遼寧
清宣統二年上海掃葉山房石印本　上海　浙江

經 10404098
詩說一卷　清管世銘撰
清嘉慶五年刻本　國圖

經 10404099
詩經說約不分卷　清李源撰
清嘉慶元年刻本　國圖

經 10404100
詩緒緝雅六卷　清朱維魚輯
抄本　中科院

經 10404101
毛詩申成十卷　清汪龍撰
清抄本　國圖　北大

　抄本　中科院

經 10404102
毛詩異義四卷詩譜敘一卷　清汪龍撰
　清道光五年鮑方渠絜齋刻本　國圖　北大　復旦　南京　浙江
　清光緒十三年補刻本　上海
　安徽叢書本(民國影印)

經 10404103
毛詩證讀五卷　清戚學標撰
　清嘉慶十年刻涉署印本　國圖　北大　中科院　上海　復旦　南京

經 10404104
讀詩或問一卷　清戚學標撰
　清嘉慶十年刻涉署印本　國圖　北大　中科院　上海　復旦　南京

經 10404105
詩經解一卷　清戚學標撰
　民國間硯因女史抄本　復旦

經 10404106
三百篇鳥獸草木記不分卷　清徐士俊撰
　稿本　上海
　檀几叢書本(康熙刻)
　閏竹居叢書本(清刻)
　清抄本　國圖

經 10404107
三百篇鳥獸草木記不分卷　清徐士俊撰　清潘錫恩釋
　清抄本　復旦

經 10404108
詩經纂一卷　清邵晉涵撰
　稿本　天一閣

經 10404109
詩義知新記一卷　清汪中撰
　民國間金山高氏食古書庫傳抄本　復旦

經 10404110
詩古訓十二卷　清錢大昭撰
　清抄本(清趙烈文校並跋)　國圖

經 10404111
讀詩經四卷　清趙良霨撰
　涇川叢書本(道光刻、民國影印)

經 10404112
毛詩說六卷　清莊有可撰
　民國二十三年上海商務印書館石印本　國圖　北大　中科院　上海　復旦　湖北

經 10404113
詩蘊二卷　清莊有可撰
　民國二十三年上海商務印書館石印本　國圖　北大　中科院　上海　復旦　湖北

經 10404114
詩疑筆記七卷　清夏味堂撰
　清嘉慶十九年高郵夏氏棣華書屋刻本　國圖　復旦(高夔跋)
　抄本　中科院

經 10404115
詩疑後說一卷　清夏味堂撰
　清嘉慶十九年高郵夏氏棣華書屋刻本　國圖　復旦(高夔跋)

經 10404116
詩經旁訓四卷　清徐立綱撰
五經旁訓本(乾隆刻)　北大　天津(存卷一至四)　山東　上海

經 10404117
詩經增訂旁訓四卷　清徐立綱撰　清□□增訂
五經旁訓本(乾隆匠門書屋刻)　北大
清末刻浙衢聚秀堂印本　復旦

經 10404118
詩經旁訓辨體合訂四卷　清徐立綱輯
清裕文堂刻本　上海(清佚名批點)
清末懋德堂刻本　復旦
清末三益堂刻本　復旦

經 10404119
詩經旁訓不分卷　□□輯
清抄本　復旦

經 10404120
詩經附義不分卷　清紀大奎撰
稿本　國圖

經 10404121
毛詩天文考一卷　清洪亮吉撰
清道光三十年淮寧張氏崇素堂刻本　上海　復旦　浙江　湖北
清咸豐間廣州刻本　南京
廣雅書局叢書本(光緒刻)
清光緒宣統間江陰繆氏藝風堂藝風鈔書本　國圖

經 10404122
詩經裁述十五卷詩序一卷詩圖一卷綱領一卷　清羅孔裔輯
五經大全裁述本(乾隆刻)　湖北

經 10404123
毛詩偶記三卷　清汪德鉞撰
清嘉慶十六年武進臧氏刻本　北大
清道光間懷寧汪氏刻誠意堂家塾印本　國圖
七經偶記本(道光木活字印)
民國間硯因女史抄本　復旦

經 10404124
讀詩傳謌三十卷　清韓怡撰
清嘉慶十六年丹徒韓氏木存堂刻本　國圖　北大　中科院　天津　復旦　遼寧　湖北

經 10404125
毛詩口義十一卷　清莊述祖撰
清辨志書塾抄本　上海

經 10404126
詩經精義四卷首一卷末一卷　清黄淦撰
七經精義本(嘉慶刻、道光刻、光緒刻)
清末翻刻嘉慶七年尊德堂本　復旦

經 10404127
詩經精義五卷詩經旁訓五卷　清黄淦撰　清徐立綱旁訓
清光緒九年魏氏古香閣刻本　遼寧

經 10404128
詩經旁訓增訂精義四卷　清徐立綱旁訓　清竺靜甫、清竺子壽增訂　清黄淦精義
五經旁訓增訂精義本(光緒毓秀草堂刻、清狀元閣刻)

經 10404129
毛詩考證二卷　清朱彬撰
清道光二年寶應朱氏游道堂刻經傳考證本　北大
民國間金山高氏食古書庫傳抄本　復旦

經 10404130
讀嚴氏詩緝一卷　清葉燕撰
稿本　天一閣

經 10404131
詩問七卷　清郝懿行撰
郝氏遺書本(光緒刻)

經 10404132
詩說二卷　清郝懿行撰
郝氏遺書本(光緒刻)

經 10404133
詩經拾遺一卷　清郝懿行撰
郝氏遺書本(光緒刻)

經 10404134
詩切不分卷　清牟庭撰
稿本*　山東博
清刻本　國圖

經 10404135
學詩毛鄭異同籤二十三卷　清張汝霖撰
清道光間木活字印本　國圖　北大　湖北

經 10404136
學詩毛鄭異同籤二十卷　清張汝霖撰
清道光二十六年抄本　北大

經 10404137
張氏詩說一卷　清張汝霖撰
豫章叢書本(光緒刻,陶福履輯)

經 10404138
周人詩說四卷　清王紹蘭輯
清王氏知足知不足館抄本(存卷二至三)　國圖

經 10404139
詩地理徵七卷　清朱右曾撰
皇清經解續編本(光緒刻、光緒石印)

經 10404140
毛詩補疏五卷　清焦循撰
焦氏叢書本(嘉慶道光刻、光緒刻)
皇清經解本(道光刻、咸豐補刻、鴻寶齋石印、點石齋石印)

經 10404141
毛詩要義一卷　清焦循撰
合衆圖書館傳抄本　上海

經 10404142
毛詩物名釋不分卷　清焦循撰
稿本　國圖　上海(存卷一)

經 10404143
毛詩草木鳥獸蟲魚釋十卷　清焦循撰
手稿本　上海

經 10404144
毛詩草木鳥獸蟲魚釋十二卷　清焦循撰
手稿本　上海
清抄本　國圖(存卷二至三、八至十一)　北大
抄本(存一卷)　南京

經 10404145
陸機疏考正二卷　清焦循撰
　稿本　南京

經 10404146
陸氏草木鳥獸蟲魚疏疏二卷　清焦循撰
　南菁書院叢書本(光緒刻)

經 10404147
毛詩地理釋四卷　清焦循撰
　手稿本　上海
　清抄本(存卷四)　國圖

經 10404148
蜀石經毛詩考正一卷　清嚴杰撰
　清抄本　國圖

經 10404149
詩問六卷　清牟應震撰
　清嘉慶十九年刻本　國圖
　毛詩質疑本(嘉慶刻、道光修、咸豐修)

經 10404150
毛詩物名考七卷　清牟應震撰
　清嘉慶十九年刻本　國圖
　毛詩質疑本(嘉慶刻、道光修、咸豐修)

經 10404151
讀詩知柄二卷　清蔣紹宗撰
　清嘉慶十一年刻本　國圖　復旦　浙江

經 10404152
毛詩馬王微四卷　清臧庸撰　清孫馮翼述
　問經堂叢書本(嘉慶刻)
　拜經堂叢書本(乾隆嘉慶刻、日本影印)
　抄本　上海

經 10404153
詩經姚氏解□卷　清姚亢宗撰
　清紫藤紅樹書堂謄清稿本(存卷一至四)　復旦

經 10404154
詩經集傳拾遺二卷　清吴德旋撰
　清抄本　天津

經 10404155
詩經恆解六卷　清劉沅撰
　槐軒全集本(民國刻)
　清豫誠堂刻本　天津　湖北

經 10404156
御案詩經要說一卷　清李元春編
　青照堂叢書本(道光刻)

經 10404157
毛詩紬義二十四卷　清李黼平撰
　清道光七年著華庵刻李繡子全書本　國圖　上海　復旦
　皇清經解本(道光刻、咸豐補刻、鴻寶齋石印、點石齋石印)

經 10404158
詩經集說不分卷　清俞國鑒集
　稿本　復旦

經 10404159
讀詩隨筆一卷　清陳景藩撰
　稿本　南京

經 10404160
詩故攷異三十二卷　清徐華嶽輯
　藍格抄本　北大
　清道光十二年咫聞齋刻本　國圖　北

大　中科院　天津　上海　復旦　南京　浙江　湖北　日本靜嘉堂　日本京都大學

經 10404161
毛詩多識錄十六卷　清董桂新輯
稿本　復旦
清抄本　上海

經 10404162
娛親雅言一卷　清嚴元照撰
民國間金山高氏食古書庫傳抄本　復旦

經 10404163
毛詩訂本七卷　清吴懋清撰
抄本　國圖

經 10404164
毛詩復古錄十二卷首一卷　清吴懋清撰
清光緒二十年徐琪廣州學使署刻本　國圖　北大　中科院　天津　上海　復旦　南京　遼寧　湖北

經 10404165
稽古軒詩經解不分卷　清趙逵儀撰
清金山高氏吹萬樓傳抄稽古軒經解存稿本　復旦

經 10404166
詩經精華(增訂詩經精華)十卷首一卷　清薛嘉穎輯
清道光五年光韙堂刻本　中科院　上海　復旦　南京　浙江　日本内閣　日本島根縣
清同治元年刻緯文堂印本　國圖　遼寧
清同治四年金玉樓刻本　上海
清光緒二年刻浙寧簡香齋印本　湖北
清光緒二年刻汲綆齋印本　國圖
四經精華本(同治寶華樓刻、光緒古香閣刻、學庫山房刻)

經 10404167
詩義抄八卷　清張學尹纂
清同治九年湘陰張崇澍師白山房刻本　國圖　北大　中科院　復旦　南京　湖北

經 10404168
荀子詩說箋一卷　清黄朝槐撰
西園讀書記本(抄本)　國圖

經 10404169
詩經衷要十二卷　清李式穀輯
五經衷要本(道光刻)

經 10404170
詩經章句觸解一卷　清甄士林音釋
清道光五年甄氏種松書屋刻本　國圖　北大　復旦　遼寧

經 10404171
毛詩後箋三十卷　清胡承珙撰　清陳奐補
清道光十七年歙縣胡氏刻求是堂叢書本　國圖　北大　上海　南京　湖北　浙江
清光緒七年蛟川方氏刻本　國圖(清李慈銘校並跋)　國圖　北大　復旦　湖北(徐恕圈校)
皇清經解續編本(光緒刻、光緒石印)
廣雅書局叢書本(光緒刻)

經 10404172
詩地理續考一卷　清潘繼李撰
學海堂四集本(光緒刻)

經 10404173
詩聲衍一卷　清劉逢祿撰
清光緒二十二年思賢書局刻本　復旦　湖北

經 10404174
說詩囈語十卷　清鄧顯鶴撰
清抄本　國圖

經 10404175
毛詩札記一卷　清姚伯驥撰
民國間金山高氏食古書庫傳抄本　復旦

經 10404176
毛詩通考三十卷　清林伯桐撰
脩本堂叢書本(道光刻)
嶺南遺書本(同治刻)

經 10404177
毛詩識小三十卷　清林伯桐撰
脩本堂叢書本(道光刻)
嶺南遺書本(同治刻)

經 10404178
詩經廣詁三十卷　清徐璈撰
清道光十年刻本　國圖　北大　天津　復旦　南京　浙江　湖北

經 10404179
詩經紀聞一卷　清管同撰
民國間硯因女史抄本　復旦

經 10404180
毛詩傳箋通釋三十二卷　清馬瑞辰撰
清道光十五年桐城馬瑞辰刻本　國圖(存卷一至十九)　北大　天津　上海　遼寧
清光緒十四年廣雅書局刻本　國圖　天津　上海　復旦　南京　遼寧　湖北(徐恕批點)
廣雅書局叢書本(光緒刻)
皇清經解續編本(光緒刻、光緒石印)

經 10404181
毛詩禮徵十卷　清包世榮撰
清道光七年包世臣小倦遊閣刻本　國圖　北大　中科院　天津　上海　復旦　南京　湖北
清道光七年包世臣小倦遊閣刻八年印本　北大
木犀軒叢書本(光緒刻,曲園雜著)

經 10404182
學詩識小錄十三卷　清包世榮撰
傳抄本　國圖

經 10404183
毛詩緒言抄畧六卷　清湯樹棻撰
清咸豐二年研經堂木活字印本　南京

經 10404184
學詩緒餘不分卷　清潘錫恩撰
稿本　國圖

經 10404185
詩毛氏傳疏三十卷　清陳奐撰
陳氏毛詩五種本(道光陳氏刻、光緒徐氏重刻)　國圖　北大　中科院　天津　上海　復旦　南京　浙江

遼寧　湖北　福建
皇清經解續編本(光緒刻、光緒石印)
皇清經解續編本(光緒刻)　湖北(佚名點校)
民國間上海文瑞樓石印本　遼寧
民國間鴻章書局石印本　湖北

經10404186
毛詩說一卷　清陳奂撰
陳氏毛詩五種本(道光陳氏刻、光緒徐氏重刻)　國圖　北大　中科院　天津　上海　復旦　南京　浙江　遼寧　湖北　福建
皇清經解續編本(光緒刻、光緒石印)
民國間上海文瑞樓石印本　遼寧
民國間鴻章書局石印本　湖北

經10404187
鄭氏箋考徵一卷　清陳奂撰
陳氏毛詩五種本(咸豐陳氏刻、光緒徐氏重刻)　國圖　北大　中科院　天津　上海　復旦　南京　浙江　遼寧　湖北　福建
皇清經解續編本(光緒刻、光緒石印)
皇清經解續編本(光緒刻)　湖北(佚名點校)
民國間上海文瑞樓石印本　遼寧
民國間鴻章書局石印本　湖北

經10404188
毛詩九穀考一卷　清陳奂撰
古學彙刻本(民國鉛印)
民國間金山高氏食古書庫傳抄本　復旦

經10404189
毛詩釋義一卷　清陳奂撰
清抄本(繆荃孫校)　北大

經10404190
詩義求經二十卷　清艾暢撰
清道光二十七年可添齋刻本　國圖　中科院　復旦　浙江

經10404191
詩誦五卷　清陳僅撰
清光緒十一年四明文則樓陳氏木活字印本　國圖　北大　中科院　上海　復旦　南京　浙江　湖北
四明叢書本(民國刻)

經10404192
詩章句考一卷　清夏炘撰
清道光十二年刻本　國圖　上海
景紫堂全書本(咸豐刻同治印、民國刻)

經10404193
讀詩札記八卷　清夏炘撰
景紫堂全書本(咸豐刻同治印、民國刻)

經10404194
詩樂存亡譜一卷　清夏炘撰
景紫堂全書本(咸豐刻同治印、民國刻)

經10404195
詩經集傳校勘記一卷　清夏炘撰
景紫堂全書本(咸豐刻同治印、民國刻)

經10404196
釋詩一卷　清何志高撰
清道光十三年刻本　國圖
西夏經義本(道光刻、光緒刻)

經10404197

詩學自怡錄不分卷　清王約撰
　清抄本　北師大

經 10404198
詩義輯解十卷　清胡本淵撰
　清嘉慶二十四年春輝堂刻本　國圖　浙江

經 10404199
毛詩正義長編不分卷　清劉寶楠撰
　手稿本　上海

經 10404200
毛詩注疏長編不分卷　清劉寶楠撰
　手稿本　上海

經 10404201
毛詩學不分卷　清劉寶楠撰
　手稿本　上海

經 10404202
愈愚詩錄一卷　清劉寶楠撰
　民國間金山高氏食古書庫傳抄本　復旦

經 10404203
遠春樓讀詩筆存一卷　清汪科爵撰
　叢睦汪氏遺書本(光緒刻)
　民國間金山高氏食古書庫傳抄本　復旦

經 10404204
求志居詩經說六卷　清陳世鎔撰
　求志居全集本(道光刻)

經 10404205
詩毛傳鄭箋古義一卷　清祁嶲藻撰
　手稿本　臺圖

經 10404206
毛詩重言一卷　清祁嶲藻撰
　清道光十一年手稿本　臺圖

經 10404207
詩經雜考一卷　清鍾汪杰輯
　抄本　上海

經 10404208
詩毛鄭異同辨二卷　清曾釗撰
　清嘉慶間稿本　國圖
　面城樓叢刊本(嘉慶刻)

經 10404209
毛鄭詩釋三卷　清丁晏撰
　頤志齋叢書本(咸豐刻)
　六藝堂詩禮七編本(咸豐刻)
　花雨樓叢鈔本(光緒刻)

經 10404210
毛鄭詩釋續錄一卷　清丁晏撰
　頤志齋叢書本(咸豐刻)
　六藝堂詩禮七編本(咸豐刻)
　花雨樓叢鈔本(光緒刻)

經 10404211
詩集傳附釋一卷　清丁晏撰
　手稿本　上海
　廣雅書局叢書本(光緒刻)

經 10404212
毛詩草蟲經一卷　清馬國翰輯
　玉函山房輯佚書本(同治皇華館刻、光緒李氏印、光緒嫏嬛館刻、光緒楚南書局刻)

經 10404213
詩傳考六卷　清陳孚撰
清嘉慶九年堯山刻本　國圖　中科院　復旦

經 10404214
詩經審鵠要解六卷　清林錫齡輯
清乾隆間刻本　國圖　上海　廣西師大

經 10404215
詩經正訛八卷　清王隼撰
清乾隆九年大樗堂刻本　浙江

經 10404216
酌雅齋詩經遵注合講八卷圖解一卷　清翁復編
清乾隆四十三年墨香堂刻本　復旦

經 10404217
詩解正宗五卷　清肫圖撰
清乾隆十三年紫竹齋刻本　清華　復旦

經 10404218
詩考異補二卷　清嚴蔚撰
清乾隆四十九年二酉齋刻本　國圖　北大　中科院　北京文物局　上海(清李富孫校)　復旦　南京

經 10404219
詩說彙五卷　清張象魏輯
清乾隆三十年刻本　上海

經 10404220
遵注義釋詩經離句襯解八卷　清朱榛編訂
清乾隆間同文堂刻本　復旦

經 10404221
詩經揭要四卷　清周蕙田撰
清乾隆五十四年自怡軒刻本　湖北
清道光十六年刻本　國圖

經 10404222
毛詩句解析疑十四卷　清方毓辰撰
稿本　復旦
清道光末傳抄稿本　復旦

經 10404223
讀詩記不分卷　清董耀撰
稿本　浙江

經 10404224
詩經輯解二十卷　清周道遵撰
稿本　天一閣

經 10404228
學福齋詩學□卷　清周沐潤撰
稿本(存卷一至五)　如皋

經 10404226
詩說彙訂一卷　清徐經撰
雅歌堂全集本(光緒刻)

經 10404227
詩經口義二卷　清劉存仁撰
清咸豐六年刻本　國圖
屺雲樓集本(同治刻)

經 10404228
陳東塾先生讀詩日錄一卷　清陳澧撰
清刻朱印本　南京
古學彙刊本(民國鉛印)
十三經讀本本(民國醒園刻)

經 10404229
詩疑補不分卷　清張光裕撰
稿本　上海

經 10404230
求自得之室詩說四卷　清吳嘉賓撰
清同治元年南豐吳氏家刻本　復旦
湖北（徐恕批校）

經 10404231
詩義原恩二卷　清張瓚昭撰
清道光十一年蘭明堂刻本　南京

經 10404232
東塾讀詩錄一卷　清陳澧撰
清抄本　國圖
民國間金山高氏食古書庫傳抄本
復旦
民國元年刻本　國圖　復旦

經 10404233
毛詩名物圖說九卷　清徐鼎撰
稿本　國圖
清乾隆三十六年徐氏遺經書屋刻本
國圖　北大　中科院　天津　上海
復旦　南京　遼寧　湖北
民國間趙氏壽華軒抄本　上海
日本文化五年刻本　國圖　南京

經 10404234
詩益二十卷　清劉始興集補
清乾隆八年尚古齋刻本　中科院
復旦

經 10404235
詩經襯解十卷　清何容德　清姜夢元輯
清乾隆五十一年有恆堂刻本　復旦

經 10404236
舒藝室餘筆詩說一卷　清張文虎撰
民國間金山高氏食古書庫傳抄本
復旦

經 10404237
詩考箋釋十二卷　清葉裕仁撰
抄本　國圖

經 10404238
詩考箋證六卷　清葉裕仁撰
清鎮洋繆氏疑修堂傳抄稿本　復旦

經 10404239
詩文字考八卷　清葉裕仁撰
抄本　國圖

經 10404240
毛詩鄭箋改字說四卷　清陳喬樅撰
左海續集本（道光刻、光緒印）
皇清經解續編本（光緒刻、光緒石印）

經 10404241
詩玉尺二卷　清林昌彝撰
清同治八年廣州海天琴舫刻本　國圖
北大

經 10404242
讀詩經筆記一卷　清方濳撰
清道光二十三年刻本　遼寧　湖北
清道光間刻同治光緒補刻印本　湖北
皇清經解續編本（光緒刻、光緒石印）
毋不敬齋全書本（光緒刻）

經 10404243
讀詩札記一卷　清朱景昭撰
無夢軒遺書本（民國鉛印）

經 10404244

詩經原始十八卷首二卷　清方玉潤撰

清同治十年隴東分署刻本　北大　遼寧　雲南大學

雲南叢書本(民國刻)

民國十三年泰東書局影印清刻本　國圖　上海　復旦　遼寧　湖北

經 10404245

葩經一得不分卷　清張夢瀛撰

清道光三十年何氏夢約軒刻本　上海　復旦　湖北

經 10404246

讀詩一得不分卷　清吴棠撰

清咸豐四年刻本　上海

清同治三年刻本　國圖　北大　中科院　上海　復旦

經 10404247

毛詩述正二十八卷首一卷　清張其煥撰

清同治元年刻本　國圖

清同治張氏紹美堂刻光緒五年校印本　復旦

經 10404248

山中學詩記五卷　清徐時棟撰

清同治十一年城西草堂刻煙嶼樓集本　國圖　上海　南京　浙江　遼寧

清光緒四年慈溪西河別墅葉氏刻煙嶼樓集本　國圖　中科院　上海　復旦　浙江　遼寧　湖北

經 10404249

徐氏重訂詩經世本古義四十六卷首一卷後二卷　清徐時棟撰

稿本　國圖

經 10404250

詩經集義不分卷　清李祖望撰

江都李氏所著書本(稿本)　臺圖

經 10404251

毛詩傳箋異義解十六卷　清沈鎬撰

清咸豐六年沈鎬棣鄂堂刻本　國圖　北大　中科院　天津　復旦　南京　湖北

經 10404252

詩經解不分卷　清丁壽昌撰

丁氏遺稿六種本(稿本)　上海

經 10404253

毛詩多識六卷　清多隆阿撰

稿本　湖北

經 10404254

毛詩多識六卷　清多隆阿撰　清程棫林注

清抄本　湖北

經 10404255

毛詩多識二卷　清多隆阿撰　清程棫林注　劉承幹校

求恕齋叢書本(民國刻)

經 10404256

毛詩多識十二卷　清多隆阿撰

清宣統間奉天作新印刷局鉛印本　國圖　遼寧

遼海叢書本(民國鉛印)

經 10404257

詩傳補義三卷　清方宗誠撰
　柏堂遺書本(光緒刻,柏堂經說)

經 10404258
說詩章義三卷　清方宗誠撰
　柏堂遺書本(光緒刻,柏堂讀書筆記)

經 10404259
詩傳題辭故四卷　清張漪撰
　小窗遺稿本(嘉慶刻)

經 10404260
詩傳題辭故補一卷　清張漪撰
　清嘉慶十九年刻本　國圖

經 10404261
毛詩正字考不分卷　清沈炳垣撰
　稿本　上海

經 10404262
毛詩蒙求窾啓十卷　清薛韶光撰
　清嘉慶五年上海薛氏家刻本　國圖　上海　復旦　中科院

經 10404263
毛詩蒙求彙瑣二卷　清薛韶光撰
　清嘉慶五年上海薛氏家刻本　國圖　上海　復旦　中科院

經 10404264
讀詩集傳隨筆一卷　清楊樹椿撰
　損齋遺書本(光緒刻)

經 10404265
毛詩釋地六卷　清桂文燦撰
　南海桂氏經學本(光緒刻)

經 10404266
鄭氏詩箋禮注異義考一卷　清桂文燦撰
　南海桂氏經學本(光緒刻)

經 10404267
毛鄭詩考正續一卷　清林兆豐撰
　稿本　復旦

經 10404268
詩經言志二十六卷　清汪灼撰
　清嘉慶十九年不疏園刻本　復旦　湖北

經 10404269
詩經互解一卷　清范士增撰
　清嘉慶四年刻本　國圖

經 10404270
周易解詩經一卷　清范士增撰
　清嘉慶四年刻本　國圖

經 10404271
尚書解詩經一卷　清范士增撰
　清嘉慶四年刻本　國圖

經 10404272
禮記解詩經一卷　清范士增撰
　清嘉慶四年刻本　國圖

經 10404273
四書解詩經一卷　清范士增撰
　清嘉慶四年刻本　國圖

經 10404274
毛詩異義四卷　清王尤撰
　清嘉慶三年寫刻本　南京

經 10404275

詩考五卷逸詩逸句二卷　清黄啓興纂輯

清嘉慶間婺源黄氏傳抄稿本(存三卷，清董煉金跋)　復旦

經 10404276

詩雜考一卷　清黄啓興纂輯

清嘉慶間婺源黄氏傳抄稿本(清董煉金跋)　復旦

經 10404277

嚴氏詩緝補義八卷　清劉燦編

清嘉慶十六年鎮海劉氏墨莊刻本　國圖　北大　中科院　天津　復旦　南京(清劉燦重校補)　上海　復旦　浙江　遼寧　湖北

經 10404278

毛詩説三十卷　清孫燾撰

清嘉慶二十年平湖孫氏刻本　北大

經 10404279

詩義折中補十四卷　清吴良秀注

清嘉慶七年刻本　復旦

經 10404280

詩經質疑一卷　清朱霈撰

清嘉慶六年刻本　國圖

經 10404281

讀詩釋物二十一卷　清方奂撰

清道光四年武寧方式刻本　國圖　中科院　復旦　南京

經 10404282

詩經讀抄三十一卷首一卷　清李宗淇撰

清道光五年忠信堂刻本　國圖　復旦

經 10404283

詩經精義集抄四卷　清梁中孚撰　清汪汝式參訂

清道光七年寧國刻本　國圖　上海　復旦　浙江

經 10404284

詩説考畧十二卷　清成僎撰

清道光十年檇李王氏信芳閣木活字印本　國圖　北大　中科院　上海　復旦　南京　遼寧　湖北

經 10404285

詩經精義彙鈔四卷首一卷　清陸錫璞輯

清道光十八年刻本　國圖　北大　中科院

清道光二十年重刻本　復旦

經 10404286

詩緒餘録八卷　清黄位清撰

清道光十九年南海葉氏寧月樓刻本　國圖　中科院　復旦

經 10404287

詩異文録三卷　清黄位清撰

清道光二十四年松風閣刻本　國圖　浙江

經 10404288

詩氏族考六卷　清李超孫輯

别下齋叢書本(道光刻、商務印書館影印、竹簡齋影印)

藏修堂叢書本(光緒刻)

翠琅玕館叢書本(光緒刻)

芋園叢書本(民國彙印)

經 10404289

詩經篇名類句對一卷　清何國鎮輯
清道光三十年簣覆山房刻本　上海

經 10404290
詩經蠹簡四卷　清李詒經撰
清道光間單偉志刻慎思堂印本　國圖　北大　復旦　湖北

經 10404291
毛詩經說二卷　清王益齋撰
清道光二十四年刻本　國圖

經 10404292
鄭莆田淫奔詩辨二卷　清王益齋撰
清道光二十四年松勁書屋刻本　國圖　復旦

經 10404293
詩經申義十卷　清吴士模撰
清道光十五年武進吴氏澤古齋刻本　北大　中科院　浙江
清光緒十七年武進吴佑孫澤古齋重刻本　北大　中科院　上海　南京　遼寧　湖北　浙江

經 10404294
說詩循序不分卷　清許致和撰
清道光二十八年刻本　國圖　中科院　復旦

經 10404295
古邠詩義一卷　清許宗寅撰
清道光十二年刻本　國圖
清同治六年許蕙孫重刻本　復旦　湖北

經 10404296
詩學識要五卷　清楊登訓撰
清道光元年袖雲山房刻本　國圖　中科院　復旦　湖北

經 10404297
詩經通論十八卷　清姚際恆撰　清王篤校定
清道光十七年韓城王篤四川督學署刻鐵琴山館印本　國圖　北大　中科院　上海　復旦
清道光十七年韓城王篤四川督學署刻重修本　北大
民國十六年成都書局重刻韓城王氏本　國圖　北大　上海　復旦　南京　遼寧
民國十六年成都鄭壁成刻三十三年北泉圖書館印本　復旦
清抄本　北大
民國間北京圖書館抄本　國圖

經 10404298
詩經論旨一卷　清姚際恆撰
清道光十七年韓城王篤四川督學署刻鐵琴山館印本　國圖　北大　中科院　上海　復旦
清道光十七年韓城王篤四川督學署刻重修本　北大
民國十六年成都書局重刻韓城王氏本　國圖　北大　上海　復旦　南京　遼寧
民國十六年成都鄭壁成刻三十三年北泉圖書館印本　復旦
清抄本　北大
民國間北京圖書館抄本　國圖

經 10404299
毛詩補禮六卷　清朱濂撰

清道光十九年歙縣朱氏刻本　國圖　北大　中科院　遼寧
清道光十九年歙縣朱氏刻光緒三年吴玉輝重修本　國圖　北大　上海　復旦
清光緒元年重刻本　南京

經 10404300
詩義序說合抄四卷首一卷　清游閎輯
清道光二十三年樂安游氏家刻本　國圖　復旦

經 10404301
詩經考畧二卷　清張眉大撰
清道光間刻海南雜注本　國圖

經 10404302
詩傳蒙求不分卷　清黄中輯
清咸豐九年尚友齋刻本　國圖　上海　復旦

經 10404303
詩經便讀不分卷　清徐退山點評
清咸豐元年種松山館刻朱墨套印本　湖北

經 10404304
詩經旁通十二卷　清李允升輯
清咸豐二年易簡堂刻本　國圖　北大　中科院　上海　復旦　湖北

經 10404305
毛詩讀三十卷　清王劼撰
清咸豐四年成都熊即心齋刻本　北大　湖北
清咸豐五年刻九年校訂重印本　國圖

經 10404306
詩管見七卷首一卷　清尹繼美撰
清咸豐十一年鼎吉堂木活字印本　北大　中科院　復旦　湖北
鼎吉堂全集本(同治刻)

經 10404307
詩地理考畧二卷圖一卷　清尹繼美撰
鼎吉堂全集本(同治刻)

經 10404308
詩名物考畧二卷　清尹繼美撰
清光緒六年尹作鴻刻本　國圖　湖北

經 10404309
毛詩注疏毛本阮本考異四卷　清謝章鋌撰
敬躋堂叢書本(民國刻)

經 10404310
毛詩異同説四卷附録一卷　清蕭光遠撰
清同治六年鹿山草堂刻本　國圖　復旦　湖北(徐恕題識並校)

經 10404311
詩經繹參四卷　清鄧翔撰
清同治七年孔廣陶等刻朱墨套印本　國圖　北大　中科院　天津　上海　復旦　南京　遼寧

經 10404312
毛詩集解訓蒙一卷　清鄭曉如輯
鄭氏四種本(同治刻)

經 10404313
詩小說一卷　清蔣光焴撰
清同治間刻本　國圖

經 10404314
詩經思無邪序傳四卷　清姜國伊撰
守中正齋叢書本(同治光緒刻)
民國二十年成都姜氏刻本　復旦

經 10404315
詩繹二卷　清廖翱撰
榕園叢書本(同治刻、民國印)　湖北(徐恕校)

經 10404316
詩經類編六十卷　清謝維岳編注
清同治七年中道齋刻本　中科院

經 10404317
詩本誼一卷　清龔橙撰
半厂叢書初編本(光緒刻)

經 10404318
詩匯不分卷　清龔橙撰
稿本　南京

經 10404319
毛詩平議四卷　清俞樾撰
皇清經解續編本(光緒刻、光緒石印,羣經平議)
春在堂全書本(同治至光緒刻,羣經平議)
民國間金山高氏食古書庫傳抄本　復旦

經 10404320
荀子詩說一卷　清俞樾撰
春在堂全書本(同治至光緒刻,曲園雜纂)

經 10404321
達齋詩說一卷　清俞樾撰
春在堂全書本(同治至光緒刻,曲園雜纂)

經 10404322
詩名物證古一卷　清俞樾撰
皇清經解續編本(光緒刻、光緒石印)
春在堂全書本(同治至光緒刻,俞樓雜纂)

經 10404323
欽定詩經傳說舉要四卷　清張鼎傳撰
清抄本　上海

經 10404324
讀詩日記四卷　清張鼎傳撰
民國初金山高氏吹萬樓傳抄未刻稿本　復旦

經 10404325
羣經引詩大旨六卷　清黄雲鵠撰
清光緒二十年刻本　國圖　中科院　南京　湖北

經 10404326
尚詩徵名二卷敘錄一卷　清王蔭佑撰
清光緒三十四年刻本　國圖　中科院　上海　復旦　湖北

經 10404327
毛詩說畧八卷首一卷　清艾紫東撰
稿本　山東博
誠正堂叢書本(清抄)　山東博

經 10404328
詩義擇從四卷　清易佩紳撰
清光緒十四年刻本　國圖　中科院

南京

經 10404329
詩經緒餘十卷　清閻汝弼撰
稿本　國圖

經 10404330
田間詩學補注四卷　清沈閬崑撰
手稿本(清俞樾手書序)　上海

經 10404331
詩經守約不分卷　清湯金銘纂
清抄本　北大

經 10404332
詩述十卷首二卷　清孔繼堂撰
抄本　南開

經 10404333
毛詩補正二十五卷首一卷　清龍起濤撰
清光緒二十五年刻鵠軒刻本　國圖　北大　中科院　浙江　遼寧　復旦　湖北

經 10404334
詩經補箋二十卷　漢鄭玄箋　清王闓運補箋
湘綺樓全書本(光緒宣統刻)
清光緒二十一年江西官書局木活字印本　國圖　上海　中科院　復旦　遼寧

經 10404335
詩補箋繹二十卷　漢鄭玄箋　清王闓運補箋　程崇信繹
民國二十一年鉛印本　上海　復旦　湖北

經 10404336
湘綺樓毛詩評點二十卷　清王闓運撰
民國二十四年四川大學刻本　遼寧　湖北

經 10404337
枕葄齋詩經問答十四卷　清胡嗣運撰
清光緒三十四年鵬南書屋木活字印本　國圖　北大　中科院　天津　上海　復旦　南京　湖北

經 10404338
說詩一卷　清汪中沂撰
吴縣王氏學禮齋傳抄稿本　復旦

經 10404339
毛詩草木鳥獸蟲魚疏考證一卷　清陶福祥撰
學海堂四集本(光緒刻)

經 10404340
詩經獨斷一卷　清趙曾望撰
民國間金山高氏食古書庫傳抄本　復旦

經 10404341
詩畧說□卷　清宋書升撰
稿本(王獻唐跋)　山東博

經 10404342
毛詩注疏校勘札記二十卷　清劉光蕡撰
清光緒十九年陝甘味經書院重校本　復旦

經 10404343
詩異文考證一卷　清郭慶藩撰

稿本　湖南

經 10404344
詩毛傳補正三卷　清王守訓撰
稿本　山東　山東博

經 10404345
說詩解頤不分卷　清徐瑋文撰
稿本　遼寧

經 10404346
說詩解頤二卷續一卷　清徐瑋文撰
稿本　南師大
清光緒九年□岐元四川刻朱墨套印本　國圖　北大　湖北

經 10404347
詩傳釋義十二卷　清桂文烜撰
清末抄本　湖北

經 10404348
詩經通論一卷　清皮錫瑞撰
清光緒三十三年思賢書局刻本　復旦

經 10404349
詩經貫解四卷　清徐壽基撰
清光緒間刻本　國圖　中科院　湖北（徐恕題識）

經 10404350
讀詩瑣言一卷　清虞景璜撰
澹園雜著本（民國鉛印）

經 10404351
詩得不分卷　清楊用霖撰
稿本　南京

經 10404352
香草校詩八卷　清于鬯撰
清光緒間刻本　國圖

經 10404353
下學堂詩說一卷　清王仁俊撰
稿本　國圖

經 10404354
詩解節本不分卷　清王仁俊撰
民國十七年金山高氏吹萬樓傳抄未刻稿本　復旦

經 10404355
毛詩草木今名釋一卷　清王仁俊撰
清光緒三十四年存古堂鉛印本　國圖　上海　復旦　湖北

經 10404356
葩經韻編不分卷　清筆耕軒主人編
清光緒四年袖珍刻本　湖北

經 10404357
讀詩商二十八卷　清陳保真撰
清光緒二十三年永樂捕署刻讀書商齋叢書本　北大　中科院　復旦　湖北

經 10404358
詩經析疑二卷　清陳蕃撰
民國間金山高氏食古書庫傳抄本　復旦

經 10404359
詩說二卷　清陳廣甹撰
清光緒十年刻本　國圖

經 10404360
詩考異再補二卷　清陳屾撰
　稿本　清華

經 10404361
說文引詩考正三卷　清陳瑑撰
　民國間金山高氏食古書庫傳抄本　復旦

經 10404362
說文引詩互異說一卷　清陳瑑撰
　民國間金山高氏食古書庫傳抄本
　　復旦

經 10404363
木齋詩說存稿六卷　清褚汝文撰
　民國十二年刻本　國圖　中科院　湖北

經 10404364
詩經四卷　清戴焜校注
　稿本　復旦

經 10404365
讀詩私說一卷　清董秉純撰
　清抄本　天一閣

經 10404366
讀毛詩日記一卷　清鳳恭寶撰
　學山堂日記本(光緒刻)

經 10404367
詩經大旨不分卷　清鞏于沚撰
　清道光間刻本　國圖

經 10404368
學詩詳說三十卷　清顧廣譽撰
　平湖顧氏遺書本(光緒刻)

經 10404369
學詩正詁五卷　清顧廣譽撰
　平湖顧氏遺書本(光緒刻)

經 10404370
操敓養齋詩解一卷　清管禮耕撰
　民國間金山高氏食古書庫傳抄本
　　復旦

經 10404371
東遷後詩世次表一卷　清郭志正撰
　稿本　國圖

經 10404372
讀詩偶筆不分卷　清何元璜撰
　民國初金山高氏吹萬樓傳抄稿本
　　復旦
　胡氏霜紅簃抄本　浙江

經 10404373
毛詩鳥獸草木考四卷　清黄春魁編
　稿本　國圖

經 10404374
毛詩鳥獸草木考一卷　清黄春魁編
　清道光間稿本　臺圖

經 10404375
毛詩興體說六卷　清黄應嵩撰
　抄本　國圖　湖北(徐恕批校)
　張宗祥抄本　浙江

經 10404376
詩經遵義二十卷　清黄元吉釋
　謄清稿本(存卷三至二十,高燮跋)　復旦

經 10404377

詩義精華□卷　清嘉玉振輯
清敬慎堂抄本(存卷三至四、七至八、十一至十四)　上海

經 10404378
詩經提綱一卷　清姜炳璋撰
清尊行堂刻本　國圖

經 10404379
讀詩經偶錄二卷　清金榮鎬撰
清刻本　國圖　中科院

經 10404380
詩經串義五卷　清康國熺纂注
清同治五年南海康氏瑞圃書室刻光緒間印本　復旦
清光緒十七年文經堂刻本　天津

經 10404381
說詩日記不分卷　清□遐師撰
清光緒三十一年稿本　復旦

經 10404382
詩注明備十二卷首一卷　清黎惠謙纂輯
清光緒八年家刻本　國圖

經 10404383
詩經條貫六卷　清李景星撰
民國十六年木活字印本　國圖

經 10404384
詩經釋疑六卷　清李明農集說
清抄本　北大

經 10404385
毛詩箋疏辨異三十卷總辨不分卷　清李兆勛撰
稿本　國圖
稿本(無總辨)　國圖　清華
稿本(存二卷)　國圖
抄本(存卷二、二十三)　國圖

經 10404386
學詩堂經解二十卷　清李宗棠撰
清宣統三年鉛印本　國圖　北大　中科院　天津　上海　復旦　湖北

經 10404387
詩經博證不分卷　清梁明祥撰
稿本　山東博

經 10404388
詩經摭餘八卷　清劉行慤撰
清末抄本　北大

經 10404389
毛詩約注十八卷　清劉曾騄撰
祥符劉氏叢書本(清末民初石印，五經約注)

經 10404390
詩經集句類聯四卷　清羅蘿村輯
清光緒十二年上海同文書局石印巾箱本　天津　湖北

經 10404391
讀毛詩日記一卷　清陸炳章撰
學古堂日記本(光緒刻)

經 10404392
毛詩鳥獸草木本旨十三卷　清陸以誠撰
稿本(張元濟跋)　南京

經 10404393

詩傳畧考□卷　清馬舉撰
　稿本(清許瀚簽校,清趙之謙跋)　復旦

經 10404394
詩經摘葩八卷　清孟道光撰
　稿本　國圖

經 10404395
詩經講義不分卷　清繆楷撰
　清光緒間木活字印本　上海

經 10404396
詩疏抄不分卷　清倪皐編
　紅格抄本　上海

經 10404397
詩經庭訓便覽五卷　清潘炳綱撰
　清光緒九年刻本　天津

經 10404398
詩經說鈴十二卷　清潘克溥撰
　清道光二十九年石意恭刻本　北大
　　上海　湖北
　清同治元年坊刻本　國圖　中科院
　　復旦

經 10404399
潘瀾筆記詩說□卷　清彭兆蓀撰
　民國間金山高氏賁古書庫傳抄潘瀾
　　筆記本　復旦

經 10404400
詩經白話注四卷　清錢榮國撰
　清光緒三十四年江陰禮延學堂刻本
　　上海　復旦

經 10404401
靜修堂詩經解不分卷　清仇景侖撰
　清抄本　國圖

經 10404402
讀毛詩日記一卷　清郟鼎元撰
　學古堂日記本(光緒刻)

經 10404403
詩義問對串珠二卷　清石涨撰
　清光緒十七年刻本　天津

經 10404404
詩經玉屑十八卷　清史詮撰
　稿本　復旦

經 10404405
詩經玉屑拾八卷　清史詮撰
　清末刻本　復旦(清祝小雅跋)

經 10404406
葩經聯句二卷　清蘇學謙撰
　清光緒二十一年刻本　復旦　湖北

經 10404407
毛詩注三十卷　清孫燾注
　清抄本　北大

經 10404408
讀詩雜鈔□卷　清談文烜撰
　民國初金山高氏吹萬樓抄本　復旦

經 10404409
讀詩札記四卷　清唐應焻撰
　清傳抄稿本　復旦

經 10404410
涉江詩說一卷　清唐元素撰

謄清稿本(張希初、劉之泗、王大隆跋)
復旦

經 10404411
詩經簡要一卷　清汪本源撰
清光緒間木活字印本　國圖　復旦

經 10404412
毛詩析疑十五卷　清王嗣邵撰
清刻本　國圖

經 10404413
古毛詩一卷　清王嗣邵撰
抄本　國圖

經 10404414
毛詩補箋二十卷　題王氏補箋
清光緒三十一年江西官書局木活字印本　南京

經 10404415
詩經疑言一卷　清王庭植撰
清刻本　國圖

經 10404416
詩義標準一百十四卷　清王錫光撰
清宣統三年虛受堂刻本　上海

經 10404417
詩經解不分卷　清王錫萬撰
寫稿本　復旦

經 10404418
横陽詩札記一卷　清吴承志撰
求恕齋叢書本(民國刻)

經 10404419
詩經四卷　清吴汝漸選注
清新安吴氏刻本　復旦

經 10404420
詩說二十卷　清吴汝遴撰
稿本　上海

經 10404421
讀毛詩日記一卷　清徐鴻鈞撰
學古堂日記本(光緒刻)

經 10404422
治詩偶得不分卷　清徐鴻鈞撰
手稿本　上海

經 10404423
毛詩鄭讀考二卷　清徐震熙撰
民國間南州草堂寫本　復旦

經 10404424
詩經辨要不分卷　清楊達撰
謄清稿本　復旦

經 10404425
詩經纂要補十四卷　清楊逢醬編纂
清舊抄本　復旦

經 10404426
讀毛詩日記一卷　清楊賡元撰
學古堂日記本(光緒刻)

經 10404427
鄭箋詩用漢制考證不分卷　清楊鴻書撰
清刻本　國圖

經 10404428
留雲賓月館詩解不分卷　清楊文杰撰

稿本　復旦

經 10404429
詩雜解一卷　清楊文杰撰
稿本　復旦

經 10404430
詩解摘備一卷　清楊文杰撰
稿本　復旦

經 10404431
毛詩闡微目錄四卷　清楊文杰撰
清錢塘丁氏嘉惠堂抄稿本　復旦

經 10404432
詩旨彙序一卷　清應鹿岑撰
金華叢書本(同治光緒刻、民國補刻)

經 10404433
詩句今韻譜五卷　清張守誠撰
清光緒二十六年皖江刻本　上海

經 10404434
誦詩小識三卷　清趙容撰
雲南叢書本(民國刻)

經 10404435
詩經經解二卷　清周木孝撰
清抄本　中科院

經 10404436
毛詩故訓傳禆二卷　清朱大韶撰
稿本　復旦
王氏學禮齋抄本　復旦

經 10404437
毛傳翼一卷　清朱大韶撰
稿本　復旦

經 10404438
諸家詩訴八卷　清祝起壯輯
清抄本　復旦

經 10404439
詩品韻編不分卷　清拙堪民編
清光緒十六年竹里小舍刻本　湖北

經 10404440
詩經講義七卷　龍廷弼編
民國間船山國學院木活字印本　國圖

經 10404441
毛詩說習傳一卷　簡朝亮撰
清同治十年順德簡氏讀書堂刻本　北大　上海
民國間刻本　國圖　湖北

經 10404442
詩義一卷　廖平撰
稿本　四川社科院

經 10404443
詩學質疑不分卷　廖平撰
民國七年存古書局刻本　國圖

經 10404444
四益詩說一卷　廖平撰
新訂六譯館叢書本(民國彙印)

經 10404445
今文詩古義證疏凡例一卷　廖平撰
新訂六譯館叢書本(民國彙印)

經 10404446

焦易說詩四卷　王樹枏撰
民國二十四年抄本　國圖

經 10404447
詩十月之交日食天之細草二卷　王樹枏撰
陶廬叢刻本(清末民國初刻)

經 10404448
詩毛氏學三十卷　馬其昶撰
民國五年京師第一監獄鉛印本　國圖　北大　中科院　上海　復旦　湖北　遼寧
民國七年上海聚珍倣宋印書局鉛印本　北大　上海　復旦　湖北(徐恕批點題識)

經 10404449
詩經莛撞一卷　易順鼎撰
民國間金山高氏食古書庫傳抄本　復旦

經 10404450
詩毛鄭異同疏正不分卷　范迪襄撰
清光緒間稿本　國圖

經 10404451
毛詩考不分卷　羅厚焜撰
稿本　北大

經 10404452
讀毛詩日記一卷　申濩元撰
學古堂日記本(光緒刻)

經 10404453
學壽堂詩說十卷附錄一卷　徐紹楨撰
民國二十一年上海中原書局石印本　國圖　上海　復旦　遼寧
民國間石印本　湖北

經 10404454
蛻私軒詩說四卷　姚永樸著
民國十二年油印本　國圖

經 10404455
蛻私軒詩說八卷　姚永樸著
民國間安徽大學鉛印本　復旦

經 10404456
讀毛詩日記一卷　張一鵬撰
學古堂日記本(光緒刻)

經 10404457
說詩求己五卷　王守恂撰
王仁安集本(民國刻)

經 10404458
毛詩學□卷　曹元弼撰
清光緒間刻朱印樣本　復旦(存四卷)
清王氏學禮齋抄本(存卷一、二、五、七)　復旦

經 10404459
詩經大義一卷　楊壽昌撰
清廣州鉛印本　國圖

經 10404460
毛鄭詩斠議一卷　羅振玉撰
民國間傳抄稿本　國圖
清光緒十六年鉛印本　北大　天津
晨風閣叢書第一集本(宣統鉛印)

經 10404461
毛詩學不分卷　馬貞榆撰

清末鉛印湖北存古學堂課程本　湖北

經 10404462
讀毛詩日記一卷　夏辛銘撰
學古堂日記本(光緒刻)

經 10404463
誦詩隨筆不分卷　袁金鎧撰
民國十年京華書局鉛印本　國圖　遼寧　湖北
民國十年奉天太古山房鉛印本　遼寧

經 10404464
誦詩隨筆四卷　袁金鎧撰
民國二十一年鉛印本　湖北
民國二十三年重訂鉛印本　遼寧

經 10404465
詩旨纂辭　黄節撰
民國間北京大學鉛印本(三卷)　國圖　上海
民國間北京大學鉛印本(五卷)　上海　復旦　遼寧　湖北

經 10404466
毛詩興體説一卷　林國賡撰
清光緒間刻本　國圖

經 10404467
詩經全部分類集對十三卷　周葆貽輯
民國二十年鉛印本　復旦　湖北

經 10404468
詩經集聯一卷　周葆貽撰
民國間金山高氏食古書庫傳抄本　復旦

經 10404469
詩考考二卷　陶思曾撰
稿本　浙江

經 10404470
詩經四論四卷　劉師培撰
謄清稿本　復旦

經 10404471
毛詩詞例舉要一卷　劉師培撰
民國間金山高氏食古書庫傳抄本　復旦
劉申叔先生遺書本(民國鉛印)

經 10404472
毛詩札記一卷　劉師培撰
劉申叔先生遺書本(民國鉛印)

經 10404473
詩説一卷　李景僑撰
抱一遺著本(民國鉛印)

經 10404474
詩經動植物今釋一卷　李景僑撰
抱一遺著本(民國鉛印)

經 10404475
十萬卷樓説詩文叢一卷　陳柱撰
民國十九年鉛印本　復旦

經 10404476
詩經講義殘本不分卷　陳柱撰
民國間油印本　復旦

經 10404477
守玄閣詩學不分卷　陳柱撰
民國十一年油印本　上海

經 10404478
詩說標新二卷　狄鬱著
民國五年信陽文淵閣石印館石印本　國圖

經 10404479
毛詩傳箋義例考證一卷　丁仁長撰
稿本　天津

經 10404480
新注詩經白話解八卷　洪子良編
民國二十一年上海中原書局石印本　國圖　上海

經 10404481
讀詩識名證義八卷　金式陶撰
民國八年鉛印本　國圖　復旦　湖北

經 10404482
詩蠲一卷　焦琳撰
民國八年鉛印本　國圖

經 10404483
詩蠲四卷　焦琳撰
民國間抄本　湖北

經 10404484
詩蠲十二卷附孝經校一卷　焦琳撰
民國二十四年鉛印本　國圖　上海　遼寧

經 10404485
詩經參義不分卷　李存渺撰
民國間鉛印本　湖北

經 10404486
毛詩經句異文通詁七卷　李德淑撰
民國間刻本　國圖

經 10404487
毛詩評注三十卷　李九華撰　張斌、張國棣輯
民國十四年北京四存學校鉛印本　國圖　中科院　復旦　遼寧

經 10404488
詩經反身錄不分卷　李聊珪撰
民國間油印本　復旦

經 10404489
毛詩草名今釋一卷　李遵義撰
樵隱集本(民國刻)

經 10404490
毛詩魚名今考一卷附嘉魚考　李遵義撰
樵隱集本(民國刻)

經 10404491
詩經通解二十六卷詩音韻通說一卷　林義光撰
民國十九年西泠印社書店鉛印本　北大　上海　復旦
民國十九年衣好軒鉛印本(三十卷)　國圖　北大　中科院　湖北　遼寧

經 10404492
毛詩翼敍二卷　柳承元撰
民國十二年鉛印本　國圖(存卷上)　上海　復旦

經 10404493
詩經毛傳義今釋殘存五卷　宋育仁撰
民國間刻本　上海(佚名批校)

經 10404494
詩經說例一卷　宋育仁撰
問琴閣叢書本(民國刻)

經 10404495
毛詩札記一卷　吴成撰
民國間石印本　湖北

經 10404496
詩經集解辨正二十卷　徐天璋撰　袁祖範等校
民國十二年鉛印本　國圖　中科院　上海　復旦　遼寧　湖北

經 10404497
毛詩重言下篇補錄一卷附錄一卷　徐永孝補錄
民國二十五年雙流黄氏濟忠堂刻本　國圖　上海　復旦

經 10404498
詩說四卷　姚永概撰
寫印本　國圖

經 10404499
蘭秋齋讀詩求古編注十一卷　章壽彝撰
稿本　國圖
清光緒十九年稿本　復旦

經 10404500
拙民經義待訪錄不分卷　朱元淳編
抄本　國圖

經 10404501
詩經課程一卷　江夏高等小學堂輯
清末刻本　湖北

經 10404502
詩名多識四卷　□□撰
朝鮮奎章閣寫本　國圖

經 10404503
詩傳大文(存一卷)　□□輯
朝鮮刻本　國圖

經 10404504
詩傳講義四卷　□□撰
朝鮮奎章閣寫本　國圖

經 10404505
詩經不分卷　清吴汝綸點定
清沈雪門手抄本(沈衛跋)　上海
清刻本　復旦(林紓音注並跋)
民國間都門書局鉛印本　復旦　湖北

經 10404506
抱經堂詩參二十七卷　□□輯
清抄本　國圖

經 10404507
讀詩札記不分卷　□□撰
稿本　上海

經 10404508
毛詩集詮□□卷　□□輯
民國間稿本(存卷二、二、五)　遼寧

經 10404509
詩解節錄一卷　□□輯
清寫本　復旦

經 10404510
詩經補解全錄五卷　□□撰
清博古堂抄本　華東師大

經 10404511
詩經傳說一卷　□□輯
清抄本　上海

經 10404512
詩經彙解不分卷　□□輯
清抄本　復旦

經 10404513
詩經彙纂不分卷　□□輯
抄本　南京

經 10404514
詩經會考一卷　□□輯
清賜硯齋抄本　復旦

經 10404515
詩經集解不分卷　□□輯
稿本　上海

經 10404516
詩經集說不分卷　□□輯
稿本　上海

經 10404517
詩經文鈔不分卷　□□輯
清閑閑山莊抄本　復旦

經 10404518
詩經詳解不分卷　□□輯
抄本　上海

經 10404519
詩經蒙讀二十卷　□□輯
清木活字印本　上海

經 10404520
詩經總論不分卷　□□輯
清抄本　復旦

經 10404521
詩經異同存說不分卷　□□撰
稿本　復旦

經 10404522
詩經選注不分卷　□□撰
清繼美堂抄本　復旦

經 10404523
詩經纂疏不分卷　□□輯
稿本　南京

經 10404524
詩名著箋一卷附錄　□□撰
清華學校油印本　國圖

經 10404525
詩雅合璧不分卷　□□輯
抄本　天津

經 10404526
詩經白話注解八卷　□□撰
民國七年江東茂記書局石印本　復旦

分篇之屬

經 10404527
毛詩十五國風義一卷　南朝梁簡文帝撰　清馬國翰輯
玉函山房輯佚書本（同治皇華館刻、光緒李氏印、光緒嫏嬛館刻、光緒楚南書局刻）

經 10404528

毛詩國風定本一卷　唐顔師古撰
　鶴壽堂叢書本(光緒刻)

經 10404529
國風述一卷　□□撰
　清康熙間信學齋刻本　上海

經 10404530
國風錄一卷　清盛大謨撰
　盛于埜遺著本(同治刻)

經 10404531
讀風偶識四卷　清崔述撰
　崔東壁遺書本(道光刻、民國影印)
　畿輔叢書本(光緒刻,崔東壁遺書)
　清光緒間木活字印本　復旦
　清抄本　復旦

經 10404532
國風偶筆一卷　清吴卓信撰
　清抄本　上海

經 10404533
詩國風原指六卷　清吴敏樹撰
　清抄本　湖南

經 10404534
國風臆説二卷　許鍾璐撰
　清光緒間石印本　國圖

經 10404535
邶風説二卷　清龔景瀚撰
　澹靜齋全集本(道光刻)

經 10404536
王風箋題不分卷　丁立誠撰　徐珂注
　民國九年錢塘丁氏嘉惠堂鉛印本
　　國圖

經 10404537
鄭風考辨一卷　清章謙存撰
　强恕齋四賸稿本(經賸,道光刻)　國圖
　　南京　湖北

經 10404538
齊風説一卷　李坤撰
　雲南叢書本(民國刻)

經 10404539
豳風不分卷　□□輯
　日本函碕文庫抄本　北大

經 10404540
七月漫錄二卷　清郭柏蒼撰
　郭氏叢刻本(光緒刻)

經 10404541
小雅述一卷　□□撰
　清康熙間信學齋刻本　上海

經 10404542
唱經堂釋小雅一卷　清金人瑞撰
　清康熙間刻貫華堂才子書彙稿本
　　北大
　清乾隆九年傳萬堂刻唱經堂才子書
　　彙稿本(乾隆刻)　日本京都大學
　風雨樓叢書本(宣統鉛印,聖歎外書)
　唱經堂才子書本(民國鉛印,聖歎外書)
　　山東
　中國文學珍本叢書本(民國鉛印,唱經
　　堂才子書彙稿)

經 10404543
推小雅十月辛卯詳疏二卷　清焦循撰

清江都李氏半畝園抄本　南京
清抄本　湖北

經 10404544
詩小雅出車解一卷　清高裔恭撰
抄本　復旦

經 10404545
大雅述一卷　□□撰
清康熙間信學齋刻本　上海

經 10404546
變雅斷章衍義一卷　清郭柏蔭撰
清咸豐十年刻本　國圖　湖北
侯官郭氏家集彙刊本(民國刻)

經 10404547
三頌考不分卷　清張承華編
清同治六年刻本　國圖　南京
清同治十二年重刻本　國圖

經 10404548
三頌備説不分卷　清張承華撰
清同治間刻本　國圖　南京

經 10404549
周頌述一卷　□□撰
清康熙間信學齋刻本　上海

經 10404550
毛詩周頌口義三卷　清莊述祖撰
珍執宧遺書本(道光刻)
皇清經解續編本(光緒刻、光緒石印)

經 10404551
周頌魯頌考定二卷　清張承華編
清同治六年許川聚里書院刻本　南京

經 10404552
二南訓女解四卷　清王純撰　清王策繪圖
清嘉慶二十一年錢天樹等刻本　北大　南京　復旦　浙江

三家詩之屬

經 10404553
孟仲子詩論一卷　題周孟仲子撰　清馬國翰輯
玉函山房輯佚書本(章邱李氏印,目耕帖續編)

經 10404554
古魯詩一卷子貢詩傳一卷　題周端木賜撰
清抄本　復旦

經 10404555
詩説一卷　漢申培撰
百陵學山本(萬曆刻,民國影印)
漢魏叢書本(萬曆刻、民國影印)
廣漢魏叢書本(萬曆刻、嘉慶刻)
格致叢書本(萬曆刻)
古名儒毛詩解十六種本(萬曆刻)
津逮祕書本(崇禎刻、民國影印)
唐宋叢書本(明刻)
明抄本　國圖
説郛本(宛委山堂刻)
增訂漢魏叢書本(乾隆刻、光緒刻、宣統石印)
民國間金山高氏食古書庫傳抄本　復旦

經 10404556
魯詩故三卷　漢申培撰　清馬國翰輯

玉函山房輯佚書本(同治皇華館刻、光緒李氏印、光緒嫏嬛館刻、光緒楚南書局刻)

經 10404557
魯詩傳一卷　漢申培撰　清王謨輯
漢魏遺書鈔本(嘉慶刻)

經 10404558
魯詩傳一卷　漢申培撰　清黄奭輯
漢學堂叢書本(道光刻光緒印)
黄氏逸書考本(道光刻王鑒修補、朱長圻補刻)

經 10404559
魯詩韋氏説一卷　漢韋玄成撰　清王仁俊輯
玉函山房輯佚書續編本(稿本)
十三經漢注本(稿本)　上海

經 10404560
魯詩世學三十二卷首四卷　宋豐稷正音　明豐慶續音　明豐耘補音　明豐熙正説　明豐坊考補
稿本(沈曾植跋)　上海
明抄本(存卷一至十五)　天一閣
明抄本　日本尊經閣

經 10404561
魯詩世學三十二卷　宋豐稷正音　明豐慶續音　明豐耘補音　明豐熙正説　明豐坊考補　明邵城續考
清抄本　復旦　南大

經 10404562
魯詩世學四卷　明豐坊等撰
清初抄本　上海

經 10404563
魯詩遺説考六卷魯詩敘録一卷　清陳壽祺撰　清陳喬樅述
左海續集本(道光刻、光緒印,三家詩遺説考)

經 10404564
魯詩遺説考二十卷敘録一卷　清陳壽祺撰　清陳喬樅述並撰敘録
皇清經解續編本(光緒刻、光緒石印,三家詩遺説考)

經 10404565
魯詩述二卷　清徐堂撰
三家詩述本(稿本)　南京

經 10404566
魯詩遺説續考一卷　顧震福撰
函雅故齋叢書本(光緒刻)

經 10404567
齊詩傳二卷　漢后蒼撰　清馬國翰輯
玉函山房輯佚書本(同治皇華館刻、光緒李氏印、光緒嫏嬛館刻、光緒楚南書局刻)

經 10404568
齊詩傳一卷　漢轅固撰　清黄奭輯
漢學堂叢書本(道光刻光緒印)
黄氏逸書考本(道光刻王鑒修補、朱長圻補刻)

經 10404569
齊詩述一卷　清徐堂撰
三家詩述本(稿本)　南京

經 10404570

齊詩翼氏學四卷　清迮鶴壽撰
清嘉慶十七年蓬萊山房刻本　南京
皇清經解續編本(光緒刻、光緒石印)

經 10404571
齊詩翼氏學疏證二卷　清陳喬樅撰
左海續集本(道光刻、光緒印)
皇清經解續編本(光緒刻、光緒石印)

經 10404572
齊詩遺說考四卷敘錄一卷　清陳壽祺撰　清陳喬樅述
左海續集本(道光刻、光緒印,三家詩遺說考)

經 10404573
齊詩遺說考十二卷敘錄一卷　清陳壽祺撰　清陳喬樅述並撰敘錄
皇清經解續編本(光緒刻、光緒石印,三家詩遺說考)

經 10404574
齊詩遺說續考一卷　顧震福撰
函雅故齋叢書本(光緒刻)

經 10404575
齊詩鈐一卷　邵瑞彭撰
邵次公遺著本(稿本)　浙江

經 10404576
韓詩故二卷　漢韓嬰撰　清馬國翰輯
玉函山房輯佚書本(同治皇華館刻、光緒李氏印、光緒娜嬛館刻、光緒楚南書局刻)

經 10404577
韓詩故二卷　漢韓嬰撰　清沈清瑞輯
沈氏羣峯集本(嘉慶刻、民國鉛印)
清抄本　復旦

經 10404578
韓詩不分卷　漢韓嬰撰
鶴壽堂叢書本(光緒刻)

經 10404579
韓詩一卷　漢韓嬰撰　龍璋輯
小學蒐佚本(民國鉛印)

經 10404580
韓詩内傳一卷　漢韓嬰撰　清馬國翰輯
玉函山房輯佚書本(同治皇華館刻、光緒李氏印、光緒娜嬛館刻、光緒楚南書局刻)

經 10404581
韓詩内傳一卷　漢韓嬰撰　清王謨輯
漢魏遺書鈔本(嘉慶刻)

經 10404582
韓詩内傳一卷　漢韓嬰撰　清黄奭輯
黄氏逸書考本(道光刻王鑒修補、朱長圻補刻)

經 10404583
韓詩内傳徵四卷　漢韓嬰撰　清宋綿初輯
清乾隆六十年刻志學堂印本　國圖(清孫馮翼校並跋)　北大　上海　浙江　復旦　揚州大學　湖北
積學齋叢書本(光緒刻)

經 10404584
韓詩内傳敘錄二卷　清宋綿初撰
清乾隆六十年刻志學堂印本　國圖

(清孫馮翼校並跋)　北大　上海　浙江　復旦　揚州大學　湖北
積學齋叢書本(光緒刻)

經 10404585
韓詩内傳補遺一卷　漢韓嬰撰　清宋綿初輯
清乾隆六十年刻志學堂印本　國圖(清孫馮翼校並跋)　北大　上海　浙江　復旦　揚州大學　湖北
積學齋叢書本(光緒刻)

經 10404586
韓詩内傳疑義一卷　漢韓嬰撰　清宋綿初撰
清乾隆六十年刻志學堂印本　國圖(清孫馮翼校並跋)　北大　上海　浙江　復旦　揚州大學　湖北
積學齋叢書本(光緒刻)

經 10404587
古韓詩説證九卷　清宋綿初撰
清乾隆五十四年刻述古堂印本　北大(清翁方綱、清陳啓源校)

經 10404588
韓詩内傳考不分卷　清邵晉涵撰
清沈氏鳴野山房抄本　浙江

經 10404589
韓詩内傳并薛君章句考四卷附錄一卷二雨堂筆談一卷　清錢玫撰　清錢世敘輯
清道光元年稿本　復旦
吴縣王氏學禮齋傳抄稿本　復旦
清抄本(清章慶辰校)　浙大
清抄本　國圖　浙江
抄本　南京

經 10404590
韓詩外傳二卷　漢韓嬰撰
元至正十五年嘉興路儒學刻明修本　國圖(清黄丕烈校並跋,清顧廣圻、清瞿中溶跋,傅增湘跋)
明嘉靖十四年蘇獻可通津草堂刻本　國圖　上海　浙江　南京(清丁丙跋)　吉大　重慶
明嘉靖十四年蘇獻可通津草堂刻十七年林應麒重修本　國圖　錦州　廣東　四川師大
明嘉靖十八年薛來芙蓉泉書屋刻本　國圖　北大　中科院　社科院文學所　北京文物局　上海　復旦　南京　東北師大　浙江　湖南　四川　四川師大　西華師大　日本内閣　日本静嘉堂　日本京都大學
日本翻刻明嘉靖間薛來芙蓉泉書屋刻本　國圖　北大
明嘉靖二十五年舒良材刻本　國圖
明嘉靖間沈辨之野竹齋刻本　國圖(清黄丕烈校跋並題詩)　國圖　北大　中科院　北京文物局　天津　南開　上海(葉景葵校並補抄韓嬰小傳)　南京　浙江　甘肅　湖南師大　廣東　重慶　四川師大
漢魏叢書本(萬曆刻)　北大(清龔橙校並跋)　上海(清王鉞跋)
廣漢魏叢書本(萬曆刻)　國圖(清盧文弨校並跋)
廣漢魏叢書本(嘉慶刻)　北大(清張惠言校)
格致叢書本(萬曆刻)　浙江(木石居士曹先達校並跋,王修跋)
祕書九種本(萬曆擁萬堂刻)
古名儒毛詩解十六種本(萬曆刻)

快閣藏書本(天啓刻)
明銅活字印本　天一閣(存卷三至四)
津逮祕書本(崇禎刻、民國影印)
明刻本　湖南(葉德輝跋,葉啓勛跋並録清黄丕烈、清顧廣圻跋)
明刻本　上海(曹元忠跋)
明末刻本　上海
清乾隆十七年張晉康重刻海虞毛氏本　國圖　北大　中科院　上海(清曹元忠校跋)　復旦　南京
四庫全書本(乾隆寫)
增訂漢魏叢書本(乾隆刻、光緒刻、宣統石印)
清嘉慶二年刻本　國圖
清嘉慶四年薛氏味經堂刻本　國圖　上海
清嘉慶六年刻本　國圖
學津討原本(嘉慶刻、民國影印)
清道光間刻本　北大
崇文書局彙刻書本(光緒刻)
古經解彙函本(同治刻、光緒刻、光緒石印)
清抄本　南京
日本寶曆九年刻本　國圖
醉經堂抄本　國圖

經 10404591
韓詩外傳一卷　漢韓嬰撰
增定漢魏六朝别解本(崇禎刻)
説郛本(商務印書館鉛印)

經 10404592
元刊本韓詩外傳校勘記一卷　秦更年撰
民國二十年江都秦更年、吴眉孫刻本(藍印)　國圖　上海　復旦
抄本　上海

經 10404593
韓詩外傳十卷　漢韓嬰撰　明唐琳點校
明天啓六年新都唐瑜刻本　國圖　北大　中科院　上海　復旦　無錫　吴江　浙江　江西　河南　河南博　中山大學

經 10404594
韓詩外傳十卷　漢韓嬰撰　明余寅評
明姜午生刻本　復旦(清諸福坤批校)

經 10404595
鹿門茅先生批評韓詩外傳十卷　漢韓嬰撰　明茅坤評
明刻本　國圖

經 10404596
韓詩外傳纂要一卷　明史起欽輯
史進士新鐫諸子纂要本(萬曆刻)

經 10404597
韓詩外傳節抄二卷薛子一卷歌譜一卷　漢韓嬰撰　明韓錫輯
明天啓五年韓錫抄本(清蔣鳳藻跋)　湖北博

經 10404598
韓詩外傳旁注評林十卷　明黄從誠撰
明翁見岡書屋刻本　國圖　民族大學

經 10404599
韓詩外傳十卷序説一卷　漢韓嬰撰　清趙懷玉校
清乾隆五十五年武進趙氏亦有生齋刻本　國圖(清許瀚校注;清龔橙校;清楊沂孫批並校)　北大　中科院　上海(清龔橙校)　南京　遼寧

湖北
龍谿精舍叢書本(民國刻)
抄本　上海

經 10404600
韓詩外傳補逸一卷　清趙懷玉輯
清乾隆五十五年武進趙氏亦有生齋刻本　國圖(清楊沂孫批並校)　北大　中科院　上海(清龔橙校)　南京　遼寧　湖北
龍谿精舍叢書本(民國刻)
抄本　上海

經 10404601
韓詩外傳校注十卷　清周廷寀校注
清乾隆五十六年新安周氏營道堂刻本　國圖　北大　北京文物局　中科院　天津　南京　湖北　東北師大　武大　華南師大
安徽叢書本(民國影印)
民國六年上海商務印書館鉛印本　復旦　遼寧

經 10404602
韓詩外傳校注拾遺一卷　清周宗杬輯
清乾隆五十六年新安周氏營道堂刻本　北大　南　湖北
安徽叢書本(民國影印)
民國六年上海商務印書館鉛印本　復旦　遼寧

經 10404603
韓詩外傳十卷補逸一卷校注拾遺一卷　漢韓嬰撰　清趙懷玉校注並輯補逸　清周廷寀校注　(校注拾遺)清周宗杬輯
清光緒元年盱眙吴氏望三益齋刻本　國圖　北大　天津　上海　南京　遼寧　湖北
清光緒元年盱眙吴氏望三益齋刻民國十年印本　遼寧
畿輔叢書本(光緒刻)
民國六年上海商務印書館鉛印本　復旦　遼寧

經 10404604
韓詩外傳三卷　漢韓嬰撰　清任兆麟選輯
述記本(乾隆刻、嘉慶刻)

經 10404605
韓詩外傳疏證十卷　清陳士珂撰
清嘉慶二十三年刻本　南京
清刻本　國圖
文淵樓叢書本(民國影印)

經 10404606
讀韓詩外傳一卷　清俞樾撰
鄭氏四種本(同治刻)　國圖　中科院　上海　湖北
春在堂全書本(同治至光緒刻,曲園雜纂)

經 10404607
韓詩外傳平議補錄一卷　清俞樾撰
諸子平議補錄本(民國刻)

經 10404608
韓詩外傳佚文一卷　漢韓嬰撰　清王仁俊輯
經籍佚文本(稿本)

經 10404609
韓詩外傳校記不分卷　李濂堂校

稿本　國圖

經 10404610
韓詩説一卷　漢韓嬰撰　清馬國翰輯
玉函山房輯佚書本(同治皇華館刻、光緒李氏印、光緒蝌嬛館刻、光緒楚南書局刻)

經 10404611
薛君韓詩章句二卷　漢薛漢撰　清馬國翰輯
玉函山房輯佚書本(同治皇華館刻、光緒李氏印、光緒蝌嬛館刻、光緒楚南書局刻)

經 10404612
韓詩翼要一卷　漢侯苞撰　清馬國翰輯
玉函山房輯佚書本(同治皇華館刻、光緒李氏印、光緒蝌嬛館刻、光緒楚南書局刻)

經 10404613
韓詩翼要一卷　漢侯苞撰　清王謨輯
漢魏遺書鈔本(嘉慶刻)
清嘉慶二十三年刻本　國圖　中科院

經 10404614
韓詩翼要一卷　漢侯苞撰　清王仁俊輯
玉函山房輯佚書續編本(稿本)

經 10404615
韓詩趙氏學(韓詩趙氏義)一卷　漢趙煜撰　清王仁俊輯
玉函山房輯佚書續編本(稿本)
十三經漢注本(稿本)　上海

經 10404616
韓詩述六卷　清徐堂撰
三家詩述本(稿本)　國圖　復旦

經 10404617
韓詩輯編二十二卷　清嚴萬里撰
手稿本　臺圖

經 10404618
韓詩輯一卷　清蔣曰豫撰
蔣侑石遺書本(光緒刻,滂喜齋學録)

經 10404619
韓詩遺説二卷訂訛一卷　清臧庸撰
仰視千七百二十九鶴齋叢書本(光緒刻、民國影印)
靈鶼閣叢書本(光緒刻)
清抄本(清顧廣圻眉注)　國圖

經 10404620
韓詩遺説二卷　清臧庸撰
清六一山房抄本(清董沛、清趙之謙校並跋)　天一閣
清抄本(清趙之謙校並題記)　北大

經 10404621
韓詩遺説訂訛一卷　清臧庸撰
仰視千七百二十九鶴齋叢書本(光緒刻、民國影印)
靈鶼閣叢書本(光緒刻)
霧竹霜條書館抄本　國圖

經 10404622
韓詩遺説二卷　清臧庸撰　清桂昌撰訂訛　清陶方琦輯補
清歸安姚氏咫進齋抄本　中山大學

經 10404623

韓詩遺說訂訛二卷一卷補一卷　清桂昌撰

清歸安姚氏咫進齋抄本　中山大學

經 10404624

韓詩遺說補一卷　清陶方琦撰

稿本　上海　復旦

清同治間刻本　湖北

清光緒二十一年元和江氏刻本　湖北

清光緒間會稽趙氏刻本　復旦

漢孳室遺著本(光緒抄)

清歸安姚氏咫進齋抄本　浙江

抄本　國圖　湖北

經 10404625

韓詩遺說續考四卷　顧震福撰

清光緒十九年顧氏刻本　國圖　上海　復旦　南京　浙江　湖北

經 10404626

韓詩外傳校注十卷附補逸一卷　清吴棠撰

畿輔叢書本(光緒刻)

經 10404627

韓詩外傳校議不分卷　清許瀚撰

清光緒十二年牛氏含香堂抄本　天津師大

民國二十一年冀縣李濂堂緑格抄本　國圖

敬躋堂叢書本(民國刻)

經 10404628

韓詩遺說考五卷外傳附録一卷　清陳壽祺撰　清陳喬樅述

左海續集本(道光刻、光緒印,三家詩遺說考)

經 10404629

韓詩遺說考十七卷　清陳壽祺撰　清陳喬樅述

皇清經解續編本(光緒刻、光緒石印,三家詩遺說考)

經 10404630

韓詩敍録一卷　清陳喬樅撰

左海續集本(道光刻、光緒印,三家詩遺說考)

皇清經解續編本(光緒刻、光緒石印,三家詩遺說考)

經 10404631

韓詩内外傳補遺一卷　清陳喬樅撰

左海續集本(道光刻、光緒印,三家詩遺說考)

皇清經解續編本(光緒刻、光緒石印,三家詩遺說考)

經 10404632

詩考一卷　宋王應麟撰

玉海本(元刻元明清遞修、光緒浙江書局刻、成都志古堂刻)

玉海本(光緒浙江書局刻)　復旦(高燮校注)

格致叢書本(萬曆刻)

古名儒毛詩解十六種本(萬曆刻)　上海(清惠棟校)

津逮祕書本(汲古閣刻)　國圖(清盧文弨增校)

四庫全書本(乾隆寫)

學津討原本(嘉慶刻、民國影印)

經 10404633

韓魯齊三家詩考六卷　宋王應麟撰
元泰定四年建安劉君佐翠巖精舍刻本　國圖　日本靜嘉堂
元刻本　國圖

經 10404634
詩考校注一卷　宋王應麟撰　清盧文弨增校
稿本　國圖

經 10404635
詩考校注四卷　宋王應麟撰　清盧文弨增校
稿本(清范家相、清徐鯤、清桂芬校)　復旦

經 10404636
詩考　清臧庸校輯
清抄本(三卷,清徐鯤批注)　北大
清抄本(二卷,清徐鯤批校)　陝西師大

經 10404637
詩考四卷　宋王應麟撰　清盧文弨增校　清臧鏞堂補輯　清趙坦重增　清汪遠孫錄
清抄本　北大

經 10404638
詩考四卷　宋王應麟撰　清盧文弨增校　清曹文昭校補　清馮登府校補
清抄本(清曹文昭、清馮登府校補並跋,清丁丙跋)　南京

經 10404639
詩考四卷附諸家校補　宋王應麟撰　清盧文弨等增校
民國二十五年南京國學圖書館重抄石印本　國圖　北大　中科院　上海　復旦　遼寧　湖北

經 10404640
詩考補注一卷　宋王應麟原輯　清丁晏補注
稿本　國圖(卷上)　北大

經 10404641
詩考補注二卷　宋王應麟原輯　清丁晏補注
頤志齋叢書本(咸豐刻)
六蓺堂詩禮七編本(咸豐刻)
花雨樓叢鈔本(光緒刻)

經 10404642
詩考補遺一卷　清丁晏補遺
稿本　北大
頤志齋叢書本(咸豐刻)
六蓺堂詩禮七編本(咸豐刻)

經 10404643
詩考補遺二卷　清丁晏補遺
花雨樓叢鈔本(光緒刻)

經 10404644
詩考補訂五卷勘誤表一卷　宋王應麟撰　清盧文弨增校　楊晨補訂
崇雅堂叢書本(民國鉛印)

經 10404645
詩考異字箋餘十四卷　清周邵蓮撰
清嘉慶間刻本　國圖　北大　中科院　北京文物局　復旦　湖北
木犀軒叢書本(光緒刻)

經 10404646
詩考補二卷　宋王應麟撰　清胡文英增訂
清乾隆四十九年留芝堂刻本　國圖　北大　中科院　上海　復旦　湖北

經 10404647
三家詩拾遺十卷三家詩源流一卷　清范家相撰
范氏三種本(嘉慶古趣亭刻、光緒墨潤堂重修)　上海(顧□□批校)
四庫全書本(乾隆寫)
清傳抄四庫全書本(清顧澗校)　天津
清抄本　國圖　中科院　天津(清顧觀光校)
守山閣叢書本(道光刻、光緒影印、民國影印)

經 10404648
重訂三家詩拾遺十卷三家詩源流一卷　清范家相撰　清葉鈞重訂
清嘉慶十五年葉氏詒堂刻嶺海樓叢書本　國圖　北大
嶺南遺書本(道光刻)

經 10404649
三家詩補遺三卷　清阮元撰
觀古堂所刻書本(光緒刻)
郎園先生全書本(民國彙印)
清儀徵李氏刻崇惠堂叢書本　國圖　上海　南京　復旦

經 10404650
三家詩異文釋三卷補遺三卷　宋王應麟集考　清馮登府釋
稿本(清李富孫校)　浙江

經 10404651
三家詩異文疏證六卷補遺三卷　宋王應麟集考　清馮登府輯考補遺
手稿本(清陳壽祺序)　上海

經 10404652
三家詩異文疏證二卷　清馮登府撰
皇清經解本(道光刻、咸豐補刻、鴻寶齋石印、點石齋石印)

經 10404653
三家詩遺説八卷補一卷　清馮登府撰
清抄本　天津

經 10404654
三家詩遺説翼證不分卷　清馮登府撰
稿本　復旦

經 10404655
詩古微二卷　清魏源撰
清道光間邵陽魏氏修吉堂刻本　國圖　北大　天津　上海

經 10404656
詩古微六卷補遺三卷續補遺一卷　清魏源撰
清道光十年四明學舍刻本　國圖　天津　上海　復旦

經 10404657
詩古微上編六卷中編十卷下編三卷首一卷　清魏源撰
清道光二十年刻本　復旦(清魏源跋，清龔橙批校)　湖南(清何紹基圈點)
清咸豐五年刻本　復旦(清龔橙批校)

經10404658
詩古微上編三卷中編十卷下編二卷首一卷　清魏源撰
清道光間邵陽魏氏刻光緒十三年席威掃葉山房重修本　國圖　北大　遼寧
清末翻刻光緒十三年掃葉山房本　北大
清光緒十一年飛青閣楊守敬黄岡學署刻本　國圖　北大　中科院　天津　上海　復旦　湖北
清光緒十一年飛青閣楊守敬黄岡學署刻梁溪浦氏印本　國圖　上海　復旦

經10404659
詩古微十七卷　清魏源撰
皇清經解續編本(光緒刻、光緒石印)

經10404660
詩經異文釋十六卷　清李富孫撰
皇清經解續編本(光緒刻、光緒石印)

經10404661
詩三家義集疏二十八卷首一卷　王先謙撰
民國四年長沙王氏虚受堂刻本　國圖　北大　中科院　上海　復旦　南京　遼寧　湖北

經10404662
三家詩義一卷　清徐堂撰
三家詩述本(稿本)　南京

經10404663
詩經異文補釋十六卷　清張慎儀撰
民國五年刻䕙園叢書本　北大

經10404664
齊魯韓三家詩釋十四卷三家詩原流一卷三家詩疑一卷　清朱士端撰
手稿本　上海
清吉金樂石山房抄本(鄭振鐸跋)　國圖
清傳抄朱氏稿本　復旦
揚州古舊書店抄本　國圖

經10404665
齊魯韓三家詩注三卷三家詩疑一卷　清朱士端撰
稿本　湖北

經10404666
齊魯韓三家詩注五卷　清朱士端撰
揚州古舊書店傳抄稿本　復旦

經10404667
齊魯韓三家詩疑一卷　清朱士端撰
稿本　湖北
清傳抄朱氏稿本　復旦
揚州古舊書店傳抄稿本　復旦

經10404668
詩經三家注疏題卷　清周日庠撰
清抄本(存卷一至二)　國圖

經10404669
三家詩選三卷　題秋崖居士輯
抄本　上海

經10404670
詩經四家異文考五卷　清陳喬樅撰
左海續集本(道光刻、光緒印)
皇清經解續編本(光緒刻、光緒石印)

經 10404671

詩經四家異文考補一卷　清陳喬樅撰　江瀚考補

晨風閣叢書第一集本(宣統鉛印)　湖北(徐恕校)

長汀江先生著書本(民國鉛印)

民國間金山高氏食古書庫傳抄本　復旦

經 10404672

詩經四家異文考補四卷　清陳喬樅撰　江瀚考補

民國間抄本　湖北

詩序之屬

經 10404673

詩序孔氏傳一卷　題周卜商撰

明刻正篆合璧本　復旦

經 10404674

詩小序一卷　題周卜商撰

古名儒毛詩解十六種本(萬曆刻)

唐宋叢書本(明刻)

說郛本(宛委山堂刻)

清聽秋樓刻本　復旦

經 10404675

詩序二卷　宋朱熹辨說

四庫全書本(乾隆寫)

經 10404676

詩序二卷　宋朱熹辨說

清光緒六年信古齋刻本　南京

經 10404677

詩傳孔氏傳(魯詩傳、新刻詩傳)一卷　題周端木賜撰

百陵學山本(萬曆刻,民國影印)

廣漢魏叢書本(萬曆刻、嘉慶刻)

增訂漢魏叢書本(乾隆刻、光緒刻、宣統石印)

格致叢書本(萬曆刻)

明萬曆四十五年張鶴鳴刻本　杭州

古名儒毛詩解十六種本(萬曆刻)

津逮祕書本(汲古閣刻、博古齋影印)

說郛本(宛委山堂刻)

清抄本　復旦

經 10404678

詩序一卷　漢衛宏撰

清抄本　上海

經 10404679

詩序一卷　清任兆麟選輯

述記本(乾隆刻、嘉慶刻)

經 10404680

毛詩序義一卷　南朝宋周續之撰　清王謨輯

漢魏遺書鈔本(嘉慶刻)

經 10404681

毛詩序義疏一卷　南朝齊劉瓛等撰　清馬國翰輯

玉函山房輯佚書本(同治皇華館刻、光緒李氏印、光緒嫏嬛館刻、光緒楚南書局刻)

經 10404682

詩序辨說一卷　宋朱熹撰

津逮祕書本(崇禎刻、民國影印)

明刻本　國圖

朱子遺書本(康熙刻)

西京清麓叢書本(光緒刻,朱子遺書重刻合編)
五經補綱本(咸豐刻)
學津討原本(嘉慶刻、民國影印)

經 10404683
毛詩說序(涇野先生毛詩說序)六卷　明呂柟撰
明嘉靖二十年何叔防刻藍印本　復旦
呂涇野五經說本(嘉靖刻、明抄、道光刻)
惜陰軒叢書本(咸豐刻、光緒刻,涇野先生毛詩說序)

經 10404684
毛詩序說八卷　明郝敬撰　明郝洪範輯
明天啓五年郝洪範刻本　上海師大
山草堂集本(萬曆崇禎刻、日本江戶抄)

經 10404685
詩序一卷　清歸起先輯
清順治十五年歸起先刻詩經通解本　天津　上海　復旦　安徽師大
清康熙間刻本　上海

經 10404686
詩序廣義二十四卷總論一卷　清姜炳璋撰
四庫全書本(乾隆寫)
清嘉慶二十年尊行堂刻本　北大　中科院　天津　上海　復旦　南京　湖北

經 10404687
詩經讀序私記二十四卷　清姜炳璋撰
清抄本　國圖

經 10404688
毛詩序說三十二卷　清龔鑒撰
清道光間錢塘龔氏刻本　國圖　上海　復旦　湖北

經 10404689
詩序闡真八卷　清楊有慶纂輯
清嘉慶十一年譚經草堂刻本　復旦　浙江

經 10404690
詩小序翼二十七卷首一卷　清張澍撰
稿本(葉景葵跋)　上海

經 10404691
詩小序翼四卷首一卷　清張澍撰
稿本　國圖

經 10404692
詩序疏一卷　清劉寶楠撰
手稿本　上海

經 10404693
毛詩序傳定本三十卷　清王劼撰
清同治三年四川巴縣王氏晚晴樓刻本　國圖　中科院　湖北

經 10404694
詩序辯正八卷首一卷　清汪大任撰
叢睦汪氏遺書本(光緒刻)

經 10404695
詩序議四卷　清呂調陽撰
觀象廬叢書本(光緒刻)

經 10404696
詩經序傳擇參一卷　清方濬撰

毋不敬齋全書本(光緒刻)

經 10404697
詩序集說不分卷　清馬翼贊撰
手稿本　復旦

經 10404698
詩序辨一卷　清夏鼎武撰
富陽夏氏叢刻本(光緒刻)

經 10404699
詩序四卷書序一卷夏小正一卷虛字注釋備考六卷　清省吾居士輯
清抄本　上海

經 10404700
詩序韻語一卷　清楊恩壽撰
坦園全集本(光緒刻,坦園叢稿)

經 10404701
詩序非衛宏所作說一卷　黄節撰
清華大學鉛印本　國圖

經 10404702
詩序解二卷　陳延杰撰
民國十九年上海開明書局鉛印本　上海
民國二十一年上海開明書店鉛印本　國圖　上海　復旦

經 10404703
詩序志銘雜錄不分卷　□□輯
抄本　上海

詩譜之屬

經 10404704
詩譜一卷　漢鄭玄撰
古名儒毛詩解十六種本(萬曆刻)
袖珍十三經註本(同治刻,毛詩注附)
清江南書局刻本　遼寧
清抄本　上海
民國初江蘇存古學堂鉛印本　上海
安徽叢書本(民國影印)

經 10404705
鄭氏詩譜一卷　漢鄭玄撰　清王謨輯
漢魏遺書鈔本(嘉慶刻)
漢唐地理書鈔本(嘉慶刻)

經 10404706
詩譜三卷　漢鄭玄撰　清袁鈞輯
鄭氏佚書本(光緒觀稼樓刻、浙江書局刻)

經 10404707
毛詩譜一卷　漢鄭玄撰　清孔廣林輯
漢魏遺書鈔本(嘉慶刻)
通德遺書所見錄本(光緒刻)

經 10404708
詩譜一卷　漢鄭玄撰　清李光廷輯
反約篇本(同治抄)　福建師大
榕園叢書本(同治刻、民國印)

經 10404709
毛詩譜一卷　漢鄭玄撰　清黄奭輯
漢學堂叢書本(道光刻光緒印,高密遺書)
黄氏逸書考本(道光刻王鑒修補、朱長圻補刻)

經 10404710
毛詩譜一卷　漢鄭玄撰　清胡元儀輯

皇清經解續編本(光緒刻、光緒石印)

經 10404711

毛詩譜暢一卷　三國吴徐整撰　清馬國翰輯

玉函山房輯佚書本(同治皇華館刻、光緒李氏印、光緒娜嬛館刻、光緒楚南書局刻)

經 10404712

毛詩譜注一卷　三國吴徐整撰　清王謨輯

漢魏遺書鈔本(嘉慶刻)

經 10404713

毛詩譜不分卷　漢鄭玄撰　唐孔穎達疏

清光緒四年淮南書局刻本　上海

經 10404714

鄭氏詩譜補亡一卷　宋歐陽修撰

民國二十四年上海涵芬樓影印吴縣潘氏滂熹齋藏宋刻本　國圖　北大　復旦　遼寧

通志堂經解本(康熙刻、同治刻、日本文化刻)

清嘉慶二十五年刻本　天津

民國都門印書局鉛印本　遼寧

經 10404715

詩譜補亡後訂一卷拾遺一卷　清吴騫撰

拜經樓叢書本(乾隆刻)　復旦(清吴騫校並跋)

重刊拜經樓叢書本(光緒章氏刻)

重校拜經樓叢書本(光緒校經堂刻)

清芬堂叢書本(光緒刻)

經 10404716

詩譜補亡拾遺一卷　清吴騫撰

拜經樓叢書本(乾隆刻)　復旦(清吴騫校並跋)

重刊拜經樓叢書本(光緒章氏刻)

重校拜經樓叢書本(光緒校經堂刻)

清芬堂叢書本(光緒刻)

經 10404717

許氏詩譜鈔一卷　元許衡撰　清吴騫校

稿本　上海

拜經樓叢書本(乾隆嘉慶刻、民國影印)

經 10404718

鄭氏詩譜考正一卷　漢鄭玄撰　宋歐陽修補亡　清丁晏重編

清嘉慶二十五年南河節署刻本　國圖　上海

頤志齋叢書本(咸豐刻)

六蓺堂詩禮七編本(咸豐刻)

花雨樓叢鈔本(光緒刻)

邵武徐氏叢書本(光緒刻)

皇清經解續編本(光緒刻、光緒石印)

經 10404719

毛詩鄭譜疏證一卷附正誤表　清馬徵麐撰　(正誤表)清馬林編

馬鍾山遺書本(民國鉛印)

經 10404720

齋魯韓詩譜四卷　清王初桐撰

古香堂叢書本(嘉慶刻)

經 10404721

四詩世次通譜一卷　清馬徵麐撰

馬鍾山遺書本(民國鉛印)

經 10404722

詩經古譜一卷　學部圖書局編
　清光緒三十四年學部圖書局石印本
　　上海　湖北

經 10404723
詩譜講義一卷　□□撰
　清光緒末江蘇存古學堂鉛印本　國圖
　　復旦

沿革之屬

經 10404724
詩經傳授源流一卷　明韋調鼎撰
　明崇禎十三年刻本　天津　華東師大

經 10404725
毛鄭薪傳不分卷　清劉恭冕撰
　手稿本　上海

經 10404726
詩學源流不分卷　清李堂撰
　稿本　上海

經 10404727
三家詩原流一卷　清朱士端撰
　清傳抄朱氏稿本　復旦
　揚州古舊書店抄本　國圖

文字音義之屬

經 10404728
毛詩拾遺一卷　晉郭璞撰　清馬國翰輯
　玉函山房輯佚書本(同治皇華館刻、光緒李氏印、光緒嫏嬛館刻、光緒楚南書局刻)

經 10404729
毛詩音(存卷十六至十八)　晉徐邈撰
　敦煌祕籍留真新編本(民國影印)
　吴縣王氏蛾術軒據敦煌寫本攝影本
　　復旦

經 10404730
毛詩徐氏音一卷　晉徐邈撰　清馬國翰輯
　玉函山房輯佚書本(同治皇華館刻、光緒李氏印、光緒嫏嬛館刻、光緒楚南書局刻)

經 10404731
詩音從古考十卷　□□撰
　稿本　北大

經 10404732
詩音從古殘本四卷　□□撰
　抄本　國圖

經 10404733
毛詩箋音義證一卷　北魏劉芳撰　清馬國翰輯
　玉函山房輯佚書本(同治皇華館刻、光緒李氏印、光緒嫏嬛館刻、光緒楚南書局刻)

經 10404734
毛詩箋音義證一卷　北魏劉芳撰　清王謨輯
　漢魏遺書鈔本(嘉慶刻)

經 10404735
毛詩音義三卷　唐陸德明撰
　通志堂經解本(康熙刻、同治刻、日本文化刻)

經 10404736
毛詩音義考證三卷　□□撰
清嘉慶道光間抄本　北大

經 10404737
詩經協韻考異一卷　宋輔廣撰
學海類編本(道光木活字印、民國影印)
遜敏堂叢書本(道光咸豐木活字印)

經 10404738
詩經古音二卷　宋吴棫撰
清抄本(清李宏信題識)　天津

經 10404739
詩經古音四卷　宋吴棫撰
清抄本　國圖

經 10404740
毛詩補韻一卷　宋楊伯巖撰　清錢侗考證
民國間金山高氏食古書庫傳抄本　復旦

經 10404741
毛詩古音考四卷　明陳第撰　明焦竑訂正
明萬曆間刻本　北大　湖北
明萬曆三十四年五雅堂刻本　天津　上海　浙江
一齋集本(萬曆刻、康熙刻、道光刻)
明崇禎九年飯石軒刻本　上海　復旦
清乾隆十七年刁戴高抄本(清刁戴高跋)　上海
四庫全書本(乾隆寫)
清道光五年成都龍氏刻敷文閣彙鈔本　北大　湖北
明辨齋叢書本(同治刻)
清抄本　湖南

經 10404742
毛詩古音考五卷　明陳第撰
清乾隆二十七年徐時作崇本山堂刻本　北大　中科院　天津　湖北
清光緒六年武昌張裕釗翻刻乾隆二十七年徐時作崇本山堂本　國圖　北大　天津　上海　復旦　南京　湖北
民國二十三年雙流黄氏濟忠堂重刻光緒六年武昌張裕釗刻本　北大　南京
清抄本　復旦

經 10404743
毛詩古音考四卷讀詩拙言一卷附録一卷　明陳第撰　清張海鵬校訂
學津討原本(嘉慶刻、民國影印)
民國二十二年渭南嚴氏成都校刻學津討原本　國圖　上海　復旦　遼寧　湖北
一九五七年四川人民出版社彙印民國間渭南嚴氏成都刻本　湖北

經 10404744
國風字畫辨疑一卷　明鄒之麟撰
詩經慧燈本(崇禎刻)　日本蓬左

經 10404745
詩音辯畧二卷　明楊貞一撰
明萬曆四十七年淩一心刻本　國圖
函海本(乾隆刻、道光補刻、光緒刻)

經 10404746
詩經難字一卷　明顧起元撰
明版築居刻朱墨套印本　北師大

經 10404747
詩本音十卷　清顧炎武撰
　音學五書本(康熙刻、道光銅活字印、光緒刻、民國石印)
　四庫全書本(乾隆寫)

經 10404748
詩本音補正一卷　清查景綏撰
　稿本(文素松跋)　浙江

經 10404749
詩經叶韻辨一卷　清王夫之撰
　船山遺書本(同治刻、民國鉛印)

經 10404750
詩經考異一卷　清王夫之撰
　船山遺書本(道光刻、同治刻、民國鉛印)

經 10404751
詩本韻考二卷　清趙瀚撰
　清初抄本　山東博

經 10404752
詩經辨韻不分卷　清劉孔懷撰
　刻本　山東

經 10404753
詩音表二卷　清張敍撰
　清乾隆二十年杜甲瀛州刻續阜堂印本　國圖　北大　清華　北京文物局　南開　南京　石家莊　浙江　湖北
　清抄本　復旦

經 10404754
風雅遺音二卷　清史榮輯
　清乾隆八年一灣齋刻本　國圖　北大　天津　上海　復旦　浙江

經 10404755
審定風雅遺音二卷　清史榮撰　清紀昀審定
　清乾隆間鏡烟堂刻本　復旦
　畿輔叢書本(光緒刻)
　四明叢書本(民國刻)

經 10404756
童山詩音說四卷　清李調元撰
　函海本(乾隆刻、道光補刻、光緒刻)

經 10404757
詩經小學四卷　清段玉裁撰
　皇清經解本(道光刻、咸豐補刻、鴻寶齋石印、點石齋石印)
　拜經堂叢書本(嘉慶刻)　北大(清焦循校並跋)　復旦(高燮校並跋)
　拜經堂叢書本(嘉慶道光刻、日本影印)
　清抄本　清華

經 10404758
三百篇原聲七卷　清夏味堂撰
　清嘉慶十二年高郵夏氏棣華書屋刻本　國圖　北大　北京文物局　復旦　南京
　清抄本　國圖　中科院

經 10404759
詩經字考二卷　清吴東發撰
　清嘉慶間刻本　國圖

經 10404760
詩古音三卷　清楊峒撰
　稿本　國圖
　清唫梅書屋抄本(徐恕校)　復旦

清抄本　山東博(清李有經批校)　天津
吴縣王氏學禮齋傳抄稿本　復旦

經 10404761
詩古音二卷　清楊峒撰
齊魯遺書本(辨蟫居抄)
清乾隆間程以恬傳抄稿本(清程以恬跋)　復旦

經 10404762
讀詩辨字畧三卷　清韓怡撰
清嘉慶間丹徒韓氏刻本　北大　復旦

經 10404763
詩聲類十二卷　清孔廣森撰
清乾隆五十七年曲阜孔廣廉謙益堂刻本　中科院
顨軒孔氏所著書本(乾隆刻)
皇清經解續編本(光緒刻、光緒石印)
清劉氏詖均居抄本　北大
民國十三年渭南嚴氏成都賁園刻本　國圖　復旦　南京　遼寧
紅格抄本　南京

經 10404764
詩聲分例一卷　清孔廣森撰
清乾隆五十七年曲阜孔廣廉謙益堂刻本　中科院
顨軒孔氏所著書本(乾隆刻)
清同治十年錢塘諸可寶抄本　國圖
皇清經解續編本(光緒刻、光緒石印,詩聲類附)
清劉氏詖均居抄詩聲類本附　北大
民國十三年渭南嚴氏成都賁園刻本　國圖　復旦　南京　遼寧
紅格抄本　南京

經 10404765
毛詩古韻五卷　清牟應震撰
毛詩質疑本(嘉慶刻、道光修、咸豐修)

經 10404766
毛詩古韻雜論一卷　清牟應震撰
毛詩質疑本(嘉慶刻、道光修、咸豐修)

經 10404767
毛詩奇句韻考四卷　清牟應震撰
毛詩質疑本(嘉慶刻、道光修、咸豐修)

經 10404768
韻譜一卷　清牟應震撰
毛詩質疑本(嘉慶刻、道光修、咸豐修)

經 10404769
詩叶考八卷　清陳天道撰
清嘉慶十二年貽穀堂刻本　國圖　復旦　南京

經 10404770
詩經小學錄四卷　清臧庸撰
清嘉慶十一年孫馮翼問經堂刻本　國圖　北大　湖北　哈爾濱
拜經堂叢書本(乾隆嘉慶刻,日本影印)

經 10404771
詩音十五卷　清高澍然撰
清嘉慶十七年木活字印本　國圖　中科院　復旦

經 10404772
詩經韻讀四卷　清江有誥撰
江氏音學十書本(嘉慶道光刻、咸豐刻、中國書店影印、抄本)
音韻學叢書本(民國刻)

經 10404773
詩經音韻譜五卷序說一卷章句觸解一卷　清甄士林音釋
清道光五年甄氏種松書屋刻本　國圖　北大　北師大　中科院　復旦　遼寧

經 10404774
詩經音訓不分卷　清楊國楨撰
十一經音訓本(道光刻、光緒刻)
清光緒三年湖北尚文書局刻本　復旦　遼寧　湖北

經 10404775
毛詩重言三篇一卷　清王筠撰
清道光間刻本　復旦
清道光間刻民國二十二年雙流黄氏濟忠堂重校印本　北大　復旦
鄂宰四種本(咸豐刻、光緒刻)　北大
王菉友九種本(道光咸豐刻)
清咸豐間鄉寧賀氏刻安丘王氏說經五種本　北大
式訓堂叢書本(光緒刻)
抄本　中科院

經 10404776
毛詩雙聲疊韻說一卷　清王筠撰
清道光間刻本　復旦
清道光間刻民國二十二年雙流黄氏濟忠堂重校印本　北大　復旦
鄂宰四種本(咸豐刻、光緒刻)　北大
清咸豐間鄉寧賀氏刻安丘王氏說經五種本　北大
式訓堂叢書本(光緒刻)

經 10404777
毛詩辨韻五卷　清趙似祖撰　清趙星海訂
清道光二十二年聽雲山館刻本　國圖　北大　中科院　上海　復旦　湖北

經 10404778
詩古韻表廿二部集說二卷　清夏炘撰
清道光十二年刻本　國圖(詩章句考附)　上海
景紫堂全書本(咸豐刻同治印、民國刻)
清光緒十九年刻本　人大　南開
民國十七年渭南嚴氏刻本　北大
民國二十三年北平北京大學出版組鉛印本　北大

經 10404779
毛詩考證四卷　清莊述祖撰
珍執宧遺書本(道光刻)
皇清經解續編本(光緒刻、光緒石印)

經 10404780
毛詩吶訂十卷附録一卷墓志銘一卷　清苗夔撰
苗氏說文四種本(咸豐刻)

經 10404781
讀詩考字二卷　清程大鏞撰
清道光二十五年叢桂軒刻光緒十三年程人鵠補修本　北大

經 10404782
讀詩考字補編一卷　清程大鏞撰
清道光二十五年叢桂軒刻光緒十三年程人鵠補修本　北大

經 10404783
毛詩古樂音四卷　清張玉綸撰
遼海叢書本(民國鉛印)

經 10404784
釋毛詩音四卷　清陳奐撰
清道光間校經山房刻本　上海
陳氏毛詩五種本(咸豐陳氏刻、光緒徐氏重刻)　國圖　北大　中科院　天津　上海　復旦　南京　浙江　遼寧　湖北　福建
皇清經解續編本(光緒刻)　湖北(佚名點校)
清光緒十一年上海點石齋石印本　北大(佚名圈點)　湖北
民國間上海文瑞樓石印本　遼寧
民國間鴻章書局石印本　湖北

經 10404785
毛詩傳義類一卷　清陳奐撰
清道光間校經山房刻本　上海
陳氏毛詩五種本(咸豐陳氏刻、光緒徐氏重刻)　國圖　北大　中科院　天津　上海　復旦　南京　浙江　遼寧　湖北　福建
皇清經解續編本(光緒刻、光緒石印本)
皇清經解續編本(光緒刻)　湖北(佚名點校)
皇清經解續編本(光緒石印)　北大(佚名圈點)
民國間上海文瑞樓石印本　遼寧
民國間鴻章書局石印本　湖北
抄本(佚名校)　上海

經 10404786
詩小學三十卷補一卷　清吴樹聲撰
清同治七年壽光官廨刻本　國圖　北大　中科院　天津　復旦　浙江　湖北

經 10404787
詩小學補一卷　清吴樹聲撰
清同治七年壽光官廨刻本　國圖　北大　中科院　天津　復旦　浙江　湖北

經 10404788
毛詩諸家引經異字同聲考一卷　清丁顯撰
丁西圃叢書本(光緒刻,十三經諸家引經異字同聲考)

經 10404789
毛詩周韻誦法十卷　清汪灼撰
清嘉慶十九年不疏園刻本　國圖　北大　上海　復旦　湖北
清抄本(不分卷)　北大

經 10404790
詩經異文四卷　清蔣曰豫撰
蔣侑石遺書本(光緒刻,滂喜齋學錄)

經 10404791
毛詩異文箋十卷　清陳玉樹撰
南菁書院叢書本(光緒刻)

經 10404792
詩經叶音辨譌八卷分隸字母總音一卷　清劉維謙編　清張卿雲、清張景星校
清乾隆三年張卿雲、張景星壽峯書屋刻本　國圖　北大　天津　上海　復旦　南京　浙江(清焦循跋)　武漢
藏修堂叢書本(光緒刻)
芋園叢書本(民國彙印)
民國十一年十不齋刻本　復旦

經 10404793
毛詩古音述一卷　清顧淳撰
顧枕漁韻學兩種本(光緒刻)

經 10404794
毛詩音韻考四卷畧言一卷　清程以恬撰
清道光三年渭南程氏研經堂刻本　國圖　中科院　復旦　湖北

經 10404795
詩經音律續編八卷　清遲德成撰
清光緒七年刻本　國圖

經 10404796
詩經音義約編十卷　清戴雲裔撰
清同治元年刻本　南京

經 10404797
詩韻字聲通證七卷　清李次山撰
清光緒十九年百果山房刻本　國圖　復旦

經 10404798
毛詩韻表一卷　清李次山撰
清光緒十九年百果山房刻本　國圖　復旦

經 10404799
詩音表一卷　清錢坫撰
錢氏四種本(嘉慶刻、中國書店影印)
民國二十年渭南嚴氏刻本　北大　復旦　湖北

經 10404800
毛詩衍聲表一卷　清陳潮撰
稿本　國圖

經 10404801
毛詩韻考八卷　清張映漢編輯
清道光五年述敬堂刻本　湖北

經 10404802
詩古韻表一卷　清時吉臣撰
清光緒十四年佚名傳抄稿本　上海

經 10404803
毛詩論韻一卷　清張雲錦撰
清嘉慶間刻本　復旦
清弢華館刻本　復旦

經 10404804
詩古音繹一卷　清胡錫燕撰
胡氏三種本(同治刻)

經 10404805
毛詩均譜八卷補遺一卷校勘記一卷　清郭師古撰
玉屏山房存稿本(光緒刻)　北大　復旦　湖北

經 10404806
詩經古韻四卷　清孔繼堂撰
稿本　北大　山東

經 10404807
毛詩正韻四卷　丁以此撰
民國十三年日照丁惟汾留餘堂刻本　國圖　上海　復旦　南京　遼寧
民國二十三年雙流黄氏濟忠堂重刻武昌張氏本　中科院　上海　復旦　遼寧

經 10404808
毛詩韻例一卷　丁以此撰

民國十三年日照丁惟汾留餘堂刻本
國圖　上海　復旦　南京　遼寧
民國二十三年雙流黄氏濟忠堂重刻武昌張氏本　中科院　上海　復旦　遼寧

經 10404809
毛詩別字六卷　顧震福撰
函雅故齋叢書本(光緒刻)

經 10404810
毛詩詞例舉要(畧本)一卷　劉師培撰
劉申叔先生遺書本(民國鉛印)

經 10404811
詩音韻通說一卷　林義光撰
民國十九年衣好軒鉛印本　國圖　中科院　上海　復旦　遼寧　湖北

經 10404812
毛詩古音諧讀五卷附反切詳論考古音辨不分卷　楊恭垣撰
民國十七年京華印書局鉛印本　國圖　北師大　湖北

經 10404813
詩經音釋不分卷　林之棠撰
民國二十三年上海商務印書館鉛印本　復旦

經 10404814
韓魯齊三家詩字詁三卷　清馮登府撰
稿本(清李貽德校並跋)　浙江

叢編之屬

經 10404815
古名儒毛詩解十六種二十四卷　明鍾惺輯
明擁萬堂刻本　北大　中科院*　復旦　上戲　陝西師大　揚州大學　湖南　重慶
小序一卷　周卜商撰
新刻詩傳一卷　周端木賜撰
新刻詩說一卷　漢申培撰
新刻詩譜一卷　漢鄭玄撰
新刻詩傳綱領一卷
新刻讀詩一得一卷　宋黄震撰
新刻印古詩語一卷　明朱得之撰
新刻玉海紀詩一卷　宋王應麟撰
新刻困學紀詩一卷　宋王應麟撰
新刻詩考一卷　宋王應麟撰
新刻詩地理考六卷　宋王應麟撰
新刻山堂詩考一卷　宋章如愚編
新刻文獻詩考二卷　元馬端臨撰
新刻胡氏詩識三卷　明胡纘宗編
新刻讀詩錄一卷　明薛瑄撰
附
新刻逸詩一卷　明鍾惺輯
新刻韓詩外傳十卷　漢韓嬰撰

經 10404816
詩經慧燈十卷　明鄒之麟撰
明崇禎五年刻本　日本蓬左(有尾陽文庫印記)
國風字畫辨疑一卷(朱墨套印)
詩經物考一卷(朱墨套印)
詩經翼註八卷

經 10404817
毛詩質疑六種二十四卷　清牟應震撰
清嘉慶十九年棲霞牟氏刻本　國圖
清嘉慶十九年棲霞牟氏刻道光二十九年歷城朱氏修補印本　國圖

北大　清華　上海　南京

清嘉慶十九年棲霞牟氏刻咸豐五年歷城朱氏修補本　國圖　上海

詩問六卷　清牟應震撰

毛詩物名考七卷　清牟應震撰

毛詩古韻雜論一卷　清牟應震撰

毛詩古韻五卷　清牟應震撰

毛詩奇句韻考四卷　清牟應震撰

韻譜一卷　清牟應震撰

經 10404818

玉函山房輯佚書經編詩類三十二種　清馬國翰輯

玉函山房輯佚書本(同治皇華館刻、光緒李氏印、光緒嫏嬛館刻、光緒楚南書局刻)

魯詩故三卷　漢申培撰

齊詩傳二卷　漢后蒼撰

韓詩故二卷　漢韓嬰撰

韓詩内傳一卷　漢韓嬰撰

韓詩說一卷　漢韓嬰撰

薛君韓詩章句二卷　漢薛漢撰

韓詩翼要一卷　漢侯苞撰

毛詩馬氏注一卷　漢馬融撰

毛詩義問一卷　漢劉楨撰

毛詩王氏注四卷　三國魏王肅撰

毛詩義駮一卷　三國魏王肅撰

毛詩奏事一卷　三國魏王肅撰

毛詩問難一卷　三國魏王肅撰

毛詩駁一卷　三國魏王基撰

毛詩答雜問一卷　三國吴韋昭　三國吴朱育等撰

毛詩譜暢一卷　三國吴徐整撰

毛詩異同評三卷　晉孫毓撰

難孫氏毛詩評一卷　晉陳統撰

毛詩拾遺一卷　晉郭璞撰

毛詩徐氏音一卷　晉徐邈撰

毛詩序義疏一卷　南朝齊劉瓛等撰

毛詩周氏注一卷　南朝宋周續之撰

毛詩十五國風義一卷　南朝梁簡文帝撰

毛詩隱義一卷　南朝梁何胤撰

集注毛詩一卷　南朝梁崔靈恩撰

毛詩舒氏義疏一卷　題舒援撰

毛詩沈氏義疏二卷　北周沈重撰

毛詩箋音義證一卷　北魏劉芳撰

毛詩述疏一卷　隋劉炫撰

毛詩草蟲經一卷

毛詩題綱一卷

施氏詩說一卷　唐施士丐撰

經 10404819

三家詩述十卷　清徐堂撰

稿本

三家詩義一卷　南京

魯詩述二卷　南京

齊詩述一卷　南京

韓詩述六卷　國圖　復旦

經 10404820

三家詩遺說考三種四十九卷　清陳壽祺輯　清陳喬樅撰

清嘉慶間刻本　南京

左海續集本(道光刻、光緒印)

皇清經解續編本(光緒刻、光緒石印)

魯詩遺說考二十卷

齊詩遺說考十二卷

韓詩遺說考十七卷

附　錄

詩緯之屬

經 10404821

詩緯一卷　清馬國翰撰
玉函山房輯佚書本(同治皇華館刻、光緒李氏印、光緒嫏嬛館刻、光緒楚南書局刻)

經 10404822
詩緯一卷　清黄奭輯
漢學堂叢書本(道光刻光緒印)
黄氏逸書考本(道光刻王鑒修補、朱長圻補刻)

經 10404823
詩緯一卷　清殷元正原輯　清陸明睿增訂
緯書本(清觀我生齋抄)

經 10404824
詩緯一卷　三國魏宋均注　清王仁俊輯
玉函山房輯佚書續編本(稿本)

經 10404825
詩緯集證四卷附録一卷　清陳喬樅撰
左海續集本(道光刻、光緒印)

經 10404826
詩緯新解一卷　廖平撰　黄鎔補證
新訂六譯館叢書本(民國彙印)

經 10404827
詩含神霧一卷　□□輯
説郛本(宛委山堂刻、商務印書館鉛印)

經 10404828
詩含神霧一卷　明孫瑴輯
古微書本(嘉慶刻、光緒刻、光緒石印)
墨海金壺本(嘉慶刻、博古齋影印)
守山閣叢書本(道光刻、光緒影印、民國影印)

經 10404829
詩含神霧一卷　清劉學寵輯
青照堂叢書本(道光刻)

經 10404830
詩含神霧一卷　清喬松年輯
喬勤恪公全集本(光緒刻,緯攟詩緯)
山右叢書初編本(民國鉛印,緯攟詩緯)

經 10404831
詩含神霧一卷附補遺　清趙在翰輯
七緯本(嘉慶刻)
説郛本(宛委山堂刻)

經 10404832
詩緯含神霧一卷　清殷元正原輯　清陸明睿增訂
緯書本(清觀我生齋抄)

經 10404833
詩緯含神霧一卷　三國魏宋均注　清馬國翰輯
玉函山房輯佚書本(同治皇華館刻、光緒李氏印、光緒嫏嬛館刻、光緒楚南書局刻)
玲瓏山館叢書本(光緒刻)

經 10404834
詩含神霧一卷　三國魏宋均注　清黄奭輯
漢學堂叢書本(道光刻光緒印)
黄氏逸書考本(道光刻王鑒修補、朱長圻補刻)

經 10404835
詩緯含神霧一卷　三國魏宋均注　清王仁俊輯
玉函山房輯佚書續編本(稿本)

經 10404836
詩緯含神霧訓纂一卷　胡薇元撰
玉津閣叢書本(民國刻)

經 10404837
詩緯含文候一卷　清殷元正原輯　清陸明睿增訂
緯書本(清觀我生齋抄)

經 10404838
詩推度災一卷　明孫瑴輯
古微書本(嘉慶刻、光緒刻、光緒石印)
墨海金壺本(嘉慶刻、博古齋影印)
守山閣叢書本(道光刻、光緒影印、民國影印)

經 10404839
詩推度災一卷　清喬松年輯
喬勤恪公全集本(光緒刻,緯攟詩緯)
山右叢書初編本(民國鉛印,緯攟詩緯)

經 10404840
詩推度災一卷附補遺　清趙在翰輯
七緯本(嘉慶刻)

經 10404841
詩緯推度災一卷　清殷元正原輯　清陸明睿增訂
緯書本(清觀我生齋抄)

經 10404842
詩緯推度災一卷　三國魏宋均注　清馬國翰輯
玉函山房輯佚書本(同治皇華館刻、光緒李氏印、光緒娜嬛館刻、光緒楚南書局刻)
玲瓏山館叢書本(光緒刻)

經 10404843
詩推度災一卷　三國魏宋均注　清黄奭輯
漢學堂叢書本(道光刻光緒印)
黄氏逸書考本(道光刻王鑒修補、朱長圻補刻)

經 10404844
詩緯推度災一卷　三國魏宋均注　清王仁俊輯
玉函山房輯佚書續編本(稿本)

經 10404845
詩緯推度災訓纂一卷　胡薇元撰
玉津閣叢書本(民國刻)

經 10404846
詩紀曆樞一卷　元陶宗儀輯
說郛本(宛委山堂刻)

經 10404847
詩汎曆樞一卷　明孫瑴輯
古微書本(嘉慶刻、光緒刻、光緒石印)
墨海金壺本(嘉慶刻、博古齋影印)
守山閣叢書本(道光刻、光緒影印、民國影印)

經 10404848
詩汎曆樞一卷　清喬松年輯
喬勤恪公全集本(光緒刻,緯攟詩緯)
山右叢書初編本(民國鉛印,緯攟詩緯)

經 10404849
詩汎曆樞一卷　清黄奭輯
黄氏逸書考本(道光刻王鑒修補、朱長圻補刻)

經 10404850
詩汎曆樞一卷附補遺　清趙在翰輯
七緯本(嘉慶刻)

經 10404851
詩緯紀曆樞一卷　清殷元正原輯　清陸明睿增訂
緯書本(清觀我生齋抄)

經 10404852
詩緯氾曆樞一卷　三國魏宋均注　清馬國翰輯
玉函山房輯佚書本(同治皇華館刻、光緒李氏印、光緒娜嬛館刻、光緒楚南書局刻)
玲瓏山館叢書本(光緒刻)

經 10404853
詩緯氾曆樞一卷　三國魏宋均注　清王仁俊輯
玉函山房輯佚書續編本(稿本)

經 10404854
詩緯氾曆樞訓纂一卷　胡薇元撰
玉津閣叢書本(民國刻)

經 10404855
詩紀曆圖一卷　清劉學寵輯
青照堂叢書本(道光刻)

經 10404856
泛引詩緯一卷　清喬松年輯
喬勤恪公全集本(光緒刻,緯攟詩緯)
山右叢書初編本(民國鉛印,緯攟詩緯)

經 10404857
詩緯附錄一卷附補遺　清趙在翰輯
七緯本(嘉慶刻)

經 10404858
詩緯搜遺不分卷　廖平撰
民國七年存古書局刻本　國圖

經 10404859
詩緯新解不分卷　廖平撰　黄鎔補證
民國七年存古書局刻本　國圖

經 10404860
詩緯三種三卷　清趙在翰輯
七緯本(嘉慶刻)
詩推度災一卷附補遺
詩汎曆樞一卷附補遺
詩含神霧附補遺

逸詩之屬

經 10404861
逸詩一卷　明胡文煥輯
覆古介書本(天啓刻)

經 10404862
新刻逸詩一卷　明鍾惺輯
古名儒毛詩解十六種本(萬曆刻)

經 10404863
古逸詩載一卷　明麻三衡輯
閏竹居叢書本(清刻)

經 10404864
逸詩逸句二卷　清黄啓興纂輯

清嘉慶間婺源黄氏傳抄稿本　復旦

經 10404865
逸詩徵三卷　清孫國仁撰
砭愚堂叢書本(稿本)　上海

經 10404866
逸詩古逸詩補亡三卷　清傳傳書輯
清光緒六年刻本　浙江

禮　類

周　禮

正文之屬

經 10504867
周禮一卷　□□輯
八經本(宋刻遞修)　國圖
九經本(明刻)　上海　南京
巾箱八經本(宋刻遞修、民國影印)
十三經經文本(開明書店鉛印)
日本寬永刻本　北大
明田氏抄白文本　北大

經 10504868
周禮六卷　□□輯
明嘉靖間刻本　上海(清陳鱣校)
十三經本(明吴勉學刻)　國圖　北大　西北大學
篆文六經四書本(雍正内府刻、光緒影印、民國影印)
清抄本　上海
抄本(缺卷四、六)　南京

經 10504869
周禮不分卷　□□輯
十三經本(乾隆蔣衡寫)　臺北故博

經 10504870
周禮六卷　明秦鏷訂正
九經本(崇禎刻、清逸文堂刻、心逸齋刻、觀成堂印)
九經本(清觀成堂印)　上海(清沈大成、姚椿批校)　山東博(清孔繼涵校並跋)

經 10504871
周官經六卷　□□輯
清乾隆三十七年孔廣林抄本(姚朋圖、袁克文、倉永齡、王壽彭、陸增煒、楊承訓跋)　山東

經 10504872
周禮正文二卷　清李欙訂
清乾隆四十七年報經堂刻本　上海　湖北

經 10504873
周禮正文三卷　□□輯
日本文正元年刻本　遼寧
日本文化六年刻本　北大

經 10504874
周禮七卷　明陳鳳梧篆書
篆文六經本(嘉靖刻)

傳説之屬

經 10504875
周禮鄭大夫解詁一卷　漢鄭興撰　清馬國翰輯
玉函山房輯佚書本(同治皇華館刻、光緒李氏印、光緒嫏嬛館刻、光緒楚南書局刻)

經 10504876
周禮鄭司農解詁六卷　漢鄭衆撰　清馬國翰輯
玉函山房輯佚書本(同治皇華館刻、光緒李氏印、光緒嫏嬛館刻、光緒楚南書局刻)

經 10504877
周禮杜氏注二卷　漢杜子春撰　清馬

國翰輯
玉函山房輯佚書本(同治皇華館刻、光緒李氏印、光緒嫏嬛館刻、光緒楚南書局刻)

經 10504878
周禮賈氏解詁一卷　漢賈逵撰　清馬國翰輯
玉函山房輯佚書本(同治皇華館刻、光緒李氏印、光緒嫏嬛館刻、光緒楚南書局刻)

經 10504879
周禮賈氏注一卷　漢賈逵撰　清王仁俊輯
玉函山房輯佚書續編本(稿本)

經 10504880
周官傳一卷　漢馬融撰　清王謨輯
漢魏遺書鈔本(嘉慶刻)

經 10504881
周官傳一卷　漢馬融撰　清黄奭輯
漢學堂叢書本(道光刻光緒印)
黄氏逸書考本(道光刻王鑒修補、朱長圻補刻)

經 10504882
周官傳一卷　漢馬融撰　清馬國翰輯
玉函山房輯佚書本(同治皇華館刻、光緒李氏印、光緒嫏嬛館刻、光緒楚南書局刻)

經 10504883
周禮班氏義一卷　漢班固撰　清王仁俊輯
十三經漢注本(稿本)　上海

經 10504884
周禮十二卷　漢鄭玄注
宋婺州市門巷唐宅刻本　國圖
宋刻本　國圖(存卷七至十一)
宋蜀大字刻本　日本靜嘉堂(存卷九至十)
三禮本(嘉靖刻)　國圖　上海　南京
明刻本　山東(存卷一至六,劍叟批校並跋)

經 10504885
周禮六卷　漢鄭玄注
明嘉靖間刻本　浙江
袖珍十三經註本(同治刻)

經 10504886
周禮十六卷　漢鄭玄注
清光緒間桂垣書局刻本　天津

經 10504887
周禮十二卷附札記一卷　漢鄭玄注　(札記)清黄丕烈撰
士禮居黄氏叢書本(嘉慶道光刻,光緒影印、民國影印)

經 10504888
重雕嘉靖本校宋周禮札記一卷　清黄丕烈撰
士禮居黄氏叢書本(嘉慶道光刻,光緒影印、民國影印)
清抄本(清孫詒讓批並跋)　浙大

經 10504889
周官禮注十二卷　漢鄭玄注　清殷盤校
清乾隆五十一年揚州殷盤刻本　國圖　北大　南京

經 10504890

周禮十二卷釋音一卷　漢鄭玄注　唐陸德明撰釋音
金刻本　國圖

經 10504891
周禮十二卷　漢鄭玄注　唐陸德明音義
宋刻本　國圖(清費念慈跋)
宋刻本　國圖(存卷二、四、七至九,卷十二配影宋抄本)
宋刻本　日本静嘉堂(存卷七至九)
元相臺岳氏荆溪家塾刻本　臺北故博(存卷三)
宋建安刻巾箱本　日本足利學校
元刻本　國圖(存卷三至六,傅增湘跋)
明潘恩刻萬曆十六年潘允端印本　國圖　北大　中科院　南京　上海　歷史所　山西文物局　西北大學　無錫　安徽　江西　四川　雲南
清同治七年湖北崇文書局刻本　國圖　北大　天津　上海　湖北　南京
金華叢書本(同治光緒刻、民國補刻)
清光緒十二年湖北官書處刻本　北大　遼寧　湖北　南京
清闕里孔氏敦本堂家塾校本　湖北
民國二十三年北平文禄堂影印宋刻本　國圖　上海　遼寧　湖北

經 10504892
周禮六卷　漢鄭玄注　唐陸德明音義
清乾隆五十二年福禮堂刻本　國圖(清翁方綱校)　北大　南京　湖北
清嘉慶十一年張青選清芬閣刻本　國圖　北大　南京　湖北　浙江　遼寧
清嘉慶十一年李光明莊刻本　南京
清同治十三年湖南書局刻本　湖北
十三經讀本本(同治金陵書局刻)
清光緒六年山西濬文書局刻本　浙江
清光緒二十年金陵書局刻本　國圖　北大　上海　南京
清光緒二十九年新化三味堂刻本　湖北
清宣統元年學部圖書局石印本　國圖　北大　南京
清狀元閣刻本　天津

經 10504893
周禮十二卷附周禮圖一卷　漢鄭玄注　唐陸德明音義
宋刻本　北大

經 10504894
纂圖互注周禮十二卷圖說一卷　漢鄭玄注　唐陸德明音義
宋刻本　國圖
宋刻本　日本静嘉堂
朝鮮刻本(清康熙四十五年)　遼寧

經 10504895
京本點校附音重言重意互注周禮十二卷　漢鄭玄注　唐陸德明音義
宋刻本　北大(存卷二、四至六)
宋刻本　上海(存卷一、三、七至十二)
清嘉慶二十二年吴壽暘拜經樓影宋抄本　北大

經 10504896
周禮注釋十二卷　漢鄭玄注　唐陸德明音義
明刻本　國圖

經 10504897
周禮六卷考工記一卷　漢鄭玄注　唐陸德明音義　明陳鳳梧編次

明嘉靖六年陳鳳梧、何鰲刻本　國圖　北大　南京　山東

經 10504898
周禮四十二卷　漢鄭玄注　唐陸德明音義　明金蟠、明葛鼐校
十三經古注本（崇禎刻、同治重修）
日本寬延二年翻刻永懷堂本　國圖　北大　上海　南京

經 10504899
周禮讀本六卷　漢鄭玄注　唐陸德明音義　唐文治輯
十三經讀本本（民國醒園刻）

經 10504900
周禮六卷　漢鄭玄注　唐陸德明音義
十三經讀本附校刊記本（同治山東書局刻）
清光緒間錦江書局影刻山東尚志堂本　南京　遼寧　湖北

經 10504901
周禮校刊記一卷　清丁寶楨等撰
十三經讀本附校刊記本（同治山東書局刻）
清光緒間錦江書局影刻山東尚志堂本　南京　遼寧　湖北

經 10504902
周禮節抄不分卷　漢鄭玄注
清王氏世德堂抄本　天津

經 10504903
周禮序一卷　漢鄭玄撰　清王仁俊輯
玉函山房輯佚書續編本（稿本）

經 10504904
答周禮難一卷　漢鄭玄撰　清孔廣林輯
通德遺書所見錄本（光緒刻）

經 10504905
答臨碩難禮一卷　漢鄭玄撰　清袁鈞輯
鄭氏佚書本（光緒觀稼樓刻、浙江書局刻）

經 10504906
答臨孝存周禮難一卷　漢鄭玄撰　清黄奭輯
漢學堂叢書本（道光刻光緒印）
黄氏逸書考本（道光刻王鑒修補、朱長圻補刻）

經 10504907
答臨碩周禮難一卷　漢鄭玄撰　清王仁俊輯
玉函山房輯佚書續編本（稿本）

經 10504908
周官禮注一卷　晉干寶撰　清王謨輯
漢魏遺書鈔本（嘉慶刻）

經 10504909
周官注一卷　晉干寶撰　清黄奭輯
漢學堂叢書本（道光刻光緒印）
黄氏逸書考本（道光刻王鑒修補、朱長圻補刻）

經 10504910
周官禮干氏注一卷　晉干寶撰　清馬國翰輯
玉函山房輯佚書本（同治皇華館刻、光緒李氏印、光緒娜嬛館刻、光緒楚南書局刻）

經 10504911

周官禮異同評一卷　晉陳邵撰　清馬國翰輯

玉函山房輯佚書本（同治皇華館刻、光緒李氏印、光緒娜嬛館刻、光緒楚南書局刻）

經 10504912

周官禮義疏一卷　後周沈重撰　清馬國翰輯

玉函山房輯佚書本（同治皇華館刻、光緒李氏印、光緒娜嬛館刻、光緒楚南書局刻）

經 10504913

周禮疏五十卷　漢鄭玄注　唐賈公彥疏

宋兩浙東路茶鹽司刻宋元遞修本　國圖　北大

民國二十九年武進董氏誦芬室影印及影刻宋越州本　國圖　北大　中科院　上海　復旦　湖北

經 10504914

附釋音周禮注疏四十二卷　漢鄭玄注　唐陸德明音義　唐賈公彥疏

元刻明修本　國圖　北大　北師大　上海　復旦　南京　吉大　山東

經 10504915

周禮注疏四十二卷　漢鄭玄注　唐陸德明音義　唐賈公彥疏

明嘉靖間常州知府應檟刻本　國圖　北大　社科院歷史所　上海　浙江　中山大學　重慶

十三經註疏本（嘉靖福建刻、萬曆北監刻、崇禎汲古閣刻、翻汲古閣刻）

經 10504916

周禮注疏十八卷　漢鄭玄注　唐賈公彥疏　明張采訂

明末張采刻本　中山大學

明末刻本　上海　辭書出版社　湖南師大

經 10504917

周禮注疏四十二卷附考證一卷　漢鄭玄注　唐陸德明音義　唐賈公彥疏

十三經註疏附考證本（乾隆武英殿刻、同治鍾謙鈞刻）

四庫全書薈要本（乾隆寫）

四庫全書本（乾隆寫）

經 10504918

周禮校勘記（周禮注疏校勘記）十二卷釋文校勘記二卷　清阮元撰

皇清經解本（道光刻、咸豐補刻、鴻寶齋石印、點石齋石印）

宋本十三經註疏併經典釋文校勘記本（光緒刻，周禮注疏）

經 10504919

附釋音周禮注疏四十二卷校勘記四十二卷　漢鄭玄注　唐陸德明音義　唐賈公彥疏　清阮元校勘　清盧宣旬摘錄

重刊宋本十三經註疏附校勘記本（嘉慶刻、道光重修、同治重修、同治刻、光緒刻、光緒石印、民國石印）

經 10504920

周禮注疏校勘記四十二卷　清阮元撰　清盧宣旬摘錄

重刊宋本十三經註疏附校勘記本（嘉

慶刻、道光重修、同治重修、同治刻、光緒刻、光緒石印、民國石印)

經 10504921
周官新義十六卷附考工記解二卷　宋王安石撰
四庫全書本(乾隆寫)
墨海金壺本(嘉慶刻、博古齋影印)
粤雅堂叢書本(咸豐刻)
經苑本(道光咸豐刻、同治印、民國補刻)
王安石全集本(民國鉛印)
清抄本(無考工記解)　湖北

經 10504922
周禮詳解四十卷　宋王昭禹撰
四庫全書本(乾隆寫)
清抄本　上海
清抄本(清丁丙跋)　南京

經 10504923
周禮解六卷　宋胡銓撰
胡忠簡公經解本(乾隆刻)
豫恕堂叢書本(光緒刻)

經 10504924
宋黄宣獻公周禮説五卷首一卷末一卷　宋黄度撰　清陳金鑒輯
清道光十年陳氏五馬山樓刻本　國圖　北大　中科院　南京

經 10504925
周禮復古編一卷　宋俞庭椿撰
明成化十年張瑄刻本　北大　上海　南京
明刻本　國圖　北大　上海　山東　山東博　浙大　湖北　四川師大
明刻本　西北大學
明刻本　南京(清丁丙跋)
明刻本　國圖
四庫全書本(乾隆寫)
民國間廬江劉氏遠碧樓藍格抄本　上海

經 10504926
禮經會元四卷　宋葉時撰
元至正間刻本　日本靜嘉堂　日本御茶之水
元至正間刻明修本　日本蓬左
明嘉靖五年蕭梅林刻本　國圖　北大　上海　復旦　浙大　華南師大
明刻本　國圖　上海　吉林　湖北　安徽博　河北大學
通志堂經解本(康熙刻、同治刻、日本文化刻)
四庫全書薈要本(乾隆寫)
四庫全書本(乾隆寫)
經學五種本(乾隆刻)
文藻四種本(乾隆刻)
清乾隆間寶翰樓刻本　遼大
正誼齋叢書本(道光刻)

經 10504927
禮經會元不分卷　宋葉時撰
清抄本　國圖

經 10504928
新刊京本禮經會元四卷　宋葉時撰
明刻本　國圖

經 10504929
禮經會元節要二卷　宋葉時撰　宋夏惟寧輯
明嘉靖十九年餘姚鳳山書院刻本　國圖

經 10504930
禮經會元節要四卷　宋葉時撰　宋夏惟寧輯
明刻本　故宫

經 10504931
宋葉文康公禮經會元四卷　宋葉時撰　清屈學溥重訂
清乾隆十三年刻本　復旦　浙江

經 10504932
宋葉文康公禮經會元節本四卷　宋葉時撰　清陸隴其點定　清許元淮删節並評
清乾隆五十年桐柏山房刻本　北大　南京　浙江　湖北
清嘉慶五年瘦竹山房刻本　北大
清嘉慶五年鋤經堂刻本　浙江
清光緒十一年刻本　天津
玲瓏山館叢書本(光緒刻)

經 10504933
太平經國之書(太平經國書)十一卷　宋鄭伯謙撰
明嘉靖十五年高叔嗣刻本　國圖　北大　天津　上海　山東　重慶
明嘉靖十七年孔天胤刻本　清華　中科院
明嘉靖二十七年仁和芮氏刻本　日本東京大學
明樊川别葉抄本(存卷三至五)　廣東
通志堂經解本(康熙刻、同治刻、日本文化刻)
四庫全書薈要本(乾隆寫)
四庫全書本(乾隆寫,太平經國書)
經學五種本(乾隆刻)
正誼齋叢書本(道光刻)
學津討原本(嘉慶刻、民國影印)

經 10504934
新刻翰林彙選周禮三注六卷　宋鄭伯謙　明何喬新等撰　明何天寵輯
明萬曆二十四年書林怡慶堂刻本　國圖

經 10504935
周官總義六卷　宋易祓撰
清乾隆二十年易祖霨刻本　中科院　温州(清孫詒讓批校並跋)
清道光六年篤成堂刻本　湖北

經 10504936
周官總義三十卷　宋易祓撰
四庫全書本(乾隆寫)
清抄本　上海

經 10504937
周禮總義六卷考證一卷　宋易祓撰　孫文昱考證
湖南叢書本(民國刻)

經 10504938
周官總義職方氏注一卷　宋易祓撰
麓山精舍叢書本(光緒刻)

經 10504939
周禮折衷四卷　宋魏了翁撰
清同治十三年望三益齋刻本　國圖　北大　上海

經 10504940
東巖周禮訂義(周禮訂義)八十卷　宋王與之撰
宋刻本　國圖

通志堂經解本(康熙刻、同治刻、日本文化刻)
四庫全書薈要本(乾隆寫,周禮訂義)
四庫全書本(乾隆寫,周禮訂義)

經 10504941
周禮句解十二卷　宋朱申撰
明嘉靖三十五年蔡揚金刻本　上海　南京　遼寧　東北師大　西安文管　山東　吴縣
明嘉靖四十四年陳儒刻本　上海
明萬曆二十二年宛陵梅守峻刻本　國圖
四庫全書本(乾隆寫)
民國間廬江劉氏遠碧樓藍格抄本　上海

經 10504942
校正詳增音訓周禮句解十二卷　宋朱申撰
明成化四年孫世榮刻本　國圖(清陳鱣跋)
明刻本　上海
清道光二十一年蔣氏別下齋抄本(清許光清校並跋)　國圖
清抄本(清丁丙跋)　南京

經 10504943
周禮集說十卷綱領一卷　元陳友仁輯
四庫全書本(乾隆寫)

經 10504944
周禮集說十一卷綱領一卷復古編一卷　元陳友仁輯　(復古編)宋俞庭椿編
明成化十年張瑄刻本　北大　上海　南京
明刻本　國圖　北大　上海　山東　山東博　浙大　湖北　四川師大

經 10504945
周禮集說十一卷綱領一卷復古編一卷編補二卷　元陳友仁輯　(復古編)宋俞庭椿編　(復古編編補)明劉儲秀輯
明刻本　國圖
明刻本　南京(綱領配清抄本,清丁丙跋)

經 10504946
周禮考注十五卷　元吴澄撰
明吴興董嗣茂刻本　臺圖
明刻本　山東師大

經 10504947
周官集傳十六卷　元毛應龍撰
四庫全書本(乾隆寫)
清乾隆四十六年沈叔埏抄本(存卷一至二)　南京
清抄本　復旦
清南海孔氏嶽雪樓影抄本　國圖

經 10504948
周官集傳十六卷附校勘記一卷校勘續記一卷　元毛應龍撰　魏元曠校勘　胡思敬續校勘
豫章叢書本(民國刻,胡思敬輯)

經 10504949
周官集傳校勘記一卷　魏元曠撰
豫章叢書本(民國刻,胡思敬輯)

經 10504950
周官集傳校勘續記一卷　胡思敬撰
豫章叢書本(民國刻,胡思敬輯)

經 10504951
周禮補亡六卷　元丘葵撰
明弘治十四年錢俊民刻本　北大
明李緝刻本　國圖　上海　南京　吉林　社科院　山東　安徽　北大
明葛欽刻本　國圖　河南
明刻本　浙大
明刻本　湖南師大(存四卷)
明抄本(存三卷)　餘杭
清抄本　齊齊哈爾

經 10504952
周禮補亡六卷　元丘葵撰　清顧可久編
抄本　國圖

經 10504953
周禮集注七卷　明何喬新撰
明弘治九年刻本　日本無窮會
明正德十三年安正堂刻本　國圖(存二卷)
明嘉靖六年毛益刻本　上海
明嘉靖七年褚選刻本　國圖　中科院　南京
明刻本　故宮　新鄉

經 10504954
周禮明解十二卷　明何喬新撰
明刻本　齊齊哈爾

經 10504955
讀禮疑圖六卷　明季本編
明嘉靖間刻本　國圖　北大　社科院歷史所　復旦

經 10504956
周禮訓雋二十卷　明陳深撰
明萬曆間刻本　山東大學　即墨　鄒縣文管所　無錫　揚州　浙江　河南　湖南　廣西

經 10504957
周禮二十卷　明陳深批點
明淩杜若刻朱套印本　國圖　北大　故宮　北京文物局　羣衆出版社　上海　復旦　華東師大　南京　遼寧　吉林　東北師大　吉林社科院　浙江　浙大　江西　福建　重慶

經 10504958
周禮十八卷考工記二卷　明陳深批點　(考工記)唐杜牧注
合諸名家真評先秦十五種本(明刻)

經 10504959
周禮沿革傳四卷　明魏校撰
莊渠先生遺書本(嘉靖刻)

經 10504960
周禮定本四卷　明舒芬撰
梓溪文鈔本(萬曆刻)
清乾隆間翻刻萬曆本　北大

經 10504961
周禮因論一卷　明唐樞撰
明隆慶間刻本　中科院
木鐘臺全集本(明刻、咸豐刻)

經 10504962
周禮述注六卷　明金瑤撰
明萬曆七年瑠溪金氏一經堂刻本　河北大學　東北師大　山東　浙江　安徽

經 10504963

周禮二氏改官改文議一卷　明金瑤撰
明萬曆七年瑠溪金氏一經堂刻本　河北大學　東北師大　山東　浙江　安徽

經 10504964
周禮會注十五卷　明李如玉撰
明抄本(存七卷)　國圖

經 10504965
非周禮辨一卷經傳正訛一卷　明王應電撰
明刻本　天津

經 10504966
周禮傳五卷翼傳二卷圖說二卷　明王應電撰
明嘉靖四十二年吴鳳瑞刻本　國圖　上海　蘇州文管　浙江　天一閣
明抄本　武大
四庫全書本(乾隆寫)

經 10504967
周禮翼傳二卷　明王應電撰
明嘉靖四十二年吴鳳瑞刻本　國圖　上海　蘇州文管　浙江　天一閣
明抄本　武大
四庫全書本(乾隆寫)

經 10504968
周禮圖說二卷　明王應電撰
明嘉靖四十二年吴鳳瑞刻本　國圖　上海　蘇州文管　浙江　天一閣
明抄本　武大
四庫全書本(乾隆寫)

經 10504969
周禮要義十四卷　明丁克卿撰
明刻本　北大　社科院文學所　上海
清初刻本　上海(存卷一、二、四、六)

經 10504970
續定周禮全經集注十五卷　明王圻撰
明萬曆四十一年刻本　温州

經 10504971
周禮全經釋原十二卷　明柯尚遷撰
明隆慶四年張大忠刻本　國圖　北大　天津　陝西　浙江　華南師大
清初抄本(存卷一至四,王禮培跋)　上海

經 10504972
周禮全經釋原十三卷卷首一卷周禮通今續論一卷　明柯尚遷撰
四庫全書本(乾隆寫)

經 10504973
周禮通論一卷　明柯尚遷撰
明隆慶四年張大忠刻本　國圖　北大　天津　陝西　浙江　華南師大

經 10504974
周禮傳敍論一卷　明柯尚遷撰
明隆慶四年張大忠刻本　國圖　北大　天津　陝西　浙江　華南師大

經 10504975
周禮集說編補二卷　明劉儲秀輯
明刻本　國圖
明刻本　南京(清丁丙跋)

經 10504976
周禮筆記六卷　明馮時可撰

明萬曆間周宗邠刻本　國圖

經 10504977
周禮通義二卷　明施天麟撰
明崇禎間刻本　國圖

經 10504978
周禮說十二卷　明徐即登撰
明萬曆間刻本　浙江

經 10504979
古周禮釋評六卷　明孫攀撰
明萬曆三十一年刻本　清華　中科院　南京　安徽　重慶

經 10504980
周禮古本訂注五卷附考工記一卷　明郭良翰輯
明萬曆間刻本　泉州　福建師大

經 10504981
周禮完解十二卷　明郝敬撰
郝氏九經解本(萬曆刻、抄本)

經 10504982
讀周禮一卷　明郝敬撰
郝氏九經解本(萬曆刻、抄本)

經 10504983
重校古周禮六卷　明陳仁錫注釋
明末刻本　北大　清華　浙江　廣東

經 10504984
重校古周禮三卷　明陳仁錫注釋
清康熙間清畏堂刻本　上海

經 10504985
周禮句解六卷考工記一卷集注句解一卷　明陳仁錫撰
明問龍館刻本　國圖

經 10504986
周禮五官考一卷　明陳仁錫撰
學海類編本(道光木活字印、民國影印)

經 10504987
注釋古周禮五卷考工記一卷　明郎兆玉撰
明天啓間郎氏堂策檻刻本　國圖　北大　清華　北師大　中央黨校　中科院　自然所　天津　上海　復旦　浙江　吉林社科院　陝西　新疆大學　南京　山東　吴江　平湖　安徽　江西　河南　邵陽　湖南社科院　中山大學　四川

經 10504988
周禮注疏删翼三十卷　明王志長撰
明崇禎十二年葉培恕刻本　北大　北師大　華東師大　南京　南京博　武威博　泰安　青島博　南通　揚州　高郵　常熟　天一閣　福建　惠安　福建師大　河南　湖北　重慶
明末天德堂刻本　清華　天津　萬榮　寧夏　樂平　湖南　中山大學
清初函三堂刻本　湖北
四庫全書本(乾隆寫)
清乾隆五十七年吴門書葉堂刻本　南京
清乾隆六十年醉墨齋刻本　國圖　北大　湖北
清嘉慶十年醉墨齋刻本　北大　復旦
清芥子園刻本　國圖

經 10504989
新鐫周禮旁訓六卷　明楊九經撰
明萬曆二十八年鄭雲竹刻本　日本茨城大學

經 10504990
讀周禮畧記六卷　明朱朝瑛撰
七經畧記本(清抄)　國圖　浙江

經 10504991
周禮六卷　明蔡吉甫學　清顧可久輯
明刻本　上海

經 10504992
資治周禮集傳五卷　明曹津集
明萬曆間刻本　上海

經 10504993
周禮便讀二卷　明王一清撰
清刻本　遼寧

經 10504994
周禮考記一卷　明□□撰
明抄本　吉林

經 10504995
周禮文物大全圖一卷　□□撰
明刻套印本　國圖
明刻本　國圖(明吴繼仕考校)
清初刻朱綠套印本　北大
清刻本(清王皓校錄)　國圖

經 10504996
周禮三注粹抄六卷　明□□撰
明萬曆十八年余泗泉萃慶堂刻本　天津

經 10504997
周禮彙纂二卷　清錢世熹撰
清嘉慶十五年刻本　國圖　中科院

經 10504998
周官識小一卷　清沈豫撰
蛾術堂集本(道光刻、民國影印)

經 10504999
周禮通義問一卷　清李蕃撰
雪鴻堂文集本卷十(康熙刻)　北大　湖北

經 10505000
周禮問二卷　清毛奇齡撰
西河合集本(康熙刻、乾隆印、嘉慶印)

經 10505001
周禮集傳六卷　清李文炤撰
李氏成書本(清四爲堂刻)

經 10505002
禮經會元疏釋四卷首一卷　清陸隴其撰
陸子全書本(光緒刻)

經 10505003
周官辨非一卷　清萬斯大撰
清康熙間刻本　南京
萬充宗先生經學五書本(乾隆刻、嘉慶印)
昭代叢書本(道光刻)
清抄本　北大

經 10505004
周禮惜陰錄六卷　清徐世沐輯
抄本　上海

經 10505005
周禮集解□卷　清高愈撰　清華學泉增訂
清抄本(存卷一至二十三)　國圖

經 10505006
周禮淪義三十二卷　清劉謙撰
清抄本　天津

經 10505007
周禮玉海一卷　清張一稑撰
清乾隆元年刻本　上海

經 10505008
周禮述注二十四卷　清李光坡撰
清乾隆八年李氏清白堂刻本　國圖　北大　中科院　浙江　南京
清光緒三年刻本　上海　南京　湖北
四庫全書本(乾隆寫)

經 10505009
周官學一卷　清劉光撰
清抄本　國圖

經 10505010
周禮纂訓二十一卷　清李鍾倫纂
清乾隆間成雲山房刻本　北大　上海
四庫全書本(乾隆寫)
榕村全書本(道光刻)

經 10505011
周禮札記二卷　清朱亦棟撰
十三經札記本(光緒竹簡齋刻)

經 10505012
周禮輯義十二卷　清姜兆錫撰
清康熙間刻本　上海　浙江
九經補注本(雍正刻)
清抄本(存卷一至六)　中科院

經 10505013
周禮注疏詳解十二卷　清姜兆錫撰
清嘉慶元年聯墨堂刻本　大連

經 10505014
周禮折衷六卷　清胡興銓編注
清康熙二十五年經綸堂刻本　上海
清同治五年尚德堂刻本　湖北
清晚翠堂刻本　湖北

經 10505015
周官辨一卷　清方苞撰
方望溪先生經說四種本(乾隆刻)　國圖　上海
抗希堂十六種本(康熙嘉慶刻)
桐城方望溪先生全書本(光緒活字印)

經 10505016
周官集注十二卷　清方苞注
抗希堂十六種本(康熙嘉慶刻)
四庫全書本(乾隆寫)
桐城方望溪先生全書本(光緒活字印)

經 10505017
周官析疑三十六卷考工記析疑四卷　清方苞撰
抗希堂十六種本(康熙嘉慶刻)
桐城方望溪先生全書本(光緒活字印)

經 10505018
禮說十四卷　清惠士奇撰
清惠氏紅豆齋刻本　國圖　北大　中科院　湖北　復旦　湖北
四庫全書本(乾隆寫)

清嘉慶間蘭陔書屋刻本　國圖　中科院　北大　天津　上海　南京　遼寧　湖北
璜川吴氏經學叢書本(道光刻)
皇清經解本(道光刻、咸豐補刻、鴻寶齋石印、點石齋石印)

經 10505019
周禮節訓六卷　清黄叔琳輯　清姚培謙重訂
清雍正十年古音堂刻本　國圖　華東師大　上海　湖北
清乾隆間刻本　國圖　復旦　清華　中山大學
清嘉慶十七年書業堂刻本　錦州
清道光十年刻金閶步月樓印本　國圖
清道光十五年刻本　遼寧
清道光二十二年桐石山房刻本　遼寧
清同治七年重刻本　南京
清光緒十二年蘇州掃葉山房刻本　遼寧　湖北
清光緒十三年善成堂刻本　南京
清光緒十四年東昌書叢德刻本　南京
清光緒三十四年兩儀堂重刻本　上海(存卷一至三)
清南京李光明莊刻本　國圖　首都　南京
清抄本　河南

經 10505020
周禮節訓增句六卷　清黄叔琳撰　李盛卿增句
清光緒十五年李氏家塾本　浙江
清宣統元年上海會文學社石印本　上海　浙江

經 10505021
周禮揭要六卷周禮序官一卷　清黄叔琳撰　清許寶香重訂
清嘉慶元年自怡軒刻本　東北師大

經 10505022
繪圖周禮便蒙課本六卷　清黄叔琳撰
清光緒三十二年南洋官書局石印本　吉林市　黑龍江

經 10505023
欽定周官義疏四十八卷首一卷　清鄂爾泰等編
清乾隆間紅格抄三禮義疏本　國圖
四庫全書薈要本(乾隆寫)
四庫全書本(乾隆寫)
御纂七經本(康熙内府刻、同治浙江書局刻、崇文書局刻、江西書局刻、光緒户部刻、江南書局刻、光緒鴻文書局石印)
清紫陽書院刻本　湖北　南京

經 10505024
周禮札記二卷　清范爾梅撰
讀書小記本(雍正刻)

經 10505025
周禮疑義舉要七卷　清江永撰
四庫全書本(乾隆寫)
清乾隆間刻本　國圖
清道光間刻本　上海(清姚椿批校)
清延古樓黄鑒唐刻本　中科院
皇清經解本(道光刻、咸豐補刻、鴻寶齋石印、點石齋石印)
守山閣叢書本(道光刻、光緒影印、民國影印)
清抄本　北大

經 10505026
周禮疑義舉要八卷　清江永撰
清乾隆間閩中許作屏刻本　國圖

經 10505027
周禮疑義舉要六卷　清江永撰
清道光五年成都龍氏刻敷文閣彙抄本　北大　湖北

經 10505028
周禮疑義四十四卷　清吴廷華撰
清玉海樓抄本(存卷三至六、二十三至三十、三十三至三十六、四十一至四十二,清孫詒讓校)　浙大
清張金吾詒經堂抄本(缺卷四至二十八)　國圖
清抄本(存卷三至六、二十三至三十、三十三至三十六、四十一至四十二,清丁丙跋)　南京
清抄本(存卷一)　上海

經 10505029
東壁疑義□□卷　清吴廷華撰
清乾隆間翰林院抄本(存周禮卷一至四)　北大
清抄本(存周禮卷三至五)　上海

經 10505030
周官圖四卷　清王文清、清吴廷華纂修
清王文清、吴廷華稿本　國圖

經 10505031
周官祿田考三卷　清沈彤撰
四庫全書本(乾隆寫)
果堂全集本(乾隆刻)
皇清經解本(道光刻、咸豐補刻、鴻寶齋石印、點石齋石印)
清抄本(清孔繼涵校,鄧邦述跋)　國圖
民國間張氏約園抄本　國圖
抄本　上海

經 10505032
周官祿田考補正三卷　清倪景曾撰
民國間吴縣王氏學禮齋傳抄稿本　復旦

經 10505033
六官典故九卷　清姚培謙撰
清乾隆五年刻本　東北師大

經 10505034
周禮會最一卷　清惠棟編
稿本　北大

經 10505035
周禮古義一卷　清惠棟撰
昭代叢書本(道光刻)

經 10505036
周禮質疑五卷　清劉青芝撰
劉氏傳家集本(乾隆刻)

經 10505037
讀周禮隨筆六卷　清龔鑑撰
清刻本　國圖

經 10505038
周禮集解節要六卷　清鄧愷輯
清雍正十二年大酉齋刻本　華東師大(清佚名批校)
清道光十三年步月樓刻本　吉林師院
清抄本　東北師大

經 10505039

石溪讀周官六卷　清官獻瑤撰
清道光二十五年同安蘇氏刻本　國圖　中科院

經 10505040
周禮正義六卷　清陶敬信撰
稿本　故宫

經 10505041
周禮撮要三卷　清潘相撰
清乾隆十八年刻本　中科院
清乾隆間汲古閣刻本　華東師大
潘相所著書本(乾隆嘉慶刻,經學八書)

經 10505042
周禮注疏述注十卷　清吕心忠撰
清抄本　國圖

經 10505043
周禮初學讀本六卷　清萬廷蘭輯
清南昌萬氏刻十一經初學讀本本　國圖　湖北

經 10505044
周官記五卷　清莊存與撰
味經齋遺書本(嘉慶刻道光增刻、光緒刻)
皇清經解續編本(光緒刻、光緒石印)

經 10505045
周官説二卷　清莊存與撰
味經齋遺書本(嘉慶刻道光增刻、光緒刻)
皇清經解續編本(光緒刻、光緒石印)

經 10505046
周官説補三卷　清莊存與撰
味經齋遺書本(嘉慶刻道光增刻、光緒刻)
皇清經解續編本(光緒刻、光緒石印)

經 10505047
周禮軍賦説四卷　清王鳴盛撰
清乾隆間頤志堂刻本　國圖　中科院　浙江　遼寧　湖北
清嘉慶三年嘉定秦氏汗筠齋刻本(南京)
皇清經解本(道光刻、咸豐補刻、鴻寶齋石印、點石齋石印)

經 10505048
周禮俗説六卷　清閻莘廬撰
稿本(清張之洞跋)　山東

經 10505049
溝洫疆理小記一卷　清程瑶田撰
通藝録本(嘉慶刻)
安徽叢書本(民國影印,通藝録)
皇清經解本(道光刻、咸豐補刻、鴻寶齋石印、點石齋石印)

經 10505050
水地小記一卷　清程瑶田撰
通藝録本(嘉慶刻)
安徽叢書本(民國影印,通藝録)
皇清經解本(道光刻、咸豐補刻、鴻寶齋石印、點石齋石印)

經 10505051
周禮外義二卷　清程大中撰
清刻本　國圖　上海

經 10505052
周禮畿内授田考實一卷　清胡匡衷撰

蟄園叢刻本(光緒刻)

經 10505053

侯國職官表一卷　清胡匡衷撰

昭代叢書本(道光刻)

經 10505054

周禮讀本六卷　清周樽輯

清乾隆五十八年留餘堂刻本　山東博(清王筠批校)

經 10505055

周禮會通六卷　清胡翹元輯

清乾隆五十二年豫章胡氏凝輝閣刻本　國圖　北大　中科院　上海　湖北

經 10505056

周官禮附記二卷　清翁方綱撰

民國初貴池劉氏傳抄稿本(劉之泗校並跋)　復旦

清抄本　北大

經 10505057

周禮摘箋五卷　清李調元撰

函海本(乾隆刻、道光補刻、光緒刻)

經 10505058

周禮提綱輯注六卷　清姜炳璋撰　清林組注

清乾隆四十三年善成堂刻本　湖北

經 10505059

周官隨筆一卷　清張羲年撰

啾蔗全集本(光緒鉛印)　北大

經 10505060

周官精義十二卷　清連斗山輯

清乾隆三十二年刻本　浙江

清乾隆四十一年刻本　國圖　北大　清華　中科院　上海　南京　浙江　湖北

清乾隆四十六年刻本　上海

清嘉慶元年刻本　中科院　遼寧　上海

清嘉慶二年致和堂刻本　國圖

清嘉慶三年集錦堂刻本　國圖

清嘉慶五年通行本　南京

清嘉慶七年刻本　天津

清嘉慶十二年掃葉山房刻本　上海

清嘉慶十三年金陵三益堂刻本　北大

清嘉慶二十三年刻本　天津　南京

清道光七年刻本　上海

清同治十年孫觀粤東臬署刻本　國圖　上海　湖北

清刻善成堂印本　國圖　遼寧

清刻芸輝閣印本　國圖

清崇義書院刻本　國圖

清啓元堂刻本　湖北

經 10505061

周禮節釋十二卷　清鮑梁撰

清乾隆四十六年寶恕堂刻本　河南博

清乾隆間藻文堂刻本　國圖

清善成堂刻本　湖北

清西川堂刻本　湖北

清三益堂刻本　吉林社科院

經 10505062

周禮約編六卷　清汪基撰

三禮約編喈鳳本(乾隆刻、嘉慶刻)

清道光二十三年刻本　國圖

清大文堂刻本　湖北

經 10505063
周禮類綜四卷　清許元淮撰
　清乾隆五十年刻本　南京
　清嘉慶六年玉軸樓重刻本　南京

經 10505064
周官撮要六卷　清鄧枝麟撰
　清乾隆間刻本　南京

經 10505065
周官集說十二卷　清莊有可撰
　清抄本(清孫詒讓跋)　浙大

經 10505066
周官指掌五卷　清莊有可撰
　清道光間刻本　國圖　南京　湖北　中科院
　正覺樓叢刻(光緒刻)
　清玉海樓抄本(清孫詒讓跋)　浙大

經 10505067
周官臆測六卷敍錄一卷　清孔廣林撰
　孔叢伯說經五稿本(嘉慶刻、光緒刻)

經 10505068
周官偶記一卷　清汪德鉞撰
　七經偶記本(道光木活字印)

經 10505069
周官禮經注正誤一卷　清張宗泰撰
　清乾隆嘉慶間石梁學署刻本　北大
　積學齋叢書本(光緒刻)

經 10505070
周禮精義六卷首一卷　清黄淦撰
　七經精義本(嘉慶刻、道光刻、光緒刻)
　清令德堂刻本　湖北

經 10505071
周官序論一卷　清馮至撰
　諸暨馮氏叢刻本(民國鉛印)
　民國間廣倉學會雜志社鉛印本　湖北

經 10505072
周禮屬詞五卷　清吴士杭撰　清樂儒蔚注
　清道光十七年刻本　大連

經 10505073
周禮序官考一卷　清陳大庚撰
　借月山房彙鈔本(嘉慶刻、博古齋影印)
　澤古齋重鈔本(道光重編)
　會稽徐氏初學堂羣書輯錄本(稿本)

經 10505074
周禮學一卷　清沈夢蘭撰
　清沈氏所願學齋刻本　温州(清孫詒讓批校)
　所願學齋書鈔本(光緒刻)
　湊湖沈氏叢書本(光緒刻)
　清抄本　浙江

經 10505075
周官圖說六卷　清李錫書撰
　清嘉慶間刻見庵錦官錄本　國圖　北大

經 10505076
周禮貫珠二卷　清胡必相輯
　清嘉慶九年鋤經書局刻本　浙江

經 10505077
周官經疏備要六卷　清顧大治編
　清嘉慶十年刻本　上海　湖北

經 10505078
周官説約六卷　清劉方璿撰
　清嘉慶十二年聰訓堂刻本　上海

經 10505079
周官心解二十八卷　清蔣載康撰
　清嘉慶十一年經箎堂刻本　國圖　中科院　上海　湖北

經 10505080
周禮精華六卷　清陳龍標輯
　清嘉慶十一年光韙堂刻本　上海
　清嘉慶十六年刻寧郡汲綆齋印本　國圖
　清嘉慶二十二年光韙堂刻本　天津
　清嘉慶間寧郡簡香齋刻本　湖北
　清道光三年芥子園刻本　吉林
　清道光十二年博古堂刻本　上海
　清道光間靈蘭堂刻本　復旦
　清咸豐元年寶善堂刻本　吉林市
　清咸豐九年寶華樓刻本　湖北
　清咸豐間漁古山房刻本　復旦
　清同治三年寶文堂刻本　上海
　清同治八年京都善成堂刻本　湖北
　清同治十年玉經樓刻本　湖北
　清光緒九年掃葉山房刻本　北大　上海　遼寧
　清光緒九年校經山房刻本　遼寧　哈爾濱
　清光緒十一年成文信刻本　吉林市
　清光緒十四年煙臺文勝堂刻本　丹東　哈爾濱
　清光緒十六年善成堂刻本　東北師大

經 10505081
周禮夏官殘字校記一卷　清趙坦撰
　清抄本　國圖

經 10505082
周禮鄭注校字一卷　清臧庸撰
　清抄本　北大

經 10505083
官聯條辨八卷　清黄端輯
　清嘉慶間桐蔭山房刻本　北大

經 10505084
周官恆解六卷　清劉沅輯注
　清道光元年豫誠堂刻本　湖北　北大
　清道光十九年刻光緒三十一年印本　上海(缺卷六)
　槐軒全書本(同治刻)
　清光緒間刻本　國圖
　民國十六年致福樓重刻本　上海　湖北

經 10505085
周禮客難八卷　清龔元玠撰
　十三經客難本(道光刻)

經 10505086
周禮客難一卷　清龔元玠撰
　昭代叢書本(道光刻)

經 10505087
周禮補注六卷　清吕飛鵬撰
　清道光二十九年旌德吕氏立誠軒刻本　國圖　北大　中科院　上海　浙江
　聚學軒叢書本(光緒刻)

經 10505088
周禮注疏節要三十卷　清萬希槐輯
　清惜陰齋刻本　湖北
　清抄本　北大

經 10505089
周禮精華七卷　清薛嘉穎輯
　四經精華本（光緒古香閣刻）
　清光緒二十四年江左書林刻本　黑龍江社科院

經 10505090
周禮凝粹六卷　清宋嘉德撰
　稿本　浙大
　清道光二十年奎照閣刻本　上海
　清抄本　國圖　北大　鄭州

經 10505091
周禮注疏四卷　清陳廷焕輯
　稿本（清楊用霖跋）　湖北

經 10505092
周禮經注節抄七卷　清許珩輯
　清嘉慶十六年刻本　國圖　湖北　北大

經 10505093
周禮注疏獻疑七卷　清許珩撰
　清嘉慶十六年刻本　國圖　湖北　上海　北大

經 10505094
周禮學二卷　清王聘珍撰
　皇清經解續編本（光緒刻、光緒石印）

經 10505095
周官參證二卷　清王寶仁輯
　清道光十六年刻本　湖北　天津
　清同治十三年舊香居刻本　國圖　北大　中科院　上海　復旦　南京

經 10505096
周禮注疏小箋五卷　清曾釗撰
　清同治十年學海堂刻本　國圖　上海　遼寧
　學海堂叢刻本（光緒刻）
　皇清經解續編本（光緒刻、光緒石印）

經 10505097
周禮釋注二卷　清丁晏撰
　清道光三年刻本　復旦
　六藝堂詩禮七編本（咸豐刻）
　頤志齋叢書本（咸豐刻）

經 10505098
周禮異字釋不分卷　清丁晏撰
　稿本　上海

經 10505099
周禮車服志一卷　清陳宗起撰
　養志居僅存稿本（光緒刻）

經 10505100
周禮旁訓經疏節要六卷　清孟一飛輯
　清道光六年刻本　國圖　遼寧

經 10505101
周官精義鈔畧十一卷　清陸錫墣撰
　清道光二十六年刻本　天津

經 10505102
舒恬軒周禮讀本六卷　清龐佑清訂
　清道光二十八年刻本　中科院　上海　復旦　湖北
　清同治八年修補道光二十八年刻本　國圖
　清光緒十一年漱芳齋重刻本　上海

經 10505103
周禮考正補注一卷附冬官考工記補注

一卷　清蔣湘南纂
清抄本　國圖

經 10505104
周禮職官分屬歌一卷　清馮桂芬撰
校邠廬逸箋本(光緒石印)

經 10505105
讀周官錄一卷　清曾國藩撰
曾文正公全集本(清刻)

經 10505106
周禮平議二卷　清俞樾撰
皇清經解續編本(光緒刻、光緒石印)
春在堂全書本(同治至光緒刻,羣經平議)

經 10505107
周禮今釋六卷　清桂文燦撰
南海桂氏經學本(光緒刻)
民國二十九年南海桂氏抄本　復旦

經 10505108
周官證古二卷　清桂文燦撰
敬躋堂叢書本(民國刻)

經 10505109
周官司徒類考一卷　清呂調陽撰
觀象廬叢書本(光緒刻)

經 10505110
周官箋六卷　清王闓運撰
湘綺樓全書本(光緒刻)
清抄本(存卷三)　遼寧

經 10505111
周禮集說補三卷　清陸心源輯
潛園總集本(同治光緒刻,羣書校補)

經 10505112
周官書名考一卷　清沈家本撰
吴興沈氏稿本　國圖

經 10505113
周官譯義一卷　清尹恭保撰
清抄本　國圖

經 10505114
周禮可讀六卷　清劉曾騄撰
祥符劉氏叢書本(光緒民國石印)

經 10505115
周官約解三十五卷　清劉曾騄撰
祥符劉氏叢書本(光緒民國石印)

經 10505116
周禮注疏校勘記校字補一卷　清茆泮林撰
鶴壽堂叢書本(光緒刻)

經 10505117
周官說不分卷　清□□撰
清抄本(清孫詒讓跋)　浙大

經 10505118
周禮政要二卷　清孫詒讓撰
稿本　南京
清光緒二十八年瑞安普通學堂刻本　國圖　北大　上海　南京　湖北　浙江
清光緒二十八年武昌刻本　北大　天津　湖北
清光緒二十八年鉛印本　國圖　中科院　復旦　天津

清光緒三十年上海書局石印本　國圖　天津　浙江

經 10505119
周禮政要四卷　清孫詒讓撰
清光緒間貫吾齋石印本　國圖　北大
清末三多齋石印本　湖北
關中叢書本(民國鉛印)

經 10505120
周禮正義八十六卷　清孫詒讓撰
稿本(存卷一至十、二十六至三十九、四十四、五十至五十二、五十九、六十四至六十六、六十八至六十九、七十三、七十六至七十七、八十一至八十二、八十五,清費念慈跋)　温州
稿本(存卷一至九、十七至四十二、五十五至五十六、五十九至六十一、六十五至七十二、八十二至八十六)　温州博
稿本　國圖
清光緒三十一年鉛印本　國圖　中科院　北大　天津　上海　南京　湖北　浙江
民國二十年刻本　國圖　中科院　上海　遼寧　湖北

經 10505121
九旗古義述一卷　清孫詒讓撰
清光緒二十三年刻本　南京
清光緒二十八年瑞安孫氏刻本　國圖　北大　南京　復旦

經 10505122
周禮三家佚注一卷　清孫詒讓撰
清光緒二十年瑞安孫氏刻本　國圖　北大

經 10505123
周禮馬融鄭玄敍一卷　清孫詒讓輯
清玉海樓抄本　浙大

經 10505124
答臨孝存周禮難疏證一卷　清皮錫瑞撰
皮氏經學叢書本(光緒刻)

經 10505125
周禮講義六卷　清李步青撰
清廣陵浦聚成齋刻本　復旦
民國三年丹徒李氏刻本　國圖　北大　上海　湖北

經 10505126
周禮政要二卷　清費念慈等撰
稿本(清文廷式、清孫詒讓校改)　上海
清抄本　上海

經 10505127
周禮注引漢制不分卷　清許克勤輯　胡玉縉增補
稿本　復旦

經 10505128
周禮古學考十一卷　清李滋然撰
清宣統元年鉛印本　國圖　中科院　天津　上海　湖北
民國二十三年鉛印本　國圖　上海　復旦　遼寧　北大

經 10505129
周官纂要便讀六卷　清易文琳纂　清羅壽淇輯注
清光緒十一年湘琳館刻本　湖北

經 10505130

周禮彙鈔刊本注疏增刪六卷　清俞曾模撰
清刻本　北大　上海

經 10505131
周禮說畧六卷　清張嘉玲撰
抄本　上海

經 10505132
周禮淺說六卷　清張日昌撰
民國元年光華齋石印本　上海　復旦　湖北

經 10505133
周禮通纂會韵六卷　清周繪藻撰
清光緒間百柱堂刻本　上海

經 10505134
讀周禮日記一卷　清于鬯撰
學古堂日記本(光緒刻)

經 10505135
周禮類編不分卷　清香吏氏撰
清抄本　(佚名釋音)上海

經 10505136
周官答問七卷　清□□撰
清抄本　上海

經 10505137
周官節訓不分卷　清□□撰
清抄本　上海

經 10505138
周官節要二卷　清□□撰
清抄本　北大

經 10505139
周官精騎二卷　清□□撰
清乾隆五十一年抄本　上海

經 10505140
周官精義不分卷　清□□撰
清抄本　天津

經 10505141
周官禮聯事十五卷　清□□撰
稿本　北大

經 10505142
周禮節要不分卷　清□□撰
清抄本　上海　復旦
抄本　上海

經 10505143
周禮井田譜不分卷　清□□撰
抄本　北大

經 10505144
周禮就班二卷　清□□撰
清抄本(佚名批校)　上海
抄本　國圖　中科院

經 10505145
周禮旁訓六卷　清□□撰
清掃葉山房刻本　上海

經 10505146
周禮正義不分卷　清□□撰
清抄本　臺圖

經 10505147
周官集注六卷　清□□撰
稿本　臺圖

經 10505148
周官考徵凡例一卷　廖平撰
　新訂六譯館叢書本(民國彙印)

經 10505149
周禮新義凡例一卷　廖平撰
　新訂六譯館叢書本(民國彙印)

經 10505150
周禮訂本畧注三卷　廖平撰　黄溶述
　新訂六譯館叢書本(民國彙印)

經 10505151
周禮鄭注商榷一卷　廖平撰
　新訂六譯館叢書本(民國彙印)

經 10505152
周禮札記一卷　潘任撰
　希鄭堂叢書(光緒木活字印)

經 10505153
周官古經舉例一卷　宋育仁撰
　民國間刻本　上海　遼寧　湖北

經 10505154
西漢周官師說考二卷　劉師培撰
　劉申叔先生遺書本(民國鉛印)

經 10505155
周禮古注集疏二十卷　劉師培撰
　抄本　國圖
　劉申叔先生遺書本(民國鉛印,存卷七至十三、十五至二十)

經 10505156
輯周禮二十二卷　通雅書會輯
　清光緒二十四年琢古齋刻本　湖北

經 10505157
周官講義不分卷　陳新佐編
　清光緒間山東師範學堂石印本　國圖

經 10505158
周禮賈疏引唐制輯證不分卷　劉咏溱撰
　民國二十二年蔭餘堂石印本　國圖

經 10505159
周禮講義不分卷　馬貞榆撰
　清末湖北存古學堂鉛印本　湖北

經 10505160
周禮職官類考不分卷　童賡年撰
　稿本　國圖

經 10505161
周禮講義不分卷　周嵩年撰
　清宣統三年抄本　東北師大

經 10505162
周禮摘錄一卷　清□□撰
　抄本　南京

經 10505163
周禮正義略例不分卷　清□□撰
　抄本　國圖

經 10505164
周禮直解不分卷　清□□撰
　抄本　上海

經 10505165
周禮升官圖不分卷　清武林不須老人輯
　抄本　上海

經 10505166

周禮摘釋一卷周官奇字一卷　清□□撰
抄本　東北師大

分篇之屬

經10505167
周禮醫官詳説一卷　清顧成章撰
清光緒間鉛印本　北大　上海

經10505168
周禮醫師補注一卷　張驥撰
民國二十四年成都張氏義生堂刻醫古微本　國圖　北大　上海

經10505169
周禮地官冬官徵一卷　清唐詠裳撰
清光緒二十四年刻特健藥齋外編本　國圖

經10505170
冬官旁求二卷　清辛紹業撰
清乾隆間南浦草堂刻本　湖北
敬堂遺書本(嘉慶刻)
豫章叢書本(光緒刻,陶福履輯)

經10505171
考工記注二卷　漢鄭玄撰
合刻周秦經書十種本(明溪香書屋刻)

經10505172
冬官考工記一卷　漢鄭玄注　唐陸德明音義
影抄本　上海

經10505173
考工記二卷　唐杜牧注
明刻本　上海　河南
合諸名家真評先秦十五種本(明刻)
明萬曆間刻本　國圖
清抄本　北大
關中叢書本(民國鉛印)

經10505174
考工記二卷附校譌一卷續校一卷　唐杜牧注　清胡珽校譌　清董金鑑撰續校
琳琅祕室叢書本(咸豐木活字印、光緒木活字印)

經10505175
考工記解二卷　宋王安石撰
四庫全書本(乾隆寫)
墨海金壺本(嘉慶刻、博古齋影印)
經苑本(道光咸豐刻、同治印、民國補刻)
粵雅堂叢書本(咸豐刻)
王安石全集本(民國鉛印)

經10505176
鬳齋考工記解二卷　宋林希逸撰
宋刻元明遞修本　上海　浙江
通志堂經解本(康熙刻、同治刻、日本文化刻)
四庫全書薈要本(乾隆寫,考工記解)
四庫全書本(乾隆寫,考工記解)
明抄本　南京
清抄本　國圖

經10505177
考工記圖解二卷　宋林希逸撰　明張鼎思補圖　明屠本畯補釋
明萬曆間刻本　北大　浙江

經10505178
考工記述注二卷首一卷圖一卷　明林兆珂撰

明萬曆間刻本　天津　南開　上海　南大　福建　湖南

經 10505179
考工記輯注二卷　明陳與郊輯
明萬曆間刻本　北大　上海

經 10505180
批點考工記二卷圖說一卷　明周夢暘輯評
明嘉靖十四年趙標刻本　浙江　湖南師大
三代遺書本(萬曆刻)
明萬曆十五年醇尊堂刻本　上海
明萬曆間刻本(無圖說)　天一閣　重慶

經 10505181
考工記二卷　明郭正域批點
明萬曆間閔齊伋刻套印本　北大　上海　浙江　遼寧　天津
朱墨藍三色抄本　北大

經 10505182
考工記解二卷　明徐光啓撰
清抄本　復旦

經 10505183
考工記輯注不分卷　明朱人啓撰
明崇禎十五年李嵩淑刻本　蘇州

經 10505184
考工記一卷　明郎兆玉注
明天啓間郎氏堂策檻刻本　國圖　北大　清華　北師大　中央黨校　中科院　自然所　天津　上海　復旦　浙江　吉林社科院　陝西　新疆大學　南京　山東　吴江　平湖　安徽　江西　河南　邵陽　湖南社科院　中山大學　四川

經 10505185
考工記纂注二卷　明程明哲撰
明萬曆間刻本　國圖　清華　天津　復旦　南京　華南農大

經 10505186
考工記通二卷集諸家論一卷圖一卷　明徐昭慶輯注
明萬曆間花萼樓刻本(與檀弓通合刻)　國圖　北大　上海　美國哈佛燕京
一九六三年復旦大學圖書館抄本　復旦

經 10505187
考工記通二卷集諸家論一卷圖一卷　明徐昭慶輯注
明刻本　國圖　上海

經 10505188
考工記考辨八卷　清王宗涑撰
清抄本(清孫詒讓校)　浙大
皇清經解續編本(光緒刻、光緒石印)

經 10505189
考工記析疑四卷　清方苞撰
抗希堂十六種本(康熙嘉慶刻)
桐城方望溪先生全書本(光緒活字印)

經 10505190
考工記論文一卷　清牛運震撰
空山堂全集本(嘉慶刻)

經 10505191

考工記圖二卷　清戴震撰
清乾隆間紀氏閱微草堂刻本　國圖（清姚鼐批注）　北大　上海博（清程瑤田批注）
微波榭叢書本（乾隆刻，戴氏遺書）
清聚奎樓刻本　國圖　北大　浙大　湖北
清翻刻聚奎樓本　湖北
皇清經解本（道光刻、咸豐補刻、鴻寶齋石印、點石齋石印）
花雨樓叢鈔本（光緒刻）
安徽叢書本（民國影印）

經 10505192
考工記圖一卷　清戴震撰
昭代叢書本（道光刻）

經 10505193
考工創物小記八卷　清程瑤田撰
通藝錄本（嘉慶刻）
安徽叢書本（民國影印，通藝錄）

經 10505194
考工創物小記四卷　清程瑤田撰
皇清經解本（道光刻、咸豐補刻、鴻寶齋石印、點石齋石印）

經 10505195
冬官考工記補注一卷　清蔣湘南纂
清抄本　國圖

經 10505196
考工記考一卷圖一卷　清呂調陽撰
觀象廬叢書本（光緒刻）

經 10505197
考工記論文一卷　清章震福撰
清光緒三十三年農工商部印刷科鉛印本　國圖　上海

經 10505198
考工記補疏一卷　陳衍撰
石遺室叢書本（清末民國刻）

經 10505199
考工記辨證三卷　陳衍撰
石遺室叢書本（清末民國刻）

經 10505200
磬折古義一卷　清程瑤田撰
通藝錄本（嘉慶刻）
安徽叢書本（民國影印，通藝錄）
皇清經解本（道光刻、咸豐補刻、鴻寶齋石印、點石齋石印）

經 10505201
車制考一卷　清錢坫撰
清乾隆四十二年篆秋草堂刻本　大連
錢氏四種本（嘉慶刻、中國書店影印）
皇清經解續編本（光緒刻、光緒石印）
木犀軒叢書本（光緒刻）

經 10505202
考工釋車一卷　清張象津撰
白雲山房集本（道光刻）

經 10505203
考工記車制圖解二卷　清阮元撰
清乾隆五十三年刻本　浙大（清孫詒讓批校）
清乾隆七年錄書館刻本　北大　上海　復旦　浙江
皇清經解本（道光刻、咸豐補刻、鴻寶齋石印、點石齋石印）

抄本　南京

經 10505204
考工記車制圖解一卷　清阮元撰
昭代叢書本(道光刻)

經 10505205
輪輿私箋二卷附圖一卷　清鄭珍撰　鄭知同繪圖
清同治七年獨山莫氏刻本　國圖　北大　天津　上海　南京　湖北(清王秉恩批校)
碧琳琅館叢書本(光緒刻)
皇清經解續編本(光緒刻、光緒石印)
廣雅書局叢書本(光緒刻)
芋園叢書本(民國彙印)
巢經巢全集本(民國鉛印)

經 10505206
鳧氏爲鍾圖說一卷　清鄭珍撰
清光緒二十年貴筑高氏刻本　天津

經 10505207
鳧氏圖說一卷　清鄭珍撰
巢經巢全集本(民國鉛印)

經 10505208
鳧氏爲鍾圖說補義一卷　清陳矩撰
靈峯草堂叢書本(光緒刻)

經 10505209
考工記鳥獸蟲魚釋一卷　清陳宗起撰(道光乙酉拔貢)
養志居僅存稿本(光緒刻)

文字音義之屬

經 10505210
周禮鄭氏音一卷　漢鄭玄撰　清馬國翰輯
玉函山房輯佚書本(同治皇華館刻、光緒李氏印、光緒嫏嬛館刻、光緒楚南書局刻)

經 10505211
周禮徐氏音一卷　晉徐邈撰　清馬國翰輯
玉函山房輯佚書本(同治皇華館刻、光緒李氏印、光緒嫏嬛館刻、光緒楚南書局刻)

經 10505212
周禮李氏音一卷　晉李軌撰　清馬國翰輯
玉函山房輯佚書本(同治皇華館刻、光緒李氏印、光緒嫏嬛館刻、光緒楚南書局刻)

經 10505213
周禮劉氏音二卷　晉劉昌宗撰　清馬國翰輯
玉函山房輯佚書本(同治皇華館刻、光緒李氏印、光緒嫏嬛館刻、光緒楚南書局刻)

經 10505214
周禮聶氏音一卷　□聶□撰　清馬國翰輯
玉函山房輯佚書本(同治皇華館刻、光緒李氏印、光緒嫏嬛館刻、光緒楚南書局刻)

經 10505215
周禮戚氏音一卷　陳戚袞撰　清馬國翰撰

玉函山房輯佚書本(同治皇華館刻、光緒李氏印、光緒娜嬛館刻、光緒楚南書局刻)

經 10505216
周禮音訓不分卷　清楊國楨撰
十一經音訓本(道光刻、光緒刻)

經 10505217
周禮漢讀考六卷　清段玉裁撰
經韻樓叢書本(嘉慶刻)
清光緒四年李慈銘抄本(清李慈銘跋)　國圖
皇清經解本(道光刻、咸豐補刻、鴻寶齋石印、點石齋石印)

經 10505218
周禮故書考一卷　清程際盛(程琰)輯
清乾隆五十六年刻本　清華
積學齋叢書本(光緒刻)
稻香樓雜著本(清木活字印)　國圖

經 10505219
周禮釋文問答(周禮釋文答問)一卷　清辛紹業撰
敬堂遺書本(嘉慶刻)
豫章叢書本(光緒刻,陶福履輯)

經 10505220
周禮直音六卷首一卷末一卷　清孫侃輯
清嘉慶十八年天心閣刻本　湖北

經 10505221
周禮音訓不分卷　清袁俊等編纂
清道光間刻本　復旦

經 10505222
周官故書考四卷　清徐養原撰
清道光二年刻本　復旦
湖州叢書本(光緒刻)
皇清經解續編本(光緒刻、光緒石印)

經 10505223
周禮故書疏證六卷　清宋世犖撰
确山所著書本(光緒刻)
抄本　上海

經 10505224
考工記異字訓正一卷　清陳宗起撰
養志居僅存稿本(光緒刻)

經 10505225
考工記異讀訓正一卷　清陳宗起撰
養志居僅存稿本(光緒刻)

經 10505226
周禮鄭注正字考十二卷　葉德輝撰
稿本　國圖

儀　禮

正文之屬

經 10505227
儀禮十七卷　□□輯
元刻本　南京(清丁丙跋)
元刻明修本　國圖　北大　中科院　上海　浙江　天一閣　國博　吉林
明刻本　天一閣
十三經本(明吴勉學刻)　國圖　西北大學
篆文六經四書本(雍正内府刻、光緒影印、民國影印)

經 10505228
儀禮一卷　□□輯
十三經經文本(開明書店鉛印)

經 10505229
儀禮不分卷　□□輯
十三經本(乾隆蔣衡寫)　臺北故博

經 10505230
儀禮十七卷附儀禮圖　清納蘭成德校訂
通志堂經解本(康熙刻、同治刻、日本文化刻)

經 10505231
儀禮二十卷　明陳鳳梧篆書
篆文六經本(嘉靖刻)

傳說之屬

經 10505232
儀禮班氏義一卷　漢班固撰　清王仁俊輯
十三經漢注本(稿本)　上海

經 10505233
儀禮十七卷　漢鄭玄注
明正德十六年陳鳳梧刻本　國圖　北大　國博　上海　浙大　河南　重慶
三禮本(嘉靖刻)　國圖　天津　上海　南京　浙江
明鍾人傑刻本　安徽博
明刻本　廣東　德州　焦作
明刻本　上海(清佚名錄清顧廣圻校)　南京(清丁丙跋)
明刻本　湖南(清戈載批校)
明刻本　中科院　天一閣
清道光十四年立本齋刻本　國圖　北大　南京
袖珍十三經註本(同治刻)
日本寶曆十三年刻本　國圖　北大　南京
清光緒間桂垣書局刻本　天津

經 10505234
儀禮十七卷附校錄一卷續校一卷　漢鄭玄注　(校錄、續校)清黄丕烈撰
士禮居黄氏叢書本(嘉慶道光刻,光緒影印、民國影印)
清同治九年湖北崇文書局覆刻士禮居本　國圖　北大　中科院　遼寧　湖北
士禮居黄氏叢書本(蜚英館影印)　國圖(王國維校)

經 10505235
儀禮校錄一卷　清黄丕烈撰
士禮居黄氏叢書本(嘉慶道光刻,光緒影印、民國影印)
清同治九年湖北崇文書局覆刻士禮居本　國圖　北大　中科院　遼寧　湖北
士禮居黄氏叢書本(蜚英館影印)　國圖(王國維校)

經 10505236
儀禮續校一卷　清黄丕烈撰
士禮居黄氏叢書本(嘉慶道光刻,光緒影印、民國影印)
清同治九年湖北崇文書局覆刻士禮居本　國圖　北大　中科院　遼寧　湖北
士禮居黄氏叢書本(蜚英館影印)　國圖(王國維校)

經 10505237
儀禮十七卷　漢鄭玄注　唐陸德明音義　明葛鼒校　明金蟠訂
十三經古注本(崇禎刻、同治重修)

經 10505238
儀禮疏五十卷　唐賈公彥疏
清黄氏士禮居影宋抄本(存卷一至三十一、三十八至五十)　國圖
清影宋抄本(存卷一至三、二十八至三十一)　國圖
清道光十年汪士鐘藝芸書舍影宋刻本　國圖　北大　中科院　天津　復旦　湖北　遼寧
清洪氏公善堂刻本　北大　天津
嘉業堂叢書本(民國刻)

經 10505239
儀禮註疏十七卷　漢鄭玄注　唐陸德明音義　唐賈公彥疏
十三經註疏本(嘉靖福建刻、萬曆北監刻、崇禎汲古閣刻、翻汲古閣刻)
明嘉靖間應檟刻本　國圖　上海　浙江　吉大　湖南
明刻本　國圖　江西
明嘉靖間刻本　泉州(卷三至四配明抄本)
明刻清康熙間重修本　浙大(清彭元瑞録清張爾岐訂讀並跋)
清康熙五十五年刻本　復旦

經 10505240
儀禮注疏十七卷附考證　漢鄭玄注　唐陸德明音義　唐賈公彥疏　清周學健等考證
清乾隆四年武英殿刻本　國圖　上海
四庫全書薈要本(乾隆寫)
四庫全書本(乾隆寫)
清同治十年刻本　南京

經 10505241
儀禮注疏五十卷　漢鄭玄注　唐賈公彥疏
清嘉慶十一年張敦仁刻本　國圖　北大　天津　復旦(莫棠跋)
嘉業堂叢書本(民國刻)　復旦(王欣夫録清周錫瓚臨清段玉裁、清顧廣圻、清臧庸校)

經 10505242
儀禮疏五十卷附校勘記五十卷　漢鄭玄注　唐賈公彥疏　清阮元撰校勘
皇清經解本(道光刻、咸豐補刻、鴻寶齋石印、點石齋石印)
宋本十三經註疏併經典釋文校勘記本(光緒刻,儀禮注疏校勘)

經 10505243
儀禮校勘記五十卷釋文校勘記五十卷　清阮元撰　清盧宣旬摘録
重刊宋本十三經註疏附校勘記本(嘉慶刻、道光重修、同治重修、同治刻、光緒刻、光緒石印、民國石印)

經 10505244
禮經粤旨一卷　宋鄭樵撰
學海類編本(道光木活字印、民國影印)
碧琳琅館叢書本(光緒刻)
芋園叢書本(民國彙印)
抄本　中科院

經 10505245
儀禮集釋三十卷　宋李如圭撰

武英殿聚珍版書本(木活字印、福建重刻、廣東重刻)
四庫全書本(乾隆寫)
經苑本(道光咸豐刻、同治印、民國補刻)
嘉禾曹氏抄本　南京

經 10505246
儀禮要義五十卷　宋魏了翁撰
宋淳祐十二年魏克愚刻本　臺北故博　國圖(存目錄、卷一至六、二十五至二十八、四十一至四十三配清抄本)
清初毛氏汲古閣抄本　北大
四庫全書本(乾隆寫)
清乾隆五十七年嚴元照抄本(清嚴元照跋,清盧文弨、清徐養原、清顧廣圻校;莫棠、王秉恩、胡嗣芬、葉德輝、陳祺壽跋)　上海
清嘉慶間嚴元照抄本(存卷十二至十三、三十四至三十六、四十至四十二、四十七至五十,清嚴元照校跋並錄清盧文弨、清段玉裁、清徐養原、清顧廣圻、清丁丙跋)　南京
清嘉慶十一年張敦仁家抄本(清張敦仁校跋並錄清顧廣圻、清嚴元照跋)　國圖
五經要義本(光緒刻)
清補蘿書屋抄本　北大
清抄本　國圖(清顧廣圻校並跋)　上海(清佚名校)　南京(清丁丙跋)

經 10505247
儀禮集說十七卷　元敖繼公撰
元大德間刻本　天一閣(缺卷八)　臺圖
元大德間刻明修本　國圖　山東博
通志堂經解本(康熙刻、同治刻、日本文化刻)
清乾隆三十八年兩淮鹽政李質穎進呈舊抄本　臺圖
四庫全書薈要本(乾隆寫)
四庫全書本(乾隆寫)
清藍格抄本　國圖

經 10505248
重刊儀禮考注十七卷　元吴澄撰
明初刻本　天津　上海
明正德間同文書院閩中李廷臣刻本　上海(清佚名校點)
明嘉靖元年宗文書堂刻本　國圖　遼寧
明嘉靖元年宗文書堂刻重修本　上海

經 10505249
儀禮解詁四卷　明陳深撰
三禮解詁本　上海(清欽揖校,清黄國瑾跋)

經 10505250
儀禮戴記附注四卷外卷一卷　明黄潤玉撰
明抄本(清丁丙跋)　南京
清同治七年金陵書局刻本　南京
清抄本　國圖

經 10505251
儀禮明解十八卷　明何喬新撰
明刻本　齊齊哈爾

經 10505252
儀禮經集注十七卷　明張鳳翔撰
清順治七年刻本　陝西
清嘉慶元年張應魁刻本　吉林社科院

經 10505253
儀禮節解十七卷　明郝敬撰
郝氏九經解本(萬曆刻、抄本)

經 10505254
讀儀禮一卷　明郝敬撰
郝氏九經解本(萬曆刻、抄本)

經 10505255
讀儀禮畧記十七卷　明朱朝瑛撰
七經畧記本(清抄)　國圖　浙江
清抄本(存卷九至十七)　國圖

經 10505256
儀禮鄭注句讀十七卷監本正誤一卷石本誤字一卷　清張爾岐撰
清康熙二十年重刻本　國圖
清康熙五十九年陳沂震抄本　臺圖
清乾隆八年高氏和衷堂刻本　國圖　中科院　天津　復旦　南京　湖南
四庫全書薈要本(乾隆寫)
四庫全書本(乾隆寫)
清嘉慶六年尚德堂刻本　北大
十三經讀本本(同治金陵書局刻)
清同治十三年湖南書局刻本　南京　湖北
清同治十三年湖南省尊經閣刻本　湖北
清光緒六年山西濬文書局刻本　南京　浙江
清光緒八年錦江書局覆刻山東尚志堂本　南京
清光緒十七年務本書局刻本　北大
清光緒二十六年新化三味堂刻本　湖北
清光緒間南京李光明莊刻本　國圖　遼寧
清抄本　國圖　復旦
十三經讀本本(民國醒園刻)

經 10505257
儀禮鄭注句讀校刊記一卷　清丁寶楨等撰
十三經讀本附校刊記本(同治山東書局刻)
清宣統元年學部圖書館石印尚志堂刻本　國圖

經 10505258
儀禮監本正誤一卷　清張爾岐撰
清康熙二十年重刻本　國圖
清乾隆八年高氏和衷堂刻本　國圖　中科院　天津　復旦　南京　湖南
四庫全書薈要本(乾隆寫)
四庫全書本(乾隆寫)
清嘉慶六年尚德堂刻本　北大
十三經讀本本(同治金陵書局刻)
十三經讀本附校刊記本(同治山東書局刻)
清同治十三年湖南書局刻本　南京　湖北
清同治十三年湖南省尊經閣刻本　湖北
清光緒六年山西濬文書局刻本　南京　浙江
清光緒八年錦江書局覆刻山東尚志堂本　南京
清光緒十七年務本書局刻本　北大
清光緒二十六年新化三味堂刻本　湖北
清光緒間南京李光明莊刻本　國圖　遼寧
清宣統元年學部圖書館石印尚志堂刻本　國圖
清抄本　上海　復旦
十三經讀本本(民國醒園刻)

經 10505259

儀禮石本誤字一卷　清張爾岐撰
清康熙二十年重刻本　國圖
清乾隆八年高氏和衷堂刻本　國圖
中科院　天津　復旦　南京　湖南
四庫全書薈要本(乾隆寫)
四庫全書本(乾隆寫)
清嘉慶六年尚德堂刻本　北大
十三經讀本本(同治金陵書局刻)
十三經讀本附校刊記本(同治山東書局)
清同治十三年湖南書局刻本　南京
湖北
清同治十三年湖南省尊經閣刻本
湖北
清光緒六年山西濬文書局刻本　南京
浙江
清光緒八年錦江書局覆刻山東尚志堂本　南京
清光緒十七年務本書局刻本　北大
清光緒二十六年新化三味堂刻本
湖北
清光緒間南京李光明莊刻本　國圖
遼寧
清宣統元年學部圖書館石印尚志堂刻本　國圖
清抄本　復旦
十三經讀本本(民國醒園刻)

經 10505260
儀禮唐石經正誤一卷　清張爾岐撰
清抄本　上海

經 10505261
儀禮考注訂誤一卷　清張爾岐撰
清抄本　上海

經 10505262
禮經酌古二卷　清李灝撰
李氏經學四種本(乾隆刻)

經 10505263
儀禮商二卷附錄一卷　清萬斯大撰
萬充宗先生經學五書本(乾隆刻、嘉慶印)
四庫全書本(乾隆寫)

經 10505264
儀禮商一卷　清萬斯大撰
清抄本(清丁丙跋)　南京

經 10505265
儀禮通論十七卷　清姚際恆撰
民國二十三年北京顏氏藏抄本　國圖

經 10505266
儀禮經傳注疏參義内編二十三卷外編五卷　清姜兆錫撰
九經補注本(乾隆寅清樓刻)　國圖
中科院　湖北　上海　復旦　南京

經 10505267
儀禮述注十七卷　清李光坡撰
清乾隆三十二年清白堂刻本　中科院
南京　湖北
四庫全書本(乾隆寫)
清光緒十年刻本　北大　南京　湖北

經 10505268
儀禮札記一卷　清朱亦棟撰
十三經札記本(光緒竹簡齋刻)

經 10505269
欽定儀禮義疏四十八卷首二卷　清朱軾等撰

御纂七經本(康熙内府刻、同治浙江書局刻、崇文書局刻、江西書局刻、光緒戶部刻、江南書局刻、光緒鴻文書局石印)
清乾隆間紅格抄三禮義疏本　國圖
四庫全書薈要本(乾隆寫)
四庫全書本(乾隆寫)

經 10505270
儀禮析疑十七卷　清方苞撰
抗希堂十六種本(康熙嘉慶刻)
清乾隆十一年刻本　中科院　湖北
四庫全書本(乾隆寫)

經 10505271
儀禮采本十三卷　清尹嘉銓、清張受昆集注
清乾隆間刻本　北大

經 10505272
儀禮釋例一卷　清江永撰
守山閣叢書本(道光刻、光緒影印、民國影印)
皇清經解續編本(光緒刻、光緒石印)

經 10505273
儀禮章句十七卷　清吴廷華撰
清乾隆二十二年刻本　國圖　復旦　南京　浙江
四庫全書本(乾隆寫)
清乾隆間東壁書莊刻本　中科院　湖北
清乾隆五十九年金閶書業堂刻本　國圖　北大　天津　浙江　遼寧
清嘉慶三年永安堂刻本　遼寧
清嘉慶三年同文堂刻本　吉林　吉林市
清嘉慶七年嵩秀堂刻本　國圖　南京
皇清經解本(道光刻、咸豐補刻、鴻寶齋石印、點石齋石印)
清道光二十九年經國堂刻本　國圖　浙江
清光緒二十四年蘇州書局刻本　國圖　南京
清杭州聚文堂刻本　瀋陽

經 10505274
儀禮疑義五十卷　清吴廷華撰
稿本(存卷一)　上海
清張金吾詒經堂抄本(存卷三十八至三十九)　國圖

經 10505275
儀禮分節句讀四卷　清王文清撰
清乾隆十二年三槐堂刻本　吉林社科院

經 10505276
儀禮義疏稿不分卷　清諸錦撰
稿本　復旦

經 10505277
儀禮紃解十七卷　清王士讓撰
清乾隆三十五年張源義刻本　國圖　遼寧
清道光間王樹功志經堂刻本　湖北

經 10505278
儀禮小疏七卷　清沈彤撰
果堂全集本(乾隆刻)
四庫全書本(乾隆寫)

經 10505279
儀禮小疏八卷　清沈彤撰

皇清經解本(道光刻、咸豐補刻、鴻寶齋石印、點石齋石印)

經 10505280

儀禮鄭注監本刊誤不分卷　清沈彤撰

果堂全集本(乾隆刻)

經 10505281

儀禮纂錄二卷　清李清植纂

榕村全書本(道光刻)

經 10505282

儀禮注疏考證不分卷　清周學健、李清植等撰

清抄本　福建

經 10505283

儀禮易讀十七卷　清馬駉撰

清乾隆二十年山陰縣學刻本　黑龍江

清乾隆二十一年刻本　上海

清乾隆三十八年刻本　國圖　復旦　天津

清乾隆四十一年刻本　浙江

清乾隆四十四年刻本　湖北

清乾隆間悅六齋刻本　天津　南京

清嘉慶二年潯溪大西堂刻本　東北師大

經 10505284

禮經先路存五卷　清馬駉撰

清抄本　臺圖

經 10505285

儀禮彙說十七卷　清焦以恕撰

清乾隆三十七年研雨齋刻本　中科院　湖北

清道光二十五年守山閣刻本　北大　天津

經 10505286

儀禮約編喈鳳三卷　清汪基撰

三禮約編喈鳳本(乾隆刻、嘉慶刻)

清道光二十三年刻本　國圖

清大文堂刻本　湖北

三禮約編喈鳳本(光緒鉛印,二卷)

經 10505287

儀禮集編四十卷首二卷　清盛世佐撰

四庫全書本(乾隆寫)

經 10505288

儀禮集編十七卷首一卷附錄一卷　清盛世佐撰

清嘉慶九年貯雲居刻本　國圖　北大　湖北　天津　南京

經 10505289

儀禮大要二卷　清任兆麟撰

清乾隆四十六年刻本　國圖　中科院

經 10505290

檀氏儀禮韵言塾課藏本二卷　清檀萃纂

清乾隆五十二年緼經堂刻本　上海

清嘉慶四年嘉樹堂刻本　北大

清嘉慶六年金谷園刻本　東北師大

清嘉慶十六年玉映堂重刻本　天津

清咸豐九年嘉樹堂刻本　湖北

清光緒九年山西濬文書局刻本　北大

清抄本　大連

經 10505291

儀禮韵言(檀氏儀禮韻言)二卷　清檀萃撰

清咸豐九年重刻本　國圖

清光緒六年墨池精舍刻本　國圖

清光緒八年刻掃葉山房印本 國圖 復旦 天津 湖北
清光緒九年山西濬文書局刻本 南京
清光緒十五年篤學樓刻本 國圖 湖北
清光緒三十四年刻本 天津
清同治間成都刻本(檀氏儀禮韻言) 吉林

經 10505292
禮經本義十七卷 清蔡德晉撰
四庫全書本(乾隆寫)
清抄本 上海

經 10505293
儀禮古義一卷 清惠棟撰
昭代叢書本(道光刻)

經 10505294
儀禮管見三卷附録一卷 清褚寅亮撰
清道光間刻本 國圖 復旦 浙江
粵雅堂叢書本(咸豐刻)
皇清經解續編本(光緒刻、光緒石印)

經 10505295
儀禮管見集説十七卷 清褚寅亮撰
粵雅堂叢書續編本(道光光緒刻)

經 10505296
儀禮注疏詳校十七卷 清盧文弨撰
抱經堂叢書本(乾隆嘉慶刻、民國影印)

經 10505297
儀禮注疏校正一卷 清盧文弨撰
抱經堂叢書本(乾隆嘉慶刻、民國影印)
紹興先正遺書本(光緒刻)

經 10505298
儀禮旁訓十七卷 清□□輯
清嘉慶五年掃葉山房刻本 南京

經 10505299
儀禮觀畧一卷 清邵嗣宗輯
清嘉慶二十一年邵氏刻本 湖北

經 10505300
儀禮經注疑直輯本五卷 清程瑤田校 吴承仕輯
安徽叢書本(民國影印)

經 10505301
儀禮釋官九卷首一卷 清胡匡衷撰
清嘉慶二十一年胡氏研六閣刻本 國圖 浙江
皇清經解本(道光刻、咸豐補刻、鴻寶齋石印、點石齋石印)
清同治八年胡肇智刻本 國圖 北大 南京 遼寧

經 10505302
鄭氏儀禮目録校證一卷 清胡匡衷撰
皇清經解續編本(光緒刻、光緒石印)

經 10505303
儀禮讀本十七卷首一卷 清周樽撰
清乾隆五十八年留餘堂刻本 湖北

經 10505304
儀禮摘句不分卷 清周永年輯
清紅格抄本 國圖

經 10505305
讀儀禮私記二卷 清江筠撰
清抄本(清丁丙跋) 南京

經 10505306
儀禮蠡測箋注二卷　清翁方綱撰
稿本(清馮敏昌跋,清韋協夢、清翁方綱、清江德量、清王嵩高、清趙懷玉、清吴錫麟、清顧宗泰、清張雲璈、清汪庚等題詩)　國圖

經 10505307
儀禮纂畧不分卷　清錢塘撰
清光緒二十年尊經閣刻本　國圖

經 10505308
儀禮經注疏正譌十七卷　清金曰追撰
清乾隆五十三年肅齋家塾刻本　北大　上海　復旦　南京
清咸豐四年宜稼堂重刻本　國圖　浙江
皇清經解續編本(光緒刻、光緒石印)

經 10505309
儀禮讀本四卷　清梁鴻翥撰
清乾隆三十八年三友堂刻本　湖北

經 10505310
儀禮蠡測十七卷　清韋協夢撰
清乾隆五十年帶草軒刻本　天津　湖北
清道光二十五年韋氏帶草軒刻本　國圖　中科院　復旦
清抄本　南京

經 10505311
儀禮臆測十七卷敘錄一卷　清孔廣林撰
孔叢伯説經五稿本(嘉慶刻、光緒刻)
清道光間刻本　國圖

經 10505312
禮經偶記一卷　清汪德鉞撰
七經偶記本(道光木活字印)

經 10505313
儀禮約文十卷　清崔應榴輯
稿本　南京博

經 10505314
儀禮精義不分卷補編一卷　清黄淦撰
七經精義本(嘉慶刻、道光刻、光緒刻)

經 10505315
儀禮蒙求二卷　清唐仲冕撰
清嘉慶間刻本　中科院
清抄本　國圖　中科院

經 10505316
復禮三篇附張彦惟答方彦聞書三篇　清淩廷堪撰　(答方彦聞書)清張成孫撰
清海源閣刻本　國圖

經 10505317
禮經釋例十三卷首一卷　清淩廷堪撰
稿本(存卷一至十)　上海
清嘉慶十四年阮氏文選樓刻本　國圖(清呂賢基校,清李兆洛跋)
皇清經解本(道光刻,咸豐補刻,鴻寶齋石印、點石齋石印)
安徽叢書本(民國影印,淩次仲先生遺書)

經 10505318
禮經釋例目錄一卷　清淩廷堪撰
昭代叢書本(道光刻)
閏竹居叢書本(清刻)

經 10505319
讀儀禮記二卷　清張惠言撰
張臯文箋易詮全集本(嘉慶道光刻)
皇清經解續編本(光緒刻、光緒石印)
清抄本　復旦

經 10505320
儀禮石經校勘記四卷　清阮元撰
清乾隆六十年七錄書閣刻本　國圖(清吴騫校)　浙江
粤雅堂叢書本(咸豐刻)

經 10505321
儀禮鄭注校字一卷　清臧庸撰
清抄本　北大

經 10505322
畏齋儀禮客難一卷　清龔元玠撰
十三經客難本(道光刻)

經 10505323
儀禮問津不分卷　清張廷濟撰
清抄本　羣衆出版社

經 10505324
儀禮恆解十六卷　清劉沅輯注
槐軒全書本(同治刻)
民國十五年致福樓刻本　湖北

經 10505325
儀禮恆解四卷　清劉沅輯注
清光緒間刻本　國圖

經 10505326
禮論畧鈔一卷　清淩曙撰
蜚雲閣淩氏叢書本(道光刻)

經 10505327
儀禮古今文疏義十七卷　清胡承珙撰
求是堂全集本(道光刻)
清道光五年漱芳齋湯良弼刻本　國圖
崇文書局彙刻書本(光緒刻)
皇清經解續編本(光緒刻、光緒石印)

經 10505328
儀禮學一卷　清王聘珍撰
皇清經解續編本(光緒刻、光緒石印)

經 10505329
儀禮經傳通解五十八卷序説一卷雜説一卷綱領二卷　清楊丕復撰
楊愚齋先生全集本(光緒刻)

經 10505330
儀禮正義四十卷　清胡培翬撰　清楊大堉補
清咸豐二年陸建瀛木樨香館刻本　國圖　北大　天津　浙江　武漢　福建
清咸豐二年刻同治七年補刻本　國圖　北大　天津　湖北
皇清經解續編本(光緒刻、光緒石印)
經策通纂(經學輯要)本(光緒石印)

經 10505331
儀禮正義正誤　清胡肇昕撰
民國九年胡宣鐸木活字印本　北大

經 10505332
儀禮義例一卷　清王筠批
清王筠抄本(清王筠批校)　青島博

經 10505333
儀禮經注一隅二卷　清朱駿聲著

清道光二十九年朱氏家塾刻本　國圖　北大　南京
朱氏羣書本(光緒刻)

經 10505334
儀禮釋注二卷　清丁晏撰
六蓺堂詩禮七編本(咸豐刻)
頤志齋叢書本(咸豐刻)

經 10505335
儀禮聚考二卷　清楊筠撰
清道光四年刻韵香書屋印本　國圖　中科院　湖北

經 10505336
儀禮注疏温故不分卷　清章平撰
清道光二年刻本　北大

經 10505337
儀禮聊句二卷　清張雲瑞輯
清道光四年醉經堂刻本　湖北

經 10505338
儀禮節貫一卷首一卷末一卷　清朱軺編
清道光四年南城朱氏刻本　湖北

經 10505339
儀禮節貫二卷　清朱[illegible]撰
清道光間刻本　國圖　中科院

經 10505340
儀禮選要不分卷　清孔傳性編
清道光十年刻本　湖北

經 10505341
儀禮瑣辨一卷　清常增撰
清道光間刻本　國圖　北大　湖北
清光緒間刻本　南京
抄本　中科院

經 10505342
儀禮問津一卷　清孟先穎撰
清道光十五年刻本　國圖　北大　中科院
清道光十五年太谷孟氏抄本　國圖

經 10505343
儀禮精義鈔畧六卷　清陸錫璞撰
清道光十七年八桂堂刻本　湖北

經 10505344
儀禮精義鈔畧十卷　清陸錫璞撰
清道光二十一年南學署刻本　天津
清道光二十七年大盛堂刻本　上海

經 10505345
儀禮先易六卷　清呂仁杰撰
清道光二十六年刻本　中科院
清道光二十六年刻咸豐七年印本　北大　湖北
清咸豐間刻蘇州綠蔭堂印本　國圖

經 10505346
讀儀禮彙編四卷　清王煥奎編
清道光二十八年半畝家塾刻本　上海　湖北

經 10505347
儀禮私箋八卷　清鄭珍撰
清同治十二年劉履芬抄本(清劉履芬跋)　國圖
鄭子尹遺書本(同治刻)
廣雅書局叢書本(光緒刻)
皇清經解續編本(光緒刻、光緒石印)

黔南叢書本(民國鉛印)
巢經巢全集本(民國鉛印)

經 10505348
儀禮摘抄不分卷　清畢道遠抄
清畢道遠抄本(清徐沅題識)　天津

經 10505349
儀禮纂要不分卷　清黄元善撰
清光緒二十年傳經書屋刻本　國圖　中科院　天津　遼寧　湖北

經 10505350
讀儀禮録一卷　清曾國藩撰
曾文正公全集本(清刻)
皇清經解續編本(光緒刻、光緒石印)

經 10505351
儀禮平議二卷　清俞樾撰
皇清經解續編本(光緒刻、光緒石印)
春在堂全書本(同治至光緒刻,羣經平議)

經 10505352
儀禮演十七卷　清王闓運撰
稿本(缺卷十一至十六,王代輿跋)　上海

經 10505353
禮經箋十七卷　清王闓運撰
清光緒十一年成都尊經書局刻本　國圖　復旦　遼寧
湘綺樓全書本(光緒刻)
王湘綺先生全書本(民國刻)

經 10505354
儀禮通詩釋十七卷　清陳光煦撰
清抄本　國圖

經 10505355
儀禮可讀十七卷　清劉曾騄撰
祥符劉氏叢書本(光緒民國刻,九經約解)

經 10505356
儀禮約解二十三卷　清劉曾騄撰
祥符劉氏叢書本(清末民初石印)

經 10505357
讀儀禮日記一卷　清于鬯撰
學古堂日記本(光緒刻)

經 10505358
儀禮奭固十七卷　清吴之英撰
壽櫟廬叢書本(民國刻)

經 10505359
儀禮志易八卷圖考一卷　清曾家模撰
稿本　國圖

經 10505360
儀禮集句不分卷　清張蔚春撰
清光緒十一年刻本　湖北

經 10505361
讀儀禮日記一卷　清費祖芬撰
學古堂日記本(光緒刻)

經 10505362
儀禮先簿一卷　清馬徵麐撰
馬鍾山遺書本(民國鉛印)

經 10505363
禮經小識一卷　清丁奎聯撰

一九五四年丁氏油印衡望堂叢書初稿本　北師大

經 10505364
儀禮節要十七卷　清□□輯
清抄本　復旦

經 10505365
禮經凡例一卷附容經學凡例一卷　廖平撰
新訂六譯館叢書本(民國彙印)

經 10505366
禮經學七卷　曹元弼撰
清宣統元年刻本　國圖　中科院　南京　遼寧　湖北

經 10505367
禮經校釋二十二卷　曹元弼撰
清光緒十八年家刻本　國圖　北大　南京
清光緒十八年刻三十四年補刻本　遼寧

經 10505368
禮經大義一卷　曹元弼撰　王大隆輯
吴縣王氏蛾術軒傳抄稿本　復旦

經 10505369
禮經大義一卷　曹元弼講授　華壽頤等述
民國間鉛印本　上海

經 10505370
禮經舊説十七卷　劉師培撰
劉申叔先生遺書本(民國鉛印)

經 10505371
禮經舊説考畧一卷　劉師培撰
劉申叔先生遺書本(民國鉛印)

經 10505372
儀禮撮要不分卷　□□輯
抄本　南京

分篇之屬

經 10505373
冠禮約制一卷　漢何休撰　清馬國翰輯
玉函山房輯佚書本(同治皇華館刻、光緒李氏印、光緒嫏嬛館刻、光緒楚南書局刻)

經 10505374
儀禮士冠禮箋一卷　清孔廣林撰
孔叢伯説經五稿本(嘉慶刻、光緒刻)

經 10505375
冠禮節文一卷　清蔣民輯
清末鉛印本　上海

經 10505376
鄭氏婚禮一卷　漢鄭衆撰　清馬國翰輯
玉函山房輯佚書本(同治皇華館刻、光緒李氏印、光緒嫏嬛館刻、光緒楚南書局刻)

經 10505377
婚禮謁文一卷　漢鄭玄撰　清王仁俊輯
玉函山房輯佚書續編本(稿本)

經 10505378
昏禮辨正一卷　清毛奇齡撰
西河合集本(康熙刻、乾隆印、嘉慶印)
藝海珠塵本(嘉慶刻道光增刻)

經 10505379
昏禮通考二十四卷首一卷　清曹庭棟輯
清乾隆十九年曹氏刻本　清華　上海　浙江

經 10505380
昏禮重別論對駁義二卷　清劉壽曾撰
皇清經解續編本(光緒刻、光緒石印)

經 10505381
昏禮節文一卷　清蔣民輯
清末鉛印本　上海

經 10505382
昏禮司儀辭令一卷　□□輯
清抄本　復旦

經 10505383
大婚禮節一卷　□□輯
清同治九年刻本　浙江

經 10505384
昏喪二禮二卷　清補遲散人輯
清光緒八年刻本　上海

經 10505385
冠昏喪祭儀考十二卷　清林伯桐撰
清光緒間刻本　國圖

經 10505386
人家冠昏喪祭考四卷　清林伯桐撰
清道光間刻本　中科院

經 10505387
凶禮一卷　晉孔衍撰　清馬國翰輯
玉函山房輯佚書本(同治皇華館刻、光緒李氏印、光緒嫏嬛館刻、光緒楚南書局刻)

經 10505388
喪禮備纂二卷　明王廷相撰
明嘉靖四十年刻本　華東師大　雲南

經 10505389
喪禮餘言一卷　明呂坤撰
呂新吾全集本(萬曆刻清遞修)

經 10505390
喪禮雜説一卷常禮雜説一卷　清毛先舒撰
檀几叢書本(康熙刻)
讀禮叢鈔本(光緒刻)

經 10505391
喪禮吾説篇十卷　清毛奇齡撰
西河合集本(康熙刻、乾隆印、嘉慶印)

經 10505392
喪禮輯畧一卷　清孟超然撰
清陳壽祺、馮縉校刻本　湖北

經 10505393
喪禮經傳約(約喪禮經傳)一卷　清吴卓信撰
昭代叢書本(道光刻)
清道光間刻本(與澹成居文鈔合刻)　國圖　北大　上海
清同治十一年趙之廉刻吴項儒遺書本　國圖　北大
滂喜齋叢書本(光緒刻)
後知不足齋叢書本(光緒刻)
皇清經解續編本(光緒刻、光緒石印)
讀禮叢鈔本(光緒刻)

經 10505394
喪禮易從四卷　清葉裕仁撰
民國間鉛印本　湖北

經 10505395
喪禮或問二卷　清方苞撰
清康熙五十五年刻本　清華
清乾隆間刻本　上海
龍眠叢書本(清刻)
清木活字印本　天津

經 10505396
喪禮或問一卷　清方苞撰
抗希堂十六種本(康熙嘉慶刻)　國圖　湖北
方望溪先生經說四種本(乾隆刻)　國圖　上海

經 10505397
喪禮詳考一卷　清張羲年撰
噉蔗全集本(光緒鉛印)　北大

經 10505398
喪禮集要三卷附錄一卷　丁彦章撰
民國間鉛印本　上圖　南京　浙江　湖北

經 10505399
喪禮簿不分卷　清□□輯
清宣統三年寫本　北大

經 10505400
喪禮備要補八卷　朝鮮朴建中撰
抄本　國圖

經 10505401
葬禮一卷　晉賀循撰　清馬國翰輯
玉函山房輯佚書本(同治皇華館刻、光緒李氏印、光緒嫏嬛館刻、光緒楚南書局刻)

經 10505402
儀禮喪服馬王注一卷　漢馬融、三國魏王肅撰　清臧鏞堂輯
問經堂叢書本(嘉慶刻)
清抄本　國圖

經 10505403
喪服經傳馬氏注一卷　漢馬融撰　清馬國翰輯
玉函山房輯佚書本(同治皇華館刻、光緒李氏印、光緒嫏嬛館刻、光緒楚南書局刻)

經 10505404
喪服經傳一卷　漢馬融撰　清王謨輯
漢魏遺書鈔本(嘉慶刻)

經 10505405
儀禮喪服經傳一卷　漢馬融撰　清黄奭輯
漢學堂叢書本(道光刻光緒印)
黄氏逸書考本(道光刻王鑒修補、朱長圻補刻)

經 10505406
儀禮喪服經傳并記一卷　漢鄭玄注　清張爾岐句讀
清宣統元年學部圖書局石印本　國圖

經 10505407
喪服變除一卷　漢鄭玄撰　清袁鈞輯
鄭氏佚書本(光緒觀稼樓刻、浙江書局刻)

經 10505408
喪服變除一卷　漢鄭玄撰　清孔廣林輯
通德遺書所見錄本(光緒刻)

經 10505409
鄭氏喪服變除一卷　漢鄭玄撰　清馬國翰輯
玉函山房輯佚書本(同治皇華館刻、光緒李氏印、光緒嫏嬛館刻、光緒楚南書局刻)

經 10505410
喪服變除一卷　漢鄭玄撰　清黄奭輯
漢學堂叢書本(道光刻光緒印)
黄氏逸書考本(道光刻王鑒修補、朱長圻補刻)

經 10505411
大戴喪服變除一卷　漢戴德撰　清馬國翰輯
玉函山房輯佚書本(同治皇華館刻、光緒李氏印、光緒嫏嬛館刻、光緒楚南書局刻)

經 10505412
喪服變除一卷　漢戴德撰　清王謨輯
漢魏遺書鈔本(嘉慶刻)

經 10505413
喪服變除一卷　漢戴德撰　清洪頤煊輯
問經堂叢書本(嘉慶刻)
經典集林本(民國影印本)

經 10505414
新定禮一卷　漢劉表撰　清馬國翰輯
玉函山房輯佚書本(同治皇華館刻、光緒李氏印、光緒嫏嬛館刻、光緒楚南書局刻)

經 10505415
喪服經傳王氏注一卷　三國魏王肅撰　清馬國翰輯
玉函山房輯佚書本(同治皇華館刻、光緒李氏印、光緒嫏嬛館刻、光緒楚南書局刻)

經 10505416
儀禮喪服注一卷　三國魏王肅撰　清黄奭輯
漢學堂叢書本(道光刻光緒印)
黄氏逸書考本(道光刻王鑒修補、朱長圻補刻)

經 10505417
喪服要記一卷　三國魏王肅撰　清王謨輯
漢魏遺書鈔本(嘉慶刻)

經 10505418
王氏喪服要記一卷　三國魏王肅撰　清馬國翰輯
玉函山房輯佚書本(同治皇華館刻、光緒李氏印、光緒嫏嬛館刻、光緒楚南書局刻)

經 10505419
喪服要記一卷　三國魏王肅撰　清黄奭輯
漢學堂叢書本(道光刻光緒印)
黄氏逸書考本(道光刻王鑒修補、朱長圻補刻)

經 10505420
喪服要記一卷　三國魏王肅撰　清王

仁俊輯
玉函山房輯佚書續編本(稿本)

經 10505421
喪服變除圖一卷 三國吴射慈撰 清王謨輯
漢魏遺書鈔本(嘉慶刻)

經 10505422
喪服變除圖一卷 三國吴射慈撰 清馬國翰輯
玉函山房輯佚書本(同治皇華館刻、光緒李氏印、光緒嫏嬛館刻、光緒楚南書局刻)

經 10505423
喪服變除圖一卷 三國吴射慈撰 清黄奭輯
漢學堂叢書本(道光刻光緒印)
黄氏逸書考本(道光刻王鑒修補、朱長圻補刻)

經 10505424
喪服要集一卷 晉杜預撰 清馬國翰輯
玉函山房輯佚書本(同治皇華館刻、光緒李氏印、光緒嫏嬛館刻、光緒楚南書局刻)

經 10505425
喪服釋疑一卷 晉劉智撰 清王謨輯
漢魏遺書鈔本(嘉慶刻)

經 10505426
喪服釋疑一卷 晉劉智撰 清馬國翰輯
玉函山房輯佚書本(同治皇華館刻、光緒李氏印、光緒嫏嬛館刻、光緒楚南書局刻)

經 10505427
出後者爲本父母服議一卷 晉王廙撰 清王仁俊輯
玉函山房輯佚書續編本(稿本)

經 10505428
孫曾爲後議一卷 晉何琦撰 清王仁俊輯
玉函山房輯佚書續編本(稿本)

經 10505429
賀氏喪服要記一卷 晉賀循撰 清馬國翰輯
玉函山房輯佚書本(同治皇華館刻、光緒李氏印、光緒嫏嬛館刻、光緒楚南書局刻)

經 10505430
賀氏喪服譜一卷 晉賀循撰 清馬國翰輯
玉函山房輯佚書本(同治皇華館刻、光緒李氏印、光緒嫏嬛館刻、光緒楚南書局刻)

經 10505431
賀氏喪服譜一卷 晉賀循撰 清王仁俊輯
玉函山房輯佚書續編本(稿本)

經 10505432
喪服經傳袁氏注一卷 晉袁準撰 清馬國翰輯
玉函山房輯佚書本(同治皇華館刻、光緒李氏印、光緒嫏嬛館刻、光緒楚南書局刻)

經10505433
蔡氏喪服譜一卷　晉蔡謨撰　清馬國翰輯
玉函山房輯佚書本(同治皇華館刻、光緒李氏印、光緒𨚗嬛館刻、光緒楚南書局刻)

經10505434
葛氏喪服變除一卷　晉葛洪撰　清馬國翰輯
玉函山房輯佚書本(同治皇華館刻、光緒李氏印、光緒𨚗嬛館刻、光緒楚南書局刻)

經10505435
集注喪服經傳一卷　晉孔倫撰　清馬國翰輯
玉函山房輯佚書本(同治皇華館刻、光緒李氏印、光緒𨚗嬛館刻、光緒楚南書局刻)

經10505436
喪服經傳陳氏注一卷　題陳銓撰　清馬國翰輯
玉函山房輯佚書本(同治皇華館刻、光緒李氏印、光緒𨚗嬛館刻、光緒楚南書局刻)

經10505437
畧注喪服經傳一卷　南朝宋雷次宗撰　清馬國翰輯
玉函山房輯佚書本(同治皇華館刻、光緒李氏印、光緒𨚗嬛館刻、光緒楚南書局刻)

經10505438
喪服經傳畧注一卷　南朝宋雷次宗撰　清王謨輯
漢魏遺書鈔本(嘉慶刻)

經10505439
儀禮喪服經傳畧注一卷　南朝宋雷次宗撰　清黄奭輯
漢學堂叢書本(道光刻光緒印)
黄氏逸書考本(道光刻王鑒修補、朱長圻補刻)

經10505440
喪服要記注一卷　題謝徽撰　清馬國翰輯
玉函山房輯佚書本(同治皇華館刻、光緒李氏印、光緒𨚗嬛館刻、光緒楚南書局刻)

經10505441
周氏喪服注一卷　南朝宋周續之撰　清馬國翰輯
玉函山房輯佚書本(同治皇華館刻、光緒李氏印、光緒𨚗嬛館刻、光緒楚南書局刻)

經10505442
逆降義一卷　南朝宋顔延之撰　清馬國翰輯
玉函山房輯佚書本(同治皇華館刻、光緒李氏印、光緒𨚗嬛館刻、光緒楚南書局刻)

經10505443
喪服難問一卷　南朝宋崔凱撰　清馬國翰輯
玉函山房輯佚書本(同治皇華館刻、光緒李氏印、光緒𨚗嬛館刻、光緒楚南書局刻)

經 10505444
喪服世行要記一卷　南朝齊王逡之撰　清馬國翰輯
玉函山房輯佚書本(同治皇華館刻、光緒李氏印、光緒嫏嬛館刻、光緒楚南書局刻)

經 10505445
喪服古今集記一卷　南朝齊王儉撰　清馬國翰輯
玉函山房輯佚書本(同治皇華館刻、光緒李氏印、光緒嫏嬛館刻、光緒楚南書局刻)

經 10505446
集注喪服經傳一卷　南朝宋裴松之撰　清馬國翰輯
玉函山房輯佚書本(同治皇華館刻、光緒李氏印、光緒嫏嬛館刻、光緒楚南書局刻)

經 10505447
内外服制通釋(雙峯先生内外服制通釋)九卷　宋車垓撰
四庫全書本(乾隆寫)
續台州叢書本(光緒刻)
枕碧樓叢書本(民國刻)
清抄本(雙峯先生内外服制通釋)　湖南
清抄本　北大
清抄本　浙江(存卷一至七)

經 10505448
大明令喪服一卷　明禮部訂
清末曹元忠抄本　復旦

經 10505449
喪葬雜錄一卷　清張履祥輯
讀禮叢鈔本(光緒刻)

經 10505450
喪祭雜說一卷　清張履祥輯
讀禮叢鈔本(光緒刻)

經 10505451
三年服制考一卷　清毛奇齡撰
昭代叢書本(康熙刻、道光刻)
讀禮叢鈔本(光緒刻)

經 10505452
喪服或問一卷　清汪琬撰
檀几叢書本(康熙刻)
讀禮叢鈔本(光緒刻)

經 10505453
喪服翼注一卷　清閻若璩撰
昭代叢書本(道光刻)
讀禮叢鈔本(光緒刻)

經 10505454
儀禮喪服考一卷喪服或問一卷附戴記喪禮或問一卷　清華學泉撰
稿本　上海

經 10505455
儀禮喪服文足徵記十卷　清程瑤田撰
通藝錄本(嘉慶刻)
安徽叢書本(民國影印,通藝錄)
皇清經解本(道光刻、咸豐補刻、鴻寶齋石印、點石齋石印)

經 10505456
喪服表一卷殤服表一卷　清孔繼汾輯
金華叢書本(同治光緒刻、民國補刻)
清光緒三十年江陰季氏刻本　復旦

經 10505457
殤服表一卷　清孔繼汾輯
金華叢書本(同治光緒刻、民國補刻)
清光緒三十年江陰季氏刻本　復旦

經 10505458
五服異同彙考三卷　清崔述撰
崔東壁遺書本(道光刻、民國影印、民國鉛印)
畿輔叢書本(光緒刻,崔東壁遺書)

經 10505459
儀禮禮服通釋六卷　清淩曙撰
清道光間刻本　湖北
木犀軒叢書本(光緒刻)

經 10505460
讀禮小事記一卷　清唐鑑撰
清咸豐五年湘西黄氏刻本　大連
讀禮叢鈔本(光緒刻)

經 10505461
喪服答問紀實一卷　清汪喜孫撰
清道光十三年趙逵儀刻本　上海
清末德化李氏木犀軒刻本　北大
江都汪氏叢書本(中國書店影印)

經 10505462
儀禮喪服表不分卷　清蔣彤撰
清養一齋藍格抄本　天津

經 10505463
喪服會通說四卷　清吴嘉賓撰
清咸豐元年刻本　北大　中科院　復旦　湖北
皇清經解續編本(光緒刻、光緒石印)
清末抄本　北大

經 10505464
求是得之室喪服會通說四卷　清吴嘉賓撰
清同治五年廣州刻本　湖北
清同治六年刻本　北大

經 10505465
儀禮喪服漢魏六朝注説標記一卷　清鄭珍撰
稿本　貴州博

經 10505466
服制備考不分卷　清薛允升撰
稿本(章鈺跋)　上海

經 10505467
喪服私論一卷　清俞樾撰
春在堂全書本(同治至光緒刻,俞樓雜纂)

經 10505468
喪服鄭氏學二十九卷大清通禮案語一卷　張錫恭撰
民國二十五年中國國學會寫樣稿本(王欣夫校)　復旦

經 10505469
喪服鄭氏學十六卷　張錫恭撰
求恕齋叢書本(民國刻)

經 10505470
儀禮喪服輯畧一卷附錄一卷　清華理撰
清同治十二年長沙荷華池刻本　國圖　湖北　南京

經 10505471
喪服雜說一卷　清張華理撰

讀禮叢鈔本(光緒刻)

經 10505472

喪服經傳補疏二卷　清葉大莊撰

寫經齋全集本(光緒刻)

經 10505473

喪服制考八卷　清朱建子撰

清抄本(清丁丙跋)　南京

經 10505474

殤服一卷殤服發揮一卷附兼祧議一篇　清于鬯撰

于香草遺著叢輯本(稿本)　上海

經 10505475

殤服發揮一卷　清于鬯撰

于香草遺著叢輯本(稿本)　上海

經 10505476

儀禮喪服異同考不分卷　清□□撰

清抄本　北大

經 10505477

山公喪服經傳彙編考正四卷　曹林撰

民國間鉛印本　國圖　上海　湖北

經 10505478

射禮儀節一卷　明鼎永濬撰

明弘治九年刻本　上海

經 10505479

鄉射禮集要圖説不分卷　明傅鼎撰

明弘治十七年刻本　南京(清丁丙跋)

經 10505480

鄉射禮儀節一卷　明林烈撰

明萬曆十七年陳夢斗等刻本　山東

經 10505481

射侯考一卷　清胡夤撰

四明叢書本(民國刻)

圖譜之屬

經 10505482

儀禮圖十七卷旁通圖一卷　宋楊復撰

元刻明修本　國圖　北大　中科院　上海　浙江　天一閣　國博　吉林

元崇化余志安勤有堂刻本　臺北故博(存卷一、三至四、八至十七、旁通圖)　上海博(存卷一至六)

元刻明修本　南京(清丁丙跋)

元刻明修本　上海(清黄國瑾、清楊守敬跋)

明嘉靖十五年呂柟刻本　國圖　北大　山東　天一閣

通志堂經解本(康熙刻、同治刻、日本文化刻)

四庫全書本(乾隆寫)

日本寬政十一年刻本　國圖　北大

經 10505483

儀禮圖一卷　清楊魁植撰

清信芳書屋刻本　國圖

經 10505484

儀禮圖不分卷　清王紹蘭撰

稿本(任銘善、顧廷龍、王大隆跋)　上海

經 10505485

儀禮圖六卷　清張惠言撰

清嘉慶十年揚州阮氏刻本　國圖　北大　中科院　天津　南京　湖北

清同治九年崇文書局刻本　國圖　北

大　復旦　遼寧　湖北　南京
皇清經解續編本(光緒刻、光緒石印)
抄本(橋南老人題識)　天津

經 10505486
儀禮宫室圖一卷附説一卷　清張惠言撰
素隱所刻書本(光緒刻)

經 10505487
士昏禮對席圖一卷　清俞樾撰
皇清經解續編本(光緒刻、光緒石印)
春在堂全書本(同治至光緒刻,曲園雜纂)

經 10505488
儀禮爽固禮事圖十七卷　吴之英撰
壽櫟廬叢書本(民國刻)

經 10505489
儀禮爽固禮器圖十七卷首一卷末三卷　吴之英撰
壽櫟廬叢書本(民國刻)

文字音義之屬

經 10505490
儀禮識誤三卷　宋張淳撰
四庫全書本(乾隆寫)
武英殿聚珍版書本(木活字印、浙江重刻、江西重刻、福建重刻、廣東重刻)
清乾隆間抄本(清盧文弨校並跋,繆荃孫跋)　上海
得月簃叢書本(道光刻)
清芬堂叢書本(光緒刻)
勵志齋叢書本(光緒印)
日本抄本　國圖

經 10505491
儀禮音訓不分卷　清楊國楨撰
十一經音訓本(道光刻、光緒刻)

經 10505492
儀禮古今考二卷　清李調元撰
函海本(乾隆刻、道光補刻、光緒刻)

經 10505493
儀禮漢讀考一卷　清段玉裁撰
經韻樓叢書本(嘉慶刻)
皇清經解本(道光刻、咸豐補刻、鴻寶齋石印、點石齋石印)
清光緒四年李慈銘抄本　國圖

經 10505494
儀禮漢讀考十七卷　清段玉裁撰　陳光煦續
清宣統間石印本　國圖
清抄本　國圖

經 10505495
儀禮古文今文考一卷　清程際盛(程琰)輯
清鋤月種梅室抄本　故宫
稻香樓雜著本(清木活字印)　國圖
程際盛(程琰)全集本　國圖

經 10505496
儀禮古今文異同五卷　清徐養原撰
清道光間刻本　南京
湖州叢書本(光緒刻)

經 10505497
儀禮古今文異同疏證(儀禮今古文異同疏證)五卷　清徐養原撰
廣雅書局叢書本(光緒刻)
皇清經解續編本(光緒刻、光緒石印)

經 10505498
儀禮古今文疏證二卷　清宋世犖撰
　確山所著書本(光緒刻)　國圖(清李慈銘校)

經 10505499
儀禮音訓不分卷　清袁俊等編纂
　清道光間刻本　復旦

經 10505500
儀禮今古文疏證一卷　清潘道根撰
　吴縣王氏學禮齋傳抄稿本(任銘善校並跋)　復旦

經 10505501
禮經漢讀考十七卷　清陳光煦撰
　民國間吴縣王氏學禮齋抄本　復旦

經 10505502
儀禮讀異二卷　清于鬯撰
　于香草遺著叢輯本(稿本)　上海

經 10505503
儀禮鄭注正字考十七卷　葉德輝撰
　稿本　國圖

附　録

逸禮之屬

經 10505504
王度記一卷附三正記　周淳于髡等撰　清王謨輯
　漢魏遺書鈔本(嘉慶刻)

經 10505505
經禮補逸九卷　元汪克寬撰
　明弘治十年汪璋汪珙等刻本　國圖　北大　社科院歷史所　上海
　明嘉靖十七年四明姚漗刻本　北大
　通志堂經解本(康熙刻、同治刻、日本文化刻)
　四庫全書薈要本(乾隆寫)
　四庫全書本(乾隆寫,附録一卷)

經 10505506
儀禮逸經一卷傳一卷　元吴澄撰
　明弘治十年程敏政刻本　國圖

經 10505507
儀禮逸經傳一卷　元吴澄撰
　通志堂經解本(康熙刻、同治刻、日本文化刻)

經 10505508
儀禮逸經傳(儀禮逸經)二卷　元吴澄撰
　四庫全書本(乾隆寫,儀禮逸經)
　學津討原本(嘉慶刻、民國影印)

經 10505509
佚禮扶微二卷附録一卷　清丁晏撰
　稿本　國圖　上海
　清抄本　國圖

經 10505510
佚禮扶微五卷　清丁晏撰
　南菁書院叢書本(光緒刻)

經 10505511
逸禮大義論六卷　清汪宗沂撰
　民國間吴縣王氏學禮齋傳抄稿本(趙詒琛、王大隆校)　復旦
　己卯叢編本(民國鉛印)　國圖　上海　湖北

抄本　中科院

經 10505512
逸禮定論五卷周人明堂月令篇一卷　清汪宗沂撰
稿本　國圖
王氏學禮齋曬印稿本　復旦

經 10505513
逸軍禮三卷　清汪宗沂撰
清抄本　復旦

經 10505514
補軍禮三篇不分卷　清汪宗沂撰
清光緒間袁氏漸西村舍抄本　復旦

經 10505515
補饗禮一卷　清諸錦撰
四庫全書本(乾隆寫)

經 10505516
饗禮補亡一卷　清諸錦撰
絳跗閣經說三種本(乾隆刻)
藝海珠塵本(嘉慶刻道光增刻)
昭代叢書本(道光刻)
槐廬叢書本(光緒刻)
孫谿朱氏經學叢書初編本(光緒刻)
抄本　中科院

經 10505517
逸禮考一卷　劉師培撰
劉申叔先生遺書本(民國鉛印)
抄本　國圖

禮　記

正文之屬

經 10505518
禮記二卷　□□輯
八經本(宋刻遞修)　國圖
巾箱八經本(宋刻遞修、民國影印)
明刻本　國圖　北京文物局

經 10505519
禮記一卷　□□輯
五經本(弘治刻、嘉靖朱廷立刻、翁溥刻)
十三經本(明吴勉學刻)　國圖　西北大學
九經本(明刻)　上海(清倪燦批校並跋，清鮑毓東跋)　南京(清吴騫、清丁丙跋)
十三經本(乾隆蔣衡寫，不分卷)　臺北故博
日本明曆二年刻本　北大
十三經經文本(開明書店鉛印)

經 10505520
禮記三卷　□□輯
五經本(嘉靖翁溥刻)　國圖　國博　南京　華東師大
古香齋袖珍十種本(内府刻、南海孔氏重刻)

經 10505521
禮記四卷　□□輯
日本天保十年刻本　遼寧

經 10505522
禮記八卷　□□輯

明司禮監刻本　丹東

經 10505523
禮記二十一卷　□□輯
五經白文本(明刻)　國圖　上海

經 10505524
禮記三十卷　□□輯
明弘治九年莊釋刻本　天一閣(存卷十六至三十)

經 10505525
禮記不分卷　□□輯
十三經本(乾隆蔣衡寫)　臺北故博

經 10505526
新刊校正音釋禮記白文六卷　明□□音釋
明嘉靖十年東匯張氏刻本　上海

經 10505527
禮記六卷　明秦鏷訂正
九經本(崇禎刻、清逸文堂刻、心逸齋刻、觀成堂印)
九經本(清觀成堂刻)　上海(清沈大成、姚椿批校)

經 10505528
御製繙譯禮記滿漢合璧三十卷　清高宗弘曆敕譯
清乾隆四十八年武英殿刻本　中科院

經 10505529
禮記正文五卷　□□輯
日本寬政十年一七九八青藜館刻本　北大

傳說之屬

經 10505530
禮記馬氏注一卷　漢馬融撰　清馬國翰輯
玉函山房輯佚書本(同治皇華館刻、光緒李氏印、光緒嫏嬛館刻、光緒楚南書局刻)

經 10505531
禮傳一卷　漢荀爽撰　清馬國翰輯
玉函山房輯佚書本(同治皇華館刻、光緒李氏印、光緒嫏嬛館刻、光緒楚南書局刻)

經 10505532
小戴禮記注一卷　漢盧植撰　清王謨輯
漢魏遺書鈔本(嘉慶刻)

經 10505533
盧氏禮記解詁一卷補遺一卷附錄一卷　漢盧植撰　清臧庸輯
拜經堂叢書本(乾隆嘉慶刻、日本影印)
清光緒間南陵徐乃昌積學齋抄本　北大
鄦齋叢書本(光緒刻)

經 10505534
禮記盧氏注一卷　漢盧植撰　清馬國翰輯
玉函山房輯佚書本(同治皇華館刻、光緒李氏印、光緒嫏嬛館刻、光緒楚南書局刻)

經 10505535
禮記解詁一卷　漢盧植撰　清黃奭輯
漢學堂叢書本(道光刻光緒印)

黄氏逸書考本(道光刻王鑒修補、朱長圻補刻)

經 10505536
盧氏禮記解詁一卷附録一卷　漢盧植撰　清盧文弨輯
抄本　上海

經 10505537
禮記(存卷三)　漢鄭玄注
鳴沙石室古籍叢殘本(民國影印)

經 10505538
禮記卷十　漢鄭玄注
敦煌祕籍留真新編本(民國影印)

經 10505539
禮記二十卷　漢鄭玄注
宋婺州義烏酥谿蔣宅崇知齋刻本　國圖(存卷一至五)
宋蜀刻大字本　國圖(存卷六至二十)　遼寧(存卷一至五)
宋刻遞修本　國圖(存卷五至八、十一至十五)
三禮本(嘉靖刻)　國圖　上海　南京
清光緒十七年味經書院刻本　北大　上海
日本慶長五年活字印本　復旦

經 10505540
禮記十卷　漢鄭玄注
袖珍十三經註本(同治刻)

經 10505541
禮記二十卷釋文四卷　漢鄭玄注　唐陸德明音義
宋淳熙四年撫州公使庫刻本　國圖
宋淳熙四年撫州公使庫刻紹熙至淳祐間修補本　臺圖

經 10505542
禮記二十卷釋文二卷考異二卷　漢鄭玄注　唐陸德明音義　清張敦仁考異
清嘉慶十一年陽城張氏影刻宋撫州本　國圖　北大　上海(清莫友芝校並跋)　復旦　遼寧
清嘉慶十一年陽城張氏影刻宋撫州本清嘉慶二十五年重修本　天津　南京
清同治九年湖北崇文書局刻本　國圖　北大

經 10505543
撫本禮記鄭注考異二卷　清張敦仁撰
清嘉慶十一年陽城張氏影刻宋撫州本　國圖　上海　北大　遼寧
清嘉慶十一年陽城張氏影刻宋撫州本清嘉慶二十五年重修本　天津　南京
清同治九年楚北崇文書局刻本　北大
皇清經解本(道光刻、咸豐補刻、鴻寶齋石印、點石齋石印)
十三經讀本本(民國醒園刻)

經 10505544
禮記讀本二十卷附撫本禮記鄭注考異二卷禮記經注校證二卷　漢鄭玄注　唐陸德明音義　(考異)清張敦仁撰
十三經讀本本(民國醒園刻)

經 10505545
禮記二十卷　漢鄭玄注　日本賀島矩

直句讀
日本寶曆九年刻本　國圖　北大　上海　南京

經 10505546
禮記二十卷　漢鄭玄注　唐陸德明音義
宋余仁仲萬卷堂家塾刻本　國圖　上海
宋刻本　國圖(存卷一至十六,清翁同書跋)
宋刻本　國圖(存卷二十)
宋刻本　國圖(存卷五至二十)
宋刻本　北大
宋刻本　日本國會
宋刻本　臺圖

經 10505547
禮記二十卷附對校札記二十卷　漢鄭玄注　唐陸德明音義　楊彭齡撰對校札記
民國二十六年北平來青閣影印宋余氏萬卷堂刻本　上海　北大

經 10505548
禮記校札二十卷　楊彭齡撰
民國二十六年北平來青閣影印宋余氏萬卷堂刻本　上海　北大

經 10505549
禮記二十卷附考證　漢鄭玄注　唐陸德明音義
倣宋相臺五經本(乾隆武英殿刻、民國影印、同治刻、光緒江南書局刻、光緒重刻、光緒龍氏刻、光緒金陵書局、清貴州刻、日本安政五年刻)

經 10505550
纂圖互注禮記二十卷舉要圖一卷　漢鄭玄注　唐陸德明音義
宋刻本　國圖　日本靜嘉堂
民國二十五年上海商務印書館影印宋本

經 10505551
監本纂圖重言重意互注禮記二十卷　漢鄭玄注　唐陸德明音義
宋刻本　上海
宋刻本　南京(存卷九至十)

經 10505552
附音重言互注禮記二十卷　漢鄭玄注　唐陸德明音義
宋刻本　國圖(存卷十六、十九)

經 10505553
京本點校附音重言重意互注禮記二十卷　漢鄭玄注　唐陸德明音義
宋刻本　國圖(存卷八,李盛鐸跋)
宋刻本　上海(存卷六至七)

經 10505554
禮記四十九卷　漢鄭玄注　唐陸德明音義　明葛鼒校　明金蟠訂
十三經古注本(崇禎刻、同治重修)
清永懷堂刻本　上海(清姚椿校並跋)

經 10505555
禮記佚文一卷　漢鄭玄注　清王仁俊輯
經籍佚文本(稿本)

經 10505556
禮記孫氏注一卷　三國魏孫炎撰　清馬國翰輯
玉函山房輯佚書本(同治皇華館刻、光

緒李氏印、光緒鄉嬛館刻、光緒楚南書局刻)

經 10505557
禮記王氏注二卷　三國魏王肅撰　清馬國翰輯
玉函山房輯佚書本(同治皇華館刻、光緒李氏印、光緒鄉嬛館刻、光緒楚南書局刻)

經 10505558
禮記畧解一卷　南朝宋庾蔚之撰　清馬國翰輯
玉函山房輯佚書本(同治皇華館刻、光緒李氏印、光緒鄉嬛館刻、光緒楚南書局刻)

經 10505559
禮記新義疏一卷　南朝梁賀瑒撰　清馬國翰輯
玉函山房輯佚書本(同治皇華館刻、光緒李氏印、光緒鄉嬛館刻、光緒楚南書局刻)

經 10505560
禮記隱義一卷　南朝梁何胤撰　清馬國翰輯
玉函山房輯佚書本(同治皇華館刻、光緒李氏印、光緒鄉嬛館刻、光緒楚南書局刻)

經 10505561
禮記隱義一卷　南朝梁何胤撰　清王仁俊輯
玉函山房輯佚書續編本(稿本)

經 10505562
六朝寫本禮記子本疏義一卷　南朝梁皇侃撰　南朝陳鄭灼增益
民國間上虞羅氏影印六朝寫本　國圖　中科院　上海　復旦　遼寧

經 10505563
禮記皇氏義疏四卷　南朝梁皇侃撰　清馬國翰輯
玉函山房輯佚書本(同治皇華館刻、光緒李氏印、光緒鄉嬛館刻、光緒楚南書局刻)

經 10505564
禮記義證一卷　北魏劉芳撰　清馬國翰輯
玉函山房輯佚書本(同治皇華館刻、光緒李氏印、光緒鄉嬛館刻、光緒楚南書局刻)

經 10505565
禮記沈氏義疏一卷　北周沈重撰　清馬國翰輯
玉函山房輯佚書本(同治皇華館刻、光緒李氏印、光緒鄉嬛館刻、光緒楚南書局刻)

經 10505566
禮記熊氏義疏四卷　北周熊安生撰　清馬國翰輯
玉函山房輯佚書本(同治皇華館刻、光緒李氏印、光緒鄉嬛館刻、光緒楚南書局刻)

經 10505567
禮記正義殘一卷　唐孔穎達等撰
日本昭和三年影印狩谷棭齋舊藏卷子本　國圖　北大　上海　復旦

湖北

清光緒十六年楊守敬影抄日本古抄卷子本(清楊守敬跋並題箋) 復旦

經 10505568

禮記正義七十卷(存卷六十三至七十) 唐孔穎達撰

宋紹興乾道間刻本 日本身延山久遠寺

日本昭和五年日本東方文化學院影印宋刻本 國圖 北大 中科院 南京 湖北

經 10505569

身延本禮記正義殘卷校勘記二卷 日本安井朝康撰

日本昭和六年東方文化學院鉛印本 國圖 北大 南京 湖北

經 10505570

禮記正義(存卷五、卷六十三至七十) 唐孔穎達撰

四部叢刊三編本(民國影印)

經 10505571

禮記正義殘卷附校勘記一卷 劉承幹撰

嘉業堂叢書本(民國刻)

江陰繆氏藕香簃抄本(存校勘記，繆荃孫校) 北大

經 10505572

禮記正義七十卷 漢鄭玄注 唐孔穎達疏

宋紹熙三年兩浙東茶鹽司刻宋元遞修本 國圖 北大 上海 日本足利學校

民國間武進董氏影印宋越州刻本 國圖

經 10505573

禮記正義七十卷附校勘記二卷 漢鄭玄注 唐孔穎達疏 潘宗周校勘

民國南海潘氏寶禮堂影刻宋紹興三年兩浙東路茶司本 國圖 北大 上海 復旦

經 10505574

禮記正義校勘記二卷 潘宗周撰

民國南海潘氏寶禮堂刻本 國圖 北大 上海 復旦

經 10505575

禮記注疏六十三卷 漢鄭玄注 唐陸德明音義 唐孔穎達疏

元刻明修本 北大 上海 南京 浙江

清乾隆六十年和珅影宋刻本 國圖 北大 中科院 南京 浙江 遼寧

十三經註疏本(嘉靖福建刻、萬曆北監刻、崇禎汲古閣刻、翻汲古閣刻)

經 10505576

禮記注疏六十三卷附考證 漢鄭玄注 唐陸德明音義 唐孔穎達疏 清齊召南撰考證

十三經註疏附考證本(乾隆武英殿刻、同治鍾謙鈞刻)

四庫全書薈要本(乾隆寫)

四庫全書本(乾隆寫)

經 10505577

禮記注疏考證一卷 清齊召南撰

皇清經解本(道光刻、咸豐補刻、鴻寶齋石印、點石齋石印)

經 10505578
禮記校勘記(禮記注疏校勘記)六十三卷　釋文校勘記四卷　清阮元校勘
皇清經解本(道光刻、咸豐補刻、鴻寶齋石印、點石齋石印,十三經注疏校勘記)
宋本十三經註疏併經典釋文校勘記本(光緒刻,禮記注疏校勘)

經 10505579
附釋音禮記注疏六十三卷附校勘記六十三卷　漢鄭玄注　唐陸德明音義　唐孔穎達疏　清阮元校勘
重刊宋本十三經註疏附校勘記本(嘉慶刻、道光重修、同治重修、同治刻、光緒刻、光緒石印、民國石印)

經 10505580
禮記注疏校勘記六十三卷　清阮元撰　清盧宣旬摘錄
重刊宋本十三經註疏附校勘記本(嘉慶刻、道光重修、同治重修、同治刻、光緒刻、光緒石印、民國石印)
宋本十三經註疏併經典釋文校勘記本(光緒刻)

經 10505581
禮記外傳一卷　唐成伯璵撰　唐張幼倫注　清馬國翰輯
玉函山房輯佚書本(同治皇華館刻、光緒李氏印、光緒嫏嬛館刻、光緒楚南書局刻)

經 10505582
禮記外傳一卷　唐成伯璵撰　清王仁俊輯
玉函山房輯佚書續編本(稿本)

經 10505583
石林先生禮記解二卷　宋葉夢得撰　清葉廷琯輯
稿本(清葉廷琯跋)　南京

經 10505584
禮記解四卷　宋葉夢得撰　葉德輝輯
石林遺書本(宣統刻)
郎園先生全書本(民國彙印)

經 10505585
禮記集說一百六十卷統說一卷　宋衛湜撰
宋嘉熙四年新定郡齋刻本　國圖(卷三十四至四十、九十三至九十五、一百至一百六配清抄本)
明抄本(清丁丙跋)　南京
明抄本(存卷一百十三至一百三十六)　天一閣
明抄本　北大
通志堂經解本(康熙刻、同治刻、日本文化刻)
四庫全書薈要本(乾隆寫)
四庫全書本(乾隆寫)

經 10505586
禮記要義三十三卷(原缺卷一至二)　宋魏了翁撰
宋淳祐十二年魏克愚刻本　國圖
影宋抄本　國圖
宛委別藏本(抄本、影印本)
清抄本(文素松跋)　重慶
清拜五經齋主人錫壽刻本　北大
五經要義本(光緒刻)
四部叢刊續編本(民國影印,附校勘记)

經 10505587

禮記要義校勘記一卷　張元濟撰
　四部叢刊續編本(民國影印)

經 10505588
禮記句解不分卷　宋朱申撰　清戴容輯
　民國二十五年攝影戴氏稿本　國圖

經 10505589
禮記解十四卷　宋胡銓撰
　胡忠簡公經解本(乾隆刻)

經 10505590
黄氏讀禮記日抄十六卷　宋黄震撰
　清光緒三十四年問經精舍刻本　國圖　北大　上海

經 10505591
禮記傳十六卷　宋呂大臨撰
　西京清麓叢書本(光緒刻)

經 10505592
禮記纂言(新刊京本禮記纂言)三十六卷　元吴澄撰
　元元統二年吴尚等刻本　上海
　明正德十五年胡東臯刻本　國圖　上海師大　南京　天一閣　青海大學醫學院
　明嘉靖九年安正書堂刻本(新刊京本禮記纂言)　南京　浙江
　明崇禎二年張養刻本(新刊京本禮記纂言)　清華　大連　東北師大　安徽博　江西　福建師大　四川
　清乾隆間朱氏刻本　復旦
　四庫全書本(乾隆寫)
　清光緒二十三年刻本　南京

經 10505593
禮記纂言三十六卷　元吴澄纂　清朱軾校補
　朱文端公藏書本(康熙乾隆刻、光緒重刻)
　朱文端公藏書本(光緒重刻)

經 10505594
禮記集說十六卷　元陳澔撰
　元天曆元年建安鄭明德宅刻本　國圖　北大　上海
　明初刻本　國圖　南京
　明正統十二年司禮監刻本　首都　上海　復旦　浙江　天一閣
　明崇禎四年汪應魁貽經堂刻本　北師大　故宫　西南師大
　明刻本　國圖　北大　上海　浙江
　明刻本　南京(清丁丙跋)
　明刻本　上海　吉林社科院
　明刻本　揚州大學

經 10505595
禮記集說三十卷　元陳澔撰
　明成化十八年邢琉、楊煉合肥刻本　日本靜嘉堂
　明嘉靖十一年建寧府刻本　南京　浙大　開封
　明嘉靖間應檟刻本　國圖　浙江　上海
　明嘉靖二十年洚彩館刻本　國圖　北京文物局
　明嘉靖三十年倪淑刻萬曆二十三年倪甫英重修本　浙江　上海
　明嘉靖三十五年廣東崇正堂刻本　浙江　上海
　明嘉靖間吉澄刻本　人大　武大
　明嘉靖間吉澄刻楊一鶚重修本　青島博　天一閣
　明萬曆二十四年陳堯中刻本　江西

明陳允升刻本　遼大
明萬曆間吴勉學刻本　山西師大　襄陽　四川
明豹變齋刻本　故宫
明刻本　山西師大　齊齊哈爾　蘇州　無錫　天一閣
明刻本　首都　中科院　上海　復旦　山東　山東大學
明刻本　南京(清丁丙跋)
明末刻本　國圖　北京文物局　山東　遼寧　江西
清康熙三十三年文樞堂寶玉堂刻本　北大
日本享保九年刻本　南京
日本寬文四年刻本　南京

經10505596
禮記集説十卷　元陳澔撰
明弘治十七年慎獨齋刻正德十六年劉洪重修本　北大
明嘉靖間楊銓刻本　南京
五經本(嘉靖張祿刻)　上海　浙江
明崇禎六年閔齊伋刻本　國圖　北師大　故宫　北京文物局　山東大學
明崇禎十三年莆陽鄭氏重訂金陵奎壁齋刻本　上海
四書六經讀本(崇禎汲古閣刻)　上海　復旦　安徽博
明刻本　國圖　清華　山西師大　浙江
明刻本　上海(易培基跋)
清康熙八年朱氏崇道堂刻五經本　上海社科院
清康熙間崇道堂刻本　國圖　北大　復旦
清康熙四十一年雲間華氏敬業堂刻本　北大
清康熙間金陵芥子園刻本　國圖
清乾隆三年讀書堂刻本　南京
五經四子書本(乾隆刻)
四庫全書薈要本(乾隆寫)
四庫全書本(乾隆寫)
清乾隆五十四年文盛堂重刻本　國圖
五經四書讀本本(雍正刻、嘉慶刻)
五經四書讀本本(雍正刻)　湖北(清劉傳瑩批校)
清嘉慶十一年文德堂刻本　上海
御案五經本(嘉慶刻)
清道光二十二年申江文海堂刻本　南京
清道光間忠恕堂刻本　上海
清咸豐元年新化鄧氏邵州濂溪講院刻本　湖北
清咸豐元年掃葉山房刻本　天津
清同治三年芥子園刻本　天津
十三經讀本本(同治金陵書局刻)
清同治七年崇文書局刻本　國圖　天津　上海　復旦　南京　湖北　遼寧
清同治十一年湖南尊經閣刻本　國圖　北大　南京
清同治十三年湖南書局刻本　北大　南京　復旦　湖北
清同治十三年江西書局刻本　南京　湖北
清光緒二年重刻掃葉山房刻本　遼寧　復旦
清光緒二年衡陽魏氏刻本　上海
清光緒十一年融經館重校刻本　上海
清光緒十二年湖北官書處刻本　北大　南京　湖北
清光緒十四年刻本　天津
清光緒十九年浙江書局刻本　北大　上海
清光緒十九年江南書局重刻本　國圖

北大　上海　遼寧　湖北
清光緒十九年淮南書局刻本　南京
清光緒二十二年學庫山房刻本　南京
清光緒二十二年新化三味堂刻本　上海　遼寧
西京清麓叢書本(光緒刻)
清光緒三十年寶慶勸學書舍刻本　南京
清光緒間善成堂刻本　北大　天津　遼寧　復旦
清楊郡二郎廟内片善堂惜字公局重校刻本　遼寧
清武林三餘堂刻本　南京
清博古堂刻本　南京
清末李光明莊刻本　北大　天津　上海　復旦　南京
清宣統二年刻學部編纂頒行本　湖北
清恕堂刻本　國圖　北大　復旦
清餘慶堂刻本　國圖
清青畏堂刻本　國圖
清文海堂刻本　復旦
民國十三年成都志古堂刻本　南京
民國間上海千頃堂書局石印本　上海
日本天保間刻本(四卷)　國圖

經 10505597
禮記集注十卷　元陳澔撰
明萬曆二十五年唐氏富春堂刻本　國圖
明萬曆三十四年張裔軒刻本　河南
明建邑書林興正堂黄秀宇刻本　錦州
明書林新賢堂張閩岳刻本　國圖　故宫　杭州
明書林劉氏安正堂刻本　南大

經 10505598
禮記集注十卷戴經新旨十卷　元陳澔撰　(戴經新旨)明鄭羽儀輯
明刻本　北大

經 10505599
禮記十卷　元陳澔集說
十三經讀本附校刊記本(同治山東書局刻)

經 10505600
禮記集說校刊記一卷　清丁寶楨等撰
十三經讀本附校刊記本(同治山東書局刻)

經 10505601
禮記集說凡例一卷　元陳澔撰
五經補綱本(咸豐刻)

經 10505602
禮記集說大全(禮記大全)三十卷　明胡廣等輯
明初刻本　上海
明永樂十三年内府刻本　國圖
明嘉靖九年安正堂刻本　遼寧
明嘉靖三十九年安正堂刻本　山東大學
明刻本　天一閣(清徐時棟跋)
明德壽堂刻本　故宫　河南
明刻本　國圖　南京博　河北博　青海醫學院
明刻本　上海
朝鮮英祖四年嶺營刻本　復旦
四庫全書本(乾隆寫)
朝鮮刻袖珍本(二十卷)　國圖

經 10505603
張翰林校正禮記大全三十卷　明胡廣撰　明張瑞圖、明沈正宗校正

明刻本　南京(清丁丙跋)
明刻本　浙江
明萬曆間長洲文氏清白堂刻本　日本東京大學　日本早稻田大學

經10505604
黄翰林校正禮記大全三十卷　明胡廣撰　明張瑞圖編纂
清康熙五十年郁郁堂刻本　國圖　上海

經10505605
禮記集說辨疑一卷　明戴冠撰
明嘉靖間華察刻本　復旦
涉聞梓舊本(咸豐刻、民國影印)

經10505606
新刊禮記正蒙講意三十八卷　明陳褎撰
明嘉靖十六年左序刻本　南京　浙大

經10505607
禮記三注粹抄一卷　明□□輯
明正德間刻本　上海
明萬曆十八年余泗泉刻本　臺圖

經10505608
禮記集注三十卷　明徐師曾撰
明隆慶六年刻本　上海(有抄配)
明萬曆三年宋儀望刻本　國圖　上海　北京市委　延邊大學　南京博
明萬曆三年刻清康熙五十八年重修本　上海
明抄本　安徽博

經10505609
禮記三十卷　明徐師曾集注　清徐鉞重修
清初閑存堂刻本　清華

經10505610
禮記覺言八卷　明葉遇春撰
明嘉靖間刻本　日本東京日比谷

經10505611
禮記日錄十四卷圖解一卷　明黄乾行撰
明嘉靖三十四年鍾一元刻本　北大　上海　東北師大　蘇州
清初抄本　浙大

經10505612
杭郡新刊禮記要旨十卷　明戈九疇撰
明萬曆三年杭州書林後墅吴氏木活字印本　湖北

經10505613
新刻月林丘先生家傳禮記摘訓十卷　明丘橓撰
明萬曆三年劉應節刻本　國圖
明金陵王良相刻本　湖南(存卷五至六)
明萬曆三十七年錢塘金學曾刻本　日本内閣　日本蓬左

經10505614
禮記輯覽八卷　明徐養相撰
明隆慶五年刻本　中科院　臺圖　日本尊經閣

經10505615
新刊禮記裒言十六卷　明王圻、明李確(天植)等撰
明萬曆十三年秦紳等刻本　國圖　南京

經 10505616
新刊禮記積翠裒言□□卷　明王圻、明李確(天植)等撰
清抄本(存卷一至八)　河南

經 10505617
禮記中說三十六卷　明馬時敏撰
明萬曆十一年侯于趙刻本　首都　清華　祁縣

經 10505618
孫月峯先生批評禮記六卷　明孫鑛評
明末馮元仲刻本　吉林社科院　重慶　蘇州

經 10505619
重訂禮記疑問十二卷　明姚舜牧撰
明萬曆間刻本　國圖　中科院　復旦　南京

經 10505620
禮記通注一卷　明朱元弼撰
鹽邑志林本(天啓刻、民國影印)

經 10505621
禮記課兒述注十八卷　明沈一中撰
明天啓間刻本　安徽博

經 10505622
禮記通解二十二卷　明郝敬撰
郝氏九經解本(萬曆刻、抄本)
民國間漢陽周氏書種樓紅格抄本　天津

經 10505623
龔宗師發刊禮記集注十卷　明陳榮選
明萬曆二十一年序刻本　日本内閣

經 10505624
禮記摘注五卷　明李上林撰
明萬曆二十五年刻本　日本蓬左

經 10505625
禮記指南二十卷　明閻士選撰
明萬曆二十六年詹氏易齋刻本　日本内閣

經 10505626
新刊禮記搜義二十八卷　明余心純撰
明萬曆二十七年余氏刻本　中科院　河北大學

經 10505627
新刻毛先生家學的傳禮記會通集注七卷　明毛調元撰
明萬曆三十三年楊閩齋刻本　日本内閣

經 10505628
重刻删補禮記會通七卷　明毛調元撰
明刻本　日本尊經閣

經 10505629
禮經講雋三十八卷　明徐鑒撰
明萬曆間刻本　中科院

經 10505630
禮經外解四卷　明徐鑒輯
明萬曆間刻本　江西

經 10505631
禮記手說十二卷　明陳鴻恩撰
明崇禎四年唐振吾廣慶堂刻本　南京(存卷一至十)

經 10505632
禮記纂注四十八卷　明魏成忠撰
明抄本(缺卷六至七、十至十一、四十一)　南京

經 10505633
禮記集中八卷　明樊玉衡撰
明抄本　山東

經 10505634
禮記講錄不分卷　明沈昌時撰　明沈道成補訂
清初抄本　天津

經 10505635
禮記集傳十卷附錄一卷　明黄道周輯
清康熙間刻本　北大

經 10505636
禮記解十九卷　明韓治撰
清韓其抄本　南京

經 10505637
禮記疏意二十三卷　明秦繼宗撰
明刻本　北大
民國十五年黄岡秦玉田刻本　湖北　遼寧

經 10505638
禮記疏義參新一卷　明陳郊纂輯
明刻本　北大
民國十五年黄岡秦玉田刻本　湖北　遼寧

經 10505639
增補禮記參新二十三卷　明陳郊纂輯
明刻本　日本内閣

經 10505640
禮記酌言四卷　明李經禮著輯
明萬曆間箕裘堂刻本　北大

經 10505641
禮記意評四卷　明朱泰禎撰
明天啓五年楊師孔刻本　南京
明天啓五年諸允修等刻本　南京

經 10505642
禮記衷注四卷　明許士柔撰
清抄本(清江春跋)　上海

經 10505643
禮記新義三十卷　明湯三才命意　明湯道衡撰述
明刻本　國圖　北大

經 10505644
禮記纂注三十卷　明湯道衡撰
明刻本　國圖

經 10505645
禮經約述三十卷　明陳有元撰
明黄立極刻朱藍套印本　故宫

經 10505646
禮記會解新裁三十六卷　明童維巖撰
明刻本　中科院　南京

經 10505647
禮記說義纂訂二十四卷　明楊梧撰
清康熙十四年楊昌齡等刻本　國圖　清華　上海　辭書出版社

經 10505648
說禮約十七卷　明許兆金撰

明天啓七年郎九齡等刻本　浙江

經 10505649
禮記思五卷　明趙僎撰
明天啓七年白門書林王荆岑等刻本　北師大
抄本　國圖　中科院

經 10505650
禮記敬業八卷　明楊鼎熙撰
明崇禎間刻本　北大　華東師大　吉大

經 10505651
禮記鴛譜四卷　明茅大瑛輯
明崇禎二年金閶舒瀛溪刻本　中央黨校

經 10505652
新刻揭萬年先生校正禮記便蒙删補二十六卷　明揭重熙校
明刻本　日本内閣

經 10505653
讀禮記畧記四十九卷　明朱朝瑛撰
清抄本　國圖
七經畧記本(清抄)　國圖　浙江

經 10505654
禮經貫四卷　明堵景濂撰
明崇禎間刻本　浙江

經 10505655
禮記訂補二十二卷　明鄧庭曾撰
明刻本　日本内閣

經 10505656
禮記便讀二卷　明王一清輯
清刻本　南京

經 10505657
禮記删繁定注十卷　明何薦可撰
明天啓間刻本　日本静嘉堂

經 10505658
戴經新旨十卷　明鄭羽儀輯
明刻本　北大

經 10505659
禮記主意存九卷　□□撰
明藍格抄本　臺圖

經 10505660
禮記制度示掌圖一卷　□□撰
清初刻朱緑套印本　北大

經 10505661
新刻禮記金丹一卷　□□撰
明版築居刻朱墨套印本　北大

經 10505662
禮記集意不分卷　清張養撰
清抄本　國圖

經 10505663
禮記集說不分卷　清張養撰
清抄本　國圖

經 10505664
禮記章句不分卷　清王夫之撰
稿本(存二葉)　湖南博

經 10505665
禮記章句四十九卷　清王夫之撰
清乾隆間王嘉愷抄本　湖南博

船山遺書本(道光刻、同治刻、民國鉛印)
清光緒十一年山西濬文書局刻本　北大

經 10505666
禮記說約四十九卷圖一卷　清何思佐命意　何兆清筆受
清順治十二年序刻本　日本内閣

經 10505667
禮記說統三十五卷　清張之絢撰
稿本　浙江

經 10505668
禮記纂類三十六卷　清王鍾毅撰
清抄本　上海
清抄本(王師楷校訂)　天一閣

經 10505669
古學經輯注八卷　清劉士林撰
清初正氣堂抄本(存卷一至五)　國圖

經 10505670
禮記資斧四卷　清王玉麟撰
清康熙間泖閣刻本　天津

經 10505671
禮記篇目一卷　清芮城撰
昭代叢書本(道光刻)

經 10505672
禮記疏畧四十七卷　清張沐等撰
五經四書疏畧本(康熙敦臨堂刻)

經 10505673
禮記偶箋三卷　清萬斯大撰
萬充宗先生經學五書本(乾隆刻、嘉慶印)
得月簃叢書本(道光刻)
皇清經解續編本(光緒刻、光緒石印)

經 10505674
禮記詳說一百七十八卷　清冉覲祖撰
五經詳說本(光緒刻)

經 10505675
禮記講章不分卷　清張英撰
清抄本　國圖

經 10505676
禮記經筵講章不分卷　清張英撰
清抄本　國圖

經 10505677
禮記省度四卷　清彭頤撰
清康熙十一年刻朱墨套印本　山東　浙江　天一閣　崇陽　貴州師範
清乾隆間元年武林文治堂刻本　北大　上海
清乾隆五十七年集腋樓刻二色套印本　浙江
清光緒七年刻朱墨套印本　國圖　遼寧　湖北

經 10505678
研硃集禮記五卷　清張瑄定
清初虹化堂刻本　上海

經 10505679
志學堂禮記擬言十卷　清王者佐撰
清抄本　國圖

經 10505680
禮記述注二十八卷　清李光坡撰

四庫全書本(乾隆寫)
清乾隆三十二年清白堂刻本　中科院　南京　湖北
清光緒八年刻本　上海　湖北　浙江

經 10505681
禮記陳氏集說補正四卷　清納蘭成德撰
通志堂經解本(康熙刻、同治刻、日本文化刻)
日本享和二年刻本　國圖　北大　上海　南京
抄本　南京

經 10505682
禮記體注四卷　清范翔撰
清康熙五十二年善成堂刻本　天津
清敬文堂記刻本　天津
清文盛堂刻本　遼寧
清桐石山房刻本　遼寧

經 10505683
潄芳軒合纂禮記體注四卷　清范翔撰
清嘉慶二十二年文奎堂刻本　復旦
清光緒六年掃葉山房刻本　北大
清書業德記刻本　北大
民國間上海大成書局石印本　遼寧

經 10505684
禮記體注大全四卷　清范紫登原本　清曹士瑋纂輯　清徐旦參訂
清雍正八年一經樓刻本　北大

經 10505685
全本禮記體注十卷　清徐瑄撰
清乾隆間聚錦堂刻本　山東(清王筠批校並跋,姚朋圖跋)
清刻崇文堂印本　國圖

經 10505686
禮記分類二卷　清陸昆曾輯
清康熙五十四年環秀堂刻本　南京

經 10505687
禮記舉業集要三卷　清陳瑞撰
清抄本　華東師大

經 10505688
禮記說述合參四十四卷　清董之瑋撰
清抄本　西北大學

經 10505689
豐川禮記彙編八卷　清王心敬編
清乾隆三年刻本　北大　中科院(清孫希元跋)　復旦

經 10505690
禮記集說八十卷　清鄭元慶述
清抄本(清程晉芳批注)　天一閣

經 10505691
禮記集說四十九卷　清鄭元慶述
吴興叢書本(民國刻)

經 10505692
禮記札記二卷　清朱亦棟撰
十三經札記本(光緒竹簡齋刻)

經 10505693
禮記類編三十卷　清沈元滄輯
清乾隆十七年滋蘭堂刻本　湖北

經 10505694
禮記章義十卷　清姜兆錫撰
九經補注本(雍正刻)

經 10505695
禮記析疑四十八卷　清方苞撰
抗希堂十六種本(康熙嘉慶刻)
四庫全書本(乾隆寫)

經 10505696
禮記章句十卷　清任啓運撰
清乾隆三十八年刻清芬堂印本　國圖　北大　清華
清光緒二十一年刻本　國圖　中科院　上海　遼寧
荆溪任氏遺書本(民國刻)

經 10505697
禮記義疏八十二卷首一卷　清任啓運、清吴紱等纂修
清乾隆間紅格抄三禮義疏本　國圖

經 10505698
欽定禮記義疏八十二卷首一卷　清高宗弘曆敕撰
御纂七經本(康熙内府刻、同治浙江書局刻、崇文書局刻、江西書局刻、光緒户部刻、江南書局刻、光緒鴻文書局石印)
四庫全書薈要本(乾隆寫)
四庫全書本(乾隆寫)

經 10505699
日講禮記解義六十四卷　清張廷玉等纂
清乾隆十四年武英殿刻本　故宫　遼寧
四庫全書薈要本(乾隆寫)
四庫全書本(乾隆寫)
清抄本　國圖

經 10505700
禮記擒藻一卷　清孔傳鐸輯
清刻後印本　中科院

經 10505701
禮記訓義擇言八卷　清江永撰
四庫全書本(乾隆寫)
清乾隆五十七年刻本　國圖　湖北
墨海金壺本(嘉慶刻、博古齋影印)
守山閣叢書本(道光刻、光緒影印、民國影印)
皇清經解續編本(光緒刻、光緒石印)

經 10505702
禮記擷要二卷　清江永原編　楊鍾鈺重輯
民國十九年鉛印本　上海

經 10505703
禮記擇言不分卷　清江永撰
稿本　上海

經 10505704
禮記全書彙纂豁解十二卷　清嚴校、清嚴槐纂
清乾隆三十九年刻帶經堂印本　國圖

經 10505705
禮記約編五卷　清汪基撰
三禮約編喈鳳本(乾隆刻、嘉慶刻)
清道光二十三年刻本　國圖
清大文堂刻本　湖北
清宣統三年直隸官書局刻本　南京　遼寧
清光緒三十四年上海廣益書局石印本　北大　上海
清光緒間鑄記書局石印本　上海
民國十三年上海錦章圖書局石印本

國圖　北大
三禮約編啫鳳本(光緒鉛印)

經 10505706
禮記節本十卷　清汪基撰
清宣統元年上海會文學社石印本　北大　浙江　遼寧
清宣統二年上海章福記石印本　遼寧
清宣統三年會文堂粹記書局石印本　上海

經 10505707
禮記揭要六卷　清周蕙田輯
清乾隆五十七年自怡軒刻本　湖北

經 10505708
禮記述解闡備彙參十五卷　清馬履成編
清乾隆五十九年三樂堂刻本　南京

經 10505709
伊川删定禮記集注二十三卷首一卷　清王縈緒撰
稿本　青島

經 10505710
禮記札記一卷　清范爾梅撰
讀書小記本(雍正刻)

經 10505711
禮記疑義七十二卷　清吴廷華撰
清張金吾詒經堂抄本　國圖
清抄本(存卷三至五、二十至二十一、二十六至三十三、六十一至六十六,清丁丙跋)　南京
清抄本(存卷十三至三十七)　上海

經 10505712
禮記類詮十卷　清胡具慶撰
清抄本(蔣藩跋)　河南

經 10505713
禮記章句十卷　清汪紱撰
汪雙池先生叢書本(光緒彙印)
重訂汪子遺書本(同治木活字印)

經 10505714
禮記或問八卷　清汪紱撰
稿本(存卷一至四)　廣西師大
汪雙池先生叢書本(光緒彙印)
重訂汪子遺書本(同治木活字印)

經 10505715
續禮記集説一百卷　清杭世駿撰
清光緒二十一年浙江書局刻本　國圖　北大　上海　復旦　南京　湖北
清抄本(清丁丙跋)　南京
清抄本　國圖　北大　浙江　南京

經 10505716
禮記古義一卷　清惠棟撰
昭代叢書本(道光刻)

經 10505717
禮記説八卷　清楊秉杷撰
清道光元年刻本　國圖　上海

經 10505718
周衣亭先生禮記精選四卷　清周人麒撰
清光緒十八年李氏抄本　天津

經 10505719
禮記釐編十卷附録　清潘相撰
潘相所著書本(乾隆刻)
清乾隆四十一年汲古閣刻本　北大

中科院　南京　湖北
清嘉慶五年刻咸豐元年印本　國圖

經10505720
禮記注疏校補一卷　清盧文弨撰
抱經堂叢書本(乾隆嘉慶刻、民國影印)
紹興先正遺書本(光緒刻)

經10505721
禮記注疏按語不分卷　清□□輯
清乾隆間抄本　北大

經10505722
禮記揭要□卷　清許寶善撰
清刻本　復旦(存二卷)　南京

經10505723
禮記附記十卷　清翁方綱撰
清翁方綱稿本(存卷一至六)　北大
稿本(存卷七至十)　國圖
稿本(存卷七至十)　遼寧

經10505724
禮記附記六卷　清翁方綱撰
畿輔叢書本(光緒刻)

經10505725
禮記全文備旨十一卷　清鄒聖脈纂輯
清刻本　南京　湖北
五經備旨本(光緒刻、光緒石印、樂善堂銅版印)

經10505726
禮記補注四卷　清李調元撰
函海本(乾隆刻、道光補刻、光緒刻)

經10505727
禮記集解六十一卷　清孫希旦撰
稿本(存三十五卷)　温州
清咸豐十年至同治七年孫氏盤谷草堂刻本　國圖　北大　上海　浙江　南京　遼寧　湖北　安徽文史館　福建
清咸豐間瑞安項琪孫鏘鳴抄本　北大

經10505728
禮記經注疏正譌六十三卷　清金曰追撰
清抄本　北大

經10505729
禮記集說四十九卷　清莊有可撰
民國二十四年上海商務印書館影印本　國圖　上海　湖北

經10505730
讀禮記十二卷　清趙良澍撰
涇川叢書本(道光刻、民國影印)

經10505731
禮記增訂旁訓六卷　清徐立綱撰
清乾隆五十二年刻映雪草堂印本　北大
五經旁訓本(乾隆匠門書屋刻)　上海(清沈欽韓校)
清廈門文德堂重刻本　天津
清光緒十年魏氏古香閣刻本　上海　湖北
清末李光明莊刻本　復旦

經10505732
禮記旁訓辨體合訂六卷　清徐立綱輯
清刻循院堂印本　國圖
清三益堂刻本　復旦
清循陔堂刻本　南京

經 10505733
禮記旁訓增訂精義六卷　清徐立綱撰　清竺靜甫、清竺子壽增訂　清黄淦精義
五經旁訓增訂精義本(光緒毓秀草堂刻、清狀元閣刻)

經 10505734
禮記偶記一卷　清汪德鉞撰
七經偶記本(道光木活字印)

經 10505735
禮記精義六卷　清黄淦撰
七經精義本(嘉慶刻、道光刻、光緒刻)
清光緒十年魏氏古香閣刻本　上海　湖北
抄本　國圖

經 10505736
禮記古訓考一卷　清程際盛(程琰)撰
稻香樓雜著本(清木活字印)　國圖
民國間吴縣王氏學禮齋抄本　復旦

經 10505737
禮記訂譌六卷　清沈大本撰
稿本　上海

經 10505738
禮記口鈔二十六卷　清沈大本輯
稿本　上海

經 10505739
禮記注疏補缺一卷　清孔廣森撰
稿本　曲阜文管

經 10505740
禮記參訂十六卷　清陳鱣撰
稿本　臺圖
民國間吴縣王氏學禮齋抄本　復旦
民國間劉氏嘉業堂抄本　浙江
民國間張宗祥抄本　浙江
民國間適園抄本　國圖
清抄本(八卷)　天津

經 10505741
禮記訓纂四十九卷　清朱彬撰
稿本(清王念孫校並跋,清王引之校)　國圖
稿本(清許瀚校)　上海
稿本　國圖
清道光二十二年刻本　中科院　湖北
清咸豐元年朱士達宜祿堂刻本　國圖(清丁晏校)　北大　天津　復旦　遼寧　湖北　浙江　南京
清咸豐元年朱士達宜祿堂刻咸豐六年朱念祖重修本　北大　南京
清咸豐元年朱氏宜祿堂刻咸豐六年修版同治五年印本　遼寧
清宣統元年學部圖書局石印本　國圖　北大　上海　南京　浙江　湖北　遼寧

經 10505742
禮記衍脫錯考一卷　清吴瀛撰
稿本　浙江

經 10505743
禮記義疏算法解一卷　清談泰撰
金陵叢刻本(光緒刻)

經 10505744
鄭氏禮記箋四十九卷　清郝懿行撰
郝氏遺書本(光緒刻)

經 10505745
禮記補疏三卷　清焦循撰
焦氏叢書本(嘉慶道光刻、光緒刻)
清道光六年半九書塾六經補疏本　復旦
皇清經解本(道光刻、咸豐補刻、鴻寶齋石印、點石齋石印)

經 10505746
殘宋大字本禮記校勘記一卷　清黄丕烈撰
民國間影抄黄氏稿本　復旦
清末曹元忠抄本　復旦
劉世珩家抄本　南京

經 10505747
禮記合參不分卷　題清王引之錄
抄本　臺圖

經 10505748
十四經通考禮記類六卷　清式楹日撰
清乾隆間刻十四經通考本　中科院

經 10505749
十四經通考禮記類四卷　清式楹日撰
清嘉慶間刻本　上海

經 10505750
十四經通考禮記類二卷　清式楹日撰
清刻本　國圖

經 10505751
禮記客難(艮齋禮記客難)四卷　清龔元玠撰
十三經客難本(道光刻)

經 10505752
禮記恆解四十九卷　清劉沅輯注
清道光八年豫誠堂刻本　上海　湖北
槐軒全書本(同治刻)
民國十三年致福樓刻本　湖北
民國二十年西充鮮于氏特園刻本　上海
民國間豫誠堂刻本　上海

經 10505753
漢世別本禮記長義一卷　清許桂林撰
民國間吴縣王氏學禮齋傳抄稿本　復旦

經 10505754
鄭氏原本禮記存義一卷　清許桂林撰
民國間吴縣王氏學禮齋傳抄稿本　復旦

經 10505755
禮記衷要三十卷　清李式穀輯
五經衷要本(道光刻)

經 10505756
禮記注疏長編不分卷　清劉寶楠撰
稿本　上海

經 10505757
鄭氏釋經例不分卷　清劉寶楠撰
稿本(存禮記五)　上海

經 10505758
禮記釋注四卷　清丁晏撰
清道光二年刻本　中科院　復旦
六藝堂詩禮七編本(咸豐刻)
頤志齋叢書本(咸豐刻)
花雨樓叢鈔本(光緒刻)

經 10505759
樂記補疏一卷　清丁晏撰
稿本　國圖

經 10505760
禮記易讀二卷　清志遠堂主人輯
清咸豐八年刻書業德印本　國圖
清光緒四年三盛堂刻本　南京
清光緒七年崇文堂刻本　天津
清光緒十三年坊刻本　國圖
清光緒十五年濰陽成文信刻本　國圖
清光緒間善成堂刻本　北大
清光緒間三義堂刻本　天津

經 10505761
禮記熊皇異同一卷　清沈垚撰
稿本　復旦
清沈善登家抄本(清沈善登跋,王大隆跋)　復旦
清抄本　北大
李氏木犀軒抄本　北大

經 10505762
禮記鄭注校字一卷　清臧庸撰
清抄本　北大

經 10505763
禮記約選六卷　清張官德撰
清光緒十年刻本　國圖　中科院　湖北

經 10505764
小戴禮記解不分卷　清丁壽昌撰
丁氏遺稿六種本(稿本)　上海

經 10505765
禮記質疑四十九卷　清郭嵩燾撰
清同治間稿本　臺圖
清光緒十六年思賢講舍刻本　國圖　北大　中科院　天津　南京　湖北

經 10505766
禮記集說補義一卷　清方宗誠撰
稿本　安慶
柏堂遺書本(光緒刻)

經 10505767
小戴禮記平議四卷　清俞樾撰
皇清經解續編本(光緒刻、光緒石印)
春在堂全書本(同治至光緒刻,羣經平議)

經 10505768
禮記箋四十六卷　清王闓運撰
清光緒十一年成都尊經書局刻本　上海
湘綺樓全書本(光緒刻)

經 10505769
禮記可讀八卷　清劉曾騄撰
祥符劉氏叢書本(光緒民國石印)

經 10505770
禮記約解二十六卷　清劉曾騄撰
祥符劉氏叢書本(清末民初石印)

經 10505771
禮記天算釋一卷　清孔廣牧撰
皇清經解續編本(光緒刻、光緒石印)
廣雅書局叢書本(光緒刻)
咫進齋叢書本(光緒刻)
正覺樓叢刻(光緒刻)

經 10505772
禮記淺說二卷　清皮錫瑞撰

清光緒二十五年刻本　國圖　中科院　湖北

經 10505773
禮記盧注佚文疏證一卷附後漢侍中尚書涿郡盧君年表一卷　清蔣元慶撰
清抄本　國圖
清光緒三十四年鉛印本　上海
抄本　中科院

經 10505774
讀小戴禮盧植注日記一卷　清蔣元慶撰
學古堂日記本(光緒刻)

經 10505775
禮記心典傳本三卷　清胡瑤光纂輯
清光緒六年校經山房重刻本　遼寧
清善成堂刻本　北大

經 10505776
漱芳禮記集說六卷　清李之和纂輯
稿本　北大

經 10505777
禮記讀二卷　清錢琰輯
抄本　上海

經 10505778
禮記菁華錄八卷　清吴曾祺評注
民國間上海商務印書館鉛印本　國圖　北大　上海　湖北

經 10505779
禮記授讀十一卷　清熊松之撰
民國十九年影印高安熊氏家塾藏原稿本　國圖　北大　上海　湖北

經 10505780
禮記初讀本四十九篇　清謝希遷　清謝希楨重校
清崇仁謝氏刻十一經初學讀本　湖北

經 10505781
禮記通讀一卷　清楊履晉撰
清光緒三十年石印本　湖北
清宣統三年石印本　國圖

經 10505782
禮記正業四卷　清趙君鄰纂
清刻本　湖北

經 10505783
禮記正業會通不分卷　清趙聖鄰輯
清刻本　湖北

經 10505784
讀禮私記一卷　清夏鼎武撰
富陽夏氏叢刻本(光緒刻)

經 10505785
讀小戴日記一卷　清于鬯撰
學古堂日記本(光緒刻)

經 10505786
讀小戴禮日記一卷　清阮惟和撰
學古堂日記本(光緒刻)

經 10505787
澹園學禮畢記一卷　清虞景璜撰
澹園雜著本(民國鉛印)

經 10505788
禮記詳說六十二卷　□□撰
清抄本(存卷三至四、六至四十一、四十

四至六十二） 國圖

經 10505789
禮記一説不分卷 □□撰
清抄本 江西

經 10505790
禮記注殘本 □□撰
抄本 國圖

經 10505791
禮記注疏鈔不分卷 □□撰
清抄本（佚名批） 吴江

經 10505792
禮記識二卷 廖平撰
新訂六譯館叢書本（民國彙印）

經 10505793
分撰兩戴記章句凡例一卷 廖平撰
四益館經學叢書本（光緒刻）
蟄雲雷齋叢書本（光緒刻）
新訂六譯館叢書本（民國彙印）

經 10505794
兩戴記分撰凡例一卷 廖平撰
新訂六譯館叢書本（民國彙印）

經 10505795
禮記講義不分卷 潘任輯
清末鉛印本 國圖

經 10505796
禮記節本六卷 馬其昶注
民國五年習敬齋鉛印本 國圖 上海
湖北

經 10505797
禮記鄭注正字考二十卷 葉德輝撰
稿本 國圖

經 10505798
禮記經注校證二卷 王祖畬撰
王文貞集本（民國刻）
十三經讀本本（民國醒園刻）

經 10505799
禮記引詩考一卷 曹元忠撰
稿本 復旦

經 10505800
禮記疏長編殘卷 □□輯
稿本 中科院

分篇之屬

經 10505801
曲禮全經附傳十二卷外集三卷 明柯尚遷撰
明萬曆七年林應訓刻本 北大 上海
蘇州
日本寛文十二年刻本 北大

經 10505802
日省吾齋讀曲禮一卷 清王德瑛撰
清刻本 中科院

經 10505803
日省吾齋讀曲禮内則二卷 清王德瑛撰
清道光間刻本 國圖

經 10505804
禮記曲禮上下内則説例一卷 宋育仁撰
問琴閣叢書本（民國刻）

經 10505805
曲禮淺解二卷　李佩精、盧展才編
民國二十三年鉛印本　湖北

經 10505806
檀弓二卷　明□□輯
明萬曆間刻本　重慶

經 10505807
檀弓解一卷　宋謝枋得批點
謝疊山先生評註四種合刻本(光緒刻)

經 10505808
檀弓(檀弓記)二卷　宋謝枋得評點　明楊慎注
明嘉靖三十四年趙標刻本　浙江
明萬曆二十八年刻本　河北大學(佚名批)
明萬曆四十四年閔氏刻朱墨套印本　國圖　中科院　湖北　浙江
明崇禎十六年刻本　上海
合刻周秦經書十種本(明溪香書屋刻)

經 10505809
檀弓一卷　宋謝枋得評點　明楊慎注
三經評注本(萬曆閔氏朱墨印)　上海　遼寧
清同治十年汪氏刻本　國圖　復旦
清光緒二十二年桂垣書局刻本　國圖

經 10505810
檀孟批點四卷　宋謝枋得、宋蘇洵批點
明嘉靖三十五年謝東山刻本　福平　杭州
明嘉靖間程拱震刻本　中科院
明萬曆三十五年刻本　中央黨校

經 10505811
檀弓叢訓二卷　明楊慎撰
明嘉靖三十五年姚安府刻本　南京
函海本(乾隆刻、道光補刻、光緒刻)
總纂升菴合集本(光緒刻)

經 10505812
檀弓輯注二卷　明陳與郊輯
明萬曆三十二年刻本　北大　上海　浙江

經 10505813
檀弓二卷　明牛斗星集評
明末刻本　上海

經 10505814
檀弓二卷　明牛斗星、明周楫輯評
明末刻本　安徽博　河南

經 10505815
檀弓記標義二卷　明徐應魯撰
明刻本　天一閣(清張俊跋)

經 10505816
檀弓通二卷考工記通二卷　明徐昭慶輯注
明萬曆間花萼樓刻本　國圖　北大　上海　復旦　美國哈佛燕京

經 10505817
檀弓述注二卷　明林兆珂撰
明萬曆間刻本　國圖　師大　福建

經 10505818
檀弓原二卷　明姚應仁輯
明天啓間刻本　上海　安徽博

經 10505819
檀弓訂誤一卷　清毛奇齡撰
賜硯堂叢書新編本(道光刻)
學海類編本(道光木活字印、民國影印)
昭代叢書本(道光刻)
遜敏堂叢書本(道光咸豐木活字印)
後知不足齋叢書本(光緒刻)

經 10505820
檀弓疑問一卷　清邵泰衢撰
清康熙間刻本　北大
四庫全書本(乾隆寫)

經 10505821
檀弓論文二卷　清孫濩孫評訂
清康熙四十六年林氏刻本　南京
清康熙六十年林居仁家塾刻本　清華　中科院
清康熙間天心閣刻本　國圖　清華　南開　上海
清光緒七年合肥張士珩抄本　南京
清光緒七年武進莊氏刻本　上海
抄本　上海　南京

經 10505822
考定檀弓二卷　清程穆衡撰
稿本　上海
借月山房彙鈔本(嘉慶刻、博古齋影印)
澤古齋重鈔本(道光重編)

經 10505823
檀弓辨誣三卷　清夏炘撰
景紫堂全書本(咸豐刻同治印、民國刻)
清抄本　浙江

經 10505824
檀弓辨誣二卷　清夏炘撰
抄本　上海

經 10505825
批檀弓二卷　清汪有光撰
清光緒十三年黟縣李宗媚重刻本　國圖　上海　南京

經 10505826
月令佚文一卷　清王仁俊輯
經籍佚文本(稿本)

經 10505827
月令輯佚一卷　清孫國仁撰
砭愚堂叢書本(稿本)　上海

經 10505828
月令章句一卷　漢蔡邕撰　清王謨輯
漢魏遺書鈔本(嘉慶刻)

經 10505829
蔡氏月令章句二卷　漢蔡邕撰　清臧庸輯
拜經堂叢書本(乾隆嘉慶刻、日本影印)
清光緒間南陵徐乃昌積學齋抄本　北大
鄦齋叢書本(光緒刻)

經 10505830
蔡氏明堂月令章句一卷　漢蔡邕撰　清陸堯春輯
清嘉慶三年陸氏小蓬山館刻本　國圖　北大　湖北

經 10505831
蔡氏月令二卷　漢蔡邕撰　清蔡雲輯
清道光四年王雨樓刻本　國圖　北大　中科院　天津　上海　湖北

元和蔡氏所著書本(道光刻)
龍谿精舍叢書本(民國刻)

經10505832
蔡氏月令五卷　漢蔡邕撰
南菁書院叢書本(光緒刻)

經10505833
月令章句一卷　漢蔡邕撰　清黄奭輯
漢學堂叢書本(道光刻光緒印)
黄氏逸書考本(道光刻王鑒修補、朱長圻補刻)

經10505834
月令章句一卷　漢蔡邕撰　清馬國翰輯
玉函山房輯佚書本(同治皇華館刻、光緒李氏印、光緒嫏嬛館刻、光緒楚南書局刻)

經10505835
蔡邕月令章句三卷　漢蔡邕撰　清陶濬宣輯
稷山館輯補書本(稿本)　上海

經10505836
月令章句一卷　漢蔡邕撰　清王仁俊輯
玉函山房輯佚書續編本(稿本)
十三經漢注本(稿本)　上海

經10505837
月令章句四卷　漢蔡邕撰　葉德輝輯
觀古堂所著書本(光緒刻)
郎園先生全書本(民國彙印)

經10505838
月令章句三卷　漢蔡邕撰　曹元忠輯
稿本　復旦

經10505839
明堂月令論一卷　漢蔡邕撰　清王謨輯
漢魏遺書鈔本(嘉慶刻)

經10505840
明堂月令論一卷　漢蔡邕撰　清陸堯春輯
清嘉慶三年陸氏小蓬山館刻本　國圖　北大　湖北

經10505841
明堂月令論一卷　漢蔡邕撰　清黄奭輯
漢學堂叢書本(道光刻光緒印)
黄氏逸書考本(道光刻王鑒修補、朱長圻補刻)

經10505842
月令問答一卷　漢蔡邕撰
說郛本(宛委山堂刻)
五朝小說大觀本(民國掃葉山房石印)

經10505843
月令問答一卷　漢蔡邕撰　清陸堯春輯
清嘉慶三年陸氏小蓬山館刻本　國圖　北大　湖北

經10505844
月令問答一卷　漢蔡邕撰　清黄奭輯
漢學堂叢書本(道光刻光緒印)
黄氏逸書考本(道光刻王鑒修補、朱長圻補刻)

經10505845
月令問答一卷　漢蔡邕撰　清馬國翰輯
玉函山房輯佚書本(同治皇華館刻、光緒李氏印、光緒嫏嬛館刻、光緒楚南書局刻)

經 10505846
月令解十二卷　宋張虙撰
四庫全書本(乾隆寫)
四明叢書本(民國刻)

經 10505847
月令明義四卷　明黄道周撰
鍥黄先生進覽書四種本(明刻)　上海
石齋先生經傳九種本(康熙刻、道光補刻)
四庫全書本(乾隆寫)

經 10505848
月令考一卷　清莫熺撰
莫氏錦囊本(乾隆彙印)
清紅格抄本　國圖

經 10505849
月令動植小箋一卷　清王廷鼎撰
紫薇花館集本(光緒刻,紫薇花館經說)

經 10505850
周人明堂月令篇一卷　清汪宗沂撰
王氏學禮齋曬印稿本　復旦

經 10505851
禮記月令考異十二卷　清孫國仁撰
砭愚堂叢書本(稿本)　上海

經 10505852
禮運注一卷　康有爲撰
稿本　天津
清光緒間鉛印本　北大　中科院

經 10505853
新注禮運白話解說一卷　江希張注
民國間萬國道德會刻本　國圖　北大
上海　遼寧

經 10505854
新注禮運白話解說一卷　江希張注
金陵叢刻本(光緒刻)

經 10505855
王制井田算法解一卷　清談泰撰
金陵叢刻本(光緒刻)

經 10505856
王制里畝算法解一卷　清談泰撰
金陵叢刻本(光緒刻)
秝祘彙編本(抄本)　上海

經 10505857
王制管窺一卷　清耿極撰
畿輔叢書本(光緒刻)

經 10505858
王制箋一卷　清皮錫瑞撰
師伏堂叢書本(光緒刻)
皮氏經學叢書本(光緒刻)

經 10505859
王制訂一卷　廖平撰
清光緒二十年刻四益館叢書本　國圖
湖北
新訂六譯館叢書本(民國彙印)

經 10505860
王制集說一卷　廖平撰　范燮筆述
新訂六譯館叢書本(民國彙印)

經 10505861
王制學凡例一卷　廖平撰
新訂六譯館叢書本(民國彙印)

經 10505862
考定王制經文一卷　康有爲考　張伯楨錄
民國初稿本　復旦

經 10505863
王制義按三卷　程大璋撰
半帆樓叢書本(民國刻)
白堅堂叢書本(民國刻)

經 10505864
王制通論一卷　程大璋撰
半帆樓叢書本(民國刻)
白堅堂叢書本(民國刻)

經 10505865
内則章句一卷　清顧陳垿撰
清味菜廬木活字印本　國圖　天津
東倉書庫叢刻初編本(光緒刻)

經 10505866
學記臆解一卷　清劉光蕡撰
煙霞草堂遺書本(民國刻)
關中叢書本(民國鉛印)

經 10505867
學記箋證四卷　王樹枏撰
陶廬叢刻本(清末民國初刻)

經 10505868
學記補注一卷　宋育仁撰
問琴閣叢書本(民國刻)

經 10505869
學記集義訓俗不分卷附補疑　姚明輝編
民國初鉛印武昌高等師範學校課本　國圖　湖北

經 10505870
禮記子思子言鄭注補正四卷　簡朝亮撰
讀書堂叢刻本(清末民國初刻)

經 10505871
坊記集傳二卷　明黄道周撰
明崇禎間刻明誠堂印本　中科院
石齋先生經傳九種本(康熙刻、道光補刻)
四庫全書本(乾隆寫)

經 10505872
坊記新解一卷　廖平撰
新訂六譯館叢書本(民國彙印)

經 10505873
表記集傳二卷　明黄道周撰
明崇禎十七年刻本　中科院
石齋先生經傳九種本(康熙刻、道光補刻)
四庫全書本(乾隆寫)

經 10505874
春秋表記問業一卷　明黄道周撰
明崇禎十七年刻本　中科院
石齋先生經傳九種本(康熙刻、道光補刻)
四庫全書本(乾隆寫)

經 10505875
緇衣集傳四卷　明黄道周撰
明崇禎間刻本　中科院
鍥黄先生進覽書四種本(明刻)　上海
石齋先生經傳九種本(康熙刻、道光補刻)
四庫全書本(乾隆寫)
清木活字印本　上海

經 10505876
讀緇衣集傳一卷　清朱琦撰
抄本　國圖

經 10505877
深衣考一卷　清黄宗羲撰
四庫全書本(乾隆寫)
借月山房彙鈔本(嘉慶刻、博古齋影印)
澤古齋重鈔本(道光重編)
南菁書院叢書本(光緒刻)

經 10505878
深衣考誤一卷　清江永撰
四庫全書本(乾隆寫)
藝海珠塵本(嘉慶刻道光增刻)
皇清經解本(道光刻、咸豐補刻、鴻寶齋石印、點石齋石印)

經 10505879
深衣解一卷　清戴震撰
稿本(清姚鼐批注)　國圖

經 10505880
深衣釋例三卷　清任大椿撰
清嘉慶十年黄丕烈手抄本(清顧廣圻批校)　上海
清乾隆四十八年刻本　上海(清孫詒讓校並跋)　浙大　湖北
燕禧堂五種本(乾隆刻)
皇清經解續編本(光緒刻、光緒石印)

經 10505881
深衣圖説一卷　清許克勤撰
清繪本　復旦

經 10505882
黄先生儒行集傳四卷　明黄道周撰
鍥黄先生進覽書四種本(明刻)　上海

經 10505883
儒行集傳二卷　明黄道周撰
明崇禎十五年王繼廉刻本　浙江(清曹序批注並跋)
石齋先生經傳九種本(康熙刻、道光補刻)
四庫全書本(乾隆寫)
傳抄文溯閣四庫全書本(佚名校)　復旦
清道光四年刻本　國圖　中科院
抄本　上海

經 10505884
禮記大學篇古微不分卷　易順豫撰
民國間木活字印本　國圖

文字音義之屬

經 10505885
禮記音義隱一卷　三國吴射慈撰　清王謨輯
漢魏遺書鈔本(嘉慶刻)

經 10505886
禮記音義隱一卷　三國吴射慈撰　清黄奭輯
黄氏逸書考本(道光刻王鑒修補、朱長圻補刻)

經 10505887
禮記音義隱一卷　題謝□撰　清馬國翰輯
玉函山房輯佚書本(同治皇華館刻、光緒李氏印、光緒蝌嬛館刻、光緒楚南書局刻)

經 10505888
禮記音義隱一卷　題謝□撰　清王仁俊輯
玉函山房輯佚書續編本(稿本)

經 10505889
禮記范氏音一卷　晉范宣撰　清馬國翰輯
玉函山房輯佚書本(同治皇華館刻、光緒李氏印、光緒嫏嬛館刻、光緒楚南書局刻)

經 10505890
禮記劉氏音一卷　題劉昌宗撰　清馬國翰輯
玉函山房輯佚書本(同治皇華館刻、光緒李氏印、光緒嫏嬛館刻、光緒楚南書局刻)

經 10505891
禮記徐氏音三卷　晉徐邈撰　清馬國翰輯
玉函山房輯佚書本(同治皇華館刻、光緒李氏印、光緒嫏嬛館刻、光緒楚南書局刻)

經 10505892
禮記釋文四卷　唐陸德明撰
宋淳熙四年撫州公使庫刻本　國圖
清嘉慶十一年陽城張氏影刻宋撫州本　國圖　北大　上海　復旦　遼寧
清嘉慶十一年陽城張氏影刻宋撫州本清嘉慶二十五年重修本　天津　南京
清同治九年湖北崇文書局刻本　國圖　北大

經 10505893
禮記明音二卷　明王覺輯
明刻本　天一閣

經 10505894
禮記難字一卷　□□撰
明版築居刻朱墨套印本　北大

經 10505895
禮記音訓不分卷　清楊國楨撰
十一經音訓本(道光刻、光緒刻)

經 10505896
禮記鄭讀考六卷　清陳壽祺撰　清陳喬樅述
左海續集本(道光刻、光緒印)
皇清經解續編本(光緒刻、光緒石印)

經 10505897
禮記鄭讀考一卷　清俞樾撰
皇清經解續編本(光緒刻、光緒石印)
春在堂全書本(同治至光緒刻,俞樓雜纂)

經 10505898
禮記異文箋一卷　清俞樾撰
皇清經解續編本(光緒刻、光緒石印)
春在堂全書本(同治至光緒刻,俞樓雜纂)

經 10505899
禮記諸家引經異字同聲考一卷　清丁顯撰
清光緒間刻本　南京

經 10505900
禮記鄭讀考四卷　清孔廣牧撰

民國間吴縣王氏學禮齋傳抄稿本 復旦

附　錄

大戴記之屬

經 10505901
大戴禮逸一卷　□□輯
説郛本(宛委山堂刻)

經 10505902
大戴禮逸一卷　清劉學寵輯
青照堂叢書本(道光刻,諸經緯置)

經 10505903
大戴禮記一卷　漢戴德撰　清任兆麟選輯
述記本(乾隆刻、嘉慶刻)

經 10505904
大戴禮記十三卷　漢戴德撰　北周盧辯注
元至正十四年嘉興路儒學刻本　國圖　上海　南京
明嘉靖十二年吴郡袁氏嘉趣堂刻本　國圖　上海　南京　四川
漢魏叢書本(萬曆刻、民國影印)
廣漢魏叢書本(萬曆刻)　南京(清盧文弨校,清丁丙跋)
祕書九種本(萬曆擁萬堂刻)
明崇禎間沈泰刻本　浙江
明蔡文範刻本　國圖　北京文物局　保定
雅雨堂藏書本(乾隆刻)
武英殿聚珍版書本(木活字印、福建重刻、廣東重刻)
四庫全書本(乾隆寫)
增訂漢魏叢書本(乾隆刻、光緒刻、宣統石印)
清刻本　國圖(清李章典錄清丁傳經錄清朱筠、清王念孫、清汪中校,清沈厚塽錄清盧文弨校,清張文虎校並跋,清戴望跋)
清刻本　國圖(清惠棟、清戈襄批校並跋,清顧廣圻批校)
清刻本　北大(清翁方綱校)
清刻本　國圖(清胡培系校並跋)
清刻本　國圖(清彭元瑞校並跋)
清刻本　上海(清陳其榮校並題識)
清刻本　上海(清姚椿校)
清刻本　湖北(清楊研昀批校,清楊沂孫跋)
玉海堂景宋元本叢書本(宣統刻)
日本文化十四年刻本　南京　北大
日本正德六年刻本　北大

經 10505905
大戴禮記一卷　漢戴德撰　北周盧辯注
增定漢魏六朝別解本(崇禎刻)

經 10505906
大戴禮記十三卷　漢戴德撰　明鍾惺評
明刻本　中山大學

經 10505907
大戴禮記十三卷　漢戴德撰　宋劉辰翁評　明朱養純參評　明朱養和輯訂
明末朱氏花齋刻本　北大　清華　吴江　天一閣　新鄉

經 10505908
大戴禮記十三卷　漢戴德撰　北周盧辯注　清朱軾句讀
朱文端公藏書本(康熙乾隆刻、光緒重刻)

經10505909
倪文正公說大戴禮一卷　明倪元璐撰
清光緒十八年會稽徐氏抄本(清徐維則跋)　上海

經10505910
戴禮緒言四卷　清陸奎勳撰
陸堂經學叢書本(康熙刻)

經10505911
盧抱經與陳立三從綱上舍論校正大戴禮記書一卷　清盧文弨撰
稿本　復旦

經10505912
大戴禮記正誤一卷　清汪中撰
皇清經解本(道光刻、咸豐補刻、鴻寶齋石印、點石齋石印)
江都汪氏叢書本(中國書店影印)

經10505913
大戴禮公符篇考一卷　清王謨撰
清乾隆間刻本　中科院
清嘉慶十八年刻本　國圖　中科院　南京

經10505914
大戴禮記補注十三卷序錄一卷　清孔廣森撰
稿本　曲阜文管
顨軒孔氏所著書本(乾隆刻)　國圖　上海(清顧觀光校,存十一卷)　南京(趙春沂校跋並錄清盧文弨、清孫志祖、清丁杰、清王念孫、清阮元、清嚴元照校、清丁丙跋)
清嘉慶五年刻本　國圖　北大
皇清經解本(道光刻、咸豐補刻、鴻寶齋石印、點石齋石印)
清同治十三年淮南書局刻本　國圖　北大　中科院　天津　復旦　南京　湖北　浙大
畿輔叢書本(光緒刻)
日本文化三年刻本　南京
日本文化六年翻刻乾隆甲寅本　南京

經10505915
大戴禮記補注二卷　清孔廣森撰
清抄本(清丁授經校注並跋)　天一閣

經10505916
校正孔氏大戴禮記補注十三卷　王樹枏撰
畿輔叢書本(光緒刻)
陶廬叢刻本(清末民國初刻)

經10505917
大戴禮記集注十三卷　清戴禮撰
清宣統三年溫州戴氏石印本　國圖

經10505918
大戴禮管箋十三卷首一卷　清丁宗洛撰
清道光十六年刻本　南京
清道光十八年刻本　國圖

經10505919
大戴禮記解詁十三卷　清王聘珍撰
清咸豐元年南城王氏刻本　國圖
廣雅書局叢書本(光緒刻)
清光緒十九年盱江書院刻本　北大　南京　復旦　浙江

經10505920
大戴禮記平議二卷　清俞樾撰
皇清經解續編本(光緒刻、光緒石印)

春在堂全書本(同治至光緒刻,羣經平議)

經 10505921
大戴禮記斠補二卷 清孫詒讓撰
稿本 浙大

經 10505922
大戴禮記斠補三卷 清孫詒讓撰
民國三年瑞安廣明印刷所石印本 國圖 北大 中科院 遼寧
敬躋堂叢書本(民國刻)

經 10505923
大戴禮注補十三卷附録一卷 清汪照撰
清嘉慶九年刻本 國圖 北大 南京 湖北
皇清經解續編本(光緒刻、光緒石印)

經 10505924
大戴禮注補十三卷附録一卷校增十三卷附録校增一卷夏小正注補一卷 清汪照撰 清王誥校增
清道光二十四年刻本 國圖

經 10505925
大戴禮注補校增十三卷附録校增一卷 清王誥撰
清道光二十四年刻本 國圖

經 10505926
大戴禮記審議二卷 清葉大莊撰
寫經齋全集本(光緒刻)

經 10505927
大戴禮曾子義疏十卷 馬景濤疏證 周壽彝彙參
稿本 北大

經 10505928
大戴禮記正本一卷 清姜國伊撰
守中正齋叢書本(同治光緒刻)

經 10505929
孔子三朝記一卷 清馬國翰輯
玉函山房輯佚書本(同治皇華館刻、光緒李氏印、光緒嫏嬛館刻、光緒楚南書局刻)

經 10505930
孔子三朝記七卷目録一卷 清洪頤煊注
傳經堂叢書本(嘉慶刻)
邃雅齋叢書本(民國影印)

經 10505931
孔子三朝記輯注五卷 清顧宗伊撰
曲臺四書輯注本(稿本) 天津

經 10505932
孔子三朝記大戴禮疏八卷 北周盧辯注 清孔廣森補注 清洪頤煊增注 周壽彝彙參
清宣統間稿本 中科院
清抄本 南京

經 10505933
踐阼篇集解一卷 宋王應麟撰
玉海本(元刻元明清遞修、光緒浙江書局刻、成都志古堂刻)

夏小正之屬

經 10505934
夏小正一卷 漢戴德傳
說郛本(宛委山堂刻)

經 10505935
夏小正一卷　漢戴德傳
清陸雲錦刻本　上海
清光緒二年禮園氏抄本　上海
抄本　上海
民國九年抄本　上海
民國十一年抄本　上海

經 10505936
夏小正一卷　漢戴德傳　清任兆麟輯
述記本(乾隆刻、嘉慶刻)

經 10505937
夏小正傳二卷　漢戴德撰　清孫星衍校
岱南閣叢書本(嘉慶刻)
翠琅玕館叢書本(民國重編)
芋園叢書本(民國彙印)

經 10505938
夏小正傳注一卷　漢戴德傳　宋金履祥注
清抄本　南京

經 10505939
夏小正一卷　宋金履祥注　清張爾岐輯定　清黄叔琳增定
清乾隆十年黄氏養素堂刻本　國圖
清光緒十四年刻本　國圖　上海
清學山堂張氏刻本　中科院

經 10505940
夏小正經傳考一卷　宋傅崧卿注
抄本　國圖

經 10505941
夏小正戴氏傳四卷　宋傅崧卿校注
明嘉靖二十五年袁炯刻本　國圖　天一閣
通志堂經解本(康熙刻、同治刻、日本文化刻)
四庫全書本(乾隆寫)
清沈氏授經樓抄本　復旦

經 10505942
夏小正戴氏傳四卷附校録一卷　宋傅崧卿校注　(校録)清黄丕烈撰
士禮居黄氏叢書本(嘉慶道光刻,光緒影印、民國影印)
清寶章閣刻本　上海(清許克勤校)

經 10505943
夏小正戴氏傳校録一卷　清黄丕烈撰
士禮居黄氏叢書本(嘉慶道光刻,光緒影印、民國影印)
清寶章閣刻本　上海(清許克勤校)

經 10505944
夏小正戴氏傳四卷考異一卷别録一卷　宋傅崧卿校注　(考異、别録)清傅以禮輯
清同治八年傅氏長恩閣刻傅氏先世遺書本　國圖　北大　中科院　上海　南京

經 10505945
夏小正戴氏傳考異一卷　清傅以禮輯
清同治八年傅氏長恩閣刻傅氏先世遺書本　國圖　北大　中科院　上海　南京

經 10505946
夏小正解一卷　宋王應麟集校　宋金履祥輯　明楊慎解
明刻本　國圖

經 10505947
夏小正集解四卷　清孫之騄釋畧
　清乾隆間刻本　國圖

經 10505948
夏小正四卷　清任兆麟注
　心齋十種本(乾隆刻)　上海(佚名校)
　　南京(清丁丙跋)
　清嘉慶六年長葛武氏刻本　國圖
　清嘉慶十年刻本　國圖

經 10505949
夏小正小傳一卷　清任啓運撰
　清抄本　復旦

經 10505950
夏小正解一卷附徐本夏小正考異一卷
　清徐世溥撰
　豫章叢書本(光緒刻,陶福履輯)

經 10505951
夏小正分箋一卷　清黄模撰
　清嘉慶二十二年刻本　北大　上海

經 10505952
夏小正分箋四卷　清黄模撰
　鄦齋叢書本(光緒刻)
　皇清經解續編本(光緒刻、光緒石印)

經 10505953
夏小正異義二卷　清黄模撰
　皇清經解續編本(光緒刻、光緒石印)

經 10505954
夏小正詁一卷　清諸錦撰
　稿本　國圖
　昭代叢書本(康熙刻、道光刻)
　絳跗閣經説三種本(乾隆刻)
　賜硯堂叢書新編本(道光刻)
　後知不足齋叢書本(光緒刻)

經 10505955
夏小正輯注一卷　清范家相輯
　稿本　北大

經 10505956
夏小正輯注四卷　清范家相輯
　清乾隆三十二年刻本　上海
　范氏三種本(嘉慶古趣亭刻、光緒墨潤堂
　　重修)　上海

經 10505957
夏小正考注一卷　清畢沅撰
　經訓堂叢書本(乾隆刻、光緒影印)
　清抄本　湖北

經 10505958
夏小正箋一卷　清李調元撰
　函海本(乾隆刻、道光補刻、光緒刻)

經 10505959
夏小正直解一卷　清羅登選撰
　清乾隆間刻本　上海(清許克勤校)

經 10505960
夏時考一卷　清安吉撰
　稿本　無錫
　安氏家集本(稿本)　首都　上海

經 10505961
夏時考六卷　清安吉撰　清朱棠、清倪
　維銓等音釋
　清嘉慶十年安氏刻十九年續刻本　國
　　圖　湖北

清嘉慶間安氏刻光緒十一年補刻本　上海

經 10505962
夏小正傳箋四卷大戴禮公符篇考一卷　清王謨撰
清乾隆間刻本　中科院
清嘉慶十八年刻本　國圖　中科院　南京

經 10505963
夏小正一卷　清任安上注
清抄本(清丁丙跋)　南京

經 10505964
夏小正集解四卷　清顧問撰
清乾隆五十七年刻本　國圖　北大　中科院　南京　湖北

經 10505965
夏小正集解四卷　清盧柏輯
清嘉慶十三年韓和堂盧氏刻本　上海

經 10505966
夏時明堂陰陽經一卷　清莊述祖撰
珍埶宧遺書本(道光刻)
清光緒九年劉翊宸刻本　國圖　北大　復旦　南京　湖北
清宣統三年湖南學務公所鉛印本　上海

經 10505967
夏時説義二卷　清莊述祖撰
珍埶宧遺書本(道光刻)
清光緒九年劉翊宸刻本　國圖　北大　復旦　南京　湖北
清宣統三年湖南學務公所鉛印本　上海

經 10505968
夏小正等例文句音義六卷　清莊述祖撰
珍埶宧遺書本(道光刻)
清光緒九年劉翊宸刻本　國圖　北大　復旦　南京　湖北
清宣統三年湖南學務公所鉛印本　上海

經 10505969
夏小正等例一卷　清莊述祖撰
珍埶宧遺書本(道光刻)
清光緒九年劉翊宸刻本　國圖　北大　復旦　南京　湖北
清宣統三年湖南學務公所鉛印本　上海

經 10505970
夏小正傳一卷　清孔廣森補注
清道光二十二年刻本　湖北

經 10505971
夏小正逸文考一卷　清王紹蘭輯
蕭山王氏十萬卷樓輯佚七種本(清抄)

經 10505972
夏時等列説一卷　清劉逢祿撰
清光緒九年劉翊宸校刻本　國圖　北大　復旦　南京　湖北

經 10505973
夏小正疏義四卷異字記一卷釋音一卷　附天象圖　清洪震煊撰
清嘉慶二十五年刻本　北大
傳經堂叢書本(嘉慶刻)
皇清經解本(道光刻、咸豐補刻、鴻寶齋

石印、點石齋石印）
抄本（四卷） 上海

經 10505974
夏小正注補一卷 清汪照撰
清道光二十四年刻本 國圖

經 10505975
大戴記夏小正解詁一卷 清王聘珍撰
清長洲葉昌熾抄本（王蒼虬跋） 復旦

經 10505976
夏小正通釋一卷 清梁章鉅撰
清光緒十三年浙江書局刻本 國圖 北大 天津 上海 復旦 南京 遼寧 湖北

經 10505977
夏小正四卷 清黄本驥撰
抄本 南京

經 10505978
夏小正經傳考二卷本義四卷 清雷學淇撰
清道光三年亦囂囂齋刻本 國圖 北大

經 10505979
夏小正本義四卷 清雷學淇撰
清道光三年亦囂囂齋刻本 國圖 北大

經 10505980
夏小正正義不分卷 清王筠撰
稿本 浙大
鄂宰四種本（咸豐刻）
王菉友九種本（道光咸豐刻）
王鄂宰遺書本（道光咸豐刻）
天壤閣叢書本（光緒刻）

經 10505981
夏小正補傳一卷 清朱駿聲撰
清道光間刻本 國圖 南京
朱氏群書本（光緒刻）

經 10505982
夏小正戴氏傳訓解四卷 清王寶仁撰
清道光十五年六安學署刻本 中科院 上海
清同治十三年太倉王氏刻本 國圖 北大 天津 上海 復旦

經 10505983
夏小正戴氏傳訓解考異一卷 清王寶仁撰
清道光十五年六安學署刻本 中科院 上海
清同治十三年太倉王氏刻本 國圖 北大 天津 上海 復旦

經 10505984
夏小正戴氏傳訓解通論一卷 清王寶仁撰
清道光十五年六安學署刻本 中科院 上海
清同治十三年太倉王氏刻本 國圖 北大 天津 上海 復旦

經 10505985
夏小正校注四卷 清魏本唐撰
清道光間刻本 國圖 中科院
清咸豐間刻本 北大 上海 南京

經 10505986

夏時考訓蒙一卷　清鄭曉如撰
　鄭氏四種本(同治刻)　國圖　中科院　上海　湖北

經 10505987
夏小正集說四卷　清程鴻詔撰
　清同治間刻本　浙大(清孫詒讓批)
　清同治十一年安慶高文元堂刻本　北大　上海
　有恆心齋集本(同治刻)

經 10505988
夏小正集說一卷　清程鴻撰詔
　清抄本　浙江

經 10505989
夏小正集說補一卷　清程鴻詔撰
　有恆心齋集本(同治刻)

經 10505990
夏小正存說二卷集說補一卷　清程鴻詔撰
　有恆心齋集本(同治刻)

經 10505991
夏小正詩十二卷　清馬國翰撰
　清道光十一年刻本　國圖　南京(存五卷)　上海
　清道光二十二年刻本　國圖　北大　上海
　玉函山房全集本(光緒刻)

經 10505992
夏小正求是四卷　清姚燮撰
　稿本　天一閣
　四明叢書本(民國刻)

經 10505993
夏小正箋疏四卷　清馬徵麐撰
　清同治間思古書堂刻格致新書本　上海　湖北
　清光緒十四年德清俞氏刻本　國圖　北大　天津　上海
　淡園全集本(光緒刻)
　馬鍾山遺書本(民國鉛印)

經 10505994
夏小正傳箋一卷　清沈秉成撰
　清同治間刻本　北大　上海　南京
　民國十六年刻本　國圖　北大　中科院　上海

經 10505995
夏小正管窺一卷　清鄒樹榮撰
　南昌鄒氏一粟園叢書本(民國鉛印)

經 10505996
夏小正一卷　清王闓運注
　清光緒三十年劉子雄刻本　上海

經 10505997
夏小正私箋一卷　清吳汝綸撰
　桐城吳先生全書本(光緒刻)
　抄本　上海

經 10505998
夏小正釋義二卷　清宋書升撰
　稿本　山東博

經 10505999
夏小正釋義十二卷　清宋書升撰
　吳縣王氏學禮齋傳抄稿本　復旦

經 10506000

夏小正釋義不分卷　清宋書升撰
抄本　國圖

經 10506001
夏小正箋疏十二卷　清宋書升撰
清臨清徐氏歸樸堂抄本(葉景葵跋)
上海

經 10506002
夏小正注疏一卷　清程穆衡撰
稿本　復旦

經 10506003
夏小正傳校勘記一卷　清丁壽徵撰
小方壺齋叢書本(光緒鉛印)

經 10506004
夏小正經傳集解四卷　清顧鳳藻撰
士禮居黄氏叢書本(嘉慶道光刻，光緒影印、民國影印)
清沈氏授經樓抄本　復旦

經 10506005
夏小正注四卷　清李聿求注
清虎溪山房刻本　國圖　中科院　天津　上海　南京

經 10506006
夏小正義疏□卷　清壽昌撰
稿本(存卷一至二)　南京

經 10506007
夏小正校勘記□卷　清壽昌撰
稿本(存卷一)　南京

經 10506008
夏小正小箋四卷　清王貞撰
清同治十一年百本書齋刻本　國圖
北大　上海　復旦

經 10506009
夏小正小箋四卷附揭誤　清王貞撰
百本書齋藏書本(光緒刻)

經 10506010
夏小正一卷　清王氏注
清光緒十年成都尊經書局校刻本
湖北

經 10506011
夏小正注解摘要一卷　清閔寶樑輯
清光緒七年木活字印本　上海　南京

經 10506012
夏小正四卷　清周夢齡輯注
清刻祕書廿八種本　國圖

經 10506013
夏小正家塾本一卷　清于鬯撰
于香草遺著叢輯本(稿本)　上海

經 10506014
夏小正說例一卷　宋育仁撰
問琴閣叢書本(民國刻)

經 10506015
夏小正音義不分卷　□□撰
抄本　國圖

經 10506016
明堂陰陽夏小正經傳考釋四種十卷
清莊述祖撰
清嘉慶道光間武進莊氏脊令舫刻本
國圖　首都　北大　中科院　上海

清光緒九年劉翊宸刻本　國圖　北大　湖北　復旦　南京
清宣統三年湖南學務公所鉛印本　上海
夏時明堂陰陽經一卷
夏時說義二卷
夏小正等例文句音義六卷
夏小正等例一卷

三禮總義

論說之屬

經 10506017
石渠禮論一卷　漢戴聖撰　清馬國翰輯
玉函山房輯佚書本(同治皇華館刻、光緒李氏印、光緒嫏嬛館刻、光緒楚南書局刻)

經 10506018
石渠禮論一卷　漢戴聖撰　清王謨輯
漢魏遺書鈔本(嘉慶刻)

經 10506019
石渠禮論一卷　漢戴聖撰　清洪頤煊輯
問經堂叢書本(嘉慶刻)
經典集林本(民國影印)

經 10506020
石渠禮論一卷　漢戴聖撰　清黄奭輯
漢學堂叢書本(道光刻光緒印,子史鉤沈)
黄氏逸書考本(道光刻王鑒修補、朱長圻補刻,子史鉤沈)

經 10506021
漢甘露石渠禮議一卷　漢戴聖撰　清宋翔鳳輯
浮谿精舍叢書本(嘉慶刻)

經 10506022
荀氏禮傳一卷　漢荀爽撰　清王仁俊輯
玉函山房輯佚書續編本(稿本)

經 10506023
皇覽逸禮一卷附中霤禮　三國魏繆襲撰　清王謨輯
漢魏遺書鈔本(嘉慶刻)

經 10506024
五禮駁一卷　晉孫毓撰　清王謨輯
漢魏遺書鈔本(嘉慶刻)

經 10506025
禮雜問一卷　晉范甯撰　清馬國翰輯
玉函山房輯佚書本(同治皇華館刻、光緒李氏印、光緒嫏嬛館刻、光緒楚南書局刻)

經 10506026
雜禮議一卷　晉吴商撰　清馬國翰撰
玉函山房輯佚書本(同治皇華館刻、光緒李氏印、光緒嫏嬛館刻、光緒楚南書局刻)

經 10506027
禮論雜一卷　晉范宣撰　清馬國翰輯
玉函山房輯佚書本(同治皇華館刻、光緒李氏印、光緒嫏嬛館刻、光緒楚南書局刻)

經 10506028
禮論答問一卷　宋徐廣撰　清馬國翰輯
玉函山房輯佚書本(同治皇華館刻、光

緒李氏印、光緒娜嬛館刻、光緒楚南書局刻）

經 10506029

禮義答問一卷　南朝齊王儉撰　清馬國翰輯

玉函山房輯佚書本（同治皇華館刻、光緒李氏印、光緒娜嬛館刻、光緒楚南書局刻）

經 10506030

禮論一卷　南朝宋何承天撰　清馬國翰輯

玉函山房輯佚書本（同治皇華館刻、光緒李氏印、光緒娜嬛館刻、光緒楚南書局刻）

經 10506031

禮論條牒一卷　南朝宋任預撰　清馬國翰輯

玉函山房輯佚書本（同治皇華館刻、光緒李氏印、光緒娜嬛館刻、光緒楚南書局刻）

經 10506032

禮論鈔畧一卷　南朝齊荀萬秋撰　清馬國翰輯

玉函山房輯佚書本（同治皇華館刻、光緒李氏印、光緒娜嬛館刻、光緒楚南書局刻）

經 10506033

禮統一卷　南朝梁賀述撰　清馬國翰輯

玉函山房輯佚書本（同治皇華館刻、光緒李氏印、光緒娜嬛館刻、光緒楚南書局刻）

經 10506034

禮統一卷　南朝梁賀述撰　清王謨輯

漢魏遺書鈔本（嘉慶刻）

經 10506035

禮疑義一卷　南朝梁周捨撰　清馬國翰輯

玉函山房輯佚書本（同治皇華館刻、光緒李氏印、光緒娜嬛館刻、光緒楚南書局刻）

經 10506036

三禮義宗四卷　南朝梁崔靈恩撰　清馬國翰輯

玉函山房輯佚書本（同治皇華館刻、光緒李氏印、光緒娜嬛館刻、光緒楚南書局刻）

經 10506037

三禮義宗一卷　南朝梁崔靈恩撰　清王謨輯

漢魏遺書鈔本（嘉慶刻）

經 10506038

三禮義宗一卷　南朝梁崔靈恩撰　清黄奭輯

漢學堂叢書本（道光刻光緒印）

黄氏逸書考本（道光刻王鑒修補、朱長圻補刻）

經 10506039

三禮義宗一卷　南朝梁崔靈恩撰　清王仁俊輯

玉函山房輯佚書續編本（稿本）

經 10506040

釋疑論一卷　唐元行沖撰　清馬國翰輯

玉函山房輯佚書本（同治皇華館刻、光

緒李氏印、光緒鄉嬛館刻、光緒楚南書局刻)

經 10506041

三禮考一卷　宋真德秀撰

學海類編本(道光木活字印、民國影印)

遜敏堂叢書本(道光咸豐木活字印)

經 10506042

三禮考注十卷序録一卷綱領一卷　元吴澄撰

明萬曆三十八年董應舉刻本　北大　中科院　上海　南京　蘇州　浙江　吉大　福建　鳳凰

經 10506043

三禮考注六十四卷序録一卷綱領一卷　元吴澄撰

明成化九年謝士元刻本　國圖　北大　北師大　社科院歷史所　上海　南京(清丁丙跋)　浙江　遼寧　湖南　廣東　四川

明末吴伯禧、吴可大等刻本　中山大學

清乾隆二年臨川吴氏刻本　北大　上海　南京　浙江

清抄本　國圖

經 10506044

新刊三禮考注六十四卷　元吴澄撰

明嘉靖七年詹氏進賢堂刻本　臺圖

經 10506045

三禮敘録一卷　元吴澄撰

説郛本(宛委山堂刻)

經 10506046

二禮集解十二卷　明李黼撰

明嘉靖十六年常州府刻本　北大　南京　無錫

經 10506047

二禮經傳測六十八卷纂議一卷　明湛若水撰

明嘉靖四年刻本　北大

經 10506048

二禮經傳測纂議一卷　明湛若水撰

明嘉靖四年刻本　北大

經 10506049

禮經類編七卷　明李經綸撰

清抄本　國圖

清抄本　北大

經 10506050

三禮編繹二十六卷　明鄧元錫撰

明萬曆三十三年史繼辰、饒景曜等刻本　北大　北師大　華東師大　南京　浙大　天一閣　安徽博　河南大學　重慶　川大

五經繹本(萬曆刻)

經 10506051

三禮纂注四十九卷　明貢汝成撰

明萬曆三年陳俊刻本　北大　辭書出版社　南京　浙江

經 10506052

讀禮日知二卷　明金潮撰

明萬曆二年馮芴刻本　遼寧(羅振玉題識)

經 10506053

閣紅螺說禮三十三卷　明閣有章撰
明崇禎九年閣氏二分明月庵刻本　南京　廣西師大

經 10506054
讀禮偶見二卷　清許三禮撰
清康熙間刻本　國圖　中科院
清康熙間刻補修本　中科院

經 10506055
讀禮問一卷　清吴肅公撰
昭代叢書本(康熙刻、道光刻)
讀禮叢鈔本(光緒刻)

經 10506056
讀禮志疑六卷　清陸隴其撰
清康熙四七年正誼堂刻本　湖北
四庫全書本(乾隆寫)
正誼堂全書本(同治刻)
陸子全書本(光緒刻)　首都　清華　上海
清松桂草堂抄本　上海師大

經 10506057
讀禮志疑十二卷　清陸隴其撰
學海類編本(道光木活字印、民國影印)

經 10506058
讀禮志疑不分卷　清陸隴其撰
清嘉慶二十一年刻本　北大　中科院　上海

經 10506059
學禮質疑二卷　清萬斯大撰
萬充宗先生經學五書本(乾隆刻、嘉慶印)
四庫全書本(乾隆寫)
皇清經解本(道光刻、咸豐補刻、鴻寶齋石印、點石齋石印)

經 10506060
聞禮要錄三卷崇祀錄一卷配享錄一卷　清程文彝撰
清康熙間刻本　三原

經 10506061
三禮指要一卷　清陳廷敬撰
學海類編本(道光木活字印、民國影印)
遜敏堂叢書本(道光咸豐木活字印)

經 10506062
朱子禮纂五卷　清李光地撰
清雍正十一年敎忠堂刻本　清華　浙江
李文貞公全集本(乾隆嘉慶刻)
四庫全書本(乾隆寫)
榕村全書本(道光刻)

經 10506063
留村禮意三卷　清童正心撰　清童能靈分釋
冠豸山堂全集本(光緒木活字印)

經 10506064
禮經不分卷　清徐開任輯
清抄本　上海

經 10506065
學禮五卷　清李塨撰
畿輔叢書本(光緒刻,李恕谷遺書)
顏李叢書本(民國鉛印)

經 10506066
三禮儀制歌訣一卷　清李鍾倫撰

李文貞公全集(乾隆刻,榕村全書)
榕村全書本(道光刻)

經 10506067
參讀禮志疑二卷　清汪紱撰
清乾隆三十六年洪氏棲碧山房刻本　國圖　中科院　上海　復旦　内蒙古　浙江　遼寧　徽州博　湖北
清乾隆三十六年王廷言蘇州刻本　北大
四庫全書本(乾隆寫)
汪雙池先生叢書本(光緒彙印)
清光緒二十一年刻本　上海

經 10506068
敬齋禮說不分卷　清蔡德晉撰
清景福樓抄本　上海

經 10506069
禮經質疑一卷　清杭世駿撰
道古堂外集本(乾隆刻、光緒刻)
道古堂外集本(光緒刻)　南京(清吴翌鳳校並跋)
補史亭賸稿六種本(乾隆抄)　國圖
食舊堂叢書本(民國刻)

經 10506070
禮注彙辨二卷　清吴鼎撰
清抄本(清王鳴盛批校)　國圖

經 10506071
古儀糾謬三卷集　清孔繼汾撰
清乾隆間刻本　國圖　中科院

經 10506072
禮箋三卷　清金榜撰
清乾隆五十九年方起泰吴國輔刻本　國圖　清華　復旦　齊齊哈爾　安徽　陝西師大　湖北　湖南
清乾隆五十九年方起泰吴國輔刻嘉慶三年印本　温州(清孫詒讓批)
皇清經解本(道光刻、咸豐補刻、鴻寶齋石印、點石齋石印)

經 10506073
讀禮須知不分卷　清潘榮陛輯
清乾隆十四年刻本　遼寧

經 10506074
學禮闕疑八卷　清劉青蓮撰
劉氏傳家集本(乾隆刻)

經 10506075
讀禮說二卷　清呂揚祖撰
清乾隆間刻本　湖北

經 10506076
三禮陳數求義三十卷　清林喬蔭撰
清乾隆間刻本　浙大(清孫詒讓批校)
清嘉慶八年誦芬堂刻本　國圖　北大　上海　復旦　南京　湖北　浙江
清抄本　四川

經 10506077
三禮天時論一卷　清林喬蔭撰
清光緒三年梁承誥抄本　上海

經 10506078
三禮類綜四卷　清黄暹撰
清乾隆五十二年夏枝芳刻本　北大
清乾隆五十二年懷澄書屋刻本　上海
清乾隆五十二年龍江書屋刻本　上海
文藻四種本(乾隆黄氏刻)

經 10506079
讀禮偶識二卷　清孔繼涵撰
稿本　北大

經 10506080
讀禮偶編六卷　清孔廣仁撰
抄本　上海

經 10506081
三禮義證十二卷　清武億撰
授堂遺書本(乾隆嘉慶刻、道光刻)

經 10506082
三禮鄭注考三卷　清程際盛(程炎)撰
清乾隆間刻本　北大　上海　南京

經 10506083
禮學卮言六卷　清孔廣森撰
指海本(道光刻、民國影印)
顨軒孔氏所著書本(嘉慶刻)
皇清經解本(道光刻、咸豐補刻、鴻寶齋石印、點石齋石印)

經 10506084
三禮札記八卷　清劉克柔撰
清嘉慶間劉氏稿本　遼寧

經 10506085
禮堂集義四十卷　清王紹蘭撰
稿本　上海

經 10506086
三禮便蒙不分卷　清焦循撰
稿本　上海
民國間影印鄭孝胥手抄本　國圖　北大　中科院　上海　南京

經 10506087
禮制異同考二卷總目一卷　清徐佩鉞撰
清嘉慶十五年南白草堂刻本　浙江

經 10506088
禮說四卷　清淩曙撰
皇清經解本(道光刻、咸豐補刻、鴻寶齋石印、點石齋石印)

經 10506089
古禮樂述一卷附錄一卷　清李誠撰　(附錄)清李春枝撰
台州叢書後集本(民國刻)

經 10506090
三禮從今三卷　清黄本驥撰
清道光二十四年刻本　北大　中科院　南京
洪氏唐石經館叢書本(光緒印)

經 10506091
讀禮條考二十卷　清王曜南撰
清道光十七年刻本　中科院
清道光二十九年刻本　國圖
清光緒二十三年武林尚友齋石印本　國圖　中科院　上海　浙江　湖北

經 10506092
禮書條述十三卷　清王曜南撰
抄本　東北師大

經 10506093
禮表一卷　清鄭士範撰
清道光間刻本　國圖
清同治間抄本　吉大
清光緒十九年周正誼堂刻本　北大　中科院　天津　湖北

經 10506094
禮經學述一卷　清秦麗昌撰
昭代叢書本(道光刻)

經 10506095
禮理篇不分卷　清楊以增編
清咸豐間聊城楊氏海源閣刻本　國圖

經 10506096
三禮今古文疏證三卷　清潘道根撰
稿本　蘇州

經 10506097
三禮表不分卷　清鄭士範撰
抄本　中科院

經 10506098
求志居禮說三卷　清陳世鎔撰
求志居全集本(道光刻)

經 10506099
考禮一卷　清高驤雲撰
清漱琴仙館刻本　國圖

經 10506100
三禮備覽三卷　清林楓撰
稿本　福建
清謝氏賭棋山莊紅格抄本　湖北

經 10506101
三禮經義附錄一卷　清茆泮林撰
鶴壽堂叢書本(光緒刻)

經 10506102
釋禮一卷　清何志高撰
西夏經義本(道光刻、光緒刻)

經 10506103
三禮通釋二百三十卷三禮圖五十卷　清林昌彝撰
清道光間林氏抄本　故宮
清同治三年廣州刻本　國圖　北大　中科院　天津　上海　南京　浙江　湖北

經 10506104
學禮管釋十八卷　清夏炘撰
清咸豐十年景紫山房刻本　中科院　南京
景紫堂全書本(咸豐刻同治印、民國刻)
皇清經解續編本(光緒刻、光緒石印)

經 10506105
禮經通論一卷　清邵懿辰撰
清同治間望三益齋刻本　國圖　南京　湖北　上海
皇清經解續編本(光緒刻、光緒石印)
清光緒二十三年羊城崇蘭仙館刻本　國圖
張氏適園叢書初集本(宣統鉛印)
半巖廬所箸書本(清末民國初刻)

經 10506106
鄭君駁正三禮考一卷　清俞樾撰
皇清經解續編本(光緒刻、光緒石印)
春在堂全書本(同治至光緒刻,俞樓雜纂)

經 10506107
禮書通故五十篇一百卷　清黄以周撰
清光緒十九年黄氏試館刻本　國圖　北大　中科院　天津　上海　南京　遼寧　湖北

經 10506108
禮說六卷　清黄以周撰
　儆季雜著本(光緒刻)

經 10506109
禮說畧三卷　清黄以周撰
　皇清經解續編本(光緒刻、光緒石印)

經 10506110
復堂類集三禮說不分卷　清譚獻輯
　清抄本　湖北

經 10506111
三禮鄭注引漢制度考證不分卷　清林頤山撰
　稿本　復旦

經 10506112
四禮補注四卷　清于鬯撰
　于香草遺著叢輯本(稿本)　上海

經 10506113
讀禮私編九卷　清郭人麟撰
　清抄本　北大

經 10506114
禮經說述合參四十四卷　清黄之瑋撰
　稿本　西北大學

經 10506115
參補禮經精要不分卷　清莊中偉輯
　清抄本　國圖

經 10506116
澹園讀書畢記一卷　清虞景璜撰
　澹園雜著本(民國鉛印)

經 10506117
禮運禮器郊牲三篇訂一卷　廖平撰
　稿本　四川社科院

經 10506118
禮說一卷　廖平撰
　新訂六譯館叢書本(民國彙印)

經 10506119
禮學大義一卷　張錫恭撰
　庚辰叢編本(民國鉛印)

經 10506120
讀禮漫錄十卷　□□撰
　清光緒三十四年平遠堂抄本　浙江

經 10506121
三禮周易注不分卷　清□□輯
　清抄本　南京

經 10506122
禮鈔不分卷　□□輯
　抄本　上海

經 10506123
三禮節錄不分卷　□□輯
　清抄本　國圖
　朝鮮抄本　遼寧

名物制度之屬

經 10506124
求古錄禮說十五卷補遺一卷　清金鶚撰
　清道光三十年陸建瀛木樨香館刻本
　　國圖　北大　天津　上海　遼寧
　　湖北　浙江
　皇清經解續編本(光緒刻、光緒石印)

經 10506125
求古録禮説十六卷　清金鶚撰
清光緒二年孫熹刻本　國圖　北大　天津　南京　湖北

經 10506126
求古録禮説補遺一卷　清金鶚撰
滂喜齋叢書本(同治刻)
清光緒二年孫熹刻本　國圖　北大　天津　南京　湖北
皇清經解續編本(光緒刻、光緒石印)

經 10506127
求古録禮説補遺續一卷　清金鶚撰
滂喜齋叢書本(同治刻)

經 10506128
求古録禮説校勘記三卷　清王士駿輯
清光緒二年孫熹刻本　國圖　北大　天津　南京　湖北

經 10506129
魯禮禘祫志一卷　漢鄭玄撰　清王謨輯
漢魏遺書鈔本(嘉慶刻)

經 10506130
魯禮禘祫義一卷　漢鄭玄撰　清黄奭輯
漢學堂叢書本(道光刻光緒印)
黄氏逸書考本(道光刻王鑒修補、朱長圻補刻)

經 10506131
魯禮禘祫志一卷　漢鄭玄撰　清馬國翰輯
玉函山房輯佚書本(同治皇華館刻、光緒李氏印、光緒娜嬛館刻、光緒楚南書局刻)

經 10506132
魯禮禘祫義一卷　漢鄭玄撰　清袁鈞輯
鄭氏佚書本(光緒觀稼樓刻、浙江書局刻)

經 10506133
魯禮禘祫義一卷　漢鄭玄撰　清孔廣林輯
通德遺書所見録本(光緒刻)

經 10506134
魯禮禘祫義疏證一卷　清皮錫瑞撰
師伏堂叢書本(光緒刻)
皮氏經學叢書本(光緒刻)

經 10506135
郊社禘祫問一卷　清毛奇齡撰
西河合集本(康熙刻、乾隆印、嘉慶印)
四庫全書本(乾隆寫)
藝海珠塵本(嘉慶刻道光增刻)
皇清經解續編本(光緒刻、光緒石印)

經 10506136
郊社考辨一卷　清李塨撰
稿本　北大
顔李叢書本(民國鉛印)

經 10506137
禘祫考辨一卷　清李塨撰
顔李叢書本(民國鉛印)

經 10506138
禘祫辨誤一卷　清程廷祚撰
清道光五年東山草堂刻本　國圖　北大　南京　浙大(葉德輝跋)

經 10506139

禘説二卷　清惠棟撰

經訓堂叢書本(乾隆刻、光緒影印)

皇清經解續編本(光緒刻、光緒石印)

經 10506140

禘祫觿解篇一卷　清孔廣林撰

孔叢伯説經五稿本(嘉慶刻、光緒刻)

經 10506141

經傳禘祀通考一卷　清崔述撰

清嘉慶二年映薇堂刻本　國圖　武漢

崔東壁遺書本(道光刻、民國影印、民國鉛印)

清同治十年天放樓抄本　國圖

經 10506142

禘祫考一卷祼考一卷　清龔景瀚撰

清抄本　福建

經 10506143

祭儀考四卷　清龔景瀚撰

澹静齋全集本(道光刻)

經 10506144

禘祫問答一卷　清胡培翬撰

昭代叢書本(道光刻)

皇清經解續編本(光緒刻、光緒石印)

藝海珠塵本(嘉慶刻道光增刻)

經 10506145

禘説一卷　清觀頮道人輯

閏竹居叢書本(清刻)

抄本　南京

經 10506146

郊説一卷　清觀頮道人輯

閏竹居叢書本(清刻)

經 10506147

四禘通釋三卷　崔適撰

清光緒二十年刻本　國圖　北大　中科院　上海　南京　浙江

民國間程氏影印清光緒二十年刻本　上海

經 10506148

明堂制度論一卷　北魏李謐撰　清馬國翰輯

玉函山房輯佚書本(同治皇華館刻、光緒李氏印、光緒嫏嬛館刻、光緒楚南書局刻)

經 10506149

明堂問一卷　清毛奇齡撰

西河合集本(康熙刻、乾隆印、嘉慶印)

龍威祕書本(乾隆刻)

經 10506150

明堂大道録八卷　清惠棟撰

稿本　上海

經訓堂叢書本(乾隆刻、光緒影印)

皇清經解續編本(光緒刻、光緒石印)

經 10506151

明堂億一卷　清孔廣林撰

孔叢伯説經五稿本(嘉慶刻、光緒刻)

經 10506152

明堂考三卷　清孫星衍撰

問經堂叢書本(嘉慶刻)

經 10506153

明堂考一卷　清胡夤撰

四明叢書本(民國刻)

經 10506154
考工記世室重屋明堂考一卷　清俞樾撰
皇清經解續編本(光緒刻、光緒石印)
春在堂全書本(同治至光緒刻,羣經平議)

經 10506155
明堂圖說一卷　清熊羅宿撰
清宣統二年刻本　國圖　北大　中科院　天津　上海　湖北　吉大

經 10506156
儀院古明堂說一卷　陳焯纂
清宣統二年鉛印本　國圖

經 10506157
明堂廟寢通考不分卷　王國維撰
雪堂叢刻本(民國鉛印)

經 10506158
廟制考議不分卷　明季本撰
明嘉靖間刻本　原北平圖書館

經 10506159
廟制折衷二卷　清毛奇齡撰
西河合集本(康熙刻、乾隆印、嘉慶印)

經 10506160
廟制圖考四卷　清萬斯同撰
清乾隆間辨志堂刻本　上海　湖北
四明叢書本(民國刻)

經 10506161
廟制圖考一卷　清萬斯同撰
四庫全書本(乾隆寫)
民國間廬江劉氏遠碧樓藍格傳抄四庫全書本　上海

經 10506162
宗廟考辨一卷　清李塨撰
顏李叢書本(民國鉛印)

經 10506163
天子肆獻祼饋食禮三卷　清任啓運撰
四庫全書本(乾隆寫)
清乾隆間刻本　國圖　中科院
清光緒十一年浙江書局刻本　國圖　北大　天津　上海
清光緒十四年任氏家塾刻任氏遺書本(光緒刻)

經 10506164
天子肆獻祼饋食禮四卷　清任啓運撰
清嘉慶十四年刻敬修堂印本　國圖

經 10506165
天子肆獻祼饋食禮纂二卷　清任啓運撰
皇清經解續編本(光緒刻、光緒石印)

經 10506166
說祼二卷　清龔景瀚撰
稿本　蘇州

經 10506167
祼考一卷　清龔景瀚撰
清抄本　福建

經 10506168
澹靜齋說祼二卷　清龔景瀚撰
清龔氏校刻本　湖北
澹靜齋全集本(道光刻)

經 10506169
祼禮榷一卷　王國維撰
廣倉學宭叢書甲類本(民國鉛印)

經 10506170
儀禮釋宫一卷　宋李如圭撰
　武英殿聚珍版書本(木活字印、江西重刻、福建重刻、廣東重刻)
　四庫全書本(乾隆寫)
　墨海金壺本(嘉慶刻、博古齋影印)
　守山閣叢書本(道光刻、光緒影印、民國影印)
　經苑本(道光咸豐刻、同治印、民國補刻)
　反約篇本(同治抄)　福建師大
　榕園叢書本(同治刻、民國印)
　清芬堂叢書本(光緒刻)
　清抄本　國圖　浙江

經 10506171
朱子儀禮釋宫一卷　宋朱熹撰
　素隱所刻書本(光緒刻)

經 10506172
宫室考二卷　清任啓運撰
　清嘉慶九年任氏家刻本　國圖
　清道光二十二年清芬堂刻本　南京
　清光緒十四年任氏家塾刻本　南京　北大　中科院　浙江
　聚學軒叢書本(光緒刻)
　皇清經解續編本(光緒刻、光緒石印)
　四庫全書本(乾隆寫)

經 10506173
宫室考一卷附校勘記　清任啓運撰　孫鳳苞校勘
　荆溪任氏遺書本(民國刻)

經 10506174
宫室考校勘記一卷　孫鳳苞撰
　荆溪任氏遺書本(民國刻)

經 10506175
儀禮釋宫增注一卷　清江永撰
　四庫全書本(乾隆寫)
　指海本(道光刻、民國影印)
　掃葉山房叢鈔本(光緒刻)
　皇清經解續編本(光緒刻、光緒石印)
　抄本　國圖　北大

經 10506176
釋宫小記一卷　清程瑤田撰
　通藝錄本(嘉慶刻)
　皇清經解本(道光刻、咸豐補刻、鴻寶齋石印、點石齋石印)
　安徽叢書本(通藝錄)

經 10506177
古合宫遺制考三卷　清孫星衍撰
　清刻本　國圖

經 10506178
羣經宫室圖一卷　清焦循撰
　清乾隆五十八年刻本　上海

經 10506179
羣經宫室圖二卷　清焦循撰
　清乾隆間焦氏半九書塾刻本　國圖　北大
　清乾隆間焦氏半九書塾刻嘉慶九年修補印本　國圖　湖北
　焦氏叢書本(嘉慶道光刻、光緒刻)
　清光緒十一年梁溪朱氏小曝書亭刻本　北大　上海　浙江　湖北
　皇清經解續編本(光緒刻、光緒石印)

經 10506180
禮經宫室答問二卷　清洪頤煊撰
　傳經堂叢書本(嘉慶刻)

清光緒十年臨海馬氏師竹山房刻本　國圖　北大　中科院　天津　上海

經 10506181
燕寢考三卷　清胡培翬撰
指海本(道光刻、民國影印)
皇清經解本(道光刻、咸豐補刻、鴻寶齋石印、點石齋石印)

經 10506182
三代宮室制度釋一卷　清林頤山撰
稿本　復旦

經 10506183
經傳鄭義通釋宮室類一卷　清林頤山撰
稿本　復旦

經 10506184
學校問一卷　清毛奇齡撰
西河合集本(康熙刻、乾隆印、嘉慶印)
清乾隆間南匯吴氏聽彝堂刻藝海珠塵本　北大
藝海珠塵本(乾隆刻)　北大
藝海珠塵本(嘉慶刻道光增刻)

經 10506185
論學制備忘記一卷　清段玉裁撰
昭代叢書本(道光刻)

經 10506186
學制統述二卷　清夏炘撰
景紫堂全書本(咸豐刻同治印、民國刻)

經 10506187
大小宗通繹一卷　清毛奇齡撰
西河合集本(康熙刻、乾隆印、嘉慶印)
清乾隆間南匯吴氏聽彝堂刻藝海珠塵本　北大
藝海珠塵本(嘉慶刻道光增刻)

經 10506188
宗法論一卷　清萬斯大撰
昭代叢書本(道光刻)

經 10506189
宗法小記一卷　清程瑶田撰
通藝錄本(嘉慶刻)
皇清經解本(道光刻、咸豐補刻、鴻寶齋石印、點石齋石印)
安徽叢書本(民國影印,通藝錄)

經 10506190
吉凶服名用篇八卷敍錄一卷　清孔廣林撰
孔叢伯説經五稿本(嘉慶刻、光緒刻)

經 10506191
弁服釋例八卷表一卷　清任大椿撰
清嘉慶二年望賢家塾刻本　國圖　北大　中科院　上海
皇清經解本(道光刻、咸豐補刻、鴻寶齋石印、點石齋石印)

經 10506192
冕弁冠服圖一卷　清張惠言撰
素隱所刻書本(光緒刻)

經 10506193
冕弁冠服表一卷　清張惠言撰
素隱所刻書本(光緒刻)

經 10506194
釋服二卷　清宋綿初撰
稿本　日本京都大學

清嘉慶二十三年書種堂刻本　國圖　北大　南京　湖北
皇清經解續編本(光緒刻、光緒石印)

經 10506195
冕服考四卷　清焦廷琥撰
清嘉慶十九年刻本　中科院
積學齋叢書本(光緒刻)

經 10506196
古經服緯三卷附釋問一卷　清雷鐏撰　清雷學淇釋　(釋問)清雷學淇撰
清道光九年刻本　國圖　北大　中科院
畿輔叢書本(光緒刻)

經 10506197
古經服緯釋問一卷　清雷學淇釋
清道光九年刻本　國圖　北大　中科院
畿輔叢書本(光緒刻)

經 10506198
律服考古錄一卷　清楊峒撰
稿本(清劉文淇、清胡培翬等批校)
清光緒三十四年武進李氏聖譯樓刻聖譯樓叢書本
抄本　國圖

經 10506199
三綱制服尊尊述義三卷　清夏炘撰
清咸豐三年刻本　國圖　北大　南京
景紫堂全書本(咸豐刻同治印、民國刻)

經 10506200
五服釋例二十卷　清夏燮撰
清同治間刻本　國圖　中科院　上海　湖北

經 10506201
衰說考誤一卷　清夏震武撰
富陽夏氏叢刻本(光緒刻)

經 10506202
歷代服制考原二卷圖一卷　清蔡子嘉撰
清光緒十四年西山草堂石印本　國圖　湖北

經 10506203
制服成誦編一卷制服表一卷喪服通釋一卷　清周保珪撰
清光緒十三年武林紅蝠山房刻本　北大　復旦　南京　湖北
清光緒十六年雲南書局刻本　北大
清光緒十八年山東書局刻本　中科院
讀禮叢鈔本(光緒刻)

經 10506204
制服表一卷　清周保珪撰
清光緒十三年武林紅蝠山房刻本　北大　復旦　南京　湖北
清光緒十六年雲南書局刻本　北大
清光緒十八年山東書局刻本　中科院

經 10506205
喪服通釋一卷　清周保珪撰
清光緒十三年武林紅蝠山房刻本　北大　復旦　南京　湖北
清光緒十六年雲南書局刻本　北大
清光緒十八年山東書局刻本　中科院

經 10506206
玉佩考一卷　清俞樾撰
皇清經解續編本(光緒刻、光緒石印)
春在堂全書本(同治至光緒刻,俞樓雜纂)

經 10506207
禮儀器制改釋五十八卷　清孔廣森撰
稿本(存卷一至四十九)　曲阜文管

經 10506208
十三經禮器通考不分卷　清羅厚焜撰
稿本　北大

經 10506209
十三經禮器通考不分卷　清許文勳等撰
稿本　北大

經 10506210
十三經禮器通考一卷　清張國賓撰
稿本　北大

經 10506211
禮器通考不分卷　清張守銘撰
稿本　北大

經 10506212
禮器釋名十八卷　清桑宣撰
鐵研齋叢書本(光緒刻、民國鉛印)

經 10506213
祭器樂器記不分卷　清□□撰
清抄本　山東

三禮圖之屬

經 10506214
三禮圖一卷　漢鄭玄　漢阮諶撰　清馬國翰輯
玉函山房輯佚書本(同治皇華館刻、光緒李氏印、光緒娜嬛館刻、光緒楚南書局刻)

經 10506215
三禮圖一卷　漢阮諶撰　清王謨輯
漢魏遺書鈔本(嘉慶刻)

經 10506216
三禮圖一卷　漢阮諶撰　清黄爽輯
漢學堂叢書本(道光刻光緒印)
黄氏逸書考本(道光刻王鑒修補、朱長圻補刻)

經 10506217
梁氏三禮圖一卷　題梁正撰　清馬國翰輯
玉函山房輯佚書本(同治皇華館刻、光緒李氏印、光緒娜嬛館刻、光緒楚南書局刻)

經 10506218
張氏三禮圖一卷　唐張鎰撰　清馬國翰輯
玉函山房輯佚書本(同治皇華館刻、光緒李氏印、光緒娜嬛館刻、光緒楚南書局刻)

經 10506219
新定三禮圖(三禮圖集注)二十卷　宋聶崇義集注
宋淳熙二年鎮江府學刻公文紙印本　國圖(清錢謙益跋)
通志堂經解本(康熙刻、同治刻、日本文化刻)
四庫全書薈要本(乾隆寫,三禮圖集注)
四庫全書本(乾隆寫,三禮圖集注)
清光緒間鍾謙鈞重刻通志堂本　上海(清王秉恩校並跋)
上海同文書局石印通志堂本　國圖　天津
日本寶曆十一年東都書肆崇文堂刻

本　國圖　北大
日本寬政二年重刻本　南京
日本寬政四年青霞堂刻本　上海

經 10506220
析城鄭氏家塾重校三禮圖二十卷　宋聶崇義集注
蒙古定宗二年析城鄭氏家塾刻本　國圖(卷一至二配清初毛氏汲古閣抄本)

經 10506221
韓氏三禮圖說二卷　元韓信同撰
清嘉慶十八年王氏麟後山房刻本　國圖　北大　中科院　天津　上海　浙江
廣倉學宭叢書甲類本(民國鉛印)

經 10506222
五服圖解一卷　元龔端禮撰
元泰定元年杭州路儒學刻本　國圖(清黄丕烈跋)

經 10506223
三禮圖二卷　明劉績撰
四庫全書本(乾隆寫)
清抄本([illegible])　[illegible]　北大
湖北先正遺書本(民國影印)
清南海孔氏嶽雪樓抄本　遼寧

經 10506224
四禮圖考一卷　明衷貞吉著
四禮彙編本(明抄)　浙江

經 10506225
文廟禮樂器圖考二卷首一卷末一卷　清蕭大成輯
清康熙間刻本　音樂研究所

經 10506226
宮室圖說四卷　清何濟川撰
清木活字印本　國圖

經 10506227
宮室圖不分卷　□□輯
清抄本　天津
民國間抄本　國圖

經 10506228
古宮室圖附古冠服圖不分卷　清呂宣曾撰
清乾隆間刻本　國圖
五宗圖說一卷　清萬光泰撰
廣倉學宭叢書甲類本(民國鉛印)

經 10506229
三禮圖三卷　清孫馮翼輯
問經堂叢書本(嘉慶刻)

經 10506230
三禮圖全譜二卷　□□輯
清咸豐元年刻實事求是齋印本　國圖

經 10506231
[illegible]服圖考一卷　清[illegible]撰
清抄本　國圖　福建
民國間吴興劉氏嘉業堂抄本　國圖
武昌徐恕傳抄稿本　復旦
戊寅叢編本(民國鉛印)

經 10506232
禮器圖說一卷　□□輯
清光緒三十三年陝西學務公所印本　南京

經 10506233
禮器樂器圖不分卷附久遠章程　□□輯
清刻本　湖北

經 10506234
禮器樂器全圖不分卷　□□輯
清道光間刻本　國圖

目錄之屬

經 10506235
鄭氏三禮目錄一卷　漢鄭玄撰　清臧庸輯
拜經堂叢書本(乾隆嘉慶刻、日本影印)
清光緒間南陵徐乃昌積學齋抄本　北大
鄦齋叢書本(光緒刻)

經 10506236
三禮目錄一卷　漢鄭玄撰　清王謨輯
漢魏遺書鈔本(嘉慶刻)

經 10506237
三禮目錄一卷　漢鄭玄撰　清黄奭輯
漢學堂叢書本(道光刻光緒印)
黄氏逸書考本(道光刻王鑒修補、朱長圻補刻)

經 10506238
三禮目錄一卷　漢鄭玄撰　清袁鈞輯
鄭氏佚書本(光緒觀稼樓刻、浙江書局刻)

經 10506239
三禮目錄一卷　漢鄭玄撰　清孔廣林輯
通德遺書所見錄本(光緒刻)

通禮之屬

經 10506240
皇朝五禮精義注十卷　宋韋彤撰
清抄本　臺圖

經 10506241
禮書一百五十卷　宋陳祥道撰
元至正七年福州路儒學刻明修本　國圖　北大　南開　上海　復旦　南京(清丁丙跋)　山東博　天一閣
明末張溥刻本　復旦　北大　清華　人大　華東師大　南京　遼寧　蘇州　揚州　浙江博(清孫詒讓校)　浙大　安徽博　福建　湖南　邵陽　湖南社科院　中山大學
四庫全書本(乾隆寫)
清嘉慶九年福清郭氏校經堂刻本　北大　中科院　天津　南京　湖北
清光緒二年廣州菊坡精舍刻本　中科院　天津　復旦　南京　遼寧　湖北

經 10506242
儀禮經傳通解三十七卷　宋朱熹撰
宋嘉定十年南康道院刻元明遞修本　國圖(存卷一至五、二十二至二十七)　南京(缺卷十五,卷八至十、十六至三十七配明抄本,清丁丙跋)
明正德十六年劉瑞曹山刻本　國圖　南京　上海　吉大　浙江
明抄本(存卷六至八、十一至十二、二十至二十三)　國圖
明抄本(存卷一至二)　天一閣
清初呂氏寶誥堂刻本　北大　南京　復旦　湖北
清乾隆十五年聚錦堂刻本　湖北(缺卷十三至十四)
四庫全書本(乾隆寫)
西京清麓叢書本(光緒刻)
清光緒二十四年廣雅書局刻本　遼寧

日本寛文二年五倫書屋刻清末上海樂善堂印本　北大　湖北
朝鮮銅活字印本　北大

經 10506243
儀禮經傳通解續二十九卷　宋黄榦撰　宋楊復訂
宋嘉定十六年南康軍刻元明遞修本　國圖(存祭禮九)
明正德十六年劉瑞曹山刻本　國圖　上海　南京　吉大　浙江
明刻本　湖北　四川
明抄本(存卷六至八)　天一閣
清初呂氏寶誥堂刻本　北大　南京　復旦　湖北
四庫全書本(乾隆寫)
清乾隆十五年聚錦堂刻本　湖北(缺卷十三至十四)
西京清麓叢書本(光緒刻)
清光緒二十四年廣雅書局刻本　遼寧

經 10506244
儀禮經傳通解續(祭禮殘本)十三卷　宋楊復撰
宋刻元修本　日本靜嘉堂

經 10506245
朱子儀禮經傳通解六十九卷　宋朱熹撰　宋黄榦原本　清梁萬方考定
清乾隆十八年梁萬方刻本　南京　遼寧
清咸豐六年刻本　國圖

經 10506246
謝疊山先生禮經講意不分卷　宋謝枋得撰
明抄本(清吴名鳳跋)　北京文物局

經 10506247
喪禮備要二卷　明王廷相撰
四禮彙編本(明抄)　浙江

經 10506248
四禮纂要一卷　明王皥編撰
四禮彙編本(明抄)　浙江

經 10506249
四禮畧四卷　明顔木著
四禮彙編本(明抄)　浙江

經 10506250
論俗禮要一卷　明郭守益著
四禮彙編本(明抄)　浙江

經 10506251
祠堂事宜一卷　明張孟寅著
四禮彙編本(明抄)　浙江

經 10506252
士相見禮儀節(存卷三)　明□□撰
四禮彙編本(明抄)　浙江

經 10506253
六禮纂要六卷　明侯廷訓等撰
明嘉靖四年薛祖學刻本　吉大

經 10506254
四禮初稿四卷　明宋纁撰
明萬曆間刻本　中科院
明天啓四年刻本　上海
清康熙四十年宋氏刻本　上海
鄭氏叢刻本(乾隆刻)
清乾隆三十八年博雅堂刻本　北大　天津
清嘉慶六年寶寧堂刻本　大連　遼大

清抄本　國圖

經 10506255
四禮疑五卷　明呂坤撰
呂新吾全集本(萬曆刻清遞修)
清康熙十二年刻呂新吾集本　北大

經 10506256
四禮翼八卷　明呂坤撰
呂新吾全集本(萬曆刻清遞修)
清康熙十二年刻呂新吾集本　北大
清道光十五年刻本　北大

經 10506257
四禮翼四卷　明呂坤撰
清康熙間刻本　湖北
清咸豐七年清河吴昆田崇讓堂刻本　北大
清同治二年重刻本　湖北　南京
清同治九年務本堂刻本　復旦
清光緒四年呂氏重刻本　南京
清光緒十四年固始張氏刻本　國圖　遼寧
清光緒十三年繼善堂刻本　國圖　中科院　湖北
清光緒二十一年桂垣書局刻本　中科院
清光緒二十一年湖北官書處刻本　北大
清光緒三十三年陝西學務公所石印本　北大

經 10506258
四禮翼不分卷　明呂坤撰　清朱軾評點
清光緒八年廣仁堂刻本　國圖　天津

經 10506259
四禮翼合編四卷附教民三圖一卷　明呂坤撰　清朱軾評定　清吴高增補　清沈大璋參訂
清乾隆三十年刻本　天津

經 10506260
四禮約言四卷　明呂維祺撰
明天啓四年刻本　大連
清嘉慶六年寶寧堂刻本　大連　遼大
清刻本　中科院　湖北
清抄本　國圖

經 10506261
禮樂合編三十卷　明黄廣撰
明崇禎六年玉磬齋刻本　國圖　清華　首都師大　音樂研究所　華東師大　大連　南京　無錫　煙臺(存卷七至二十九)
清初玉磬齋刻本　上海

經 10506262
求野録二十七卷　明韓雲撰
明崇禎八年刻本　清華

經 10506263
四禮要規不分卷　明程策撰
明崇禎間刻本　中央黨校

經 10506264
大明令喪服一卷　明禮部訂
清末曹元忠抄本　復旦

經 10506265
禮學彙編六十四卷　清應撝謙撰
清丁氏八千卷樓抄本　南京
清抄本　上海

經 10506266
讀禮通考一百二十卷　清徐乾學撰
稿本　國圖
清康熙三十五年崑山徐氏刻本　北大　遼寧　復旦　天津　上海
清乾隆間味經窩刻本　上海
四庫全書本(乾隆寫)
清光緒七年江蘇書局刻本　北大　上海　復旦　天津　南京　遼寧　湖北
清光緒二十四年新化三味堂刻本　北大　湖北
清錢塘飛鴻堂刻本　湖北

經 10506267
五禮備考一百八十卷　清徐乾學撰
清抄本(缺卷二十八、三十四、五十五、七十七、八十三至八十四、一百二十三,佚名批校)　浙江

經 10506268
四禮合參十五卷　清李應乾輯
清雍正元年李氏心遠樓刻本　清華

經 10506269
四禮寧儉編不分卷　清王心敬撰
關中叢書本(民國鉛印)

經 10506270
儀禮節畧十七卷圖三卷　清朱軾撰
朱文端公藏書本(康熙乾隆刻、光緒重刻)

經 10506271
五禮通考二百六十二卷　清秦蕙田撰
稿本(清戴震、清錢大昕校)　復旦
稿本(清方觀承增訂,清宋宗元等眉校)　復旦
清抄本　復旦

經 10506272
五禮通考二百六十二卷首四卷目錄二卷　清秦蕙田撰
清乾隆十八年秦氏味經窩刻本　北大　中科院　天津　上海　復旦(清秦蕙田、清盧文弨、清姚鼐校,王大隆跋)　南京　遼寧　湖北
四庫全書本(乾隆寫)
清光緒六年江蘇書局刻本　北大　中科院　上海　復旦　南京　湖北
清光緒二十二年三味堂刻本　北大　南京　湖北

經 10506273
五禮通考序錄一卷　清秦蕙田撰
經史百家序錄本(光緒石印)

經 10506274
五禮通考條辨二卷　清秦蕙田撰
清抄本　復旦

經 10506275
禮樂通考三十卷　清胡掄撰
清乾隆間藜照軒刻本　國圖　北大　清華　浙江

經 10506276
六禮或問十二卷　清汪紱撰
清光緒二十一年刻本　國圖　南京　湖北

經 10506277
禮書附錄十二卷　清陳鳳泉撰
清嘉慶間刻本　國圖

經10506278
四禮輯畧三卷　清喻遜撰
清道光元年刻本　天津

經10506279
四禮榷疑八卷　清顧廣譽撰
稿本(清姚椿跋,佚名錄清陳壽熊校注)　復旦
清通藝閣抄本　上海
槐廬叢書本(光緒刻)

經10506280
五禮異義不分卷　清黄以周撰
稿本　天一閣

經10506281
五禮通考補三十二卷　清賀錫福撰
清抄本(缺卷一)　中科院

經10506282
四禮從宜四卷　清蘇惇元撰
清同治十年刻本　國圖　中科院　南京

經10506283
四禮從宜六卷　清林荃撰
清光緒十九年虎門寨聽杭書屋刻本　北大

經10506284
禮書不分卷　□□輯
清抄本　南京

經10506285
禮書初編不分卷　□□輯
清末民國初江楚書局刻本　湖北

經10506286
六禮疑輯前集十五卷後集十二卷別集六卷　□□輯
朝鮮刻本　國圖

雜禮之屬

經10506287
問禮俗一卷　三國魏董勛撰　清馬國翰輯
玉函山房輯佚書本(同治皇華館刻、光緒李氏印、光緒嫏嬛館刻、光緒楚南書局刻)

經10506288
祭典一卷　晉范汪撰　清馬國翰輯
玉函山房輯佚書本(同治皇華館刻、光緒李氏印、光緒嫏嬛館刻、光緒楚南書局刻)

經10506289
後養議一卷　晉干寶撰
玉函山房輯佚書本(同治皇華館刻、光緒李氏印、光緒嫏嬛館刻、光緒楚南書局刻)

經10506290
司馬氏書儀十卷　宋司馬光撰
宋刻元修本　國圖
清雍正元年汪氏刻本　國圖　北大　天津　南京　浙江
清同治七年江蘇書局刻本　北大　南京　湖北
學津討原本(嘉慶刻、民國影印)
日本芳春樓刻本　北大

經10506291
家禮五卷附錄一卷　宋朱熹撰

宋刻本　國圖(卷一至三配清影宋抄本)
明刻本　國圖　中科院　上海
清雍正十年拙修齋刻本　復旦
四庫全書本(乾隆寫)
清同治四年刻本　復旦
西京清麓叢書本(同治至民國刻)
洪氏公善堂叢書本(光緒刻)
清岐山武氏重刻白鹿洞本　湖北

經 10506292
朱子家禮五卷　宋朱熹撰　清郭嵩燾校訂
清光緒十七年思賢講舍刻本　國圖　北大　中科院　湖北

經 10506293
纂圖集注文公家禮十卷　宋朱熹撰
宋刻本　國圖

經 10506294
家禮箋補八卷　宋楊復撰
清抄本　國圖

經 10506295
文公家禮集注十卷　宋楊復　宋劉垓孫撰
元刻本　國圖(存卷六至七,清查慎行跋)　上海(存卷五)

經 10506296
家禮五卷圖一卷深衣考一卷　宋楊復　宋劉垓孫　宋劉璋等注
明刻本　國圖

經 10506297
纂圖集注文公家禮十卷　宋朱熹撰　宋楊復、宋劉垓孫、宋劉璋等注
明刻本　上海

經 10506298
文公家禮儀節八卷　明丘濬撰
明正德十二年應天府刻本　浙江
明正德十三年常州府刻本　北大　人大
明刻本　復旦　華東師大　甘肅
明萬曆三十六年錢時刻本　國圖　北大　南京　浙江
明萬曆四十年刻本　北大
明萬曆四十六年何士晉刻本　國圖　復旦
明刻本　國圖　上海　西北大學　江西　湖南
明末刻本　復旦
明抄本(存六卷)　上海
清康熙四十年同德堂刻本　南京
清康熙四十年紫陽書院重刻本　湖北
清康熙四十年汪氏刻本　天津
清乾隆三十五年寶敕樓刻本　北大
清乾隆三十八年博雅堂刻本　北大　天津
清嘉慶十年刻本　北大
清光緒七年何國楨刻本　北大　遼寧
朝鮮刻本(明代)　中科院

經 10506299
文公家禮儀節十卷首一卷(卷九四禮初稿,卷十四禮約言)　明丘濬撰
清嘉慶六年寶寧堂刻本　天津　浙江
清嘉慶十四年麟經閣刻本　天津

經 10506300
文公家禮會通十卷　明湯鐸撰
明景泰元年湯氏執中堂刻本　國圖　中科院

經 10506301
家禮集說五卷　明馮善撰
　明成化十五年刻本　臺圖
　明萬曆十七年錢士完刻本　上海
　明萬曆間吴勉學刻本　中科院

經 10506302
晦庵先生家禮集說十二卷　明馮善撰
　明葉氏作德堂刻本　日本内閣

經 10506303
禮問二卷　明吕柟撰
　吕涇野五經說本(嘉靖刻、明抄、道光刻)
　惜陰軒叢書本(道光刻、光緒刻，吕涇野經說)
　清光緒二十二年長沙惜陰書局重刻本　北大

經 10506304
泰泉鄉禮七卷　明黄佐撰
　四庫全書本(乾隆寫)
　清道光二十三年芸香堂刻本　中科院　湖北

經 10506305
家禮節要不分卷　明朱廷立撰
　明嘉靖八至十年朱氏刻本　北大

經 10506306
文公家禮會成八卷　明魏堂撰
　明嘉靖三十六年李存中來端蒙等刻本　上海

經 10506307
家禮要節一卷　明王叔杲撰
　明隆慶五年王氏刻本　國圖

經 10506308
鄉校禮輯十一卷　明黄議、明方可立等撰
　明隆慶元年刻本　安徽(缺卷四)

經 10506309
家禮集要不分卷　明令狐鏓撰
　明崇禎十三年令狐夔刻本　國圖

經 10506310
家禮易簡編一卷　明朱天球撰
　明萬曆二十一年林一材刻本　安徽博

經 10506311
家禮銓補十卷　明鄧元錫撰
　明萬曆三十八年王其玉等刻本　中科院　杭州

經 10506312
新刻朱文公先生考正家禮通行八卷　明羅萬化撰
　明萬曆元年鄭氏宗文堂刻本　日本内閣

經 10506313
居家便用家禮易簡一卷　明李廷機編
　明萬曆三十三年李碧峯刻本　大阪天滿宫御文庫

經 10506314
重刻申閣老校正朱文公家禮正衡(家禮正衡)八卷　明周應期編　明彭濱校
　明萬曆二十七年閩書林自新齋余明吾刻本　國圖　遼寧　日本内閣
　明崇禎十年序刻本(家禮正衡)　日本内閣

經 10506315
重鐫徽郡官板翁太史補選文公家禮八卷　明翁正春撰
明建邑書林詹張景刻本　上海
明建邑書林劉雅夫刻本　安徽

經 10506316
遵制家禮四卷　明馮復京撰
清抄本　南京

經 10506317
家禮維風八卷　明桑拱陽撰
明崇禎間刻本　湖北

經 10506318
新刊家禮或問須知　明鄭必撰　明王世貞、明王世懋校
日本江戶寫本　日本内閣

經 10506319
家禮辨說十六卷　清毛奇齡撰
清同治二年余氏家刻本　湖北

經 10506320
辨定祭禮通俗譜五卷　清毛奇齡撰
四庫全書本(乾隆寫)

經 10506321
家禮拾遺五卷　清李文炤撰
清四爲堂刻本　湖北

經 10506322
家禮喪祭拾遺一卷　清李文炤撰
讀禮叢鈔本(光緒刻)

經 10506323
家禮辨定十卷　清王復禮撰
清康熙四十七年刻本　南京
清光緒二年九思堂刻本　湖北

經 10506324
齊家寶要(重訂齊家寶要)二卷　清張文嘉撰
清康熙間刻本(重訂齊家寶要)　國圖
清乾隆間刻本　南京
日本享保二十年西村源六等刻本　北大

經 10506325
聖門禮志一卷樂志一卷　清孔尚任撰
清光緒十三年重刻本　天津

經 10506326
家禮經典參同不分卷　清鄭元慶撰
稿本(清毛奇齡跋)　上海

經 10506327
禮俗權衡二卷　清趙執信撰
清康熙間刻本　北大　廈大
清抄本(清段朝端跋)　山東
清抄本　復旦

經 10506328
滿洲祭天祭神典禮一卷　清索寧安撰
清嘉慶六年省非堂刻本　北大

經 10506329
釋拜一卷　清段玉裁撰
清嘉慶十二年張敦仁刻本　國圖　上海(清管慶祺跋)

經 10506330
滿洲婚禮儀節一卷　清索寧安撰
清嘉慶六年省非堂刻本　北大

經 10506331
滿洲慎終集一卷　清索寧安撰
清嘉慶六年省非堂刻本　北大

經 10506332
滿洲喪葬追遠論一卷　清索寧安撰
清嘉慶六年省非堂刻本　北大

經 10506333
滿洲宗祠祭祀儀注一卷　清索寧安撰
清嘉慶六年省非堂刻本　北大

經 10506334
孔氏家儀十四卷　清孔繼汾撰
清刻本　北大

經 10506335
家儀答問四卷　清孔繼汾撰
清刻本　北大

經 10506336
吴氏儀則一卷　清吴騫撰
稿本　上海

經 10506337
祭祀儀注(漢滿對照)不分卷　清吉勒通阿撰
清道光三年瓜爾佳氏寫本　北大

經 10506338
俗禮解六卷　清謝起龍撰
清咸豐九年刻本　中科院

經 10506339
喪服今制表一卷　清張華理撰
清同治十三年長沙荷華池刻本　國圖　湖北　南京
讀禮叢鈔本(光緒刻)

經 10506340
傳恭堂祭儀二卷　清潘德輿撰
清光緒三十四年鉛印本　浙江

經 10506341
喪事十戒一卷　清李棠階撰
清抄本　新鄉

經 10506342
軍禮司馬法考徵一卷　清黄以周撰
清光緒十九年黄氏試館刻本　國圖　北大　中科院

經 10506343
直省釋奠禮樂記六卷　清王之春編
清光緒十七年廣東藩省刻本　南京

經 10506344
從宜家禮九卷　清黄宜中輯訂
清三讓睦記刻本　湖北

經 10506345
湘綺樓家禮儀節輯注一卷　清王簡撰
清刻本　湖北

經 10506346
家禮會通四卷　清張汝誠輯
清萃古林刻本　湖北

經 10506347
時俗喪祭便覽一卷　清張大翎撰
清抄本　中科院

經 10506348
禮樂政教之書十卷續一卷　清□□撰

清光緒二十一年刻本　天津

經 10506349

懷堂家禮訂疑十卷　清周植撰

民國間鉛印本　國圖

叢編之屬

經 10506350

三禮　漢鄭玄注　明徐□輯

明嘉靖中東吴徐氏刊本

經 10506351

四禮彙編　□□編

明抄本(存七種十一卷)　浙江

四禮纂要一卷　明王皡編著

喪禮備要二卷　明王廷相著

論俗禮要一卷　明郭守益著

四禮畧四卷　明顔木著

祠堂事宜一卷　明張孟寅著

士相見禮儀節(存卷三)

四禮圖考一卷　明衷貞吉著

經 10506352

三禮述注三種七十一卷　清李光坡撰

清乾隆八至二十二年清白堂刻本　清華　福建師大

清光緒三年刻本　上海　南京　湖北

周禮述注二十四卷

儀禮述注十九卷

禮記述注二十八卷

經 10506353

三禮通義二十四卷　清姜兆錫撰

清乾隆元年刻本　湖北

周禮十二卷

儀禮十二卷

經 10506354

三禮義疏三種一百八十二卷　清任啓運、清吴紱等纂修

清乾隆間紅格抄本　國圖

周禮義疏四十八卷首一卷

儀禮義疏四十八卷首二卷

禮記義疏八十二卷首一卷

經 10506355

三禮疑義三種一百六十六卷　清吴廷華撰

清張金吾詒經堂抄本　國圖

周禮疑義四十四卷闕卷四至二十八

儀禮疑義五十卷闕卷三十八至三十九

禮記疑義七十二卷

經 10506356

三禮約編喈鳳三種十九卷　清汪基編

清乾隆四十八年刻本　湖北　天津

清嘉慶間汪氏敬堂家塾刻本　北大

清道光二十三年刻本　國圖

清大文堂刻本　湖北

周禮約編六卷

儀禮約編三卷

禮記約編十卷

經 10506357

三禮約編喈鳳三種十三卷　清江基編

清光緒三十二至三十三年陝西學務公所鉛印本　北大

周禮約編六卷

儀禮約編二卷

禮記約編五卷

經 10506358

滿洲四禮集五種五卷　清索寧安撰

清嘉慶六年省非堂刻本　北大
滿洲祭天祭神典禮一卷
滿洲婚禮儀節一卷
滿洲慎終集一卷
滿洲喪葬追遠論一卷
滿洲宗祠祭祀儀注一卷

經 10506359
讀禮叢鈔十六種十七卷　清李輔燿輯
清光緒十七年湘西李氏鞠園刻本　北大　中科院　上海　南京　湖北
約喪禮經傳一卷　清吴卓信撰
喪服或問一卷　清汪琬撰
喪服翼注一卷　清閻若璩撰
讀禮問一卷　清吴肅公撰
經叟摘錄一卷　清陳祖范撰
喪葬雜錄一卷　清張履祥輯
喪祭雜說一卷　清張履祥輯
喪禮雜說一卷附常禮雜說一卷　清毛先舒撰　(常禮雜說)清毛先舒撰
三年服制考一卷　清毛奇齡撰
家禮喪祭拾遺一卷　清李文炤撰
讀禮小事記一卷　清唐鑑撰
喪服今制表一卷　清張華理撰
喪服雜說一卷　清張華理撰
制服表一卷　清周保珪撰
制服成誦篇一卷　清周保珪撰
喪服通釋一卷　清周保珪撰

經 10506360
确山所著書八卷　清宋世犖撰
清光緒六年津門徐士鑾補刻印本　上海
周禮故書疏證六卷
儀禮古今文疏證二卷

附　錄

禮緯之屬

經 10506361
禮緯一卷　清黄奭輯
漢學堂叢書本(道光刻光緒印)
黄氏逸書考本(道光刻王鑒修補、朱長圻補刻)

經 10506362
禮緯一卷　清殷元正原輯　清陸明睿增訂
緯書本(清觀我生齋抄)

經 10506363
禮含文嘉一卷　□□輯
說郛本(宛委山堂刻)

經 10506364
禮含文嘉一卷　明孫瑴輯
古微書本(嘉慶刻、光緒刻、光緒石印)
墨海金壺本(嘉慶刻、博古齋影印)
守山閣叢書本(道光刻、光緒影印、民國影印)

經 10506365
禮含文嘉一卷　清劉學寵輯
青照堂叢書本(道光刻)

經 10506366
禮含文嘉一卷　清喬松年輯
喬勤恪公全集本(光緒刻)
山右叢書初編本(民國鉛印)

經 10506367
禮含文嘉一卷附補遺　清趙在翰輯

七緯本(嘉慶刻)

經 10506368
禮緯含文嘉一卷 清殷元正原輯 清陸明睿增訂
緯書本(清觀我生齋抄)

經 10506369
禮緯含文嘉一卷 三國魏宋均注 清馬國翰輯
玉函山房輯佚書本(同治皇華館刻、光緒李氏印、光緒嫏嬛館刻、光緒楚南書局刻)

經 10506370
禮含文嘉一卷 三國魏宋均注 清黄奭輯
漢學堂叢書本(道光刻光緒印)
黄氏逸書考本(道光刻王鑒修補、朱長圻補刻)
玲瓏山館叢書本(光緒刻)

經 10506371
禮緯含文嘉一卷 三國魏宋均注 清王仁俊輯
玉函山房輯佚書續編本(稿本)

經 10506372
禮稽命徵一卷 □□輯
説郛本(宛委山堂刻)

經 10506373
禮稽命徵一卷 明孫瑴輯
古微書本(嘉慶刻、光緒刻、光緒石印)
墨海金壺本(嘉慶刻、博古齋影印)
守山閣叢書本(道光刻、光緒影印、民國影印)

經 10506374
禮稽命徵一卷 清劉學寵輯
青照堂叢書本(道光刻)

經 10506375
禮稽命徵一卷 清喬松年輯
喬勤恪公全集本(光緒刻)
山右叢書初編本(民國鉛印)

經 10506376
禮稽命徵一卷附補遺 清趙在翰輯
七緯本(嘉慶刻)

經 10506377
禮緯稽命徵一卷 清殷元正原輯 清陸明睿增訂
緯書本(清觀我生齋抄)

經 10506378
禮緯稽命徵一卷 三國魏宋均注 清馬國翰輯
玉函山房輯佚書本(同治皇華館刻、光緒李氏印、光緒嫏嬛館刻、光緒楚南書局刻)

經 10506379
禮稽命徵一卷 三國魏宋均注 清黄奭輯
漢學堂叢書本(道光刻光緒印)
黄氏逸書考本(道光刻王鑒修補、朱長圻補刻)

經 10506380
禮緯稽命徵一卷 三國魏宋均注 清王仁俊輯
玉函山房輯佚書續編本(稿本)

經 10506381
禮斗威儀一卷　□□輯
說郛本(宛委山堂刻)

經 10506382
禮斗威儀一卷　明孫瑴輯
古微書本(嘉慶刻、光緒刻、光緒石印)
墨海金壺本(嘉慶刻、博古齋影印)
守山閣叢書本(道光刻、光緒影印、民國影印)

經 10506383
禮斗威儀一卷　清劉學寵輯
青照堂叢書本(道光刻)

經 10506384
禮斗威儀一卷　清喬松年輯
喬勤恪公全集本(光緒刻)
山右叢書初編本(民國鉛印)

經 10506385
禮斗威儀一卷　清黄奭輯
漢學堂叢書本(道光刻光緒印)
黄氏逸書考本(道光刻王鑒修補、朱長圻補刻)

經 10506386
禮斗威儀一卷附補遺　清趙在翰輯
七緯本(嘉慶刻)

經 10506387
禮緯斗威儀一卷　清殷元正原輯　清陸明睿增訂
緯書本(清觀我生齋抄)

經 10506388
禮緯斗威儀一卷　三國魏宋均注　清馬國翰輯
玉函山房輯佚書本(同治皇華館刻、光緒李氏印、光緒嫏嬛館刻、光緒楚南書局刻)
玲瓏山館叢書本(光緒刻)

經 10506389
禮緯斗威儀一卷　三國魏宋均注　清王仁俊輯
玉函山房輯佚書續編本(稿本)

經 10506390
泛引禮緯一卷　清喬松年輯
喬勤恪公全集本(光緒刻)
山右叢書初編本(民國鉛印)

經 10506391
禮緯附錄一卷附補遺　清趙在翰輯
七緯本(嘉慶刻)

樂　類

樂理之屬

經 10606392
樂記一卷　漢劉向校定　清任兆麟選輯
述記本(乾隆刻、嘉慶刻)

經 10606393
樂記一卷　漢劉向校定　清馬國翰輯
玉函山房輯佚書本(同治皇華館刻、光緒李氏印、光緒嫏嬛館刻、光緒楚南書局刻)

經 10606394
樂記補說二卷　明李文察撰
李氏樂書六種本(嘉靖刻)　福建
李氏樂書四種本(明藍格抄)　上海

經 10606395
樂記異文考一卷　清俞樾撰
春在堂全書本(同治至光緒刻,曲園雜纂)

經 10606396
樂經三卷　清文應熊輯注
清抄本　國圖　北大　辭書出版社

經 10606397
樂經一卷　漢陽成子長撰　清王謨輯
漢魏遺書鈔本(嘉慶刻)
抄本　湖北

經 10606398
樂經一卷　漢陽成子長撰　清馬國翰輯
玉函山房輯佚書本(同治皇華館刻、光緒李氏印、光緒嫏嬛館刻、光緒楚南書局刻)

經 10606399
樂元語一卷　漢劉德撰　清王謨輯
漢魏遺書鈔本(嘉慶刻)

經 10606400
樂元語一卷　漢劉德撰　清馬國翰輯
玉函山房輯佚書本(同治皇華館刻、光緒李氏印、光緒嫏嬛館刻、光緒楚南書局刻)

經 10606401
琴清英不分卷　漢揚雄撰
抄本　上海

經 10606402
琴清英一卷　漢揚雄撰　清王謨輯
漢魏遺書鈔本(嘉慶刻)

經 10606403
琴清英一卷　漢揚雄撰　清馬國翰輯
玉函山房輯佚書本(同治皇華館刻、光緒李氏印、光緒嫏嬛館刻、光緒楚南書局刻)

經 10606404
樂書一卷　北魏信都芳撰　清馬國翰輯
玉函山房輯佚書本(同治皇華館刻、光緒李氏印、光緒嫏嬛館刻、光緒楚南書局刻)

經 10606405
樂部一卷　清馬國翰輯

玉函山房輯佚書本(同治皇華館刻、光緒李氏印、光緒嫏嬛館刻、光緒楚南書局刻)

經 10606406
聖宋皇祐新樂圖記(皇祐新樂圖記)三卷　宋阮逸、宋胡瑗撰
明萬曆三十九年趙琦美抄本　國圖
清勞格抄本　上海
清抄本(清吴騫跋)　國圖
清抄本　國圖　北大　上海　南京　浙江
四庫全書本(乾隆寫,皇祐新樂圖記)

經 10606407
樂書二百卷　宋陳暘撰
元至正七年福州路儒學刻明修本　國圖　北大　音樂研究所　南京
清光緒二年方氏菊坡精舍刻本　國圖　北大　上海
四庫全書本(乾隆寫)
清三山陳氏居敬堂抄本　上海
清孫氏平津館抄本　上海(存卷一至八、二十一至三十九、八十二至一百二、一百二十至一百三十八)　中山大學(存卷一百五十八至一百七十二)
清抄本(缺卷一至七)　遼寧

經 10606408
樂書正誤一卷　宋樓鑰撰
清抄本(附元刻明修本樂書)　國圖
清抄本(附元刻明修本樂書)　河南
清抄本　國圖
擇是居叢書初集本(民國鉛印)

經 10606409
韶舞九成樂補一卷　元余載撰
四庫全書本(乾隆寫)
墨海金壺本(嘉慶刻、博古齋影印)
清抄本　南京

經 10606410
逸語八卷　明賀隆撰
明抄本　南京
清抄本　國圖

經 10606411
雅樂燕樂一卷　明張敔撰
明正德十一年徐充刻本　清華(附律呂新書解)
清抄本(附律呂新書解)　北大

經 10606412
雅樂發微八卷　明張敔撰
明嘉靖十七年刻本　國圖　廣東
清抄本　吉大
清抄本(存卷一至五)　北大

經 10606413
樂經集註二卷　明張鳳翔撰
明末刻本　故宫　音樂研究所
清初刻本　音樂研究所
清嘉慶元年張應魁刻本　北大

經 10606414
樂典三十六卷　明黄佐撰
明嘉靖二十三年刻本　上海(存卷一至四、卷十七、卷十九、卷二十二至二十四)
明嘉靖二十六年孫學古刻本　南京
明嘉靖三十六年盧寧刻本　北大　音樂研究所　上海　廣東　中山大學
明刻本　上海(存卷二十至二十一)

清康熙二十一年黄逵卿刻本　國圖　北大　中科院

經 10606415
樂經元義八卷　明劉濂撰
明嘉靖間刻本　國圖　天津　南京　河南

經 10606416
興樂要論三卷　明李文察撰
李氏樂書六種本(嘉靖刻)　福建
李氏樂書四種本(明藍格抄)　上海

經 10606417
樂學新說一卷附樂經古文一卷　明朱載堉撰
樂律全書本(萬曆刻、萬曆刻增修)

經 10606418
樂經以俟録十六卷　明瞿九思撰
明萬曆三十五年史學遷刻本　上海　中山大學

經 10606419
古樂義十二卷　明邵儲撰
清抄本　國圖

經 10606420
樂通三卷　清□□撰
清抄本(清莫友芝跋)　上海

經 10606421
古樂書二卷　清應撝謙撰
稿本(存卷上)　天一閣
四庫全書本(乾隆寫)
傳抄四庫全書本　國圖
寶彝室集刊本
抄本(不分卷)　中科院

經 10606422
樂書内編二十卷　清張宣猷　清鄭先慶纂
清順治九年刻本　遼寧
清康熙十九年刻本　天一閣

經 10606423
樂述三卷　清毛乾乾撰
清紅格抄本　國圖
清抄本　北大
清抄本(清丁丙跋)　南京

經 10606424
樂述可知七卷　清陳本撰
清無格抄本　國圖

經 10606425
嚻嚻子樂原不分卷　清嚻嚻子撰
清刻本　國圖

經 10606426
樂經或問三卷大成樂譜一卷　清汪紱撰
稿本　中山大學
汪雙池先生叢書本(光緒彙印,無大成樂譜)

經 10606427
大樂元音七卷圖一卷　清潘士權撰
清乾隆十年中和堂刻本　北大
潘龍菴全書本(乾隆刻)

經 10606428
樂說二卷　清莊存與撰
味經齋遺書本(道光刻、光緒刻)

經10606429
述樂一卷　清陳澧撰
稿本　廣東

經10606430
原音瑣辨一卷　清繆闐撰
庚癸原音本(同治刻)　國圖　北大

經10606431
同治甲子未上書一卷　清繆闐撰
庚癸原音本(同治刻)　國圖　北大

經10606432
仲姑樂論一卷　鮑孝裕輯
稿本　國圖

經10606433
樂經凡例一卷　廖平撰
新訂六譯館叢書本(民國彙印)

經10606434
樂詩考畧一卷　王國維撰
廣倉學宭叢書甲類本(民國鉛印)

律呂之屬

經10606435
律書詳注一卷　漢司馬遷撰　明王正中注
清初刻本　杭州　浙大

經10606436
鐘律書一卷　漢劉歆撰　清王謨輯
漢魏遺書鈔本(嘉慶刻)

經10606437
劉歆鐘律書一卷　漢劉歆撰　清黄奭輯
漢學堂叢書本(道光刻光緒印)
黄氏逸書考本(道光刻王鑒修補、朱長圻補刻)

經10606438
樂社大義一卷　南朝梁武帝撰　清馬國翰輯
玉函山房輯佚書本(同治皇華館刻、光緒李氏印、光緒娜嬛館刻、光緒楚南書局刻)

經10606439
鐘律緯一卷　南朝梁武帝撰　清馬國翰輯
玉函山房輯佚書本(同治皇華館刻、光緒李氏印、光緒娜嬛館刻、光緒楚南書局刻)

經10606440
樂律義一卷　北周沈重撰　清馬國翰輯
玉函山房輯佚書本(同治皇華館刻、光緒李氏印、光緒娜嬛館刻、光緒楚南書局刻)

經10606441
樂譜集解一卷　隋蕭吉撰　清馬國翰輯
玉函山房輯佚書本(同治皇華館刻、光緒李氏印、光緒娜嬛館刻、光緒楚南書局刻)

經10606442
樂書要錄卷五至七　唐武曌撰
佚存叢書本(日本刻、光緒活字印、民國影印)
宛委別藏本(抄本、影印本)
正覺樓叢刻(光緒刻)

經 10606443
律呂新書二卷　宋蔡元定撰
　四庫全書本(乾隆寫)
　清內府抄本　故宫

經 10606444
律呂新書解二卷附燕樂雅樂一卷　明張敔撰
　明正德十一年徐充刻本　清華
　清抄本　北大

經 10606445
律呂新書分註圖筭十三卷首一卷　明許珍編輯
　清抄本　音樂研究所

經 10606446
律呂新書二卷　宋蔡元定撰　清周模注
　清雍正間周氏歸愚軒刻本　國圖

經 10606447
律呂新書二卷八音考畧一卷　宋蔡元定撰　清羅登選箋義
　清乾隆間刻本　國圖　浙江

經 10606448
律呂新書初解二卷　宋蔡元定撰　清張琛撰
　清嘉慶十七年日鋤齋刻本　南京

經 10606449
律呂新書淺釋一卷　宋蔡元定撰　清文藻翔釋
　清光緒二十三年固安文氏刻本　國圖　北大　天津　湖北

經 10606450
律呂一卷　□□輯
　嘯餘譜本(康熙刻)

經 10606451
律呂成書二卷　元劉瑾撰
　四庫全書本(乾隆寫)
　墨海金壺本(嘉慶刻、博古齋影印)

經 10606452
大樂律呂元聲六卷附大樂律呂考注四卷　明李文利撰
　明嘉靖三年范輅刻本　南京
　明嘉靖十四年浙江布政司刻本　國圖　浙江
　清初樸學齋抄本　北大
　清抄本　國圖

經 10606453
大樂律呂考注四卷　明李文利撰
　明嘉靖三年范輅刻本　南京
　明嘉靖十四年浙江布政司刻本　國圖　浙江
　清初樸學齋抄本　北大
　清抄本　國圖

經 10606454
鐘律通考六卷　明倪復撰
　四庫全書本(乾隆寫)
　清丁氏八千卷樓抄本(存卷一至三)　南京
　清抄本(存卷一至三)　上海
　民國間廬江劉氏遠碧樓藍格抄本　上海

經 10606455
古樂經傳全書二卷　明湛若水、明呂懷撰

明嘉靖三十四年祝廷滂刻本　國圖

經10606456
苑洛志樂二十卷　明韓邦奇撰
明嘉靖二十七年王宏等刻本　國圖
四庫全書本(乾隆寫)
清乾隆十一年濂川薛宗泗刻本　北大　上海
清嘉慶十一年關中雷氏裕德堂重刻本　上海
清嘉慶十一年關中裕德堂刻道光六年重修本　北大　上海　湖北
清抄本　浙江

經10606457
苑洛志樂十三卷　明韓邦奇撰　明楊繼盛訂
清康熙二十二年淮南吴元萊重刻本　國圖　天津

經10606458
樂律舉要一卷　明韓邦奇撰
學海類編本(道光木活字印、民國影印)

經10606459
律吕志解一卷　明韓邦奇撰
明正德間刻本　音樂研究所

經10606460
律吕直解一卷　明韓邦奇撰
性理三解本(嘉靖刻、乾隆刻)
明刻本　北大

經10606461
樂律纂要一卷　明季本撰
明嘉靖十八年宋輯刻本　南京　浙江
清抄本　北大
抄本　北大

經10606462
樂律纂要一卷　明季本撰　明王廷校
清抄本　國圖

經10606463
律吕别書一卷　明季本撰
明嘉靖間李有則刻本　南京
清沈氏鳴野山房抄本　天一閣

經10606464
律吕解註二卷　明鄧文憲撰
明嘉靖二年詹瓛丘璦等刻本　國圖
明嘉靖十八年曹逵刻本　音樂研究所　浙江
明刻本　浙江(存卷上)

經10606465
律吕或問不分卷　明程宗舜撰
明抄本　北京文物局

經10606466
律吕古義三卷圖一卷　明吕懷撰
明嘉靖間刻本　上海
明刻本　國圖　上海
明刻本　浙江

經10606467
古樂筌蹄九卷　明李文察撰
李氏樂書六種本(嘉靖刻)　福建
明紅欄抄本(李盛鐸跋)　北大

經10606468
律吕新書補注一卷　明李文察撰
李氏樂書六種本(嘉靖刻)　福建
李氏樂書四種本(明藍格抄)　上海

經 10606469
皇明青宮樂調三卷　明李文察撰
李氏樂書六種本(嘉靖刻)　福建
李氏樂書四種本(明藍格抄)　上海
清怡素堂抄本　浙江

經 10606470
樂律管見二卷附協律二南詩一卷　明黄積慶撰
明嘉靖三十年溧水庠舍刻本　音樂研究所

經 10606471
律呂正聲六十卷　明王邦直撰
明萬曆三十六年黄作孚刻本　國圖　北大　音樂研究所

經 10606472
律呂考正一卷　明潘應詔撰
明刻本　音樂研究所

經 10606473
律學新説四卷　明朱載堉撰
樂律全書本(萬曆刻、萬曆刻增修)

經 10606474
律呂精義内編十卷　明朱載堉撰
樂律全書本(萬曆刻、萬曆刻增修)

經 10606475
律呂精義外篇十卷　明朱載堉撰
樂律全書本(萬曆刻、萬曆刻增修)

經 10606476
旋宫合樂譜一卷　明朱載堉撰
樂律全書本(萬曆刻、萬曆刻增修)

經 10606477
鄉飲詩樂譜六卷　明朱載堉撰
樂律全書本(萬曆刻、萬曆刻增修)

經 10606478
律呂正論四卷律呂質疑辨惑一卷　明朱載堉撰
明萬曆間刻本　北師大　音樂研究所

經 10606479
律呂質疑辨惑一卷　明朱載堉撰
明萬曆間刻本　北師大(附律呂正論)　音樂研究所

經 10606480
瑟譜十卷　明朱載堉撰
清初毛氏汲古閣抄本(清黄丕烈跋)　國圖
民國十九年武進陶氏涉園影印汲古閣抄本　湖北　大連　瀋陽音樂學院

經 10606481
文廟樂編二卷附録一卷　明潘巒編次
明萬曆十三年刻本　北大　戲曲研究院

經 10606482
泰律十二卷　明葛仲選撰
明刻本　音樂研究所

經 10606483
泰律外篇二卷　明葛仲選撰
明萬曆間金聲刻本　無錫
明刻本　北大
清嘉慶間滇學使署刻本(泰律篇)　北大

清光緒二十八年雲南經正書院刻本　北大
清抄本　北大
雲南叢書本(民國刻)

經 10606484
泰律補一卷　清閔爲人撰
雲南叢書本(民國刻)

經 10606485
大樂嘉成一卷　明袁應兆撰
明崇禎六年王佐刻本　故宫

經 10606486
樂律參解四卷　明楊雲鶴撰　明陳夢璧評校
清初刻本　音樂研究所

經 10606487
元律二卷　明李人龍撰
明末抄本(與五聲二變旋宫起調圖譜一卷合抄)　音樂研究所

經 10606488
五聲二變旋宫起調圖譜一卷　明李人龍撰
明末抄本(與元律二卷合抄)　音樂研究所

經 10606489
皇明樂律書六卷　□□輯
清抄本　國圖
日本抄本　北大

經 10606490
樂譜萃珍不分卷　□□輯
明抄本(清抄補)　上海

經 10606491
聖諭樂本解説二卷　清毛奇齡撰
西河合集本(康熙刻、乾隆印、嘉慶印)
四庫全書本(乾隆寫)

經 10606492
聖諭樂本解説一卷　清毛奇齡撰
昭代叢書本(道光刻)

經 10606493
皇言定聲録八卷　清毛奇齡撰
西河合集本(康熙刻、乾隆印、嘉慶印)
四庫全書本(乾隆寫)

經 10606494
竟山樂録(古學復興録)四卷　清毛奇齡撰
西河合集本(康熙刻、乾隆印、嘉慶印)
四庫全書本(乾隆寫)
龍威祕書本(乾隆刻)
藝苑捃華本(同治刻)
顔李叢書本(民國鉛印)

經 10606495
律吕心法全書三卷　清李子金撰
清康熙三年刻隱山鄙事本

經 10606496
大成樂律全書一卷　清孔貞瑄撰
清康熙五十二年孔尚先刻本　北大

經 10606497
古樂經傳五卷樂記一卷　清李光地撰
清雍正五年王蘭生繆沅刻本　北大
李文貞公全集本(乾隆嘉慶刻)
四庫全書本(乾隆寫)
榕村全書本(道光刻)

清道光二十七年安溪李氏刻本　北大
清敎忠堂刻本　湖北
清刻本　北大　中科院(增樂記一卷)

經 10606498
御製律呂正義上編二卷下編二卷續編一卷　清允祉等撰
清雍正間内府銅活字印本　故宮　首都師大　遼寧
御製律曆淵源本(雍正刻)　中科院　上海
四庫全書薈要本(乾隆寫)
四庫全書本(乾隆寫)
抄本　國圖

經 10606499
律呂纂要二卷　清□□撰
稿本　故宮
清康熙間内府抄本　故宮
清康熙間抄本　國圖
清抄本　國圖

經 10606500
律呂節要五卷總圖一卷　清□□撰
清内府抄本　故宮
清抄本(無總圖)　湖北

經 10606501
李氏學樂錄二卷　清李塨撰
西河合集本(康熙刻、乾隆印、嘉慶印)
四庫全書本(乾隆寫)
龍威祕書本(乾隆刻)

經 10606502
學樂錄四卷　清李塨撰
顏李叢書本(民國鉛印)

經 10606503
律悟一卷　清吴熙撰
清雍正間刻本　北大

經 10606504
鐘律陳數一卷　清顧陳垿撰
賜硯堂叢書新編本(道光刻)
顧賓易先生文集本(道光刻)

經 10606505
易律神解不分卷　清沈光邦撰
清沈琛抄本　北師大

經 10606506
律呂卦義大成三卷　清沈光邦撰
清乾隆間抄本　音樂研究所

經 10606507
律呂闡微十卷首一卷　清江永撰
四庫全書本(乾隆寫)
清傳抄四庫全書本(清丁丙跋)　南京
清抄本(清陳澧批)　中山大學
清抄本　國圖
傳抄四庫全書本　國圖
民國間廬江劉氏遠碧樓藍抄本　上海

經 10606508
律呂新論二卷　清江永撰
四庫全書本(乾隆寫)
守山閣叢書本(道光刻、光緒影印、民國影印)
清劉傳瑩傳抄守山閣叢書本　湖北

經 10606509
律呂新義四卷附錄一卷　清江永撰
稿本　山東博
正覺樓叢刻(光緒刻)

清抄本(清孫詒讓校並跋) 浙大
清抄本 上海

經 10606510
樂律古義二卷 清童能靈撰
清乾隆間刻本 國圖
冠豸山堂全集本(光緒木活字印)

經 10606511
律呂圖說二卷 清王建常編 清王宏撰訂
清乾隆三十九年朝坂集義堂刻本 北大 清華

經 10606512
樂經律呂通解五卷 清汪紱撰
稿本 安徽博
粤雅堂叢書本(咸豐刻)
清光緒九年婺源紫陽書院刻本 國圖 上海 湖北
汪雙池先生叢書本(光緒彙印)

經 10606513
賡和錄二卷 清何夢瑤撰
嶺南遺書本(道光刻)

經 10606514
樂律表微八卷 清胡彥昇撰
清乾隆二十八年耆學齋刻本 北大 清華 中科院 華東師大 浙江 南京 湖北
四庫全書本(乾隆寫)
清抄本 故宫

經 10606515
樂律考一卷 清范爾梅撰
讀書小記本(雍正刻)

經 10606516
古今聲律定宮十二卷 清葛銘撰
清抄本 遼寧

經 10606517
黄鍾通韻二卷附琴圖補遺一卷 清都四德撰
清乾隆十八年三餘堂刻本 國圖 北大 浙江
清乾隆間文會堂刻本 北大

經 10606518
御製律呂正義後編一百二十卷附上諭奏議二卷 清允祿等纂
清乾隆十一年武英殿刻朱墨套印本 首都師大 華東師大 遼寧
四庫全書薈要本(乾隆寫)
清抄本(存卷六十四,清陳澧批校考證並附籥笛) 中山大學

經 10606519
御製律呂正義後編一百二十八卷附上諭奏議二卷 清允祿等纂 清德保等續纂
清乾隆十一年武英殿刻五十一年增刻朱墨套印本 國圖 北大 音樂研究所
四庫全書本(乾隆寫)

經 10606520
欽定詩經樂譜全書不分卷 清永瑢等纂
清乾隆五十三年内府刻本 國圖
武英殿聚珍版書本(木活字印、福建重刻、廣東重刻)
四庫全書本(乾隆寫)

經 10606521

欽定樂律正俗一卷　清永瑢等纂
　武英殿聚珍版書本(木活字印、福建重刻、廣東重刻,欽定詩經樂譜全書附)
　四庫全書本(乾隆寫,欽定詩經樂譜全書附)
　清内府朱墨抄本　故宫
　清抄本　國圖

經 10606522
律吕母音二卷　清永恩撰
　稿本(清丁丙跋)　南京
　抄本　國圖(又一部,不分卷)

經 10606523
律吕原音四卷　清蘭亭主人(永恩)撰
　清乾隆四十七年刻本　中科院　華東師大

經 10606524
律吕精義不分卷　清蔡拙哉撰
　清乾隆間抄本　上海

經 10606525
聲律小記一卷　清程瑶田撰
　通藝錄本(嘉慶刻)
　皇清經解本(道光刻、咸豐補刻、鴻寶齋石印、點石齋石印)
　安徽叢書本(民國影印)

經 10606526
樂器三事能言一卷補編一卷　清程瑶田撰
　通藝錄本(嘉慶刻)
　安徽叢書本(民國影印)

經 10606527
古今樂府聲律源流考一卷　清吴騫輯
　稿本　上海

經 10606528
律吕古誼六卷　清錢塘撰
　南菁書院叢書本(光緒刻)

經 10606529
聖廟樂釋律四卷　清錢塘撰
　清四益齋刻本　國圖

經 10606530
樂律或問一卷　清李元撰
　清刻寤索三種本　北大

經 10606531
古律經傳附考五卷　清紀大奎撰
　稿本　上戲
　紀慎齋先生全集本(嘉慶刻、同治刻)
　清嘉慶二十年刻本　北大　中科院　浙江

經 10606532
古律輯考五卷　清紀大奎輯
　稿本　上戲

經 10606533
燕樂考原六卷　清淩廷堪撰
　校禮堂全集本(嘉慶刻)　國圖　南京
　指海本(道光刻、民國影印)
　粤雅堂叢書本(咸豐刻)
　安徽叢書本(民國影印)
　抄本　南京

經 10606534
晉泰始笛律匡謬一卷　清淩廷堪撰
　校禮堂全集本(道光刻)

聚學軒叢書本(光緒刻)
安徽叢書本(民國影印)

經 10606535
志樂輯畧三卷　清倪元坦撰
讀易樓合刻本(嘉慶道光刻)

經 10606536
樂律心得二卷　清安清翹撰
數學五書本(嘉慶刻)

經 10606537
律書律數條義疏一卷　清丘逢年撰
小方壺齋叢書本(光緒鉛印)

經 10606538
律吕臆説一卷　清徐養原撰
木犀軒叢書本(光緒刻)
正覺樓叢刻(光緒刻)

經 10606539
管色攷一卷　清徐養原撰
木犀軒叢書本(光緒刻)
正覺樓叢刻(光緒刻)

經 10606540
荀勗笛律圖注一卷　清徐養原撰
木犀軒叢書本(光緒刻)
正覺樓叢刻(光緒刻)
美術叢書本(民國鉛印)

經 10606541
餄庵遺著一卷　清徐養原撰
清漢陽葉氏抄本　上海

經 10606542
樂縣考二卷　清江藩撰
清嘉慶十八年刻本　湖北
藝海珠塵本(嘉慶刻道光增刻)
粤雅堂叢書本(咸豐刻)
江氏叢書本(光緒刻)

經 10606543
律吕考一卷　清辛紹業撰
敬堂遺書本(嘉慶刻)

經 10606544
六律正五音考四卷　清陳詩撰
清嘉慶二十一年蘄州陳氏刻本　北大　湖北

經 10606545
古今樂律工尺圖一卷　清陳懋齡撰
清道光八年刻本　國圖

經 10606546
律話三卷　清戴長庚撰
清道光十三年刻吾愛書屋印本　國圖　首都　北大　中科院　上海　浙江　湖北

經 10606547
吹豳録五十卷　清吴穎芳撰
清嘉慶間汪氏振綺堂抄本(存卷二十六至三十、四十六至五十)　南京
清抄本　國圖(又一部)
清抄本(存五卷)　北大

經 10606548
律吕賸言三卷　清蔣文勳撰
清道光十四年梅華菴刻本　國圖　北大　上海　湖北

經 10606549

律音彙考八卷　清邱之稑撰
清道光十八年邱氏家刻本　瀏陽禮樂局　國圖　湖北
抄本　國圖

經 10606550
律音彙考八卷　清邱之稑撰
清道光十八年邱氏家刻本　國圖　湖北
清道光十八年邱氏家刻光緒補版印本　北大　浙江
清光緒二十三年江南通州文廟重刻本　上海
清宣統三年瀏陽禮樂局刻本　國圖　北大
抄本　國圖

經 10606551
琴旨申邱一卷　清劉人熙撰
清道光十八年邱氏家刻光緒補版印本　北大　浙江
清光緒十五年刻蔚廬所著書本　音樂研究所　吉林
清光緒二十三年江南通州文廟重刻本　上海　天津
清宣統三年瀏陽禮樂局刻本　國圖　北大

經 10606552
音律指迷二卷　清周知撰　清謝蘭生編
清道光十七年種香山館刻本　上海

經 10606553
樂律逢源一卷　清汪萊撰
衡齋算學遺書合刻本(咸豐刻、光緒刻)

經 10606554
今有錄一卷　清汪萊撰
衡齋算學遺書合刻本(咸豐刻、光緒刻)

經 10606555
律呂元音一卷　清畢華珍撰
小萬卷樓叢書本(咸豐刻、光緒刻)

經 10606556
音分古義二卷附一卷　清戴煦撰
清光緒十二年新陽趙氏刻本　國圖　湖北

經 10606557
聲律通考十卷　清陳澧撰
番禺陳氏東塾叢書本(同治刻)

經 10606558
古律呂考一卷　清呂調陽撰
觀象廬叢書本(光緒刻)

經 10606559
律呂通今圖說一卷附律易一卷　清繆闐撰
清咸豐十一年刻本　國圖　上海　浙江
庚癸原音本(同治刻)　國圖　北大

經 10606560
律易一卷　清繆闐撰
清咸豐十一年刻本　國圖　上海　浙江
庚癸原音本(同治刻)　南京　浙江

經 10606561
音調定程一卷　清繆闐撰
庚癸原音本(同治刻)　國圖　北大

經 10606562
絃徽宣祕一卷　清繆闐撰
　庚癸原音本(同治刻)　國圖　北大

經 10606563
律呂名義算數辨一卷　清繆闐撰
　庚癸原音本(同治刻)　國圖　北大

經 10606564
樂律攷二卷　清徐灝撰
　學壽堂叢書本(光緒刻)
　民國間影印清光緒十三年番禺徐氏刻本　上海

經 10606565
樂律明真一卷　清載武撰
　載莊抄本　國圖

經 10606566
樂器演算法一卷　清載武撰
　清光緒二十四年抄本　國圖

經 10606567
樂律明真解義一卷　清載武撰
　抄本　國圖

經 10606568
樂律明真明算一卷　清載武撰
　清抄本　音樂研究所

經 10606569
樂律明真立表一卷　清載武撰
　清抄本　音樂研究所

經 10606570
樂律擬答　清載武撰
　清抄本　音樂研究所

經 10606571
樂律證原五卷末一卷　清朱繼經撰
　抄本　國圖

經 10606572
八音圖考二卷　清部璉撰
　清抄本　音樂研究所

經 10606573
樂律圖攷一卷　清彭鳳高撰
　稿本　上海

經 10606574
樂律金鑑四卷　清嚴文父撰
　民國十八年朱墨套印十二琴樓叢書本　上海(卷一鉛印,卷二至四石印)　湖北

經 10606575
律呂考一卷　清楊在泉撰
　稿本　北大

經 10606576
仲姑律學四卷　清□□撰
　抄本　國圖

經 10606577
樂譜選粹不分卷　清□□撰
　清抄本　上海

經 10606578
樂律舉偶一卷　宋育仁撰
　民國六年四川存古書局刻本　上海

經 10606579
變徵定位考二卷　馮水撰
　民國十三年桐鄉馮氏京師刻本　國圖

北大　湖北
抄本　中科院

經 10606580
聲律學一卷　許之衡撰
民國間鉛印本　湖北

經 10606581
天民台律曆小記一卷　姚明輝撰
民國間鉛印天民台叢書本　湖北

叢編之屬

經 10606582
李氏樂書六種二十卷　明李文察撰
明嘉靖間刻本　福建
明藍格抄本（存四種八卷）　上海
四聖圖解二卷
樂記補說一卷
律呂新書補注一卷
興樂要論三卷
古樂筌蹄九卷
皇明青宮樂調三卷

經 10606583
李氏樂書四種八卷　明李文察撰
明抄本　上海
樂記補說一卷
律呂新書補注一卷
興樂要論三卷
皇明青宮樂調三卷

經 10606584
樂律全書十二種三十九卷　明朱載堉撰
明萬曆間鄭藩刻本　清華　故宮　南京　浙江　浙大　辭書出版社　山西　吉林　寧夏大學　山東　山東大學　曲阜文管
律呂精義內篇十卷
律呂精義外篇十卷
律學新說四卷
鄉飲詩樂譜六卷
樂學新說一卷附樂經古文一卷
算學新說一卷
操縵古樂譜一卷
六代小舞譜一卷
小舞鄉樂譜一卷
二佾綴兆圖一卷
靈星小舞譜一卷
旋宮合樂譜一卷

經 10606585
樂律全書十五種四十九卷　明朱載堉撰
明萬曆間鄭藩刻增修本　首都　北大　民族大學　中科院　社科院歷史所　音樂研究所　羣衆出版社　上海　上音　辭書出版社　遼寧　大連　中國醫大　吉林　黑龍江　陝西　陝西藝術學院　甘肅　青海民族　南京　南通　無錫　浙大　江西　江西師大　福建　福建師大　廈大　河南　武大　湖南　湖南社科院　湖南博　廣東　廣西　四川　南充　雲南大學
律呂精義內篇十卷
律呂精義外篇十卷
律學新說四卷
鄉飲詩樂譜六卷
樂學新說一卷附樂經古文一卷
算學新說一卷
操縵古樂譜一卷
六代小舞譜一卷
小舞鄉樂譜一卷
二佾綴兆圖一卷

靈星小舞譜一卷
旋宮合樂譜一卷
聖壽萬年曆二卷
萬年曆備考三卷
律曆融通四卷附錄一卷

經 10606586
樂律全書十二種四十二卷　明朱載堉撰
四庫全書本（乾隆寫）
律呂精義内篇十卷
律呂精義外篇十卷
律學新說四卷
樂學新說一卷
算學新說一卷
操縵古樂譜二卷
旋宮合樂譜二卷
鄉飲詩樂譜六卷
六代小舞譜二卷
小舞鄉樂譜一卷
宋儒朱子論舞大畧一卷
靈星小舞譜二卷

經 10606587
庚癸原音四種附一種五卷　清繆闐撰
清同治五年蕪湖繆氏刻本　國圖　北大
律呂通今圖說一卷
律易一卷附同治甲子未上書一卷
音調定程一卷
絃徽宣祕一卷

附　錄

樂緯之屬

經 10606588
樂緯一卷　清黄奭輯
漢學堂叢書本（道光刻光緒印）
黄氏逸書考本（道光刻王鑒修補、朱長圻補刻）

經 10606589
樂緯一卷　清殷元正原輯　清陸明睿增訂
緯書本（清觀我生齋抄）

經 10606590
樂緯一卷　清王仁俊輯
玉函山房輯佚書續編本（稿本）

經 10606591
樂動聲儀一卷　明孫瑴輯
古微書本（嘉慶刻、光緒刻、光緒石印）
墨海金壺本（嘉慶刻、博古齋影印）
守山閣叢書本（道光刻、光緒影印、民國影印）

經 10606592
樂動聲儀一卷　清喬松年輯
喬勤恪公全集本（光緒刻）
山右叢書初編本（民國鉛印）

經 10606593
樂動聲儀一卷附補遺　清趙在翰輯
七緯本（嘉慶刻）

經 10606594
樂緯動聲儀一卷　清殷元正原輯　清陸明睿增訂
緯書本（清觀我生齋抄）

經 10606595
樂緯動聲儀一卷　三國魏宋均注　清馬國翰輯

玉函山房輯佚書本(同治皇華館刻、光緒李氏印、光緒嫏嬛館刻、光緒楚南書局刻)
玲瓏山館叢書本(光緒刻)

經 10606596
樂動聲儀一卷　三國魏宋均注　清黄奭輯
黄氏逸書考本(道光刻王鑒修補、朱長圻補刻)

經 10606597
樂緯動聲儀一卷　三國魏宋均注　清王仁俊輯
玉函山房輯佚書續編本(稿本)

經 10606598
樂稽耀嘉一卷　□□輯
説郛本(宛委山堂刻)

經 10606599
樂稽耀嘉一卷　明孫瑴輯
古微書本(嘉慶刻、光緒刻、光緒石印)
墨海金壺本(嘉慶刻、博古齋影印)
守山閣叢書本(道光刻、光緒影印、民國影印)

經 10606600
樂稽耀嘉　清劉學寵輯
青照堂叢書本(道光刻)

經 10606601
樂稽耀嘉　清喬松年輯
喬勤恪公全集本(光緒刻)
山右叢書初編本(民國鉛印)

經 10606602
樂稽耀嘉一卷　清黄奭輯
黄氏逸書考本(道光刻王鑒修補、朱長圻補刻)

經 10606603
樂稽耀嘉一卷附補遺一卷　清趙在翰輯
七緯本(嘉慶刻)

經 10606604
樂緯稽耀嘉一卷　清殷元正原輯　清陸明睿增訂
緯書本(清觀我生齋抄)

經 10606605
樂緯稽耀嘉一卷　三國魏宋均注　清馬國翰輯
玉函山房輯佚書本(同治皇華館刻、光緒李氏印、光緒嫏嬛館刻、光緒楚南書局刻)
玲瓏山館叢書本(光緒刻)

經 10606606
樂叶圖徵一卷　明孫瑴輯
古微書本(嘉慶刻、光緒刻、光緒石印)
墨海金壺本(嘉慶刻、博古齋影印)
守山閣叢書本(道光刻、光緒影印、民國影印)

經 10606607
樂叶圖徵　清喬松年輯
喬勤恪公全集本(光緒刻)
山右叢書初編本(民國鉛印)

經 10606608
樂叶圖徵一卷附補遺一卷　清趙在翰輯
七緯本(嘉慶刻)

經 10606609
樂緯叶圖徵一卷　清殷元正原輯　清陸明睿增訂
緯書本(清觀我生齋抄)

經 10606610
樂緯叶圖徵一卷　三國魏宋均注　清馬國翰輯
玉函山房輯佚書本(同治皇華館刻、光緒李氏印、光緒嫏嬛館刻、光緒楚南書局刻)
玲瓏山館叢書本(光緒刻)

經 10606611
樂協圖徵一卷　三國魏宋均注　清黄奭輯
漢學堂叢書本(道光刻光緒印)
黄氏逸書考本(道光刻王鑒修補、朱長圻補刻)

經 10606612
樂緯叶圖徵一卷　三國魏宋均注　清王仁俊輯
玉函山房輯佚書續編本(稿本)

經 10606613
泛引樂緯一卷　清喬松年輯
喬勤恪公全集本(光緒刻)
山右叢書初編本(民國鉛印)

經 10606614
樂緯附録一卷附補遺一卷　清趙在翰輯
七緯本(嘉慶刻)

春秋類

左　傳

正文之屬

經 10706615
春秋經傳二十卷　宋□□輯
　宋刻本　國圖

經 10706616
京本春秋左傳三十卷　宋□□輯
　宋刻本　國圖

經 10706617
春秋左傳三十卷　明□□輯
　明萬曆間新安吳勉學刻本　國圖　上海
　明刻本　北大

經 10706618
春秋左氏全傳白文十二卷　明□□輯
　明萬曆十六年賀邦泰刻本　北師大　南京　無錫　安徽

經 10706619
左傳十卷　明□□輯
　明刻本　上海

經 10706620
新刊左傳不分卷　明□□輯
　明嘉靖間刻本　國圖

經 10706621
左傳不分卷　明□□輯
　清抄本　天津
　清抄本　南京

經 10706622
左傳二卷　明□□輯
　明末抄本　内蒙古社科院

經 10706623
左氏傳五卷綱領一卷提要一卷列國東坡圖說一卷春秋二十國年表一卷　明□□輯
　明刻本　華東師大

經 10706624
音點春秋左傳十六卷　明□□音點
　明弘治十五年陳理刻本　上海　南京（清丁丙跋）　安徽博　湖南師大

經 10706625
新刊校正音釋春秋二卷　明□□音釋
　明刻本　國圖

經 10706626
春秋十七卷　明秦鏷訂正
　九經本（崇禎刻、清逸文堂刻、心逸齋刻、觀成堂印）

經 10706627
春秋左傳初學讀本十二卷　清[illegible]編
　清光緒二年南昌萬氏刻十一經初學讀本本　湖北　遼寧

經 10706628
春秋左傳讀本十七卷　清□□編
　清嘉慶元年西湖街六書齋刻本　香港中大　廣東社科院（清朱次琦批校）

傳說之屬

經 10706629
春秋左氏傳吳氏義一卷　周吳起撰　清王仁俊輯
玉函山房輯佚書續編本（稿本）

經 10706630
春秋左氏傳章句一卷　漢劉歆撰　清馬國翰輯
玉函山房輯佚書本（同治皇華館刻、光緒李氏印、光緒嫏嬛館刻、光緒楚南書局刻）

經 10706631
春秋牒例章句一卷　漢鄭衆撰　清馬國翰輯
玉函山房輯佚書本（同治皇華館刻、光緒李氏印、光緒嫏嬛館刻、光緒楚南書局刻）

經 10706632
春秋左氏傳解詁一卷　漢賈逵撰　清王謨輯
漢魏遺書鈔本（嘉慶刻）

經 10706633
春秋左氏解詁一卷　漢賈逵撰　清黄奭輯
漢學堂叢書本（道光刻光緒印）
黄氏逸書考本（道光刻王鑒修補、朱長圻補刻）

經 10706634
春秋左氏傳解詁二卷　漢賈逵撰　清馬國翰輯
玉函山房輯佚書本（同治皇華館刻、光緒李氏印、光緒嫏嬛館刻、光緒楚南書局刻）

經 10706635
春秋左氏長經章句一卷　漢賈逵撰　清馬國翰輯
玉函山房輯佚書本（同治皇華館刻、光緒李氏印、光緒嫏嬛館刻、光緒楚南書局刻）

經 10706636
古文春秋左傳十二卷　漢賈逵、漢服虔等撰　宋王應麟輯
清抄本　國圖（王大隆跋）　北大
抄本　南京

經 10706637
古文春秋左傳一卷　漢賈逵、漢服虔等撰　宋王應麟輯　清惠棟考訂
稿本　上海

經 10706638
古文春秋左傳十二卷　漢賈逵、漢服虔等撰　清惠棟輯
清抄本（清陳鱣、清吴騫、清吴昂駒校補）　國圖

經 10706639
左傳賈服注攟逸十二卷附篇一卷　漢賈逵、漢服虔撰　日本重澤俊郎編
日本昭和十一年東方文化學院京都研究所鉛印本　國圖　北大　南京　遼寧

經 10706640
左傳延氏注一卷　漢延篤撰
十三經漢注本（稿本）　上海

經 10706641
春秋左氏傳延氏注一卷　漢延篤撰　清王仁俊輯
玉函山房輯佚書續編本（稿本）

經 10706642
春秋左傳許氏義一卷　漢許慎撰　清王仁俊輯
十三經漢注本（稿本）　上海

經 10706643
左氏膏肓一卷　漢何休撰　清王謨輯
漢魏遺書鈔本（嘉慶刻）

經 10706644
箴膏肓一卷　漢鄭玄撰
四庫全書本（乾隆寫）
清刻本　南京
抄本　中科院
抄本　上海

經 10706645
箴膏肓一卷　漢鄭玄撰　清王復輯　清武億校
藝海珠塵本（嘉慶刻道光增刻）
問經堂叢書本（嘉慶刻）
反約篇本（同治抄）　福建師大
榕園叢書本（同治刻、民國印）
後知不足齋叢書本（光緒刻）
食舊堂叢書本（民國刻）

經 10706646
箴左氏膏肓一卷　漢鄭玄撰　清孔廣林輯並補
通德遺書所見錄本（光緒刻）

經 10706647
箴膏肓一卷　漢鄭玄撰　清袁鈞輯
鄭氏佚書本（光緒觀稼樓刻、浙江書局刻）

經 10706648
箴左氏膏肓一卷　漢鄭玄撰　清黄奭輯
黄氏逸書考本（道光刻王鑒修補、朱長圻補刻）

經 10706649
春秋左傳鄭氏義一卷　漢鄭玄撰　清王仁俊輯
十三經漢注本（稿本）　上海

經 10706650
春秋左傳服注存二卷續一卷補遺一卷　漢服虔撰　清沈豫輯
清道光二十七年蕭山沈氏蛾術堂刻本　國圖　中科院　南京　浙江
藏修堂叢書本（光緒刻）
芋園叢書本（民國彙印）

經 10706651
春秋傳服氏注十二卷　漢服虔撰　清袁鈞輯
鄭氏佚書本（光緒觀稼樓刻、浙江書局刻）

經 10706652
春秋左氏傳服氏注一卷　漢服虔撰　清王仁俊輯
玉函山房輯佚書續編本（稿本）

經 10706653
左氏傳解誼四卷　漢服虔撰　清王謨輯
漢魏遺書鈔本（嘉慶刻）

經 10706654

春秋左氏傳解誼一卷　漢服虔撰　清黄奭輯
漢學堂叢書本(道光刻光緒印)
黄氏逸書考本(道光刻王鑒修補、朱長圻補刻)

經 10706655
春秋左氏傳解誼四卷　漢服虔撰　清馬國翰輯
玉函山房輯佚書本(同治皇華館刻、光緒李氏印、光緒嫏嬛館刻、光緒楚南書局刻)

經 10706656
春秋成長說一卷　漢服虔撰　清馬國翰輯
玉函山房輯佚書本(同治皇華館刻、光緒李氏印、光緒嫏嬛館刻、光緒楚南書局刻)

經 10706657
春秋左氏膏肓釋痾一卷　漢服虔撰　清馬國翰輯
玉函山房輯佚書本(同治皇華館刻、光緒李氏印、光緒嫏嬛館刻、光緒楚南書局刻)

經 10706658
左氏奇說一卷　漢彭汪撰　清馬國翰輯
玉函山房輯佚書本(同治皇華館刻、光緒李氏印、光緒嫏嬛館刻、光緒楚南書局刻)

經 10706659
春秋左傳許氏注一卷　漢許淑撰　清馬國翰輯
玉函山房輯佚書本(同治皇華館刻、光緒李氏印、光緒嫏嬛館刻、光緒楚南書局刻)

經 10706660
春秋左氏經傳章句一卷　三國魏董遇撰　清馬國翰輯
玉函山房輯佚書本(同治皇華館刻、光緒李氏印、光緒嫏嬛館刻、光緒楚南書局刻)

經 10706661
春秋左傳王氏注一卷　三國魏王肅撰　清馬國翰輯
玉函山房輯佚書本(同治皇華館刻、光緒李氏印、光緒嫏嬛館刻、光緒楚南書局刻)

經 10706662
春秋左氏傳義注一卷　晉孫毓撰　清馬國翰輯
玉函山房輯佚書本(同治皇華館刻、光緒李氏印、光緒嫏嬛館刻、光緒楚南書局刻)

經 10706663
春秋經傳集解卷(存卷五)　晉杜預撰
鳴沙石室古籍叢殘本(民國影印)

經 10706664
春秋經傳集解(存卷七)　晉杜預撰
鳴沙石室古籍叢殘本(民國影印)

經 10706665
春秋經傳集解(存卷十)　晉杜預撰
日本昭和七年古典保存會影印本　北大

經 10706666
春秋經傳集解(存卷十六) 晉杜預撰
敦煌祕籍留真新編本(民國影印)

經 10706667
春秋經傳集解(存卷二十一) 晉杜預撰
東方學會叢書初集本(民國鉛印) 中科院

經 10706668
春秋經傳集解(存卷二十六) 晉杜預撰
鳴沙石室古籍叢殘本(民國影印)

經 10706669
春秋經傳集解存(卷二十七) 晉杜預撰
鳴沙石室古籍叢殘本(民國影印)

經 10706670
春秋經傳集解(存卷二) 晉杜預撰
唐寫本 日本有鄰館

經 10706671
六朝人書左氏傳 晉杜預撰 清楊守敬跋
清宣統元年上海有正書局石印本 北大

經 10706672
春秋經傳集解三十卷 晉杜預撰
宋紹興間江陰郡刻遞修本 日本陽明
南宋刻元明遞修本 日本靜嘉堂
宋撫州公使庫刻遞修本 國圖
宋刻本 國圖
宋蜀刻大字本 上海
明嘉靖間刻本 復旦(清惠棟校)
明天放菴刻本 國圖 北大 北師大 天津 上海 山東
日本慶長間活字印本 北大
日本刻本 北大

經 10706673
春秋經傳集解三十六卷 晉杜預撰
明翻刻宋大字本 浙大

經 10706674
春秋經傳集解三十卷經傳識異一卷 晉杜預撰
宋嘉定九年興國軍學刻本 國圖 日本宮内省

經 10706675
春秋左傳注六十卷 晉杜預撰
袖珍十三經註本(同治刻)

經 10706676
春秋左氏傳二十七卷首一卷 晉杜預注
朝鮮乙亥年春坊大字刻本 上海

經 10706677
春秋左氏傳二十七卷首一卷 晉杜預注 朝鮮蔡濟恭等編
高麗内閣刻本 國圖 北大

經 10706678
春秋十六卷首一卷 晉杜預集注
五經四書讀本本(嘉慶刻)
清光緒二年魏家刻本 南京

經 10706679
春秋左傳杜註校勘記一卷 清黎庶昌撰
清光緒九年刻本 吉林社科院
清光緒二十年貴陽陳氏靈峯草堂刻本 國圖 復旦 遼寧 湖北
怡蘭堂叢書本(民國刻)

私立北泉圖書館叢書本(民國刻)

經10706680
春秋經傳集解三十卷　晉杜預撰　唐陸德明音義
宋刻本　上海(又二部)
宋鶴林于氏家塾棲雲閣刻元修本　國圖(李盛鐸、周叔弢跋)
宋余仁仲萬卷堂刻本　臺圖(存六卷)
明刻本　國圖(又一部,清許瀚跋)
明刻本　首都　清華　遼寧　吉林　吉林市　吉大　華東師大　延邊大學　吉林社科院　蘇州　天一閣　浙大　襄陽　湖南　重慶
明刻本　吉林　南京　山東博　天一閣
明刻本　北大　北師大　中科院　上海　復旦　華東師大　天津
明刻本　國圖(錢陸燦批,李葆恂跋並錄李兆洛跋)
明刻本　上海(清陸隴其批校並跋)
明刻本　中山大學(清申涵盼批點)
明刻本　國圖(清朱邦衡校並跋又錄惠棟校)
明刻本　國圖(傅增湘校並跋)
清康熙五十九年金閶步月樓刻本　天津
清上洋江左書林刻本　天津
日本安政三年靜嘉堂刻本　北大　上海　遼寧
清宣統三年上海會文堂石印本　北大　天津　上海

經10706681
監本纂圖春秋經傳集解三十卷　晉杜預撰　唐陸德明音義
宋刻本　南京
宋刻本　國圖

經10706682
京本點校重言重意春秋經傳集解三十卷　晉杜預撰　唐陸德明音義
宋刻本　湖南

經10706683
婺本附音春秋經傳集解三十卷　晉杜預撰　唐陸德明音義
宋婺州刻本　上海

經10706684
婺本附音重言重意春秋經傳集解三十卷　晉杜預撰　唐陸德明音義
宋刻巾箱本　上海

經10706685
春秋左氏傳校本三十卷　晉杜預集解　唐陸德明音義　日本尾張秦鼎校
日本文化八年刻本　南京
日本嘉永三年刻本　大連　臺灣大學
日本明治四年刻本　南京
日本明治十三年刻本　南京　遼寧　黑龍江
日本明治十六年青木恆三郎刻本　大連
日本明治十七年刻本　天津　上海　南京

經10706686
春秋左氏傳校本三十卷　晉杜預集解　唐陸德明音義　日本牛島毅增補
日本明治十六年大阪修道館刻本　上海

經10706687
春秋經傳集解三十卷春秋名號歸一圖二卷　晉杜預撰　唐陸德明音義

(春秋名號歸一圖)後蜀馮繼先撰
宋潛府劉氏家塾刻本　臺圖
日本明治十三年翻刻宋本　南京
元明間覆宋刻本　復旦　遼寧
元岳氏荆溪家塾刻本　國圖(卷十九至二十配明刻本,周叔弢跋)
明刻本　國圖　北師大　上海　遼寧　吉林　吉大　哈爾濱　黑大
明刻本　北師大(明華夏跋)
明刻本　國圖(清黄廷鑑跋)
明刻本　上海(清翁同書跋)
明刻本　復旦　華東師大　南京
明刻本　北大　雲南大學
清刻本　天津(李廷獻校字)
清道光十六年揚郡二郎廟惜字公局刻本　北大　天津　吉大　大慶　浙江
清同治八年崇文書局刻本　南京　湖北
清同治十三年江西書局刻本　北大　天津　大連　遼大
金華叢書本(同治光緒刻、民國補刻)
清光緒十九年浙江書局刻本　湖北
清宣統二年學部圖書局石印本　國圖　北大　遼寧　吉大

經 10706688
纂圖互注春秋經傳集解三十卷春秋名號歸一圖二卷春秋年表一卷　晉杜預撰　唐陸德明音義　(春秋名號歸一圖)後蜀馮繼先撰
宋龍山書院刻本　國圖(袁克文跋)

經 10706689
春秋左氏經傳集解三十卷春秋名號歸一圖二卷春秋提要一卷　晉杜預撰　唐陸德明音義　(春秋名號歸一圖)後蜀馮繼先撰
明萬曆八年金陵親仁堂刻本　國圖　北大　中科院　人大

經 10706690
春秋經傳集解三十卷春秋名號歸一圖二卷春秋年表一卷附考證　晉杜預撰　唐陸德明音義　(春秋名號歸一圖)後蜀馮繼先撰
倣宋相臺五經本(乾隆武英殿刻、民國影印、同治刻、光緒江南書局刻、光緒重刻、光緒龍氏刻、光緒金陵書局、日本安政刻)
正誼齋叢書本(道光刻)
清同治八年楚北崇文書局刻本　國圖　上海　復旦　南京　湖北

經 10706691
春秋左傳三十卷　晉杜預集解　唐陸德明音義　明葛鼒校　明金蟠訂
十三經古注本(崇禎金蟠刻)　上海(莫棠校)　湖北(清何焯校,徐恕點讀)
十三經古注本(崇禎金蟠刻同治浙江書局重修)　國圖　首都　北大　清華　北師大　上海　復旦　華東師大　辭書出版社　天津　吉林　吉大　遼寧　甘肅　南京　南大　安徽　浙江　福建　福建師大　四川　川大
清光緒二十五年成文信記刻本　濟南
民國九年石印本　吉林社科院
日本安樂三年刻本　南京

經 10706692
東萊先生呂成公點句春秋經傳集解三十卷　晉杜預撰　唐陸德明音義　宋呂祖謙點句

宋刻本　上海（有抄配）

經 10706693
春秋左傳三十卷　晉杜預註　宋林堯叟音註
明弘治十九年宗文堂刻本　上海　遼寧
明嘉靖二十四年書林宗文堂鄭希善刻本　吉林　浙江
明崇禎四年毛晉汲古閣刻本　遼寧

經 10706694
春秋左傳（春秋左傳杜林合註）五十卷　晉杜預註　宋林堯叟補註
明萬曆間刻本　國圖（佚名朱批）
明崇禎間刻本　西北大學
明吴門養正堂刻本　國圖
清光緒十一年融經館重校刻本　上海　遼寧
清光緒十八年寶善堂刻本　國圖　錦州　遼大
清光緒二十六年常州麟玉山房刻本　瀋陽
清宣統二年上海通時書局石印本　大連
清文淵堂刻本　國圖

經 10706695
增補春秋左傳杜林合註二十卷　晉杜預註　宋林堯叟註
明萬曆十八年金陵抱青閣十乘樓刻本　上海　河南　常熟（清錢陸燦批校並跋）

經 10706696
春秋左傳（春秋左傳杜林善本）五十卷　晉杜預註　唐陸德明音義　宋林堯叟補註
清光緒二十一年澹雅局刻本　國圖
五經四書本（道光刻）
清集思堂刻本　上海
清學源堂刻本　國圖　浙江
清敦厚堂刻巾箱本　湖北
清道光二十年刻本　丹東　吉林市　黑龍江
清光緒二十三年上海文瑞樓刻本　丹東　撫順　瀋陽師大　浙江
清光緒二十七年益元書局刻本　撫順　伊春
清光緒三十一年直隸官書局刻本　國圖
清文淵堂刻本　浙江
清三讓堂刻本　瀋陽魯迅美院
清書業堂刻本　錦州　丹東
清大文堂刻本　哈爾濱
清掃葉山房刻本　國圖　錦州　丹東　長春　哈爾濱　齊齊哈爾
清李光明莊刻本　國圖

經 10706697
春秋左傳（增訂春秋左傳杜林詳解）五十卷　晉杜預註　唐陸德明音義　宋林堯叟補註　明鍾惺評
明萬曆間刻本　上海
明崇禎間刻本　北大　中科院　故宫
明崇禎間陳子龍刻本　國圖　北大　故宫

經 10706698
春秋左傳五十卷　晉杜預註　宋林堯叟補註　唐陸德明音義　明孫鑛、明鍾惺評
清康熙四十二年龔舜錫刻本　北大
清康熙間刻本　上海（清潘御炳批，潘

德輿跋）　浙江（清唐仁壽批校）

清芥子園刻本　北大　上海　復旦　濟南　浙江

經 10706699

春秋左傳五十卷　晉杜預註　宋林堯叟音註　明韓範評

明崇禎間刻本　上海　西北大學

清三樂齋刻本　國圖

經 10706700

春秋左傳五十卷　晉杜預註　宋林堯叟補註　唐陸德明音義　明鍾惺、明韓範評

清書業德刻本　北大

經 10706701

春秋左傳杜林合註五十卷　晉杜預註　宋林堯叟補撰　唐陸德明音義　明閔夢得、明閔光德輯

明萬曆二十二年吴興閔氏刻本　國圖　浙江　重慶博

經 10706702

春秋左傳杜林合註五十卷　晉杜預、宋林堯叟撰　唐陸德明音義　明王道焜、明趙如源輯

明天啓六年問奇閣刻本　華東師大　吉大　金華博工府　湖南師大

清咸豐元年刻本　國圖

清光緒七年萬軸山房刻本　復旦

經 10706703

左傳杜林合註五十卷春秋提要　明王道焜、明趙如源輯

四庫全書本（乾隆寫）

經 10706704

春秋左傳五十卷　晉杜預註　宋林堯叟補註　唐陸德明音義　清馮李驊集解

清康熙五十九年大文堂刻本　上海

清乾隆四十四年華川書屋刻本　北大

清道光十二年華川書屋刻本　上海

日本安政元年須靜堂刻本　上海

清同治七年崇文書局刻本　國圖　北大　復旦　天津

清同治九年玉軸樓刻本　上海

清光緒十二年湖北官書處刻本　國圖　北大

清光緒二十二年淮南書局刻本　北大　遼寧

清光緒三十年承文新書局刻本　濟南

清光緒三十一年益友堂刻本　濟南

清光緒十六年桂垣書局刻本　天津

清同人堂刻本　濟南

經 10706705

春秋左傳綱目杜林詳註十五卷　晉杜預集解　宋林堯叟註釋　唐陸德明音義　明孫鑛、明鍾惺批點　明張岐然輯

明刻本　清華

經 10706706

春秋左傳綱目杜林詳註十四卷　晉杜預集解　宋林堯叟註釋　明張岐然輯

清叢經樓刻本　湖南　浙大

經 10706707

春秋經傳集解三十卷春秋名號歸一圖二卷　晉杜預撰　明穆文熙輯評（春秋名號歸一圖）後蜀馮繼先撰

明萬曆四年刻本　重慶師大　雲南大學
明萬曆十五年劉懷恕刻春秋戰國評苑本　中科院(吴小匏批注)　清華　北師大
明萬曆十六年世德堂刻本　河南　湖北

經10706708
春秋左傳三十卷　晉杜預註　明鍾惺評
明崇禎間毛氏汲古閣刻四經六書讀本本　浙江

經10706709
春秋左傳不分卷　晉杜預註　清沈季友節録
清龍山學古堂抄本　復旦

經10706710
春秋長曆一卷　晉杜預撰
微波榭叢書本(乾隆刻)　天一閣(清惠棟批校)
清抄本　上海

經10706711
春秋長曆一卷　晉杜預撰　清王謨輯
漢魏遺書鈔本(嘉慶刻)

經10706712
春秋地名一卷　晉杜預撰
微波榭叢書本(乾隆刻)
清紅櫚書屋刻本　國圖

經10706713
春秋左氏經傳集解後序一卷　晉杜預撰
五經補綱本(咸豐刻)

經10706714
春秋土地名一卷　晉京相璠撰　清王謨輯
漢魏遺書鈔本(嘉慶刻)
傳抄重訂漢唐地理書鈔本　上海
重訂漢唐地理書鈔本(嘉慶刻、清抄)

經10706715
春秋土地名一卷　晉京相璠撰　清洪頤煊輯
問經堂叢書本(嘉慶刻)
經典集林本(民國影印)

經10706716
春秋土地名一卷　晉京相璠撰　清黄奭輯
漢學堂叢書本(道光刻光緒印)
黄氏逸書考本(道光刻王鑒修補、朱長圻補刻)

經10706717
春秋土地名一卷　晉京相璠撰　清馬國翰輯
玉函山房輯佚書本(同治皇華館刻、光緒李氏印、光緒嫏嬛館刻、光緒楚南書局刻)

經10706718
春秋左氏函傳義一卷　晉干寶撰　清馬國翰輯
玉函山房輯佚書本(同治皇華館刻、光緒李氏印、光緒嫏嬛館刻、光緒楚南書局刻)

經10706719
春秋左氏傳劉氏注一卷　晉劉兆撰　清王仁俊輯

玉函山房輯佚書續編本（稿本）

經 10706720
春秋左氏經傳義畧一卷　南朝陳沈文阿撰　清馬國翰輯
玉函山房輯佚書本（同治皇華館刻、光緒李氏印、光緒嫏嬛館刻、光緒楚南書局刻）

經 10706721
續春秋左氏傳義畧一卷　南朝陳王元規撰　清馬國翰輯
玉函山房輯佚書本（同治皇華館刻、光緒李氏印、光緒嫏嬛館刻、光緒楚南書局刻）

經 10706722
春秋傳駮一卷　北魏賈思同撰　北魏姚文安　北魏秦道靜述　清馬國翰輯
玉函山房輯佚書本（同治皇華館刻、光緒李氏印、光緒嫏嬛館刻、光緒楚南書局刻）

經 10706723
難杜一卷　北魏衛冀隆撰　清王謨輯
漢魏遺書鈔本（嘉慶刻）

經 10706724
春秋左氏傳述義一卷　隋劉炫撰　清王謨輯
漢魏遺書鈔本（嘉慶刻）

經 10706725
春秋左氏傳述義一卷　隋劉炫撰　清黄奭輯
漢學堂叢書本（道光刻光緒印）
黄氏逸書考本（道光刻王鑒修補、朱長圻補刻）

經 10706726
春秋左氏傳述義二卷　隋劉炫撰　清馬國翰輯
玉函山房輯佚書本（同治皇華館刻、光緒李氏印、光緒嫏嬛館刻、光緒楚南書局刻）

經 10706727
春秋攻昧一卷　隋劉炫撰　清馬國翰輯
玉函山房輯佚書本（同治皇華館刻、光緒李氏印、光緒嫏嬛館刻、光緒楚南書局刻）

經 10706728
春秋規過　隋劉炫撰
清乾隆四十八年曲阜孔廣栻芳杜軒抄本　北大

經 10706729
規過一卷　隋劉炫撰　清王謨輯
漢魏遺書鈔本（嘉慶刻）

經 10706730
規過一卷　隋劉炫撰　清黄奭輯
黄氏逸書考本（道光刻王鑒修補、朱長圻補刻）

經 10706731
春秋規過二卷　隋劉炫撰　清馬國翰輯
玉函山房輯佚書本（同治皇華館刻、光緒李氏印、光緒嫏嬛館刻、光緒楚南書局刻）

經 10706732

規過三卷　隋劉炫撰　清薛承宣輯
　清道光間刻本　國圖

經 10706733
春秋正義三十六卷　唐孔穎達疏
　清光緒十六年楊守敬影寫日本藏宋單疏本(清楊守敬跋)　復旦
　日本昭和六年東京東方文化學院影印宮内省圖書寮影抄正宗寺本　國圖　中科院
　四部叢刊續編本(民國影印)
　日本抄本(清俞樾題記)　大連

經 10706734
春秋正義(存卷一至九、三十四至三十六)　唐孔穎達撰
　嘉業堂叢書本(民國刻)

經 10706735
春秋正義校勘記二卷　劉承幹撰
　嘉業堂叢書本(民國刻)

經 10706736
春秋左傳正義三十六卷　晉杜預注　唐孔穎達等疏
　宋慶元六年紹興府刻宋元遞修本　國圖

經 10706737
附釋音春秋左傳註疏六十卷　晉杜預注　唐孔穎達疏　唐陸德明音義
　宋劉叔剛刻本　國圖
　元刻明修本　國圖　北大　上海　南京　吉林　香港大學(島田重禮批校)
　十三經註疏本(嘉靖福建刻、萬曆北監刻、崇禎汲古閣刻、翻汲古閣刻)
　十三經註疏本(嘉靖福建刻)　山東博(清許翰批校)　上海(清易潤壇跋)　重慶(清孫志祖批校)
　十三經註疏本(崇禎汲古閣刻)　天津(清李宏信批校並題款)　上海(清張爾耆校)　復旦(清江沅錄,清陳樹華、段玉裁校)　浙江(清謝章鋌校並跋)

經 10706738
春秋左傳校勘記(春秋左傳註疏校勘記)三十六卷釋文校勘記六卷　清阮元撰
　皇清經解本(道光刻、咸豐補刻、鴻寶齋石印、點石齋石印,十三經註疏校勘記)
　宋本十三經註疏併經典釋文校勘記本(光緒刻,春秋左傳註疏校勘記)

經 10706739
附釋音春秋左傳註疏六十卷附校勘記六十卷　晉杜預注　唐陸德明音義　唐孔穎達疏　清阮元校勘
　重刊宋本十三經註疏附校勘記本(嘉慶刻、道光重修、同治重修、同治刻、光緒刻、光緒石印、民國石印)

經 10706740
春秋左傳註校勘記六十卷　清阮元撰　清盧宣旬摘錄
　皇清經解本(道光刻、咸豐補刻、鴻寶齋石印、點石齋石印)
　重刊宋本十三經註疏附校勘記本(嘉慶刻、道光重修、同治重修、同治刻、光緒刻、光緒石印、民國石印)

經 10706741
春秋左傳註疏六十卷附考證　晉杜預

注　唐陸德明音義　唐孔穎達疏
十三經註疏附考證本(乾隆武英殿刻、同治鍾謙鈞刻)
四庫全書薈要本(乾隆寫,乾隆寫)
四庫全書本(乾隆寫)
清同治十年鍾鈞謙刻本　北大　湖北

經 10706742
春秋左傳義疏一卷　題蘇寬撰　清馬國翰輯
玉函山房輯佚書本(同治皇華館刻、光緒李氏印、光緒嫏嬛館刻、光緒楚南書局刻)

經 10706743
春秋名號歸一圖二卷春秋二十國年表一卷春秋圖說一卷　後蜀馮繼先撰
明崇禎十四年君山堂刻本　北大　清華　人大　故宮　中央黨校　上海　華東師大　浙江　福建師大
通志堂經解本(康熙刻、同治刻、日本文化刻)
四庫全書本(乾隆寫)
倣宋相臺五經本(乾隆武英殿刻、民國影印、同治刻、光緒江南書局刻、光緒重刻、光緒龍氏刻、光緒金陵書局、日本安政五年刻)
正誼齋叢書本(道光刻)
抄本　齊齊哈爾
日本享和元年刻本　北大

經 10706744
春秋年表一卷　□□輯
宋刻本　國圖
通志堂經解本(康熙刻、同治刻、日本文化刻)
四庫全書本(乾隆寫)
倣宋相臺五經本(乾隆武英殿刻、民國影印、同治刻、光緒江南書南局刻、光緒重刻、光緒龍氏刻、光緒金陵書局、日本安政五年刻)
正誼齋叢書本(道光刻)

經 10706745
春秋總要一卷　宋李厚撰
宋刻本　國圖

經 10706746
春秋左氏傳雜論二卷　宋晁補之撰
清影宋抄本　浙大

經 10706747
春秋左傳讞十卷　宋葉夢得撰
四庫全書本(乾隆寫)
清顧氏藝海樓抄本(清葉廷琯跋)　南京
清抄本　遼寧
清抄本(清丁丙跋)　南京

經 10706748
東萊先生左氏博議(左氏博議)二十五卷　宋吕祖謙撰
四庫全書本(乾隆寫,左氏博議)
清道光間錢塘瞿氏清吟閣刻本　國圖　北大　天津　上海　吉林社科院　黑龍江
清光緒八年重刻道光錢塘瞿氏清吟閣本　國圖　北大　南京
金華叢書本(同治光緒刻、民國補刻)
清光緒十三年鴻文書局鉛印本　浙江
清光緒二十年雲陽瑞文堂刻本　北大
清光緒二十三年掃葉山房刻本　國圖　上海　南京　臺灣大學

清光緒二十三年湖南書局刻本　南京
清光緒二十四年江左書林鉛印本　南京
清光緒二十四年上海著易堂石印本　復旦　天津
民國初上洋飛鴻閣書林鉛印本　遼寧

經 10706749
東萊先生左氏博議二十五卷　宋呂祖謙撰　清朱學程補批
清光緒三十一年聚好齋朱墨套印本　北大

經 10706750
詳注東萊先生左氏博議二十五卷　宋呂祖謙撰　宋張成招注
清乾隆間抄本　復旦

經 10706751
增註東萊先生左氏博議二十五卷　宋呂祖謙撰
宋刻遞修本　國圖

經 10706752
新刊詳增補註東萊先生左氏博議二十五卷　宋呂祖謙撰
明正德六年書林劉氏安正堂刻本　國圖(季錫疇校並跋)　遼寧

經 10706753
詳註東萊先生左氏博議二十五卷　宋呂祖謙撰
明刻本　國圖　辭書出版社　山東大學　安徽大學
明刻本　翁同龢鈔補　國圖
明刻本　南京(清丁丙跋)
明刻本　遼寧　安徽博

經 10706754
東萊先生左氏博議二十五卷虛字註釋備考六卷　宋呂祖謙撰
清光緒二十四年掃葉山房刻本　華東師大　遼寧　大連　丹東　吉林　吉林市　哈爾濱　伊春

經 10706755
呂東萊先生左氏博議十二卷　宋呂祖謙撰　明黄之寀校
明萬曆間黄之寀刻本　北大　清華　中央黨校　齊齊哈爾
日本元祿十三年京都書林吉村吉左衛門永原屋孫兵衛刻本　香港中大

經 10706756
呂東萊先生左氏博議六卷　宋呂祖謙撰　明陶珽彙輯　明宋鉞聖較訂
明崇禎間刻本　北大　安徽　福建

經 10706757
精選東萊先生左氏博議八卷　宋呂祖謙撰
明刻本　國圖

經 10706758
東萊左氏博議課鈔二卷　宋呂祖謙撰
清嘉慶二十四年愈愚書塾刻本　上海

經 10706759
新鍥評釋東萊呂先生左氏博議四卷　宋呂祖謙撰　明李廷機評
明萬曆二十一年書林余氏刻本　清華

經 10706760
東萊博議四卷　宋呂祖謙撰　清張文

炳點定
清康熙四十年寶翰樓刻本　國圖
清康熙間刻本　上海(有眉批及朱筆圈點)
清乾隆三十年石城呂氏家廟刻本　臺灣大學
日本寛政十一年大阪積玉圃刻本　香港中大
清光緒七年刻本　濟南
清光緒八年善成堂刻本　吉林社科院　濟南
清光緒十七年粵東省城明道堂刻本　國圖
清光緒十八年上海古香閣石印本　黑龍江
清光緒二十年上海點石齋石印巾箱本　南京　興安
清光緒二十四年上海點石齋石印本　南京
清光緒二十四年上海祥記書莊石印本　浙江
清光緒二十四年雙芙蓉館石印本　華東師大　遼寧
清光緒二十五年文瑞樓刻本　北大
清光緒二十七年刻本　濟南
清光緒二十八年山東書局鉛印本　濟南
清光緒二十九年湖南書局刻本　浙江
清光緒二十九年書業德刻本　濟南
清光緒三十年上海書局石印本　齊齊哈爾
清宣統二年鑄記書局石印本　國圖　丹東　哈爾濱　齊齊哈爾
清種義堂刻本　北大
民國間上海錦章圖書局石印本　華東師大　哈爾濱　齊齊哈爾
民國間上海鴻寶齋石印本　華東師大　撫順　哈爾濱　齊齊哈爾

經 10706761
東萊博議四卷增補虚字註釋六卷　宋呂祖謙撰
清乾隆三年致和堂刻本　上海　臨猗屯留中學
清光緒十三年文選樓刻本　北大
清光緒十四年雲陽義秀書屋刻本　上海(佚名批)　復旦
清光緒七年崇明馮氏刻本　國圖　復旦
清光緒二十五年掃葉山房刻本　國圖
清光緒二十七年李光明莊刻本　國圖　北大　天津　南京　浙江
清光緒二十七年旌陽李鴻才刻本　上海　吉大　南京
清光緒二十八年新化三味書室刻本　國圖
清光緒三十一年上海商務印書館鉛印本　國圖　上海　浙江

經 10706762
東萊博議四卷增補虚字註釋一卷　宋呂祖謙撰
清光緒七年鳳城官舍刻本　北大　上海　遼寧　鞍山　華東師大　吉林社科院
清光緒八年沔京松刻本　浙江
清光緒二十四年江右敬文堂刻本　北大
清光緒二十四年同友堂刻本　南京　黑龍江
清光緒二十九年刻本　哈爾濱師大
清光緒三十一年上海商務印書館鉛印本　上海　浙江
清光緒間上海章福記書局石印本　上海
清光緒間掃葉山房刻本　遼寧　瀋陽

撫順　丹東　華東師大　牡丹江
民國六年上海章福記書局石印本　上海

經 10706763
加批輯註東萊博議四卷附增補虛字註釋六卷　宋呂祖謙撰　清劉鍾英輯注
清光緒三十一年上海寶善齋書莊鉛印本　國圖　北大　濟南
清光緒二十八年天津義合堂石印本　國圖
清光緒三十一年鉛印本　牡丹江

經 10706764
增批輯註東萊博議(增批輯註東萊博議注釋)四卷　宋呂祖謙撰　清劉鍾英輯注
清光緒間上海錦章圖書局石印本　國圖
清宣統二年潤德堂鉛印本(增批輯註東萊博議註釋)　遼寧　齊齊哈爾
清宣統三年上海會文堂書局石印本　北大　遼寧　撫順　華東師大　哈爾濱
民國十三年上海啓新書局石印本　遼寧　遼大　吉林市　黑龍江　哈爾濱師大　濟南
民國十三年上海中新書局鉛印本　濟南

經 10706765
分段評註東萊博議四卷　宋呂祖謙撰　清劉鍾英輯注
民國十二年崇文書局鉛印本　丹東

經 10706766
評註東萊博議六卷　宋呂祖謙撰　日本阪谷素評注
日本明治十二年泛愛堂文玉圃刻本　復旦　南京　遼寧

經 10706767
東萊博議四卷　宋呂祖謙撰　清張明德評點
清致中堂刻本　濟南

經 10706768
新體廣注東萊博議四卷　宋呂祖謙撰
民國十八年世界書局石印本　北大

經 10706769
批評東萊博議四卷　宋呂祖謙撰
清光緒間上海鴻寶齋書局石印本　國圖　北大
上海廣益書局石印本　華東師大　丹東　瀋陽師大　長春

經 10706770
言文對照東萊博議四卷　宋呂祖謙撰　陳和祥編輯
民國間上海掃葉山房石印本　遼大　黑龍江

經 10706771
東萊博議約選二卷　宋呂祖謙撰　藍炳然訂注
民國十五年上海文明書局鉛印本　撫順　黑龍江

經 10706772
東萊博議刪本不分卷　宋呂祖謙撰　清何貽香輯
稿本　南京

經 10706773
東萊博議摘鈔一卷　宋呂祖謙撰
清張慶源抄本　天津

經 10706774
東萊博議續編二卷　宋呂本中撰　宋呂祖謙評　宋蔡文子注
清光緒二十四年上海石印本　南京

經 10706775
精選東萊先生博議句解二十卷　宋呂祖謙撰　宋張成招注
明正德間刻本　天一閣

經 10706776
精選東萊先生左氏博議句解十六卷　宋呂祖謙撰
元刻本　國圖
元刻明修本　國圖
明弘治七年蔡紳刻本　國圖　南京(清丁丙跋)

經 10706777
精選東萊呂先生左氏博議句解十六卷　宋呂祖謙撰　明瞿景淳輯
明刻本　山東

經 10706778
東萊呂先生左氏博議句解八卷　宋呂祖謙撰
明萬曆間刻本　國圖
明刻本　北大

經 10706779
重刊大字東萊先生左氏博議句解八卷　宋呂祖謙撰
明刻本　上海

經 10706780
新刻翰林批選東萊先生左氏博議句解十二卷　宋呂祖謙撰
明萬曆九年書林源泰堂刻本　國圖

經 10706781
東萊子　宋呂祖謙撰　明歸有光輯
諸子彙函本(明末刻)

經 10706782
東萊呂太史春秋左傳類編(春秋左傳類編)不分卷　宋呂祖謙撰
明抄本(春秋左傳類編)　國博
清抄本　國圖　復旦
清末海虞瞿氏鐵琴銅劍樓抄本　國圖
民國二十三年抄本　國圖

經 10706783
左氏傳說二十卷　宋呂祖謙撰
通志堂經解本(康熙刻、同治刻、日本文化刻)
四庫全書薈要本(乾隆寫)
四庫全書本(乾隆寫,春秋左傳事類始末)
金華叢書本(同治光緒刻、民國補刻)

經 10706784
左氏傳續說十二卷綱領一卷　宋呂祖謙撰
四庫全書本(乾隆寫)
清傳抄四庫全書本(清邵晉涵校)　上海
清抄本(清翁同龢校)　國圖
清抄本　國圖
清抄本　北大
續金華叢書本(民國刻)

經 10706785

春秋左氏傳事類始末(春秋左傳事類始末)五卷目錄一卷附錄一卷　宋章沖撰
通志堂經解本(康熙刻、同治刻、日本文化刻)
四庫全書薈要本(乾隆寫)
四庫全書本(乾隆寫,春秋左傳事類始末)
金華叢書本(同治光緒刻、民國補刻)
清抄本　北大

經10706786
春秋左傳要義三十一卷首一卷　宋魏了翁撰
四庫全書本(乾隆寫)

經10706787
增修訂正音點春秋左傳詳節句解(春秋左傳詳節句解)三十五卷　宋朱申撰
元刻本　北大
明初刻本　國圖
明刻本　上海　上海師大
明萬曆十年顧梧芳刻本　國圖　北大　中科院　上海　華東師大　義烏　江西
明萬曆十三年周曰校刻本　南京(清丁丙跋)　安徽
朝鮮覆明刻本　國圖　浙大

經10706788
音點春秋左傳評解句解校本三十五卷　宋朱申撰　日本野村煥、日本河村貞邦校
日本明治十六年岐阜岡安慶介刻本　遼寧　日本國會　日本內閣

經10706789
重訂批點春秋左傳狐白句解三十五卷　宋朱申撰　明孫鑛批點
明末刻本　河南

經10706790
春秋全經左傳句解八卷首一卷　宋朱申撰　明孫鑛批點
清道光九年繡谷令德堂刻本　南京　遼寧

經10706791
春秋左傳綱目一卷　宋林堯叟撰
清光緒十一年掃葉山房刻本　國圖
清光緒三十一年上海校經山房書坊石印本　國圖　北大　遼寧
清光緒間金陵李光明莊刻本　上海(封文權批校)
清光緒間何陋居刻本　上海
清三樂齋刻本　國圖
民國二十四年上海掃葉山房石印本　上海

經10706792
春秋正經全文左傳增注句解四十卷　宋林堯叟撰
元刻本　上海(配明刻本春秋集傳大全卷三十四)

經10706793
音註全文春秋括例始末左傳句讀直解(春秋經左氏傳句解)七十卷　宋林堯叟撰
元刻明修本　國圖　國博　北大(楊守敬跋)　上海　吉大
朝鮮錦山郡金連枝刻本(明景泰五年)　遼寧
明刻本(春秋經左氏傳句解)　上海　重慶

日本上村次郎右衛門刻本　遼寧

經 10706794
左氏摘奇十二卷　宋胡元質撰
宛委別藏本(抄本、影印本)
選印宛委別藏本(民國影印)
清張氏詒經堂抄本　天津　南京(清丁丙跋)
清抄本(清黄丕烈校並跋)　國圖
抄本(不分卷)　國圖

經 10706795
春秋左傳類對賦補注一卷　宋徐晉卿撰　清高士奇補注
清康熙三十年高氏刻本　國圖　清華　故宫　上海　山西　浙江
清嘉慶十一年刻本　南京

經 10706796
春秋左氏傳補註十卷　元趙汸撰
元至正二十四年休寧商山義塾刻明弘治六年高忠重修本　國圖　北大　社科院歷史所　上海　南京(清丁丙跋)　吉林　南京　蘇州　四川
通志堂經解本(康熙刻、同治刻、日本文化刻)
清康熙間麗正堂刻本　上海
清康熙間新安楷古堂刻本　北大　上海　南京　遼寧
四庫全書本(乾隆寫)
日本享和元年刻本　國圖

經 10706797
左傳比事二卷　元吴化龍撰
日本文化九年抄本　北大

經 10706798
左氏蒙求一卷　元吴化龍撰
清嘉慶間刻本　上海
佚存叢書本(日本刻、光緒活字印、民國影印)
清同治三年劉履芬抄本(劉鳳誥跋)　國圖

經 10706799
左氏蒙求(左氏傳蒙求)二卷　元吴化龍撰
清道光十四年星乙山房刻本　華東師大
日本文化八年樋口邦古刻本　遼寧

經 10706800
左氏蒙求注一卷　元吴化龍撰　清許乃濟輯　清王慶麟注
藝海珠塵本(嘉慶刻道光增刻)
紛欣閣叢書本(道光刻)
小瑯嬛山館彙刊類書十二種本(咸豐刻)
琅嬛獺祭十二種本(光緒石印)

經 10706801
左氏蒙求注解二卷　元吴化龍撰　清倪陳疇注解
清光緒十九年樂東倪氏刻本　湖北

經 10706802
春秋左傳類解二十卷地譜世系一卷　明劉績撰
明弘治十年淮陰公舍刻本　北大　天一閣
明嘉靖七年崇藩寶賢堂刻本　國圖　社科院歷史所　中央黨校　天津　上海

經 10706803
春秋詞命三卷　明王鏊輯　明王徹注
明正德十一年刻本　天津　上海　遼寧
明萬曆間刻本　南京　天一閣　襄陽
清康熙三十二年周金然刻本　南京
清嘉慶八年淵雅堂刻本　上海
清嘉慶九年王申伯刻本　國圖　北大　上海　吉林
清宣統二年通州翰墨林書局鉛印本　遼寧　錦州　湖北

經 10706804
左觽一卷　明邵寶撰
邵文莊公經史全書本(崇禎刻)

經 10706805
春秋左翼四十三卷首一卷　明王震輯
明萬曆三十一年刻本　清華　上海　山東　無錫　浙大　襄陽

經 10706806
春秋左傳地名考一卷附大明清類天文分野書一卷　明楊慎撰
明楊金吾、楊宗吾刻本　南京

經 10706807
左傳附註五卷後錄一卷　明陸粲撰
明嘉靖間刻本　國圖　南京(清丁丙跋)　山東
四庫全書本(乾隆寫)
民國間廬江劉氏遠碧樓藍格抄本　上海
日本寛政十一年刻本(無後錄)　國圖　北大　遼寧

經 10706808
左氏春秋鐫二卷　明陸粲撰
明嘉靖二十七年盧氏少谷草堂刻本　雲南大學
明嘉靖四十二年陸延枝刻本　中科院　江西

經 10706809
太史張天如詳節春秋綱目左傳句解六卷　明張溥重訂　清韓菼重編
清光緒五年寶興堂刻本　北大
清光緒間善成堂刻本　北大　上海　遼寧　黑龍江
清濰陽成文信刻本　遼寧　大連
清燕臺文勝堂刻本　哈爾濱

經 10706810
春秋左傳節文十五卷附音義　明汪道昆撰
明萬曆五年刻本　北師大　人大　天津　上海　華東師大　泰州　安徽　福建師大　雲南大學　香港大學
明刻本　湖北　安徽博
清康熙間貽穀堂刻本　上海

經 10706811
春秋左傳節文注畧十五卷　明汪道昆撰　明周光鎬注
明萬曆十二年刻本　中科院　故宮　山東博

經 10706812
新刻王鳳洲先生課兒左傳文髓二卷　明王世貞輯
明刻本　華東師大

經 10706813
春秋左傳評苑三十卷首一卷　明穆文

熙輯

明萬曆二十年鄭以厚光裕堂刻本　北大　中科院　華東師大　山東大學

經 10706814

左傳鈔評十二卷　明穆文熙輯

明萬曆十年劉懷恕長洲刻本　北大　中央黨校　復旦　西北大學　河南

高麗刻本　國圖

經 10706815

春秋左傳評林三十卷　明穆文熙輯

明刻本　煙臺

經 10706816

春秋左史捷徑二卷　明劉守泰撰

明萬曆元年刻本　天一閣

經 10706817

春秋左傳釋義評苑二十卷首一卷　明王錫爵撰

明萬曆十八年嘉賓堂刻本　國圖　故宮　陝西　湖北　四川

經 10706818

左紀十一卷　明錢應奎撰

明萬曆三年華叔陽刻本　浙江　天津　甘肅　天一閣　香港大學

經 10706819

左氏詳節八卷　明許孚遠輯

明萬曆間刻本　中山大學

經 10706820

春秋左傳釋附二十七卷　明黄洪憲撰

明萬曆二十七年刻本　中科院　安徽博

明黄浩抄本　南京

經 10706821

左傳鈔六卷　明焦竑輯

明刻本　南京

經 10706822

左氏討一卷　明馮時可撰

馮元成雜著本(萬曆刻)

經 10706823

左氏釋二卷　明馮時可撰

馮元成雜著本(萬曆刻)

四庫全書本(乾隆寫)

藝海珠塵本(嘉慶刻道光增刻)

民國間廬江劉氏遠碧樓藍格抄本　上海

經 10706824

左氏論二卷　明馮時可撰

馮元成雜著本(萬曆刻)

經 10706825

春秋左傳十五卷　明孫鑛批點

明萬曆四十四年吴興閔齊伋刻朱墨套印本　國圖　北大　清華　中科院　人大　北師大　上海　復旦　遼寧

經 10706826

左芟一卷　明孫鑛評定

明末刻本　上海

經 10706827

合諸名家評注左傳文定十二卷　明孫鑛評選

明刻本　安徽

經 10706828
左傳評苑八卷　明孫鑛輯　明鍾惺注
明末慶雲館刻朱墨套印本　清華　浙江　河北大學　祁縣　江西師大　香港中大

經 10706829
春秋左傳綱目定註三十卷　明李廷機撰
明萬曆元年閩書林余泰垣刻本　社科院文學所　安徽博
明崇禎五年書林楊素卿刻本　常州　安徽　開封
清刻本　大連

經 10706830
新刻李太史釋註左傳三註旁訓評林七卷　明李廷機撰
明萬曆間書林詹聖澤刻本　吉林社科院

經 10706831
新鍥翰林李九我先生左傳評林選要三卷　明李廷機輯
明萬曆間書林鄭以厚刻本　南京

經 10706832
新鋟李閣老評註左胡纂要四卷　明李廷機撰
明書林劉蓮臺刻本　浙江

經 10706833
春秋左傳註解辯誤二卷補遺一卷古器圖一卷　明傅遜撰
明萬曆十三年日殖齋刻本　北大　清華　人大　北師大　上海　復旦　湖北(缺古器圖一卷)
明萬曆十三年日殖齋刻十七年重修本　國圖　湖南
明萬曆十三年日殖齋刻十七年二十六年遞修本　南京(清丁丙跋)　蘇州　福建師大　湖北
日本延享三年皇都書肆影刻明萬曆日殖齋本　國圖　上海　遼寧
日本寬政六年尚絅館刻本　北大　遼寧

經 10706834
春秋左傳屬事二十卷　明傅遜撰
明萬曆十三年日殖齋刻本　北大　清華　人大　北師大　上海　復旦
明萬曆十三年日殖齋刻十七年重修本　國圖　湖南
明萬曆十三年日殖齋刻十七年二十六年遞修本　南京(清丁丙跋)　蘇州　福建師大　湖北
日本明和二年温故堂刻本　北大　遼寧
四庫全書本(乾隆寫)
日本寶曆十二年菊池武慎刻文化九年達生館主人補刻本　南京

經 10706835
左概六卷　明李事道撰
明萬曆十五年刻本　清華　故宫　南京

經 10706836
左概彙編二卷　□□輯
抄本　南京

經 10706837
春秋左傳註評測義七十卷附錄一卷　明淩稚隆撰
明萬曆十六年吴興淩氏刻本　國圖　北大　中科院　天津　復旦　華東

師大　南京(清丁丙跋)

經 10706838

春秋左傳註林七十卷　明淩稚隆撰　日本奥田元繼輯注

日本寬政五年浪華拙古堂刻本　吉林社科院

經 10706839

讀春秋左氏贅言十二卷　明王昇撰

明萬曆十六年刻本　中山大學

經 10706840

讀左漫筆一卷　明陳懿典撰

學海類編本(道光木活字印、民國影印)

遜敏堂叢書本(道光咸豐木活字印)

經 10706841

春秋匡解不分卷　明鄒德溥撰

明抄本　上海

經 10706842

左傳集要十二卷　明閔遠慶撰

明萬曆間刻本　清華　中科院

經 10706843

春秋非左二卷　明郝敬撰

山草堂集本(萬曆崇禎刻)

日本弘化三年皇都書林菱屋孫兵衛刻本　遼寧

湖北叢書本(光緒刻)

經 10706844

春秋非左二卷　明郝敬撰　日本皆川願評點

日本明和三年東都書林刻本　國圖　臺灣大學

經 10706845

批點左氏新語二卷　明郝敬撰

山草堂集本(萬曆崇禎刻)

經 10706846

陳眉公先生選註左傳龍驤四卷　明陳繼儒選注

明三台館刻本　吉大

經 10706847

新鍥鄭孩如先生精選左傳旁訓便讀四卷　明鄭維嶽撰

明萬曆二十八年楊氏同仁齋刻本　國圖

明楊九經刻本　武漢

經 10706848

左傳旁訓便讀四卷　明鄭維嶽撰

清刻本　南京

經 10706849

梅太史訂選左傳神駒二卷　明梅之煥編

明萬曆三十四年刻本　國圖

經 10706850

精選左傳神駒八卷　明梅之煥編

清光緒二十七年鴻之齋石印明選古文神駒六種本　上海

經 10706851

春秋因是三十卷　明梅之熉撰

清初金閶孝友堂刻本　蘇州

經 10706852

春秋左傳地名録二卷附春秋外傳國語地名録一卷　明劉城撰

明崇禎間刻本　泰州

經 10706853
春秋左傳典畧十二卷　明陳許廷撰
明崇禎間刻本　中科院　辭書出版社　山東　浙江

經 10706854
左氏春秋内外傳類選八卷　明樊王家輯
明萬曆三十六年刻本　清華　吉林　南京　中山大學

經 10706855
重鋟增補湯會元遴輯百家評林左傳狐白四卷　明湯賓尹輯　明林世選增補
明萬曆三十八年余泰垣自新齋刻本　華東師大

經 10706856
左傳四卷　明陳淏子輯　明鍾惺選
明崇禎十三年刻本　國圖

經 10706857
左傳摘文二卷　明鍾惺注　清劉繼莊評　清秋崖子錄
清乾隆間抄本　南京

經 10706858
左逸一卷　明蔣謹輯
明崇禎五年蔣世枋刻本　遼寧

經 10706859
左逸一卷　明邵闇生編輯
覆古介書本(天啓刻)

經 10706860
左傳文苑八卷　明張鼐輯　明陳繼儒注
明廣雲館刻三色套印本　國圖
明刻朱墨套印本　清華　上海　天一閣　安徽博

經 10706861
鐫侗初張先生評選左傳雋四卷　明張鼐選
明末書林蕭少衢師儉堂刻本　中央黨校　上海　吉林

經 10706862
權書止觀十二卷　明潘曾紘撰
明萬曆間刻本　北大　中山大學

經 10706863
春秋左傳三十卷首一卷　明沈經德輯校
明萬曆間刻本　北大

經 10706864
左氏纂二卷　明王良臣撰
明刻本　中央黨校

經 10706865
春秋左傳標釋三十卷　明戴文光撰
明天啓五年戴氏必有齋刻本　國圖　上海　華東師大　南京　浙大　武漢

經 10706866
必有齋左概增删十二卷　明戴文光撰
明天啓五年必有齋刻本　中科院　南京

經 10706867
沈氏左燈六卷　明沈長卿撰
明天啓六年刻本　清華　吉大

經 10706868

左氏兵法測要二十卷首二卷　明宋徵璧撰
明崇禎間劍閒齋刻本　上海　福建

經 10706869
左記十二卷　明章大吉撰　明章貞之明章達之訂　明章爲之注
明崇禎間刻本　北大　清華　首都師大　天津　復旦　華東師大　天一閣　湖北

經 10706870
春秋左傳異名考一卷　明閔光德輯
明崇禎間刻本　泰州
明天放菴刻本　國圖　北大　北師大　天津　山東
日本延享三年江都書肆崇文堂刻本　遼寧
清光緒十一年融經館重校刻本　上海　遼寧
清光緒十八年寶善堂刻本　國圖　錦州　遼大
清至民國抄本　國圖

經 10706871
春秋異名辨異一卷　明龔爾安輯
日本延享三年江都書肆崇文堂刻本　遼寧

經 10706872
新刊春秋左氏選粹四卷　明晚香堂輯
明晚香堂刻本　吉林

經 10706873
讀左傳札記不分卷　清錢謙益撰
稿本　故宫

經 10706874
讀左隨筆不分卷　清顧鑑撰
清初紅杏書屋抄本　復旦

經 10706875
春秋左傳地名集錦二卷　清沈豫輯
清道光二十七年蕭山沈氏蛾術堂刻本　國圖　南京　浙江

經 10706876
左官異禮畧一卷　清沈豫撰
蛾術堂集本(道光刻、民國影印)
清道光二十七年蕭山沈氏蛾術堂刻本　國圖　中科院　南京　浙江

經 10706877
左氏春秋集說十卷春秋凡例二卷　清朱鶴齡輯
清道光二十九年彊恕堂刻本　北大　中科院　上海

經 10706878
讀左日鈔十二卷補二卷　清朱鶴齡輯　清黄宗羲、清顧炎武訂
清康熙二十年朱鶴齡刻本　國圖　北大　上海　復旦　天津　湖北
清乾隆六年刻本　上海
四庫全書本(乾隆寫)

經 10706879
左錦一卷　清傅山輯
稿本(清趙爾頤跋)　山西博

經 10706880
唱經堂左傳釋一卷　清金人瑞撰
唱經堂才子書本(清刻)　國圖　清華　北大　北師大

清刻貫華堂才子書彙稿本(讀易堂藏版)　北大
風雨樓叢書本(宣統鉛印)

經 10706881
左傳選十卷　清孫琮輯
山曉閣文選本(康熙刻)

經 10706882
左傳釋一卷　清課虛齋主人撰
清嘉慶間刻本　國圖

經 10706883
春秋地理志十六卷　清吴偉業撰
清抄本　廣東

經 10706884
左傳杜解補正三卷　清顧炎武撰
清康熙間刻本　上海
四庫全書本(乾隆寫)
日本明和四年刻本　北大　遼寧
借月山房彙鈔本(嘉慶刻、博古齋影印)
清嘉慶十九年刻本　吉林社科院
璜川吴氏經學叢書本(道光刻)
澤古齋重鈔本(道光重編)
皇清經解本(道光刻、咸豐補刻、鴻寶齋石印、點石齋石印)
指海本(道光刻、民國影印)
式古居彙鈔本(道光重編)
清道光間吴縣吴氏刻本　南京
顧亭林先生遺書本(光緒增刻彙印)
亭林遺書本(潘氏遂初堂刻)

經 10706885
左傳濟變録二卷　清謝文洊撰
謝程山全書本(光緒刻)

經 10706886
左傳分國纂畧十六卷　清盧元昌撰
清康熙二十八年思美廬刻本　國圖　上海　南京　湖北
清康熙間書林孫敬南刻本　中科院

經 10706887
續春秋左氏傳博議二卷　清王夫之撰
船山遺書本(道光刻、同治刻、民國鉛印)
清光緒二十四年掃葉山房鉛印本　牡丹江
清光緒二十四年望雲小舍石印本　國圖　天津
清光緒二十五年申昌莊石印本　北大

經 10706888
左傳事緯十二卷　清馬驌撰
清康熙間刻本　國圖　北大　中科院　人大　上海　浙江　臺灣大學
四庫全書本(乾隆寫)
清乾隆四十九年仁和黄暹懷澄堂刻本　國圖　北大　中科院　上海　復旦　天津
清嘉慶九年刻本　國圖
清道光二十六年刻本　吉林社科院
清同治七年朝宗書室木活字印本　北大　天津
清光緒四年蘇城振興書局刻本　復旦
清光緒四年吴縣潘氏敏德堂刻本　國圖　上海　復旦　天津
清光緒三十四年上海文瑞樓石印本　撫順　瀋陽農大　吉林市　浙江
清光緒間文海樓鉛印本　復旦

經 10706889
左傳事緯四卷　清馬驌撰
函海本(乾隆刻、道光補刻、光緒刻)

經 10706890
左傳事緯前書(左傳事緯前集)八卷　清馬驌撰
　清康熙間刻本　國圖　中科院　上海　襄陽　臺灣大學
　四庫全書本(乾隆寫,左傳事緯前集)
　清嘉慶九年刻道光二十六年元和管慶祺印本　國圖
　清嘉慶間□桐書屋刻本　南京

經 10706891
左傳事緯論不分卷　清馬驌撰
　蘭碧齋抄本　天津

經 10706892
覽左隨筆一卷　清馬驌撰
　清抄本　湖南師大

經 10706893
春秋名氏譜一卷　清馬驌撰
　清抄本　湖南師大

經 10706894
左傳經世鈔九卷　清魏禧評點
　清康熙間刻本　國圖

經 10706895
左傳經世鈔二十二卷　清魏禧評點　清彭家屏參訂
　清乾隆十二年彭家屏聯墨齋刻本　國圖　北大　清華　中科院　南開　復旦
　清光緒三十四年鉛印本　浙大
　清末聯墨齋刻本　上海

經 10706896
左傳經世鈔約選四卷　清魏禧評點　周學熙選
　周氏師古堂所編書本(民國刻)

經 10706897
左氏兵謀兵法二卷　清魏禧撰
　清咸豐十年望雲草廬刻本　湖北

經 10706898
左傳選十四卷　清儲欣評選
　清雍正間刻本　大連　吉林市
　清乾隆七年刻本　上海　浙江
　清乾隆三十八年同文堂刻本　上海
　清乾隆三十八年謙牧堂刻本　國圖　遼大
　清乾隆四十五年受祉堂刻本　丹東
　清乾隆四十九年受祉堂刻本　天津　上海
　清道光五年文淵堂刻本　天津
　清道光二十五年蘇州綠蔭堂刻本　哈爾濱
　清同治十三年掃葉山房刻本　大連　齊齊哈爾
　清光緒二年刻本　吉林社科院
　清光緒間維經堂刻本　上海
　清二南堂刻本　濟南
　清桐香館刻本　濟南

經 10706899
左傳選十二卷　清儲欣評選
　清雍正三年受祉堂刻本　清華
　清嘉慶十年文盛堂刻本　濟南

經 10706900
左傳選不分卷　清儲欣評選
　清嘉慶十年大德堂刻儲氏七種本　天津
　清抄本　南京

經 10706901

春秋左傳類纂六卷首一卷末一卷　清桂含章撰

清光緒七年敦厚堂刻本　國圖　天津　上海　吉林　南京　湖北

經 10706902

評點春秋綱目左傳句解彙雋六卷　清韓菼重訂

清道光二十一年集文堂刻本　上海

清同治四年輔仁堂刻本　復旦

清同治十年三盛堂刻本　濟南

清光緒七年紫文閣刻本　吉林

清光緒九年掃葉山房刻本　遼寧　丹東　遼大　吉林　齊齊哈爾

清光緒十年書業德刻本　國圖　濟南

清光緒十九年刻本　撫順　瀋陽師大　吉林

清光緒二十年寶善書局刻本　香港中大

清光緒二十一年怡翰齋刻本　濟南

清光緒二十五年寶文堂刻本　天津

清光緒二十六年集文堂刻本　上海

清光緒二十九年寶慶勸學書舍刻本　國圖　北大

清光緒三十一年益友堂刻本　遼大　濟南

清光緒三十三年京口善化書局刻本　香港中大

清光緒三十四年書業德刻本　濟南

清光緒間成文堂刻本　天津

清光緒間校經山房刻本　哈爾濱　齊齊哈爾

清光緒間狀元閣李光明莊刻本　國圖　北大　天津　吉大　吉林師院

清宣統三年上海廣益書局石印本　上海　濟南

清末上海錦章圖書局石印本　國圖　北大

清末文奎堂刻本　北大

清末桐石山房刻本　北大　遼大　錦州師院

清末小酉山房刻本　吉林

清末民國初翠筠山房刻本　北大

清裕德堂刻本　北大

清令德堂刻本　北大

清文星堂刻本　上海　吉林

清姑蘇書業堂刻本　錦州　長春

清貴文堂刻本　濟南

清元德昌刻本　濟南

清末宏道堂刻本　吉林師院

清刻郭文元堂重修本　北大

清綠蔭堂刻本　南京市　遼寧　丹東　錦州師院　齊齊哈爾

清愛日堂刻本　復旦

清抄本　北大

清昌文書局石印本　復旦

民國三年太和書局刻本　遼寧　瀋陽　瀋陽師大

民國三年上海商務印書館鉛印本　北大　上海　丹東　吉林　吉大　長春

民國五年上海章福記書局石印本　上海　遼寧　齊齊哈爾　濟南

民國九年上海會文堂書局石印本　遼寧

民國九年上海天寶書局石印本　上海　復旦　大連　撫順　吉林　長春　吉林社科院　牡丹江

民國十三年上海大成書局石印本　北大　丹東　丹東師院　哈爾濱　齊齊哈爾　鷄西　濟南

民國十五年上海昌文書局石印本　上海

民國二十二年上海商務印書館鉛印

本　復旦
民國間上海掃葉山房石印本　遼寧　丹東　齊齊哈爾
民國間上海文瑞樓石印本　吉林　黑龍江
民國間上海啓新書局石印本　天津　南京　遼寧

經 10706903
如西所刻諸名家評點春秋綱目左傳句解彙雋六卷　清韓菼重訂
清刻本　北師大　人大　山東大學
清末聚文堂刻本　北大
清光緒十年錦文堂刻本　天津　吉大　哈爾濱　牡丹江
清光緒二十二年王四和記刻本　齊齊哈爾

經 10706904
左傳統箋三十五卷　清姜希轍撰
清康熙十五年刻本　中科院　人大　上海　南京　山東　中山大學

經 10706905
左傳快評八卷　清劉繼莊評定　清金成棟輯
清康熙間蕉雨閒房刻本　北大　上海　華東師大

經 10706906
春秋地名考畧十四卷　清高士奇撰
清康熙二十七年高氏清吟堂刻本　國圖(清李慈銘跋)　北大　人大　北師大　中科院　故宫　上海　復旦　天津
四庫全書本(乾隆寫)
抄本　南京

經 10706907
春秋地名考畧目一卷　清高士奇撰
閏竹居叢書本(清刻)

經 10706908
春秋左傳姓名同異考四卷　清高士奇撰
清康熙間高氏刻本　國圖　故宫　上海　湖北

經 10706909
春秋宗孟不分卷　清王源撰
清乾隆間抄本　北大

經 10706910
左傳評十卷　清王源評訂
文章練要本(康熙居業堂刻)　北大　清華　人大　南京
民國十三年四存學校鉛印本　南京

經 10706911
左傳折諸二十八卷首二卷　清張尚瑗撰
清雍正元年刻本　北大　中科院　上海　重慶
清乾隆間敬足齋刻本　復旦
四庫全書本(乾隆寫)

經 10706912
左傳咀華二十二卷　清王符曾撰
清北山書屋刻本　湖北

經 10706913
左傳義法舉要一卷　清方苞述　清王兆符、清程崟錄
抗希堂十六種本(康熙嘉慶刻)
榕園叢書本(同治刻、民國印)
清光緒十九年金匱廉氏刻本　國圖　天津　上海　南京　浙大　吉林

吉林社科院
桐城方望溪先生全書本(光緒活字印)
清末盋園刻本　湖北
清長洲王氏抄本　香港大學
民國間瀋陽高等師範文學專修科鉛印本　丹東

經 10706914
方氏左傳評點二卷　清方苞撰　清廉泉輯
清光緒十九年金匱廉泉刻本　國圖　北大　天津　上海　吉林　吉大

經 10706915
左氏條貫十八卷　清曹基編次
清康熙間刻本　北大　上海　復旦　吉林社科院　南京　浙江　湖北　潮安博
清立達堂刻本　上海
清致和堂刻本　濟南
清刻本　國圖(丁晏批注並跋)
抄本　上海

經 10706916
春秋列國地形口號一卷　清顧棟高撰
昭代叢書本(道光刻)
清抄本(清佚名校)　上海

經 10706917
春秋五禮源流口號一卷　清顧棟高撰
昭代叢書本(道光刻)

經 10706918
春秋大事表不分卷　清顧棟高輯
稿本(宋振仁跋)　上海

經 10706919
春秋大事表五十卷讀春秋偶筆一卷輿圖一卷附錄一卷　清顧棟高輯
清乾隆十三年錫山顧氏萬卷樓刻本　國圖　北大　天津
四庫全書本(乾隆寫)
清同治十二年山東尚志堂刻本　國圖　北大　天津　上海　遼寧　瀋陽
清光緒十四年陝西求友齋刻本　國圖　北大　天津　上海　遼寧　瀋陽

經 10706920
春秋大事表六十六卷輿圖一卷　清顧棟高輯
皇清經解續編本(光緒刻、光緒石印)

經 10706921
春秋列國地形犬牙相錯表不分卷　清顧棟高撰
清抄本(清佚名校)　上海

經 10706922
春秋列國卿大夫世系表二卷　清顧棟高撰
素隱所刻書本(光緒刻)

經 10706923
春秋大事表序錄一卷　清顧棟高撰
經史百家序錄本(光緒石印)

經 10706924
春秋綱領一卷　清顧棟高撰
清乾隆十三年錫山顧氏萬卷樓刻本　國圖　北大　天津　南京　浙江　遼寧　湖北
清光緒十四年陝西求友齋刻本　國圖　北大　天津　上海　遼寧　浙江　南京　湖北

經 10706925

讀春秋偶筆一卷　清顧棟高撰

清乾隆十三年錫山顧氏萬卷樓刻本　國圖　北大　天津　南京　浙江　遼寧　湖北

清光緒十四年陝西求友齋刻本　國圖　北大　天津　上海　南京　浙江　遼寧　湖北

經 10706926

春秋大事表摘要四卷　清顧棟高撰　清邱東陽輯

清光緒二十九年曉雲山房刻本　國圖　湖北

經 10706927

左傳拾遺二卷　清朱元英撰

清康熙間刻本　北大　中科院　南京

春雨堂集本(乾隆刻)

清道光間刻本　上海

經 10706928

左傳博議拾遺二卷　清朱元英撰

小萬卷樓叢書本(咸豐刻、光緒刻)

清光緒二十四年刻本　北大

金陵叢書本(民國鉛印)

經 10706929

左傳博議三編二卷　清朱元英撰

清光緒二十四年掃葉山房鉛印本　牡丹江

經 10706930

左繡三十卷首一卷　清馮李驊、清陸浩評輯

清康熙五十九年華川書屋刻本　清華　上海　復旦　天津　香港中大

清康熙五十九年大文堂刻本　上海

清康熙間書業堂刻本　國圖

清乾隆四十四年華川書屋刻本　北大

清嘉慶七年華川書屋刻本　南京

清道光二年刻本　丹東

日本嘉永七年刻本　遼寧　吉林　南京

日本安政元年須靜堂刻本　上海

清光緒六年掃葉山房刻本　遼寧　丹東　丹東師院　吉林市　牡丹江　密山　黑龍江社科院

清光緒九年經國堂刻本　遼寧

清光緒十四年上海文瑞樓刻本　上海　復旦　天津　吉林社科院　齊齊哈爾

清光緒二十二年成文堂刻本　丹東

清光緒二十五年濰陽成文信刻本　丹東

清光緒二十八年新化三味書室刻本　國圖　黑龍江　牡丹江

清光緒三十一年善成堂刻本　國圖　吉林市　吉大　哈爾濱　南京

清光緒三十四年大興堂刻本　哈爾濱

清光緒間金陵李光明莊刻本　北大　天津　上海

清敬書堂刻本　國圖

清佛山翰寶樓刻本　遼寧

清上江左書林刻本　天津　錦州　瀋陽師大　哈爾濱　齊齊哈爾

清寶章書屋刻本　復旦

清錦雲書屋刻本　臺灣大學

清綠蔭堂刻本　丹東

清末書業德刻本　北大

清宣統三年上海會文堂石印本　北大　天津　上海

民國十五年上海中原書局石印本　哈爾濱

民國間上海廣益書局石印本　遼寧

經 10706931
左繡選青不分卷　清馮李驊、清陸浩評輯
錫光抄本　北大

經 10706932
讀左約箋二卷　清馮李驊撰　清夏大觀注
清咸豐元年刻本　南京
清咸豐元年盛氏海清樓刻德元堂補刻本　遼寧

經 10706933
春秋左傳杜註三十卷首一卷　清姚培謙撰
清乾隆十一年吴郡陸氏小鬱林刻本　國圖　清華　上海(清徐振聲校)　復旦　南開　遼寧　吉大　吉林社科院　哈爾濱　浙江　湖北　樂平　梅州　餘姚文保所
清嘉慶元年金閶書業堂刻本　上海　哈爾濱師大　濟南
清道光七年洪都漱經堂刻朱墨套印本　上海　遼寧　遼大　吉林　南京　浙江　浙大
十三經讀本本(同治金陵書局刻)
清同治八年崇文書局刻本　吉林市　吉大
清同治十一年湖南尊經閣刻本　國圖　北大
清同治十三年湖南書局刻本　湖北
清光緒九年江南書局刻本　國圖　北大　天津　上海　遼寧
御纂七經本(康熙内府刻、同治浙江書局刻、崇文書局刻、江西書局刻、光緒戶部刻、江南書局刻、光緒鴻文書局石印)
清光緒十六年思賢講舍刻本　遼寧　瀋陽　吉林市
清光緒十六年務本書局刻本　吉林市
清光緒十九年浙江書局刻本　遼大　吉大　吉林社科院
清光緒二十二年新化三味堂刻本　北大
清光緒三十年寶慶勸學書舍刻本　北大　湖北
清末李光明莊刻本　黑龍江

經 10706934
春秋地理考實五卷　清江永撰
四庫全書本(乾隆寫)
皇清經解本(道光刻、咸豐補刻、鴻寶齋石印、點石齋石印)
清傳抄四庫全書本　上海
清抄本　北大

經 10706935
春秋經傳集解疑參二十卷　清錢炳撰
清雍正二年靜觀巢刻本　吉林社科院

經 10706936
左傳條序八卷　清許培文撰
清雍正四年刻本　天津

經 10706937
春秋左氏小疏(春秋左傳小疏)一卷　清沈彤撰
果堂全集本(乾隆刻)
四庫全書本(乾隆寫,春秋左傳小疏)
皇清經解本(道光刻、咸豐補刻、鴻寶齋石印、點石齋石印)

經 10706938
左傳器物宫室一卷　清沈淑撰

經玩本(雍正刻)
藝海珠塵本(嘉慶刻道光增刻)
後知不足齋叢書本(光緒刻)

經 10706939
春秋左傳分國土地名二卷　清沈淑撰
經玩本(雍正刻)
藝海珠塵本(嘉慶刻道光增刻)
後知不足齋叢書本(光緒刻)

經 10706940
左傳職官一卷　清沈淑撰
經玩本(雍正刻)
藝海珠塵本(嘉慶刻道光增刻)

經 10706941
左傳列國職官二卷　清沈淑撰
後知不足齋叢書本(光緒刻)

經 10706942
讀左隨筆一卷　清王元稺撰
清光緒三十年鉛印本　上海
無暇逸齋叢書本(民國鉛印)

經 10706943
春秋地名辨異三卷　清程廷祚撰
清乾隆八年三近堂刻春秋識小錄初刻三書本　國圖　清華　上海
藝海珠塵本(嘉慶刻,春秋識小錄)
金陵叢刻本(光緒刻,春秋識小錄)
金陵叢書本(民國鉛印,春秋識小錄)
清光緒三十二年江寧傅氏晦齋刻春秋識小錄初刻三書本　南京

經 10706944
左傳人名辨異一卷　清程廷祚撰
藝海珠塵本(嘉慶刻道光增刻本,春秋識小錄)
金陵叢刻本(光緒刻,春秋識小錄)
清光緒三十二年江寧傅氏晦齋刻春秋識小錄初刻三書本　南大

經 10706945
左傳人名辨異三卷　清程廷祚撰
金陵叢書本(民國鉛印,春秋識小錄)
清抄本　上海

經 10706946
左傳翼三十八卷　清周大璋評
清乾隆五年遂初堂刻本　哈爾濱師大
清乾隆五年遂初堂刻文盛堂印本　黑龍江
清乾隆間光德堂懷德堂刻本　北大
清同治五年大文堂刻本　遼大
清萃華堂刻本　湖北
四箴堂刻本　南京

經 10706947
說左一卷　清宋在詩撰
埜柏先生類稿(乾隆刻、道光刻)

經 10706948
左傳說三十卷首一卷　清王系撰
清抄本　國圖

經 10706949
春秋左傳補註四卷　清惠棟撰
稿本(丁祖蔭跋)　上海

經 10706950
春秋左傳補註六卷　清惠棟撰
清乾隆三十七年胡亦常刻三十八年張錦芳續刻本　國圖(王萱齡跋)　清華　上海(清陳鍾英校跋)　浙江

暨南大學
清乾隆三十八年潮陽縣衙刻本　國圖　上海(清陳鍾英校跋)　濟南　浙江　吉林社科院
清乾隆三十九年順德張氏刻本　南京
貸園叢書初集本(乾隆刻)　南京(清盧文弨校跋,清丁丙跋)
清乾隆四十三年刻本　黑大
四庫全書本(乾隆寫)
皇清經解本(道光刻、咸豐補刻、鴻寶齋石印、點石齋石印)
日本天保八年玉山堂刻本　北大
守山閣叢書本(道光刻、光緒影印、民國影印)

經10706951
于埜左氏錄二卷　清盛大謨撰
盛于埜遺著本(同治刻)

經10706952
春秋左傳註疏考證二卷　清齊召南撰
皇清經解本(道光刻、咸豐補刻、鴻寶齋石印、點石齋石印)

經10706953
左傳彙箋二十卷　清李永書、清許齊卓同輯
清抄本　國圖

經10706954
左傳私解一卷　清趙曦明撰
清抄本(清盧文弨校)　上海

經10706955
春秋經傳集解考正七卷　清陳樹華撰
清乾隆間傳抄稿本(佚名錄清孫星衍、洪亮吉校,王大隆跋)　復旦
清抄本　國圖

經10706956
春秋經傳集解考正三十卷　清陳樹華撰
清盧文弨抄本(清盧文弨校)　國圖
清魏氏績語堂抄本　蘇州
民國三十年抄本　上海

經10706957
春秋經傳集解外傳考正二十一卷　清陳樹華撰
清魏氏績語堂抄本　蘇州

經10706958
左鑒十卷附錄一卷　清楊潮觀撰
清乾隆三十七年刻本　國圖　中科院　上海　南京　湖北

經10706959
左傳評林八卷　清張光華輯
清雍正七年刻本　中科院

經10706960
讀左管窺二卷　清趙青藜撰　清翟灝評
清乾隆間刻本　中科院
涇川叢書本(道光刻、民國影印)

經10706961
漱芳居讀左管見二卷　清趙青藜撰
清刻漱芳居文鈔本　國圖

經10706962
春秋尊孟一卷　清潘相撰
清乾隆二十九年至嘉慶七年刻安鄉潘經峯父子遺書本　北大　上海　復旦　南京
潘子全集本(光緒刻)

經 10706963
讀左補義五十卷首一卷　清姜炳璋輯
　清乾隆二十九年三多堂刻本　北大　天津　上海　南京
　清乾隆三十七年尊行堂刻本　浙江　湖北
　清乾隆三十八年毛昇刻本　黑龍江
　清乾隆四十七年同文堂刻本　國圖　北大　上海　復旦　南京　浙江　湖北　香港中大
　清乾隆四十七年醉經樓刻本　浙江
　清同治十年三善堂刻本　北大　吉林　社科院
　清光緒二十七年刻本　國圖
　清末善成堂刻本　北大　天津　遼寧　大連　錦州　丹東　撫順
　清蔚文堂刻本　南京　遼寧

經 10706964
春秋讀左五十卷　清姜炳璋補義
　清抄本　國圖

經 10706965
春秋左傳註疏校正一卷　清盧文弨撰
　抱經堂叢書本(乾隆嘉慶刻、民國影印)
　紹興先正遺書本(光緒刻)

經 10706966
春秋左傳翼疏三十二卷　清程晉芳撰
　稿本　北大

經 10706967
左氏節萃十卷　清淩璿玉撰
　清乾隆二十六年金閶書業堂刻本　北大　上海　南京　湖北
　清乾隆二十六年慎修堂刻本　上海

經 10706968
春秋左傳地名考十二卷　清錢俊選撰
　清抄本(清汪成勛、清沈欽韓跋)　南京

經 10706969
左傳評三卷　清錢大昕撰
　清乾隆四十年刻本　國圖

經 10706970
左氏駁語四卷　清毛士撰
　清光緒八年深澤王氏刻毛氏春秋三種本　國圖　北大　中科院　復旦　遼寧

經 10706971
續左傳類對賦不分卷　清周春撰
　清雍正十二年刻本　湖北
　清乾隆二年刻本　國圖

經 10706972
左傳補注一卷　清姚鼐撰
　惜抱軒全集本(同治刻、光緒刻、民國石印)
　南菁書院叢書本(光緒刻)

經 10706973
春秋分年系傳表一卷　清翁方綱撰
　稿本　國圖
　蘇齋叢書本(乾隆嘉慶刻、民國影印)

經 10706974
御案春秋左傳經傳備旨十二卷　清鄒聖脈等輯　清鄒可庭編次
　清光緒五年海陵書屋刻本　湖北
　清光緒間刻巾箱本　湖北

經 10706975

左傳杜註拾遺三卷　清阮芝生撰
稿本　上海師大
清抄本(清翁方綱、佚名批校)　遼寧

經 10706976
左傳杜註拾遺一卷　清阮芝生撰
小方壺齋叢書本(光緒鉛印)

經 10706977
左氏春秋紀事本末十四卷　清熊爲霖讀本
清乾隆間心松書屋刻本　北大

經 10706978
左傳通釋十二卷　清李惇撰
清道光九年刻本　中科院　清華　北師大　復旦　大連　吉大
鶴壽堂叢書本(光緒刻,缺卷五至十、十二)

經 10706979
春秋左傳會要四卷　清李調元撰
函海本(乾隆刻、道光補刻、光緒刻)

經 10706980
左傳官名考二卷　清李調元撰
函海本(乾隆刻、道光補刻、光緒刻)

經 10706981
春秋左氏古經十二卷五十凡一卷　清段玉裁撰
清乾隆至道光間金壇段玉裁刻本　國圖
經韻樓叢書本(道光刻)
後知不足齋叢書本(光緒刻)　國圖(朱希祖朱筆評點)

經 10706982
春秋左傳分類賦四卷　清夏大觀撰　清夏大鼎箋注
清乾隆間刻本　清華
清嘉慶十六年德順堂刻本　上海
清咸豐元年刻本　南京
清咸豐元年盛氏海清樓刻德元堂補刻本　遼寧
清叢經堂刻本　上海
清末張廷瑞刻本　吉林

經 10706983
左傳分國摘要二十卷首一卷　清史宗恆輯
清乾隆四十一年三梧閣刻本　上海
清光緒元年玉池山房刻本　遼寧
清刻本　湖北

經 10706984
左傳分國世系圖一卷　清史宗恆撰
民國間鉛印本　遼寧

經 10706985
左傳札記二卷　清朱亦棟撰
十三經札記本(光緒竹簡齋刻)

經 10706986
列國左傳要詮八卷　清饒謙輯纂
清乾隆四十三年枕松堂刻本　南京　福建師大　梅州　興寧一中
清光緒二十二年刻本　北大

經 10706987
春秋地名考不分卷　清孔繼涵撰
清乾隆四十八年稿本　北大
清抄本　國圖

經 10706988
春秋世族譜補一卷　清孔繼涵輯
　清乾隆間孔氏稿本　遼寧

經 10706989
左傳評三卷　清李文淵撰
　貸園叢書初集本(乾隆刻)
　清乾隆四十年潮陽縣衙刻本　國圖　吉林

經 10706990
春秋左傳補注三卷　清馬宗璉撰
　皇清經解本(道光刻、咸豐補刻、鴻寶齋石印、點石齋石印)

經 10706991
左傳補注二卷　清馬宗璉撰
　龍眠叢書本(清刻)

經 10706992
春秋左傳彙輯四十卷　清吴炳文摘録
　清乾隆四十八年南麓軒刻本　國圖　北大　中科院　浙江　湖北　臺灣大學

經 10706993
左傳鈔六卷　清高嵣集評
　高梅亭讀書叢鈔本(乾隆刻)

經 10706994
春秋左傳詁二十卷　清洪亮吉撰
　清嘉慶十二年陽湖洪貽孫刻本　國圖　北大　中科院
　清嘉慶十八年金陵刻本　國圖
　清嘉慶十八年金陵刻道光八年印本　國圖
　洪北江全集本(光緒刻)
　皇清經解續編本(光緒刻、光緒石印)
　清抄本　國圖

經 10706995
左國類典詳注六卷　清吴模撰
　清乾隆五十三年刻本　湖北　雲南

經 10706996
左通補釋三十二卷　清梁履繩撰
　梁氏叢書本　國圖
　清道光九年錢塘汪氏振綺堂刻本　上海　南京
　清道光九年錢塘汪氏振綺堂刻光緒元年補刻本　國圖　北大　中科院　復旦　天津
　皇清經解續編本(光緒刻、光緒石印)

經 10706997
春秋左傳國次七卷　日本金澤休編
　日本寬政九年松下亭刻本　北大

經 10706998
劉炫規杜持平六卷　清邵瑛撰
　清嘉慶二十年刻本　吉大　吉林社科院
　清嘉慶二十二年邵氏桂隱書屋刻本　國圖(清李慈銘批校)　中科院　上海　復旦　浙江
　南菁書院叢書本(光緒刻)
　民國四年邵啓賢鉛印本　國圖　復旦　遼寧　吉林
　抄本　南京

經 10706999
春秋世族譜一卷附録一卷　清孔廣栻撰
　清乾隆四十八年孔氏芳杜軒抄本　北大
　清抄本　國圖

經 10707000
春秋世族譜考一卷　清孔廣栻撰
清抄本　國圖

經 10707001
春秋地名考一卷補遺一卷疏引地名一卷地名考異一卷　清孔廣栻撰
清抄本　國圖

經 10707002
春秋地名同名錄一卷　清孔廣栻撰
清抄本　國圖

經 10707003
春秋地名同名錄補遺一卷　清孔廣栻撰
清抄本　國圖

經 10707004
春秋人名同名錄一卷　清孔廣栻撰
清抄本　國圖

經 10707005
讀左巵言一卷　清石韞玉撰
獨學廬全稿本(乾隆嘉慶刻)
清道光十二年刻本　國圖
古香林叢書本

經 10707006
春秋經傳朔閏表一卷　清姚文田撰
邃雅堂全書本(道光刻)

經 10707007
春秋左傳釋人十二卷附錄一卷　清范照藜撰
清嘉慶八年河内范氏如不及齋刻本　國圖　北大　中科院　上海　復旦　遼寧

經 10707008
春秋左傳補疏五卷　清焦循撰
清嘉慶二十二年半九書塾蜜梅花館刻本　瀋陽師大
清嘉慶二十三年刻本　復旦
焦氏叢書本(嘉慶道光刻、光緒刻)
皇清經解本(道光刻、咸豐補刻、鴻寶齋石印、點石齋石印)

經 10707009
春秋經傳日表一卷　清朱兆熊撰
清刻春秋表三種本(清刻)　中科院

經 10707010
春秋詠史樂府一卷　清舒位撰
稿本　上海
昭代叢書本(道光刻)

經 10707011
春秋左氏傳賈服注輯述二十卷　清李貽德撰
清同治五年餘姚朱蘭金陵書局刻本　國圖　北大　上海　復旦　天津　遼大
清光緒八年江蘇書局刻本　國圖　北大　上海　遼寧　瀋陽　大連
皇清經解續編本(光緒刻、光緒石印)
清光緒間浙江書局刻本　中科院

經 10707012
左傳兵法二卷　清李元春評輯
青照堂叢書本(道光刻)

經 10707013
春秋經朔表四卷　清薛約衍撰
清道光間刻本　北大

經 10707014
欽定春秋左傳讀本三十卷　清英和等撰
清道光二年武英殿刻本　國圖　北大　中科院　天津　上海　吉大　齊齊哈爾
清道光二十五年黔省大盛堂重刻乾隆武英殿本　國圖　上海
清咸豐元年邵州濂溪講院刻本　湖北
清同治八年江蘇書局刻本　國圖　北大　天津　上海　南京　湖北
清同治八年張之萬金陵刻本　國圖(清李慈銘校)　北大　大連　鞍山師院　吉大　哈爾濱
十三經讀本附校刊記本(同治山東書局刻)
清光緒八年山西濬文書局刻本　浙江
清光緒十二年居俟書屋刻本　北大　吉林　齊齊哈爾　浙江
十三經讀本本(民國醒園刻)

經 10707015
讀左瑣言一卷　清倪倬撰
昭代叢書本(道光刻)

經 10707016
讀左瑣言六卷　清倪倬撰
清抄本　上海

經 10707017
春秋左氏傳補註十二卷　清沈欽韓撰
稿本　國圖
清道光元年刻本　天津
清同治十二年劉履芬抄本(劉履芬跋)　國圖
皇清經解續編本(光緒刻、光緒石印)
心矩齋叢書本(光緒刻)
功順堂叢書本(光緒刻)
清抄本(十卷)　浙大

經 10707018
春秋左氏傳地名補註十二卷　清沈欽韓撰
清咸豐九年刻本　吉林社科院　浙江
功順堂叢書本(光緒刻)
皇清經解續編本(光緒刻、光緒石印)
心矩齋叢書本(光緒刻、民國重修)
清抄本　北大
清抄本　浙江

經 10707019
左氏春秋考證二卷　清劉逢祿撰
皇清經解本(道光刻、咸豐補刻、鴻寶齋石印、點石齋石印)
清光緒二十三年廣州太清樓刻本　國圖　北大　吉大　南京　浙大　香港中大

經 10707020
箴膏肓評一卷　清劉逢祿撰
皇清經解本(道光刻、咸豐補刻、鴻寶齋石印、點石齋石印)

經 10707021
左辯不分卷　清吳增嘉撰
清光緒十四年刻本　湖北

經 10707022
左氏春秋聚十八卷首四卷末二卷　清張用星撰
清嘉慶二十四年金沙官署刻本　北大　中科院　上海　遼寧　吉林社科院　臺灣大學

經 10707023

左傳杜註辨證六卷　清張聰咸撰
聚學軒叢書本(光緒刻)
抄本　中科院

經 10707024
讀左一隅草稿二卷初稿四卷　清姚東昇輯
稿本　國圖

經 10707025
左傳釋地三卷　清范士齡撰
清道光六年刻本　國圖　中科院

經 10707026
春秋左氏古義六卷　清臧壽恭撰
清同治十二年楊峴抄本　北大
滂喜齋叢書本(同治刻)
皇清經解續編本(光緒刻、光緒石印)
清勞氏丹鉛精舍抄本(勞格校並跋)　國圖
清抄本　浙江

經 10707027
春秋左傳識小錄二卷　清朱駿聲撰
朱氏羣書本(光緒刻)

經 10707028
讀左存愚一卷　清徐經撰
雅歌堂全集本(光緒刻)

經 10707029
春秋禮經一卷　清徐經輯
雅歌堂全集本(光緒刻)

經 10707030
左傳兵法一卷　清徐經輯
雅歌堂全集本(光緒刻)

經 10707031
左傳兵訣一卷　清徐經輯
雅歌堂全集本(光緒刻)

經 10707032
左傳歌謠一卷　清徐經輯
雅歌堂全集本(光緒刻)

經 10707033
左傳精語一卷　清徐經輯
雅歌堂全集本(光緒刻)

經 10707034
左傳舊疏考正八卷　清劉文淇撰
清道光十五年刻本　吉大
清道光十八年儀徵劉氏青溪舊屋刻本　國圖　北大　中科院　天津　上海
崇文書局彙刻書本(光緒刻)
皇清經解續編本(光緒刻、光緒石印)

經 10707035
春秋左氏傳舊注疏證不分卷　清劉文淇　清劉毓崧、清劉壽曾撰
稿本　上海

經 10707036
讀左漫筆十六卷　清常茂徠撰
清同治六年常維潮木活字印本　國圖　北大　南京　浙江
清抄本　北大

經 10707037
讀左小記二卷　清薛承宣輯
清道光十九年刻本　國圖　吉林社科院

經 10707038
春秋述義拾遺八卷首一卷　清陳熙晉撰
　清咸豐六年習佳精舍刻本　上海
　廣雅書局叢書本(光緒刻)

經 10707039
春秋規過考信三卷　清陳熙晉撰
　清咸豐六年習佳精舍刻本　上海
　廣雅書局叢書本(光緒刻)

經 10707040
讀左剩語一卷　清趙以錕撰
　婁東雜著本(道光刻)

經 10707041
左傳杜解集正八卷　清丁晏撰
　稿本　國圖
　適園叢書本(民國刻)

經 10707042
春秋井田記一卷　清馬國翰輯
　玉函山房輯佚書本(同治皇華館刻、光緒李氏印、光緒娜嬛館刻、光緒楚南書局刻)

經 10707043
左傳易讀六卷　清司徒修選訂
　清道光十六年文選樓刻本　國圖
　清咸豐六年志遠堂刻本　國圖　吉林
　清咸豐九年植桂堂刻本　吉林社科院
　清咸豐十一年書業德記刻本　國圖
　清光緒八年德盛堂刻本　吉大
　清光緒十四年寶興堂刻本　國圖　北大
　清光緒十四年善成堂刻本　大連　齊齊哈爾　濟南
　民國五年自強書局石印本　錦州師院
　民國七年上海會文堂書局石印本　哈爾濱師大

經 10707044
春秋左傳擷要二卷　清司徒修原編　楊鍾鈺輯
　民國十九年無錫書院鉛印本　上海　復旦　南京　撫順　吉林社科院　湖北

經 10707045
左傳札記七卷石經札補遺一卷　清錢綺撰
　清咸豐七年錢氏鈍研廬刻本　國圖　中科院　浙大　湖北

經 10707046
春秋左傳校勘記補正一卷　清王振聲撰
　王文村遺著本(稿本)

經 10707047
杜氏春秋釋例土地名不分卷　清鄒安鬯輯
　抄本　南京

經 10707048
春秋楚地答問一卷　清易本烺撰
　湖北叢書本(光緒刻)

經 10707049
讀左劄記六卷　清易本烺撰
　紙園叢書本(清抄)　中科院

經 10707050
左翼不分卷　清吴匏翁撰
　清道光二十六年抄本　國圖

經 10707051
左傳約編二十一卷　清鄒美中輯評
清道光二十六年鄒氏西林山房刻本　湖北

經 10707052
曲江書屋新訂批註左傳快讀十八卷首一卷　清李紹崧輯
清道光二十九年天津　南京
清同治七年緯文堂刻本　上海　錦州　吉林　哈爾濱　濟南
清同治七年登雲閣刻本　南京
清同治十一年刻本　國圖
清光緒五年崇文堂刻本　天津
清光緒五年寶翰堂刻本　牡丹江
清光緒二十三年經綸元記刻本　湖北
清光緒二十五年掃葉山房刻本　天津　丹東
清光緒二十八年新化三味書室刻本　遼寧
清光緒二十八年巴蜀善成堂刻本　遼寧
清光緒間曲江書屋刻本　天津
清光緒三讓堂刻本　天津
清光緒間經元堂刻本　齊齊哈爾
清宣統元年上海書局石印本　南京　浙江　丹東　哈爾濱
清末刻本　北大
民國三年直隸書局石印本　撫順　黑龍江
民國二十七年上海錦章圖書局石印本　遼寧　黑龍江　黑龍江社科院

經 10707053
左腴三卷　清潘希淦撰
清道光二十八年藝蘭書屋刻本　國圖　北大　天津　湖北

經 10707054
左傳人名備考不分卷　清趙宗侃撰
清道光二十九年鳳樵書屋刻本　國圖　吉林社科院　湖北

經 10707055
讀左璅錄一卷　清王廷鼎撰
紫薇花館集本(光緒刻)

經 10707056
左傳杜注勘訛一卷　清林昌彝撰
清同治十一年羊城刻本　國圖
民國二十一年羊城刻本　國圖

經 10707057
春秋繹義十四卷首一卷　清王曜南撰
清咸豐元年務本堂刻本　吉林

經 10707058
左傳紺珠二卷　清王武沂輯　清蕭士麟補輯
小鄉嬛山館彙刊類書十二種本(咸豐刻)
琅嬛獺祭十二種本(光緒石印)

經 10707059
春秋傳禮徵十卷　清朱大韶撰
適園叢書本(民國刻)

經 10707060
左傳臆說十九條一卷　清郭柏蒼撰
郭氏叢刻本(光緒刻)

經 10707061
春秋世族譜拾遺一卷　清成蓉鏡撰
南菁書院叢書本(光緒刻)

經 10707062
春秋世譜拾遺一卷　清成蓉鏡撰
成氏遺書本(光緒刻)

經 10707063
春秋左傳解不分卷　清丁壽昌撰
丁氏遺稿六種本(稿本)　上海

經 10707064
方柏堂老人春秋左氏傳家塾課本不分卷　清方宗誠輯
清方守彝方守敦抄本　上海

經 10707065
春秋左傳文法讀本十二卷　清方宗誠評點
民國四年安慶方氏鉛印本　國圖　上海

經 10707066
箴膏肓評一卷　清桂文燦撰
桂坫抄本　復旦

經 10707067
春秋左傳辯章題解六卷摘鈔目錄一卷續鈔目錄一卷　清牟昌衡撰
清咸豐九年日三省齋刻本　國圖　南京

經 10707068
春秋國都爵姓考一卷　清陳鵬撰
粤雅堂叢書本(咸豐刻)

經 10707069
春秋國都爵姓考補一卷　清曾釗撰
粤雅堂叢書本(咸豐刻)

經 10707070
春暉樓讀左日記一卷　清張鼎撰
民國二十五年盧學源鉛印本　國圖　上海
民國間抄本　復旦

經 10707071
春秋左傳平議三卷　清俞樾撰
皇清經解續編本(光緒刻、光緒石印)
春在堂全書本(同治至光緒刻,羣經平議)

經 10707072
左傳古本分年考一卷　清俞樾撰
春在堂全書本(同治至光緒刻,曲園雜纂)

經 10707073
左傳集類提要四卷　清郭峻編輯
清同治元年盱南三餘書屋刻本　北大　上海

經 10707074
左傳杜解補正不分卷　清王銘西撰
民國間國學圖書館影印稿本　南京

經 10707075
左傳杜注摘謬一卷　清朱景昭撰
無夢軒遺書本(民國鉛印)

經 10707076
東萊先生左氏博議集要八卷　清宗廷輔評
清光緒二十三年宗氏刻本　上海

經 10707077
春秋左傳意解十卷首一卷　清陸樹芝

撰　清陸德綏編次
清同治六年刻本　湖北

經 10707078
左傳質疑不分卷　清趙銘撰
抄本　國圖

經 10707079
春秋左氏傳集釋不分卷　清王韜撰
稿本　上海

經 10707080
讀左必紀初編三卷　清戴倫煥彙輯
清同治十二年戴氏木活字印巾箱本　湖北

經 10707081
讀左必紀次編二卷　清戴倫煥彙輯
清同治十二年戴氏木活字印巾箱本　湖北

經 10707082
聽園讀左隨筆二十卷附說文異字及諸經異字　清李藝元撰
清同治九年刻本　上海
清同治十二年長沙李一經堂刻本　北大

經 10707083
左傳便讀六卷　清魏承樾撰
清同治十年樹德堂刻本　上海

經 10707084
春秋疑年錄一卷　清錢保塘撰
清芬室叢刊本(光緒刻)

經 10707085
春秋釋地韻編五卷首一卷　清徐壽基撰
志學齋集本(光緒刻)
清光緒十二年傳經堂刻本　復旦　吉林　華東師大　吉林社科院　南京　湖北
清光緒十二年武進徐氏刻本　國圖

經 10707086
讀左摘論十二篇附古文六首　清陳謨撰
孫氏雪映廬抄本　上海

經 10707087
讀左隨筆四卷　清楊在寅撰
清光緒五年綏定同人書屋刻本　湖北

經 10707088
讀左評錄一卷　清史致準撰
史伯平先生所箸書本(光緒刻)　國圖　北師大　中科院　上海

經 10707089
左傳十二卷附錄一卷　清吴汝綸評點
民國都門印書局鉛印本　國圖　吉大　湖北

經 10707090
春秋左氏傳古注□卷　王先謙輯
稿本　湖南

經 10707091
讀左質疑四卷首一卷　清王祖畬撰
民國七年太倉唐氏茹經室刻本　國圖　中科院　上海　吉林　吉大

經 10707092
讀左參解一卷　清錢大法撰
清光緒十年太倉錢氏刻本　上海

經 10707093
左錦四卷　清唐曜撰
清光緒十二年星沙寄傲書舍刻巾箱本　湖北

經 10707094
春秋左傳文法讀本不分卷　清方柏堂評點
民國四年鉛印本　吉林社科院

經 10707095
左傳約解二十二卷　清劉曾騄撰
祥符劉氏叢書本(清末民初石印)

經 10707096
春秋異地同名考一卷　清丁壽徵撰
小方壺齋叢書本(光緒鉛印)

經 10707097
左類初定八卷　清范震薇撰
雙雲堂傳集本(光緒刻)

經 10707098
左傳引詩錄不分卷　清蘇園輯
清抄本　國圖

經 10707099
左傳嘉集不分卷　清陳貽穀撰
稿本　上海

經 10707100
隸左句鐫一卷　清戴世泰編
清世義堂刻本　湖北

經 10707101
春秋左傳鍵二十四卷　清葛維鏞撰
清味經齋抄本　國圖

經 10707102
春秋左傳事類年表不分卷　清顧宗瑋撰
稿本　上海

經 10707103
五硯齋困知經說一卷　清梁恩霖撰
清刻本　國圖　中科院

經 10707104
讀左憊言三卷　題曼叟撰
清刻本　遼寧

經 10707105
春秋左傳杜注綜覽三十卷　清彭雲墟撰
清刻本　南京

經 10707106
左述二十集二百三十九卷首一卷　清浦淵撰　清浦玉立增訂
稿本　上海

經 10707107
左傳典則不分卷　清齊圖南撰
稿本(清陳立樹跋)　天台文管會

經 10707108
春秋左傳地名疏證不分卷　清□紹基撰
清抄本　國圖

經 10707109
左傳童觿二卷　清邵堇撰
稿本　華東師大　天一閣

經 10707110
春秋左傳闡義五十五卷首一卷　清慎朝正撰
清抄本　上海

經 10707111
春秋紀年一卷　清觀頮道人輯
閏竹居叢書本(清刻)

經 10707112
春秋左傳異義錄聞不分卷　清孫邦僑撰
稿本　温州

經 10707113
左傳不分卷　清唐琯輯
清抄本　國圖

經 10707114
春秋左傳合解四十卷首一卷　清陶善圻撰
稿本　南京

經 10707115
春秋左類聯四卷　清王一清編注
清刻本　湖北

經 10707116
春秋本義十二卷　清吴楫撰
清末翁長森家抄本　南京
金陵叢書本(民國鉛印)

經 10707117
左貫不分卷　清張文成撰
清宫煥注抄本　南開

經 10707118
春秋左氏古經一卷附釋文證義一卷　清王文燾撰
抄本　國圖

經 10707119
左類三十卷　清李圻輯
清抄本　清華

經 10707120
左傳淺說二卷　清皮錫瑞撰
清光緒二十五年刻本　國圖　中科院　上海　瀋陽　大連　湖北

經 10707121
左傳菁華錄二十四卷　清吴曾祺評注
民國四年上海商務印書館鉛印本　上海

經 10707122
左傳賦詩義證一卷　清孫國仁撰
砭愚堂叢書本(稿本)　上海

經 10707123
左緯三卷　清劉霽先撰
清光緒十九年刻本　中科院

經 10707124
讀左比事一卷　清劉霽先撰
清光緒十九年刻本　中科院

經 10707125
春秋左傳氏族地名類編四卷　清金文源編
清光緒二十二年石印本　南京

經 10707126
左傳同名彙紀一卷　清王士濂輯
鶴壽堂叢書本(光緒刻)

經 10707127
左女彙紀一卷　清王士濂輯
鶴壽堂叢書本(光緒刻)

經 10707128
左女同名附紀一卷　清王士濂輯
　鶴壽堂叢書本(光緒刻)

經 10707129
左淫類紀一卷　清王士濂輯
　鶴壽堂叢書本(光緒刻)

經 10707130
左氏春秋傳例餘十七卷　清杜宗預撰
　清宣統元年鉛印本　湖北

經 10707131
讀左比事十二卷　清劉溱撰
　清光緒二十八年刻本　北大

經 10707132
經學教科書左傳政要不分卷　清陸章琇纂
　清光緒三十三年上海均益圖書公司鉛印本　瀋陽

經 10707133
讀左參解不分卷　清錢守之撰
　民國二十七年刻本　吉大　吉林社科院

經 10707134
讀左隨筆四卷　清尹調元撰
　清光緒二十年刻本　湖北

經 10707135
春秋大義繹釋八卷　清曾學傳撰
　民國三年皂江學社刻本　上海

經 10707136
春秋列女圖考一卷　清王廷釗撰
　如諫果室叢刻本(宣統鉛印)

經 10707137
讀春秋雜記不分卷　□□輯
　稿本　北大

經 10707138
春秋左傳節鈔不分卷　□□輯
　清抄本　國圖

經 10707139
左傳選要一卷　□□輯
　清光緒三十四年抄本　上海

經 10707140
左傳讀本不分卷　□□輯
　清抄本　上海

經 10707141
春秋地理今釋不分卷　□□輯
　稿本　南京
　清抄本(清陸黻恩跋)　南京

經 10707142
長曆補遺一卷　□□輯
　清抄本　北大

經 10707143
春秋地名圖考不分卷　□□輯
　清彩繪本　佛山

經 10707144
春秋左傳紀事不分卷　□□輯
　稿本　上海

經 10707145
左傳分國不分卷　□□輯

清末民國初抄本　國圖

經 10707146
春秋左傳旁訓十八卷　□□輯
清光緒十年魏氏古香閣刻本　國圖　上海

經 10707147
左傳類編五卷　□□輯
稿本　南京

經 10707148
春秋左氏古義補證長編不分卷　□□輯
抄本　國圖

經 10707149
左氏傳例異說一卷　□□輯
抄本　國圖

經 10707150
春秋大事表畧不分卷　□□輯
清抄本　上海

經 10707151
左傳易斷不分卷　□□輯
日本天保十二年抄本　上海

經 10707152
左傳序事殘稿不分卷　□□輯
稿本　上海

經 10707153
左傳文鈔不分卷　□□輯
清抄本　齊齊哈爾

經 10707154
春秋地輿分韻考二卷　□□輯
清木活字印本　吉林

經 10707155
左氏春秋傳義疏一百二十卷　王樹枏撰
稿本　中科院

經 10707156
左氏春秋僞傳辨八卷　王樹枏撰
稿本　臺圖

經 10707157
讀左傳法不分卷　馬貞榆撰
清光緒間抄本　上海
清末刻朱印本　北大　浙大　湖北

經 10707158
左傳口義一卷　馬貞榆撰
清末刻兩湖書院課程朱印本　湖北

經 10707159
左傳口義三卷　馬貞榆撰
清光緒二十七年刻朱印本　南京

經 10707160
讀左纂解不分卷　阮桓輯撰
稿本　湖北

經 10707161
春秋左氏傳古義輯說長編不分卷　王繩生撰
稿本　國圖

經 10707162
春秋左氏傳土地名集釋不分卷　吴懋濟撰
稿本　北大

經 10707163
春秋左傳杜氏集解辨正二卷　廖平撰
　清光緒三十三年四益館鉛印本　國圖　中科院　天津　吉林社科院
　民國二十三年井研廖氏刻本　南京

經 10707164
左氏春秋考證辨正二卷　廖平撰
　民國二十四年井研廖氏刻本　南京

經 10707165
左傳經例長編不分卷　廖平撰
　抄本　國圖

經 10707166
左氏春秋古經說十二卷　廖平撰
　新訂六譯館叢書本(民國彙印)

經 10707167
再箴左氏膏肓一卷　廖平撰
　新訂六譯館叢書本(民國彙印)

經 10707168
讀左隨筆一卷　王照撰
　水東集初編本(民國刻本)

經 10707169
左傳禮說十卷　張其淦撰
　民國十五年鉛印本　上海　吉林社科院　臺灣大學
　寓園叢書本(民國鉛印)

經 10707170
劉子政左氏說一卷　章炳麟撰
　章氏叢書本(浙江圖書館刻、古書流通處影印、右文社鉛印)

經 10707171
春秋左氏疑義答問五卷　章炳麟撰
　稿本　上海
　章氏叢書續編本(民國刻)
　民國二十四年章氏國學講習會鉛印本　上海　南京

經 10707172
左傳讀不分卷　章炳麟撰
　稿本(潘承弼跋)　上海

經 10707173
春秋左傳讀九卷敘錄一卷　章炳麟撰
　民國二十八年吴縣潘承弼石印本　上海　復旦　南京

經 10707174
春秋左傳讀敘錄一卷　章炳麟撰
　章氏叢書本(浙江圖書館刻、古書流通處影印、右文社鉛印)

經 10707175
左傳讀續編不分卷　章炳麟撰
　稿本　上海

經 10707176
校箴膏肓評一卷　章炳麟撰
　稿本　上海

經 10707177
讀左別解一卷　朱運樞撰
　春秋筆記六種本(民國石印)

經 10707178
世族譜系一卷　朱運樞撰
　春秋筆記六種本(民國石印)

經 10707179
春秋名號歸一圖校勘記二卷拾遺二卷　吴士□輯
稿本　上海

經 10707180
讀左持平一卷　王樹榮撰
紹邵軒叢書本(民國鉛印)

經 10707181
續左氏膏肓六卷　王樹榮撰
紹邵軒叢書本(民國鉛印)

經 10707182
左氏非編年之史一卷　王樹榮撰
民國間油印本　上海

經 10707183
左氏無釋經之例一卷　王樹榮撰
民國間油印本　上海

經 10707184
左傳微十二卷　吴闓生撰
民國十二年北平文學社刻本　國圖　上海　浙大
民國十二年北平文學社刻十三年重修本　遼寧
民國十二年北平文學社刻十八年重校本　國圖　遼寧
一九九零年中國書店影印民國十二年北平文學社刻本　復旦　遼寧

經 10707185
春秋左氏傳古例詮微不分卷　劉師培撰
民國間鉛印本　國圖

經 10707186
春秋左氏傳答問一卷　劉師培撰
劉申叔先生遺書本(民國鉛印)

經 10707187
讀左劄記一卷　劉師培撰
劉申叔先生遺書本(民國鉛印)

經 10707188
春秋左傳六卷　周赤鳳編纂
民國十五年上海中原書局石印本　濟南

經 10707189
讀左百詠不分卷　陸怡森撰
民國間鉛印本　吉林

凡例之屬

經 10707190
春秋釋例一卷　漢潁容撰　清王謨輯
漢魏遺書鈔本(嘉慶刻)

經 10707191
春秋釋例一卷　漢潁容撰　清馬國翰輯
玉函山房輯佚書本(同治皇華館刻、光緒李氏印、光緒娜嬛館刻、光緒楚南書局刻)

經 10707192
春秋釋例不分卷　晉杜預撰
清抄本(清孔繼涵校並跋,清孔廣栻校,清錢坫跋)　國圖

經 10707193
春秋釋例十五卷　晉杜預撰
稿本　遼寧
武英殿聚珍版書本(木活字印、福建重刻、廣東重刻)

四庫全書本(乾隆寫)
清乾隆四十六年刻本　上海
清嘉慶五年掃葉山房倣武英殿刻本　北大　上海(葉昌熾校)　南京　湖北
日本文化元年刻本　湖北
清光緒二十五年傅氏集文堂刻本　復旦　天津　湖北
抄本　上海

經 10707194
春秋釋例十五卷　晉杜預撰　清莊述祖、清孫星衍校
岱南閣叢書本(乾隆嘉慶刻、民國影印)
古經解彙函本(同治刻、光緒石印、光緒刻)

經 10707195
春秋釋例校勘記二卷　清孫星華撰
武英殿聚珍版書本(福建重刻、廣東重刻)

經 10707196
春秋戰殺例補一卷　晉杜預撰　清孔繼涵輯
稿本　遼寧

經 10707197
春秋釋例世族譜補缺一卷　清孔廣栻撰
稿本　國圖
清抄本　國圖

經 10707198
春秋釋例補遺一卷　清孔廣栻撰
稿本　國圖

經 10707199
春秋長曆考一卷　清孔廣栻撰
稿本　國圖

經 10707200
春秋類例一卷　清江永撰
清抄本　國圖

經 10707201
馬氏左氏釋例一卷　清吴善繼撰
稿本(廖平批)　上海

經 10707202
春秋書法凡例附胡氏釋例不分卷　清徐經撰
雅歌堂全集本(光緒刻)

經 10707203
春秋左傳古義凡例一卷　廖平撰
蟄雲雷齋叢書本(光緒刻)
四益館經學叢書本(光緒刻)
新訂六譯館叢書本(民國彙印)

經 10707204
春秋左氏傳漢義補證簡明凡例二十則一卷　廖平撰
新訂六譯館叢書本(民國彙印)

經 10707205
春秋古經左氏説後義補證凡例一卷　廖平撰
新訂六譯館叢書本(民國彙印)

經 10707206
左氏春秋學外編凡例一卷　廖平撰
新訂六譯館叢書本(民國彙印)

經 10707207
春秋左氏傳傳時月日古例考一卷　劉師培撰
劉申叔先生遺書本(民國鉛印)

經 10707208
春秋左氏傳古例詮微一卷　劉師培撰
劉申叔先生遺書本(民國鉛印)

經 10707209
春秋左氏傳傳例解畧一卷　劉師培撰
劉申叔先生遺書本(民國鉛印)

經 10707210
春秋左氏傳傳注例畧一卷　劉師培撰
劉申叔先生遺書本(民國鉛印)

經 10707211
春秋左氏傳例畧一卷　劉師培撰
劉申叔先生遺書本(民國鉛印)

經 10707212
左傳五十凡例二卷　駱成駫撰
民國十六年刻本　南京

文字音義之屬

經 10707213
春秋左氏傳嵇氏音一卷　三國魏嵇康撰　清馬國翰輯
玉函山房輯佚書本(同治皇華館刻、光緒李氏印、光緒鄉嬛館刻、光緒楚南書局刻)

經 10707214
春秋徐氏音一卷　晉徐邈撰　清馬國翰輯
玉函山房輯佚書本(同治皇華館刻、光緒李氏印、光緒鄉嬛館刻、光緒楚南書局刻)

經 10707215
春秋左傳屬事古字奇字音釋一卷　明傅熙之撰
明萬曆十三年日殖齋刻本　北大　清華　人大　北師大　上海　復旦
明萬曆十三年日殖齋刻十七年重修本　國圖　湖南
明萬曆十三年日殖齋刻十七年二十六年遞修本　南京(清丁丙跋)　蘇州　福建師大　湖北
日本延享三年皇都書肆影刻明萬曆日殖齋本　國圖　上海
日本寛政六年刻本　北大

經 10707216
春秋左傳釋文校勘記六卷　清阮元撰
皇清經解本(道光刻、咸豐補刻、鴻寶齋石印、點石齋石印,十三經注疏校勘記)

經 10707217
左傳字釋一卷　清馬驌撰
清乾隆四十九年黄暹懷澄堂刻本　國圖　北大　中科院　上海　復旦　天津　浙江
清同治七年朝宗書室木活字印本　北大　天津
清光緒四年吴縣潘氏敏德堂刻本　國圖　上海　復旦　天津　遼寧
清光緒三十四年上海文瑞樓石印本　撫順　瀋陽農大　吉林市　浙江

經 10707218
春秋左傳異文釋十卷　清李富孫撰
別下齋叢書本(道光刻、商務印書館影印、竹簡齋影印)
皇清經解續編本(光緒刻、光緒石印)

經 10707219

春秋左傳音訓不分卷　清楊國楨、清袁俊等編纂
十一經音訓本(道光刻、光緒刻)

公羊傳

正文之屬

經 10707220
公羊春秋不分卷　宋□□輯
宋刻本　國圖(勞健跋)

經 10707221
春秋公羊傳二十卷　明□□輯
明隆慶元年長洲張獻翼刻本　國圖　北大　復旦　吉林社科院
明刻本　北大
明刻本　南京(清丁丙跋)

經 10707222
春秋公羊傳十二卷　明□□輯
十三經本(明吴勉學刻)　國圖　西北大學
清乾隆五十八年同人堂刻本　中山大學(清陳澧批校)

經 10707223
公羊傳佚文一卷　清王仁俊輯
經籍佚文本(稿本)

經 10707224
公羊傳初學讀本四卷　清萬廷蘭編
清嘉慶元年南昌萬氏刻十一經初學讀本本　湖北

傳說之屬

經 10707225
春秋陰陽一卷　漢董仲舒撰
增定漢魏六朝别解本(崇禎刻)

經 10707226
春秋決事一卷　漢董仲舒撰　清王謨輯
漢魏遺書鈔本(嘉慶刻)

經 10707227
春秋決事一卷　漢董仲舒撰　清馬國翰輯
玉函山房輯佚書本(同治皇華館刻、光緒李氏印、光緒嫏嬛館刻、光緒楚南書局刻)

經 10707228
公羊治獄一卷　漢董仲舒撰　清黄奭輯
漢學堂叢書本(道光刻光緒印)
黄氏逸書考本(道光刻王鑒修補、朱長圻補刻)

經 10707229
春秋決獄一卷　漢董仲舒撰　清洪頤煊輯
問經堂叢書本(嘉慶刻)
經典集林本(民國影印)

經 10707230
春秋盟會圖一卷　漢嚴彭祖撰　清王謨輯
漢魏遺書鈔本(嘉慶刻)

經 10707231
春秋盟會圖一卷　漢嚴彭祖撰　清黄奭輯
漢學堂叢書本(道光刻光緒印)
黄氏逸書考本(道光刻王鑒修補、朱長圻補刻)

經 10707232
公羊嚴氏春秋一卷　漢嚴彭祖撰　清馬國翰輯
玉函山房輯佚書本(同治皇華館刻、光緒李氏印、光緒嫏嬛館刻、光緒楚南書局刻)

經 10707233
春秋公羊嚴氏義一卷　漢嚴彭祖撰　清王仁俊輯
十三經漢注本(稿本)　上海
玉函山房輯佚書續編本(稿本)

經 10707234
春秋公羊顏氏記一卷　漢顏安樂撰　清馬國翰輯
玉函山房輯佚書本(同治皇華館刻、光緒李氏印、光緒嫏嬛館刻、光緒楚南書局刻)

經 10707235
春秋公羊眭生義一卷　漢眭生撰　清王仁俊輯
十三經漢注本(稿本)　上海
玉函山房輯佚書續編本(稿本)

經 10707236
春秋公羊貢氏義一卷　漢貢禹撰　清王仁俊輯
十三經漢注本(稿本)　上海
玉函山房輯佚書續編本(稿本)

經 10707237
解疑論一卷　漢戴宏撰　清馬國翰輯
玉函山房輯佚書本(同治皇華館刻、光緒李氏印、光緒嫏嬛館刻、光緒楚南書局刻)

經 10707238
騶氏春秋說一卷　漢騶氏撰　清王紹蘭輯
蕭山王氏十萬卷樓輯佚七種本(清抄)

經 10707239
春秋公羊經傳十二卷　漢何休注
明崇禎間武林錢受益刻本　上海
日本佐倉成德書院刻本　上海
紅格抄本　上海

經 10707240
春秋公羊經傳解詁十二卷釋文一卷　漢何休撰　唐陸德明撰釋文音義
宋淳熙撫州公使庫刻紹熙四年重修本　國圖
一九八七年中華書局影印宋淳熙間撫州刻紹熙四年重修本　南京

經 10707241
春秋公羊經傳解詁十二卷　漢何休撰　唐陸德明音義
宋紹熙二年余仁仲萬卷堂刻本　國圖(清黄彭年、李盛鐸、袁克文跋)
四部叢刊本(民國影印)
清道光四年揚州汪氏問禮堂影刻宋紹熙本　北大

經 10707242
春秋公羊經傳解詁(春秋公羊傳)十二卷　漢何休撰　唐陸德明音義
清道光四年揚州汪氏問禮堂影刻宋紹熙本同治二年印本　國圖　北大　中科院　天津　上海　復旦　南京　蘇州大學(清楊沂孫批點並跋)　安徽(清戴望圈點題識)　浙江　湖北(武昌徐氏錄佚名批校)

遼寧

十三經讀本本(同治金陵書局刻)

清光緒二十一年金陵書局刻本　國圖　北大　天津　上海　南京　浙江　湖北　遼寧

清末李光明莊刻本　湖北　遼寧　遼大

經 10707243

春秋公羊傳十一卷附重刊宋紹熙公羊傳注附音本校記一卷　漢何休撰　唐陸德明音義

民國五年上海大成書局石印本　上海　遼寧　浙大

民國十一年上海錦章圖書局石印本　遼寧

經 10707244

春秋公羊傳讀本十二卷　漢何休撰　唐陸德明音義　清魏彥校

十三經讀本本(民國醒園刻)

經 10707245

重刊宋紹熙公羊傳注附音本校記一卷　清魏彥撰

清道光四年揚州汪氏問禮堂影刻宋紹熙本同治二年印本　國圖　北大　中科院　天津　上海　復旦　南京　蘇州大學(清楊沂孫批點並跋)　安徽(清戴望圈點題識)　浙江　湖北(武昌徐氏錄佚名批校)　遼寧

清光緒二十一年金陵書局刻本　國圖　北大　天津　上海　南京　浙江　湖北

清末李光明莊刻本　湖北

十三經讀本本(民國醒園刻)

經 10707246

春秋公羊傳十一卷　漢何休注　唐陸德明音義

清同治七年湖北崇文書局刻本　國圖　北大　天津　上海　南京　湖北　遼寧

金華叢書本(同治光緒刻、民國補刻)

清光緒五年山西濬文書局刻本　浙江

清光緒十二年湖北官書處刻本　國圖　北大　天津　上海　湖北　瀋陽　黑龍江

清光緒十二年星沙文昌書局刻本　國圖　天津　浙江　湖北　吉大

清光緒十七年湖南思賢書局刻本　瀋陽　吉大

清光緒十九年桂垣書局刻本　天津

清光緒二十二年新化三味堂刻本　湖北

清光緒三十年浙紹墨潤堂石印武昌局本　浙江

唐開成石壁十二經本(民國刻)

經 10707247

春秋公羊傳二十八卷　漢何休解詁　唐陸德明音義　明葛鼒校　明金蟠訂

十三經古注本(崇禎金蟠刻)　上海(莫棠校)　湖北(清何焯校，佚名點讀)

經 10707248

春秋公羊傳十一卷　漢何休解詁　唐陸德明音義

十三經讀本附校刊記本(同治山東書局刻)

清光緒八年錦江書局影刻山東尚志堂本　北大　上海　南京

經 10707249
春秋公羊傳校刊記一卷　清丁寶楨等撰
十三經讀本附校刊記本(同治山東書局刻)
清光緒八年錦江書局影刻山東尚志堂本　北大　上海　南京

經 10707250
春秋文謚例一卷　漢何休撰　清馬國翰輯
玉函山房輯佚書本(同治皇華館刻、光緒李氏印、光緒嫏嬛館刻、光緒楚南書局刻)

經 10707251
駁春秋釋痾(春秋釋痾駁)一卷　漢何休撰　清王仁俊輯
玉函山房輯佚書續編本(稿本)
十三經漢注本(稿本,春秋釋痾駁)　上海

經 10707252
春秋漢議一卷　漢何休撰　清王仁俊輯
十三經漢注本(稿本)　上海
玉函山房輯佚書續編本(稿本)

經 10707253
公羊墨守一卷　漢何休撰　清王謨輯
漢魏遺書鈔本(嘉慶刻)

經 10707254
發墨守一卷　漢鄭玄撰
四庫全書本(乾隆寫)
清刻本　南京
抄本　中科院　上海

經 10707255
發墨守一卷　漢鄭玄撰　清王復輯　清武億校
藝海珠塵本(嘉慶刻道光增刻)
問經堂叢書本(嘉慶刻)
反約篇本(同治抄)　福建師大
榕園叢書本(同治刻、民國印)
後知不足齋叢書本(光緒刻)
食舊堂叢書本(民國刻)

經 10707256
發公羊墨守一卷　漢鄭玄撰　清孔廣林輯
通德遺書所見錄本(光緒刻)

經 10707257
發墨守一卷　漢鄭玄撰　清袁鈞輯
鄭氏佚書本(光緒觀稼樓刻、浙江書局刻)

經 10707258
發公羊墨守一卷　漢鄭玄撰　清黄奭輯
黄氏逸書考本(道光刻王鑒修補、朱長圻補刻)

經 10707259
春秋公羊鄭氏義一卷　漢鄭玄撰　清王仁俊輯
十三經漢注本(稿本)　上海

經 10707260
公羊一卷　漢鄭玄注　龍璋輯
小學蒐佚本(民國鉛印)

經 10707261
春秋公羊孔氏傳一卷　晉孔衍撰　清王仁俊輯
玉函山房輯佚書續編本(稿本)

經 10707262
春秋公羊王門子注一卷　晉王愆期撰　清王仁俊輯
玉函山房輯佚書續編本(稿本)
十三經漢注本(稿本)　上海

經 10707263
春秋公羊立劉氏注一卷　晉劉兆撰　清王仁俊輯
玉函山房輯佚書續編本(稿本)

經 10707264
公羊一卷　晉劉兆注　龍璋輯
小學蒐佚本(民國鉛印)

經 10707265
春秋公羊疏三十卷(存卷一至七)　唐徐彦撰
宋刻元修本　國圖
清末民國初蔣汝藻密韻樓傳抄北宋本　復旦
古逸叢書本(光緒刻)

經 10707266
春秋公羊疏殘七卷附校勘記一卷　唐徐彦撰　劉承幹校勘
嘉業堂叢書本(民國刻)

經 10707267
春秋公羊疏校勘記一卷　劉承幹撰
嘉業堂叢書本(民國刻)

經 10707268
監本附音春秋公羊注疏二十八卷　漢何休注　唐徐彦疏　唐陸德明音義
元刻本　南京
元刻明修本　國圖　北大　北京文物局　上海　甘肅　天一閣　樂平　湖南師大　重慶　川師大　南京(清丁丙跋)

經 10707269
監本附音春秋公羊注疏二十八卷附校勘記二十八卷　漢何休注　唐徐彦疏　唐陸德明音義　清阮元校勘
重刊宋本十三經註疏附校勘記本(嘉慶刻、道光重修、同治重修、同治刻、光緒刻、光緒石印、民國石印)
重刊宋本十三經註疏附校勘記本(嘉慶南昌府學刻)　國圖(王國維校並跋)

經 10707270
監本附音春秋公羊注疏四卷校勘記四卷　清阮元校勘
重刊宋本十三經註疏附校勘記本(光緒點石齋石印)

經 10707271
春秋公羊傳校勘記(春秋公羊傳注疏校勘記)十一卷釋文校勘記一卷　清阮元撰
皇清經解本(道光刻、咸豐補刻、鴻寶齋石印、點石齋石印，十三經注疏校勘記)
清光緒十四年上海書局影印本　國圖
宋本十三經注疏併經典釋文校勘記本(光緒刻，春秋公羊傳注疏校勘記)

經 10707272
春秋公羊注疏校勘記二十八卷　清阮元撰　清盧宣旬摘錄
重刊宋本十三經註疏附校勘記本(嘉

川 重慶 寧夏
袖珍十三經註本(同治刻)
清味經堂重刻明天啟元年吴興閔氏本 上海

經 10707281
公羊傳十二卷 漢何休注 明鍾惺評
明崇禎九年刻本 復旦

經 10707282
公羊傳二卷 明鍾惺評
清刻本 南京

經 10707283
公羊傳選二卷 清儲欣評
清乾隆三十八年同文堂刻本 上海

經 10707284
公羊傳一卷 明陳淏子輯 明鍾惺選
明崇禎十三年刻本 國圖

經 10707285
公羊墨史二卷 明周拱辰撰 明陸時雍、清張履祥評點
清道光二十三年聖雨齋刻本 南京
周孟侯先生全書本(道光刻,光緒補)

經 10707286
公羊傳選一卷 清孫琮輯
山曉閣文選本(康熙刻)

經 10707287
公羊傳選一卷 清儲欣評 清儲芝參述
清乾隆四十九年受祉堂刻本 天津 上海
清光緒九年靜遠堂刻本 上海 湖北

經 10707288
公羊傳評二卷 清王源評訂
清康熙五十五年漣水程氏刻本 國圖 清華 天津 上海 南京 遼寧 湖北
文章練要本(雍正信芳齋刻)

經 10707289
公羊折諸六卷首一卷 清張尚瑗撰
清雍正元年刻本 北大 上海 中科院 重慶
四庫全書本(乾隆寫)

經 10707290
公羊古義一卷 清惠棟撰
昭代叢書本(道光刻)

經 10707291
公羊傳鈔一卷 清高塘集評
高梅亭讀書叢鈔本(乾隆刻)
清乾隆間雙桐書屋刻本 南京

經 10707292
春秋公羊經傳通義十一卷敍一卷 清孔廣森撰
顨軒孔氏所著書本(嘉慶刻)

經 10707293
春秋公羊通義十二卷敍一卷 清孔廣森撰
皇清經解本(道光刻、咸豐補刻、鴻寶齋石印、點石齋石印)

經 10707294
公羊問答二卷 清淩曙撰
蜚雲閣淩氏叢書本(道光刻)
咫進齋叢書本(光緒刻)

皇清經解續編本(光緒刻、光緒石印)

經 10707295
春秋公羊禮疏(公羊禮疏)十一卷　清淩曙撰
蜚雲閣淩氏叢書本(嘉慶刻)
咫進齋叢書本(光緒刻)
皇清經解續編本(光緒刻、光緒石印)

經 10707296
公羊禮說一卷　清淩曙撰
蜚雲閣淩氏叢書本(嘉慶刻)
皇清經解本(道光刻、咸豐補刻、鴻寶齋石印、點石齋石印)

經 10707297
發墨守評一卷　清劉逢祿撰
皇清經解本(道光刻、咸豐補刻、鴻寶齋石印、點石齋石印)
清光緒二十三年廣州太清樓刻本　國圖　北大　南京　浙大

經 10707298
公羊春秋何氏解詁箋一卷　清劉逢祿撰
皇清經解本(道光刻、咸豐補刻、鴻寶齋石印、點石齋石印)
清咸豐十年補刻本　復旦
清光緒二十三年廣州太清樓刻本　國圖　北大　南京　浙大

經 10707299
春秋公羊經何氏釋例十卷後錄六卷　清劉逢祿撰
清嘉慶間養一齋刻本　國圖　中科院　上海　南京　浙江殘　湖北

經 10707300
春秋公羊經何氏釋例十卷　清劉逢祿撰
皇清經解本(道光刻、咸豐補刻、鴻寶齋石印、點石齋石印)
清光緒二十三年廣州太清樓刻本　國圖　北大　南京　浙大

經 10707301
春秋公羊傳旁訓四卷　□□輯
清掃葉山房刻本　上海　復旦(清姚椿校並錄清姚鼐批校)　南京　湖北

經 10707302
公羊經傳異文集解二卷　清吴壽暘撰
稿本　國圖
清抄本(吴壽暘訂補)　國圖

經 10707303
公羊逸禮考徵一卷　清陳奐撰
稿本　吴江
清同治四年元和陳倬抄本　北大
滂喜齋叢書本(同治刻)
孫谿朱氏經學叢書初編本(光緒刻)
槐廬叢書本(光緒刻)
皇清經解續編本(光緒刻、光緒石印)

經 10707304
春秋決事比一卷　清龔自珍撰
皇清經解續編本(光緒刻、光緒石印)
清光緒二十三年廣州羊城崇蘭僊館刻本　國圖

經 10707305
春秋公羊注疏質疑二卷　清何若瑤撰
何宮贊遺書本(光緒刻)
廣雅書局叢書本(光緒刻)

經 10707306

宋余仁仲本公羊經傳解詁校記一卷 清王振聲撰
王文村遺著本(稿本)

經 10707307
公羊注疏校勘記補正一卷 清王振聲撰
王文村遺著本(稿本)

經 10707308
春秋公羊傳曆譜十一卷 清包慎言撰
皇清經解續編本(光緒刻、光緒石印)

經 10707309
公羊義疏十一卷 清陳立撰
稿本 國圖
稿本(清戴望跋,陳汝恭校) 上海
清抄本 國圖

經 10707310
公羊義疏七十六卷 清陳立撰
清抄本(清孫詒讓校) 温州
皇清經解續編本(光緒刻、光緒石印)

經 10707311
發墨守評一卷 清桂文燦撰
桂坫傳抄稿本 復旦

經 10707312
春秋公羊傳平議一卷 清俞樾撰
皇清經解續編本(光緒刻、光緒石印)
春在堂全書本(同治至光緒刻,羣經平議)

經 10707313
讀公羊注記疑三卷 清張憲和撰
張氏公羊二種本(光緒刻)

經 10707314
公羊臆三卷 清張憲和撰
張氏公羊二種本(光緒刻)

經 10707315
公羊約解五卷 清劉曾騄撰
祥符劉氏叢書本(清末民初石印,九經約解)

經 10707316
發墨守疏證一卷 清皮錫瑞撰
清光緒二十五年善化皮氏刻本 國圖 上海

經 10707317
公羊箋十一卷 清王闓運撰
清光緒十一年成都尊經書局刻本 國圖 上海 復旦 南京 浙大 遼寧
清光緒二十六年刻本 南京

經 10707318
春秋公羊傳箋十一卷 清王闓運撰
湘綺樓全書本(光緒宣統刻)

經 10707319
何氏公羊解詁十論一卷續十論一卷再續十論一卷春秋天子二伯方伯卒正附尊卑表一卷儀注表一卷儀注表一卷 廖平撰
蟄雲雷齋叢書本(光緒刻)
四益館經學叢書本(光緒刻,無附)
新訂六譯館叢書本(民國彙印,無附)

經 10707320
何氏公羊解詁一卷 廖平撰
清宣統三年上海國學扶輪社鉛印

張氏適園叢書二集本　國圖　上海　復旦　天津　吉大

經 10707321
公羊春秋經傳驗推補證十一卷首一卷　擬大統春秋條例一卷　廖平撰
清光緒二十九年刻本　國圖　浙大　吉林社科院
新訂六譯館叢書本(民國彙印)

經 10707322
擬大統春秋條例一卷　廖平撰
清光緒二十九年刻本　國圖　浙大
新訂六譯館叢書本(民國彙印)

經 10707323
公羊春秋補證凡例一卷　廖平撰
新訂六譯館叢書本(民國彙印)

經 10707324
校正公羊一卷　廖平撰
稿本　四川社科院

經 10707325
春秋董氏學八卷附傳一卷　康有爲撰
萬木草堂叢書本(光緒刻)　北大　上海　南京　浙大
萬木草堂叢書本(光緒上海刻)　國圖　北大　中科院　復旦　濟南
萬木草堂叢書本(民國上海刻)　國圖　天津　上海　南京

經 10707326
公羊何注考訂一卷　王樹榮撰
紹邵軒叢書本(民國鉛印)

經 10707327
箴箴何篇一卷　王樹榮撰
紹邵軒叢書本(民國鉛印)

經 10707328
續公羊墨守三卷　王樹榮撰
紹邵軒叢書本(民國鉛印)

經 10707329
續公羊墨守附篇三卷　王樹榮撰
紹邵軒叢書本(民國鉛印)

文字音義之屬

經 10707330
春秋公羊傳異文釋一卷　清李富孫撰
別下齋叢書本(道光刻、商務印書館影印、竹簡齋影印)
皇清經解續編本(光緒刻、光緒石印)

經 10707331
春秋公羊傳音訓不分卷　清楊國楨、清袁俊等編纂
十一經音訓本(道光刻、光緒刻)

經 10707332
公羊方言疏箋一卷　清淳于鴻恩撰
清光緒三十四年金泉精舍刻本　國圖　北大　南京　湖北
抄本　中科院

穀梁傳

正文之屬

經 10707333
穀梁春秋不分卷　宋□□輯
宋刻本　國圖(勞健跋)

經 10707334
春秋穀梁傳十二卷　明□□輯
明隆慶元年刻本　國圖　北大　復旦　吉林社科院
十三經本(明吴勉學刻)　國圖　西北大學
明刻本　上海　南京
清乾隆五十八年同人堂刻本　中山大學(清陳澧批校)

經 10707335
穀梁傳十二卷　明□□輯
明末刻本　故宫　浙大　河南
日本寬文八年荒川宋辰刻本　遼寧

傳説之屬

經 10707336
春秋穀梁傳章句一卷　漢尹更始撰　清馬國翰輯
玉函山房輯佚書本(同治皇華館刻、光緒李氏印、光緒娜嬛館刻、光緒楚南書局刻)

經 10707337
春秋穀梁劉氏義一卷　漢劉向撰
十三經漢注本(稿本)　上海

經 10707338
春秋穀梁傳説一卷　漢劉向撰　清馬國翰輯
玉函山房輯佚書本(同治皇華館刻、光緒李氏印、光緒娜嬛館刻、光緒楚南書局刻)

經 10707339
春秋穀梁劉更生義一卷　漢劉向撰　清王仁俊輯
玉函山房輯佚書續編本(稿本)

經 10707340
春秋穀梁段氏注一卷　漢段肅撰　清王仁俊輯
玉函山房輯佚書續編本(稿本)

經 10707341
穀梁廢疾一卷　漢何休撰　清王謨輯
漢魏遺書鈔本(嘉慶刻)

經 10707342
起廢疾一卷　漢鄭玄撰
四庫全書本(乾隆寫)
抄本　中科院　上海

經 10707343
起廢疾一卷　漢鄭玄撰　清王復輯　清武億校
藝海珠塵本(嘉慶刻道光增刻)
問經堂叢書本(嘉慶刻)
反約篇本(同治抄)　福建師大
榕園叢書本(同治刻、民國印)
後知不足齋叢書本(光緒刻)
食舊堂叢書本(民國刻)

經 10707344
釋穀梁廢疾一卷　漢鄭玄撰　清黄奭輯
黄氏逸書考本(道光刻王鑒修補、朱長圻補刻)

經 10707345
釋穀梁廢疾一卷　漢鄭玄撰　清孔廣林輯
通德遺書所見錄本(光緒刻)

經 10707346

釋廢疾一卷　漢鄭玄撰　清袁鈞輯
鄭氏佚書本(光緒觀稼樓刻、浙江書局刻)

經 10707347
春秋穀梁傳解釋(存卷五)　三國魏糜信撰
鳴沙石室佚書本(民國影印)

經 10707348
穀梁傳注一卷　三國魏糜信撰　清王謨輯
漢魏遺書鈔本(嘉慶刻)

經 10707349
春秋穀梁傳注一卷　三國魏糜信撰　清黄奭輯
漢學堂叢書本(道光刻光緒印)
黄氏逸書考本(道光刻王鑒修補、朱長圻補刻)

經 10707350
春秋穀梁傳糜氏注一卷　三國魏糜信撰　清馬國翰輯
玉函山房輯佚書本(同治皇華館刻、光緒李氏印、光緒嫏嬛館刻、光緒楚南書局刻)

經 10707351
春秋穀梁傳徐氏注一卷　晉徐乾撰　清馬國翰輯
玉函山房輯佚書本(同治皇華館刻、光緒李氏印、光緒嫏嬛館刻、光緒楚南書局刻)

經 10707352
春秋穀梁傳注義一卷　晉徐邈撰　清馬國翰輯
玉函山房輯佚書本(同治皇華館刻、光緒李氏印、光緒嫏嬛館刻、光緒楚南書局刻)

經 10707353
春秋穀梁傳集解(存卷三)　晉范甯撰
鳴沙石室古籍叢殘本(民國影印)

經 10707354
春秋穀梁傳集解(存卷十二)　晉范甯撰
敦煌祕籍留真新編本(民國影印)

經 10707355
穀梁傳選二卷　清儲欣評　清儲芝参述
清乾隆三十八年同文堂刻本　上海

經 10707356
春秋穀梁傳十二卷　晉范甯集解
十三經讀本本(同治金陵書局刻)

經 10707357
春秋穀梁傳二十卷　晉范甯集解　明葛鼒校　明金蟠訂
十三經古注本(崇禎刻、同治重修)
十三經古注本(崇禎刻)　上海(莫棠校)　湖北(清何焯校,徐恕點讀)
清康熙間何焯校永懷堂本　湖北(徐恕點讀)

經 10707358
春秋穀梁傳十二卷攷一卷　明閔齊伋裁注並撰考
明天啓元年閔齊伋刻三色套印本　國圖　北大　人大　北師大　上海　華東師大　天津　遼寧

經 10707359
春秋穀梁傳十二卷 晉范甯集解 唐陸德明音義
明末唐錦池文林閣刻本 國圖 上海 吉大 益都博 鄞縣文管所 山西 安慶 潛江 湖南 中山大學
清味經堂重刻明天啓元年吴興閔氏本 北大 上海

經 10707360
春秋穀梁傳十二卷攷一卷 明閔齊伋裁注並撰考
袖珍十三經註本(同治刻)

經 10707361
春秋穀梁傳十二卷附考異一卷 晉范甯集解 唐陸德明音義 (考異)清楊守敬撰
古逸叢書本(光緒刻)
湖北先正遺書本(民國影印)

經 10707362
春秋穀梁傳讀本十二卷附考異一卷 晉范甯集解 唐陸德明音義 (考異)清楊守敬撰 唐文治輯
十三經讀本本(民國醒園刻)

經 10707363
余仁仲萬卷堂穀梁傳考異一卷 清楊守敬撰
古逸叢書本(光緒刻)
湖北先正遺書本(民國影印)
十三經讀本本(民國醒園刻)

經 10707364
春秋穀梁傳十二卷 晉范甯集解 唐陸德明音義
南宋余仁仲萬卷堂刻本 臺北故博(存六卷)
日本影印宋余仁仲萬卷堂本 國圖
明武林王道焜校刻本 上海 南京
清同治七年湖北崇文書局刻本 國圖 北大 天津 上海 南京 湖北 遼寧
十三經讀本本(同治金陵書局刻)
金華叢書本(同治光緒刻、民國補刻)
清光緒九年桂垣書局刻本 湖北
清光緒十二年湖北官書處刻本 國圖 北大 天津 上海 南京 湖北 瀋陽 吉大
清光緒十二年星沙文昌書局刻本 天津 浙江 湖北
清光緒十七年思賢講舍刻本 北大 南京 瀋陽 吉大
清光緒十九年桂垣書局刻本 國圖 吉林社科院
清光緒二十一年金陵書局刻本 國圖 北大 上海 南京 浙江 湖北 吉林
清光緒二十二年新化三味堂刻本 大連 吉大 吉林社科院
清光緒間江寧李光明莊刻本 國圖 天津 湖北

經 10707365
春秋穀梁傳十二卷 晉范甯集解 唐陸德明音義
十三經讀本附校刊記本(同治山東書局刻)
清光緒八年錦江書局影刻山東尚志堂本 北大 上海 復旦 南京 湖北 遼寧

經 10707366
春秋穀梁傳校刊記一卷 清丁寶楨撰

十三經讀本附校刊記本(同治山東書局刻)
清光緒八年錦江書局影刻山東尚志堂本　北大　上海　復旦　南京　湖北

經 10707367
答薄氏駁穀梁義一卷　晉范甯撰　清王謨輯
漢魏遺書鈔本(嘉慶刻)

經 10707368
薄叔元問穀梁義一卷　晉范甯撰　清馬國翰輯
玉函山房輯佚書本(同治皇華館刻、光緒李氏印、光緒嫏嬛館刻、光緒楚南書局刻)

經 10707369
穀梁傳例一卷　晉范甯撰　清王謨輯
漢魏遺書鈔本(嘉慶刻)

經 10707370
穀梁傳例一卷　晉范甯撰　清黄奭輯
漢學堂叢書本(道光刻光緒印)
黄氏逸書考本(道光刻王鑒修補、朱長圻補刻)

經 10707371
春秋穀梁傳鄭氏說一卷　晉鄭嗣撰　清馬國翰輯
玉函山房輯佚書本(同治皇華館刻、光緒李氏印、光緒嫏嬛館刻、光緒楚南書局刻)

經 10707372
春秋穀梁劉氏注一卷　晉劉兆撰　清王仁俊輯
玉函山房輯佚書續編本(稿本)

經 10707373
穀梁一卷　晉劉兆注　龍璋輯
小學蒐佚本(民國鉛印)

經 10707374
春秋穀梁疏十二卷(存卷七至十二)　唐楊士勛撰
清乾隆嘉慶間陳鱣抄本　北大
清咸豐七年瞿氏恬裕齋抄本(季錫疇跋)　國圖
民國五年吴興劉氏嘉業堂傳抄清張金吾愛日精廬抄本(繆荃孫校,劉承幹跋)　復旦

經 10707375
穀梁疏存七卷附校勘記二卷　唐楊士勛撰　劉承幹校勘
嘉業堂叢書本(民國刻)

經 10707376
穀梁疏校勘記二卷　劉承幹撰
稿本　復旦
嘉業堂叢書本(民國刻)

經 10707377
監本附音春秋穀梁注疏二十卷　晉范甯集解　唐陸德明音義　唐楊士勛疏
宋刻元修本　國圖
元刻本　南京
元刻明修本　國圖　北大　北京文物局　南京(清丁丙跋)　延大　甘肅　天一閣　樂平

經 10707378
監本附音春秋穀梁注疏二十卷附校勘記二十卷　晉范甯集解　唐陸德明音義　唐楊士勛疏　清阮元校勘
重刊宋本十三經註疏附校勘記本(嘉慶刻、道光重修、同治重修、同治刻、光緒刻、光緒石印、民國石印)
清嘉慶十三年刻十三經注疏校勘記本　復旦(清王振聲校,王欣夫跋)

經 10707379
春秋穀梁注疏二十卷　晉范甯集解　唐陸德明音義　唐楊士勛疏
十三經註疏本(嘉靖福建刻)　復旦(清姚椿校)
十三經註疏本(萬曆北監刻)　上海(清陳澧校)　國圖　上海　復旦　南京　遼寧　南大　安徽　福建　四川
十三經註疏本(崇禎汲古閣刻)　國圖(姚世鈺跋並錄何焯校跋)　上海(清張爾耆校,清吴孝顯錄清段玉裁、清嚴傑、清浦鏜校)　復旦(王欣夫屬臨清何煌、清惠棟、清張爾耆校)山東博(佚名錄,清鄭杲批校,王獻唐跋)

經 10707380
春秋穀梁傳注疏二十卷附考證晉范甯集解　唐陸德明音義　唐楊士勛疏
十三經註疏附考證本(乾隆武英殿刻、同治鍾謙鈞刻)
四庫全書薈要本(乾隆寫)
四庫全書本(乾隆寫)

經 10707381
春秋穀梁傳校勘記(春秋穀梁傳注疏校勘記)十二卷釋文校勘記一卷　清阮元撰
皇清經解本(道光刻、咸豐補刻、鴻寶齋石印、點石齋石印,十三經注疏校勘記)
宋本十三經註疏併經典釋文校勘記本(光緒刻)

經 10707382
春秋穀梁傳注疏校勘記二十卷　清阮元撰　清盧宣旬摘錄
重刊宋本十三經註疏附校勘記本(嘉慶刻、道光重修、同治重修、同治刻、光緒刻、光緒石印、民國石印)

經 10707383
春秋穀梁傳讞六卷　宋葉夢得撰
四庫全書本(乾隆寫)
清顧氏藝海樓抄本(清葉廷琯跋)　南京
清抄本　南京(清丁丙跋)　遼寧

經 10707384
穀梁傳一卷　明陳淏子輯　明鍾惺選
明崇禎十三年刻本　國圖

經 10707385
穀梁傳二卷　明鍾惺評
清刻本　南京

經 10707386
穀梁傳選一卷　清孫琮輯
山曉閣文選本(康熙刻)

經 10707387

穀梁傳選一卷　清儲欣評　清儲芝参述
清乾隆四十九年受祉堂刻本　天津　上海

經 10707388
春秋穀梁傳注疏考證四卷　清齊召南撰
清乾隆五十八年留餘堂刻本　上海

經 10707389
穀梁傳評一卷　清王源評訂
清康熙五十五年漣水程氏刻本　國圖　清華　天津　上海　南京　遼寧　湖北
文章練要本(雍正信芳齋刻)

經 10707390
穀梁折諸六卷首一卷附公羊穀梁後論　清張尚瑗撰
清雍正元年刻本　北大　上海　中科院　重慶
四庫全書本(乾隆寫)
清敬足齋刻本　中科院　天津

經 10707391
穀梁古義一卷　清惠棟撰
昭代叢書本(道光刻)

經 10707392
春秋穀梁傳注疏考證一卷　清齊召南撰
皇清經解本(道光刻、咸豐補刻、鴻寶齋石印、點石齋石印)
清光緒十四年上海書局石印本　國圖

經 10707393
穀梁傳補注一卷　清姚鼐撰
惜抱軒全集本(同治刻、光緒刻、民國石印)
南菁書院叢書本(光緒刻)

經 10707394
穀梁傳鈔一卷　清高塘集評
高梅亭讀書叢鈔本(乾隆刻)

經 10707395
穀梁廢疾申何二卷　清劉逢祿撰
皇清經解本(道光刻、咸豐補刻、鴻寶齋石印、點石齋石印)

經 10707396
春秋穀梁傳時月日書法釋例四卷　清許桂林撰
清道光二十五年刻本　國圖(清李慈銘批)　國圖　中科院　天津　湖北
粵雅堂叢書本(咸豐刻)
皇清經解續編本(光緒刻、光緒石印)

經 10707397
穀梁大義述不分卷　清柳興恩撰
清道光二十六年刻本　國圖　中科院
木犀軒叢書本(光緒刻)
清抄本　北大

經 10707398
穀梁大義述三十卷　清柳興恩撰
皇清經解續編本(光緒刻、光緒石印)

經 10707399
穀梁禮證二卷　清侯康撰
嶺南遺書本(道光刻)
皇清經解續編本(光緒刻、光緒石印)

經 10707400
穀梁補注二十四卷首一卷　清鍾文烝補注
清同治七年南菁書院刻本　復旦
皇清經解續編本(光緒刻、光緒石印)

經 10707401
春秋穀梁經傳補注(穀梁補注)二十四卷 附律句一卷 清鍾文烝補注
清光緒二年嘉善鍾氏信美室刻本 武漢(清謝章鋌圈點並識) 國圖 北大 中科院 遼寧 吉林 黑龍江

經 10707402
春秋穀梁傳平議一卷 清俞樾撰
皇清經解續編本(光緒刻、光緒石印)
春在堂全書本(同治至光緒刻,羣經平議)

經 10707403
穀梁逸禮一卷 清丁士涵撰
吴縣王氏學禮齋傳抄稿本 復旦

經 10707404
穀梁申義一卷 清王闓運撰
清光緒十七年刻本 國圖 湖北 吉林社科院

經 10707405
穀梁正義一卷 清梅毓撰
清抄本 北大

經 10707406
穀梁約解五卷 清劉曾騄撰
祥符劉氏叢書本(清末民初石印,九經約解)

經 10707407
穀梁起廢疾補箋不分卷 清張佩綸箋
手稿本 上海
抄本 上海

經 10707408
穀梁大義述補闕不分卷 清張慰祖撰
清抄本 南京
民國間國學圖書館傳抄本 南京
民國二十四年南京國學圖書館影印本 國圖 北大 中科院 復旦 南京

經 10707409
穀梁大義述補不分卷 清張慰祖撰
民國間北平哈佛大學圖書館抄本 北大 上海

經 10707410
穀梁范注闕地釋二卷 清彭夢白撰
清光緒十五年技雲山房刻本 復旦

經 10707411
春秋穀梁傳旁訓四卷 □□輯
清掃葉山房刻本 上海 復旦(清姚椿校並錄清姚鼐批校)湖北

經 10707412
春秋穀梁傳序一卷 清王仁俊輯
玉函山房輯佚書續編本(稿本)

經 10707413
春秋穀梁傳補注十五卷 柯劭忞撰
民國十六年國立北京大學研究院文史部鉛印柯劭忞先生遺著本 國圖 北大 中科院 遼寧 吉林 黑龍江

經 10707414
春秋穀梁經傳古義疏十一卷 廖平撰
稿本 四川
清光緒二十五年刻本 中科院
民國十八年成都刻本 南京

經 10707415
穀梁春秋經傳古義疏十一卷　廖平撰　廖宗澤補疏
清光緒二十六年日新書局刻本　國圖　北大　中科院　天津　上海　南京
民國十九年成都鴻寶書社刻本　上海　復旦　南京　遼寧

經 10707416
重訂穀梁春秋經傳古義疏十一卷　廖平撰　廖宗澤補疏
渭南嚴氏孝義家塾叢書本(民國刻)

經 10707417
起起穀梁廢疾一卷　廖平撰
新訂六譯館叢書本(民國彙印)
清光緒二十五年刻本　中科院
渭南嚴氏孝義家塾叢書本(民國刻)

經 10707418
起起廢疾一卷　廖平撰
清光緒十一年廖氏刻四益館穀梁春秋外編本　國圖　天津

經 10707419
釋范一卷　廖平撰
清光緒十一年廖氏刻四益館穀梁春秋外編本　國圖　天津
清光緒二十五年刻本　中科院
新訂六譯館叢書本(民國彙印)
渭南嚴氏孝義家塾叢書本(民國刻)

經 10707420
穀梁春秋經傳古義凡例一卷　廖平撰
新訂六譯館叢書本(民國彙印)

經 10707421
穀梁春秋經學外篇凡例一卷　廖平撰
新訂六譯館叢書本(民國彙印)

經 10707422
四益館穀梁春秋外編敍目一卷　廖平撰
新訂六譯館叢書本(民國彙印)

經 10707423
穀梁釋經重辭說一卷　葉瀚撰
晚學廬叢稿本(稿本)

經 10707424
唐寫本春秋穀梁傳解釋　羅振玉輯
民國二年珂羅版影印本　國圖

經 10707425
續穀梁廢疾三卷　王樹榮撰
民國二十四年安慶鉛印本　國圖
紹邵軒叢書本(民國鉛印)

經 10707426
春秋穀梁古注彙考一卷　劉鶴中撰
民國間抄本　國圖

文字音義之屬

經 10707427
春秋穀梁傳釋文校勘記一卷　清阮元撰
重刊宋本十三經註疏附校勘記本(嘉慶刻)　復旦(清王振聲校,王欣夫跋)
皇清經解本(道光刻、咸豐補刻、鴻寶齋石印、點石齋石印,十三經注疏校勘記)
宋本十三經註疏併經典釋文校勘記本(光緒刻)

經 10707428
春秋穀梁傳異文釋一卷　清李富孫撰

別下齋叢書本(道光刻、商務印書館影印、竹簡齋影印)
皇清經解續編本(光緒刻、光緒石印)

經 10707429
春秋穀梁傳音訓不分卷　清楊國楨、清袁俊等編纂
十一經音訓本(道光刻、光緒刻)

春秋總義

正文之屬

經 10707430
春秋一卷　明□□輯
五經本(弘治刻、嘉靖朱廷立刻、翁溥刻)
古香齋袖珍十種本(内府刻、南海孔氏重刻)
篆文六經四書本(雍正内府刻、光緒影印、民國影印)
清漁村學者抄本　南京
清朱墨筆寫本　復旦
清抄本(清鍾文烝校,清沈善登據景宋紹熙本校)　復旦
日本弘化間刻巾箱本　南京

經 10707431
春秋白文二卷　明□□輯
五經白文本(明刻)　國圖　上海

經 10707432
春秋四卷附録一卷　清賀瑞麟輯
西京清麓叢書本(光緒刻)

經 10707433
春秋十二卷　明陳鳳梧篆書
篆文六經本(嘉靖刻)

經 10707434
御製翻譯春秋(滿漢對照)六十四卷　清□□譯
清乾隆四十九年武英殿刻本　南京　大連
清末刻本　北大

傳說之屬

經 10707435
春秋大傳一卷　漢□□撰　清馬國翰輯
玉函山房輯佚書本(同治皇華館刻、光緒李氏印、光緒嫏嬛館刻、光緒楚南書局刻)

經 10707436
春秋大傳補說　清何志高撰
西夏經義(道光刻、光緒刻)

經 10707437
春秋三家經本訓詁一卷　漢賈逵撰　清王仁俊輯
玉函山房輯佚書續編本(稿本)
十三經漢注本(稿本)　上海

經 10707438
春秋三傳異同說一卷　漢馬融撰　清馬國翰輯
玉函山房輯佚書本(同治皇華館刻、光緒李氏印、光緒嫏嬛館刻、光緒楚南書局刻)

經 10707439
春秋公羊穀梁傳集解一卷　晉劉兆撰　清王謨輯
漢魏遺書鈔本(嘉慶刻)

經 10707440

春秋公羊穀梁傳解詁一卷　晉劉兆撰　清馬國翰輯
玉函山房輯佚書本(同治皇華館刻、光緒李氏印、光緒嫏嬛館刻、光緒楚南書局刻)

經 10707441
春秋公羊穀梁二傳評一卷　晉江熙撰　清馬國翰輯
玉函山房輯佚書本(同治皇華館刻、光緒李氏印、光緒嫏嬛館刻、光緒楚南書局刻)

經 10707442
春秋集傳一卷　唐啖助撰　清馬國翰輯
玉函山房輯佚書本(同治皇華館刻、光緒李氏印、光緒嫏嬛館刻、光緒楚南書局刻)

經 10707443
春秋例統一卷　唐啖助撰　清馬國翰輯
玉函山房輯佚書本(同治皇華館刻、光緒李氏印、光緒嫏嬛館刻、光緒楚南書局刻)

經 10707444
春秋闡微纂類義統一卷　唐趙匡撰　清馬國翰輯
玉函山房輯佚書本(同治皇華館刻、光緒李氏印、光緒嫏嬛館刻、光緒楚南書局刻)

經 10707445
春秋折衷論一卷　唐陳岳撰　清孔廣栻輯
清抄本　國圖

經 10707446
春秋折衷論一卷　唐陳岳撰　清馬國翰輯
玉函山房輯佚書本(同治皇華館刻、光緒李氏印、光緒嫏嬛館刻、光緒楚南書局刻)

經 10707447
春秋摘微一卷　唐盧仝撰　清孔廣栻輯
清抄本　國圖

經 10707448
春秋摘微一卷　唐盧仝撰　清李邦黻輯
南菁書院叢書本(光緒刻)

經 10707449
春秋通例一卷　唐陸希聲撰　清馬國翰輯
玉函山房輯佚書本(同治皇華館刻、光緒李氏印、光緒嫏嬛館刻、光緒楚南書局刻)

經 10707450
春秋集傳微旨三卷　唐陸淳撰
玉玲瓏閣叢刻本(康熙刻)　國圖(清何焯批校)　上海　常熟(清趙烈文跋)　遼寧　吉林　浙江
四庫全書本(乾隆寫)
養和堂叢書本(乾隆刻)
學津討原本(嘉慶刻、民國影印)
學海類編本(道光木活字印、民國影印)
經苑本(道光咸豐刻、同治印、民國補刻)
古經解彙函本(同治刻、光緒石印、光緒刻)
清海寧陳氏校刻本　中科院　南京
清抄本　國圖　華東師大　上海　南京
抄本　國圖

經 10707451
春秋啖趙二先生集傳纂例十卷　唐陸淳撰
明刻本　温州
明刻本　江西博(莫棠跋)
玉玲瓏閣叢刻本(康熙刻)　國圖(清何焯批校)　上海　常熟(清趙烈文跋)　遼寧　吉林　浙江
清抄本(清佚名録清吴志忠校,清丁丙跋)　南京

經 10707452
春秋集傳纂例十卷　唐陸淳撰
明刻本　國圖
明刻本　上海
四庫全書本(乾隆寫)
武英殿聚珍版書本(木活字印、福建重刻、廣東重刻)
古經解彙函本(同治刻、光緒石印、光緒刻)
清抄本　國圖(又一部,清陳揆校)

經 10707453
春秋啖趙二先生集傳辯疑(春秋集傳辯疑)十卷　唐陸淳撰
明嘉靖間刻本　上海
明刻本　北大
明刻本　浙江
玉玲瓏閣叢刻本(康熙刻)　國圖(清何焯批校)　上海　常熟(清趙烈文跋)　遼寧　吉林　浙江
四庫全書本(乾隆寫,春秋集傳辯疑)
養和堂叢書本(乾隆刻)
古經解彙函本(同治刻、光緒石印、光緒刻)
清抄本　國圖　上海　華東師大

經 10707454
春秋集解十二卷　唐陸淳撰
經苑本(道光咸豐刻、同治印、民國補刻)

經 10707455
春秋集纂例十卷　唐陸淳撰
武英殿聚珍版書本(福建重刻、廣東重刻)

經 10707456
春秋集傳纂例校勘記一卷　清孫星華撰
武英殿聚珍版書本(福建重刻、廣東重刻)

經 10707457
春秋傳十五卷　宋劉敞撰
明抄本　北大
通志堂經解本(康熙刻、同治刻、日本文化刻)
公是遺書本(乾隆劉氏刻)　清華　北師大　上海　吉大　江西
四庫全書薈要本(乾隆寫)
四庫全書本(乾隆寫)

經 10707458
春秋傳説例一卷　宋劉敞撰
四庫全書本(乾隆寫)
武英殿聚珍版書本(木活字印、浙江重刻、江西重刻、福建重刻、廣東重刻)
藝海珠塵本(嘉慶刻道光增刻)
反約篇本(同治抄)　福建師大
榕園叢書本(同治刻、民國印)
清芬堂叢書本(光緒刻)

經 10707459
春秋意林(劉氏春秋意林)二卷　宋劉敞撰
宋刻本　遼寧

明抄本　國圖
公是遺書本(乾隆劉氏刻)　清華　北師大　上海　吉大　南京　江西
通志堂經解本(康熙刻、同治刻、日本文化刻)
清孫退谷抄本　湖北

經 10707460
春秋權衡十七卷　宋劉敞撰
明抄本　國圖
明末抄本　復旦
清抄本(清朱彝尊、丁丙跋)　南京
通志堂經解本(康熙刻、同治刻、日本文化刻)
公是遺書本(乾隆劉氏刻)　清華　北師大　上海　吉大　吉林社科院　南京
四庫全書薈要本(乾隆寫)
四庫全書本(乾隆寫)
清抄本(清佚名校)　上海
清抄本　國圖

經 10707461
龍學孫公春秋經解(春秋經解)十五卷　宋孫覺撰
通志堂經解本(康熙刻、同治刻、日本文化刻)
武英殿聚珍版書本(木活字印、福建重刻、廣東重刻,春秋經解)
正誼齋叢書本(道光刻)
清抄本(清王端履校)　國圖

經 10707462
春秋經解十三卷　宋孫覺撰
四庫全書本(乾隆寫)
清抄本　上海

經 10707463
春秋皇綱論五卷　宋王晳撰
通志堂經解本(康熙刻、同治刻、日本文化刻)
四庫全書本(乾隆寫)

經 10707464
春秋尊王發微十二卷　宋孫復撰
明抄本　天一閣
通志堂經解本(康熙刻、同治刻、日本文化刻)
四庫全書薈要本(乾隆寫)
四庫全書本(乾隆寫)
清乾隆間盧氏抱經堂抄本(清盧文弨校並跋,丁丙跋)　南京
清抄本(佚名校通志堂經解本,李瀅跋)　湖北

經 10707465
木訥先生春秋經筌(春秋經筌)十六卷　宋趙鵬飛撰
明抄本　國圖
明抄本　上海
明抄本　遼寧*
通志堂經解本(康熙刻、同治刻、日本文化刻)
四庫全書薈要本(乾隆寫)
四庫全書本(乾隆寫,春秋經筌)

經 10707466
潁濱先生春秋集解(蘇氏春秋集解、春秋集解)十二卷　宋蘇轍撰
明萬曆三十九年顧氏刻本　北大
明刻本　國圖
兩蘇經解(萬曆畢氏刻、萬曆顧氏刻)
四庫全書薈要本(乾隆寫,蘇氏春秋集解)

四庫全書本(乾隆寫,春秋集解)
清嘉慶間刻本 湖北
經苑本(道光咸豐刻、同治印、民國補刻)

經 10707467
春秋五禮例宗十卷 宋張大亨撰
宋刻本 國圖(傅增湘跋)
四庫全書本(乾隆寫)
清道光間顧氏藝海樓抄本 復旦
粤雅堂叢書本(咸豐刻)
清抄本(清吴騫跋) 國圖
清曲阜孔氏抄本(清孔繼涵跋) 上海
清孔氏藤梧館抄本 國圖
清抄本(清丁丙跋) 南京
清抄本 國圖
清抄本 北大
清抄本 南京

經 10707468
春秋通訓六卷 宋張大亨撰
四庫全書本(乾隆寫)
清抄本(清丁丙跋) 南京

經 10707469
劉質夫先生春秋通義十二卷 宋劉絢撰
明夢鹿堂抄本(明李待問題款,清丁世楠、清錢馥跋) 浙江

經 10707470
春秋經解十二卷 宋崔子方撰
四庫全書本(乾隆寫)
清抄本(清丁丙跋) 南京

經 10707471
春秋例要一卷 宋崔子方撰
四庫全書本(乾隆寫)

經 10707472
西疇居士春秋本例(春秋本例)二十卷 宋崔子方撰
宋刻本 上海
明抄本(清徐時棟跋) 北大
明刻本 北大
清初抄本 天一閣
通志堂經解本(康熙刻、同治刻、日本文化刻)
四庫全書薈要本(乾隆寫,春秋本例)
四庫全書本(乾隆寫,春秋本例)

經 10707473
春秋辨疑校勘記一卷 清周自得撰
武英殿聚珍版書本(福建重刻、廣東重刻)

經 10707474
春秋辨疑四卷 宋蕭楚撰
四庫全書薈要本(乾隆寫)
四庫全書本(乾隆寫)
武英殿聚珍版書本(木活字印、浙江重刻、江西重刻、福建重刻、廣東重刻)
清芬堂叢書本(光緒刻)
清光緒十八年蕭作梅閑餘軒刻本 北大

經 10707475
春秋傳三十卷 宋胡安國撰
宋乾道四年刻慶元五年黄汝嘉重修本 北大
宋刻本 國圖(又一部,袁克文跋)
宋刻本 上海(又一部)
明内府刻本 國圖 首都師大 市文物局 吉林社科院 山東 浙江 江西 福建師大 鄭州 襄陽 廣東 中山大學

明覆司禮監刻本　上海
明嘉靖三十五年廣東崇正堂刻本　北大　復旦
明嘉靖間刻本　北京市委　復旦
明隆慶五年興正書堂刻本　鄭州
明天啓間刻朱墨套印本　遼大　香港大學
明刻本　華東師大　重慶
明刻本　上海
明刻本　山西師大
明刻本　故宮
明豹變齋刻本　故宮
明刻巾箱本　上海
明崇禎十五年抄本　國圖
清康熙十六年朱氏崇道堂刻本　上海　黑龍江社科院　南京　湖北
清康熙三十一年青蓮書屋刻本　國圖
五經四書讀本本(雍正刻、嘉慶刻)
清乾隆四年金閶寶翰樓刻本　國圖
清乾隆十五年黄曉峯刻本　浙江
清乾隆三十二年金閶書業堂刻本　清華
清乾隆五十一年寶翰樓刻本　浙江
清乾隆五十六年金閶書業堂刻本　國圖
清乾隆五十八年刻本　撫順
清嘉慶十四年金陵敦化堂刻本　國圖
清嘉慶十六年刻本　上海
清光緒間四川善成堂刻本　國圖
清萃雅堂刻本　上海
清末至民國初三槐堂煥文堂文會堂刻本　國圖

經 10707476
春秋胡傳三十卷諸國興廢說一卷　宋胡安國撰
五經本(正統司禮監刻)　北大　復旦　山西文物局　杭州文管
明刻本　北大　上海

經 10707477
春秋胡傳三十卷春秋列國圖說一卷諸國興廢說一卷　宋胡安國撰
明刻本　福建
清金陵懷德堂刻本　上海

經 10707478
春秋胡傳三十卷綱領一卷提要一卷諸國興廢說一卷　宋胡安國撰
明刻本　南京　天一閣
清康熙間刻本　湖北

經 10707479
春秋傳三十卷綱領一卷提要一卷春秋列國圖說一卷列國圖說一卷諸國興廢說一卷　宋胡安國撰
明末金陵奎壁齋刻本　青海

經 10707480
春秋胡傳三十卷綱領一卷提要一卷春秋列國圖說一卷　宋胡安國撰
清恕堂刻本　國圖　南京

經 10707481
春秋胡傳三十卷提要一卷諸國興廢說一卷正經音訓一卷　宋胡安國撰
明萬曆間黄氏興正堂、秀宇堂刻本　南京

經 10707482
春秋胡傳三十卷提要一卷列國東坡圖說一卷正經音訓一卷　宋胡安國撰
明刻本　遼寧　吉林市　吉林社科院

經 10707483
春秋胡傳三十卷綱領一卷提要一卷諸國興廢說一卷列國東坡圖說一卷正經音訓一卷　宋胡安國撰
明内府刻本　浙江
明成化十五年徽州府同知張英退思堂刻本　上海　辭書出版社　河北大學　安徽博　湖南　湖南博　重慶
明萬曆二十五年金陵唐對溪富春堂刻本　山東
明萬曆三十三年新賢堂刻本　山東
明崇禎三年張氏新賢堂刻本　河南
明虞山毛氏汲古閣刻本　上海
明慎獨齋刻本　天一閣
明刻本　故宫　四川
明崇仁書堂刻本　天一閣
明刻本　北大　上海
明刻本　華東師大　上海師大　無錫　常熟　華南師大
明刻本　國圖
明刻巾箱本　中科院
明末刻本　遼寧
清乾隆三十六年友益齋刻本　上海
清菉竹堂翻刻明汲古閣刻一經樓重校本　上海
清丕顯堂翻刻汲古閣本　湖北

經 10707484
春秋傳三十卷附校勘記一卷　宋胡安國撰　張元濟校勘
四部叢刊續編本(民國影印)

經 10707485
春秋經傳參訂讀本四卷　宋胡安國傳
清刻本　國圖

經 10707486
增入音註括例始末胡文定公春秋傳三十卷春秋名號歸一圖一卷經傳始見諸國圖一卷東坡列國圖說二卷氏族二卷　宋胡安國撰　宋林堯叟音注
元刻本　山東博

經 10707487
春秋胡氏傳三十卷春秋名號歸一圖一卷諸國興廢說一卷春秋二十國年表一卷　宋胡安國撰　宋林堯叟音注
元刻本　北大　中科院　四川
元刻本　南京(清丁丙跋)
明永樂四年廣勤書堂刻本　國圖
明刻本　揚州　四川

經 10707488
春秋胡傳三十卷綱領一卷提要一卷列國東坡圖說一卷諸國興廢說一卷　宋胡安國撰　宋林堯叟音注
明崇禎六年閔齊伋刻本　故宫　南開　吉大　哈爾濱　齊齊哈爾　山東　即墨　曲阜師大　南京　泰州　浙江　天一閣　安徽　河南　四川
明刻本　上海師大
清福明善堂刻本　浙江

經 10707489
春秋傳三十卷綱領一卷提要一卷諸國興廢說一卷　宋胡安國撰　宋林堯叟音注
四庫全書薈要本(乾隆寫)
四庫全書本(乾隆寫)

經 10707490

春秋胡傳三十卷　宋胡安國撰　宋林堯叟音注
　明嘉靖二年贛州府清獻堂刻本　上海
　明嘉靖三十年逢原溪館刻本　華東師大　大連　江西師大
　明嘉靖三十年倪淑刻萬曆二十三年倪甫英倪家胤重修本　國博　上海師大　浙江　浙大　河北大學(莫棠校)
　明萬曆元年金陵唐廷仁刻本　浙江　安徽
　明書林詹霖宇刻本(首一卷)　國圖
　明書林張閩岳新賢堂刻本　上虞
　明吳繼武刻本　吉林市　天一閣
　明刻本　天一閣
　明刻清修本　湖南師大
　清康熙四十七年雲間華氏敬業堂刻本　上海　錦州　齊齊哈爾　牡丹江
　清初刻本　北大
　五經四子書本(乾隆刻)
　清末詠素堂刻本　北大
　清天德堂刻本　南京
　清恕堂刻巾箱本　南京
　朝鮮刻本　上海
　復性書院叢刊本(民國刻)
　明末刻本(綱領一卷)　北大

經10707491
高明大字春秋胡傳三十卷　宋胡安國撰　宋林堯叟注
　明刻本　重慶

經10707492
春秋胡傳三十卷綱領一卷提要一卷諸國興廢說一卷古今輿地考一卷　宋胡安國撰　宋林堯叟音注　(古今輿地考)明張我城考定　明沈明掄點校
　明崇禎間刻本　上海　華東師大

經10707493
古今輿地考一卷　明張我城撰
　明崇禎間刻本　上海　華東師大

經10707494
春秋胡傳參義十二卷　宋胡安國撰　清姜兆錫撰
　九經補注本(雍正刻)

經10707495
春秋體註四卷　宋胡安國傳　清范翔參訂
　清乾隆四十年懷德堂刻本　國圖

經10707496
春秋傳(葉氏春秋傳)二十卷　宋葉夢得撰
　四庫全書薈要本(乾隆寫)
　四庫全書本(乾隆寫)
　清抄本　上海
　通志堂經解本(康熙刻、同治刻、日本文化刻)
　巴陵鍾氏倣通志堂刻本　南京
　清小草齋抄本　清華

經10707497
春秋考十六卷　宋葉夢得撰
　武英殿聚珍版書本(木活字印、福建重刻、廣東重刻)
　四庫全書本(乾隆寫)
　清道光二十七年刻本　吉林社科院

經10707498

春秋比事二十卷　宋沈棐撰
明祁氏澹生堂抄本　國圖
四庫全書本(乾隆寫)
清王氏十萬卷樓抄本(卷十至十二配另一清抄本,清王宗炎校,清丁丙跋)　南京
清抄本　南京
民國廬江劉氏抄本　上海

經 10707499
春秋集解三十卷　題宋呂祖謙撰
通志堂經解本(康熙刻、同治刻、日本文化刻)

經 10707500
春秋集解三十卷　宋呂本中撰
四庫全書薈要本(乾隆寫)
四庫全書本(乾隆寫)

經 10707501
春秋集註四十卷　宋高閌撰
武英殿聚珍版書本(木活字印、福建重刻、廣東重刻)
四庫全書本(乾隆寫)
四明叢書本(民國刻)

經 10707502
春秋集善十五卷　宋胡銓撰
清抄本(清沈善登校,王欣夫跋)　復旦

經 10707503
春秋解十六卷　宋胡銓撰
胡忠簡公經解本(乾隆刻)

經 10707504
春秋後傳十二卷　宋陳傅良撰
明刻本　國圖
通志堂經解本(康熙刻、同治刻、日本文化刻)
四庫全書薈要本(乾隆寫)
四庫全書本(乾隆寫)

經 10707505
慈湖春秋傳十二卷　宋楊簡撰
清鄭氏注韓居抄本　重慶

經 10707506
春秋講義四卷　宋戴溪撰
四庫全書本(乾隆寫)
清抄本(清丁丙跋)　南京
敬鄉樓叢書本(民國鉛印)

經 10707507
春秋集註十一卷綱領一卷　宋張洽撰
宋寶祐三年臨江郡庠刻本　國圖
宋德祐元年華亭義塾刻本　遼寧
宋刻本　國圖
清影宋抄本　上海
明嘉靖四十三年朱睦㮮聚樂堂刻本　天津　上海　西北大學
明抄本　國圖
明抄本　遼寧
清初毛氏汲古閣影宋抄本　國圖
通志堂經解本(康熙刻、同治刻、日本文化刻)
四庫全書薈要本(乾隆寫)
四庫全書本(乾隆寫)
清乾隆十五年務滋堂刻本　南京　吉林社科院
清光緒十年張榮久等刻本　湖北
清抄本(黄侃批校)　湖北

經 10707508
春秋集傳二十六卷(存卷一至十七、二十

一至二十二)綱領一卷　宋張洽撰
宛委別藏本(抄本、影印本,無綱領)
選印宛委別藏本(民國影印,無綱領)
清抄本(清張鑒跋)　浙江
清抄本(清丁丙跋)　南京
清抄本　國圖　北大(朱筆校)　北師大
清抄本(清陳夢日、清杜榮校、清孔廣陶校並跋)　北大
抄本　黑龍江

經 10707509
春秋王霸列國世紀編三卷　宋李琪撰
通志堂經解本(康熙刻、同治刻、日本文化刻)
四庫全書薈要本(乾隆寫)
四庫全書本(乾隆寫)
清乾隆五十七年當塗朱氏誠正堂刻本　北大　清華　上海　湖北

經 10707510
春秋分記九十卷　宋程公說撰
清影宋抄本　上海
四庫全書本(乾隆寫)
清抄本　國圖
清抄本(清丁丙跋)　南京
清抄本(羅士琳校跋並錄清翁方綱校識)　國圖
清抄本(清翁方綱校,羅士琳校注)　國圖
清抄本　北大

經 10707511
春秋說三十卷　宋洪咨夔撰
四庫全書本(乾隆寫)
清乾隆五十年刻本　吉林社科院
洪氏晦木齋叢書本(同治宣統刻)
清抄本(清丁丙跋)　南京

經 10707512
春秋集義五十卷綱領三卷　宋李明復撰
四庫全書本(乾隆寫)
清抄本(清丁丙跋)　南京

經 10707513
春秋會義十二卷　宋杜諤撰
碧琳琅館叢書本(光緒刻)
清抄本(孔繼涵校並跋,孔廣栻校)　國圖
芋園叢書本(民國彙印)

經 10707514
春秋會義二十六卷　宋杜諤撰
孫氏山淵閣叢刊本(光緒刻)
清光緒間王辰山滻瀾刻本　南京

經 10707515
春秋會義四十卷　宋杜諤撰
清抄本(清丁丙跋)　南京

經 10707516
春秋通說十三卷　宋黃仲炎撰
通志堂經解本(康熙刻、同治刻、日本文化刻)
四庫全書薈要本(乾隆寫)
四庫全書本(乾隆寫)
清抄本　國圖
清抄本(清丁丙跋)　南京

經 10707517
春秋通說四卷　宋黃仲炎撰
明抄本　國圖

經 10707518
春秋通說十一卷　宋黃仲炎撰
清抄本　國圖

經 10707519
春秋通說不分卷　宋黄仲炎撰
清抄本　上海

經 10707520
則堂先生春秋集傳詳說(春秋詳說)三十卷綱領一卷　宋家鉉翁撰
明抄本　天一閣
明傳抄元寧路儒學刻本　上海
通志堂經解本(康熙刻、同治刻、日本文化刻)
四庫全書薈要本(乾隆寫,春秋詳說)
四庫全書本(乾隆寫,春秋詳說)
清抄本(春秋詳說)　遼寧　北大

經 10707521
春秋或問二十卷　宋吕大圭撰
通志堂經解本(康熙刻、同治刻、日本文化刻)
四庫全書薈要本(乾隆寫)
四庫全書本(乾隆寫)

經 10707522
春秋五論一卷　宋吕大圭撰
明隆慶元年姚咨茶夢齋抄本(明姚咨、清范彭壽跋)　國圖
通志堂經解本(康熙刻、同治刻、日本文化刻)
四庫全書薈要本(乾隆寫)
四庫全書本(乾隆寫)

經 10707523
讀春秋編十二卷　宋陳深撰
通志堂經解本(康熙刻、同治刻、日本文化刻)
四庫全書薈要本(乾隆寫)
四庫全書本(乾隆寫)

經 10707524
春秋通義一卷　宋□□撰
四庫全書本(乾隆寫)
小萬卷樓叢書本(咸豐刻、光緒刻)

經 10707525
春秋釋義集傳十二卷　元俞臯撰
元刻本　香港大學

經 10707526
春秋集傳釋義大成十二卷　元俞臯撰
通志堂經解本(康熙刻、同治刻、日本文化刻)
四庫全書薈要本(乾隆寫)
四庫全書本(乾隆寫)

經 10707527
春秋纂言十二卷總例七卷　元吴澄撰
元刻本　國圖
明抄本(配清抄本,清丁丙跋)　南京

經 10707528
春秋纂言十二卷總例二卷　元吴澄撰
清初抄本(四庫全書底本)　上海
清道光十八年刻本　上海　浙江

經 10707529
春秋纂言十二卷總例一卷　元吴澄撰
四庫全書本(乾隆寫)
清四明盧氏抱經樓抄本　上海
清抄本(無總例)　國圖　北京文物局

經 10707530
春秋諸國統紀六卷　元齊履謙撰
元延祐間刻本　遼寧
明秦氏雁里草堂抄本　北師大
明抄本　國圖

通志堂經解本(康熙刻、同治刻、日本文化刻)
四庫全書本(乾隆寫)
清抄本　國圖

經 10707531
春秋本義三十卷　元程端學撰
元刻本　浙江
元慶元路學刻本　天一閣
明甬東書屋抄本　天一閣
通志堂經解本(康熙刻、同治刻、日本文化刻)
四庫全書薈要本(乾隆寫)
四庫全書本(乾隆寫)

經 10707532
春秋或問十卷　元程端學撰
通志堂經解本(康熙刻、同治刻、日本文化刻)
四庫全書本(乾隆寫)

經 10707533
春秋三傳辨疑(三傳辨疑)二十卷　元程端學撰
明抄本　國圖
四庫全書本(乾隆寫,三傳辨疑)
清杜氏知聖教齋抄本(清丁丙跋)　南京
清沈氏鳴野山房抄本　廣東社科院

經 10707534
春秋經傳闕疑(春秋闕疑)四十五卷　元鄭玉撰
明師山書院抄本　國圖
清康熙五十年鄭肇新刻本　國圖　北大　清華　中科院　上海　復旦　南京　遼寧　湖北　華南師大
清康熙間鄭氏滋樹堂刻本　復旦　臺灣大學
四庫全書本(乾隆寫,春秋闕疑)
四庫全書薈要本(乾隆寫,春秋闕疑)
清抄本　國圖

經 10707535
春秋胡氏傳纂疏三十卷　元汪克寬撰
元至正八年建安劉叔簡日新堂刻本　國圖　國博　北京文物局　天津　上海　安徽師大　廣東博(清莫友芝跋)
清抄本(清丁丙跋)　南京

經 10707536
春秋胡傳附錄纂疏三十卷首二卷　元汪克寬撰
四庫全書本(乾隆寫)

經 10707537
春秋提綱十卷　元陳則通撰
明抄本　國圖
通志堂經解本(康熙刻、同治刻、日本文化刻)
四庫全書薈要本(乾隆寫)
四庫全書本(乾隆寫)
抄本　吉林社科院

經 10707538
春秋讞義九卷　元王元杰撰
明末抄本　山東
四庫全書本(乾隆寫)

經 10707539
春秋讞義十二卷　元王元杰撰
清抄本(清丁丙跋)　南京
民國間廬江劉氏遠碧樓藍格抄本

上海

經 10707540

春秋諸傳會通(春秋會通)二十四卷　元李廉撰

元至正十一年虞氏明復齋刻本　國圖　北大　故宫　國博　上海

通志堂經解本(康熙刻、同治刻、日本文化刻)

四庫全書薈要本(乾隆寫)

四庫全書本(乾隆寫,春秋會通)

經 10707541

春秋屬辭十五卷　元趙汸撰

元至正二十至二十四年休寧商山義塾刻明弘治六年高忠重修本　國圖　北大　北師大　中央黨校　社科院文學所　社科院歷史所(清韓應陛跋)　上海(清丁丙跋)　南京　河北博　山西　山西文物局　旅順博　吉林　蘇州　安徽博　浙江　天一閣　福建師大　四川師大

明初刻本　上海

明弘治間刻本　山西

通志堂經解本(康熙刻、同治刻、日本文化刻)

清康熙間趙吉士校刻本　清華　上海　復旦　遼寧　吉林　南京

四庫全書薈要本(乾隆寫)

四庫全書本(乾隆寫,春秋會通)

經 10707542

春秋師説三卷附錄二卷　元趙汸撰

元至正二十四年休寧商山義塾刻明弘治六年高忠重修本　國圖　清華　社科院歷史所　上海(清韓應陛跋)　南京(清丁丙跋)　蘇州　杭州　四川

明初刻本　上海

清康熙間刻本　南京

清康熙間趙吉士刻本　北大

通志堂經解本(康熙刻、同治刻、日本文化刻)

四庫全書本(乾隆寫)

經 10707543

春秋師説一卷附錄二卷　元趙汸撰

復性書院叢刊本(民國刻)

經 10707544

春秋集傳十五卷　元趙汸撰

明嘉靖七年夏鍠刻本　清華

明嘉靖三十四年金曰鏞刻藍印本　南京

明刻本　西北大學

清康熙十六年刻本　國圖

清抄本　國圖

經 10707545

春秋金鎖匙一卷　元趙汸撰

清乾隆間翰林院鈔(四庫全書底本)　北大

四庫全書本(乾隆寫)

微波榭叢書本(乾隆刻)

清乾隆間孔繼汾家抄本　國圖

學津討原本(嘉慶刻、民國影印)

反約篇本(同治抄)　福建師大

榕園叢書本(同治刻、民國印)

清日新堂刻本　國圖

清抄本　南京(清丁丙跋)　北大(清吴騫校)

經 10707546

春秋金鎖匙三卷　元趙汸撰

清嘉慶九年王氏刻本　上海

學海類編本（道光木活字印、民國影印）
藏修堂叢書本（光緒刻）
翠琅玕館叢書本（民國重編）
芋園叢書本（民國彙印）

經 10707547
春秋集傳十五卷　元趙汸撰　明倪尚誼補
通志堂經解本（康熙刻、同治刻、日本文化刻）
四庫全書薈要本（乾隆寫）
四庫全書本（乾隆寫）

經 10707548
春秋旁訓四卷　元李恕撰
明嘉靖三十八年雲南刻本　天一閣
五經旁訓本（萬曆鄭汝璧刻、陳大科刻、程五甫刻、天啓刻、崇禎彙錦堂刻）
明萬曆二十五年吴有川刻本　中科院　廣東社科院
明刻本　上海　浙江（清丁晏批注，清丁壽昌跋）　鞍山
清狀元閣刻本　復旦
清文光堂刻本　復旦

經 10707549
春秋旁訓四卷　元李恕撰　明朱鴻謨重訂
五經旁訓本（萬曆江西刻）　故宫

經 10707550
新刊類編歷舉三場文選春秋義八卷　元劉霖輯
元刻遞修本　國圖

經 10707551
春秋三傳三十八卷　宋胡安國撰
明萬曆間吴勉學刻本　故宫　南京　浙江

經 10707552
春秋四傳三十八卷綱領一卷提要一卷列國東坡圖説一卷春秋二十國年表一卷諸國興廢説一卷　宋胡安國撰
明嘉靖間吉澄刻本　首都　中科院　國博　市文物局　南京博　徽州博　江西
明嘉靖間吉澄刻樊獻科重修本　中科院　北京市委　天津（佚名録何焯批校）　山東　煙臺文管　天一閣　廣東社科院　香港中大
明嘉靖間吉澄刻樊獻科、楊一鶚遞修本　國圖　華東師大　山東　温州
明嘉靖間建寧書坊刻本　北師大　社科院文學所　故宫　北京市委　北京文物局　上海　内蒙古師大　長春　吉大　陝西黨校　浙江　天一閣　湖南社科院　廣西　重慶　北碚
明杜尊刻本　山西　安徽　浙江　福建　河南　武大
明陳允升刻本　青島博　中山大學
明汪應魁貽經堂刻本　北師大　故宫　安徽　安徽博　河南　湖南師大
明刻本　上海　復旦　華東師大　天津　青海　浙江
明崇禎四年孫爆刻本　無錫　安徽大學
明末刻本　南通
日本刻本　北大
日本寬文四年刻本　南京

經 10707553
春秋四傳三十五卷綱領一卷提要一卷

東坡地理圖説一卷春秋二十國年表一卷諸國興廢説一卷　宋胡安國撰
清雍正四年懷德堂刻本　香港中大

經 10707554
春秋四傳三十八卷　宋胡安國撰
明刻本　浙江(清姚元之批校)

經 10707555
春秋四傳三十八卷　明鍾天墀輯注　明鍾惺評
明崇禎間刻本　清華　吉林社科院　揚州大學　福建師大　重慶

經 10707556
春秋春王正月考一卷辨疑一卷(春王正月考)　明張以寧撰
通志堂經解本(康熙刻、同治刻、日本文化刻)
四庫全書薈要本(乾隆寫)
四庫全書本(乾隆寫)
藝海珠塵本(嘉慶刻道光增刻)
清芬堂叢書本(光緒刻)
日本元祿十年刻本　國圖
清道光間陳鍾英抄本(春王正月考)　復旦

經 10707557
春秋書法鉤玄(春秋書法鉤元)四卷　明石光霽撰
明初刻本　國圖
四庫全書本(乾隆寫,春秋書法鉤元)
清末民國初朱墨雙色抄本　國圖
民國間廬江劉氏遠碧樓藍格抄本　上海

經 10707558
春秋集傳大全三十七卷序論一卷春秋二十國年表一卷諸國興廢説一卷　明胡廣等撰
明永樂間内府刻本　國圖　上海　遼寧　吉林社科院　山西　西北大學　山東大學　浙江　廣西師大
明嘉靖九年安正堂刻本　陝西　重慶
明嘉靖九年安正堂刻十一年劉仕中安正堂印本　安徽博
明隆慶三年鄭氏宗文書刻本　人大
五經本(萬曆余氏刻)　廣東社科院
明刻本　北師大　國博　上海　保定　遼寧　華東師大　黑龍江　黑大　山東大學　南京博　河南　鄭州　廣東　雲南
明刻本　國圖　中科院　清華　南京　浙江　山西　福建　湖南　西北大學
明刻本　南京(清丁丙跋)

經 10707559
春秋集傳大全三十七卷　明胡廣等撰
明德壽堂刻本　國圖　復旦
明刻本　北大
明崇禎間刻本　辭書出版社
明末刻本　湖南
日本刻本(首一卷)　臺灣大學

經 10707560
春秋大全七十卷序論一卷諸國興廢説一卷二十國年表一卷　明胡廣等撰
四庫全書本(乾隆寫)

經 10707561
黄太史訂正春秋大全三十七卷年表序

論圖說一卷　明胡廣等撰　明黄際飛校訂
清康熙五十年郁郁堂刻本　上海　湖北
清康熙五十六年刻本　國圖

經 10707562
春秋經傳三十八卷首一卷　明胡廣輯
五經本(嘉靖張祿刻)　中科院　南京

經 10707563
春秋胡氏傳集解三十卷　明陳喆撰
明嘉靖九年安正堂刻本　上海　天一閣
日本寛文九年刻本　南京

經 10707564
春秋經傳辨疑一卷　明童品撰
明抄本　上海
四庫全書本(乾隆寫,二卷)
續金華叢書本(民國刻)

經 10707565
春秋正傳三十七卷　明湛若水撰
明嘉靖間刻本　國圖　北大　故宫　羣衆出版社

經 10707566
春秋正傳三十七卷末一卷　明湛若水撰
四庫全書本(乾隆寫)
清乾隆六十年湛祖貴紅荔山房刻本　國圖　北大
甘泉全集本(同治刻)

經 10707567
春秋斷義不分卷　明王崇慶撰
明萬曆二十四年董漢儒刻五經心義本　國圖

經 10707568
春秋胡傳考誤一卷　明袁仁撰
四庫全書本(乾隆寫)
學津討原本(嘉慶刻、民國影印)
學海類編本(道光木活字印、民國影印)
藏修堂叢書本(光緒刻)
清抄本(清丁丙跋)　南京
翠琅玕館叢書本(民國重編)
芋園叢書本(民國彙印)

經 10707569
春秋三傳總義四卷　明周用才輯
清刻本　南京

經 10707570
春秋說志五卷　明吕柟撰
吕涇野五經說本(嘉靖刻、明抄、道光刻)
惜陰軒叢書本(咸豐刻、光緒刻,吕涇野經說)

經 10707571
春秋經世一卷　明魏校撰
莊渠先生遺書本(嘉靖刻)
明抄本　重慶

經 10707572
春秋私考三十六卷首一卷　明季本撰
明嘉靖間刻本　天津　上海　南大　遼寧　南大　四川　中山大學

經 10707573
春秋地考一卷　明季本撰
清抄本　國圖　遼寧

經 10707574
春秋傳彙十二卷首一卷　明董漢策評

清順治間刻本　北大　浙江

經 10707575
春秋胡氏傳辨疑二卷　明陸粲撰
明嘉靖四十二年陸延枝刻本　中科院　江西
四庫全書本(乾隆寫)
指海本(道光刻、民國影印)
清抄本(清丁丙跋)　南京

經 10707576
春秋讀意一卷　明唐樞撰
木鐘臺全集本(明刻、咸豐刻)

經 10707577
春秋明志錄十二卷　明熊過撰
四庫全書本(乾隆寫)
清抄本(清丁丙跋)　南京

經 10707578
春秋羅纂十二卷　明馮伯禮撰
明崇禎間刻本　上海

經 10707579
春秋存俟十二卷　明余光、明余颺撰
明弘光元年文來閣刻本　國圖　北大
清抄本　上海

經 10707580
春秋集傳三十卷　明楊時秀撰
明嘉靖二十六年汪秋卿刻本　國圖　中科院　中央黨校　山東　雲南

經 10707581
春秋備覽集案二卷摘要二卷　明魏謙吉撰
明嘉靖三十七年南郡曹忭刻本　北大

經 10707582
春秋國華十七卷　明嚴訥撰
明萬曆間活字印本　上海　中山大學

經 10707583
春秋錄疑十六卷　明趙恒撰
明抄本　首都
清抄本　國圖

經 10707584
春秋正旨一卷　明高拱撰
明萬曆二年刻本　上海
明萬曆間刻本　國圖　南京
四庫全書本(乾隆寫)
守山閣叢書本(道光刻、光緒影印、民國影印)

經 10707585
春秋貫玉四卷　明顏鯨撰
明嘉靖間刻本　北大　華東師大　山東
明萬曆三十三年刻本　國圖　北大　中科院　辭書出版社　浙江　中山大學

經 10707586
春秋貫玉世系一卷　明顏鯨撰
明嘉靖間刻本　北大　華東師大　山東
明萬曆三十三年刻本　國圖　北大　中科院　辭書出版社　浙江　中山大學

經 10707587
春秋事義全考十六卷　明姜寶撰
明萬曆十三年李一陽刻本　上海　南京(清丁丙跋)
四庫全書本(乾隆寫)

經 10707588
春秋諸傳辨疑四卷　明朱睦㮮撰
清抄本　國圖
清抄本　北大

經 10707589
春秋輯傳十三卷　明王樵撰
明萬曆間刻本　上海　中科院　浙江
四庫全書本(乾隆寫)

經 10707590
春秋宗旨一卷　明王樵撰
明萬曆間刻本　上海　中科院　浙江
四庫全書本(乾隆寫)
清道光二十九年彊恕堂刻本　北大　中科院　上海

經 10707591
春秋凡例二卷　明王樵撰
明萬曆間刻本　上海　中科院　浙江

經 10707592
春秋億六卷　明徐學謨撰
四庫全書本(乾隆寫)
民國間廬江劉氏遠碧樓藍格抄本　上海
抄本　南京

經 10707593
春秋四傳私考二卷　明徐浦撰
浦城遺書本(嘉慶刻)

經 10707594
春秋四傳私考十三卷　明徐浦撰
明藍格抄本　上海

經 10707595
春秋通一卷　明鄧元錫撰
五經繹本(萬曆刻)

經 10707596
春秋世學三十二卷　明豐坊撰
明抄本　天一閣　湖北

經 10707597
春秋測義十二卷首一卷　明章潢撰
明萬曆十八年四明王佐等刻本　上海

經 10707598
鐫彙附百名公叢譚春秋講義會編三十卷　明王錫爵講授　明王衡錄　明黃汝元編
明末刻本　南京

經 10707599
春秋會異六卷　明馮時可撰
明萬曆二十五年温州府劉芳譽刻本　國圖　上海

經 10707600
春秋翼附二十卷　明黃正憲撰
明萬曆間嘉禾黃氏刻本　北大　南京

經 10707601
春秋疑問十二卷　明姚舜牧撰
明萬曆十一年刻本　上海
明萬曆三十一年序刻本　國圖　北大　中科院　天津　上海　遼寧
五經疑問本(萬曆刻)　北大　復旦　南京
明萬曆間刻清順治十四年姚氏補本　國圖　浙江　川大

經 10707602

春秋通志十二卷　明蔡毅中撰
明末刻本　大連

經 10707603
春秋質疑十二卷　明楊于庭撰
四庫全書本(乾隆寫)
民國間廬江劉氏遠碧樓藍格抄本　上海

經 10707604
新鐫鄒翰林麟經真傳十二卷　明鄒德溥撰
明沈演沈湑等刻本　南京

經 10707605
春秋直解十五卷　明郝敬撰
明萬曆間京山郝氏刻本　國圖　中科院　吉林社科院　南京　湖北
清抄本　上海

經 10707606
讀春秋一卷　明郝敬撰
明萬曆間京山郝氏刻本　國圖　中科院　南京　湖北

經 10707607
春秋大全　明葉向高編
明嘉靖間清白堂刻本　國圖

經 10707608
春秋孔義十二卷　明高攀龍撰
明崇禎十三年秦堈刻本　國圖　中科院　南京　福建
高子全書本(崇禎刻清修)
四庫全書本(乾隆寫)

經 10707609
春秋質疑十二卷　明魏時應撰
明萬曆二十八年刻本　中科院

經 10707610
春秋胡傳翼三十卷　明錢時俊撰
明萬曆間刻本　北大　山東　常州

經 10707611
春秋序題不分卷　明陳其猷撰
明抄本　國圖

經 10707612
春秋題彙不分卷　明陳其猷纂
明萬曆間藍格抄本　國圖

經 10707613
春秋辯義三十八卷首八卷附二卷　明卓爾康撰
明崇禎七年仁和吴夢桂刻本　國圖　北大　上海(清佚名批點)　黑龍江社科院

經 10707614
春秋辯義三十卷首八卷　明卓爾康撰
四庫全書本(乾隆寫)

經 10707615
春秋辯義三十卷首九卷　明卓爾康撰
明崇禎間刻本　國圖
清抄本(清丁丙跋)　南京

經 10707616
春秋經義二卷　明卓爾康撰
明崇禎七年仁和吴夢桂刻本　國圖　北大　上海(清佚名批點)　黑龍江社科院
四庫全書本(乾隆寫)

經 10707617
春秋傳義一卷　明卓爾康撰
明崇禎間仁和吴夢桂刻本　國圖　北大　上海(清佚名批點)　黑龍江社科院
四庫全書本(乾隆寫)

經 10707618
春秋書義四卷　明卓爾康撰
明崇禎間仁和吴夢桂刻本　國圖　北大　上海(清佚名批點)　黑龍江社科院
四庫全書本(乾隆寫)

經 10707619
春秋不書義一卷　明卓爾康撰
明崇禎七年仁和吴夢桂刻本　國圖　北大　上海(清佚名批點)　黑龍江社科院
四庫全書本(乾隆寫)

經 10707620
春秋時義一卷　明卓爾康撰
明崇禎七年仁和吴夢桂刻本　國圖　北大　上海(清佚名批點)　黑龍江社科院
四庫全書(乾隆寫)

經 10707621
春秋地義一卷　明卓爾康撰
明崇禎間仁和吴夢桂刻本　國圖　北大　上海(清佚名批點)　黑龍江社科院
四庫全書本(乾隆寫)

經 10707622
春秋四卷　明王衡注　清章如錦閱
清刻本　天津

經 10707623
春秋傳注彙約二十三卷　明吴一栻輯
明萬曆三十年吴有志刻本　天津　武大

經 10707624
春秋衡庫三十卷附錄三卷備錄一卷　明馮夢龍輯
明天啓間葉昆池能遠居蘇州刻本　國圖　首都　北大　北師大　社科院文學所　社科院歷史所　中央黨校　上海　華東師大　天一閣(清應紀奉批注)　辭書出版社　天師　華東師大　吉大　陝西　山東師大　南京　蘇州文管　浙江　武漢　四川　重慶　中山大學

經 10707625
春秋衡庫三十一卷附一卷　明□□撰
明末刻巾箱高頭印本　北大　上海

經 10707626
增訂春秋衡庫三十卷　明馮夢龍輯
明崇禎間刻本　北大

經 10707627
增訂春秋衡庫三十卷備錄一卷　明馮夢龍輯
明末余璟刻本　北大

經 10707628
增定春秋衡庫三十卷備錄一卷　明馮夢龍輯
明己任堂刻本　山東師大

經 10707629

麟經指月十二卷　明馮夢龍撰
明泰昌元年開美堂刻本　北大　遼寧　吉林　山東　山西文物局　常熟　浙江　重慶
明刻本　中科院

經 10707630
春秋疏義統宗二卷　明陳仁錫校閱　明劉肇慶參訂
清末刻本　北大

經 10707631
春秋公羊穀梁合傳二十四卷　明閔齊伋裁注
清馮氏刻本　南京

經 10707632
春秋歸義十二卷　明賀仲軾撰
清順治間刻本　南京　湖北
清道光八年刻本　國圖　中科院

經 10707633
春秋歸義三十二卷總說一卷　明賀仲軾撰
清康熙間刻本　中山大學

經 10707634
春秋提要便考十卷　明賀仲軾輯
清康熙間刻本　中山大學

經 10707635
春秋公羊穀梁傳合纂二卷　明張榜輯並評
明刻本　重慶
明刻本　故宫
明刻本　浙江
明末刻本　安徽博

經 10707636
春秋表記問業一卷　明黄道周撰
明崇禎十七年刻本　中科院
石齋先生經傳九種本（康熙刻、道光補刻）
四庫全書本（乾隆寫）

經 10707637
春秋坊記問業（坊記春秋問業）一卷　明黄道周撰
明崇禎間刻明誠堂印本　中科院
石齋先生經傳九種本（康熙刻、道光補刻）
四庫全書本（乾隆寫，坊記春秋問業）

經 10707638
春秋揆畧一卷　明黄道周撰
抄本　南京

經 10707639
公羊穀梁春秋合編附註疏纂十二卷　明朱泰禎撰
明末刻本　上海　吉林　常熟　浙江　天一閣　河南　香港中大
清乾隆五十六年刻本　吉林社科院
清乾隆五十八年大文堂刻本　南京　復旦　遼寧
清敬書堂刻本　國圖
清經綸堂刻本　北大　湖北

經 10707640
桂林春秋義三十卷　明顧懋樊撰
桂林經說本　北大　無錫

經 10707641
春秋提要二卷　明虞宗瑤輯
明崇禎十四年君山堂刻本　北大　清

華　人大　故宫　中央黨校　上海　華東師大　福建師大

經 10707642
春秋實錄十二卷　明鄧來鸞撰
明崇禎間刻本　北大

經 10707643
春秋簡秀集三十四卷又六卷　明董守諭撰
清抄本　國圖

經 10707644
麟旨定十二卷　明陳于鼎撰
明崇禎間刻本　上海　南京

經 10707645
春秋四家五傳平文四十一卷首一卷　明張岐然輯
明崇禎十四年君山堂刻本　北大　清華　人大　故宫　中央黨校　上海　華東師大　吉林　浙江　福建師大
清康熙間君山堂刻本　上海(附提要二卷)
清嘉慶十九年吴氏真意堂刻本　南京

經 10707646
春秋五傳十七卷首一卷　明張岐然編　清張璞重編
清乾隆六年同文堂刻本　上海　湖北
清乾隆六年令德堂刻本　浙江
清乾隆五十一年莆田書屋刻本　上海
清乾隆五十九年同文堂刻莆田書屋印本　黑龍江
清乾隆間連元閣刻文華閣印本　香港中大
清令德堂華文堂刻本　湖北

經 10707647
春秋四家十二卷　明宋存標評輯
明末君子堂刻本　北大　中央黨校　遼大　華東師大　山東　常熟

經 10707648
董劉春秋雜論一卷　明宋存標評輯
明末君子堂刻本　北大　中央黨校　遼大　華東師大　山東　常熟

經 10707649
麟旨明微十二卷　明吴希哲撰
明崇禎間刻本　北師大　中科院　南京　遼寧

經 10707650
春秋書法解一卷　明張溥撰
春秋三書本(明末刻)

經 10707651
春秋列國論二十四卷　明張溥撰
春秋三書本(明末刻)
清刻本　大連

經 10707652
春秋諸傳斷六卷　明張溥撰
春秋三書本(明末刻)

經 10707653
讀春秋畧記一卷　明朱朝瑛撰
七經畧記本(稿本)　國圖

經 10707654
讀春秋畧記十卷　明朱朝瑛撰
稿本(存卷六至十)　上海

經 10707655

讀春秋畧記十二卷首一卷　明朱朝瑛撰
　四庫全書本(乾隆寫)
　七經畧記本(清抄本)

經10707656
春秋題略十卷　明陳申父輯
　清抄本　北大

經10707657
春秋四傳通辭十二卷　明陳士芳輯
　明奏星堂刻本　南京　湖北

經10707658
松鱗軒新鍥春秋愍渡十五卷　明耿汝忞撰
　明末曼山館刻本　河南

經10707659
春秋從聖不分卷　明姜之濤撰
　清抄本　西安文管

經10707660
麟指嚴四卷　明金兆清授　明金盤參訂
　明崇禎間刻本　清華　中科院

經10707661
春秋單合析義三十卷　明林挺秀、明林挺俊編
　清康熙三十四年挹奎樓刻本　華東師大

經10707662
春秋林氏傳十二卷　明林尊賓撰
　明崇禎十四年淩義渠刻本　莆田

經10707663
麟經新旨二十卷　明劉侗撰
　明崇禎間刻本　華東師大

經10707664
春秋手鈔不分卷　明毛一鷺撰
　明刻本　安徽

經10707665
春秋會傳十六卷　明饒秉鑒撰
　明刻本　江西

經10707666
春秋會解十二卷　明沈雲楫撰
　明刻本　中科院　蘇州

經10707667
春秋三傳衷考十二卷　明施天遇撰
　明萬曆四十五年蘭石閣刻本　北大

經10707668
春秋年考一卷　明天畸人撰
　明末抄本　遼寧

經10707669
春秋四傳質二卷　明王介之撰
　四庫全書本(乾隆寫)
　清抄本　南京

經10707670
春秋四傳質(石崖遺書)十二卷　明王介之撰
　船山遺書本(道光刻、同治刻、民國鉛印)
　民國間盧江劉氏遠碧樓藍格抄本　上海

經10707671
麟傳統宗十三卷　明夏元彬撰
　明崇禎間刻本　故宮

經 10707672
春秋賞析二卷　明楊時偉撰
　明天啓元年刻本　南大

經 10707673
麟寶六十三卷首一卷　明余敷中輯
　明萬曆間刻本　國圖　北大　西北大學

經 10707674
新刻麟經統一編十二卷　明張杞撰
　明萬曆三十三年刻本　國圖
　明崇禎十三年秦堈刻本　國圖

經 10707675
春秋人物譜十二卷　明張事心撰
　清初抄本　湖南

經 10707676
春秋纘義纂要發微七卷　明鄭良弼撰
　明抄本　清華

經 10707677
春秋三傳通經合纂十二卷　明周統撰
　　清周夢齡、清周毓齡增輯
　清刻本　湖北

經 10707678
新刻春秋談虎講意十二卷　明周希令、
　　明方尚恂撰
　明天啓四年刻本　北師大　中科院
　　上海

經 10707679
春秋宗旨十二卷　明周震撰
　明崇禎五年徐廣栴刻本　安徽博

經 10707680
四傳權衡不分卷　明來集之撰
　來子談經本(順治刻)

經 10707681
春秋志在十二卷　明來集之撰
　來子談經本(順治刻)

經 10707682
春秋三發四卷　明馮士驊撰
　明崇禎末葉昆池能遠居蘇州刻本
　　北大

經 10707683
麟書捷旨十二卷　明官裳撰
　明天啓間金陵李良臣刻本　美國哈佛
　　燕京

經 10707684
春秋題旨輯要二卷　明王文肅撰
　清乾隆五十六年刻本　吉林

經 10707685
春秋大成題意八卷　明□□撰
　明抄本　中科院

經 10707686
春秋題旨不分卷　明□□撰
　明抄本　寶鷄

經 10707687
麟題備覽十二卷　明□□撰
　明抄本　國圖

經 10707688
春秋程傳補二十卷　清孫承澤撰
　清康熙間刻本　故宮　浙江

經 10707689
春秋求故四卷首一卷　清余煌撰
清道光十年刻本　國圖　天津　吉大　哈爾濱師大　浙大　湖北

經 10707690
春秋纂四卷提要一卷叢說一卷　清朱之俊撰
清順治十七年刻本　中科院

經 10707691
春秋纂不分卷　清朱之俊撰
清順治間木活字印本　中科院

經 10707692
春秋鑽燧四卷附止雨法　清曹金籀撰
清道光二十九年刻本　國圖
石屋書本(同治刻)
清末抄本　上海

經 10707693
春秋正業經傳删本十二卷　清金甌撰
清康熙三十七年受中堂刻本　華東師大

經 10707694
春秋傳議六卷　清張爾岐撰
稿本　天津
清抄本(佚名校)　天津

經 10707695
春秋傳議四卷　清張爾岐撰
清抄本　國圖

經 10707696
春秋傳注三十六卷提綱一卷　清嚴啓隆撰
清康熙四十七年朱彝尊家抄本(清朱彝尊跋)　國圖
清初抄本　無錫
清康熙五十三年刻本　復旦(無提綱)

經 10707697
春秋平義十二卷　清俞汝言撰
稿本(清丁丙跋)　南京
四庫全書本(乾隆寫)
清抄本　浙江
檇李叢書本(民國刻)

經 10707698
春秋四傳糾正一卷　清俞汝言撰
四庫全書本(乾隆寫)
昭代叢書本(道光刻)
清抄本(清丁丙跋)　南京
檇李叢書本(民國刻)

經 10707699
春秋寶筏十二卷　清翁長庸撰
清抄本　上海

經 10707700
春秋家說三卷　清王夫之撰
清乾隆間王嘉愷抄本　湖南博
清道光二十二年湘潭王氏守遺經書屋刻本　吉林
船山遺書本(同治刻、民國鉛印)

經 10707701
春秋家說七卷　清王夫之撰
船山遺書本(道光刻)

經 10707702
春秋世論二卷　清王夫之撰
清乾隆間王嘉愷抄本　湖南博

經 10707703
春秋世論五卷　清王夫之撰
船山遺書本(道光刻、同治刻、民國鉛印)

經 10707704
春秋稗疏一卷　清王夫之撰
昭代叢書本(道光刻)

經 10707705
春秋稗疏二卷　清王夫之撰
四庫全書本(乾隆寫)
船山遺書本(道光刻、同治刻、民國鉛印)
皇清經解續編本(光緒刻、光緒石印)

經 10707706
春秋叢録補正八卷　清馬驌撰
抄本　中科院

經 10707707
春秋列國表一卷　清馬驌撰
清光緒二十八年兩湖書院刻朱印本　國圖　中科院　湖北

經 10707708
春秋三傳異同考一卷　清吴陳琰撰
昭代叢書本(康熙刻、道光刻)
藝海珠塵本(嘉慶刻道光增刻)
清鄭珍抄本　上海　貴州博

經 10707709
春秋條貫篇十一卷　清毛奇齡撰
西河合集本(康熙刻、乾隆印、嘉慶印)

經 10707710
春秋屬辭比事記四卷　清毛奇齡撰
西河合集本(康熙刻、乾隆印、嘉慶印)
四庫全書本(乾隆寫)
龍威祕書本(乾隆刻)
皇清經解本(道光刻、咸豐補刻、鴻寶齋石印、點石齋石印)
鶴壽堂叢書本(光緒刻)

經 10707711
春秋毛氏傳三十六卷　清毛奇齡撰
西河合集本(康熙刻、乾隆印、嘉慶印)
四庫全書本(乾隆寫)
皇清經解本(道光刻、咸豐補刻、鴻寶齋石印、點石齋石印)

經 10707712
春秋簡書刊誤二卷　清毛奇齡撰
西河合集本(康熙刻、乾隆印、嘉慶印)
四庫全書本(乾隆寫)
皇清經解本(道光刻、咸豐補刻、鴻寶齋石印、點石齋石印)

經 10707713
春秋本義十卷　清顧朱撰
清康熙四十九年思善堂刻本　南京　浙江
清初刻本　清華

經 10707714
春秋集解十二卷　清應撝謙撰
清抄本　國圖

經 10707715
春秋或辯一卷　清許之獬撰
藝海珠塵本(嘉慶刻道光增刻)

經 10707716
春秋增註八卷　清湯斌撰
民國十二年賢良祠刻本　上海　吉林　社科院

經 10707717
春秋求中錄六卷　清李灝撰
李氏經學四種本(乾隆刻)

經 10707718
春秋疏畧五十卷　清張沐撰
五經四書疏畧本(康熙敦臨堂刻、陳如升刻)

經 10707719
春秋大成三十一卷　清馮如京彙纂
清順治間介軒刻本　北大　故宫　東北師大　安徽　重慶

經 10707720
春秋大成講意三十一卷　清馮雲驤撰
清順治間刻本　北大　故宫　東北師大　安徽　重慶

經 10707721
春秋題要辯疑三卷　清林雲銘撰
清康熙二十九年刻本　清華

經 10707722
全本春秋體註三十卷　清林雲銘撰　清湯慶蓀補輯
清乾隆五十八年志德堂刻本　大連　隰縣　惠民

經 10707723
春秋指掌三十卷前二卷附錄二卷　清儲欣、清蔣景祁輯
清康熙二十七年天藜閣刻本　北大　清華　上海　復旦　吉林　吉林社科院　南京　湖北
清乾隆五十四年刻本　北大　天津　上海　湖北

經 10707724
校補春秋集解緒餘一卷　清淩嘉印校補
清抄本　國圖

經 10707725
讀春秋通旨不分卷　清李確(天植)撰
稿本　上海

經 10707726
學春秋隨筆十卷　清萬斯大撰
清康熙間刻本　吉林市　吉林社科院
萬充宗先生經學五書本(乾隆刻、嘉慶印)
萬充宗先生經學五書本(乾隆刻)　湖北(清徐時棟批點)
皇清經解本(道光刻、咸豐補刻、鴻寶齋石印、點石齋石印)

經 10707727
春秋易簡十二卷　清車萬育纂
白門懷園刻本　南京

經 10707728
春秋不傳十二卷　清湯啓祚撰
清乾隆三十六年刻本　中科院
清嘉慶二十四年湯士瀛刻本　北大　浙江
清嘉慶二十四年循陔堂刻本　國圖　上海　遼大　南京
清嘉慶二十四年淮揚文奎堂刻本　國圖　上海　南京　浙江　湖北
清抄本　北大
清抄本　南京

經 10707729
春秋比事參義十六卷　清桂含章輯
清光緒八年石埭桂氏務本堂刻本　國

圖　北大　中科院　上海　復旦

經 10707730
春秋詳說五十六卷　清冉覲祖撰
五經詳說本(光緒刻)

經 10707731
日講春秋解義六十四卷總說一卷　清庫勒納等編
清乾隆二年武英殿刻本　國圖　北大　故宮　上海　復旦
四庫全書薈要本(乾隆寫)
四庫全書本(乾隆寫)
抄本　南京

經 10707732
欽定春秋傳說彙纂三十八卷首二卷　清王掞等撰
清康熙六十年武英殿刻本　國圖　北大　故宮　復旦　天津
御纂七經本(康熙内府刻、同治浙江書局刻、崇文書局刻、江西書局刻、光緒户部刻、江南書局刻、光緒鴻文書局石印)
四庫全書薈要本(乾隆寫)
四庫全書本(乾隆寫)
清同治十年湖北崇文書局刻本　國圖　北大　瀋陽　南京　湖北
清光緒四年廣州翰墨園刻本　吉林社科院
清光緒十四年上海點石齋石印本　黑龍江　浙江
清光緒十九年湖南漱芳閣刻本　湖北
清光緒二十六年焕文書局石印本　浙江
清尊經閣刻本　國圖　黑龍江
清覆刻尊經閣本　遼寧　錦州　撫順　瀋陽魯迅美院　黑龍江　湖北
清抄本　清華
日本刻本　南京

經 10707733
春秋燬餘四卷　清李光地撰
榕村全書本(道光刻)

經 10707734
春秋測微十二卷首一卷　清朱奇齡撰
清抄本　國圖

經 10707735
春秋管見四卷　清瞿世壽撰
清康熙三十一年香綠居刻本　國圖　清華

經 10707736
春秋年譜一卷　清瞿世壽撰
清康熙三十一年香綠居刻本　國圖　清華

經 10707737
春秋闡微三十卷　清盧絳撰
清康熙四十三年洽陽王梓崇陽刻本　北大　南京　湖北

經 10707738
春秋輯傳辨疑七十二卷　清李集鳳撰
清抄本　北大

經 10707739
麟經鉤玄不分卷　清陸漻撰
清露香閣抄本　上海(清佚名評點)

經 10707740
春秋疑義二卷　清華學泉撰

璜川吴氏經學叢書本(嘉慶刻、道光刻)

經 10707741
春秋通論十五卷論旨一卷春秋無例詳考一卷　清姚際恆撰
民國間北京圖書館抄蘇州顧氏藏抄本　國圖

經 10707742
春秋論旨一卷　清姚際恆撰
民國間北京圖書館抄蘇州顧氏藏抄本　國圖

經 10707743
春秋無例詳考一卷　清姚際恆撰
民國間北京圖書館抄蘇州顧氏藏抄本　國圖

經 10707744
春秋世次圖不分卷　清陳厚耀撰
清刻本　湖北

經 10707745
春秋長曆十卷　清陳厚耀撰
四庫全書本(乾隆寫)
清同治十二年周懋琦抄本　南京
皇清經解續編本(光緒刻、光緒石印)
清丁氏八千卷樓抄本(清盛鳳翔校)　南京
清抄本　浙江
海陵叢刻本(民國鉛印)

經 10707746
春秋長曆集證十卷　清陳厚耀撰
民國十二年鉛印本　國圖　復旦

經 10707747
春秋世族譜一卷　清陳厚耀撰
清雍正三年陳氏刻本　國圖(錢綺校)　國圖　復旦　浙江　湖北　武漢
四庫全書本(乾隆寫)
清乾隆間蓬瀛一經刻本　國圖　湖北　南京
清頌堂叢書本(道光刻)
清道光十八年湯荆垣刻本　上海
清道光二十年寶翰樓刻本　國圖(清丁晏校注)　南京
清道光二十四年王書雲刻本　北大
清光緒二十五年兩湖書院正學堂刻本　國圖　北大　中科院　上海　復旦
邵武徐氏叢書本(光緒刻)
清抄本(二卷)　北大

經 10707748
春秋世族譜二卷補鈔一卷　清陳厚耀撰　清葉蘭補鈔
清嘉慶五年葉蘭刻本　國圖　北大　中科院　上海　濟南

經 10707749
春秋世族譜一卷附補正一卷　清陳厚耀撰　清王士濂考證　(補正)清王士濂撰
鶴壽堂叢書本(光緒刻)

經 10707750
春秋世本圖譜一卷　清陳厚耀撰
清乾隆五十七年蓬瀛一徑刻本　國圖(清李慈銘校)　上海

經 10707751
增訂春秋世本圖譜一卷　清陳厚耀撰　清徐鎮增訂

清嘉慶十三年水心齋葉氏刻本　上海　南京

經 10707752
增訂春秋世族源流圖考六卷　清陳厚耀撰　清常茂徠增訂
清道光三十年夷門常氏怡古堂刻本　國圖　北大　南京　浙大　湖北

經 10707753
春秋世系一卷　清陳厚耀撰　清趙權中訂補
清咸豐五年刻本　南京

經 10707754
春秋胡傳體注四卷　清徐寅賓撰　清解志元參訂
清雍正四年益智堂刻本　國圖

經 10707755
或庵評春秋三傳不分卷　清王源評訂
清抄本　國圖

經 10707756
公穀合刊二卷　清王源評訂
清雍正八年程茂刻本　遼寧

經 10707757
春秋經傳不分卷　清龐塏撰
稿本　廣西師大

經 10707758
春秋列傳節要十一卷　清孟緝祖撰
清康熙三十二年盧龍孟氏刻本　北大

經 10707759
春秋宗朱辨義十二卷　清張自超撰
四庫全書本(乾隆寫)
清乾隆五年世耕堂刻本　天津　吉林　社科院　南京
清光緒七年高淳書院刻本　國圖　北大　中科院　天津　上海　吉林
清光緒十年重刻本　天津
清抄本　上海

經 10707760
志學堂春秋擬言□卷　清王者佐撰
抄本　國圖

經 10707761
春秋傳說薈要十二卷　清□□輯　清聖祖玄燁案
御案五經本(嘉慶刻)

經 10707762
春秋管窺十二卷　清徐廷垣撰
四庫全書本(乾隆寫)

經 10707763
豐川春秋原經四卷　清王心敬撰
清乾隆二年潯衙刻本　南京

經 10707764
豐川春秋原經十六卷　清王心敬撰
清乾隆間豐川王氏刻本　北大

經 10707765
春秋傳注四卷　清李塨撰
清同治八年高陽世和堂刻本　中科院　湖北
顏李叢書本(民國鉛印)

經 10707766
此木軒讀春秋一卷　清焦袁熹撰

清抄本　國圖

經 10707767
春秋闕如編(此木軒春秋闕如編)八卷　清焦袁熹撰
四庫全書本(乾隆寫)
清嘉慶十二年金山錢熙彥世春堂刻本　國圖(清李慈銘題識)　北大　上海　湖北　臺灣大學
清丁氏竹書堂抄本　南京

經 10707768
春秋闕如編(此本軒春秋闕如編)八卷續編四卷　清焦袁熹撰　清焦晉續
清抄本　國圖

經 10707769
春秋三傳合纂十二卷　清孔傳鐸纂
清康熙間刻本　北大　南京

經 10707770
春秋義存錄十二卷首一卷　清陸奎勳撰
陸堂經學叢書本(康熙刻)

經 10707771
春秋義補註十二卷　清楊方達撰
楊符蒼七種本(雍正乾隆刻)

經 10707772
公穀札記一卷　清朱亦棟撰
十三經札記本(光緒竹簡齋刻)

經 10707773
春秋世族輯畧二卷　清王文源撰
清道光二十五年陳氏敏求軒刻本　國圖　中科院　復旦　南京　湖北
民國間國學圖書館抄本　南京

經 10707774
春秋列國輯畧一卷　清王文源撰
清道光二十五年陳氏敏求軒刻本　國圖　中科院　復旦　南京　湖北

經 10707775
春秋傳注會參　清李源輯
清嘉慶三年科津李氏刻本　北大

經 10707776
春秋鈔十卷首一卷　清朱軾輯
朱文端公藏書本(康熙乾隆刻、光緒重刻)

經 10707777
春秋圖一卷　清牟欽元編輯
清雍正元年致用堂刻道光二十五年盱眙汪根敬重修本　國圖

經 10707778
春秋纂要傳本不分卷　清康五瑞撰
清康熙四十三年聚明堂刻本　吉安檔

經 10707779
春秋事義慎考十四卷首一卷　清姜兆錫撰
清乾隆八年姜氏寅清樓刻本　國圖　北大　南京

經 10707780
春秋公羊穀梁諸傳彙義十二卷　清姜兆錫撰
九經補注本(雍正刻)

經 10707781
春秋直解十二卷　清方苞撰
抗希堂十六種本(康熙嘉慶刻)
桐城方望溪先生全書本(光緒活字印)

經 10707782
春秋通論四卷　清方苞撰
抗希堂十六種本(康熙嘉慶刻)
方望溪先生經說四種本(乾隆刻)　國圖　上海　江西
四庫全書本(乾隆寫)
桐城方望溪先生全書本(光緒活字印)
清木活字印本　北大

經 10707783
春秋比事目錄四卷　清方苞撰
抗希堂十六種本(康熙嘉慶刻)
桐城方望溪先生全書本(光緒活字印)

經 10707784
春秋發疑一卷　清方苞撰
清錢復初傳抄稿本(清杜鎬跋)　上海

經 10707785
春秋歲月日通考不分卷　清黄瓚撰
清紅格抄本　國圖

經 10707786
春秋訂誤十五卷首二卷　清湯豫誠撰
稿本　河南

經 10707787
春秋札記五卷　清范爾梅撰
讀書小記本(雍正刻)

經 10707788
公羊穀梁不分卷　清唐瑄輯
清雍正間抄本　國圖

經 10707789
春秋古今地名考一卷　清姚培謙撰
稿本　上海

經 10707790
春秋正箋三十三卷　清魏荔彤撰
清抄本　國圖

經 10707791
春秋體註大全合參四卷　清周熾纂
清康熙五十年漱芳軒刻本　南京
清康熙五十年敦仁堂刻本　吉林
清乾隆五十四年刻本　國圖
清宏道堂刻本　湖北
清善成堂刻本　湖北
清泰和堂刻本　湖北

經 10707792
半農先生春秋說十五卷　清惠士奇撰
清乾隆十四年吴氏璜川書屋刻本　國圖(翁方綱跋)　清華　中科院　復旦　吉林
清嘉慶十五年刻本　國圖　上海　湖北
璜川吴氏經學叢書本(道光刻)

經 10707793
春秋說十五卷　清惠士奇撰
清乾隆十四年刻本　南京
四庫全書本(乾隆寫)
清嘉慶十五年刻本　國圖　天津
皇清經解本(道光刻、咸豐補刻、鴻寶齋石印、點石齋石印)

經 10707794
春秋論畧四卷　清薛宫撰
清乾隆四十二年樹滋堂刻本　浙江

經 10707795
春秋集傳十卷首一卷　清李文炤撰
李氏成書本(清四爲堂刻)

經 10707796
春秋說一卷　清陶正靖撰
借月山房彙鈔本(嘉慶刻、博古齋影印)
澤古齋重鈔本(道光重編)
指海本(道光刻、民國影印)
式古居彙鈔本(道光重編)
掃葉山房叢鈔本(光緒刻)

經 10707797
春秋義十五卷首一卷　清孫嘉淦撰　清俞燾編訂
清雍正間刻本　國圖　中科院　山西

經 10707798
春秋義補註十二卷首一卷　清孫嘉淦撰　清楊方達增注
清乾隆十九年復初堂刻本　上海

經 10707799
春秋傳本十二卷　清胡瑤光等撰
清康熙間刻本　臺灣大學

經 10707800
春秋通義十八卷　清李鍇撰
清紅格抄本　國圖

經 10707801
春秋剩義二卷　清應麟撰
屏山草堂稿本(乾隆刻)
清抄本　上海

經 10707802
春秋經傳類求十二卷　清孫從添　清過臨汾撰　清吳禧祖校定
清乾隆二十四年舊名堂刻本　國圖　北大　清華　人大　中科院　上海　復旦

經 10707803
春秋集傳十六卷首一卷末一卷　清汪紱撰
汪雙池先生叢書本(光緒彙印)
清棲碧山房刻本　濟南

經 10707804
充射堂春秋餘論一卷　清魏周琬撰
充射堂集本(康熙刻)　國圖

經 10707805
春秋三傳明辨錄十六卷　清沈青崖撰
清初刻本　清華

經 10707806
春秋三傳定說十二卷　清張甄陶撰
稿本　浙江

經 10707807
春秋補傳二卷　清周維棫撰
清乾隆十六年余兆灝抄本　浙江

經 10707808
續春秋編二卷　清張羽清撰
清乾隆元年刻本　南京

經 10707809
春秋夏正二卷　清胡天游撰
清道光十年胡氏石筍山房木活字印本　國圖　上海　南京　浙大　湖北
式訓堂叢書本(光緒刻)
校經山房叢書本(光緒刻)
清芬堂叢書本(光緒刻)

經 10707810
三正考二卷　清吳鼐撰
四庫全書本(乾隆寫)

璜川吴氏經學叢書本(道光刻)

經 10707811
春秋貫不分卷　清于大鯤撰
清乾隆三十八年聽雨山房刻本　國圖　遼寧　華東師大

經 10707812
春秋取義測十二卷　清法坤宏撰
清乾隆五十九年法坤宏六書齋刻本　國圖　北大　清華　中科院　天津　上海

經 10707813
春秋四傳異同辨一卷　清黄永年撰
豫章叢書本(光緒刻,陶福履輯)

經 10707814
春秋四傳管窺三十二卷　清張星徽撰
清乾隆四年藏書堂刻本　南京

經 10707815
春秋通論六卷　清劉紹攽撰
清乾隆間刻本　國圖　清華　中科院
西京清麓叢書本(光緒刻)

經 10707816
春秋筆削微旨二十六卷　清劉紹攽撰
清乾隆十九年刻本　國圖　清華　中科院
西京清麓叢書本(光緒刻)

經 10707817
春秋客難一卷　清龔元玠撰
昭代叢書本(道光刻)

經 10707818
畏齋春秋客難二十四卷首一卷　清龔元玠撰
十三經客難本(道光刻)

經 10707819
通例彙纂一卷　清部坦撰
清光緒元年刻本　國圖

經 10707820
春秋集古傳注二十六卷首一卷　清部坦撰
清同治十一年刻本　吉林社科院　湖北
清光緒元年部雲鵠刻本　國圖
清光緒二年淮南書局刻本　大連　長春　吉大　吉林社科院　齊齊哈爾　浙大　臺灣大學

經 10707821
春秋或問六卷　清部坦撰
清同治十一年刻本　吉林社科院　湖北
清光緒二年淮南書局刻本　國圖　北大　中科院　上海　復旦　天津

經 10707822
春秋左國公穀分國紀事本末二卷　清李國華編
清乾隆十四年松風堂刻本　南京

經 10707823
春秋傳十二卷　清牛運震撰
空山堂全集本(嘉慶刻)

經 10707824
春秋四傳刈實十二卷前四卷　清涂錫禧撰
清乾隆十二年品峯齋刻本　中科院　上海

經 10707825
春秋說十二卷補遺八卷　清郭善鄰撰　清李道融集解
清咸豐四年夏邑李氏彊恕堂刻本　北大　南京　湖北

經 10707826
春秋究遺十六卷　清葉酉撰
清乾隆間江寧顧晴崖刻本　清華

經 10707827
春秋究遺十六卷總說一卷比例一卷　清葉酉撰
四庫全書本(乾隆寫)
清乾隆間桐城葉氏耕餘堂刻本　國圖　北大　中科院　上海　南京　中山大學　臺灣大學

經 10707828
御纂春秋直解十二卷　清傅恆等撰
清乾隆十三年刻本　復旦
清乾隆二十三年内府刻本　故宫　遼寧　大連　吉林　吉林師院　齊齊哈爾　浙江
清乾隆二十三年刻本　上海　南京　湖北
四庫全書薈要本(乾隆寫)
四庫全書本(乾隆寫)
抄本　南京

經 10707829
春秋傳質疑六卷附録一卷　清齊周南撰
稿本(清齊召南批校)　天台文管會
王文炳校抄齊周南稿本　人大
民國二十年浙江圖書館鉛印退齋叢書本　湖北

經 10707830
春秋應舉輯要十二卷　清潘相編
潘相所著書本(嘉慶刻)

經 10707831
春秋比事參義一卷　清潘相撰
清嘉慶七年刻本　上海　復旦
潘相所著書本(乾隆嘉慶刻)

經 10707832
春秋事義合註十二卷　清單鐸撰
清乾隆十五年刻本　中科院　齊齊哈爾　浙江

經 10707833
春秋隨筆二卷　清顧奎光撰
四庫全書本(乾隆寫)
民國間廬江劉氏遠碧樓藍格抄本　上海

經 10707834
讀春秋管見十四卷　清羅典撰
清刻本　中科院

經 10707835
春秋正辭十一卷　清莊存與撰
清嘉慶六年刻本　上海
味經齋遺書本(道光刻、光緒刻)
皇清經解本(道光刻、咸豐補刻、鴻寶齋石印、點石齋石印)

經 10707836
春秋舉例一卷　清莊存與撰
清嘉慶六年刻本　上海
味經齋遺書本(道光刻、光緒刻)
皇清經解本(道光刻、咸豐補刻、鴻寶齋石印、點石齋石印)

經 10707837
春秋要指一卷　清莊存與撰
清嘉慶六年刻本　上海
味經齋遺書本(道光刻、光緒刻)
皇清經解本(道光刻、咸豐補刻、鴻寶齋石印、點石齋石印)

經 10707838
御纂春秋直解十二卷　清梁錫璵廣義
清乾隆間梁氏刻本　遼寧　山西

經 10707839
春秋困學錄十二卷　清楊宏聲撰
清乾隆三十一年吳郡張若遷刻本　國圖　天津　大連　黑大
清乾隆三十九年尊五堂刻本　國圖　上海　瀋陽　吉林市

經 10707840
春秋氏族彙考四卷　清金奉堯撰
稿本(清任兆麟手書序文)　上海

經 10707841
春秋一得一卷　清閻循觀撰
西澗草堂全集本(乾隆刻)

經 10707842
春秋五測三卷　清戴祖啓撰
清嘉慶元年資敬堂刻本　吉林社科院

經 10707843
讀春秋存稿四卷　清趙佑撰
清獻堂全編本(乾隆刻)

經 10707844
春秋三傳雜案十卷　清趙佑撰
清獻堂全編本(乾隆刻)

經 10707845
春秋義畧十六卷　清張遠覽撰
清抄本　上海

經 10707846
春秋諸家解十二卷總論一卷　清毛士撰
清同治十一年深澤王氏刻毛氏春秋三種本　國圖　北大　中科院　復旦　遼寧

經 10707847
春秋三子傳六卷首一卷　清毛士撰
清同治十一年深澤王氏刻毛氏春秋三種本　國圖　北大　中科院　復旦　遼寧

經 10707848
公穀駁語六卷　清毛士撰
清同治十一年深澤王氏刻毛氏春秋三種本　國圖　北大　中科院　復旦　遼寧

經 10707849
春秋集義五十八卷首一卷末二卷　清吴鳳來撰
清乾隆五十四年浦陽吴氏小草廬刻本　國圖　北大　清華　中科院　人大　天津

經 10707850
春秋三傳補註二卷　清姚鼐撰
清嘉慶二年江寧刻本　國圖　北大　上海
龍眠叢書本(清刻)

經 10707851
春秋胡傳審鵠會要四卷　清周夢齡纂輯

清乾隆三十六年志遠堂刻本　北大
清末志遠堂刻本　北大

經 10707852
春秋審鵠四卷　清周夢齡撰
清刻本　湖北(佚名朱筆圈點)

經 10707853
春秋例畧一卷　清林錫齡編
清乾隆三十六年志遠堂刻本　北大
清末志遠堂刻本　北大

經 10707854
春秋辨義十二卷　清鄭文蘭撰
清乾隆間木活字印本　浙江　中山大學

經 10707855
春秋屬辭十二卷　清王大樞撰
民國十年石印本　國圖

經 10707856
春秋總綱一卷　清闞涵輯
清嘉慶十三年闞炳刻本　浙江

經 10707857
春秋通論四卷　清闞涵輯
清嘉慶十三年闞炳刻本　浙江　湖北(徐恕批)

經 10707858
寄傲山房塾課撰輯春秋備旨十二卷　清鄒聖脈撰
清翰寶樓刻本　天津
清光緒五年慈水古草堂刻本　國圖
五經備旨本(光緒刻、光緒石印、樂善堂銅版印)

經 10707859
春秋附記九卷　清翁方綱撰
稿本　浙江

經 10707860
春秋目一卷　清翁方綱撰
稿本　浙江

經 10707861
春秋三傳立學考一卷　清翁方綱撰
稿本　浙江

經 10707862
春秋校記不分卷　清翁方綱撰
稿本　國圖

經 10707863
春秋輯說彙解一卷　清曹逢庚撰
洛陽曹氏叢書本

經 10707864
春秋傳説從長十二卷　清阮芝生撰
稿本　上海
清王錫祺小方壺齋抄本(張謇跋)　南通
清抄本　上海

經 10707865
春秋三傳比二卷　清李調元撰
函海本(乾隆刻、道光補刻、光緒刻)

經 10707866
春秋講義衷一二卷　清團維墉輯
清嘉慶十七年刻本　吉大　南京　浙江　湖北

經 10707867

春秋列國官名異同考一卷　清汪中撰
　蟄園叢刻本(光緒刻)
　江都汪氏叢書本(中國書店影印)

經 10707868
春秋述義一卷　清汪中撰
　清嘉慶間江寧刻本　國圖
　寶墨齋叢書本(光緒刻)
　江都汪氏叢書本(中國書店影印)

經 10707869
讀春秋二卷　清趙良霨撰
　涇川叢書本(道光刻、民國影印)

經 10707870
春秋慎行義二卷　清莊有可撰
　清抄本　浙江

經 10707871
春秋刑法義一卷　清莊有可撰
　清抄本　浙江

經 10707872
春秋使師義一卷　清莊有可撰
　清抄本　浙江

經 10707873
春秋小學八卷　清莊有可撰
　民國二十四年上海商務印書館石印稿本　復旦　南京　臺灣大學

經 10707874
春秋上律表不分卷　清范景福撰
　稿本(清丁丙跋)　浙江

經 10707875
公羊穀梁異同合評四卷　清沈赤然撰
　五研齋全集本(嘉慶刻)

經 10707876
春秋旁訓四卷　清徐立綱撰
　五經旁訓本(乾隆匠門書屋刻)　天津　上海　山東(清李文藻批校)　安徽　武大　四川

經 10707877
春秋旁訓辨體合訂四卷　清徐立綱撰
　清三益堂刻本　復旦
　清循陔堂刻本　浙大

經 10707878
春秋增訂旁訓四卷　清徐立綱撰　清竺靜甫　清竺子壽增訂
　清嘉慶十四年致盛堂刻本　湖北
　清江南城狀元巷李光明莊刻本　湖北

經 10707879
春秋旁訓增訂精義四卷　清徐立綱撰　清竺靜甫、清竺子壽增訂　清黄淦精義
　五經旁訓增訂精義本(光緒毓秀草堂刻、清狀元閣刻)

經 10707880
春秋十論一卷　清洪亮吉撰
　卷施閣集本(光緒刻)　國圖　北大　上海

經 10707881
春秋三傳釋地一卷　清龔景瀚撰
　稿本　福建

經 10707882
春秋偶記二卷　清汪德鉞撰

七經偶記本(道光木活字印)

經 10707883
春秋内傳古注輯存三卷 清嚴蔚撰
清乾隆五十二年嚴氏二酉齋刻本 國圖 北大 中科院(清臧禮堂校補) 清華 上海
清光緒十五年味義根齋刻巾箱本 上海

經 10707884
春秋精義四卷首一卷 清黄淦輯
清嘉慶九年刻本 國圖 吉林社科院 南京 浙江
七經精義本(嘉慶刻、道光刻、光緒刻)

經 10707885
春秋簡融四卷 清胡序撰
清乾隆五十六年木活字印本 中科院 上海 南京

經 10707886
春秋闡旨二卷 清蔡遴元撰
清乾隆五十六年莘間塾本刻本 國圖

經 10707887
春秋正解體要二十一卷 清黄宗傑輯
清乾隆五十七年擷雲書屋刻本 湖北

經 10707888
春秋三傳全錄十六卷首一卷 清李堡輯
清乾隆五十九年刻本 南京
清同治十年刻本 南京

經 10707889
春秋三傳釋文一卷 清李堡輯
清同治十年刻本 南京

經 10707890
御案春秋三傳十六卷首一卷 清李堡輯
清嘉慶二十四年刻本 浙江

經 10707891
春秋君臣世系圖考一卷 清周曰年、清章深編輯
清乾隆五十八年刻本 南京
清嘉慶十五年蕭山周氏聽雪樓刻本 北大

經 10707892
春秋三傳體注十二卷 清車廷雅撰
清乾隆六十年同文堂刻本 天津

經 10707893
全本春秋遵解三十卷 清胡必豪、清胡紹曾輯
清乾隆六十年三多齋刻本 北大

經 10707894
春秋讀本三十卷 清胡必豪、清胡紹曾輯
清乾隆六十年三多齋刻本 北大

經 10707895
春秋疑義錄二卷 清劉士毅撰
清乾隆間刻本 中科院
清光緒元年刻本 南京
清光緒六年刻本 國圖 北大 上海 遼寧 遼大 浙江 湖北

經 10707896
春秋公華經一卷 清孔廣森撰
稿本 曲阜文管

經 10707897

春秋說署十二卷　清郝懿行撰
清嘉慶十年趙銘彝校刻本　臺灣大學
郝氏遺書本(道光刻光緒補刻)

經10707898
春秋比不分卷　清郝懿行撰
清抄本　北大

經10707899
春秋比二卷　清郝懿行撰
清嘉慶十年趙銘彝校刻本　臺灣大學
清嘉慶十四年海陽趙銘彝刻本　國圖　上海
郝氏遺書本(道光刻光緒補刻)
清光緒十六年崇寧譚氏刻本　南京　湖北
清光緒十六年崇寧譚氏刻尊經書局印本　上海　南京　瀋陽　吉林社科院
清光緒十六年怡敬齋刻本　國圖

經10707900
春秋經翼十二卷　清張漪撰
小窗遺稿本(嘉慶刻)

經10707901
春秋咫聞鈔十二卷　清淩揚藻撰
海雅堂全集本(道光刻)

經10707902
春秋說不分卷　清王紹蘭撰
稿本　浙江

經10707903
三統曆春秋朔閏表二卷　清孫義鉤撰
稿本(清陶澍、清張井跋)　國圖

經10707904
春秋三傳釋地不分卷　清戴清撰
清抄本(阮亨跋)　國圖

經10707905
春秋書法比義十二卷　清劉曾璇撰
清道光十九年濮州劉氏蓮窗書屋刻本　國圖　北大　南京　湖北
清道光二十年刻本　中科院

經10707906
春秋集義十二卷　清周幹輯注
清咸豐四年震澤鎮硯華堂刻本　上海

經10707907
春秋新義十二卷　清朱兆熊撰
清乾隆間刻本　南京

經10707908
春秋新義十三卷　清朱兆熊撰
清刻本　上海　浙江(附春秋表一卷)

經10707909
春秋新義十三卷附春秋表三卷星新經一卷　清朱兆熊撰　(星新經)清朱軾撰
清刻本　上海　湖北

經10707910
春秋歲星行表一卷　清朱兆熊撰
清刻春秋表三種本(清刻)

經10707911
春秋日食星度表一卷　清朱兆熊撰
清刻春秋表三種本(清刻)

經10707912

星新經一卷　清朱軾撰
清刻本　上海　湖北

經 10707913
春秋集傳十三卷　清張士俊撰
清嘉慶十二年葛祚增家刻本　蘇州（清葛祚增跋）

經 10707914
春秋見心不分卷　清蔣紹宗撰
清道光六年刻本　湖北

經 10707915
春秋恆解八卷　清劉沅撰
清咸豐十年虛受齋刻本　南京
清光緒三十一年刻本　國圖　上海
清宣統元年玉成堂刻本　上海
清豫誠堂刻本　吉大　齊齊哈爾
民國十一年北京道德學社印刷所鉛印本　遼寧　吉林　齊齊哈爾
民國十四年致福樓重刻本　上海
民國二十年西充鮮于氏持園刻本　上海　南京
民國二十四年鉛印本　南京

經 10707916
春秋恆解八卷附錄餘傳一卷　清劉沅撰
槐軒全書本（同治刻）

經 10707917
春秋恆解餘傳一卷　清劉沅撰
槐軒全書本（同治刻）

經 10707918
春秋經傳合編三十卷雜說一卷書法彙表三卷辨疑二卷　清楊丕復撰
楊愚齋先生全集本（光緒刻）

經 10707919
春秋族系表二卷　清徐世鐸撰
清嘉慶十二年馥蟾山房刻本　上海

經 10707920
春秋釋經十二卷　清高澍然撰
清道光五年光澤高氏刻本　北大
清道光七年刻本　復旦　浙江　大連
清光緒間刻本　國圖

經 10707921
春秋周魯纂論八卷　清張孝齡撰
清嘉慶十八年南郇刻本　北大　上海　臺灣大學

經 10707922
春秋朔閏異同二卷　清羅士琳撰
皇清經解續編本（光緒刻、光緒石印）
仰視千七百二十九鶴齋叢書本（光緒刻、民國影印）
清抄本（清趙之謙校，文素松跋）　上海

經 10707923
春秋氏族圖考二卷　清沈澄本撰
清嘉慶十九年吴興沈氏刻本　國圖

經 10707924
春秋氏族畧一卷　清侯廷銓撰
清嘉慶十七年刻本　北大

經 10707925
春秋疑義一卷　清侯廷銓撰
清嘉慶十七年刻本　北大

經 10707926
春秋列國考畧一卷　清侯廷銓撰
清嘉慶十七年刻本　北大

經 10707927
春秋氏族圖一卷　清張道緒撰
　清嘉慶十八年人境軒刻本　上海

經 10707928
春秋經傳比事二十二卷　清林春溥撰
　竹柏山房十五種附刻四種本(嘉慶咸豐刻)

經 10707929
春秋朔閏表發覆四卷　清施彥士撰
　求己堂八種本(道光刻)

經 10707930
推春秋日食法一卷　清施彥士撰
　求己堂八種本(道光刻)
　清修梅山館刻巾箱本　南京

經 10707931
春秋朔閏表發覆四卷首一卷　清施彥士撰
　求己堂八種本(道光刻)

經 10707932
春秋算法題目不分卷　清施彥士撰
　清刻本　湖北

經 10707933
春秋命曆序考二卷　清平篤胤撰
　日本天保抄本　北大

經 10707934
春秋目論二卷　清鄧顯鶴撰
　清道光十九年刻本　國圖　上海　湖北
　清咸豐十年補刻本　復旦

經 10707935
春秋箋例三十卷首一卷　清趙儀吉撰
　清嘉慶二十二年南昌府學刻本　國圖　北大　浙江　湖北

經 10707936
春秋衷要六卷　清李式穀輯
　五經衷要本(道光刻)

經 10707937
三傳經文辨異四卷　清焦廷琥撰
　邃雅齋叢書本(民國影印)
　清抄本　國圖

經 10707938
春秋日食質疑一卷　清吴守一撰
　借月山房彙鈔本(嘉慶刻、博古齋影印)
　澤古齋重鈔本(道光重編)
　學海類編本(道光木活字印、民國影印)
　昭代叢書本(道光刻)
　指海本(道光刻、民國影印)
　會稽徐氏初學堂羣書輯錄本(稿本)

經 10707939
春秋至朔通考二卷　清張冕撰
　清嘉慶二十五年刻本　國圖
　清道光十九年刻本　中科院

經 10707940
春秋比辨一卷　清章謙存撰
　強恕齋四賸稿本(道光刻)

經 10707941
春秋日月考四卷　清譚澐撰
　味義根齋全書本(光緒刻)

經 10707942
春秋世族志畧不分卷　清姚東昇撰

稿本 國圖

經 10707943
春秋表三卷 清朱栻之撰
清刻本 南京

經 10707944
春秋平議一卷 清朱駿聲撰
木犀軒叢書本(光緒刻)
民國二十五年華西協和大學哈佛燕京學社鉛印本 遼寧

經 10707945
春秋亂賊考一卷 清朱駿聲撰
稿本 南京
聚學軒叢書本(光緒刻)

經 10707946
春秋女譜一卷 清常茂徠撰
清道光三十年夷門常氏怡古堂刻本 國圖 北大 南京 浙大 湖北

經 10707947
春秋釋一卷 清黄式三撰
皇清經解續編本(光緒刻、光緒石印)

經 10707948
春秋釋四卷 清黄式三撰
儆居遺書本(同治光緒刻)

經 10707949
春秋屬辭辨例編六十卷首二卷 清張應昌撰
清咸豐五年錢塘張氏彝壽堂刻本 北大 上海 復旦
清同治十二年江蘇書局刻本 國圖 北大 中科院 上海 復旦

經 10707950
讀春秋三傳札記二卷 清單爲鏓撰
清同治六年周壽嚴家刻本 國圖 湖北

經 10707951
春秋七國統表六卷 清魏翼龍編
清道光十三年蕭山存問堂刻本 國圖 天津 上海 南京 浙江

經 10707952
春秋胡傳考正四卷續錄二卷 清丁晏撰
稿本 國圖

經 10707953
春秋胡傳申正不分卷 清丁晏撰
稿本 上海

經 10707954
三家經文同異考二卷 清王錫聆撰
清道光十五年太姥山麓蚤間齋刻本 國圖 湖北

經 10707955
學春秋理辯一卷 清淩堃撰
淩氏傳經堂叢書本(道光刻)

經 10707956
春秋大義述不分卷 清柳興恩撰
清道光間刻本 國圖

經 10707957
春秋紀事考不分卷 清蔣湘南撰
清抄本 國圖

經 10707958
春秋希通一卷 清程庭桂撰

清咸豐十一年刻本　國圖　中科院　天津　上海　吉林社科院　南京　湖北

經 10707959
春秋古經說二卷　清侯康撰
嶺南遺書本(道光刻)
皇清經解續編本(光緒刻、光緒石印)

經 10707960
春秋經論摘義四卷　清王亮功撰
雪華館叢編本(民國鉛印)

經 10707961
求志居春秋說四卷　清陳世鎔撰
求志居全集本(道光刻)

經 10707962
篤志齋春秋解二卷　清張應譽撰
篤志齋經解本(同治刻)

經 10707962
春秋錄要十二卷　清黃思誠輯
清光緒七年岳陽昭祐堂刻本　北大

經 10707964
春秋隨筆一卷　清吳勤邦撰
清道光二十七年刻秋芸館全集本　國圖　中科院

經 10707965
春秋四傳詁經十五卷　清萬斛泉撰
清光緒三十四年刻萬青軒全書本　國圖　清華　北師大　中科院

經 10707966
春秋初讀一卷　清方潛撰
毋不敬齋全書本(光緒刻)

經 10707967
三傳異同考一卷　清林昌彝撰
清同治十年林氏廣州刻本　國圖

經 10707968
春秋律身錄二十二卷　清楊長年撰
清光緒元年刻本　上海
清光緒十年刻本　復旦
清光緒十九年刻本　上海　南京　湖北

經 10707969
春秋輯解十二卷　清周道遵撰
稿本　天一閣

經 10707970
春秋精義鈔四十卷　清陸錫璞撰
清咸豐四年萃文堂刻本　天津

經 10707971
春秋日南至譜一卷　清成蓉鏡撰
皇清經解續編本(光緒刻、光緒石印)
成氏遺書本(光緒刻)

經 10707972
春秋集義十二卷　清方宗誠撰
稿本　安慶
柏堂遺書本(光緒刻)

經 10707973
春秋傳正誼四卷　清方宗誠撰
稿本　安慶
柏堂遺書本(光緒刻)

經 10707974

春秋解不分卷　清丁壽昌撰
丁氏遺稿六種本(稿本)　上海

經 10707975
春秋列國圖不分卷　清桂文燦撰
清咸豐間刻本　南京

經 10707976
春秋經傳日月考一卷　清鄒伯奇撰
清光緒二十七年兩湖書院朱印本　國圖　天津　南京　湖北

經 10707977
春秋世系表不分卷　清周耀藻撰
清咸豐九年楚南周耀藻紅格稿本　國圖

經 10707978
春秋貫解不分卷　清王尚槩撰
民國二十一年王汝翼鉛印王羲川先生遺書本　國圖　上海　湖北

經 10707979
春秋集傳辨異十二卷　清趙培桂集辨
清同治五年明德堂刻本　北大　中科院　湖北

經 10707980
達齋春秋論一卷　清俞樾撰
春在堂全書本(同治至光緒刻,曲園雜纂)　湖北(徐恕點讀)

經 10707981
春秋名字解詁補義一卷　清俞樾撰
俞蔭甫先生遺稿九種本(稿本)
春在堂全書本(同治至光緒刻,第一樓叢書)
皇清經解續編本(光緒刻、光緒石印)

經 10707982
春秋歲星考一卷　清俞樾撰
春在堂全書本(同治至光緒刻,曲園雜纂)

經 10707983
駁春秋名字解詁一卷　清胡元玉撰
鏡珠齋彙刻本(光緒刻)
皇清經解續編本(光緒刻、光緒石印)

經 10707984
春秋繹義十四卷　清王曜南撰
清咸豐元年刻本　上海　湖北

經 10707985
春秋屬比考例二卷　清王銘西撰
稿本(王先謙跋)　南京
民國二十四年南京國學圖書館影印本　國圖　中科院　上海　復旦　南京　湖北　臺灣大學

經 10707986
春秋五行災異卦炁屬比考一卷　清王銘西撰
稿本(清戴望題款)　南京
民國二十四年南京國學圖書館影印本　國圖　上海　復旦　南京　湖北　臺灣大學

經 10707987
春秋比類觀例二卷　清王銘西撰
稿本(清夏煒如跋,清戴望、清陳鼎、清許棫、清湯成烈題款)　南京

經 10707988

讀春秋劄記一卷　清朱景昭撰
無夢軒遺書本(民國鉛印)

經 10707989
春秋測義三十五卷　清強汝詢撰
清光緒十五年流芳閣木活字印本　國圖　中科院　天津　上海　南京　浙江

經 10707990
春秋列國世代便覽一卷　清孫湘撰
清同治四年刻本　中科院

經 10707991
續春秋測義二卷　清強汝詢撰　馬其昶校
清抄本　國圖

經 10707992
春秋經傳敬繹六卷　清曹珍貴注
清同治六年大雅堂刻本　復旦

經 10707993
春秋考畧二卷　清魏廷獻撰
清咸豐間刻本　湖北

經 10707994
春秋三傳十六卷首一卷　清魏綸先撰
清同治十年刻本　上海
清光緒二年衡陽魏氏刻本　上海

經 10707995
春秋日食考二卷　清鄭福照撰
潔園遺著本(民國石印)

經 10707996
春秋朔閏日食考二卷　清宋慶雲撰
清同治十二年刻本　南京　浙大
清光緒七年刻本　中科院　上海　南大　湖北

經 10707997
春秋内外傳箴辭考證三卷　清章耒撰
清光緒九年刻本　國圖　上海

經 10707998
公穀精語一卷　清徐經輯
雅歌堂全集本(光緒刻,雅堂外集)

經 10707999
春秋集傳纂例校一卷　清陸心源撰
潛園總集本(同治光緒刻,羣書校補)

經 10708000
春秋辨疑校一卷　清陸心源撰
潛園總集本(同治光緒刻,羣書校補)

經 10708001
春秋讞義補三卷　清陸心源輯
潛園總集本(同治光緒刻,羣書校補)

經 10708002
春秋定義不分卷　清錢國祥撰
稿本　上海

經 10708003
春秋朔閏至日考二卷　清王韜撰
稿本　上海

經 10708004
春秋朔閏至日考三卷　清王韜撰
弢園經學輯存本(光緒淞隱廬鉛印)　國圖　中科院　上海　南京

經 10708005
春秋日食考一卷　清王韜撰
稿本　上海

經 10708006
春秋日食辨正一卷　清王韜撰
弢園經學輯存本(光緒淞隱廬鉛印)　國圖　中科院　上海　南京

經 10708007
春秋朔至表一卷　清王韜撰
弢園經學輯存本(光緒淞隱廬鉛印)　國圖　中科院　上海　南京

經 10708008
枕葄齋春秋問答十六卷末一卷　清胡嗣運撰
民國四年鵬南書屋鉛印本　天津　湖北

經 10708009
春秋釋例殘稿不分卷　清譚獻撰
稿本　上海

經 10708010
春秋公法比義發微六卷　清藍光策撰
清光緒二十五年圖書公司總局刻本　國圖
清光緒二十七年尊經書局刻本　國圖　上海　湖北
清宣統三年南洋印刷官廠石印本　國圖　南京　浙江　遼寧　湖北

經 10708011
春秋例表二十四篇　清王代豐撰
清刻本　上海　南京
清抄本　北大

經 10708012
春秋例表二十八篇　清王代豐撰
清光緒七年四川尊經書院刻本　國圖　北大　中科院　南京　湖北

經 10708013
春秋例表三十八篇　清王代豐撰　清廖震等編
清光緒三十四年東州刻本　國圖　北大　中科院　天津　南京　遼寧　湖北

經 10708014
春秋三傳存畧異同考一卷　清郭福衡撰
稿本　上海

經 10708015
春秋三傳約注十八卷　清劉曾騄撰
祥符劉氏叢書本(光緒民國石印,五經約注)

經 10708016
春秋内傳古注補輯三卷　清馮明貞輯
清光緒十五年味義根齋刻巾箱本　國圖　北大

經 10708017
春秋輿圖繪證　清立峯繪
清光緒十六年彩繪本　國圖

經 10708018
春秋諸傳参說二卷　清夏容撰
清光緒十六年慎自愛軒刻本　湖北

經 10708019
春秋札記一卷　清鄭杲撰
稿本　山東

經 10708020
春秋說二卷　清鄭杲撰
鄭東父遺書本(光緒刻)

經 10708021
春秋條貫二卷　清郭斌撰
清光緒十八年夢鄴書屋木活字印本　復旦

經 10708022
春秋義十二卷　清陳翼學撰
清光緒十九年刻本　南京

經 10708023
春秋傳義十二卷補義一卷　清姜國伊撰
守中正齋叢書本(同治光緒刻)
清光緒十一年刻本　中科院

經 10708024
春秋逸傳十四卷　清傅上瀛撰
清光緒二十二年典學樓刻本　國圖　湖北

經 10708025
春秋精華十三卷　清魏朝俊輯
清光緒二十五年桂湖魏氏古香閣刻本　湖北　香港中大

經 10708026
春秋鑰四卷　清劉翰棻編述
清光緒三十二年劉翰棻刻本　北大　湖北

經 10708027
春秋大旨提綱表四卷　題果齋撰
清光緒三十四年刻本　國圖

經 10708028
春秋經世論十卷　清朱文熊撰
清光緒二十八年上海書局石印本　南京

經 10708029
春秋三傳經訓通編五卷　清陳諍彥撰
清宣統元年鉛印本　浙江

經 10708030
春秋國名考釋三卷　清鮑鼎撰
默厂所著書本(民國石印)

經 10708031
春秋日食集證十卷　清馮澂撰
強自力齋叢書本(稿本)　國圖

經 10708032
春秋合傳不分卷　清高自卑撰
稿本　上海

經 10708033
春秋列國年表不分卷　清胡宗一撰
稿本　温州

經 10708034
春秋日月時例四卷　清季必鈞撰
清抄本　北大

經 10708035
日月以尊卑起例不分卷　清季必鈞撰
清抄本　北大

經 10708036
春秋不分卷　清金蒲輯
清抄本　國圖

經 10708037
春秋正宗十二卷　清呂文櫺撰
稿本　浙大

經 10708038
春秋集傳十六卷義例一卷　清孟煜撰
清抄本　國圖

經 10708039
春秋國邑釋今二卷　清孫大呂輯
抄本

經 10708040
春秋日月時例一卷　清吴善繼撰
稿本　上海

經 10708041
麟旨一卷　清吴應辰撰
清刻本　中科院

經 10708042
春秋大事記不分卷　清徐履謙撰
民國二十年蒙城葛光廷鉛印本　國圖　中科院　上海　南京

經 10708043
春秋説十六卷首一卷　清許揚祖撰
清光緒十六年刻本　上海　南京　湖北

經 10708044
春秋管見八十五卷　清楊天祿撰
稿本　山東

經 10708045
魯史榷二卷　清楊兆鋆撰
清光緒二十四年湯明林刻須曼精廬文稿本　中科院　上海　南京　湖北

經 10708046
春秋會要四卷　清姚彥渠撰
清光緒間姚丙吉姚彝典校刻本　國圖　北大　上海　浙江　湖北

經 10708047
春秋世系考不分卷　清姚彥渠撰　清盧敝節錄
稿本　南京

經 10708048
春秋統署删不分卷　清葉煥章撰
清懷冰山房抄本　浙江

經 10708049
春秋分合纂例十卷　清張行簡撰
清宣統二年刻本　國圖

經 10708050
春秋纂要一卷　清張兆炎撰
抄本（清張嘉仁跋）　上海

經 10708051
春秋大意十二卷　清趙宗猷撰
清抄本　河南

經 10708052
春秋題解類編四卷首一卷　清周宗坊編
清光緒二年亦處堂刻本　上海

經 10708053
春秋説□□卷　清曹耀湘撰
清抄本　國圖

經 10708054

春秋讀本十二卷　清袁焉輯
　抄本(吴江柳棄疾題識)　上海

經 10708055
春秋口義說四卷　清陳學文撰
　陳藝叔先生春秋八種本(稿本)　上海

經 10708056
春秋全經口義說六卷　清陳學文撰
　陳藝叔先生春秋八種本(稿本)　上海

經 10708057
春秋類文求義七卷　清陳學文撰
　陳藝叔先生春秋八種本(稿本)　上海

經 10708058
春秋災異歲事物害說一卷　清陳學文撰
　陳藝叔先生春秋八種本(稿本)　上海

經 10708059
春秋類事求異八卷　清陳學文撰
　陳藝叔先生春秋八種本(稿本)　上海

經 10708060
春秋原本二卷　清陳學文撰
　陳藝叔先生春秋八種本(稿本)　上海

經 10708061
春秋讀本一卷　清陳學文撰
　陳藝叔先生春秋八種本(稿本)　上海

經 10708062
春秋三傳異同說一卷　清陳學文撰
　陳藝叔先生春秋八種本(稿本)　上海

經 10708063
春秋正朔平實算稿二卷　清劉自堂撰
　抄本　上海

經 10708064
春秋日食交周算稿一卷　清劉自堂撰
　抄本　上海

經 10708065
春秋釋義未定草不分卷　清□富撰
　清抄本　北大

經 10708066
春秋講義不分卷　清皮錫瑞撰
　稿本　湖南師大

經 10708067
師伏堂春秋講義二卷　清皮錫瑞撰
　清宣統元年鴻飛印書局鉛印師伏堂叢書本　國圖　中科院　湖北(徐恕點讀)

經 10708068
春秋三卷　清王闓運輯
　清光緒七年尊經書院刻本　遼寧　哈爾濱師大　南京　湖北

經 10708069
春秋列國地圖不分卷　清楊守敬、清熊會貞撰
　清光緒三十二年刻套印本　遼寧

經 10708070
春秋公法内傳十二卷首一卷　清劉人熙撰
　清宣統元年鉛印本　湖北
　民國二年鉛印本　國圖　中科院

經 10708071

補春秋僖公事闕書一卷 清桑宣撰
鐵研齋叢書本(光緒刻、民國鉛印)

經 10708072
春秋魯十二公年譜不分卷 清□□輯
清抄本 國圖

經 10708073
春秋源流不分卷附雜錄一卷 清□□輯
清光緒間抄本 香港中大

經 10708074
讀春秋札記不分卷 清□□撰
清末抄本 國圖

經 10708075
春秋編不分卷 □□撰
稿本 湖北

經 10708076
春秋殘稿不分卷 □□撰
稿本 北大

經 10708077
春秋彙選前集一卷正集十二卷末集一卷 □□撰
稿本 上海

經 10708078
春秋家望讀本一卷 □□撰
稿本 南京

經 10708079
公穀附記不分卷 □□撰
清抄本 天津

經 10708080
春秋三傳事實廣證不分卷 □□撰
清抄本 上海

經 10708081
春秋三傳合鈔不分卷 □□撰
清抄本 南京

經 10708082
春秋單合撮要二卷 □□撰
清抄本 復旦

經 10708083
春秋列國考據不分卷 □□撰
清末民國初抄本 國圖

經 10708084
春秋一百二十四國不分卷 □□撰
清末民國初抄本 國圖

經 10708085
春秋地異名同輯釋不分卷 □□撰
清末民國初抄本 國圖

經 10708086
春秋三傳合編二十五卷 □□輯
清末民國初抄本 國圖

經 10708087
春秋圖表二卷 廖平輯
新訂六譯館叢書本(民國彙印)

經 10708088
春秋三傳折中一卷 廖平撰
新訂六譯館叢書本(民國彙印)

經 10708089
春秋復始三十八卷 崔適撰

民國七年北京大學出版部鉛印本　國圖　北大　上海　復旦

經 10708090
春秋筆削大義微言考十一卷　康有爲撰
稿本　北京文物局
稿本　廣東
清光緒十五年刻本　復旦
萬木草堂叢書本(民國上海刻)　國圖　中科院　上海

經 10708091
讀春秋隨筆不分卷　郭希仁撰
民國八年鉛印本　南京

經 10708092
春秋載記一卷　梁啓超撰
中央大學出版部石印本　國圖　南京

經 10708093
讀春秋界說　梁啓超撰
清光緒二十四年琳琅山館刻本　國圖

經 10708094
箋經瑣說一卷　朱運樞撰
春秋筆記六種本(民國石印)

經 10708095
列國年表一卷　朱運樞撰
春秋筆記六種本(民國石印)

經 10708096
論古撮要一卷　朱運樞撰
春秋筆記六種本(民國石印)

經 10708097
經文辨異一卷　朱運樞撰
春秋筆記六種本(民國石印)

經 10708098
春秋古經箋卷七至九　劉師培撰
劉申叔先生遺書本(民國鉛印)

經 10708099
春秋古經舊注疏證零稿一卷　劉師培撰
劉申叔先生遺書本(民國鉛印)

經 10708100
春秋大義一卷　段洙輯
清宣統元年山西大學堂鉛印本　國圖

經 10708101
春秋人品論不分卷　張志失撰
民國二年金堂抄本　上海

經 10708102
春秋三傳參鈔一卷　□□撰
抄本　上海

經 10708103
春秋列國時事説一卷　□□撰
抄本　上海

經 10708104
春秋五霸源流不分卷　□□撰
抄本　南京

文字音義之屬

經 10708105
陸氏三傳釋文音義十六卷　唐陸德明撰
五經四書讀本本(雍正刻、嘉慶刻)

經 10708106
春秋經文三傳異同考一卷　清陳萊孝撰

花近樓叢書本(稿本)

經 10708107
春秋經文異同詧一卷　清王言撰
稿本(清王同跋)　上海

經 10708108
春秋異文箋十三卷　清趙坦撰
皇清經解本(道光刻、咸豐補刻、鴻寶齋石印、點石齋石印)

經 10708109
春秋三家異文覈一卷　清朱駿聲撰
稿本　南京
聚學軒叢書本(光緒刻)

經 10708110
春秋三傳異文考一卷　清張之萬撰
清同治九年張之萬金陵刻本　國圖(清李慈銘校)　北大　南京　湖北

經 10708111
春秋諸家引經異字同聲攷一卷　清丁顯撰
清光緒間刻本　南京

叢編之屬

經 10708112
公羊春秋不分卷穀梁春秋不分卷　唐陸德明音釋
宋刻本　國圖

經 10708113
春秋公穀傳三十二卷　明□□輯
明隆慶元年刻本　國圖　北大　復旦
春秋公羊傳二十卷
春秋穀梁傳十二卷

經 10708114
鍾伯敬評公羊穀梁二傳合刻二十四卷　明鍾惺評
明崇禎九年陶珽刻本　人大　復旦　南京(清祁李孫圈點並跋)　吉林社科院　浙大　瀋陽魯迅美院　廣東社科院
公羊傳十二卷
穀梁傳十二卷

經 10708115
春秋三傳讞二十二卷　宋葉夢得撰
清顧氏藝海樓抄本(清葉廷琯跋)　南京
春秋左傳讞十卷
春秋公羊傳讞六卷
春秋穀梁傳讞六卷

經 10708116
春秋三書三十一卷　明張溥撰
明末刻本　國圖　北大　北師大　中科院　華東師大　上海師大　華東師大　南京　鎮江
春秋列國論二十四卷
春秋四傳斷六卷
春秋書法解一卷

經 10708117
玉玲瓏閣叢刻三種二十三卷　清龔翔麟編
清康熙間錢塘龔氏刻本　國圖(清何焯批校)　上海　常熟(清趙烈文跋)　遼寧　吉林　浙江
春秋啖趙二先生集傳纂例十卷　唐陸淳撰
春秋啖趙二先生集傳辯疑十卷　唐陸淳撰

春秋集傳微旨三卷　唐陸淳撰

經 10708118
郝氏春秋二種十四卷　清郝懿行撰
清道光七年趙銘彝刻本　國圖
春秋說畧十二卷
春秋比二卷

經 10708119
三傳折諸四十四卷　清張尚瑗撰
四庫全書本(乾隆寫)
左傳折諸二十八卷首二卷
公羊折諸六卷首一卷
穀梁折諸六卷首一卷附公羊穀梁後論

經 10708120
春秋三傳駁語十卷首一卷　清毛士撰
清同治十一年深澤王氏刻毛氏春秋三種本　國圖　北大　中科院　復旦　遼寧
左氏駁語四卷
公穀駁語六卷

經 10708121
陳藝叔先生春秋八種三十卷　清陳學文撰
稿本　上海
春秋口義說四卷
春秋全經口義說六卷
春秋類文求義七卷
春秋災異歲事物害說一卷
春秋類事求異八卷
春秋原本二卷
春秋讀本一卷
春秋三傳異同說一卷

經 10708122
春秋公羊穀梁傳合刻附重刊宋紹熙公羊傳注附音本校記一卷　清汪喜孫、清劉逢祿校　(校記)清魏彥撰
民國五年上海大成書局石印本　上海　遼寧　浙大
民國十一年上海錦章圖書局石印本　遼寧

附　錄

春秋繁露之屬

經 10708123
春秋繁露十七卷　漢董仲舒撰
宋嘉定四年江右計臺刻本　國圖
明正德十一年華堅蘭雪堂銅活字印本　國圖
明嘉靖三十三年周采刻本　國圖(清黄丕烈校並跋)　國圖(傅增湘校跋並錄黄丕烈題識,又錄張元濟校,張元濟跋)　國博　上海　復旦　南京
明刻本　北大　中科院　山東
明刻本　國圖(清孔繼涵校並跋)
明刻本　國圖(傅增湘校)
明刻本　北師大　天津　山東博　天一閣
明刻本　南京(鄧邦述跋並錄清孔繼涵校跋)
兩京遺編本(萬曆刻、民國影印)
漢魏叢書本(萬曆刻)　社科院文學所(張壽鏞校)　上海
廣漢魏叢書本(萬曆刻)　南京(清盧文弨校,清丁丙跋)　天一閣(清徐時棟校並跋)　復旦(清陳樹華校跋並臨清惠棟校跋,王大隆跋)
明末刻本　國圖(清翁方綱校跋並錄清惠棟校跋,王大隆跋)

明有嘉堂抄本　天一閣* 遼寧*
明抄本(冒廣生校並跋)　國圖
清初毛氏汲古閣影宋抄本　國圖
四庫全書薈要本(乾隆寫)
武英殿聚珍版書本(木活字印、福建重刻、廣東重刻)
四庫全書本(乾隆寫)
增訂漢魏叢書本(乾隆刻、光緒刻、宣統石印)
清刻本　四川(清鄭珍錄清盧文弨批校)
崇文書局彙刻書本(光緒刻)
清光緒二十三年新化三味書屋刻本　浙江
清影抄正德十一年華堅蘭雪堂銅活字印本　國圖
清抄本(單丕校)　浙江
清抄本(清佚名錄清盧文弨校)　湖北
民國元年鄂官書處刻本　國圖

經 10708124
春秋繁露十七卷附錄一卷　漢董仲舒撰
抱經堂叢書本(乾隆嘉慶刻)　上海(清吳育錄清張惠言校,褚德儀跋)　浙大(清孫詒讓批)　湖北(清譚儀錄清勵守謙校)
清道光間翻刻抱經堂叢書本　遼寧
古經解彙函本(同治刻、光緒石印、光緒刻)
清光緒二年浙江書局刻本　北大　復旦　南京　湖北
清光緒八年淮南書局刻本　北大　大連　遼大
子書二十八種本(宣統石印)
春秋繁露八卷　漢董仲舒撰
兩京遺編本(萬曆刻、民國影印)

經 10708125
春秋繁露一卷　漢董仲舒撰
增定漢魏六朝別解本(崇禎刻)
說郛本(宛委山堂刻)
清光緒三十年江寧初算小學刻本　南京

經 10708126
董子春秋繁露十七卷　漢董仲舒撰
二十二子本(光緒刻)　湖北(徐恕批校)
二十五子彙函本(光緒石印)
子書二十二種本(光緒鉛印)
子書四十八種本(民國石印)

經 10708127
董子春秋繁露十七卷附錄一卷　漢董仲舒撰　明王道焜等輯評
明天啓五年王道焜等刻本　上海(羅振常跋)　中科院　社科院文學所　國博　天津　南開　吉林　河南　重慶
清乾隆十六年董天工刻本　國圖　北大　南京
清光緒二十三年上海圖書集成局鉛印本　南京

經 10708128
春秋繁露箋注十七卷附錄一卷　漢董仲舒撰　清董天工箋注
清乾隆二十六年觀光樓刻本　中科院　復旦

經 10708129
春秋繁露十七卷附錄一卷　漢董仲舒撰　明孫鑛評
明天啓五年花齋刻本　國圖　北大　北師大　上海(清金成跋)　天一閣

（清徐時棟跋）

明天啓間刻本　國圖　中央黨校　故宫　安徽　安徽博

明崇禎十一年方生刻本　南京（清舟山老人批校並跋）　襄陽

明末聚奎樓刻本　天津（清吴鼒批點）　上海　南通　襄陽　湖南師大

清康熙間董文昌刻本　北大　上海

清乾隆四十四年董國輔守醇堂重刻本　國圖　上海

經 10708130

諸大家同訂春秋繁露注釋大全十七卷首一卷附録一卷　明孫鑛評釋

明末刻本　福建

經 10708131

春秋繁露佚文一卷　漢董仲舒撰　清王仁俊輯

經籍佚文本（稿本）

經 10708132

春秋繁露一卷　漢董仲舒撰　清任兆麟選輯

述記本（乾隆刻、嘉慶刻）

經 10708133

桂巖子二卷　漢董仲舒撰　明歸有光輯評

諸子彙函本（明末刻）

經 10708134

桂巖子春秋繁露一卷　漢董仲舒撰

諸子褒異本（明末刻）

經 10708135

春秋繁露注十七卷　漢董仲舒撰　清淩曙注

稿本（缺卷十四）　上海

經 10708136

春秋繁露注十七卷題跋附録一卷　漢董仲舒撰　清淩曙注

蜚雲閣淩氏叢書本（嘉慶刻）

皇清經解續編本（光緒刻、光緒石印）

龍谿精舍叢書本（民國刻）

經 10708137

春秋繁露注十七卷附淩注校正十七卷　漢董仲舒撰　清淩曙注　（校正）清張駒賢撰

畿輔叢書本（光緒刻）

經 10708138

春秋繁露不分卷　清譚獻訂

稿本　南京

經 10708139

董子定本一卷附録一卷　清譚獻訂

念劬廬叢刊初編本（民國鉛印）

經 10708140

春秋繁露義證十七卷首一卷　清蘇輿撰

稿本　湖北

清宣統二年王先謙長沙刻本　國圖　北大　中科院　天津　上海　復旦　南京

經 10708141

春秋繁露考證一卷　清蘇輿撰

清宣統二年王先謙長沙刻本　國圖　北大　中科院　天津　上海　復旦　南京

經 10708142

春秋繁露一卷　漢董仲舒撰　張之純評注
評註諸子菁華録本（民國鉛印）

經 10708143
春秋繁露平議二卷　清俞樾撰
春在堂全書本（同治至光緒刻，諸子平議）

經 10708144
春秋繁露集注二卷　清董金鑑撰
董氏叢書本（光緒刻）

經 10708145
春秋繁露斠補不分卷　劉師培撰
抄本　國圖

經 10708146
春秋繁露斠補三卷附逸文輯補一卷　劉師培撰
劉申叔先生遺書本（民國鉛印）

經 10708147
春秋繁露釋文二卷　冒廣生撰
民國二十九年上海合衆圖書館傳抄手稿本　上海

經 10708148
春秋繁露求雨止雨直解不分卷　明吴廷舉撰
明萬曆間王邦才刻本　天津

經 10708149
春秋繁露求雨止雨考定一卷　清王又樸撰
詩禮堂全集本（乾隆刻）

春秋緯之屬

經 10708150
春秋緯一卷　□□輯
説郛本（宛委山堂刻）

經 10708151
春秋緯　□□輯
説郛本（商務印書館鉛印）

經 10708152
春秋緯　清劉學寵輯
青照堂叢書本（道光刻）

經 10708153
春秋一卷　清黄奭輯
漢學堂叢書本（道光刻光緒印）
黄氏逸書考本（道光刻王鑒修補、朱長圻補刻）

經 10708154
春秋緯一卷　三國魏宋均注　清王仁俊輯
玉函山房輯佚書續編本（稿本）

經 10708155
春秋孔演圖一卷　□□輯
説郛本（宛委山堂刻）

經 10708156
春秋演孔圖　明孫瑴輯
古微書本（嘉慶刻、光緒刻、光緒石印）
墨海金壺本（嘉慶刻、博古齋影印）
守山閣叢書本（道光刻、光緒影印、民國影印）

經 10708157

春秋孔演圖　清劉學寵輯
　青照堂叢書本(道光刻)

經 10708158
春秋演孔圖　清喬松年輯
　喬勤恪公全集本(光緒刻)
　山右叢書初編本(民國鉛印)

經 10708159
春秋演孔圖一卷附補遺　清趙在翰輯
　七緯本(嘉慶刻)

經 10708160
春秋孔演圖一卷　清殷元正原輯　清陸明睿增訂
　緯書本(清觀我生齋抄)

經 10708161
春秋緯演孔圖一卷　三國魏宋均注　清馬國翰輯
　玉函山房輯佚書本(同治皇華館刻、光緒李氏印、光緒嫏嬛館刻、光緒楚南書局刻)
　玲瓏山館叢書本(光緒刻)

經 10708162
春秋演孔圖一卷　三國魏宋均注　清黄奭輯
　漢學堂叢書本(道光刻光緒印)
　黄氏逸書考本(道光刻王鑒修補、朱長圻補刻)

經 10708163
春秋緯演孔圖一卷　三國魏宋均注　清王仁俊輯
　玉函山房輯佚書續編本(稿本)

經 10708164
春秋元命苞一卷　□□輯
　說郛本(宛委山堂刻)

經 10708165
春秋元命苞　□□輯
　說郛本(商務印書館鉛印)

經 10708166
春秋元命包二卷　明孫瑴輯
　古微書本(嘉慶刻、光緒刻、光緒石印)
　墨海金壺本(嘉慶刻、博古齋影印)
　守山閣叢書本(道光刻、光緒影印、民國影印)

經 10708167
春秋元命苞　清劉學寵輯
　青照堂叢書本(道光刻)

經 10708168
春秋元命包　清喬松年輯
　喬勤恪公全集本(光緒刻)
　山右叢書初編本(民國鉛印)

經 10708169
春秋元命苞一卷附補遺　清趙在翰輯
　七緯本(嘉慶刻)

經 10708170
春秋元命苞一卷　清殷元正輯　清陸明睿增訂
　緯書本(清觀我生齋抄)

經 10708171
禮緯元命包一卷　□□輯
　緯書本(清觀我生齋抄)

經 10708172
春秋緯元命苞二卷　三國魏宋均注　清馬國翰輯
玉函山房輯佚書本(同治皇華館刻、光緒李氏印、光緒嫏嬛館刻、光緒楚南書局刻)
玲瓏山館叢書本(光緒刻)

經 10708173
春秋元命苞一卷　三國魏宋均注　清黄奭輯
漢學堂叢書本(道光刻光緒印)
黄氏逸書考本(道光刻王鑒修補、朱長圻補刻)

經 10708174
春秋緯元命苞一卷　三國魏宋均注　清王仁俊輯
玉函山房輯佚書續編本(稿本)

經 10708175
春秋文曜鉤一卷　□□輯
説郛本(宛委山堂刻)

經 10708176
春秋文耀鉤　明孫瑴輯
古微書本(嘉慶刻、光緒刻、光緒石印)
墨海金壺本(嘉慶刻、博古齋影印)
守山閣叢書本(道光刻、光緒影印、民國影印)

經 10708177
春秋文曜鉤　清劉學寵輯
青照堂叢書本(道光刻)

經 10708178
春秋文曜鉤　清喬松年輯
喬勤恪公全集本(光緒刻)
山右叢書初編本(民國鉛印)

經 10708179
春秋文耀鉤一卷附補遺　清趙在翰輯
七緯本(嘉慶刻)

經 10708180
春秋緯文耀鉤一卷　三國魏宋均注　清馬國翰輯
玉函山房輯佚書本(同治皇華館刻、光緒李氏印、光緒嫏嬛館刻、光緒楚南書局刻)
玲瓏山館叢書本(光緒刻)

經 10708181
春秋文耀鉤一卷　三國魏宋均注　清黄奭輯
漢學堂叢書本(道光刻光緒印)
黄氏逸書考本(道光刻王鑒修補、朱長圻補刻)

經 10708182
春秋緯文耀鉤一卷　三國魏宋均注　清王仁俊輯
玉函山房輯佚書續編本(稿本)

經 10708183
春秋運斗樞一卷　□□輯
説郛本(宛委山堂刻)

經 10708184
春秋運斗樞　□□輯
説郛本(商務印書館鉛印)

經 10708185
春秋運斗樞　明孫瑴輯

古微書本(嘉慶刻、光緒刻、光緒石印)
墨海金壺本(嘉慶刻、博古齋影印)
守山閣叢書本(道光刻、光緒影印、民國影印)

經 10708186
春秋運斗樞　清劉學寵輯
青照堂叢書本(道光刻)

經 10708187
春秋運斗樞　清喬松年輯
喬勤恪公全集本(光緒刻)
山右叢書初編本(民國鉛印)

經 10708188
春秋運斗樞一卷附補遺　清趙在翰輯
七緯本(嘉慶刻)

經 10708189
春秋緯運斗樞一卷　三國魏宋均注　清馬國翰輯
玉函山房輯佚書本(同治皇華館刻、光緒李氏印、光緒娜嬛館刻、光緒楚南書局刻)
玲瓏山館叢書本(光緒刻)

經 10708190
春秋運斗樞一卷　三國魏宋均注　清黄奭輯
漢學堂叢書本(道光刻光緒印)
黄氏逸書考本(道光刻王鑒修補、朱長圻補刻)

經 10708191
春秋緯運斗樞一卷　三國魏宋均注　清王仁俊輯
玉函山房輯佚書續編本(稿本)

經 10708192
春秋感精符一卷　□□輯
說郛本(宛委山堂刻)

經 10708193
春秋感精符　□□輯
說郛本(商務印書館鉛印)

經 10708194
春秋感精符　明孫瑴輯
古微書本(嘉慶刻、光緒刻、光緒石印)
墨海金壺本(嘉慶刻、博古齋影印)
守山閣叢書本(道光刻、光緒影印、民國影印)

經 10708195
春秋感精符　清劉學寵輯
青照堂叢書本(道光刻)

經 10708196
春秋感精符　清喬松年輯
喬勤恪公全集本(光緒刻)
山右叢書初編本(民國鉛印)

經 10708197
春秋感精符一卷附補遺　清趙在翰輯
七緯本(嘉慶刻)

經 10708198
春秋緯感精符一卷　三國魏宋均注　清馬國翰輯
玉函山房輯佚書本(同治皇華館刻、光緒李氏印、光緒娜嬛館刻、光緒楚南書局刻)
玲瓏山館叢書本(光緒刻)

經 10708199

春秋感精符一卷　三國魏宋均注　清黄奭輯
漢學堂叢書本(道光刻光緒印)
黄氏逸書考本(道光刻王鑒修補、朱長圻補刻)

經 10708200
春秋緯感精符一卷　三國魏宋均注　清王仁俊輯
玉函山房輯佚書續編本(稿本)

經 10708201
春秋合誠圖一卷　□□輯
説郛本(宛委山堂刻)

經 10708202
春秋合誠圖　明孫瑴輯
古微書本(嘉慶刻、光緒刻、光緒石印)
墨海金壺本(嘉慶刻、博古齋影印)
守山閣叢書本(道光刻、光緒影印、民國影印)

經 10708203
春秋合誠圖　清劉學寵輯
青照堂叢書本(道光刻)

經 10708204
春秋合誠圖　清喬松年輯
喬勤恪公全集本(光緒刻)
山右叢書初編本(民國鉛印)

經 10708205
春秋合誠圖一卷附補遺　清趙在翰輯
七緯本(嘉慶刻)

經 10708206
春秋緯合誠圖一卷　三國魏宋均注　清馬國翰輯
玉函山房輯佚書本(同治皇華館刻、光緒李氏印、光緒嫏嬛館刻、光緒楚南書局刻)
玲瓏山館叢書本(光緒刻)

經 10708207
春秋合誠圖一卷　三國魏宋均注　清黄奭輯
漢學堂叢書本(道光刻光緒印)
黄氏逸書考本(道光刻王鑒修補、朱長圻補刻)

經 10708208
春秋緯合誠圖(合讖圖)一卷　三國魏宋均注　清王仁俊輯
玉函山房輯佚書續編本(稿本)

經 10708209
春秋考異　□□輯
説郛本(商務印書館鉛印)

經 10708210
春秋考異郵　明孫瑴輯
古微書本(嘉慶刻、光緒刻、光緒石印)
墨海金壺本(嘉慶刻、博古齋影印)
守山閣叢書本(道光刻、光緒影印、民國影印)

經 10708211
春秋考異郵　清喬松年輯
喬勤恪公全集本(光緒刻)
山右叢書初編本(民國鉛印)

經 10708212
春秋考異郵一卷附補遺　清趙在翰輯
七緯本(嘉慶刻)

經 10708213
春秋緯考異郵一卷　三國魏宋均注　清馬國翰輯
玉函山房輯佚書本(同治皇華館刻、光緒李氏印、光緒嫏嬛館刻、光緒楚南書局刻)
玲瓏山館叢書本(光緒刻)

經 10708214
春秋考異郵一卷　三國魏宋均注　清黄奭輯
漢學堂叢書本(道光刻光緒印)
黄氏逸書考本(道光刻王鑒修補、朱長圻補刻)

經 10708215
春秋緯考異郵一卷　三國魏宋均注　清王仁俊輯
玉函山房輯佚書續編本(稿本)

經 10708216
春秋保乾圖　明孫瑴輯
古微書本(嘉慶刻、光緒刻、光緒石印)
墨海金壺本(嘉慶刻、博古齋影印)
守山閣叢書本(道光刻、光緒影印、民國影印)

經 10708217
春秋保乾圖　清喬松年輯
喬勤恪公全集本(光緒刻)
山右叢書初編本(民國鉛印)

經 10708218
春秋保乾圖一卷附補遺　清趙在翰輯
七緯本(嘉慶刻)

經 10708219
春秋緯保乾圖一卷　三國魏宋均注　清馬國翰輯
玉函山房輯佚書本(同治皇華館刻、光緒李氏印、光緒嫏嬛館刻、光緒楚南書局刻)
玲瓏山館叢書本(光緒刻)

經 10708220
春秋保乾圖一卷　三國魏宋均注　清黄奭輯
漢學堂叢書本(道光刻光緒印)
黄氏逸書考本(道光刻王鑒修補、朱長圻補刻)

經 10708221
春秋緯保乾圖一卷　三國魏宋均注　清王仁俊輯
玉函山房輯佚書續編本(稿本)

經 10708222
春秋漢含　□□輯
說郛本(商務印書館鉛印)

經 10708223
春秋漢含孳　明孫瑴輯
古微書本(嘉慶刻、光緒刻、光緒石印)
墨海金壺本(嘉慶刻、博古齋影印)
守山閣叢書本(道光刻、光緒影印、民國影印)

經 10708224
春秋漢含孳　清喬松年輯
喬勤恪公全集本(光緒刻)
山右叢書初編本(民國鉛印)

經 10708225
春秋漢含孳一卷附補遺　清趙在翰輯

七緯本(嘉慶刻)

經 10708226
春秋緯漢含孳一卷　三國魏宋均注　清馬國翰輯
玉函山房輯佚書本(同治皇華館刻、光緒李氏印、光緒鄉嬛館刻、光緒楚南書局刻)
玲瓏山館叢書本(光緒刻)

經 10708227
春秋佐助期一卷　□□輯
說郛本(宛委山堂刻)

經 10708228
春秋佐助期　明孫瑴輯
古微書本(嘉慶刻、光緒刻、光緒石印)
墨海金壺本(嘉慶刻、博古齋影印)
守山閣叢書本(道光刻、光緒影印、民國影印)

經 10708229
春秋佐助期　清劉學寵輯
青照堂叢書本(道光刻)

經 10708230
春秋佐助期　清喬松年輯
喬勤恪公全集本(光緒刻)
山右叢書初編本(民國鉛印)

經 10708231
春秋佐助期一卷附補遺　清趙在翰輯
七緯本(嘉慶刻)

經 10708232
春秋緯佐助期一卷　三國魏宋均注　清馬國翰輯
玉函山房輯佚書本(同治皇華館刻、光緒李氏印、光緒鄉嬛館刻、光緒楚南書局刻)
玲瓏山館叢書本(光緒刻)

經 10708233
春秋佐助期一卷　三國魏宋均注　清黄奭輯
漢學堂叢書本(道光刻光緒印)
黄氏逸書考本(道光刻王鑒修補、朱長圻補刻)

經 10708234
春秋緯佐助期一卷　三國魏宋均注　清王仁俊輯
玉函山房輯佚書續編本(稿本)

經 10708235
春秋握誠圖　明孫瑴輯
古微書本(嘉慶刻、光緒刻、光緒石印)
墨海金壺本(嘉慶刻、博古齋影印)
守山閣叢書本(道光刻、光緒影印、民國影印)

經 10708236
春秋握誠圖　清喬松年輯
喬勤恪公全集本(光緒刻)
山右叢書初編本(民國鉛印)

經 10708237
春秋握誠圖一卷　清趙在翰輯
七緯本(嘉慶刻)

經 10708238
春秋緯握誠圖一卷　三國魏宋均注　清馬國翰輯
玉函山房輯佚書本(同治皇華館刻、光

緒李氏印、光緒嫏嬛館刻、光緒楚南書局刻)
玲瓏山館叢書本(光緒刻)

經 10708239
春秋握誠圖一卷　三國魏宋均注　清黄奭輯
漢學堂叢書本(道光刻光緒印)
黄氏逸書考本(道光刻王鑒修補、朱長圻補刻)

經 10708240
春秋潛潭巴一卷　□□輯
說郛本(宛委山堂刻、商務印書館鉛印)

經 10708241
春秋潛潭巴　明孫瑴輯
古微書本(嘉慶刻、光緒刻、光緒石印)
墨海金壺本(嘉慶刻、博古齋影印)
守山閣叢書本(道光刻、光緒影印、民國影印)

經 10708242
春秋潛潭巴　清劉學寵輯
青照堂叢書本(道光刻)

經 10708243
春秋潛潭巴　清喬松年輯
喬勤恪公全集本(光緒刻)
山右叢書初編本(民國鉛印)

經 10708244
春秋潛潭巴一卷附補遺　清趙在翰輯
七緯本(嘉慶刻)

經 10708245
春秋緯潛潭巴一卷　三國魏宋均注　清馬國翰輯
玉函山房輯佚書本(同治皇華館刻、光緒李氏印、光緒嫏嬛館刻、光緒楚南書局刻)
玲瓏山館叢書本(光緒刻)

經 10708246
春秋潛潭巴一卷　三國魏宋均注　清黄奭輯
漢學堂叢書本(道光刻光緒印)
黄氏逸書考本(道光刻王鑒修補、朱長圻補刻)

經 10708247
春秋緯潛潭巴一卷　三國魏宋均注　清王仁俊輯
玉函山房輯佚書續編本(稿本)

經 10708248
春秋說題辭一卷　□□輯
說郛本(宛委山堂刻、商務印書館鉛印)

經 10708249
春秋說題辭　明孫瑴輯
古微書本(嘉慶刻、光緒刻、光緒石印)
墨海金壺本(嘉慶刻、博古齋影印)
守山閣叢書本(道光刻、光緒影印、民國影印)

經 10708250
春秋說題辭　清劉學寵輯
青照堂叢書本(道光刻)

經 10708251
春秋說題辭　清喬松年輯
喬勤恪公全集本(光緒刻)
山右叢書初編本(民國鉛印)

經 10708252
春秋說題辭附補遺　清趙在翰輯
七緯本(嘉慶刻)

經 10708253
春秋緯說題辭一卷　三國魏宋均注　清馬國翰輯
玉函山房輯佚書本(同治皇華館刻、光緒李氏印、光緒娜嬛館刻、光緒楚南書局刻)
玲瓏山館叢書本(光緒刻)

經 10708254
春秋說題辭一卷　三國魏宋均注　清黄奭輯
漢學堂叢書本(道光刻光緒印)
黄氏逸書考本(道光刻王鑒修補、朱長圻補刻)

經 10708255
春秋緯說題辭一卷　三國魏宋均注　清王仁俊輯
玉函山房輯佚書續編本(稿本)

經 10708256
春秋命歷序一卷　明孫瑴輯
古微書本(嘉慶刻、光緒刻、光緒石印)
墨海金壺本(嘉慶刻、博古齋影印)
守山閣叢書本(道光刻、光緒影印、民國影印)

經 10708257
春秋命歷序　清喬松年輯
喬勤恪公全集本(光緒刻)
山右叢書初編本(民國鉛印)

經 10708258
春秋命歷序一卷　三國魏宋均注　清馬國翰輯
玉函山房輯佚書本(同治皇華館刻、光緒李氏印、光緒娜嬛館刻、光緒楚南書局刻)
玲瓏山館叢書本(光緒刻)

經 10708259
春秋命曆序一卷　三國魏宋均注　清黄奭輯
漢學堂叢書本(道光刻光緒印)
黄氏逸書考本(道光刻王鑒修補、朱長圻補刻)

經 10708260
春秋命歷序一卷　三國魏宋均注　清王仁俊輯
玉函山房輯佚書續編本(稿本)

經 10708261
春秋内事　明孫瑴輯
古微書本(嘉慶刻、光緒刻、光緒石印)
墨海金壺本(嘉慶刻、博古齋影印)
守山閣叢書本(道光刻、光緒影印、民國影印)

經 10708262
春秋内事　清喬松年輯
喬勤恪公全集本(光緒刻)
山右叢書初編本(民國鉛印)

經 10708263
春秋内事一卷　三國魏宋均注　清馬國翰輯
玉函山房輯佚書本(同治皇華館刻、光緒李氏印、光緒娜嬛館刻、光緒楚南書局刻)

玲瓏山館叢書本(光緒刻)

經 10708264
春秋内事一卷　三國魏宋均注　清黄奭輯
漢學堂叢書本(道光刻光緒印)
黄氏逸書考本(道光刻王鑒修補、朱長圻補刻)

經 10708265
春秋錄圖　清喬松年輯
喬勤恪公全集本(光緒刻)
山右叢書初編本(民國鉛印)

經 10708266
春秋錄運法　清喬松年輯
喬勤恪公全集本(光緒刻)
山右叢書初編本(民國鉛印)

經 10708267
春秋孔錄法　清喬松年輯
喬勤恪公全集本(光緒刻)
山右叢書初編本(民國鉛印)

經 10708268
春秋璇璣樞　清喬松年輯
喬勤恪公全集本(光緒刻)
山右叢書初編本(民國鉛印)

經 10708269
春秋撰命篇　清喬松年輯
喬勤恪公全集本(光緒刻)
山右叢書初編本(民國鉛印)

經 10708270
春秋河圖揆命篇　清喬松年輯
喬勤恪公全集本(光緒刻)
山右叢書初編本(民國鉛印)

經 10708271
春秋玉版　清喬松年輯
喬勤恪公全集本(光緒刻)
山右叢書初編本(民國鉛印)

經 10708272
春秋玉版讖一卷　清王仁俊輯
玉函山房輯佚書續編本(稿本)

經 10708273
春秋瑞應傳　清喬松年輯
喬勤恪公全集本(光緒刻)
山右叢書初編本(民國鉛印)

經 10708274
春秋説命徵一卷　清王仁俊輯
玉函山房輯佚書續編本(稿本)

經 10708275
春秋符　□□輯
説郛本(商務印書館鉛印)

經 10708276
泛引春秋緯　清喬松年輯
喬勤恪公全集本(光緒刻)
山右叢書初編本(民國鉛印)

經 10708277
春秋緯附錄、補遺　清趙在翰輯
七緯本(嘉慶刻)

經 10708278
春秋緯不分卷　清顧棟高等輯
清乾隆四十九年抄本　北大

經 10708279
春秋緯史集傳四十卷　清陳省欽撰
　民國十三年陳鍾祺鉛印本　國圖　上海　南京　浙大　湖北